2011年度浙江省社科聯省級社會科學學術著作
出版資金全額資助出版

浙江省教育廳課題研究成果（項目編號： Y200907152 ）
杭州市哲學社會科學規劃課題

當代浙江學術文庫

DANGDAI ZHEJIANG XUESHU WENKU

《初學記》引經考

李玲玲 著

中國社會科學出版社

圖書在版編目（CIP）數據

《初學記》引經考／李玲玲著 . —北京：中國社會科學出版社，
2013.11

（當代浙江學術文庫）

ISBN 978 – 7 – 5161 – 3457 – 3

Ⅰ.①初…　Ⅱ.①李…　Ⅲ.①《初學記》—經籍—引文—考證
Ⅳ.①Z126.27

中國版本圖書館 CIP 數據核字（2013）第 252339 號

出 版 人　趙劍英
責任編輯　田　文
特約編輯　田　率
責任校對　韓海超
責任印製　王　超

出　　版　中国社会科学出版社
社　　址　北京鼓樓西大街甲 158 號（郵編 100720）
網　　址　http://www.csspw.cn
　　　　　中文域名：中國社科網　　　010 – 64070619
發 行 部　010 – 84083685
門 市 部　010 – 84029450
經　　銷　新華書店及其他書店

印　　刷　北京君昇印刷有限公司
裝　　訂　廊坊市廣陽區廣增裝訂廠
版　　次　2013 年 11 月第 1 版
印　　次　2013 年 11 月第 1 次印刷

開　　本　710×1000　1/16
印　　張　31.5
插　　頁　2
字　　數　533 千字
定　　價　85.00 圓

凡購買中國社會科學出版社圖書，如有質量問題請與本社聯繫調換
電話：010 – 64009791
版權所有　侵權必究

總　序

浙江省社會科學界聯合會黨組書記　陳　榮

　　有人說，誰能將中國新時期三十多年的發展奇迹闡釋清楚，誰就能榮膺諾貝爾獎。改革開放以來，在中國特色社會主義理論的引領之下，浙江人民發揚與時俱進的"浙江精神"，在經濟社會發展各方面創造了歷史性的輝煌，走出了一條富有時代特徵、中國特色、浙江特點的發展道路，使浙江成爲中國市場經濟、縣域經濟都十分發達的省份。當前在省委省政府的領導下，浙江社會各界高舉中國特色社會主義偉大旗幟，以鄧小平理論和"三個代表"重要思想爲指導，深入貫徹落實科學發展觀，全面實施"八八戰略"和"創業富民、創新强省"總戰略，繼續解放思想，深化改革開放，加快全面建設惠及全省人民的小康社會，爲建設"物質富裕、精神富有"的現代化浙江而奮鬥。浙江改革開放和經濟社會發展的生動實踐，是一個理論研究和理論創新的"富礦"，也是浙江人文社會科學研究的寶貴財富。

　　經濟社會的發展，與特定地區的精神文化傳統相關，因此，對引領浙江市場經濟大潮的"浙江精神"的研究、對浙江傳統歷史人文的研究，也構成了一個古典與現代相結合的富有深刻内容的研究領域。此外，浙江乃至中國的改革開放歷程，也大大拓展了馬克思主義的研究視野，因此對馬列理論進行現代闡釋也是一項重要工作。另外，人文社會科學的研究最終是爲時代所用，指導社會經濟和生活實踐，並提高國民的文化素質。因此，將當代社會科學研究的成果轉化成可操作的政策建議，以及人民群衆喜聞樂見的表述，既是學術研究工作的延續，也是時代賦予我們人文社科研究人員的一項歷史使命。

正是在這樣的理論背景與現實需求下，浙江省社會科學界聯合會作爲省委省政府聯繫人文社會科學工作者的橋樑紐帶，作爲全省人文社會科學領域的組織協調機構，圍遶理論研究、社科普及、成果轉化、機制建設、隊伍建設五大重點工作，有針對性地進行了組織、協調、管理、推動工作。繁榮和發展人文社會科學，打造當代浙江學術品牌，突出重點，進一步創新工作機制，努力創建科學發展的新格局，推進社科事業新發展。我們積極培育和提昇了浙江文化研究工程、學術年會、重點基地建設、策論研討、浙江人文大講堂、科普周等品牌活動，組織和動員了各教學科研單位和學術團體以及廣大社會科學工作者，爲浙江的經濟社會發展和文化大省建設服務，爲繁榮發展浙江的人文社會科學事業服務，爲建設"物質富裕、精神富有"的現代化浙江服務。在各方面的共同努力下，浙江的人文社會科學研究繼承和發揚了自古以來的優秀學術傳統，呈現出成果較多、質量較好、氣氛活躍、前景喜人的特點。

人文社會科學研究成果要獲得社會承認，爲社會所用，將學術成果出版是首要環節。但是由於學術作品具有很強的外部性，往往存在出版難的問題。因此，資助我省學者的優秀學術著作出版，是浙江省社會科學界聯合會的一項重要工作。自 2000 年以來，在省委省政府的支持下，我省設立了"浙江省省級社會科學學術著作出版資金"，截至 2012 年，已資助了 524 部學術著作出版，有效地緩解了學術著作出版難的問題。

爲了集中展示當代浙江學者的學術研究成果，從 2006 年起，我們在獲得資助的書稿中，由出版資助評審委員會遴選部分書稿，給予全額資助，以"當代浙江學術文叢"（《光明文庫》）系列叢書的方式，分期分批出版。從 2011 年開始，我們將獲得全額資助和部分資助的書稿，統一納入《當代浙江學術文庫》系列，並得到了中國社會科學出版社的全力支持。

《當代浙江學術文庫》的出版，是浙江省社會科學界聯合會集中推出學術精品，集中展示學術成果的重要探索，其學術質量，有賴於我省學人的創造性研究。事實上，當代浙江的人文社科學者，既深入研究、努力傳承和弘揚學術思想的優秀傳統，又立足浙江經濟社會發展的生動實踐，力創學術精品，力促學術創新和學術繁榮，自覺服務浙江的改革發展大局。我深信，《當代浙江學術文庫》的出版，對於我們堅持學術標準，扶持學術精品，推進學術創新，打造當代浙江學術品牌，一定會產生積極的影響；對於我們研究、闡釋改革開放三十多年來的發展奇迹，總結、探索科學發展的路徑，深入貫徹落實科學發展觀，着力推進建設"物質富裕、精神富有"的現代化浙江，一定會產生積極的作用。

2012 年 8 月

目　　録

凡　　例

　　一、本文所引各經之經傳注疏，如無特殊説明，均據中華書局影印阮元刻《十三經注疏》本（文中或簡稱“今本”）。各經有《校勘記》者，如直接在正文或注疏後引用，則簡稱“《校勘記》”，不再出全名。

　　二、《初學記》以中華書局1962年司義祖點校本爲底本。臺灣閻琴南的博士論文《〈初學記〉研究》以司義祖點校本爲底本，與宋紹興十七年（1147）東陽崇州余四十三郎宅刊本（簡稱“宋本”）、明嘉靖十年（1531）錫山安國桂坡館刊本（簡稱“安國本”）、明嘉靖十三年晉藩虛益堂刊本（簡稱“晉府本”）和明嘉靖十五年建刊白口十行本（簡稱“建本”）逐條進行比勘，兼及明萬曆十五年（1587）三吳徐守銘寧壽堂刊本（簡稱“徐本”）、清乾隆五十一年（1786）文淵閣四庫全書鈔本（簡稱“閣本”）、清光緒間南海孔氏覆刻古香齋鑒賞袖珍本（簡稱“古香齋本”），録成校勘表，羅列《初學記》各版本間的異同情況已頗爲詳盡，因此本文不再致力於各版本間的異文調查，而直接參考閻琴南的文章，各版本亦沿用其簡稱。

　　三、本文所引文獻如存在訛衍脱的情況，處理方式如下：訛字在原字後用“（）”標出正字，衍文外加【】，脱文以“□”字代替。

　　四、原文小字注，本文均在括號中以比正文小一號字體標示。如《初學記·器物部·脯》敍事：“《周禮》曰：‘腊人掌乾肉，凡田獸之脯腊膴胖之事。(夫物解肆乾之，謂之乾肉；薄切曰脯，捶之而施薑桂曰殿。修，腊小物而乾者。)祭祀，共豆脯、薦脯、膴（呼）胖。’”括號内的文字即爲原文之注。但《初學記》事對部分原文均爲小字，故不再特別標示。附表因條目龐多，故遇小字注，只加括號以區別，不再變更字體。

　　五、下列論著徵引較多，文中或用簡稱，對應關係如下：

　　《初》——《初學記》

　　《釋文》——《經典釋文》

《説文》——《説文解字》

《新附》——《説文新附》

《句讀》——《説文解字句讀》

《繫傳》——《説文解字繫傳》

《定聲》——《説文通訓定聲》

《義證》——《説文解字義證》

段注——《説文解字注》

《考文》——《七經孟子考文並補遺》

六、因本書是對《初學記》一書所引經典的研究，引用《初學記》的內容相當多，為免煩瑣，不一一出註腳，而在每條下括注頁碼。如：

《初學記·禮部下·葬》事對“馬鬛　龍耳”：“《禮記》曰：‘孔子之喪，有自燕來觀者，舍於子夏氏。子夏曰：聖人之葬人，與人之葬聖人也，子何觀焉？昔夫子言曰：吾見封之若堂者矣，見若防者矣，見若覆夏屋者矣，見若釜者矣。吾從若釜者焉。馬鬛封之謂也。’”（360）

“360”即爲引文在《初學記》對應的頁碼。

第 一 章
緒　論

　　《初學記》是唐玄宗時官修的一部類書，在唐人類書中編纂較爲精良。無論是比之於其先的《北堂書鈔》、《藝文類聚》，還是其後的《白氏六帖》，都遠勝出，可說是吸取之前各種類書長處而成的一部作品。《初學記》分成敘事、事對、詩文三部分。先前的類書祇是對材料的逐條摘抄，各個材料之間缺乏聯繫，較爲零亂；而《初學記》則不然，它雜取衆家，前後連貫流暢，尤其是"敘事"部分。難怪《四庫全書總目》對它的評價是"敘事雖雜取群書，而次第若相連屬"，"在唐人類書中，博不及《藝文類聚》，而精則勝之，若《北堂書鈔》及《六帖》，則出此書下遠矣"①。

第一節　《初學記》的作者

一　張説

（一）前人之説

　　初唐承六朝餘緒，駢文麗辭盛行。《初學記》的編修，是唐玄宗爲了讓諸皇子在學習文章詩賦、引用典故、檢查事對時有一個方便檢索的工具書。對這一事件的記載，現存最早的文獻當屬《唐會要》，此書卷三六曰：

　　　　十五年五月一日，集賢學士徐堅等，纂經史文章之要，以類相從。上制名曰《初學記》，至是上之。②

---

① 《四庫全書總目提要》，第1143頁上欄。
② （宋）王溥：《唐會要》，第658頁。

劉肅的《大唐新語》則記録了此事件的來龍去脈，卷九曰：

> 玄宗謂張説曰："兒子等欲學綴文，須檢事及看文體。《御覽》
> 之輩，部帙既大，尋討稍難。卿與諸學士撰集要事並要文，以類相
> 從，務取省便。令兒子等易見成就也。"説與徐堅、韋述等編此進
> 上，以《初學記》為名。賜修撰學士束帛有差，其書行於代。①

這段話不僅交代了編書的緣由、書名，還説明了主要編纂者。唐玄宗敕命
的對象是張説，編成以後又是他與徐堅等進上，則張説應當是《初學記》
的主要編纂者。然而書成之後，卻不題張説之名，以副知院事徐堅署其
上，此書又似與張説無關。

最早關注這個問題的是四庫館臣。《四庫全書總目提要》曰：

> 《唐書·藝文志》載《元宗事類》② 一百三十卷，又《初學記》
> 三十卷。注曰："張説類集要事，以教諸王，徐堅、韋述、余欽、施
> 敬本、張烜、李鋭、孫季良等分撰。"似乎二書皆説總其事，而堅等
> 分修。晁公武《讀書志》則曰："《初學記》三十卷，唐徐堅等撰。
> 初，張説類集事要，以教諸王。開元中詔堅與韋述等分門撰次。"又
> 似乎《事類》為説撰，而堅等又奉詔擇其精粹，編為此書。考《南
> 部新書》載："開元十三年五月，集賢學士徐堅等纂經史文章之要，
> 以類相從，上制曰《初學記》。"則晁氏所言，當得其實。《唐志》所
> 注，敘述未明，偶合兩書為一耳。③

《提要》捨《新唐書·藝文志》而就《南部新書》，以《玄宗事類》爲張
説撰，《初學記》爲徐堅等撰，認爲《新唐書》誤將兩書混爲一談。余嘉
錫在《四庫提要辨正》中提出了不同意見，他認爲《初學記》本是"張
説奉敕撰集，説總其事，徐堅以下分修"，張説以宰相知集賢院事，爲學
士之首，"凡集賢諸學士有所撰述，皆説總領其事"，《初學記》亦是如

---

① （唐）劉肅：《大唐新語》，第 137 頁。
② 清人避康熙諱而改"玄"作"元"。
③ 《四庫全書總目提要》，第 1142 頁下欄—1143 頁上欄。

此。《四庫提要》之所以"必以《事類》爲説撰，《初學記》爲堅撰"，
"乃不知當時編書制度也"①。因《集賢注記》的作者韋述就是《初學記》
的編者之一，余氏據以立論的主要依據就是《玉海·藝文卷》所引韋述
《集賢注記》語：

> 《初學記》三十卷，張説類集要事，以教諸王，徐堅、韋述、余
> 欽、施敬本、張烜、李鋭、孫季良等分撰……《集賢注記》："開元
> 十六年正月，學士徐堅已下撰成《初學記》三十卷奏之，賜絹有差，
> 寫十本分賜諸王。(初，尹鳳翔宣敕與燕公云：'兒子欲學緝文，若《御覽》類文博
> 要，《珠英》之類部秩廣大，卿與學士撰集要事要文，以類相從，務要省便。')"②

今謂余嘉錫之説是也。晁公武《郡齋讀書志》卷十四曰："《初學記》
三十卷。右，唐徐堅等撰。初，張説類集事要以教諸王。開元中，詔堅與
韋述、余欽、施敬本、張烜、李鋭、孫季良分門撰次。"③ 並無 "《事類》
爲説撰" 之辭。徐堅等擇其精要編成《初學記》的説法，當屬四庫館臣
之臆測。

此後日本學者市川任三在《初學記成立考》一文中對這個問題再次
進行了探討。市川認爲張説原爲集賢院知院事，故玄宗欲撰《初學記》，
先頒命於張説。開元十四年（726）張説遭罷相貶官之變，集賢院知院事
之位空缺，一直到四年以後蕭嵩繼其位。而《初學記》成書恰在張説貶
官期間，張説不得題於書首，改題副知院事徐堅可能與此有關④。

(二)　張説與《初學記》關係新探討

余嘉錫與市川兩位先生對張説與《初學記》的關係雖有探討，但均
沒有提供直接明顯的證據，而且也沒有説明《四庫提要》錯誤的緣由。
本書擬在兩人基礎上，詳細考查從唐至宋與《初學記》編纂相關的材料，
從語言訓詁的角度説明《提要》錯誤的由來，並結合相關史實進一步釐
清張説與《初學記》的關係。

---

① 詳參余嘉錫《四庫提要辨正》，第954—955頁。
② 括弧内的内容，爲小字注文。
③ 孫猛：《郡齋讀書　志校證》，第651頁。
④ 詳 [日] 市川任三《初學記成立考》一文，《城南學刊》1968年第10期，第23—35
頁。

　　除了《唐會要》、《大唐新語》、《新唐書·藝文志》、《郡齋讀書志》、《南部新書》和《玉海》引《集賢注記》提到過《初學記》的編纂情況外，唐宋之間亦有其他文獻記載此事：

　　　　《册府元龜》卷六〇一："徐堅為集賢院學士。開元中，敕堅等纂經史要事及歷代文章，以類相從，欲令皇子簡事綴文。玄宗自定名為《初學記》。撰成以獻，帝稱善，賜堅等絹百疋。"①

　　　　《册府元龜》卷六〇七："徐堅為集賢院學士。開元中，敕堅等纂經史要事及歷代文章，以類相從，欲令皇子簡事綴文，帝自定名為《初學記》。是日撰成以獻，帝稱善，賜堅等絹三百疋。"②

　　　　《承明集》卷八："五月十四日，柳芳《唐曆》載，明皇詔集賢學士徐堅等纂經史文章之要，以類相從，欲令皇太子檢事綴文，上賜名《初學記》。開元十四年三月，撰成以獻，賜堅絹三百疋。"③

　　仔細分析這些材料，我們發現《四庫提要》和余嘉錫、市川的分歧在於對"類集要事"這句話理解的不同。那麼要考證張説與《初學記》的關係，首先需要明確"類集要事"的對象。

　　《新唐書·藝文志》云："《玄宗事類》一百三十卷，又《初學記》三十卷，張説類集要事以教諸王，徐堅、韋述、余欽、施敬本、張烜、李鋭、孫季良等分撰。"④從句式上看，"徐堅……分撰"句與"張説類集要事以教諸王"句構成聯合複句；從句意上看，"分撰"當有相對應的總述，所以"張説類集要事以教諸王"句屬總述部分。另外從《新唐書·藝文志》的體例來看，"又"字連接的往往是同一本書的相關內容，如"《累璧》四百卷，又《目錄》四卷，許敬宗等撰，龍朔元年上"⑤，"楊上善注《黃帝内經明堂類成》十三卷，又《黃帝内經太素》三十卷"⑥；或同一作者的不同書籍，如"馮廓《老子指歸》十三卷，又《莊子古今

　　① 《册府元龜》第 7 册，第 6938 頁。
　　② 同上書，第 7000 頁。
　　③ （宋）周必大：《承明集》，第 990 頁下欄。
　　④ 《新唐書》，第 1563 頁。
　　⑤ 同上。
　　⑥ 同上書，第 1566 頁。

正義》十卷"①，"蕭吉《五行記》五卷，又《五姓宅經》二十卷"②，皆其例。遍檢《新唐書·藝文志》，無出以上兩種情況之外者。那麼對應《初學記》上面引的這段話，《玄宗事類》與《初學記》顯是兩書，既以"又"相連接，當是作者相同之例。因此《玄宗事類》與《初學記》都是張說"類集要事"，徐堅等"分撰"。《提要》於《大唐新語》下言"似皆說總其事"而"堅等分撰"，於《郡齋讀書志》下又言似《玄宗事類》爲說撰，堅等擇其精要爲《初學記》，正乃不明此《新唐書·藝文志》作者相同之體例，一取屬前，一取相同，遂誤矣。

既然張說"類集要事"不是專指《玄宗事類》，《初學記》亦是其對象，則張說顯然也參與了《初學記》的編纂，而並非如《提要》所說祇參修了《玄宗事類》。所以《新唐書·藝文志》也並沒有將兩書誤爲一書，祇是《提要》編者自己理解錯誤而已。

通過上面的分析，可以確定張說確實總領了《初學記》的纂作。但是否僅止於此呢？《宋史·藝文志》的記載讓人對此產生了懷疑。《宋史·藝文志六》："徐堅《初學記》三十卷，燕公《事對》十卷。"③《初學記》共三十卷，如上文所言，其體例爲首敘事，次事對，末詩文。敘事、事對、詩文恰各占十卷，與上述燕公之《事對》卷數相合。且從敘事、事對與詩文的內容來看，"敘事"之文，重在名義，兼及緣起、沿革與變遷，常引《爾雅》、《説文》、《釋名》等字書，經史子各部亦遍加採擷，隱晦難解處復加案語以説明。"事對"部分以二到四字爲辭，每辭必對，下以小字繫典出處，遍及四部之書。"詩文"部分乃取名家之詩文，隨篇定名，有詩、賦、賛、篇、文、序、頌、詔、奏、箋、述、册、制、表、章、箴、碑、銘、書、論、啓、約、教、誡、行、歌、吟、辭、詞、誄、墓誌、祭文、祝文、册文、雜文、集序等多種文體。諸書提及徐堅，必言"纂經史文章之要"或"纂經史要事及歷代文章"。"經史文章之要"即"經史要事及歷代文章"的合稱，二者實同。從《初學記》的體例看，"經史要事"對應敘事部分，"文章之要"對應詩文部分，唯"事對"部分缺乏對應。而諸書每提張說，必言其"類集要事"。"要事"既

---

① 《新唐書》，第 1516 頁。

② 同上書，第 1556 頁。

③ 《宋史》第 15 册，第 5293 頁。

可指經史小學又可指文章詩賦，正與“事對”部分的内容相合。故疑燕公之《事對》或即《初學記》的事對部分。若此推測成立，則張説不僅總領其事，而且實際編修了《初學記》的“事對”部分。

（三）編纂時間之揣測

唐人著述對《初學記》的始編時間沒有明確説明，至宋人晁公武《郡齋讀書志》和類書《册府元龜》始言撰於“開元中”，當亦屬揣測之辭。

至於編成的時間則衆説紛紜。《唐會要》認爲是開元十五年（727）五月一日，《南部新書》是開元十三年五月，《玉海》引《集賢注記》是開元十六年正月，周必大《承明集》是開元十四年三月。

綜合以上各家之説，撰成的月份當是同一字之訛。“五”、“正”、“三”三字楷體來看，字形相差較大；但是這三個字在草書中字形接近，極易錯認，疑本作某月，另兩字爲該字之誤。上述四種説法中，認爲是“五月”的有兩則，其中《唐會要》這一條，撰作於唐代，與事件發生的時間更接近，故疑撰於“五月”可能性較大。

成書的年份，“十三”、“十四”、“十五”、“十六”年俱有。《唐會要》卷三十七云：“十四年，通事舍人王嵒，疏請撰《禮記》，削去舊文，而以今事編之。詔付集賢院學士詳議。右丞相張説奏曰：‘《禮記》，漢朝所編……’”①，則十四年王嵒疏請撰《禮記》時，張説尚任丞相之職，且知政事。《唐會要》卷三曰：“初，十四年四月，侍御史潘好禮聞上欲以惠妃爲皇后，進疏諫曰：‘臣嘗聞《禮記》曰……’又見人間盛言，尚書左丞相張説，自被停知政事之後，每謟附惠妃，誘蕩上心，欲取立后之功。”②是張説在開元十四年四月潘好禮上疏時已被停知政事。《新唐書·張説傳》曰：“常典集賢圖書之任，間雖致仕一歲，亦脩史於家。”③免官的時間爲一年。據此張説真正在家修史的時間當在十四年四月以後至十五年之間。

歷代編書，往往以領銜者題於書首。但《初學記》撰成不題張説之名，故可推斷其書成於張説貶官期間。那麽《初學記》的完成年份，十

---

① 《唐會要》，第 670 頁。

② 同上書，第 27 頁。

③ 《新唐書》第 14 册，第 4410 頁。

四年與十五年的可能性最大。但因文獻不足徵,《初學記》的成書時間本文尚無法給出一個確定的年月,祇能待以時日,俟新材料出現後再予考證。

二 其他撰者

《初學記》的撰者,見於《新唐書·藝文志》的除張説外,尚有七人,簡介如下:

徐堅,字元固,湖州長城（今浙江長興）人。徐齊聃之子。幼好學,遍覽經史。及壯,寬厚長者。舉進士,累授太子文學,聖曆中爲判官。與徐彦伯、劉知幾、張説同修《三教珠英》。時張昌宗與李嶠總領其事,歷年未能下筆。徐堅獨與張説構意撰録,俄而書成,後遷司封員外郎。神龍初,累遷給事中,封慈源縣子。中宗朝,以禮部侍郎爲修文館學士。睿宗即位,自刑部侍郎加銀青光禄大夫,拜左散騎常侍,俄又轉黄門侍郎。後出爲絳州刺史,五轉復入秘書監。開元十三年,再遷左散騎常侍。是年,玄宗改麗正書院爲集賢院,以堅充學士,副張説知院事,累封東海郡公。以修東封儀注及從升太山之功,特加光禄大夫。堅於典故多所諳識,前後修撰格式、氏族及國史等,凡七入書府,時論美之。十七年卒,年七十餘,帝悼惜,贈太子少保,謚曰文。堅父子以詞學著聞,議者方之漢代班氏①。有《徐堅集》三十卷,今佚。《全唐詩》存詩十首,《全唐文》存文六篇。新、舊《唐書》有傳。

韋述,京兆萬年人。韋景駿子。少聰明,篤志文學。家有書二千卷,爲兒童時,記覽皆徧,貫穿經史,事如指掌。開元五年,爲櫟陽尉。述與諸儒續《七志》,五年而成,別撰《開元譜》二十篇。累除右補闕。張説專集賢院事,引述爲直學士,遷起居舍人。二十七年,轉國子司業,停知史事。俄而復兼史職,充集賢學士。天寶初,歷左右庶子,加銀青光禄大夫;九載,兼充禮儀使,遷尚書工部侍郎,封方城縣侯。述典掌圖書四十年,任史官二十年,澹榮利,爲人純厚長者,當世宗之。接士無貴賤與均。蓄書二萬卷,皆手校定,黄墨精謹,内秘書不及也。安禄山之亂,剽失皆盡,獨抱國史藏南山。身陷賊,污偽官。賊平後,流渝州,又爲刺史

---

① 詳參（後晉）劉昫《舊唐書·徐堅傳》第18册,第5662—5663頁。

薛舒所困，不食而卒，贈右散騎常侍①。韋述著述甚豐，著有《唐春秋》三十卷，《高宗實錄》三十卷，《御史臺記》十卷，《集賢注記》三卷，《東封記》一卷，《集賢書目》一卷，《開元譜》二十卷，《兩京新記》五卷，又參撰了《唐書》一百三十卷，《六典》三十卷，《群書四録》二百卷，《玄宗事類》一百三十卷，《初學記》三十卷。今多已佚。《全唐詩》存詩四首，《全唐文》存文九篇。新、舊《唐書》有傳。

余欽，初官四門直講，玄宗開元初詔爲修書學士，參與編修《群書四録》。八年，書成。嗣元行沖知麗正院，又奏欽入校麗正書，後累遷，官至太學博士，集賢院學士。又曾參修《唐六典》、《初學記》等②。新、舊《唐書》皆無傳。

施敬本，潤州丹陽人。開元中，爲四門助教。玄宗封禪，曾上言典儀，詳論封禪典禮，辨舊制異同。以太常博士爲集賢院修撰。踰年，遷右補闕，秘書郎而卒③。除《初學記》外，與賈登、張烜、李鋭等人尚合撰有《開元禮》一百五十卷。今《全唐文》存文二篇。《新唐書·儒學下》有傳。

張烜，開元十六年五月六日，烜爲左拾遺，與右補闕施敬本，右拾遺李鋭上言，反對在紫宸殿行五禮④。余嘉錫《四庫提要辨正》認爲，施敬本、張烜、李鋭三人爲後來入院者⑤。除《初學記》外，曾與施敬本等同撰《開元禮》一百五十卷⑥。《全唐詩》存其詩《婕妤怨》一首。新、舊《唐書》皆無傳。

李鋭，開元中爲左拾遺，與徐堅、施敬本等檢撰《五禮儀注》。後又爲右拾遺，上言反對於紫宸殿行五禮。新、舊《唐書》無傳。

孫季良，河南偃師人，一名翌。開元中，歷官左拾遺、集賢院直學士。撰《正聲詩集》三卷⑦，今佚。新、舊《唐書》有傳。

---

① 詳參《舊唐書·韋述傳》第 10 册，第 3183—3186 頁；《新唐書·韋述傳》第 15 册，第4529—4531 頁。

② 參見閰琴南《〈初學記〉研究》，博士學位論文，第 21 頁。張撝之等《中國歷代人名大辭典》，第 1103 頁。

③ 詳見《新唐書·儒學下》第 18 册，第 5697—5698 頁。

④ 詳參王溥《唐會要》，第 554 頁。

⑤ 參見余嘉錫《四庫提要辨正》，第 955 頁。

⑥ 同上。

⑦ 參見《舊唐書·儒學下》第 15 册，第 4975 頁；《新唐書·儒學中》第 18 册，第 5672 頁。

第二節 研究回顧

一 清以前

《初學記》一書，在清代以前，前人少有系統研究與探索，而是作爲研究他書的輔助材料，間亦涉及《初學記》成書、作者等問題。

《大唐新語》、《唐會要》、《册府元龜》、《新唐書·藝文志》、《承明集》、《文獻通考》等書都有《初學記》成書經過或作者的簡要介紹。晁公武《郡齋讀書志》、吳曾《能改齋漫録》、王應麟《漢藝文志考證》等對《初學記》内容與編者都有所涉及，然均是片言隻語。

（一） 用以校勘

對《初學記》利用較多的，當屬清人。清儒研治古籍，始大量運用《初學記》等類書的材料作爲校勘之用。王念孫、王引之父子所撰《讀書雜志》、《經義述聞》等書，大量利用了《初學記》等類書資料以糾今本之誤，吳兆宜《玉台新詠箋注》、戴震《方言疏證》、畢沅《釋名疏證》、段玉裁《説文解字注》、錢繹《方言箋疏》、王先謙《釋名疏證補》等著作亦大都以《初學記》等類書作爲異文材料的來源之一。類書是清人除各種版本之外，用以校對古書的常用工具，而《初學記》是唐人類書中較爲精良的一部，故使用尤爲頻繁。

（二） 用以輯佚

清人對《初學記》的另外一項重要應用，即用以輯佚。馬國翰《玉函山房輯佚書》、黃奭《黃氏逸書考》、王仁俊《玉函山房輯佚書續編三種》等書，所輯佚文，主要取自前代類書或叢書，《初學記》亦包含於其中。這類輯佚書籍大量引用《初學記》所引經史子集的文字，作爲輯録的内容。如王肅《周易注》，今已失傳。馬國翰與黃奭分別輯有王肅注佚文，所據來源之一即爲《初學記》。又鄭玄《論語注》，今亦亡，馬國翰據《初學記》等類書録有輯本。這些輯佚工作，對於保存與恢復古籍原貌作出了巨大貢獻。然而由於此類書籍，並非是對《初學記》的專書輯佚，故往往存在錯引與漏引的現象。

除了以上兩方面之外，《四庫全書總目提要》對《初學記》的體例、編者與文學、目録學的價值作了整體性研究與評價。評論他書内容時，亦多次引述《初學記》語。然因時代原因，作者認爲徐堅乃大儒，於錯誤之處，亦持肯定態度，有過度拔高《初學記》之嫌。

二　現當代

總體而言，清代以前，學者對於《初學記》的研究多是簡單而零亂的，以資料利用性質爲主，少有對《初學記》本身内容或體例方面的研究。專門性、綜合性的研究論著出現於現當代。

（一）　體例定名的研究

劉葉秋的《類書簡説》①，彭邦炯《百川匯海——古代的類書與叢書》②，趙含坤《中國類書》③ 三書爲綜合性的類書研究文獻，其中亦有部分章節涉及《初學記》的體例與價值。

李方元、劉張傑在《〈初學記〉樂部資料述略——以前三個子目爲例》中對《初學記》所引音樂資料進行了簡要介紹，並考察了這些資料的分類、體例與排列等問題④。

劉張傑的碩士論文《〈初學記・樂部〉研究》，從文獻學的角度深入探討了《初學記・樂部》的史料來源和體例編排，並在與其他古籍的樂部資料的對比中討論編纂角度與編纂觀念方面的異同，總結《初學記・樂部》知識體系的特點。認爲《初學記》是在堅持傳統音樂分類體系的同時保存了一部分俗樂的内容。這是目前關於《初學記・樂部》研究最完備的文章⑤。可惜此論文比較的對象是《北堂書鈔》、《藝文類聚》、《舊唐書・音樂志》和《通典・樂》，承前的内容多有涉及，而啓後的影響，卻少有論述。

李輝、馮國棟《俄藏黑水城文獻兩件類書定名與拼合》一文，通過比勘研究，考定俄藏黑水城文獻的兩個殘片是唐代類書《初學記》的

---

① 劉葉秋《類書簡説》第四章《常用的類書簡介》，有專門的一節介紹《初學記》，主要以舉例的方式，説明《初學記》敘事部分的編排情況及其優點（第 42—44 頁）。

② 彭邦炯在《百川匯海——古代的類書與叢書》中介紹了類書的緣起、興衰、體例、用途和唐宋的主要類書，其中一節，介紹了《初學記》性質、體例等問題（第 85—89 頁）。

③ 趙含坤在《中國類書》中逐條介紹了歷代類書的情況，涉及的類書數量龐大，因此每條均祇是比較簡略的説明性文字。《初學記》一條，簡述了《初學記》的成書原因、作者、體例及作用（第 43—44 頁）。

④ 李方元、劉張傑：《〈初學記〉樂部資料述略——以前三個子目爲例》，《黄鍾》2005 年第 3 期。

⑤ 詳見劉張傑《〈初學記・樂部〉研究》，華中師範大學碩士論文，2006 年。

内容①。

（二）版本目録的研究

張展舒、錢健《以〈初學記〉爲例剖析分類目録與主題目録結合的類書目録》一文，是最早探討《初學記》目録體系的文章②。

臺灣閻琴南的博士論文《〈初學記〉研究》，對《初學記》的作者、成書年代、編纂體例等皆有考述，而重點在於版本校勘，以中華書局司義祖排印本爲底本，與宋紹興十七年（1147）東陽崇州余四十三郎宅刊本（簡稱"宋本"）、明嘉靖十年（1531）錫山安國桂坡館刊本（簡稱"安國本"）、明嘉靖十三年晉藩虚益堂刊本（簡稱"晉府本"）和明嘉靖十五年建刊白口十行本（簡稱"建本"）逐條進行比勘，兼及明萬曆十五年（1587）三吳徐守銘寧壽堂刊本（簡稱"徐本"）、清乾隆五十一年（1786）文淵閣四庫全書鈔本（簡稱"閣本"）、清光緒間南海孔氏覆刻古香齋鑒賞袖珍本（簡稱"古香齋本"），是目前關於《初學記》版本研究最詳盡、最完整的著作。閻氏另有專文《跋國立中央圖書館藏嚴可均校本〈初學記〉——〈初學記〉版本研究之一》，專門探討嚴可均校本與其他版本的關係；《跋藝文印書館景宋本〈初學記〉——〈初學記〉版本研究之二》，詳細介紹藝文版景宋紹興本《初學記》的版本情況③。

胡道靜在《中國古代的類書》一書中，對《初學記》的編修緣起、具體內容、實用價值和部類、體制、版本、校本及竄亂與謬誤等都有所介紹。尤其著力於版本與校本，《初學記》歷代版本都有簡要介紹與説明，並簡單提及了嚴可均校記、陸心源校記和中華書局司義祖點校本的關係④。

日本學者村田正博《〈翰林學士集〉原態推定のために—資料としての〈初學記〉と〈文苑英華〉》一文，利用《初學記》與《文苑英華》的引文，推定《翰林學士集》的古本原貌⑤。

（三）成書情況的研究

余嘉錫《四庫提要辨正》糾《四庫全書總目》之誤，就《初學記》

① 李輝、馮國棟：《俄藏黑水城文獻兩件類書定名與拼合》，《寧夏社會科學》2005 年第 3 期。

② 張展舒、錢健：《以〈初學記〉爲例剖析分類目録與主題目録結合的類書目録》，《圖書館學研究》1985 年第 5 期。

③ 《木鐸》第 7、8 期。

④ 《中國古代的類書》，第 94—102 頁。

⑤ 《人文研究》（日本）卷 50，第 10 册，1998 年，第 665—683 頁。

的編纂問題提出了新説，指出張説與《初學記》的關係乃是張説因宰相而總領此書①。日本學者市川任三在《四庫提要》和余嘉錫《四庫提要辨正》基礎上，考察前代研究作品，探討了集賢院的成立經過和張説與《初學記》的關係，在認同余嘉錫觀點的同時，提出新説，認爲不題張説之名於書首，乃是其貶官之故②。胡道靜《中國古代的類書》和劉剛的碩士學位論文《隋唐時期類書的編纂及分類思想研究》③中亦有關於《初學記》成書經過的簡略描述。

（四）書籍内容的研究

對書籍本身内容的校勘，亦是《初學記》研究的一個重要方面。李步嘉先生《〈初學記〉校記》一文，以他書（主要是史書）校《初學記》，糾正《初學記》錯誤之處二十一條④。榮國慶的《〈初學記卷十八·師第一〉校勘記一則》校正了《初學記》的錯誤三處⑤。

趙雲峰、劉學禮《我國最早的動植物學教科書——〈初學記〉後四卷之研究》則主要介紹了《初學記》作爲動植物教科書在風格、内容及選材特色方面的意義和價值⑥。

江秀梅《〈初學記〉徵引集部典籍考》一書，以集部典籍爲範圍，對諸書的撰者生平及著作内容進行了詳細考辨，可補《隋書·經籍志》等目録學著作之不足。

蔺華的碩士論文《〈初學記〉與〈白孔六帖〉比較研究》，從兩書的編修背景、編修宗旨、引書方法及版本流傳上進行分析比較，並對兩書的内容和體例作了細緻的比勘，探討了兩書的優劣異同與學術價值⑦。

張振謙《唐代三部類書對唐詩的影響》一文，則主要從科舉考試和童蒙讀物兩方面，以《藝文類聚》、《初學記》、《六帖》爲代表，論述類書對唐代詩歌的影響⑧。

① 《四庫提要辨正》，第954—955頁。
② 詳見其論文《初學記成立考》，《城南漢學》（日本）1968年第10期，第23—35頁。
③ 《隋唐時期類書的編纂及分類思想研究》，東北師范大學碩士學位論文，2004年。
④ 《文獻》1986年第4期。
⑤ 《吉林省教育學院學報》2008年第5期。
⑥ 《生物學雜誌》1987年第1期。
⑦ 《〈初學記〉與〈白孔六帖〉比較研究》，華東師范大學，2006年。
⑧ 《中華文化論壇》2008年第1期。

（五）其他研究

除了以上幾個方面的研究之外，《初學記》在保存古籍原貌和反映唐代文學性質方面的價值，亦有學者撰文研究。

唐雯《〈藝文類聚〉、〈初學記〉與唐初文學觀念》一文，通過對《藝文類聚》、《初學記》及唐人編選的總集和詩格、詩式的分析，認爲雖然官方對六朝文風持貶斥態度，但民間實際上還是繼續重視與喜愛著六朝的傳統①。祁國宏《唐代類書的文學傳播功能——以〈北堂書鈔〉、〈藝文類聚〉、〈初學記〉等對屈宋辭賦的傳播爲例》一文，以《北堂書鈔》、《藝文類聚》、《初學記》等類書對屈宋辭賦作品傳播流布的推動爲個案，探析了唐代類書的文學傳播功能②。

另外戚志芬《中國古代的類書、政書和叢書》，在廣泛介紹類書的基礎上，對《初學記》亦有所研究。重點介紹了此書在查找典故出處和保存古籍佚文方面的價值③。唐光榮《唐代類書與文學》一書，研究類書與文學的關係，間亦有關於《初學記》的分類、內容方面的研究。

三　存在的問題

然而，現當代《初學記》的研究，也有許多不足之處，值得我們重新思量與考索探究。

雖然時至今日，已有不少關於《初學記》的專門性研究論文，但仍缺乏全面、深入地整理《初學記》的文章。目前對《初學記》進行整體性研究的祇有閻琴南、江秀梅和蘭華諸文。閻琴南的論文雖是目前對《初學記》的版本研究最爲深入的論文，然因《初學記》早期版本多已不存，存者或流傳東瀛，或輾轉於私人之手，下落不明，所以《初學記》的版本情況尚有一些不明之處。江秀梅對《初學記》集部引文的作者進行了窮盡性考索，然由於時間所限，目前經、史、子三部尚乏人研究，且江氏主要致力於作者情況的考察，對集部具體引文的情況缺乏比較研究。蘭華的文章，比較了《初學記》與《白孔六帖》的區別，但具體內容的傳承比較，卻並未措意。

---

① 《西安聯合大學學報》2003 年第 1 期。
② 《新世紀圖書館》2007 年第 6 期。
③ 《中國古代的類書、政書和叢書》，第 44—46 頁。

其次，《初學記》在清代，被廣泛地應用於校勘和輯佚，但是上舉王念孫、王引之、段玉裁等人，引用《初學記》校勘古籍，往往祇片言隻語，作爲論述的材料而已，並非是窮盡性的研究。專書研究者，亦缺乏對《初學記》的窮盡性利用。

再次，《初學記》與其他類書的綜合對比研究不足。目録學發展往往注重前後相繼。類書作爲其中的一大類，卻一直没有得到相應的重視。所以關於《初學記》與前代、後代類書在目録、體系上的比較研究，目前亦較缺乏。

鑒於以上的不足，我們認爲《初學記》研究尚任重而道遠，具體内容的窮盡性研究和類書結構的傳承對比還嚴重缺乏，需要做的工作還有很多。

第三節　本文的研究

通過上一節的分析，我們發現前人對《初學記》的研究主要集中在版本、文獻及文化方面，關於《初學記》引文卻少有關注。目前唯一對《初學記》引文進行過比較研究的祇有臺灣的閻琴南。但閻氏亦主要是從版本的角度進行探討。因此本文選擇以《〈初學記〉引經考》作爲論文的題目。原因有二：

其一，唐代距今已有一千多年，在這漫長的過程中，古書歷經多次災厄，加上刻版衆多，門户之見常有發生，故多有脱、衍、倒文、纂改等情况，儒家經典雖自唐代以來，被歷代官方所重視，然亦難逃此命運，今本已遠非古籍原貌。難怪俞樾説：“執今日傳刻之書，而以爲是古人之真本，譬猶聞人言筍可食，歸而煮其簀也。”[①] 宋代以來，就有學者致力於《十三經》及其注疏的校勘，如岳珂的《刊定九經三傳沿革例》、顧炎武的《九經誤字》、錢大昕的《唐石經考異》、沈炳震的《九經辨字瀆蒙》、沈廷芳的《十三經注疏正字》、孫詒讓的《十三經注疏校記》、日人山井鼎與物觀的《七經孟子考文並補遺》等，其中成就最突出的要數阮元的《十三經校勘記》，廣羅古本異文，對《十三經》進行了細密的校勘，並屢有創見。阮氏之作雖爲集前代校勘之大成者，然囿於時代、材料及檢索

---

① 見俞樾《古書疑義舉例·序》。

等方面的原因，仍有不少地方值得商榷，需要補充。《初學記》作爲唐代的類書，引文均爲玄宗朝以前的書籍，往往較之現在的版本更接近原文，有助於恢復和了解古籍原貌。據本人的統計，《初學記》引文共達 11124條。其中引《十三經》1566 條，分別是《禮記》347 條，《左傳》233條，《周禮》230 條，《毛詩》194 條，《尚書》191 條，《爾雅》128 條，《周易》116 條，《論語》56 條，《儀禮》25 條，《孟子》14 條，《公羊傳》14 條，《穀梁傳》14 條，《孝經》4 條。本書以這些引文與現在的經文相對比，判斷變化的原因，探尋古本的面貌，輯録佚文佚注，校勘今本，佐證前人之推測。

其二，如果説延綿中國文化的核心是儒家文化，那麼儒家文化的精髓便是《十三經》。尤其是唐代以來，歷代政權都將其視作科舉的必試科目。在這種文化背景下，古代但凡有點文化的中國人，首先了解的便是《十三經》。因此從這個意義上説，經學也是滲透每個中國人的重要文化基因。但是清代結束以後，對經學的狂熱也跟著那個時代結束了。本書選擇《初學記》引經作爲論文的切入點，除了想以之校勘今本，糾謬考異、説明源流、辨別正僞外，亦希望通過對異文的整理，爲後來的研究者提供更近真實的經本原文，以冀爲經學研究盡一點綿薄之力。

如上節所言，閻琴南先生以中華書局司義祖本爲底本，逐字比對了宋本、安國本、晉府本、建本，參校以徐本、閣本、古香齋本。因此本書即在閻氏的基礎上進行寫作，遇有異文問題，參校閻氏的《〈初學記〉研究》"異文校注"部分。

第二章

《初學記》的體例

第一節　全書體例

《初學記》共 24 部，313 個子目。因此書編纂之目的，是爲了讓皇子們在學習作文時，便於檢事及查看文體，因此該書的體例，也與一般類書有別。編書之始即遵循"以類相從，務要省便"的原則。每一子目下分敘事、事對、詩文三部分。敘事部分，"似劉宋顔延之和梁元帝蕭繹的《撰要》"；事對部分，與《編珠》相似；詩文部分則與《藝文類聚》的詩文相似①。可以説《初學記》的編纂體例，是匯聚之前各種類書優點的結合體。

首爲敘事。

敘事之文，乃是總敘該子目的相關内容。不僅包含名義，亦兼及緣起與沿革變遷。文中多引《爾雅》、《説文》、《釋名》等字書説明含義，亦雜引經史子集，闡述發展變化。闡釋如有不足，編者復加案語。"凡此節文字，多書爲大字"，注文、案語則往往以小字夾注之②，然案語亦有作大字者，故不能一概而論。

《四庫提要》對此部分的評價是："其敘事雖雜取羣書，而次第若相連屬，與他類書獨殊。"③ 其他類書，往往祇是資料的匯總。每一條目下，祇是把徵集到的資料，逐條抄録，並無一定規律。而《初學記》則不同，它是把各種資料按照内容的不同，以一定的順序組織起來，統一在每一子部類目之下。經過整理後的文字，没有拼湊之嫌，語義順暢，宛若天然。

---

① 胡道靜《中國古代的類書》，第 94 頁。
② 闔琴南《〈初學記〉研究》，第 28 頁。
③ 《四庫全書總目提要》，第 1143 頁上欄。

次爲事對。

事對之文，乃爲"綴文"、辭對等文學風氣影響所致。首以大字書事對之辭，下以小字夾注出典。對辭往往是二字對二字，偶或有三字、四字者。出典，往往爲一條對一事。但偶遇複雜之事，亦有書三、四條出典來解釋對辭的情況。出典若詞句晦澀，則復加注文來釋典故。因出典已爲小字夾注，故注文與出典同爲小字，引文與案語間並無明顯標誌，需特別加以分辨。

如《初學記·歲時部上·春》事對"化鳩　歸鴈"："《禮記》曰：'正月鴻鴈來。'來，歸也。北有鴈門，故曰歸鴈。"（45）"來，歸也"明顯是用來解釋前面"正月鴻鴈來"之"來"字。

末爲詩文。

《四庫提要》認爲"其詩文兼錄初唐，於諸臣附前代後，於太宗御製，則升冠前代之首。較《玉臺新詠》以梁武帝詩雜置諸臣之中者，亦特有體例"①。

詩文體頗雜，如前文所言，有詩、賦、篇、文、序、頌、讚、述、詔、制、册、奏、章、表、箋、碑、銘、書、論、啓、牋、約、誡、教、歌、行、吟、辭、詞、誄、墓誌、册文、祝文、雜文、彈文、祭文、集序等諸體②。

每一子目下，詩文種類不一，多爲詩文之一體，亦有詩、賦、頌等多種類型附於同一子目下的情形。詩文下，均先以大字標詩文題，後以小字出詩文具體内容。

第二節　引經體例

《初學記》引經主要出現於"敘事"與"事對"兩部分③，故這裏衹探討敘事與事對引經的情況。敘事與事對的通例，前節已言，因本文比對

---

① 《四庫全書總目提要》，第 1143 頁上栏。
② 閻琴南《〈初學記〉研究》，第 28 頁。
③ 《初學記》引經衹有一處例外，卷十七《人部上·友悌》篇"詩"下引《小雅·棠棣》詩："棠棣之華，鄂不韡韡，凡今之人，莫如兄弟。死喪之威，兄弟孔懷，原隰裒矣，兄弟求矣。鶺鴒在原，兄弟急難，每有良朋，況也永歎。"（426）十三經的其他内容衹出現於敘事與事對兩部分。

的對象祇是《十三經》，故此節祇言與引經相關的情況，其他引文或有類似，但因與本文關係不大，故不再討論。

全祖望云："《孟子》七篇所引《尚書》、《論語》及諸禮文互異者，十之八九。古人援引文字，不必屑屑章句。"① 全氏認爲《孟子》引書常與原句相別，則其他古書引文亦可推而得之。章學誠云："惟是古人著書，援引稱説，不拘於方。"② 可見古人引書並無一定之方。然而這也並不是説古人引文毫無節制，通過對《初學記》引經材料的分析，我們發現《初學記》在引書時往往有以下幾種情況，兹舉例説明。

一　意引

因古人引書多憑記憶，因此意引是《初學記》引經最常見的現象。

（一）《初學記·地部下·湖》敘事："《周官》：'揚州，其浸五湖。'"（139）又同部事對"荆藪　揚浸"："《周禮》曰：'揚州，其浸曰五湖。'"（140）

按《周禮·職方氏》云："東南曰揚州，其山鎮曰會稽，其澤藪曰具區，其川三江，其浸五湖。"③ "敘事"引文題名是"周官"；"事對"引文題名是"周禮"，且較"敘事"多一"曰"字。同一部引文尚且有別，引文多爲意引可知矣。且今本"其浸五湖"前尚有"其山鎮曰會稽，其澤藪曰具區，其川三江"三句，因此"敘事"部分又是對《周禮》的摘引。

（二）《初學記·居處部·宮》敘事："此諸宮，皆範金合土而爲之，以爲貴也。（見《禮記》）"（568—569）

按《禮記·禮運》："後聖有作，然後脩火之利，范④金，合土，以爲臺榭、宮室、牖户。"⑤ 當爲此條引文所出。《初》編者爲與上文相衜接，意引此文，祇在文末標明出處。

（三）《初學記·人部中·富》敘事："《春秋左氏傳》曰：'齊慶氏亡，分其邑與晏子，晏子不受。人問曰：富者，人所欲也，何爲不受？對

---

① 《經史問答》，第 522 頁中欄。
② 《文史通義校注》，第 1040 頁。
③ 《十三經注疏》，第 862 頁上欄。
④ 阮刻本作"范"，疑爲傳刻簡化字。
⑤ 《十三經注疏》，第 1416 頁上欄。

曰：無功之賞，不義之富，禍之媒也。我非惡富，恐失富也。'"（442）

按《左傳·襄公二十八年》："及慶氏亡，皆召之，具其器用而反其邑焉。與晏子邶殿，其鄙六十，弗受。子尾曰：'富，人之所欲也，何獨弗欲？'對曰：'慶氏之邑足欲，故亡。吾邑不足欲也，益之以邶殿，乃足欲。足欲，亡無日矣。在外不得宰吾一邑。不受邶殿，非惡富也，恐失富也。'"① 《初》引文乃編者之概括，然較之原文似更簡潔，且文采飛揚，故後世類書往往轉引其語而徑標《左傳》之名。如《古今事文類聚·別集》卷二九引文即與《初》全同。

二　合引

《初學記》每一小部之"敘事"乃該小部主要內容之綜述。正如《四庫提要》所言"其敘事雖雜取群書，而次第若相連屬，與他類書獨殊"，敘事部分的內容文意統一，語氣連貫，讀來朗朗上口，較之唐時的其他類書實勝一籌。然編者有時強求一致，將不同章節的內容標於同一總名之下，有時會造成不必要的困擾，這部分內容我們將在下文"《初學記》引經存在的問題"中詳細講述。這裏祇舉數例以説明。

（一）《初學記·禮部上·宗廟》："《禮記》曰：'天子七廟，三昭三穆，與太祖之廟而七。諸侯五廟，二昭二穆，與太祖之廟而五。大夫三廟，一昭一穆，與太祖之廟而三。士一廟。庶人祭於寢。遠廟爲祧，去祧爲壇，去壇爲墠，去墠爲鬼。'"（322）

按：此段引文"天子七廟"至"庶人祭於寢"爲《禮記·王制》的內容，"遠廟爲祧"至末尾爲《禮記·祭法》的內容。而且今本《祭法》作：

> 遠廟為祧，有二祧，享嘗乃止。去祧為壇，去壇為墠，壇、墠有禱焉，祭之；無禱，乃止。去墠曰鬼。諸侯立五廟，一壇一墠，曰考廟，曰王考廟，曰皇考廟，皆月祭之。顯考廟，祖考廟，享嘗乃止。去祖為壇，去壇為墠，壇、墠，有禱焉祭之；無禱，乃止。去墠為鬼。②

---

① 《十三經注疏》，第 2001 頁上欄。
② 同上書，第 1589 頁上欄。

爲求簡練，《初學記》編者省掉了具體形式，祇保留這些祭祀的名稱。

（二）《初學記·禮部上·祭祀》敘事：“《禮記》：孟春之月，其祀戶，祭先脾。孟夏之月，其祀竈，祭先肺、中央土；其祀中霤，祭先心。孟秋之月，其祀門，祭先肝。孟冬之月，其祀行，祭先腎。天子祭天地，祭四方，祭山川，祭五祀，歲徧。諸侯方祀，祭山川，祭五祀，歲徧。大夫祭五祀，歲徧。士祭其先。祭日於壇，祭月於坎。日於東，月於西（以別幽明，以別內外）。祭不欲數。數則煩，煩則不敬。祭不欲疏。疏則怠，怠則忘。王立七祀（曰司命，曰中霤，曰國門，曰國行，曰泰厲，曰戶，曰竈），諸侯五祀（曰司命，曰中霤，曰國門，曰國行，曰公厲），大夫三祀（曰族厲，曰門，曰行），士二祀（曰門，曰行），庶人一祀（或立戶，或立竈）。夫聖王之制祭祀也，法施於民則祀之，以死勤事則祀之，以勞定國則祀之，能禦大災則祀之，能捍大患則祀之。日月星辰，人所瞻仰；山林、川谷、邱陵，人所取材用也。非此族也，不在祀典（族猶類也）。”（317）

按：上引文字乃《月令》、《曲禮下》、《祭義》、《祭法》等四章的合引，而《初學記》祇標《禮記》這個大標題。引文“孟春之月，其祀戶……孟冬之月，其祀行，祭先腎”爲《月令》之內容；“天子祭天地……士祭其先”爲《曲禮下》的內容；“祭日於壇……怠則忘”爲《祭義》的內容；“王立七祀”以下的內容均出自《祭法》。這篇錯綜複雜的引文，由四時之祭而及天子至士大夫的祭祀，進而言祭祀的方法與對象，語義上前後相承，毫無間斷。因此我們在使用《初學記》敘事的引文時，尤其要注意與原文的對比與校勘。

三　選引

引文爲表意需要或爲簡練起見，有時會選擇原文某幾處文字，拼合在一起，表達同一個內容。舉例如下：

（一）《初學記·禮部上·宗廟》事對“冬薦　秋嘗”：“《毛詩》曰：‘《潛》：季冬薦魚，孟春獻鮪也。猗歟漆沮，潛有多魚；以享以祀，以介景福。’”（323）

按《詩·周頌·潛》：“季冬薦魚，春獻鮪也。猗與漆沮，潛有多魚。

有鱣有鮪，鰷鱨鰋鯉。以享以祀，以介景福。"① 《初》引文較今本《潛》詩少"有鱣有鮪，鰷鱨鰋鯉"句。蓋因此句與對辭"冬薦"關係較遠，故編者省之。

（二）《初學記・器物部・弁》事對"麟韋 象邸"："《周禮》曰：'弁師掌王之皮弁，象邸玉笄也。'"（623）

按《周禮・夏官・弁師》： "王之皮弁，會五采玉璂，象邸，玉笄。"② 比之今本《周禮》，知《初學記》乃節引《周禮》經文也。《初》引《周禮》文是爲了說明事對主題"象邸"，故祇取與"象邸"相關文字，"會五采玉璂"句，不涉"象邸"，《初》編者即略之。

（三）《初學記・居處部・門》："大夫士出入君門，由闑右，不踐閾。凡與客入者，每門讓於客。客至於寢門，則主人請入爲席。主人入門而右，客入門而左（見《禮記》）。"（582）

按《禮記・曲禮上》："大夫士出入君門，由闑右。不踐閾。凡與客入者，每門讓於客。客至於寢門，則主人請入爲席。然後出迎客，客固辭，主人肅客而入。主人入門而右，客入門而左。"③ 今本"則主人請入爲席"句後，較之《初》引文多"然後出迎客，客固辭，主人肅客而入"句。因此禮節繁雜，《初》引文選引刪此句，句意亦完整，編者故刪之。

（四）《初學記・器物部・飯》："《禮記》曰：'毋摶飯，毋放飯，毋揚飯。'"（637）

按《禮記・曲禮上》："毋摶飯，毋放飯，毋流歠，毋咤食，毋齧骨，毋反魚肉，毋投與狗骨，毋固獲，毋揚飯。"④ 今本較《初》引文多"毋流歠，毋咤食，毋齧骨，毋反魚肉，毋投與狗骨，毋固獲"句。乃因《初學記》選引句首與句尾故也。

（五）《初學記・獸部・羊》："《禮記》曰：'凡祭宗廟之禮，羊曰柔毛。'"（709）

按《禮記・曲禮下》作： "凡祭宗廟之禮，牛曰一元大武，豕曰剛鬣，豚曰腯肥，羊曰柔毛。"⑤ 今本較之《初》引文多"牛曰一元大武，

---

① 《十三經注疏》，第 595 頁下欄。
② 同上書，第 854 頁下欄。
③ 同上書，第 1238 頁中欄。
④ 同上書，第 1242 頁下欄。
⑤ 同上書，第 1269 頁上欄。

豕曰剛鬣，豚曰腯肥”句。《初》因此節主題爲“羊”，故祇節選與羊相
關的内容。

（六）《初學記·儲宫部·皇太子》事對“五稱　三至”：“《禮記》
曰：‘文王之爲世子，朝於王季日三，雞初鳴而至於寢門外，問内豎之御
者曰：今日安否何如？内豎曰：安。文王乃喜。及日中又至，亦如之；及
暮又至，亦如之。’”（231）

按：“雞初鳴而至於寢門外”句，今本《禮記·文王世子》作“雞初
鳴而衣服，至於寢門外”①。古本《禮記》當有“而衣服”三字。《文選》
卷二十“伊昔周儲，聿光往記”下李善注引《禮記》文曰：“雞初鳴而衣
服。”②《初學記·人部上·孝》事對“問豎　求醫”引《禮記》與《文
選》同（420），《詩·柏舟》孔疏引《禮記》亦同③。此例《初》引文無
“而衣服”，當亦是選引故也。

上文已討論《初學記》引經時常選摘語詞引之，對於經注，更是如
此，如：

（七）《初學記·器物部·脯》事對“正脊通幹　左胊右末”：“《禮
記》曰：‘以脯脩置者，左胊右末。’鄭玄注曰：‘屈中曰胊。’”（642）

按《禮記·曲禮上》鄭注：“亦便食也。屈中曰胊。”④ 因事對之辭
是“左胊右末”，是引文之注祇選取與“左胊右末”相關的部分。“亦便
食也”乃是解釋上文“以脯脩置者”之語，故編者在引用時將其省略。

（八）《初學記·中宫部·皇后》事對“脩母道　聽女順”：“《禮記》
曰：‘后脩女順，母道也。’鄭玄曰：‘母者，施陰教於婦也。’”（222）

按《禮記·昏義》鄭注作“父母者，施教令於婦子者也”⑤。今本
《禮記》鄭注較之《初學記》引文，多“父教子”之内容。乃因原文上
句爲：“天子脩男教，父道也。”⑥《初學記》因事對主題爲“脩母道聽女
順”，引正文時祇取與主題相關的“後脩女順，母道也”句，引鄭注時亦
相應地捨去了“父教”相關的内容。

---

① 《十三經注疏》，第 1404 頁上欄。

② 《文選》，第 290 頁下欄。

③ 《十三經注疏》，第 313 頁上欄。

④ 同上書，第 1242 頁上欄。

⑤ 同上書，第 1682 頁上欄。

⑥ 同上。

四　注文提示式

《初學記》引文，除了在引文前加書名或作者作爲引文題識外，亦有於文末以小字加注的方式説明出處或説明文字讀音及釋義的情況。因釋義較爲常見，故本书祇簡要介紹小字説明出處和注音的兩種情況。

（一）指明出處

《初學記》引經，有時會直接接於另一本書的内容之後，中間不加提示，祇在内容之後用小字作注以明出處。讀者若不細辨，乍讀之下，易誤認爲前一書的内容。例如下：

《初學記·政理部·賞賜》敘事：“《説文》曰：‘賞，賜有功也。’賜也者，命也；(見鄭玄《禮記注》) 惠也。(見何晏《論語注》)”（471）

按《説文·貝部》：“賞，賜有功也。”“賜，予也。”① 可知引文“賜也者，命也”句非出於《説文》。小字注作《禮記注》。核之《禮記·曲禮上》“三賜不及車馬”鄭注曰：“三賜，三命也。”② 《初》之注當是由此句概括而來。然何晏《論語集解》無“賜，惠也”之語，唯《論語·憲問》“民到于今受其賜”句，何晏集解：“受其賜者，爲不被髮左衽之惠。”③ 疑爲據此句意引。

（二）標注讀音

《初》編者在引文出現生僻字時，會在字下以小字加注的方式標出該字的讀音，且多以直音法表示。如：

《初學記·器物部·脯》敘事：“《周禮》曰：‘腊人掌乾肉，凡田獸之脯腊膴胖之事。(夫物解肆乾之，謂之乾肉；薄切曰脯，捶之而施薑桂曰腶。修，腊小物而乾者。) 祭祀，共豆脯、薦脯、膴 (呼) 胖。’”（641）

按：“膴”、“呼”音同，故以常見字“呼”來表“膴”字讀音。

五　句末總結式

《初學記》引經，往往在引文末尾加上編者的總結，或以“是也”作爲結束的標誌。

---

① 《説文解字》，第 130 頁下栏。
② 《十三經注疏》，第 1233 頁上栏。
③ 同上書，第 2512 頁上栏。

（一）今按

《初學記·州郡部·山南道》敘事："《尚書》曰：'荆及衡陽惟荆州，華陽黑水惟梁州。'今按：荆州之南界屬江南道，東界入淮南道；梁州自劍閣而南爲劍南道，其北垂又入隴右道。"（181）

按：此乃引《尚書·禹貢》語，"今按"後接編者案語，以與前面的引文相區分。

（二）按

《初學記·州郡部·關内道》敘事："《尚書》曰：'黑水西河惟雍州。'按：雍州自隴而西，分爲隴右道。"（171）

按：引文"按"字後，即爲編者案語。

（三）"是也"結尾

《初學記》引經結束之後，有時會在末尾加上"是也"二字以與後面的内容相區分。讀者如果不懂這種體例，往往易將後面的文字誤認爲出自同一本書。如：

1. 《初學記·政理部·貢獻》敘事："《周禮》：'以九貢致邦國之用：一曰祀貢，二曰嬪貢，三曰器貢，四曰幣貢，五曰財貢，六曰貨貢，七曰服貢，八曰斿貢，九曰物貢。'是也。獻者，謂貢篚錫貢之外所進奉者也。"（474）

按："是也"前面爲《周禮》引文，後面爲編者語。"是也"是前一段引文結束的標誌。

2. 《初學記·武部·漁》敘事："《詩》曰：'魚離于罶鱨鯊'，是也。罶者，以柴橑爲之。"（544）

按：引文出自《詩·小雅·魚麗》。"是也"是引文結束的標誌，"罶者，以柴橑爲之"句今本《魚麗》無，非《詩》文，乃編者從他處所引之注。

（四）無標誌的總結

引文之後加編者案語，如上文所言，有加"今案"者，亦有加"按"者，但更多的時候是沒有任何標誌，即在引文之後加案語。例如：

1. 《初學記·文部·經典》事對"備三聖　掌四方"："《周禮》曰：'掌四方之志。'鄭玄注曰：'志，記也，謂若魯之春秋，晉之乘，楚之檮杌。'已上《春秋》。"（501）

按：此乃引《周禮·春官·外史》語，句末之"已上《春秋》"非

《周禮》文，乃編者對前文出處的總體説明。因先秦史書通名“《春秋》”，“魯之春秋，晉之乘，楚之檮杌”皆可概言曰“《春秋》”，故編者於句末總結“以上《春秋》”。

2.《初學記·政理部·貢獻》敘事：“《禮記》曰：‘獻車馬執綏，獻馬者執靮，獻人虜者操右袂，執琴瑟者上左手，獻几者拂之，獻杖者執其末。’此其制也。”（474）

按：最後一句“此其制也”非《禮記》內容，乃編者對諸物獻法的總結。

3.《初學記·政理部·賞賜》敘事：“《説文》曰：‘賞，賜有功也。’……《禮記》曰：‘天子賜諸侯樂’……又曰：‘君賜車馬，乘以拜，賜衣服，服以拜。賜，君未有命，弗即乘服。凡賜，君子與小人不同日。’此賞賜之義。”（472）

按：末句“此賞賜之義”，非《禮記》文，乃是對這整一段敘事內容的總結。《初學記》引文從《説文》到《禮記》，所敘都是與賞賜相關的內容，故句末加編者之總結。

六 “又曰”提示新引文

《初學記》引用一書的內容之後，又引該書其他章節段落的文字，有時會在前一引文後加“又曰”以説明，如：

（一）《初學記·人部中·貧》敘事：“《毛詩》曰：‘出自北門，憂心殷殷；終窶且貧，莫知我艱。’又曰：‘自我徂爾，三歲食貧。’”（444）

按：“出自北門，憂心殷殷；終窶且貧，莫知我艱”出自《詩·邶風·北門》。“自我徂爾，三歲食貧”出自《詩·衛風·氓》。因兩詩均出自《詩經》，故總於《毛詩》名下，但因屬於不同篇章，故編者以“又曰”相區分。

（二）《初學記·人部上·友悌》敘事：“《論語》曰：‘孝弟也者，其爲仁之本與。’又曰：‘孝乎惟孝，友于兄弟。’”（423）

按：“孝弟也者，其爲仁之本與”句出自《論語·學而》，“又曰”後“孝乎惟孝，友于兄弟”句出自《論語·爲政》。因兩引文出自《論語》不同的篇章，故統之於《論語》的總名下而又“又”區別不同篇章。

七　引文補足原書省略成分

對於經文承前省略，或因上文相對應而省略的句子成分或含義，《初》編者因祇引其中一段，爲使句意明了，往往補足省略部分。舉例如下：

（一）《初學記·歲時部上·秋》事對“逆寒　迎氣”：“《周禮》曰：‘籥章掌仲秋擊土鼓，吹豳詩，以逆寒氣。’”（55）

按：《周禮·春官·籥章》作“中春晝擊土鼓，龡《豳詩》，以逆暑。中秋夜迎寒，亦如之”①。據文意可知，中秋夜亦當擊土鼓，龡《豳詩》，以迎寒。故《初》編者補足之。此非《周禮》原文，然據《周禮》原文文意補足，故仍題“《周禮》曰”。

（二）《初學記·武部·箭》事對“金僕　石砮”：“《左傳》曰：‘魯莊公以金僕姑射南官長萬。’杜預注曰：‘金僕姑，矢名也。’”（535）

按：《左傳·莊公十一年》作“公以金僕姑射南宮長萬”②。今本不作“魯莊公”，逕作“公”，因此爲《莊公十一年》的内容，“公”即指“魯莊公”。但《初》因無上下文之提示，祇言“公”，讀者會不知所云，故作全稱以明確所指對象。

（三）《初學記·州郡部·河南道》事對“華泉　歷井”：“《左傳》曰：‘逢丑父使齊頃公下，如華泉取飲。’”（170）

按：《左傳·成公二年》作“丑父使公下，如華泉取飲”③。《初》引文較今本《左傳》“丑父”前多“逢”字，“公”前多“齊頃”二字。此乃《左傳》上文已提及“逢丑父”與“齊頃公”，故再言時爲行文簡便故，“丑父”舍其氏，祇稱其名；“齊頃公”亦祇稱“公”。但《初》引文無上下文作鋪墊，故編者出其全名以防相混。

第三節　引注體例

鄭玄注是《禮記》現存最常見的注文，《初學記》引鄭玄注，或明言

---

①　《十三經注疏》，第 801 頁下欄。

②　同上書，第 1770 頁中欄。

③　同上書，第 1895 頁上欄。

出自鄭玄，或暗引，無一定之規矩。在引用《禮記》時，亦出現了高誘注。而於高誘注，每引必注明"高誘注"。因當時孔穎達的《五經正義》已經取得正統地位，深入人心。《禮記》注一般情況下被默認爲出自鄭玄，高誘注則情況較爲特殊。

遍檢《隋書·經籍志》、《舊唐書·經籍志》、《新唐書·藝文志》和《經典釋文·序錄·注解傳述人》均没有提及高誘曾注《禮記》之事。若高誘不曾作《禮記注》，那麼《初學記》引用《禮記》時出現的高誘注，又是從何而來？高誘在《呂氏春秋序》中，大致交代了他的注書範圍。"正《孟子》章句，作《淮南》、《孝經》解畢訖"，又注《呂氏春秋》①。除上述四書外，高誘還作了《戰國策注》②。《禮記》文下的高誘注，當是出自以上幾種注文之一③。蓋因《呂氏春秋·十二紀》之首、《淮南子·時則》與《禮記·月令》來源相關，故於《月令》下引高誘注。如：

（一）《初學記·歲時部上·春》敘事："《禮記·月令》曰：'孟春之月，日在虚，昏昴中，曉心中……律中太簇（倉豆反。律，候氣之管，以銅爲之，中猶應也。高誘注曰："萬物動生，簇地而出，故曰太簇。"）……（此陽氣蒸運，可耕之候。）'"（43）

按《呂氏春秋·孟春紀》："律中太蔟，其數八。"高誘注曰："萬物動生，蔟地而出，故曰'律中太蔟'。"④《初學記》引文中之《禮記注》，當是從《呂氏春秋》此條高誘注而來。

（二）《初學記·歲時部上·夏》敘事："《禮記·月令》曰：'孟夏之月，日在昴，昏翼中，曉牽牛中。……律中仲吕（高誘注曰："陽散在外，陰實在中，所以旅陽成功，故曰仲吕也。"）。螻蟈鳴，蚯蚓出；王瓜生，苦菜秀；（螻蟈，蛙也；王瓜，萆挈也。高誘曰："螻蟈，蝦蟆也。萆，蒲結反。"）靡草死，麥秋至；斷薄刑，決小罪。（靡草，薺葶藶之屬。）'"（49）

按：引文中的高誘注，分别出自《淮南子》和《呂氏春秋》。《淮南

---

① 高誘《呂氏春秋序》，陳奇猷《呂氏春秋新校釋》之高誘序，第 2 頁。

② 《隋書·經籍志》，第 959 頁。詳可參《隋書·經籍志》，第 903—1104 頁。

③ 王鍔在《〈禮記〉成書考》中云："《禮記》在鄭玄以前，已有馬融、盧植、高誘等人爲之作注。"其説疑誤。古人作注，遇前人在相關字詞已有注者，往往徑引其文。如《史記》司馬貞索隱即曾引高誘注，但不得謂高誘注《史記》。《禮記》亦是同樣的道理，《初學記》引《禮記》，凡言高誘注者，均可在高誘的其他著作中找到原文。

④ 《呂氏春秋新校釋》，第 4 頁。

子·時則》："律中仲吕其數七。"高誘注曰："是月陽散在外，陰實在中，所以旅陽成功，故曰仲吕。"①《吕氏春秋·孟夏紀》："螻蟈鳴蚯蚓出。"高誘注："螻蟈，蝦蟆也。"② 當是引文高誘注所從出。

其實不僅在注解《禮記》時，《初》因引文内容相同或相近，借《吕氏春秋》和《淮南子》的高誘注作爲解釋。在注解其他書籍時，亦存在類似的情況。如：

（三）《初學記·禮部下·婚姻》敘事："《禮記》曰：'男女非有行媒，不相知名。（鄭玄曰："媒之言謀也。謀合異類，使和成也。"）'"（354）

按：《禮記·曲禮上》："男女非有行媒，不相知名。"鄭注曰："見媒往來傳昏姻之言，乃相知姓名。"③ 今本鄭注無《初》之引文。《周禮·地官司徒·敘官》："媒氏，下士二人，史二人，徒十人。"鄭注曰："媒之言謀也，謀合異類，使和成者。"④ 爲《初》注文所出。《初》引文正以《周禮》鄭玄注解釋《禮記》也。

（四）《初學記·禮部上·祭祀》敘事："《左傳》：'龍見而雩。'雩，旱祭也。"（317）

按《左傳·桓公五年》："龍見而雩。"⑤ 但無"雩，旱祭也"之語，杜注亦無。《周禮·春官·司巫》："若國大旱，則帥巫而舞雩。"鄭玄注："雩，旱祭也。"⑥《初》"雩"字注當據《周禮》鄭玄注而來。

---

① 《淮南鴻烈集解》，第 167 頁。

② 《吕氏春秋新校釋》，第 192 頁。

③ 《十三經注疏》，第 1241 頁上欄。

④ 同上書，第 698 頁下欄。

⑤ 同上書，第 1749 頁上欄。

⑥ 同上書，第 816 頁上欄。

第 三 章
異文研究(上):因形嬗變

隨著時代的變遷，漢字的字形逐漸改變。從甲骨文、金文到篆書、隸書、楷書，文字經歷了多個不同的發展階段。漢字在各個階段字形往往有所變化，即使在同一時期，由於異體、俗寫、避諱等因素的影響，也會出現一字多形的情況。《初學記》引經異文中，亦有因字形變化引起的異文現象。本節擬從字形的角度對這些情況進行分析。

第一節　古今字

對於古今字的概念，學界歷來有不同的界定。比較通用的是洪成玉的觀點。他在《古今字》中說：

> 古今字是漢字在發展中所產生的古今異字的現象。這種現象的產生，與漢字和漢語的關係密切相關。漢字是詞符音節文字……古代漢語的書面語言，在多數情況下，一個漢字所記錄的是一個詞。詞是語言中最活躍、對社會最敏感的部分。隨著社會的發展，語言爲了滿足交際的需要，原有的詞會引申出新的詞義，新的詞也會不斷的產生。詞義的引申，新詞的產生，必然會要求記錄詞的漢字也相應的發展變化。文字具有穩定性的特點。開始的時候，新的詞義或新的詞，往往由原來的字兼任。隨後，爲了區別新舊詞義或新舊詞，同時也是爲了減輕原有漢字的負擔，就以原字的形體爲基礎，或增加偏旁，或改變偏旁，另造一個新字。我們把這種文字現象稱爲古今字。[①]

本书爲與下文的異體字、通假字相區別，基本采用洪氏的説法。即由

---

① 《古今字》，第 1 頁。

母字分化而來的後起字，其與母字之間的關係，我們稱之爲古今字。

一　《初學記》引文爲古字

【盾—楯】

《初學記·樂部上·舞》事對"執盾　持矛"："《尚書》曰：'苗民逆命，帝誕敷文德，舞干羽于兩階。'孔安國注：'干，盾；羽，翳也，皆舞者之所執也。'"（380）

按：《尚書·大禹謨》僞孔傳"盾"作"楯"①。考《説文·盾部》曰："盾，瞂也。所以扞身蔽目。象形。凡盾之屬皆从盾。"② 《詩·大雅·公劉》："干戈戚揚。"鄭箋："干，盾也。"③ 陸德明《釋文》："盾，字又作楯。"④ 干盾的"盾"也寫作"楯"，"楯"乃"盾"的後起增旁字。《初學記》引作"盾"，從古字也。

【卬—仰】

《初學記·居處部·門》事對"析羽　卬車"："《周禮》：'掌舍，掌王之會同之舍，設梐枑再重，設車宮、轅門。'鄭玄注曰：'謂王行次，車以爲藩，則卬車轅表門。'"（583）

按：鄭注的"卬"字，今本《周禮·天官·掌舍》注作"仰"⑤，卬、仰古今字。《説文·匕部》："卬，望欲有所庶及也。从匕，从卪。"⑥ 朱駿聲《通訓定聲》："卬即仰之古文。"⑦《荀子·議兵》："上足卬，則下可用也。"楊倞注亦曰："卬，古仰字。"⑧《初學記》引文用古字也。

【賁—墳】

《初學記·器物部·燭》敘事："《周禮》曰：'凡邦大事，司烜氏共賁燭（麻燭也。一云大燭），祭祀共明燭（以燧取明火於日）。'"（616）

按：引文"賁"字《周禮·秋官·司烜氏》作"墳"⑨。"賁燭"即

---

① 《十三經注疏》，第 137 頁中欄。
② 《説文解字》，第 74 頁上欄。
③ 《十三經注疏》，第 541 頁下欄。
④ 《經典釋文》（通志堂本），第 94 頁下欄。
⑤ 《十三經注疏》，第 676 頁上欄。
⑥ 《説文解字》，第 168 頁下欄。
⑦ 《説文通訓定聲》，第 900 頁上欄。
⑧ 《荀子集解》，第 270 頁。
⑨ 《十三經注疏》，第 885 頁中欄—下欄。

大燭也。賁、墳義同。《詩·大雅·靈臺》:"賁鼓維鏞。"毛傳:"賁,大鼓也。"① 是"賁"有"大"義。《爾雅·釋詁上》:"墳,大也。"② 是"墳"亦有大義。"墳"當爲"賁"的後起增旁字。

【疏—蔬】

《初學記·禮部上·宗廟》敘事:"《禮記》曰:'凡祭宗廟之禮,牛曰一元大武……稻曰嘉疏,韭曰豐本,鹽曰鹹醝,玉曰嘉玉,幣曰量幣。'"(323)

按:引文"疏"字《初學記·寶器部(花草附)·五穀》敘事引《禮記》文同(660),《禮記·曲禮下》作"蔬"③。考《説文·食部》:"饉,蔬不孰爲饉。"④ 段注:"許書無蔬字,此蔬当是本作疏,疏之言正也。凡艸菜可食者皆有根足而生也。"⑤《疋部》:"疏,通也。"是疏字本義爲疏通。蔬菜之蔬乃其假借義也。後人爲與疏通義相别,故别造"艸"頭之"蔬"字表蔬菜義。

【防—坊】

《初學記·禮部下·葬》事對"馬鬣　龍耳":"《禮記》曰:'孔子之喪,有自燕來觀者,舍於子夏氏。子夏曰:聖人之葬人,與人之葬聖人也,子何觀焉?昔夫子言曰:吾見封之若堂者矣,見若防者矣,見若覆夏屋者矣,見若釜者矣。吾從若釜者焉。馬鬣,封之謂也。'"⑥

按:引文"防"字《禮記·檀弓上》作"坊"⑦。考《説文·𨸏部》:"防,隄也。从𨸏,方聲。堨,防或从土。"⑧ "防"字本義爲堤坊,上例即用其本義。《説文》無"坊"字。《新附》曰:"坊,邑里之名。从土,方聲。古通用堨。"⑨ 鄭珍《新附考》:"按:《説文》防或从土作堨,本訓堤也。……見其文字从𨸏又加土,本贅。《禮記》多作'坊',《坊記》注云'坊'同'防',知漢人去'𨸏'移'土'成'坊'字,後人乃以

---

① 《十三經注疏》,第 525 頁上栏。
② 同上書,第 2568 頁中栏。
③ 同上書,第 1269 頁上栏。
④ 《説文解字》,第 108 頁上栏。
⑤ 《説文解字注》,第 222 頁上栏。
⑥ 《十三經注疏》,第 360 頁。
⑦ 同上書,第 1292 頁上栏。
⑧ 《説文解字》,第 305 頁上栏。
⑨ 同上書,第 290 頁上栏。

爲邑里專名。"① 是防、坊亦古今字也。

二　《初學記》引文爲今字

【雷—靁】

《初學記·天部上·雷》敘事："《詩》云：'殷其雷。殷音隱，雷聲。'"（20）

按：引文"殷其雷"的"雷"字《詩·召南·殷其靁》作"靁"②。陳奐《詩毛氏傳疏》："靁，古雷字。"《文選·馬融〈長笛賦〉》："靁歎頽息，招膚擽摽。"李善注："靁與雷古今字也。"③ 是《初》作"雷"，用今字也。

【航—杭】

《初學記·地部中·河》事對"汎栢　航葦"："《毛詩》曰……又曰：誰謂河廣，一葦航之。'"（121）

按：引文"航"字《詩·衛風·河廣》作"杭"④。考《説文》有"杭"無"航"。《説文·手部》："抗，扞也。从手，亢聲。杭，抗或从木。"⑤ "杭"字本義爲抵抗，與《詩》之"杭"義無關，因古無"航"，故借用"杭"。段玉裁於"斻"字下曰："杭即斻字，計謂一葦可以爲之舟也。舟所以渡，故謂渡爲斻。"⑥ 而"斻"即"航"字。然"斻"字古籍少用。後世因航行與舟船有關，專以"舟"爲形旁造"航"字，"杭"字遂專指地名。

【駟—四】

《初學記·武部·轡》事對"在手　正身"："《毛詩》曰：'駟牡孔阜，六轡在手。'"（538）

按：《毛詩·秦風·小戎》"駟"作"四"⑦。徐鍇《説文解字繫傳·

---

① 《説文新附考》，第 336 頁上欄。

② 《十三經注疏》，第 289 頁下欄。

③ 《文選》，第 251 頁上欄。

④ 《十三經注疏》，第 326 頁下欄。

⑤ 《説文解字》，第 257 頁上欄。

⑥ 《説文解字注》，第 404 頁下欄。

⑦ 《十三經注疏》，第 370 頁下欄。

馬部》："駟，一乘也。从馬四聲。臣鍇曰：'四馬也。'"① 徐灝《説文解字注箋》："馬必四，故四馬爲一乘。引申之，凡物四曰乘。如乘矢、乘皮、乘韋、乘壺皆是。箋曰……恒駕四馬，故四馬謂之一乘，相承增馬旁作駟。"② 故四、駟古今字也。

【視—眡】

《初學記·政理部·醫》敘事："《周官》曰：'疾醫掌萬民之疾病。四時皆有癘疾：春時有痟首疾，夏時有痒疥疾，秋時有瘧寒疾，冬時有嗽上氣疾（痟，酸削也；首疾，頭病）。以五穀五藥養其病（養猶治也），以五色、五氣、五聲視其死生。兩之③以九竅之變，參之以五藏之動，凡民之有疾病者，分而治之。'"（484）

按：引文"視"字《周禮·天官·疾醫》作"眡"④。考《説文·見部》："瞻也。从見、示。眡，古文視。眎，亦古文視。"⑤ 則眡、視古今字。段玉裁在《周禮漢讀考》中亦云，眡、視古今字⑥。《周禮》作"眡"，存古字也。

【愷—豈】

《初學記·器物部·酒》事對地"鎬飲　沛酣"："《詩》曰：'王在在鎬，愷樂飲酒。'"（634）

按：《詩·小雅·魚藻》"愷"作"豈"⑦。鄭箋曰："豈亦樂也。"⑧《爾雅·釋詁上》："愷，樂也。"⑨《説文·豈部》："愷，康也。"⑩ 又心部："愷，樂也。"⑪ 豈部："豈，還師振旅樂也。一曰欲也，登也。从豆，微省聲。"⑫ 是"愷"當是"豈"的後起分化字，是表示"樂"義的後起

---

① 《説文解字繫傳》，第 194 頁下欄。
② 《説文解字注箋》，第 284 頁下欄。
③ 嚴陸校"兩之"作"察之"。
④ 《十三經注疏》，第 667 頁下欄。
⑤ 《説文解字》，第 177 頁下欄。
⑥ 《周禮漢讀考》，第 194 頁下欄。
⑦ 《十三經注疏》，第 488 頁下欄。
⑧ 同上。
⑨ 同上書，第 2569 頁上欄。
⑩ 《説文解字》，第 102 頁下欄。
⑪ 同上書，第 217 頁上欄。
⑫ 同上書，第 102 頁下欄。

本字。

【法—灋　醍—緹】

《初學記·器物部·酒》敘事："《周禮》曰：'酒正掌酒之政令，以式法授酒材，辨五齊之名。一曰泛齊，二曰醴齊，三曰盎齊，四曰醍齊，五曰沉齊……辨三酒之物，一曰事酒，二曰昔酒，三曰清酒。（事酒，如今之釋酒也；昔酒，久酒，今之舊釋也，清酒，今之冬釀夏成者也。）'"（633）

按：引文"法"字今本《周禮·天官·酒正》作"灋"①。灋、法古今字。《說文·廌部》："灋，刑也……法，今文省。"②《周禮·天官·大宰》："以八灋治官府。"陸德明《釋文》曰："灋，古法字。"③ 孫詒讓《周禮正義》亦曰："凡經皆作灋，注皆作法。經例用古字，注例用今字也。"④

又《說文·糸部》："緹，帛丹黃色。"⑤《說文》無"醍"字。《說文新附·酉部》："醍，清酒也。"⑥ 鄭珍《說文新附考》："《酒正》'緹齊'注曰：'緹者成而赤紅。'疏曰：'其色紅赤，故以緹名之。'是緹本紅赤色酒，因其色得名。後乃改從酉。"⑦ 鄭氏謂"緹"之本義即爲"紅赤色酒"，非是。如《說文》所說，"緹"的本義爲橘紅色絲織品，因酒色與這種絲織品的顏色相近，故謂之緹齊。後因此與酒有關，改從"酉"，故"醍"乃後人所造的分化字。

【仲—中】

《初學記·歲時部上·秋》事對"獻裘　授几"："《周禮》曰：'司裘掌爲大裘，以供王祀天之服，仲秋獻良裘，季秋獻功裘。'"（55）

按：引文"仲"字《周禮·春官·天府》作"中"⑧。考《說文·人部》："仲，中也。從人從中，中亦聲。"⑨ 段玉裁注："古中、仲二字互

---

① 《十三經注疏》，第 668 頁下欄。
② 《說文解字》，第 202 頁下欄。
③ 《十三經注疏》，第 646 頁上欄。
④ 《周禮正義》，第 63 頁。
⑤ 《說文解字》，第 274 頁上欄。
⑥ 同上書，第 313 頁下欄。
⑦ 《說文新附考》，第 339 頁下欄。
⑧ 《十三經注疏》，第 683 頁上欄。
⑨ 《說文解字》，第 162 頁上欄。

通。"① 中、仲實即一字也。甲骨文中"仲"但作"中"。羅振玉在《殷虛書契考釋》中説："此伯仲之仲。古伯仲但作白中，然與中正之中非一字。後加人旁以示別。"② 故古言"伯仲"之"仲"，但以"中"字爲之，上文之"仲秋"，古皆作"中秋"。

【褖—緣】

《初學記·中宮部·皇后》事對"褘衣　魏馬"："《周禮》：'内司服掌褘衣，褕狄闕狄鞠衣、展衣、褖衣。褖音火韋反。'"（220）

按：引文"褖"字《周禮·天官·内司服》作"緣"③。考《説文·糸部》："緣，衣純也。"④ "褖"字《説文》無。《玉篇·衣部》："褖，褖衣。"⑤ 胡承珙《儀禮古今文疏義》曰："古文褖爲緣。"⑥ 徐養原亦曰："古文借用緣字，今文始作褖。"⑦ "褖"蓋"緣"的後起分化字，爲與"緣"的引申義"沿著"相區別，故後世別造"褖"字表示有邊飾的衣物。

【犒—槁】

《初學記·獸部·牛》敘事："《周官》曰：'牛人掌養國之公牛，以待政令。祭祀供享牛、求牛，賓客供積膳牛，軍事供犒牛，喪事供奠牛，軍旅供兵車之牛。牛角長二尺有五寸，三色不失，謂之載牛。（三色，本白中青末豐也。載牛掌直一牛。）'"（706）

按：《周禮·地官·牛人》"犒"作"槁"⑧。陸德明《經典釋文》於"牛人"條下又出"犒牛，苦報反"條⑨。《校勘記》云："唐石經、余本同……葉鈔本作槁牛，余本及此本載音義同。是經注皆從木作槁，當據以訂正。"⑩ 盧文弨於《經典釋文考證》云："古竝無犒字也，漢碑亦止有

---

① 《説文解字注》，第 367 頁上欄。
② 《古文字詁林》第 7 册，第 284 頁。
③ 《十三經注疏》，第 691 頁上欄。
④ 《説文解字》，第 275 頁上欄。
⑤ 《宋本玉篇》，第 505 頁。
⑥ 《儀禮古今文疏義》，第 1140 頁下欄。
⑦ 《儀禮古今文異同疏証》，第 1244 頁下欄—1245 頁上欄。
⑧ 《十三經注疏》，第 724 頁上欄。
⑨ 《經典釋文》（通志堂本），第 115 頁下欄。
⑩ 《周禮校勘記》，第 471 頁。

犒，宋本《釋文》作槁人，此正古字未經後人妄改者。”[①] 段玉裁《周禮漢讀考》亦云：“漢人注經之例，經用古字，注用今字……經‘槁’注‘犒’。”[②] 從盧、阮、段氏之説，則“犒”字後起，犒勞之“犒”古皆作“槁”，後爲與枯槁義相區分，遂改木旁作牛旁而造“犒”字。《初》作“犒”，乃以後起本字代古字也。

【風—飌】

《初學記·禮部上·祭祀》敘事：“《周禮》曰：‘以禋祀祀昊天上帝，以實柴祀日月星辰，以槱燎祀司中。命風師雨師，以血祭祭社稷、五祀、五嶽，以沉埋祭山林川澤，以疈（普逼反）辜祭四方百物，以肆（他的反）獻祼（古亂反）享先王。’”（317）

按：引文“風”字《周禮·春官·大宗伯》作“飌”[③]。飌、風，古今字。《玉篇·風部》：“飌、凨、並古文。”[④] “飌”字《説文》無，或源自甲骨文。甲骨文借鳳爲風，或又加聲符“凡”於其旁。而“鳳”、“雚”皆象形字，屬於鳥禽，故通用。因此“鳳”旁加“凡”字又演變爲“雚”旁加“凡”聲。後“凡”旁誤作“風”，字遂成“飌”。故《玉篇》言“飌”爲“風”之古字[⑤]。《初》作“風”，乃用今字也。

【祇—示】

《初學記·職官部下·太常卿》事對“奉常　宗伯”：“《周禮》曰：‘春官宗伯掌天神地祇。’”（301）

按：此乃意引。今本《周禮·春官·大宗伯》曰：“大宗伯之職，掌建邦之天神、人鬼、地示之禮。”[⑥] “祇”作“示”。《釋文》：“地示，音祇，本或作祇。”[⑦]《校勘記》：“經作示，注作祇，通書準此。”[⑧]《周禮·天官·大宰》：“祀大神示亦如之。”孫詒讓《正義》：“此經皆借示爲祇，

---

① 《經典釋文考證》，第147頁。

② 《周禮漢讀考》，第194頁下栏。

③ 《十三經注疏》，第757頁上栏。

④ 《宋本玉篇》，第368頁。

⑤ 關於這一條，可參考黄秀燕的《從文字演進看周官古文》，臺灣大學，碩士學位論文，1983年，第68頁。

⑥ 《十三經注疏》，第757頁上栏。

⑦ 《經典釋文》（通志堂本），第119頁上栏。

⑧ 《周禮校勘記》，第479頁上栏。

注皆作祇，亦經用古字，注用今字之例也"① "祇"與"衹"同。《正字通·示部》："祇，與衹通。"② 張亞初在《甲骨文金文零釋》中説："祇、衹古本同字。"③ 段玉裁云："示，古字；祇，今字。"故"示"、"祇"、"衹"三字的關係可用圖表表現爲：

示←（古今字）→祇←（異體字）→衹

【埋—貍】

《初學記·禮部上·祭祀》敘事："《周禮》曰：'以禋祀祀昊天上帝，以實柴祀日月星辰，以槱燎祀司中。命風師雨師，以血祭祭社稷五祀五嶽，以沉埋祭山林川澤，以疈（普逼反）辜祭四方百物，以肆（他的反）獻祼（古亂反）享先王。'"（317）

按：《周禮·春官·大宗伯》"沉埋"作"貍沈"④。"沉埋"當爲"埋沉"之倒文。《釋文》出"以貍"，其下又出"沈"字⑤，則可知陸德明亦見作"貍沈"本。《説文·豸部》："貍，伏獸，似貙。從豸，里聲。"⑥ 段注："即俗所謂野貓。"⑦ 貍生活在野草叢中，以藏伏的方法等候獵物。根據這一特性，引申爲埋伏，又引申爲掩埋⑧。"埋"字《説文》無，後起字也。

【美—媺】

《初學記·歲時部上·冬》事對"祈年　貞歲"："《周禮》曰：'天府掌季冬陳玉，以貞來歲之美惡。'鄭玄注曰：'問事之正曰貞。問歲美惡，謂問於龜。'"（59）

按：引文"美"字《周禮·春官·天府》作"媺"；鄭玄注之"美"與《初學記》同⑨。"媺"即"美"也。《集韻·旨韻》："媺，善也。通作美。"⑩ 錢大昕《十駕齋養新録》卷二"媺"字條云："'媺'，古美字，

---

① 《周禮正義》，第 147 頁。

② 《正字通》，第 762 頁上欄。

③ 《古文詁林》第 1 册，第 116—117 頁。

④ 《十三經注疏》，第 758 頁上欄。

⑤ 陸德明：《經典釋文》，第 119 頁上欄。

⑥ 《説文解字》，第 198 頁上欄。

⑦ 《説文解字注》，第 458 頁上欄。

⑧ 參見何金松《漢字形義考源》，武漢出版社 1996 年版，第 491 頁。

⑨ 《十三經注疏》，第 776 頁中欄。

⑩ 《集韻》，第 321 頁。

此字不見《説文》，非漏落也。古文‘微’與‘尾’通……‘㣤’從‘微’，當與‘娓’通。”① 錢説是，《周禮》作“㣤”，而鄭注作“美”，“㣤”、“美”古今字也。《初》作“美”，從今字。

【吹—歙】

《初學記·樂部上·雅樂》事對“歌鐘　舞籥”：“《周禮》：‘籥師掌教國子舞羽吹籥。’鄭玄注：‘文舞有持羽吹籥者，所謂籥舞也。’”（368）

按：《周禮·春官·籥師》“吹”作“歙”②，今本鄭注則與《初》同，亦作“吹”。歙、吹古今字。孫詒讓《正義》：“此注用今字作吹也。”③《玉篇·龠部》：“籥，樂人以吹管中氣，今作吹。”④ 徐灝《説文解字注箋》：“籥省作歙，古通作吹。”⑤ 是《周禮》作“歙”，乃“籥”之省形，鄭注與《初》作“吹”，則今文也。

【濟—泲】

《初學記·地部中·濟》敘事：“《周官》：‘兗州其川河濟。’”（130）

按：引文“濟”字《周禮·夏官·職方氏》作“泲”⑥。泲、濟，古今字。《説文·水部》：“泲，沇也，東入于海。从水，㐆聲。”⑦ 段玉裁注：“四瀆之泲字如此作。而《尚書》、《周禮》、《春秋》三傳、《爾雅》、《史記》、《風俗通》、《釋名》皆作濟。《毛詩·邶風》有泲字，而傳云地名，則非水也。惟《地理志》引《禹貢》、《職方》作泲……則知漢人皆用濟，班志、許書僅存古字耳。《風俗通》説四瀆曰：‘濟出常山房子贊皇山，東入沍。’酈氏譏其誤，亦可證泲字之久不行矣。”⑧ 若段説不誤，則《周禮》作“泲”，從古字；《初》作“濟”，從今字。

【位—立】

《初學記·職官部下·太常卿》事對“參三槐　位九棘”：“《周禮》曰……又曰：‘朝士掌外朝之法，左九棘，孤卿大夫位焉。’鄭玄注曰：

---

① 《十駕齋養新録（附餘録）》，第 33 頁。

② 《十三經注疏》，第 801 頁中欄。

③ 《周禮正義》，第 1904 頁。

④ 《宋本玉篇》，第 177 頁。

⑤ 《説文解字注箋》，第 290 頁上欄。

⑥ 《十三經注疏》，第 862 頁下欄。

⑦ 《説文解字》，第 226 頁上欄。

⑧ 《説文解字注》，第 528 頁上欄—下欄。

'樹棘以爲位者，取其赤心而外刺，象赤心三刺。'"（301）

　　按：引文"又曰"後乃《周禮·秋官·朝士》文，鄭玄注之"位"字，今本作"立"①。立、位古今字也。《周禮·春官·小宗伯》鄭司農注："立讀爲位，古者立、位同字。古文《春秋經》'公即位'爲'公即立。'"② 鄭司農說是，甲骨文、金文"位"皆作"立"。吳大澂《說文古籀補》卷八曰："立，古位字。頌鼎：'王各大室即立。'立當讀位。"③《初》引文作"位"，用今字，鄭玄注作"立"，沿用古字也。

【妖—夭】

　　《初學記·武部·弓》事對"救日　觀星"："《周禮》曰：'庭氏掌射國中之妖鳥，若不見其鳥獸，則以救日之弓救月之矢夜射之。'鄭司農注曰：'救月之矢，謂日月食所作弓矢。'"（533）

　　按：引文"妖"《周禮·秋官·庭氏》作"夭"④。夭、妖古今字。《說文·夭部》："夭，屈也。從大，象形。"⑤"夭"字本義爲彎曲，引申作怪異、妖怪。後爲與"夭"字的另一引申義"夭折"相別，遂加女旁以區分之。故"妖"乃"夭"的後起分化字。

【灑—洒】

　　《初學記·器物部·煙》敘事："《周禮》：'蟈氏掌去鼃黽，焚牡蘜，以灰灑之則死，以其煙被之則活，凡水蟲無聲。'"（618）

　　按：引文"灑"《周禮·秋官·蟈氏》作"洒"⑥。《說文·水部》："洒，滌也。從水，西聲。古文爲灑埽字。"⑦ 段玉裁注："凡言某字古文以爲某字者，皆謂古文假借字也。洒、灑本殊義而雙聲，故相假借。"⑧ 段說非是，"灑"字漢印始見⑨。古凡言灑掃，皆作"洒"，故"灑"爲"洒"的後起分化字。

　　① 《十三經注疏》，第877頁下欄。
　　② 同上書，第766頁上欄。
　　③ 《古文字詁林》第7冊，第324頁。
　　④ 《十三經注疏》，第889頁中欄。
　　⑤ 《說文解字》，第214頁上欄。
　　⑥ 《十三經注疏》，第889頁中欄。
　　⑦ 《說文解字》，第236頁下欄。
　　⑧ 《說文解字注》，第563頁上欄。
　　⑨ 參見《古文字詁林》第9冊，第235頁。

【越—粵】

《初學記·武部·劍》事對"遷地　徹天"："《周禮》曰：'鄭之刀，宋之斤，魯之削，吳越之劍，遷乎其地而不能爲良，地氣然也。'"（528）

按：引文"越"《周禮·考工記·敘官》作"粵"①。"粵"、"越"音同，古多以"粵"字表示南方部族之"越"，"百越"亦稱"百粵"。《管子·五行》："然則天爲粵宛。"黎翔鳳《管子校注》引洪頤煊云："'粵'，古'越'字。"②《周禮·考工記序》："粵無鎛。"賈公彥疏："粵，即今之越字也"③。俱其例。"粵"字見於甲骨文④，"越"字後起。《説文·亏部》："粵，亏也。審慎之詞者。"⑤乃爲與此義相區分，別造"越"字表示"百越"之"越"。

【廟—庿】

《初學記·禮部下·冠》事對"筮門　冠阼"："《儀禮》曰：'士冠禮，筮于廟門。'鄭玄注曰：'筮者，問日吉凶於《易》也。冠比筮日於廟門者，重成人之禮。'"（352）

按：引文"廟"《儀禮·士冠禮》作"庿"⑥。《校勘記》曰："庿乃古文。"⑦阮校是。《説文·广部》："廟，尊先祖皃也。从广朝聲。庿，古文。"⑧

【嫡—適】

《初學記·禮部下·冠》事對"筮門　冠阼"："《禮記·冠義》曰：'始冠，緇布之冠也。太古冠布，齊則緇之，其緌也。孔子曰：吾未之聞也。冠而敝之可也。嫡子冠於阼，以著代也。'"（352）

按：此段文字《冠義》無，見於今本《儀禮·士冠禮》與《禮記·郊特牲》，《儀禮·士冠禮》"嫡"作"適"⑨。考《説文·辵部》："適，

---

① 《十三經注疏》，第 906 頁上欄。

② 《管子校注》，第 875 頁。

③ 《十三經注疏》，第 905 頁下欄。

④ 參見《古文字詁林》第 5 册，第 61 頁。

⑤ 《説文解字》，第 101 頁下欄。

⑥ 《十三經注疏》，第 945 頁中欄。

⑦ 《儀禮校勘記》，第 526 頁下欄。

⑧ 《説文解字》，第 193 頁上欄。

⑨ 《十三經注疏》，第 958 頁中欄。

之也。从辵，啻聲。"① "適"字本義爲到、往。《説文·女部》："嫡，孎
也。从女，啻聲。"② 段玉裁注："按俗以此爲嫡庶字，而許書不尒。蓋嫡
庶字古祇作適。……凡今經傳作嫡者，蓋皆不古。"③ 從段説，適、嫡古
今字。

【政—正】

《初學記·禮部上·總載禮》敘事："《曲禮》曰：'夫禮者，所以定
親疏……教訓政俗，非禮不備……禱祠、祭祀，供給鬼神，非禮不誠不
莊。'"（314）

按：引文"政"字《禮記·曲禮》作"正"④。考《説文·攴部》：
"政，正也。从攴从正，正亦聲。"⑤ 甲骨文有"正"字，無"政"字，
金文已有"政"字。《論語·顏淵》："政者，正也。"⑥ 《禮記·哀公
問》⑦ 亦引此語。最晚到戰國前期，表"匡正"義的"政"字已從母字
"正"分化出來。在上文"教訓政俗"中，"政"字表示"禁止"的意
思，乃"匡正"之引申義。

【杖—丈】

《初學記·人部中·師》事對"函杖　束脩"："《禮記》曰：凡講問
席間函杖。函，容也，容杖足以指畫。"（432）

按：引文"杖"字《禮記·曲禮上》作"丈"。鄭玄注："丈或爲
杖。"孔疏曰："兩席中間相去使容一丈之地，足以指畫也。《文王世子》
云：侍坐於大司成，遠近間三席，席之制三尺三寸三分寸之一，則三席是
一丈，故鄭云容丈也。……云丈或爲杖者，王肅以爲杖言古人講説用杖指
畫，故使容杖也，然二家可會。"⑧ 《釋文》："丈，如字，丈尺之丈，王
肅作杖。"⑨ 《説文·十部》："丈，十尺也。从又持十。"⑩ 奚世榦校案：

---

① 《説文解字》，第 39 頁下欄。
② 同上書，第 262 頁上欄。
③ 《説文解字注》，第 620 頁下欄。
④ 《十三經注疏》，第 1231 頁上欄。
⑤ 《説文解字》，第 67 頁下欄。
⑥ 《十三經注疏》，第 2504 頁中欄。
⑦ 同上書，第 1611 頁中欄。
⑧ 同上書，第 1239 頁下欄。
⑨ 《經典釋文》（通志堂本），第 163 頁上欄。
⑩ 《説文解字》，第 50 頁下欄。

"丈，當是杖之本字。从又，象持杖形，非九、十之十字也。"① 《説文·木部》："杖，持也。"② 奚説是。"丈"、"杖"本義相同，古今字也，"杖"乃後起加旁字。

【嚮—鄉】

《初學記·器物部·履》事對"跪遷　坐取"："《禮記》曰：'嚮長者而履，跪而遷履，俯而納履。'"（629）

按：引文"嚮"字《禮記·曲禮上》作"鄉"，"履"字作"屨"③。考《説文》無"嚮"字。《邑部》："鄉，國離邑，民所封鄉也。嗇夫別治。封圻之内六鄉，六鄉治之。"④ "鄉"字本是古代的行政區域名。但因與"向"同隸陽部曉紐，爲雙聲疊韻字，故得相通⑤。表示"面向"義時，"向"爲正字，"鄉"爲假借字，而"嚮"則是以"向"爲形旁，以"鄉"爲聲旁的後起字⑥。

【境—竟】

《初學記·地部下·關》敘事："鄭玄注《禮記》曰：'關，境上門也。'"（159）

按：引文"境"字《禮記·王制》鄭玄注作"竟"⑦。竟、境，古今字。《説文·音部》："樂曲盡爲竟。"⑧ 段注曰："引伸之凡事之所止，土地之所止皆曰'竟'。毛傳曰：'彊，竟也。'俗別製'境'字，非。"⑨ 段玉裁所言爲是。"境"乃爲"竟"字的引申義"邊境"所造的後起分化字。《説文新附》："境，疆也。从土，竟聲。經典通用竟。"⑩ 鄭珍《新附考》："今經典中'竟'字多俗改，唯《禮記》通是'竟'，他經則'境'、'竟'雜出……《高朕修周公禮殿碑》、《張平子碑》並有'境'，

---

①　《漢語大字典》，第 9 頁。

②　《説文解字》，第 123 頁上欄。

③　《十三經注疏》，第 1240 頁下欄。

④　《説文解字》，第 136 頁下欄。

⑤　參見許偉建《上古漢語通假字字典》，第 125 頁。

⑥　説參丁福保《説文解字詁林·後編》，第 14719 頁下欄。

⑦　《十三經注疏》，第 1344 頁上欄。

⑧　《説文解字》，第 58 頁上欄。

⑨　《説文解字注》，第 102 頁下欄。

⑩　《説文解字》，第 290 頁上欄。

是漢世字。"① 是"竟"爲古字，"境"乃漢代所出的後起分化字。

【輅—路】

《初學記·歲時部上·春》事對"玄鳥 蒼龍"："《禮記》曰：'孟春之月，天子居青陽左介，乘青<u>輅</u>，駕蒼龍。'"（45）

按：引文"輅"字《禮記·月令》作"路"②。考《説文·車部》："輅，車輴崢橫木也。"③ 段注："若近代用'輅'爲路車字，其淺俗不足道也。"④ 鈕樹立《説文解字校録》曰："《周禮》車輅字多借路字。然則先有路字，後有輅字。"⑤ 從其説，則"路"、"輅"古今字也。

【蒼—倉】

《初學記·歲時部上·春》事對"玄鳥 蒼龍"："《禮記》曰：'孟春之月，天子居青陽左介，乘青輅，駕<u>蒼</u>龍。'"（45）

按：引文"蒼"字《禮記·月令》作"倉"⑥。馮登府在《三家詩異文疏證》"悠悠倉天"句下曰："倉是蒼之本字。"⑦ 黄侃《字通》曰："蒼即倉之後出。"⑧ 其説是，"蒼"字甲骨、金文皆無，古但以"倉"字表之，後別加"艸"旁，造"蒼"字。

【供—共】

《初學記·禮部下·親蠶》事對"分繭 均桑"："《禮記》曰：'后妃躬桑，蠶事既登。分繭秤絲，以<u>供</u>郊廟之服。'"（342）

按：引文"供"字⑨《禮記·月令》作"共"⑩。考《説文·人部》曰："供，設也。"⑪ 即陳列之義。段注曰："共即供之假借字。凡《周禮》皆以共爲供。《尚書》一經訓奉訓待者皆作共。"⑫ 是段玉裁認爲

---

① 《説文新附考》，第 334 頁下欄。

② 《十三經注疏》，第 1355 頁中欄。

③ 《説文解字》，第 301 頁下欄。

④ 《説文解字注》，第 722 頁上欄。

⑤ 《説文解字校録》，第 301 頁下欄。

⑥ 《十三經注疏》，第 1355 頁中欄。

⑦ 《三家詩異文疏證》，第 983 頁上欄。

⑧ 《説文箋識四種》，第 101 頁。

⑨ 《初學記·歲時部上·春》事對"效功 論賞"引《禮記》亦作"供"，第 45 頁。

⑩ 《十三經注疏》，第 1363 頁下欄。

⑪ 《説文解字》，第 163 頁下欄。

⑫ 《説文解字注》，第 371 頁上欄。

《禮》之本字當作“供”。其説可商。王筠在《説文句讀》中云：“似與設義無別，或後人增也。”① 馬敍倫曰：“‘設也’非本義。供爲共之後起字。”② 馬説可從。先秦甲骨、金文有“共”字而無“供”字，“共”字甲骨文像雙手捧器之形，與“供給”義相近。“供”當是“共”字的後起字。

【嗜—耆】

《初學記·歲時部下·五月五日》敘事：“《月令》：‘仲夏陰陽交，死生分；君子齋戒，正聲色，節嗜慾。’”（74）

按：引文“嗜”字《禮記·月令》作“耆”③。考《説文·口部》：“嗜，欲喜之也。”④ 段注曰：“經傳多假耆爲嗜。”⑤ 段説或可商。徐灝《説文解字注箋·老部》：“耆从旨，即有嗜義，故古字以耆爲嗜，後乃加口旁耳。”⑥ 從徐説，耆、嗜古今字也。

【槿—堇】

《初學記·歲時部上·夏》事對“榮槿　秀蔞”：“《禮記》：‘仲夏木槿榮。’”（50）。

按：引文“槿”《禮記·月令》作“堇”⑦。《禮記校勘記》：“‘木堇榮’，閩、監、毛本同，岳本同，嘉靖本同，衛氏《集説》同，《釋文》出‘木堇’，《考文》引古本‘堇’作‘槿’。案，《正義》標起止作‘槿’。”⑧ 是《初學記》與《考文》引古本、孔穎達所見本同。考《説文·堇部》：“堇，黏土也。”⑨ “槿”字《説文》無，始見於漢代老子簡。初以“堇”字表示“木槿”之“槿”，後加旁作“槿”。故《初》作“槿”，後起字也。

【娶—取】

《初學記·禮部下·婚姻》事對“三日不舉樂　三夜不息燭”：“《禮記·曾子問》曰：‘娶婦之家，三日不舉樂，思嗣親也。嫁女之家，三夜

① 《説文解字句讀》，第296頁上欄。
② 《古文字詁林》第7册，第320頁。
③ 《十三經注疏》，第1370頁上欄。
④ 《説文解字》，第33頁上欄。
⑤ 《説文解字注》，第59頁上欄。
⑥ 《説文解字注箋》，第173頁下欄。
⑦ 《十三經注疏》，第1370頁中欄。
⑧ 《禮記校勘記》，第682頁上欄。
⑨ 《説文解字》，第290頁上欄。

不息燭，思相離也。'"（355）

按：引文"娶"《禮記·曾子問》作"取"①。考《說文·女部》："娶，取婦也。从女从取，取亦聲。"② 朱駿聲《說文通訓定聲·取部》："取，叚借爲娶。"③《義證》："娶，取聲相近。"④ 王筠《句讀》："以取釋娶，明娶爲取之分別文也。《易》卦、爻皆作取女，是古文借字。《孟子》作娶，則後作也。"⑤ 王說是。取、娶音義皆同，"取"爲"娶"之母字，"娶"爲"取"之分化字也⑥。

【暮—莫】

《初學記·儲宮部·皇太子》事對"五稱　三至"："《禮記》曰：'文王之爲世子，朝於王季日三，雞初鳴而至於寢門外，問内豎之御者曰：今日安否何如？内豎曰：安。文王乃喜。及日中又至，亦如之；及暮又至，亦如之。'"（231）

按：引文"暮"字《初學記·人部上·孝》事對"問豎　求醫"引《禮記》同（420），《禮記·文王世子》作"莫"⑦。考《說文·茻部》："莫，日且冥也，从日在茻中。"⑧ 徐鍇《繫傳》："今俗作暮。"⑨ 段注："引伸之義爲有無之無。"⑩ 莫、暮古今字，甲骨、金文有"莫"無"暮"。後爲與表引申義"有無之無"的"莫"字相區別，遂於字形下方復加一"日"字作"暮"。

【婚—昏】

《初學記·禮部下·婚姻》敘事："又曰：'夫婚禮，萬代之始也。娶於異姓，所以附遠厚別也。'"（353）

按：引文"婚"《禮記·郊特牲》作"昏"，"娶"作"取"⑪。取、

---

①　《十三經注疏》，第 1392 頁中欄。

②　《說文解字》，第 259 頁上欄。

③　《說文通訓定聲》，第 369 頁下欄。

④　《說文解字義證》，第 1072 頁下欄。

⑤　《說文解字句讀》，第 492 頁上欄。

⑥　可參見洪成玉《古今字》"取—娶"條，第 35 頁。

⑦　《十三經注疏》，第 1404 頁上欄。

⑧　《說文解字》，第 27 頁下欄。

⑨　《說文解字繫傳》，第 23 頁上欄。

⑩　《說文解字注》，第 48 頁上欄。

⑪　《十三經注疏》，第 1456 頁中欄。

娶古今字，詳上文。昏、婚亦古今字。《說文·日部》"昏，日冥也。"①
女部："婚，婦家也。禮，取婦以昏時，婦人陰也，故曰婚。"是許慎認
爲"婚"字本義乃因娶婦於黄昏時分也。容庚認爲婚、昏爲一字，故
"經典多从昏爲婚"②。其說是也。經典多作"昏"，蓋"昏"字本義爲黄
昏，因古人於昏時舉行婚禮，遂衍生出結婚義。甲骨文有"昏"無"婚"
字，是殷商時人祇以"昏"字表結婚義。"婚"乃"昏"的後起分化字。

【避—辟】

《初學記·器物部·履》事對"跪遷　坐取"："又曰：'君子之飲
酒，三爵而退，則坐取履，隱避而後履。'"（629）

　　按：引文"避"字《禮記·玉藻》作"辟"③。考《說文·辟部》：
"辟，法也。从卩从辛，節制其辠也；从口，用法者也。"④　法要求人人迴
避，故"辟"引申出迴避義。《漢書·五行志中之下》："宜齊戒辟寢。"
顔師古曰："辟，讀曰避。"⑤　"辟"字甲骨文已見，而"避"字則漢代始
見。"避"當爲"辟"字的後起增旁分化字。

【傲—敖　僻—辟　驕—喬】

《初學記·樂部上·雅樂》事對"鄭聲亂雅　齊音害德"："《禮記》
曰：'鄭音好濫淫志，宋音燕女溺志，衛音趨數煩志，齊音傲僻驕志。此
四者，淫於色而害於德。'"（370）

　　按：引文"傲僻驕志"，《禮記·樂記》作"敖辟喬志"⑥。《校勘
記》："'齊音敖辟'，各本同，石經同，《釋文》出傲，云字又作敖。按：
古多假敖爲傲。"⑦《說文·放部》："敖，出游也。"⑧ 段注："經傳假借爲
倨傲字。"⑨ 徐灝《說文解字注箋》云："《邶風·柏舟篇》'以敖以遊'
《釋文》：'敖，本亦作傲。' 相承增偏旁。敖從出從放會意，又讀爲傲。

---

① 《說文解字》，第 138 頁下欄。
② 詳見《金文編》"婚"字，第 620 頁。
③ 《十三經注疏》，第 1476 頁中欄。
④ 《說文解字》，第 187 頁下欄。
⑤ 《漢書》第 5 册，第 1425 頁。
⑥ 《十三經注疏》，第 1540 頁下欄。
⑦ 《禮記校勘記》，第 738 頁下欄。
⑧ 《說文解字》，第 84 頁下欄。
⑨ 《說文解字注》，第 160 頁上欄。

《爾雅·釋言》'敖，傲也'，蓋出遊、放縱有兀傲自肆之意，故兩義兼之。"① 古倨傲義但作"敖"，後世爲與"敖"的其他義項相區分，才加旁作"傲"。

又《説文·人部》："僻，避也。从人，辟聲。"② 是"僻"字本義即迴避，與上文之"避"字同，當亦是"辟"的後起分化字。

又《説文·夭部》："喬，高而曲也。"③ 則"喬"字本義並非專指樹木，乃泛指一切高大之物。後人以所指過於寬泛，遂加旁以區分之。人高稱僑，《説文·人部》："僑，高也。"④ 馬高稱驕，《説文·馬部》："驕，馬高六尺爲驕。"⑤ 因高大的東西往往給人一種高高在上的感覺，遂引申出驕傲、驕縱義。《禮記》作"喬"，乃母字，《初學記》作"驕"，乃後起分化字。

【懸—縣】

《初學記·禮部上·總載禮》事對"周旋　規矩"："《禮記》曰：'禮之於正國也，猶衡之於輕重也；繩墨之於曲直也，規矩之於方圓也。故衡誠懸，不可欺以輕重；繩墨誠陳，不可欺以曲直；規矩誠設，不可欺以方圓；君子審禮，不可誣以姦詐。'"（315）

按：引文《禮記·經解》"懸"作"縣"⑥。"縣"、"懸"古今字。《説文·県部》："縣，繫也。从系持県。"徐鉉曰："此本是縣掛之縣，借爲州縣之縣。今俗加心，別作懸，義無所取。"⑦ 徐説是，《説文》無"懸"字，乃"縣"之後起分化字。

【譬—辟】

《初學記·人部上·聖》敘事："《禮記》曰：'大哉聖人之道，洋洋乎發育萬物。峻極于天，譬如天地之無不持載，無不覆幬（徒到切）。如四時之錯行，如日月之代明。'"（407）

---

① 《説文解字注箋》，第 626 頁下欄。
② 《説文解字》，第 166 頁上欄。
③ 同上書，第 214 頁上欄。
④ 同上書，第 162 頁下欄。
⑤ 同上書，第 200 頁上欄。
⑥ 《十三經注疏》，第 1610 頁中欄。
⑦ 《説文解字》，第 184 頁下欄。

按：引文"譬"，《禮記·中庸》作"辟"①。《禮記校勘記》曰：
"'辟如天地之無不持載'，閩、監、毛本、岳本、嘉靖本、衛氏《集説》
同，惠棟挍宋本辟作譬，石經同，南宋石經下辟如同。"②《説文·言部》：
"譬，諭也。"③ "譬"字甲骨、金文皆無。《説文·辟部》："辟，法
也。"④ 古言譬，但借辟爲之，辟、譬古今字也。

【潔—絜】

《初學記·人部上·恭敬》事對"敬以免禍　恭以存位"："《禮
記》云：'鄉飲酒之禮，主人拜迎賓于門之。……盥洗揚觶，所以致潔
也……故聖人制之以道。'"（427）

按：引文"潔"《禮記·鄉飲酒義》作"絜"⑤。考《説文》無"潔"
字。《説文·糸部》："絜，麻一耑也。"⑥ 段注："又引申爲潔淨，俗作
潔，經典作絜。"⑦《廣雅·釋言》："絜，静也。"⑧《玉篇·糸部》："絜，
清也。"⑨ 俱以"絜"爲清潔義。《方言》卷三："屑，潔也。"錢繹《箋
疏》："絜、潔，古今字。"⑩ 錢説是，表"清潔"義時，"絜"、"潔"乃
古今字。《初學記》作"潔"，後起分化字也。

【智—知　墜—隊】

《初學記·寶器部（花草附）·玉》敘事："《禮記》曰：'君子比德
於玉焉。温潤而澤，仁也，縝密以栗，智也……垂之如墜……天下莫不貴
者，道也。'"（650）

按：引文"智"《禮記·聘義》作"知"，"墜"作"隊"⑪。考《説
文·矢部》："知，詞也。"⑫ 徐鍇《繫傳》："凡知理之速，如矢之疾也，

---

① 《十三經注疏》，第 1633 頁下栏—1634 頁下栏。
② 《禮記校勘記》，第 763 頁下栏。
③ 《説文解字》，第 51 頁下栏。
④ 同上书，第 187 頁下栏。
⑤ 《十三經注疏》，第 1682 頁中栏。
⑥ 《説文解字》，第 277 頁下栏。
⑦ 《説文解字注》，第 661 頁下栏。
⑧ 《廣雅疏證》，第 142 頁下栏。
⑨ 《宋本玉篇》，第 493 頁。
⑩ 《方言箋疏》，第 223—224 頁。
⑪ 《十三經注疏》，第 1694 頁中栏。
⑫ 《説文解字》，第 110 頁上栏。

會意。"① 是"知"字本義爲知識。徐灝注箋:"注曰'《白部》:矯,識詞也。'此詞上亦當有識字。知、矯義同。箋曰:'智慧即知識之引申,故古祇作知。'"②《説文·白部》:"矯,識詞也。"③ 徐灝曰:"知、矯本一字,矯隸省作智……古書多以知爲智,又或以智爲知。"④ "矯"乃"知"之加旁字,在本義"知識"及引申義"智慧"上,"知"、"矯"是古今字,"智"是"矯"字隸省,則亦爲"知"的今字。

又《禮記校勘記》:"'垂之如隊',閩、監、毛本、岳本、嘉靖本、衛氏《集説》同,釋文出'如隊石',經隊作墜。按《説文》有隊無墜。"⑤《説文·𨸏部》:"隊,從高隊也。"⑥ 段注:"隊、墜,正俗字。古書多作隊。今則墜行而隊廢矣。大徐以墜附土部,非許意。"⑦《説文》無"墜"字。《新附》:"墜,陊也。從土,隊聲。古通用磈。"⑧ 鄭珍《説文新附考》亦曰:"《説文》:'隊,從高隊也。'即古墜字。《漢隸字原》列漢碑通作隊,無作墜者,加土在漢已後。……《説文》又有'磈,陊也。'亦墜古字。漢《天文志》'星磈至地'用之,大徐以爲通用,誤也。"⑨ 從段、鄭之説,"隊"、"墜"古今字。

【太—大】

《初學記·儲宮部·皇太子》事對"齒冑　問豎":"又曰:'王太子王子,群后之太子,卿大夫、元士之適子,凡入學以齒。'"(232)

按:引文"太"字《禮記·王制》作"大"⑩。考《説文·水部》:"𣹙,古文泰。"⑪ 隸省作"太","後世凡言大而以爲形容未盡,則作太"⑫,王玉樹《説文拈字》曰:"經史俱作大,如大極、大初、大素、

---

① 《説文解字繫傳》,第100頁下栏。
② 《説文解字注箋》,第551頁下栏。
③ 《説文解字》,第74頁下栏。
④ 《説文解字注箋》,第392頁上栏。
⑤ 《禮記校勘記》,第779頁上栏。
⑥ 《説文解字》,第305頁上栏。
⑦ 《説文解字注》,第732頁下栏。
⑧ 《説文解字》,第290頁上栏。
⑨ 《説文新附考》,第335頁上栏—下栏。
⑩ 《十三經注疏》,第1342頁上栏。
⑪ 《説文解字》,第237頁上栏。
⑫ 《説文解字注》,第565頁上栏。

大賓、大廟、大學及官名大師、大宰之類是也；又作泰，如泰壇、《泰誓》、泰春、泰夏、泰秋、泰冬之類是也……經史古太字無點，後人加點以別大小之大。"① 其說可從。"太"爲"大"的後起分化字。

【烹—亨】

《初學記·器物部·羹》敘事："《禮記》又曰：'羹食，自諸侯以下，至于庶人，無等，士不貳羹胾。子卯稷食菜羹，凡居人之右，無噯羹（亦嫌疾），無絮羹（調和也）。客絮羹，主人辭不能烹。'"（640）

按：此乃雜糅《内則》、《玉藻》、《曲禮上》之文，今本《曲禮上》"烹"作"亨"②。《禮記校勘記》："'主人辭不能亨'，石經同，岳本、嘉靖本同，閩、監、毛本同，《釋文》亨作烹，《考文》引古本同。"③《初學記》引文與《釋文》同。《說文·亯部》："亯，獻也。从高省，曰象進孰物形。《孝經》曰：'祭則鬼亯之。'㿧，篆文亯。"④ 段玉裁注："亯象薦孰，因以爲飪物之偁，故又讀普庚切。亯之義訓薦神，誠意可通於神，故又讀許庚切。古音則皆在十部。其形，薦神作亨，亦作享。飪物作亨，亦作烹。《易》之元亨，則皆作亨。皆今字也。""據玄應書則亯者籀文也，小篆作㿧。故隸書作亨、作享，小篆之變也。"⑤ 段玉裁以"亯"爲一字三體，"亨"、"享"、"烹"皆異體也。邵鍈曰："亨、享皆篆文㿧字之變，以形相近，本一字也。經典享、亨分用，亦後人强爲釐析，實則一字三音，點畫毫無所異。……至俗亨飪字必從火作'烹'，則更非古六書之意矣。《說文》、《玉篇》、《廣韻》俱無'烹'字，至《類篇》、《集韻》始有之。此俗字也。"⑥ 據邵說，則"烹"爲"亨"之後起字。

【恭—共】

《初學記·帝王部·總敘帝王》事對"二八　四七"："《左傳》曰：'舜臣堯，舉八凱，使主后土，以揆百事，莫不時序，地平天成。舉八元使布五教于四方；父義、母慈、兄友、弟恭、子孝，内平外成。'"（205）

---

① 《說文解字詁林》，第 11171 頁上欄。

② 《十三經注疏》，第 1242 頁下欄。

③ 《禮記校勘記》，第 639 頁下欄。

④ 《說文解字》，第 111 頁上欄。

⑤ 《說文解字注》，第 229 頁上欄—下欄。

⑥ 《說文解字群經正字》，第 147 頁下欄。

按：引文"恭"《左傳·文公十八年》作"共"①。考《說文·心部》："恭，肅也。从心，共聲。"②又共部："共，同也。"③吳大澂曰："𦥑，古共字。象兩手有所執持。共手之共，即恭敬之恭。从心後人所加。"④從其說，則"共"、"恭"亦古今字。

【撫—拊】

《初學記·歲時部上·冬》事對"挾纊　賜綈"："《左傳》曰：'楚莊王圍蕭，申公巫臣曰：師人多寒，王巡三軍，撫而勉之，士皆如挾纊。'"（60）

按：引文"撫"《左傳·宣公十二年》作"拊"⑤。考《說文·手部》："拊，揗也。"⑥段注："揗者，摩也。古作拊揗，今作撫循，古今字也。"⑦《漢書·趙充國辛慶忌傳》"選擇良吏知其俗者拊循和輯"顏師古注："拊，古撫字。"⑧則《初》作"撫"，用今字也。

【侏—朱】

《初學記·人部下·短人》事對"臧紇　高柴"："《左傳》：'邾人、莒人伐鄫，臧紇救鄫，敗於狐駘。國人誦之曰：臧之狐裘，敗我於狐駘；我君小子，侏儒是使。侏儒侏儒，敗我於邾。'"（462）

按：引文中的三處"侏儒"，《左傳·襄公四年》均作"朱儒"⑨。《說文》有"朱"無"侏"。李富孫《春秋三傳異文釋》卷六"襄四年傳"云："《王制》、《晉語》作侏儒，漢《東文朔傳》作朱儒。侏亦俗加偏旁字。"⑩其說是。作"侏"蓋因"朱儒"一詞之"儒"字有"亻"旁，偏旁類化的後起俗字。

【唅—含】

《初學記·禮部下·死喪》事對"璵璠斂　貝玉唅"："《左氏傳》

---

① 《十三經注疏》，第1862頁中欄。
② 《說文解字》，第218頁上欄。
③ 同上書，第59頁下欄。
④ 《說文古籀補》，第39頁。
⑤ 《十三經注疏》，第1883頁中欄。
⑥ 《說文解字》，第252頁下欄。
⑦ 《說文解字注》，第598頁下欄。
⑧ 《漢書》，第2979頁。
⑨ 《十三經注疏》，第1934頁上欄。
⑩ 《春秋三傳異文釋》，第131頁。

曰：'會吴伐齊，陳子行命其徒具唅玉。'杜預注曰：'唅玉示必死。'"
（358）

　　按：引文《左傳·哀公十一年》"唅"作"含"①。《校勘記》曰：
"'陳子行命其徒具含玉'，《釋文》云：'含本又作唅。'《初學記》引
同。"② 含、唅古今字也。《説文·口部》："含，嗛也。从口，今聲。"③
"含"字本即從口，後人以爲"含"字與口有關，復又於其左添口旁，畫
蛇添足而已。《釋文》所云"又作唅"，則"唅"字非起於唐，至遲在陸
德明作《經典釋文》時已經廣泛使用。

　　【墟—虚】

　　《初學記·居處部·都邑》叙事："《春秋傳》曰：'衛，顓頊之墟
也。'"（561）

　　按：引文《左傳·昭公十七年》"墟"作"虚"④。虚、墟古今字。
《説文·丘部》："虚，大丘也。崐崘丘謂之崐崘虚。古者九夫爲井，四井
爲邑，四邑爲丘，丘謂之虚。从丘，虍聲。"徐鉉曰："今俗別作墟，非
是。"⑤ 徐説是，"虚"字本已從"丘"，"丘"即形旁，何須又從"土"
來説明其與土丘相關！蓋漢字楷化後，"丘"旁混同於"业"字，淺人不
知此乃"丘"字楷化，以爲無表意偏旁，故又加"土"旁以表義。殊不
知此實疊床架屋多餘之舉。

第二節　異體字

　　"異體字是漢字史上爲記録同一詞而造的，在使用過程中功能没有分
化或同一個字由於書寫變異而構成的一組形體不同的字符。前者可稱爲異
構字，後者可稱爲異寫字。"⑥ 這與古今字的差别是使用過程中功能没有
分化；與通假字的差别是，借字與本字雖可記録同一個詞，但它們不是爲

---

① 《十三經注疏》，第 2166 頁下欄。
② 《春秋左氏傳校勘記》，第 911 頁上欄。
③ 《説文解字》，第 31 頁上欄。
④ 《十三經注疏》，第 2084 頁下欄。
⑤ 《説文解字》，第 169 頁上欄。
⑥ 劉延玲：《近五十年來異體字研究與整理狀況綜述（下）》，《辭書研究》2001 年第 6 期，
第 24 頁。

記錄同一個詞而造的①。由於俗體字屬於異體字的範圍，因此本书亦在此節加以討論。

【趯—躍】

《初學記·獸部·兔》事對"爰爰　趯趯"："《毛詩》曰……又曰：'趯趯毚兔，遇犬獲之；往來行言，心焉數之。'"（716）

按：引文"趯趯"《詩·小雅·巧言》作"躍躍"②。馬瑞辰曰："躍躍，《韓詩》作趯趯，云：'趯趯，往來之貌。'"③《說文·走部》："趯，踊也。從走，翟聲。"④ 段玉裁據《召南·草蟲》："趯趯阜螽。"毛傳："趯趯，躍也。"⑤ 改《說文》之"踊"作"躍"，則二字音義皆同，乃改換形符的異體字也。

【鞸—璏】

《初學記·武部·刀》敘事："《毛詩》又曰：'何以舟之，維玉及瑤，鞸鞸容刀。'注云：'舟，帶也；容刀言有武事。'"（529）

按：引文"鞸"《詩·大雅·公劉》作"璏"⑥。"鞸"、"璏"異體字也。《詩·小雅·瞻彼洛矣》："君子至止，鞸璏有珌。"⑦ 陸德明《釋文》："璏，字又作鞸，必孔反，佩刀鞘上飾。"⑧ 二者均爲形聲字，從玉、從革，乃等級不同，材質上的差別而已。

【沉—沈】

《初學記·器物部·酒》敘事："《周禮》曰：'酒正掌酒之政令……（以節度作之，故以齊爲名。……沉者成而滓沉，如今造渭酒也。）……三曰清酒。（事酒，如今之醳酒也；昔酒，久酒，今之舊醳也，清酒，今之冬釀夏成者也。）'"（633）

按：引文"沉"字《周禮·天官·酒正》作"沈"⑨。《說文》無

---

① 劉延玲：《近五十年來異體字研究與整理狀況綜述（下）》，《辭書研究》2001年第6期，第24—25頁。

② 《十三經注疏》，第454頁中欄。

③ 《毛詩傳箋通釋》，第652頁。

④ 《說文解字》，第36頁上欄。

⑤ 《十三經注疏》，第286頁上欄。

⑥ 同上書，第542頁上欄。

⑦ 同上書，第479頁中欄。

⑧ 《經典釋文》（通志堂本），第85頁下欄。

⑨ 《十三經注疏》，第668頁下欄。《初學記·禮部上·祭祀》敘事引《周禮》亦作"沉"（《初學記》，第317頁），而對應的今本《周禮》則作"沈"（《十三經注疏》，第758頁上欄）。

"沉"字。《玉篇·水部》："沈，直林切。没也，濁也……沉，同上，俗。"① 是"沉"爲"沈"之俗字。

【栗—樏】

《初學記·果木部·栗》敘事："《周官》曰：'饋食之籩，其實栗。'"（678）

按：引文"栗"字《初學記·果木部·栗》事對"女贄　籩實"引《周禮》同（678）。《周禮·天官·籩人》作："饋食之籩，其實棗、樏、桃、乾䕩、榛實。"②"樏"即"栗"也。《説文·卤部》："樏，木也。從木，其實下垂，故從卤。㮚，古文樏，從西、從二卤。"③ 作"栗"乃從古文㮚省二卤，作"樏"乃從古文"㮚"省"西"與"卤"，因此"栗"、"樏"乃古文"㮚"字隸省之别。邵瑛《羣經正字》："今經典多作栗……經典尚有作樏者。"④《周禮·天官·籩人》條可爲之添一實證。

【煮—䰞】

《初學記·禮部上·祭祀》事對"鬱酒　蘭湯"："《周禮》曰：'凡祭祀賓客之祼事，和鬱鬯以實彝而陳之。'鄭玄注曰：'築鬱金煮之和鬯酒也。鬱爲草若蘭。'"（318）

按：引文"煮"字《周禮·春官·鬱人》鄭注作"䰞"⑤。考《説文·鬲部》："鬻，孚也。從鬲，者聲。䰞，鬻或從火。"⑥"䰞""煮"乃隸定之别也。

【圓—圜】

《初學記·禮部上·祭祀》事對"六變　九成"："《周禮》曰：'孤竹之管，雲和之琴瑟，雲門之舞。冬日至，於圓丘奏之，若樂六變則天神皆降，可得而禮矣。'"（318）

按：引文"圓"《周禮·春官·大司樂》作"圜"⑦。考《説文·口

① 《宋本玉篇》，第 347 頁。

② 《十三經注疏》，第 671 頁下欄。

③ 《説文解字》，第 143 頁上欄。

④ 《説文解字群經正字》，第 186 頁下欄。

⑤ 《十三經注疏》，第 770 頁中欄。

⑥ 《説文解字》，第 63 頁上欄。

⑦ 《十三經注疏》，第 789 頁下欄。

部》："圜，天體也。"徐鍇曰："此方員字。"① 《説文·口部》："圓，圜全也。从囗，員聲。"② 以"圜"釋"圓"，則"圜"、"圓"同也。"圓"是渾圓的形狀，"圜"是圓形的天體，二義同源③。因此在造字之初，兩字同義，實爲異體字的關係。

【剭—廘】

《初學記·器物部·車》敍事："《周禮》曰：'玉輅，錫樊纓，十有再就。建太常十有二斿以祀（玉在馬曰輅。錫，音陽。錫馬當面盧，刻金爲之，所謂鏤錫也。樊，音繁。謂今馬大帶也。此樊纓皆五色，采剭飾之。十有二就，就，成也。大常九旗畫日月者）……以封藩國。'"（612）

按：引文"剭"字《周禮·春官·巾車》作"廘"④。考《龍龕手鏡·四部》："罷、剭、罷、罷，四俗；羆，古；剭，正：居例反，氈類毛爲之。六。廘、眾，居例反，魚綱也。二。"⑤《龍龕》以"剭"、"廘"二字相別，然二字實同。《爾雅·釋言》："氂，廘也。"郭璞注："毛氂，所以爲廘。"⑥ 是"廘"字亦有毛氈義，與"剭"同也。《初學記》作"剭"，與《周禮》之"廘"相對，亦可作爲"廘"、"剭"同用之例。

【䇲—茀】

《初學記·武部·箭》敍事："《周官》：'司弓矢掌八矢之法。八矢：一曰枉，二曰絜，三曰殺，四曰鍭，五曰矰，六曰䇲，七曰恒，八曰庳。凡枉矢、絜矢，利火射，用諸守城車戰。殺矢、鍭矢，用諸近射田獵。矰矢、䇲矢，用諸弋射。恒矢，庳矢，用諸散射。此八矢者。弓弩各有四焉：蓋枉殺矰恒，弓所用也；絜鍭䇲庳，弩所用也。'"（533）

按：引文"䇲"字今本《周禮》與鄭玄注俱作"茀"⑦。羅振玉《增

---

① 《説文解字繫傳》，第 124 頁下欄。

② 《説文解字》，第 129 頁上欄。

③ 參見劉鈞傑《同源字典補》，第 176 頁。

④ 《十三經注疏》，第 822 頁下欄—823 頁中欄。

⑤ 《龍龕手鏡》，第 360 頁。《漢語大字典》引《龍龕》例，證"廘"與"剭"同。雖二字讀音均爲"居例反"，但"剭"字屬上，與前舉五字同，故於此字後加小字"六"，乃示意前六字同也，"廘"與其下之字同，故釋語末加數字"二"，意二字同也，與上文之"剭"無關。《大字典》編者不識《龍龕》體例，錯將上字屬下，以此來證明"剭"、"廘"同，則誤矣。雖二字實同，然建立在錯誤基礎上的論證難以令人信服。

⑥ 《十三經注疏》，第 2582 頁下欄。

⑦ 同上書，第 856 頁上欄。

訂殷虛書契考釋》卷中云："𰀁，此疑是箫字，象雙矢帶繳之形，雉兔之雉。卜辭从🔸，或从🔸，亦象矢帶繳，彼从一矢，此从二矢，疑是一字。《廣雅·釋器》：'矰箫，箭也。'《周官·司弓矢》：'矰矢箫矢，用諸弋射。'字又作弗。箫、弗殆皆由𰀁之譌變。至矢之形，或順或逆，繳之形或左或右，文字中所不拘，實無殊異，知𰀁必有作🔸者，於是隸變而成箫。其矢形下向者，去其上半，則成弗矣。"① 從其説，"弗"、"箫"隸定之別也。

【駈—驅】

《初學記·武部·彎》事對"令舍　犯軷"："《周禮》曰：'挈壺氏挈彎以令舍。鄭司農注云：懸彎於所當舍止之處。'又：'大馭掌馭玉路以祀。及犯軷，王自左馭，馭下祝，登受彎，犯軷遂駈之。'"（538）

按：引文"駈"《周禮·夏官·大馭》作"驅"②。駈、驅同。《玉篇·馬部》："驅，丘于切，逐遣也，隨後也，驟也，奔馳也。古作敺。又丘遇切。駈，同上，俗。"③《初》作"駈"，乃用俗字也。

【冀—𱅥】

《初學記·州郡部·河東道》事對"漳川　𱅥浸"："《周禮》曰：'𱅥州其川曰漳。'鄭玄注云：'出長安。'"（174）

按：引文"𱅥"字《周禮·夏官·職方氏》作"𱅥"④。《校勘記》曰："河內曰𱅥州：唐石經、余本、嘉靖本同，《廣韻》引《周禮》亦作𱅥，閩監、毛本改冀，失其舊。"⑤ 阮校是。《周禮》作"𱅥"，乃用古文。《玉篇·北部》："冀，居致切，冀州也。北方州故從北。𱅥，同上。"⑥ 令簋"冀"作"𱅥"，景北海碑陰作"𱅥"，上部皆不作"北"，故作"𱅥"與古文相合，作"冀"，疑是隸定過程中改變字形所致。

【胇—肺　婞—悍】

《初學記·地部上·石》敘事："《周禮》：'以嘉石平罷民。'注云：'嘉石，文石也。''以胇石達窮民，凡遠近婞獨老幼之欲有復於上而其長

① 《古文字詁林》第 11 册，第 385 頁。

② 《十三經注疏》，第 857 頁下栏。

③ 《宋本玉篇》，第 423 頁。

④ 《十三經注疏》，第 863 頁上栏。

⑤ 《周禮校勘記》，第 501 頁下栏。

⑥ 《宋本玉篇》，第 300 頁。

弗爲之達者，立於胏石。'注云：'胏石，赤石也；窮民，天民之窮而無告者。'"（107）

按：引文"胏"《周禮·秋官·大司寇》作"肺"，"婷"作"悙"①。胏、肺同，肺石即胏石。《文選·王融〈永明九年策秀才文〉》："胏石少不冤之人。"李善注云："《周禮》曰：'肺石達窮民。'鄭司農曰：'肺石，赤石也。'"② 則李善所見本《周禮》"肺石"即作"胏石"。

又"婷"、"悙"亦同。《字彙·女部》："婷，同悙。"③ 從"女"與從"心"古多相換例，如"嫉"字即又可寫作"恜"④，"嬾"字俗寫或作"懶"⑤，"惱"又或作"㜪"⑥。"悙"作"婷"當是同樣的情況。

【劍—剱】

《初學記·武部·劍》事對"遷地　徹天"："《周禮》曰：'鄭之刀，宋之斤，魯之削，吳越之劍，遷乎其地而不能爲良，地氣然也。'"（528）

按：引文"劍"《周禮·考工記·敘官》作"剱"⑦。考《說文·刃部》："劍，人所帶兵也。从刃，僉聲。剱，籀文劍，从刀。"⑧ 是從刀、從刃皆古已有之。《初》作"劍"，《周禮》作"剱"，古異體字也。

【薌—香】

《初學記·禮部上·宗廟》事對"薌合　嘉疏"："《儀禮》曰：'始虞用柔日，曰：哀子某，敢用潔牲剛鬣薌合嘉薦。'"（323）

按：此乃節引，今本《儀禮·士虞禮》曰："始虞用柔日。曰：'哀子某，哀顯相，夙興夜處不寧。敢用絜牲剛鬣、香合、嘉薦、普淖。'"⑨ 考《說文·香部》："香，芳也。从黍，从甘。"⑩ 段玉裁注："會意。"⑪

---

① 《十三經注疏》，第 870 頁下欄—871 頁上欄。

② 《文選》，第 508 頁下欄。

③ 《字彙》，第 107 頁下欄。

④ 參見《敦煌俗字研究》下編《敦煌俗字匯考》"嫉"字條，第 220 頁。

⑤ 同上，"懶"字條，第 388—389 頁。

⑥ 《龍龕手鏡·女部》，第 281 頁。

⑦ 《十三經注疏》，第 906 頁上欄。

⑧ 《說文解字》，第 93 頁上欄。

⑨ 《十三經注疏》，第 1174 頁上欄。

⑩ 《說文解字》，第 147 頁上欄。

⑪ 《說文解字注》，第 330 頁上欄。

"薌"字《説文》無，《説文新附·艸部》："薌，穀气也。从艸，鄉聲。"① "香"乃會意字，"薌"乃形聲字，二者造字的方法不同。今本《儀禮》作"香合"，《禮記》作"薌合"，如《曲禮下》："黍曰薌合。"② "薌"、"香"異體字也。

【軷—軷】

《初學記·器物部·脯》敘事："《儀禮》曰：'鄉飲酒，主人立于西階東，薦脯；使行出祖，釋軷祭脯；士冠，賓東面薦脯。'"（641）

按：引文"軷"《儀禮·聘禮》作"軷"③。"軷"、"軷"異體字也。《龍龕手鏡·車部》："軷、軷，二俗；軷，正。"④ 《初》作"軷"，《儀禮》作"軷"亦其例也。

【埽—掃】

《初學記·禮部下·婚姻》事對"執巾櫛　備埽灑"："《禮記》曰：'納女，於天子曰備百姓，於國君曰備酒漿，於大夫曰備埽灑。'鄭注云：'納女猶致女也。壻不親迎，則女之家遣人致之，此其辭也。姓之言生也。'"（355）

按：引文"掃"字《禮記·曲禮下》作"埽"⑤。"埽"、"掃"與"帚"字同源，均以"帚"爲意符。《説文·土部》："埽，棄也，从土从帚。"⑥ 《玉篇·手部》："掃，除也。《禮記》曰：'汎掃曰掃。'作埽同。" "埽"、"掃"音義相同，且均爲會意字，當屬一字之異體。"埽"字取其用帚掃地之意，故從土從帚；"掃"字則爲以帚掃地需用手，故加手旁以表意。

【无—無】

《初學記·武部·獵》敘事："《禮記》曰：'古者天子諸侯无事，則歲三田：一爲乾豆，二爲賓客，三爲充君之庖。无事而不田曰不敬，田不以禮曰暴天物。'"（540）

---

① 《説文解字》，第 27 頁下欄。
② 《十三經注疏》，第 1269 頁上欄。
③ 同上書，第 1072 頁中欄。
④ 《龍龕手鏡》，第 85 頁。
⑤ 《十三經注疏》，第 1270 頁下欄。
⑥ 《説文解字》，第 287 頁下欄。

按：引文"无"字《禮記·王制》俱作"無"①。"无"爲"無"字之異體。《説文·亡部》："無，亡也，从亡，無聲。无，奇字。"② 段注曰："謂古文奇字如此作也。今六經惟《易》用此字。"③

【岳—嶽】

《初學記·地部上·總載山》事對"視三公　植萬物"："《禮記》曰：'天子祭名山大川，五岳視三公。'鄭玄注曰：'視者，牲器之數。'"（92）

按：引文"岳"字④《禮記·王制》作"嶽"⑤。考《説文·山部》："嶽，東岱、南霍、西華、北恒、中泰室，王者之所以巡狩所至。从山，獄聲。𡴥，古文，象高形。"⑥ 段玉裁注："今字作岳，古文之變。"⑦ "岳"字即爲"𡴥"字之隸變。《初學記》亦有作"嶽"者，如《地理上·華山》敘事："今覩手跡於華嶽上，指掌之形具在。"（99）《五經文字》卷下山部："岳、嶽，二同。上象形，下形聲。"⑧

【勾—句】

《初學記·歲時部上·春》敘事："《禮記·月令》曰：'孟春之月，日在虛，昏昴中，曉心中……其日甲乙，其帝太皞，其神勾芒，（鄭玄曰："此蒼精之君，木官之臣。自古以來，著德立功者，太皞、宓羲也。勾芒，少皞氏之子，曰重，爲木官。"）……天地和同，草木萌動。（此陽氣蒸運，可耕之候。）'"（43）

按：引文"勾"字《禮記·月令》作"句"⑨。勾、句同。《説文·句部》："句，曲也。"⑩ 段注曰："凡曲折之物，侈爲倨，斂爲句。《考工記》：'多言倨句。'《樂記》言：'倨中矩，句中鉤。'《淮南子·説獸》言：'句爪倨牙。'凡地名有句字者，皆謂山川紆曲，如句容、句章、句

---

① 《十三經注疏》，第 1333 頁中欄。
② 《説文解字》，第 267 頁下欄。
③ 《説文解字注》，第 634 頁下欄。
④ 《初學記·地部上·華山》事對"地載　神開"："《禮記》曰：'天地之道，博也，厚也；載華岳而不重，振河海而不洩。'"亦作"岳"也（第 99 頁）。
⑤ 《十三經注疏》，第 1336 頁上欄。
⑥ 《説文解字》，第 190 頁上欄。
⑦ 《説文解字注》，第 437 頁下欄。
⑧ 《五經文字》，第 66 頁上欄。
⑨ 《十三經注疏》，第 1352 頁下欄。
⑩ 《説文解字》，第 50 頁上欄。

餘、高句驪皆是也。凡章句之句亦取稽留可鉤乙之意。古音總如鉤。後人句曲音鉤，章句音屨；又改句曲字爲勾。此淺俗分別，不可與道古也。"①如段玉裁所言，"勾"乃"句"之俗字。

【介—个】

《初學記·歲時部上·春》事對"玄鳥　蒼龍"："《禮記》曰：'孟春之月，天子居青陽左介，乘青輅，駕蒼龍。'"（45）

按：引文"介"字安國本、建本同，宋本、晉府本作"个"②，《禮記·月令》亦作"个"③。王引之《經義述聞·通論上·个》認爲"个"即"介"字隸書之省，其云："介音古拜反，又音古賀反，猶大之音唐佐反，奈之音奴箇反，皆轉音也。後人於古拜反者則作介，於古賀反者則作个，而不知个即介字隸書之省，非兩字也。"又舉了七證加以說明，"《説文》有介無个，學者不察而强分爲二字"④。俞樾、吳世昌等人亦主是説⑤。其説是。"介"字，甲骨文《鐵云藏龜》八〇·二作𠆌，《鐵云藏龜》一七七·一作𠆌，《殷墟文字乙編》九三七作𠆌，從這些甲骨文當中，我們可以看到"介"字形體並無定形，筆畫或多或少。"个"當即"介"字隸省而形成的異體。

【𧕴—繭　秤—稱】

《初學記·禮部下·親蠶》事對"分𧕴　均桑"："《禮記》曰：'后妃躬桑，蠶事既登。分𧕴秤絲，以供郊廟之服。'"（342）

按：引文"𧕴"、"秤"兩字，《初學記·歲時部上·春》事對"效功　論賞"引《禮記》同（45）。今本《禮記·月令》分別作"繭"、"稱"⑥。《説文》無"𧕴"字。《玉篇·虫部》："繭，蠶繭也。𧕴，同上，

① 《説文解字注》，第88頁上欄。

② 詳見閻琴南《〈初學記〉研究》，閻氏認爲據《禮記·月令》，當以"个"字爲是（第127頁）。

③ 《十三經注疏》，第1355頁中欄。

④ 王引之舉了異文、詞彙、語音、方言等方面的多個例證來證明"介"與"个"乃同一字。並認爲"箇，竹枝也，今或作个，半竹也"不符《説文》體例，乃後人臆改。詳見《經義述聞》。（第747頁下欄—751頁下欄）

⑤ 俞樾在《群經平議·孟子二》中贊同王引之的説法，認爲介、个"古拜反"、"古賀反"之別乃音轉所致（《清經解續編》第5冊，第1219頁中欄）。吳世昌認爲介、个爲一字，然用語並不十分一致，在證甲骨文材料時，又説介、个相通假（《古文字詁林》第1冊，第647—650頁）。

⑥ 《十三經注疏》，第1363頁下欄。

俗。"① 故 "繭"、"蠒" 正俗字也②。

又 "秤" 字《說文》亦無。《說文·禾部》："稱，銓也。"③《干祿字書·去聲》："秤、稱，上俗下正。"④ 據此，"秤" 爲 "稱" 字俗體。

【耼—聃】

《初學記·禮部下·葬》事對 "止柩就道　止哭聽變"："《禮記》曰：'曾子問曰：葬引至于堩，日有食之則有變，且不行乎？孔子曰：昔吾從老耼，助葬於巷黨，及堩而日有食之。老耼曰：丘！止柩就道右，止哭以聽變，既明反而後行，曰禮也。鄭玄注曰：堩，道也，變謂異禮也。'"（361）

按：引文 "老耼" 的 "耼" 字《禮記·曾子問》作 "聃"⑤。耼、聃異體字。《說文·耳部》："耼，耳曼也。从耳，冄聲。"⑥ 大徐本字頭作 "耼"，段注則不僅字頭作 "耼"，正文亦改作 "从耳，冄聲"⑦。"耼" "聃" 實篆書隸定之別。《干祿字書·平聲》："耼、耼，上通下正。"⑧。《集韻·覃韻》："耼、耼，耳曼也。或从甘。"⑨ 俱以 "耼" 爲正。是古人以 "耼" 爲正字，"聃" 爲異體也。

【絃—弦】

《初學記·儲宮部·皇太子》事對 "春誦夏絃　撫軍監國"："《禮記》曰：'凡學，世子學士以時，春誦夏絃，太師詔之。'"（232）

按：引文 "絃" 字《禮記·文王世子》作 "弦"⑩。弦、絃，正俗字也。《說文·弦部》："弦，弓弦也。从弓，象絲軫之形。凡弦之屬皆从弦。"徐鉉曰："今別作絃，非是。"⑪ 段玉裁曰："俗別作絃，非也。"⑫

① 《宋本玉篇》，第 468 頁。
② 《初學記·中宮部·皇后》事對 "分絲　獻繭" 引《禮記》即作 "繭"（第 221 頁）。
③ 《說文解字》，第 146 頁上欄。
④ 《干祿字書》，第 27 頁。
⑤ 《十三經注疏》，第 1400 頁下欄。
⑥ 《說文解字》，第 249 頁下欄。
⑦ 徐鉉《說文解字》即定 "耼" 爲楷體（第 249 頁下欄）。段玉裁《說文解字注》引許慎文，字頭即作 "耼"，正文則作 "从耳冄聲"，依段注則作 "耼" 爲是（第 591 頁下欄）。
⑧ 《干祿字書》，第 13 頁。
⑨ 《集韻》，第 285 頁。
⑩ 《十三經注疏》，第 1404 頁下欄。
⑪ 《說文解字》，第 270 頁下欄。
⑫ 《說文解字注》，第 642 頁上欄。

王筠《説文句讀》："字從弓，故言弓耳。象絲軺，則琴瑟弦可知。經典及《説文》皆無絃字。"①邵瑛《群經正字》："此弓弦字，而凡琴瑟亦即作此'弦'字。經典尚多不誤……然往往有作'絃'者，如《禮記·樂記》：'朱絃而疏越。'……諸經俱有，不能一律。統當作'弦'爲正。《廣雅·釋詁》卷三，曹憲音云：'凡弓弩、琴瑟弦皆從弓。'……《五經文字》及《復古編》、《六書正譌》並云，其琴瑟弦亦用此字，作絃者非。"②則《初學記》作"絃"用俗字，《禮記》作"弦"用正字也。

【欷—嘆】

《初學記·禮部上·總載禮》事對"教敬 脩睦"："《禮記》曰：'昔者仲尼與於蜡賓。事畢，出遊於觀之上，喟然而欷曰：大道之行也，天下爲公。選賢與能，講信脩睦，故人不獨親其親，不獨子其子。'"（314）

按：引文"欷"字，《禮記·禮運》作"嘆"③。考《説文·口部》："嘆，吞欷也。从口，欷省聲。一曰太息也。"④段注："《九經字樣》作吞聲也，非。按嘆、欷二字今人通用，《毛詩》中兩體錯出，依《説文》則義異。欷近於喜，嘆近於哀，故嘆訓吞欷，吞其欷而不能發。"⑤段說非是，《説文》既明言"嘆，吞欷也"，以"欷"釋"嘆"，足證兩者同也。《玉篇·口部》："嘆，與欷同。"⑥是也。

【猫—貓】

《初學記·歲時部下·臘》敘事："《禮記》曰：'天子大蜡八，伊耆氏始爲蜡。蜡也者，索；歲十二月，合聚萬物而索饗之也。（八蜡者，一先嗇，二司嗇，三農，四郵表畷，五猫虎，六防，七水庸，八昆虫。）'"（84）

按：引文"猫"字《禮記·郊特牲》鄭玄注作"貓"⑦。陸德明《釋文》："貓，字又作猫。"⑧《玉篇·犬部》："猫，食鼠也。或作貓。"⑨猫、

---

①　《説文解字句讀》，第 513 頁上欄。

②　《説文解字群經正字》，第 322 頁下欄。

③　《十三經注疏》，第 1413 頁下欄。

④　《説文解字》，第 34 頁上欄。

⑤　《説文解字注》，第 60 頁下欄。

⑥　《宋本玉篇》，第 100 頁。

⑦　《十三經注疏》，第 1454 頁下欄。

⑧　《經典釋文》（通志堂本），第 185 頁上欄。

⑨　《宋本玉篇》，第 433 頁。

貓異體字明矣。

【棃—梨】

《初學記·果木部·棗》敘事:"(《禮記》)又曰:'棗曰新之,栗曰撰之,桃曰膽之,楂棃曰鑽之。食棗桃李,不致于核。'"(676)

按:引文"棃"字,《禮記·內則》作"梨"①。考《說文·木部》:"棃,果名。从木,称聲。称古文利。"② "梨"字《說文》無,《玉篇》也缺收。《廣韻·脂韻》始收"梨"字,曰:"棃,梨,同上。"③ 則棃、梨異體字也。

【繰—繅】

《初學記·中宮部·妃嬪》事對"教九御 繰三盆":"《禮記》曰:'世婦卒蠶,獻繭于夫人。夫人受之,親繰三盆手,朱綠之,玄黃之,以爲黼黻文章。君服之以祀先王先公,敬之至也。'"(226)

按:引文"繰"字今本《禮記》作"繅"④。考《說文·糸部》:"繰,帛如紺色。或曰深繒。"⑤ 是"繰"字本義是一種深黑色的帛。然又同時被當作"繅"的異體字而通用。《詩·大雅·瞻卬》"休其蠶織"句,毛傳:"后夫人繅",陸德明《釋文》曰:"繅,素刀反。本亦作繰。"⑥ "繅"即"繰"也。《說文·糸部》:"繅,繹繭爲絲也。"⑦ 段注:"俗作繰。"⑧ 王筠《句讀》:"繅,字或作繰、繰。"⑨ 朱駿聲《定聲》:"經傳或以繰爲之,或用繅者,又繰之形譌。"⑩ 是繰、繅異體字也。

【莅—涖 災—裁】

《初學記·人部上·孝》敘事:"《禮記》:'曾子曰:身也者,父母之遺體也。行父母之遺體,敢不敬乎?居處不莊,非孝也;事君不忠,非

---

① 《十三經注疏》,第 1466 頁下欄。
② 《說文解字》,第 114 頁下欄。
③ 《宋本廣韻》,第 35 頁。
④ 《十三經注疏》,第 1598 頁上欄。
⑤ 《說文解字》,第 274 頁上欄。
⑥ 《十三經注疏》,第 578 頁上欄。
⑦ 《說文解字》,第 271 頁上欄。
⑧ 《說文解字注》,第 643 頁下欄。
⑨ 《說文解字句讀》,第 516 頁上欄。
⑩ 《說文通訓定聲》,第 319 頁下欄。

孝也；莅官不敬，非孝也；朋友不信，非孝也；戰陣無勇，非孝也。五者
不遂，災及於親，敢不敬乎！夫孝，置之而塞乎天地，敷之而橫乎四海。
斷一樹，殺一獸，不以其時，非孝也。'"（419）

按：引文"莅"與"災"字《禮記·祭義》分別作"涖"與
"烖"①。考《說文·立部》："埭，臨也。"② 段注："經典莅字或作涖，注
家皆曰臨也。《道德經》釋文云：古無莅字，《說文》作埭。按莅行而埭
廢矣。凡有正字而爲叚借字所敚者類此。"③ 依段說，"莅"字爲假借字，
本字當作埭。而"涖"又爲"莅"字的或體。《龍龕手鏡·水部》："涖，
音利。臨涖。與莅同。"④

又《說文·火部》："烖，天火曰烖。……災，籀文从巛。"⑤《史記·
五帝紀》"眚烖過赦"⑥，《尚書·舜典》作"眚災肆赦"⑦。是"烖"、
"災"異體字也。

【珉—碈】

《初學記·寶器部（花草附）·玉》事對"垂棘　浮筠"："《禮記》
曰：'子貢問於孔子曰：敢問君子貴玉而賤珉，何也？曰：瑕不掩瑜，瑜
不掩瑕，忠也；浮筠旁達，信也。'"（652）

按：引文"珉"《禮記·聘義》作"碈"。鄭玄注："碈，石似玉。
或作玟也。"⑧ 陸德明《經典釋文》字頭作"碈"⑨。黃焯《經典釋文彙
校》："字亦作瑉……宋本作碈。"⑩《玉篇·玉部》："珉，靡幽切。《山海
經》云：'岐山其陰多白珉。'《禮記》云：'君子貴玉而賤珉。'鄭玄曰：
'石似玉。本亦作瑉，或作玟也。'碈，同上。"⑪ 與今本《禮記》不同。

---

① 《十三經注疏》，第 1598 頁中欄。《初學記·禮部上·總載禮》敘事引《周禮·大宗伯
之職》，注文亦作"災"（第 313 頁），而今本《周禮》與之對應的《大宗伯》注則作"烖"
（《十三經注疏》，第 759 頁）。

② 《說文解字》，第 216 頁上欄。

③ 《說文解字注》，第 500 頁上欄。

④ 《龍龕手鏡》，第 235 頁。

⑤ 《說文解字》，第 209 頁上欄。

⑥ 《史記》，第 24 頁。

⑦ 《十三經注疏》，第 128 頁下欄。

⑧ 同上書，第 1694 頁上欄—中欄。

⑨ 《經典釋文》（通志堂本），第 219 頁下欄。

⑩ 《經典釋文彙校》，第 151 頁。

⑪ 《宋本玉篇》，第 19 頁。

故珉、瑉、碈爲同一字也。唐人避李世民諱，"民"旁或改形作"氏"，故"碈"當是"碈"的避諱改形字。後世或沿襲唐避諱字，"碈"遂成爲"珉"的異體字。

【蘊—薀】

《初學記·寶器部（花草附）·萍》事對"共祭祀　羞王公"："《左傳》曰：'蘋蘩蘊藻之菜，可羞於王公。'"（669）

按今本《左傳·隱公三年》曰："蘋蘩薀藻之菜，筐筥錡釜之器，潢汙行潦之水，可薦於鬼神，可羞於王公。"①"蘊"字作"薀"。《校勘記》曰："'蘋蘩薀藻之菜'，《詩·采蘋》正義引作'蘊藻'。《文選·蜀都賦》注引同。宋張有《復古篇》以'蘊'爲'薀'之俗體。"②阮校是。《廣韻·吻韻》："薀，《説文》：'積也。《春秋傳》曰：薀利生孽。'俗作蘊。"③因"糹"旁與"氵"旁草書時極相近，敦煌俗字中亦多兩者相混之例，如"紗"與"沙"草書往往極難分辨，故"薀"字俗字可寫作"蘊"。

【攢—欑】

《初學記·政理部·賞賜》事對"受北國　啓南陽"："《左傳》曰：'晉侯朝王，與之陽樊、溫、原、攢茅之田，晉於是始啓南陽。'"（473）

按：引文"攢"《左傳·僖公二十五年》作"欑"④。考《説文·木部》："欑，積竹杖也。從木，贊聲。一曰穿也；一曰叢木。"⑤王筠《句讀》："林木、木材之聚，皆言欑、言叢。"⑥是王筠認爲"欑"字本爲"積聚"義。"攢"字亦爲"積聚、聚集"義。《集韻·換韻》："攢，聚也。"⑦朱駿聲《説文通訓定聲·木部》："欑，字亦作攢。"⑧"欑""攢"音義皆同，古人手書"木"旁與"扌"旁常相換，故"欑"又可寫作"攢"。

① 《十三經注疏》，第 1723 頁中欄。
② 《春秋左氏傳校勘記》，第 791 頁下欄。
③ 《宋本廣韻》，第 259 頁。
④ 《十三經注疏》，第 1820 頁下欄。
⑤ 《説文解字》，第 123 頁下欄。
⑥ 《説文解字句讀》，第 214 頁上欄。
⑦ 《集韻》，第 557 頁。
⑧ 《説文通訓定聲》，第 761 頁上欄。

【凱—愷】

《初學記·帝王部·總敘帝王》事對"二八　四七"："《左傳》曰："舜臣堯，舉八凱，使主后土，以揆百事，莫不時序，地平天成。舉八元使布五教于四方；父義母慈，兄友弟恭子孝，內平外成。'"（205）

按：引文《左傳·文公十八年》"凱"字作"愷"①。考《說文·豈部》："愷，康也。从心，豈聲。"② 段注："《詩》又作凱，俗字也。《邶風》曰：凱風謂之南風。樂夏之長養。凱亦訓樂。即愷字也。"③ 段說是。凱、愷異體字。

【嚚—𡅧】

《初學記·居處部·宅》敘事："《左傳》曰："齊景公欲更晏子之宅。公曰：子之宅近市，湫隘嚚塵，請更諸爽塏。辭曰：君之先臣容焉，於臣侈矣。且小人近市，朝夕得所求，小人之利也。'"（578）

按：引文"嚚"《左傳·昭公三年》作"𡅧"④。嚚、𡅧二字，乃變換結構形成的異體字。因"上古漢字的字形結構往往比較隨便，其上下左右不甚拘泥"⑤。漢字結構是在楷變以後才逐漸固定，唐代寫作"嚚"，基本屬於楷化之後的形體。《字彙·口部》："𡅧，同嚚。"⑥《左傳》作"𡅧"，乃古本異體。

【粥—鬻　糊—餬】

《初學記·器物部·粥》敘事："《左傳》曰："鼎銘有云：饘於是，粥於是，以糊余口。'"（638）

按：引文"粥"《左傳·昭公七年》作"鬻"，"糊"作"餬"⑦。"鬻"與"粥"同。《說文·弼部》："鬻，鍵也。"徐鉉曰："今俗作粥。"⑧ 其說是。《戰國策·趙策四》："恃鬻耳。"姚宏注："鬻，一本去鬲字。"吳師道曰："鬻、粥同。"⑨《爾雅·釋言》："鬻，糜也。"郝懿行

---

① 《十三經注疏》，第 1862 頁中栏。
② 《説文解字》，第 102 頁下栏。
③ 《説文解字注》，第 207 頁上栏。
④ 《十三經注疏》，第 2031 頁下栏。
⑤ 參見張涌泉《漢語俗字研究》，第 90 頁。
⑥ 《字彙》，第 85 頁上栏。
⑦ 《十三經注疏》，第 2051 頁上栏。
⑧ 《説文解字》，第 62 頁下栏。
⑨ 《戰國策集注彙考》，第 1126 頁。

義疏："鬻者，經典省作粥而訓糜。"① 皆是。今本《左傳》作"鬻"，而《初》引文作"粥"，亦可爲此添一文獻實例。

又"糊"、"䊚"亦同。從造字法來説，兩字均屬形聲字。兩者之別，一爲"米"旁，一爲"食"旁，乃改換形旁之别。《玉篇·食部》："䊚，户吾切，寄食也。或作糊、粘。"② "糊"爲"䊚"的換旁俗字。

【溪—谿】

《初學記·武部·鞭》事對"楚令　秦謡"："《左傳》曰：'楚靈王使圍徐以懼吴，楚子次于乾溪，以爲之援。雨雪，王皮冠，秦復陶，翠被豹舄，執鞭以出。'杜預注曰：'執鞭以教令。'"（539）

按：引文"溪"《左傳·昭公十二年》作"谿"③。考《説文·谷部》："谿，山瀆無所通者。"④ "溪"字《説文》無。《廣韻·齊韻》："谿，《爾雅》曰：'水注川曰谿。'若奚切。嵠、溪、磎並上同。"⑤《左傳·文公十六年》："子越自石溪。"⑥ 陸德明《釋文》："石溪，苦兮反，本又作谿。"⑦ 説明早在陸德明作《釋文》之前，"溪"、"谿"已作爲一對異體字存在了。

【已—以】

《初學記·禮部下·朝會》事對"講禮　述職"："《左傳》：'叔向曰：明王之制，使諸侯歲聘以志業，間朝以講禮，再朝而會以示威，再會而盟以著昭明，志業於好，講禮於等，示威於衆，昭明於神。自古已來，未之或失。'"（345）

按：引文"已來"《左傳·昭公十三年》作"以來"⑧。"以"與"已"同。王引之《經傳釋詞》："㠯，或作'以'，或作'已'。"⑨《禮記·檀弓下》："則豈不得以？"鄭玄注："以與已字本同爾。"⑩ 古文獻

---

① 《爾雅義疏》，第 520 頁。

② 《大廣益會玉篇》，第 46 頁上欄。

③ 《十三經注疏》，第 2063 頁下欄。

④ 《説文解字》，第 240 頁上欄。

⑤ 《宋本廣韻》，第 71 頁。

⑥ 《十三經注疏》，第 1859 頁中欄。

⑦ 《經典釋文》（通志堂本），第 243 頁上欄。

⑧ 《十三經注疏》，第 2071 頁下欄。

⑨ 《經傳釋詞》，第 6 頁。

⑩ 《十三經注疏》，第 1310 頁下欄。

中，"以"、"已"常同用也。

【鉛—鈆】

《初學記·地部上·總載地》敘事："《爾雅》云：'東至于泰遠，西至于邠國，南至于濮鉛，北至于祝栗，謂之四極。九夷，八狄，七戎，六蠻，謂之四海。'"（88）

按：引文"鉛"字《爾雅·釋地》作"鈆"①。《干禄字書·平聲》："鈆鉛，竝同。"② 是"鉛"、"鈆"異體字也。

【虋—蘪】

《初學記·寶器部（花草附）·五穀》敘事："《爾雅》曰：'虋（門）赤苗，芑白苗。（郭璞注："虋，赤粱粟；芑，白粱粟，皆好穀。"）'"（660）

按：引文"虋"字《爾雅·釋草》作"蘪"③。陸德明《釋文》云："蘪，俗字亦作虋字。"④《説文·艸部》："蘪，赤苗嘉穀也。"⑤ 今本《爾雅》作"蘪"，本字也。《集韻·韻》："蘪，《説文》赤苗嘉穀也。或作虋、糜、穈。"⑥ 則《初》作"虋"，俗寫也。

【猊—麑】

《初學記·獸部·獅子》敘事："《爾雅》曰：'狻猊如虦貓，食虎豹。（郭璞注曰："即獅子也。"狻音酸，猊音倪，虦音士奸反。）'"（697）

按：引文"猊"字《爾雅·釋獸》作"麑"⑦。陸德明《釋文》云："麑，字又作猊。"⑧《説文·鹿部》："麑，狻麑，獸也。從鹿，兒聲。"⑨ 則作"麑"者正字也。《集韻·齊韻》："麑，或從犬從豸。"⑩《初學記》作"猊"，異體字也。高明認爲，古體漢字義近形旁多通用，麑作猊，乃鹿旁與犭旁通用的結果⑪。

---

① 《十三經注疏》，第 2616 頁中欄。
② 《干禄字書》，第 11 頁。
③ 《十三經注疏》，第 2627 頁上欄。
④ 《經典釋文》（通志堂本），第 426 頁下欄。
⑤ 《説文解字》，第 15 頁下欄。
⑥ 《集韻》，第 140 頁。
⑦ 《十三經注疏》，第 2651 頁中欄。
⑧ 《經典釋文》（通志堂本），第 436 頁上欄。
⑨ 《説文解字》，第 203 頁上欄。
⑩ 《集韻》，第 98 頁。
⑪ 參見高明《高明論著選集》，第 47 頁。

【蹢—豴】

《初學記·獸部·豕》敘事："《爾雅》曰：'豕，豬也（江東呼爲豨）；豴豭（豭，羊垂反。俗呼小豵豬爲豴子也），么豚（最後生者，俗呼爲么豚），奏者，豱（音溫，今豱豬。短頭，皮理腠蹙也）。豕生三豵（宗），二師一特，所寢，橧。四蹢皆白，豥。其跡刻，絶有力；豟，（音厄，豕高五尺者）牝豝，豠五尺爲豟（大豕爲豟。今漁陽呼豬大者爲豟也）。'"（710）

按：引文"蹢"字《爾雅·釋獸》作"豴"①。考《説文·足部》："蹢，住足也。从足，適省聲。或曰蹢躅。賈侍中説：足垢也。"②《詩·小雅·漸漸之石》："有豕白蹢。"《毛傳》："蹢，蹄也。"③則《初》作"蹢"，從正字也。陸德明《釋文》曰："蹢，丁歷反，蹄也。本今作豴。"④則作"豴"者，換旁字也。蓋因字與豬有關，因此改作"豕"旁。《初學記》作"蹢"，當爲《爾雅》本字，作"豴"，乃異體字也。

---

① 《十三經注疏》，第 2650 頁下欄。
② 《説文解字》，第 47 頁上欄。
③ 《十三經注疏》，第 500 頁上欄。
④ 《經典釋文》（通志堂本），第 435 頁下欄。"本今"疑爲"今本"的倒文。

第四章
異文研究(中):因音嬗變

《初學記》引經除了因古今字、異體字、避諱字等引起文字改變外，換用語音相同或相近的字詞，亦是引起異文的一大原因。試分下面幾種情況予以説明。

第一節　通假字

通假有廣義、狹義之別。廣義的通假包括本有其字的假借和本字後起的假借，狹義的通假是指假借一個同音或音近的字來記録一個本有其字的詞。本有其字與本無其字的假借現象有一點是完全相同的，那就是被借字都是取其讀音，當作音符來使用的。本书爲與上一章的古今字相區别，取狹義的通假字概念，即以本有其字的假借作爲論述的範圍。

一　《初學記》引文爲借字
【序—敍】

《初學記·樂部上·歌》事對"八闋　九序"："《尚書》曰：'禹曰：於！帝念哉，德惟善政。政在養民，水、火、金、木、土、穀，惟脩。正德、利用、厚生，惟和，九功惟序，九序惟歌。'"（377）

按：引文"序"《尚書·大禹謨》作"敍"①。考《説文·广部》："序，東西牆也。从广，予聲。"② 《攴部》："敍，次弟也。从攴，余聲。"③ 段玉裁注："古或假序爲之。"④ 段説是，《初學記》即借"序"爲

---

① 《十三經注疏》，第135頁上欄。
② 《説文解字》，第192頁下欄。
③ 同上書，第69頁下欄。
④ 《説文解字注》，第126頁下欄。

次敍之“敍”也。因“序”字被借作“敍”日久，現代漢語中表示次第順序時書作“次序”，不作“次敍”。

【稷—畟】

《初學記·禮部上·社稷》事對“春祈　秋報”：“（《毛詩》）又曰：‘《良耜》，秋報社稷也。稷稷良耜，俶載南畝，播厥百穀。’”（326）

按：引文“稷稷”《詩·周頌·良耜》作“畟畟”[①]。馬瑞辰曰：“《釋文》云：‘本或作稷稷。’……古畟、稷、庎三字通用。”[②]《説文·夂部》：“畟，治稼畟畟進也。从田、人、从夂。《詩》曰：‘畟畟良耜。’”[③] 乃深耕之貌。《禾部》：“稷，𪗉也。五穀之長。从禾，畟聲。”[④] 乃穀物之名。依《説文》，本字當作“畟”。《初》作“稷”，乃因二者古音相同，故得通假也。《爾雅·釋訓》曰：“畟畟，耜也。”郭璞注：“言嚴利。”[⑤]《釋文》曰：“畟畟，楚力反，字或作稷。”[⑥] 是其例也。

【沃—鋈】

《初學記·器物部·車》事對“游環　副轄”：“《毛詩》曰：‘游環脅驅，陰靷沃續。’”（612）

按：引文“沃”字《毛詩·秦風·小戎》作“鋈”[⑦]。考《説文·金部》：“鋈，白金也。从金，𣵽省聲。”[⑧]《水部》：“𣵽，溉灌也。从水，芺聲。”[⑨] 段注：“隸作沃。”[⑩] 是“鋈”與“沃”古音同，但兩詞古義無涉。《初》作“沃”，假借爲白金之“鋈”。

【洫—侐】

《初學記·禮部上·宗廟》事對“閟宮　清廟”：“《毛詩》曰：‘閟宮有洫。’鄭玄注曰：‘閟，神也，姜嫄神所依。古廟曰神宮。’”（323）

---

① 《十三經注疏》，第602頁中栏。
② 《毛詩傳箋通釋》，第1107頁。
③ 《説文解字》，第112頁下栏。
④ 同上書，第144頁下栏。
⑤ 《十三經注疏》，第2590頁中栏。
⑥ 《經典釋文》（通志堂本），第414頁上栏。
⑦ 《十三經注疏》，第370頁上栏。
⑧ 《説文解字》，第293頁下栏。
⑨ 同上書，第233頁上栏。
⑩ 《説文解字注》，第555頁下栏。

按：引文"洫"字《詩·魯頌·閟宫》作"衁"①。考《説文·人部》："衁，靜也。从人，血聲。《詩》曰：'閟宫有衁。'"②則許慎所見本亦作"衁"。又《説文·水部》："洫，十里爲成。成間廣八尺、深八尺謂之洫。从水，血聲。"③因"衁"、"洫"均從"血"得聲，故古音相同可通。此處《詩》作"衁"，表示"清淨"爲本義；作"洫"，爲假借字。

【脩—脩】

《初學記·器物部·脯》敘事："《周禮》曰：'腊人掌乾肉，凡田獸之脯腊膴胖之事。(夫物解肆乾之，謂之乾肉；薄切曰脯，捶之而施薑桂曰服脩。腊，小物而乾者。)祭祀，共豆脯、薦脯、膴(呼)胖。'"（641）

按：引文"脩"字《周禮·天官·腊人》作"脩"④。"脩"通"脩"。《説文·肉部》："脩，脯也。从肉，攸聲。"⑤是"脩"乃肉也，而"脩"字本義乃修飾。《説文·彡部》："脩，飾也。从彡，攸聲。"⑥因俱從攸聲，故古音相同而得通假。此處《周禮》作"脩"，爲本字，《初》作"脩"，假借字也。

【邪—衺】

《初學記·政理部·刑罰》事對"五辭　三讓"："《周禮·秋官》曰：'凡民有邪惡者，三讓而罰。'"（489）

按：引文"邪"字《周禮·地官·司救》作"衺"⑦。考《説文·衣部》："衺，奤也。从衣，牙聲。"⑧段注："衺，今字作邪。"⑨《周禮》凡表邪惡、怪異義，均用"衺"字，唯《考工記·弓人》"析角無邪"一處用"邪"字。蓋《考工記》非《周禮》原文故也。《説文·邑部》："邪，琅邪郡。从邑，牙聲。"⑩"邪"字本義爲地名，與上文表邪惡、怪

---

① 《十三經注疏》，第 614 頁下欄。

② 《説文解字》，第 164 頁下欄。

③ 同上書，第 232 頁下欄。

④ 《十三經注疏》，第 664 頁中欄。

⑤ 《説文解字》，第 89 頁上欄。

⑥ 同上書，第 185 頁上欄。

⑦ 《十三經注疏》，第 732 頁上欄。

⑧ 《説文解字》，第 172 頁下欄。

⑨ 《説文解字注》，第 396 頁下欄。

⑩ 《説文解字》，第 135 頁下欄。

異義的“邪”字無涉，表“邪惡、怪異”時，乃“衺”的假借字。

【偶—耦】

《初學記・禮部下・婚姻》事對“親成　判合”：“《周禮・媒氏職》曰：‘掌萬民之判。’注曰：‘判，半也。得偶合成夫婦。’”（354）

按《周禮・地官・媒氏》鄭注作：“判，半也。得耦爲合，主合其半，成夫婦也。”① 《初》引鄭注“耦”爲“偶”，乃二字古相通。《説文・耒部》：“耦，耒廣五寸爲伐，二伐爲耦。”② 是“耦”字本義爲一種農具。因耕作這種農具需要兩個人，是“耦”字又引申出兩人、配偶的含義。又《説文・人部》：“偶，桐人也。”③ “偶”字本義爲木雕或泥塑的人像。二字義本不同，但偶、耦古音均隸侯韻疑母，聲韻全同而得相通也。此處“偶”字假借爲表配偶義的“耦”。現代漢語中，“耦”字的“配偶”義反而完全被“偶”字取代。

【側—昃】

《初學記・居處部・市》敘事：“《周禮》曰：‘側朝夕之市，則三市。’”（592）

按《周禮・地官・司市》：“大市，日昃而市，百族爲主；朝市，朝時而市，商賈爲主；夕市，夕時而市，販夫販婦爲主。”④《初》引文當據此意引。“昃”即“昃”也，而《初》引作“側”。《禮記・郊特牲》鄭玄注引《周禮》曰：“大市，日側而市，百族爲主。”⑤ 亦作“日側”。《説文・人部》：“側，旁也。”⑥ 是本義爲旁邊，與“日”無涉。然“側”、“昃”古均隸職部蒸母，同音通假也。朱駿聲《説文通訓定聲》云：“側，假借爲昃。”⑦

【灌—祼】

《初學記・禮部上・宗廟》事對“酎金　灌玉”：“《周禮》曰：‘凡灌玉灌之禮，陳之以贊灌事。’鄭玄注云：‘灌玉謂珪瓚璋瓚。’”（323）

---

① 《十三經注疏》，第 732 頁下欄。
② 《説文解字》，第 93 頁上欄。
③ 同上書，第 167 頁下欄。
④ 《十三經注疏》，第 734 頁中欄。
⑤ 同上書，第 1449 頁上欄。
⑥ 《説文解字》，第 164 頁上欄。
⑦ 《説文通訓定聲》，第 220 頁上欄。

按：引文“灌”字《周禮·春官·鬱人》正文及注均作“祼”①。考《說文·水部》：“灌，水。出廬江雩婁，北入淮。”②　原爲水名。“灌”、“祼”古雙聲。黄侃《說文箋識四種·字通》：“灌，灌注字借爲盥，或祼。”③　其説是，“灌”由水名假借爲表祭祀儀式的“祼”。

【考—攷】

《初學記·禮部上·巡狩》事對“考職　賦政”：“《周禮》：‘職方氏掌天地之圖。王將巡狩，則戒于四方曰：各修平乃守。考乃職，無敢不敬戒。’”（330）

按：引文“考”字《周禮·夏官·職方氏》作“攷”④。考《說文·老部》：“考，老也。从老省，丂聲。”⑤　又攴部：“攷，敂也。从攴，丂聲。”⑥　段玉裁注曰：“攷，引伸之義爲考課，《周禮》多作攷，他經攷擊、攷課皆作考，假借也。”⑦　段説是，“考”、“攷”古皆從“丂”得聲，故得相通。因後世多借“考”表“考校”等義的“攷”，故《玉篇·攴部》亦曰：“攷，口道切，今作考。”⑧《周禮》作“攷”，用本字，《初學記》作“考”，用借字也。

【旁—房】

《初學記·政理部·奉使》事對“受圭　還玉”：“（《儀禮》）又曰：‘君使卿皮弁，還玉於館。賓受圭，退負右旁南立。’”（480）

按《儀禮·聘禮》：“君使卿皮弁，還玉于館……賓自碑内聽命，升自西階，自左，南面受圭，退負右房而立。”⑨　《初》乃據此節引。今本“旁”作“房”。古從“方”之字往往可以相通。如“房”與“防”、“方”與“旁”皆可相通。“旁”字與“房”字都從“方”得聲，古音相同，故亦可相通。《漢書·賈山傳》：“又爲阿房之殿。”顔師古注：“房字

---

① 《十三經注疏》，第 770 頁中欄。
② 《説文解字》，第 226 頁上欄。
③ 《説文箋識四種》，第 121 頁。
④ 《十三經注疏》，第 864 頁上欄。
⑤ 《説文解字》，第 173 頁下欄。
⑥ 同上書，第 69 頁上欄。
⑦ 《説文解字注》，第 125 頁下欄。
⑧ 《宋本玉篇》，第 332 頁。
⑨ 《十三經注疏》，第 1066 頁下欄。

或作旁，說云始皇作此殿，未有名，以其去咸陽近，且號阿房。"① 《説文·上部》："旁，溥也。"② 本義爲廣泛、普遍。此處《儀禮》之文是指退及右面的房間，故本字當作"房"；《初學記》作"旁"，爲借字。

【梁—粱】

《初字記·禮部上·宗廟》敘事："《禮記》曰：'凡祭宗廟之禮，牛曰一元大武……梁曰薌萁，稷曰明粢，稻曰嘉疏，韭曰豐本，鹽曰鹹鹺，玉曰嘉玉，幣曰量幣。'"（323）

按：引文"梁"字《禮記·曲禮下》作"粱"③。《説文·木部》："梁，水橋也。从木从水，刅聲。"④ 本義爲橋梁，與粟米義無涉。然梁、粱音同而可通。《素問·通評虛實論》："肥貴人，則高梁之疾也。"王冰注："梁，粱字也。"⑤ 即其例。《初學記》多處引到此語，"粱"均作"梁"，皆因梁、粱音近相通故也。

【釜—斧】

《初學記·禮部下·葬》事對"馬鬣　龍耳"："《禮記》曰：'孔子之喪，有自燕來觀者，舍於子夏氏。子夏曰：聖人之葬人，與人之葬聖人也，子何觀焉？昔夫子言曰：吾見封之若堂者矣，見若防者矣，見若覆夏屋者矣，見若釜者矣。吾從若釜者焉。馬鬣封之謂也。'"（360）

按：引文"釜"字《禮記·檀弓上》均作"斧"。本字當作"斧"，"釜"爲借字。鄭玄注曰："斧形旁殺，刃上而長。""孔子以爲刃上難登，狹又易爲功。"⑥ 鄭說是，"斧"字，取其刃長；下文"馬鬣封之謂也"的"馬鬣"是馬頸上的長毛，亦取其長尖之意。而"釜"爲炊具，其形圓，與長而尖的描述不符。作"斧"形，則當爲豎斧，長而尖，卻是比較現實的。"斧"、"釜"均從"父"得音，古音同。"釜"當爲"斧"字之借。

【狩—守】

《初學記·禮部上·巡狩》敘事："《禮記》曰：'王者巡狩，必觀諸

---

① 《漢書》第 8 册，第 2329 頁。

② 《説文解字》，第 7 頁上欄。

③ 《十三經注疏》，第 1269 頁上欄。

④ 《説文解字》，第 124 頁下欄。

⑤ 《韓非子集解》，第 52 頁。

⑥ 《十三經注疏》，第 1292 頁上欄—中欄。

侯，問百年。太師陳詩，以觀民之風俗；命市納賈，以觀民之好惡。"
（330）

　　按：引文"狩"字《禮記·王制》作"守"①。考《説文·犬部》：
"狩，犬田也。"② 本義爲圍獵。段注曰："孟子曰：'天子適諸侯曰巡
狩。'巡狩者，巡所守也。此謂六書叚借，以守爲狩。"③ 段説疑有誤，
"巡狩犬田"者當以"狩"爲本字，以"守"爲通假字。而"天子巡狩"
是"巡所守也"，故本字當作"守"。《初學記》作"狩"乃因與"守"
古音同而假借也。

【麋—麑】

　　《初學記·武部·獵》敘事："《禮記》曰：'古者天子諸侯无事，則
歲三田：一爲乾豆，二爲賓客，三爲充君之庖。……昆蟲未蟄，不以火
田；不麋不卵，不殺胎，不殀夭，不覆巢。'"（540）

　　按：引文"麋"《禮記·王制》作"麑"④。"麋"爲"麑"之借字。
《禮記》原本當作"麑"。《吕氏春秋·孟春紀》："無麑無卵。"⑤《淮南
子·時則》："毋麑，毋卵。"⑥《主術》："不取麑夭。"⑦《逸周書·文傳
解》："不麑不卵。"⑧ 俱作"麑"。《説文·鹿部》："麑，鹿子也。"⑨ 引
申而指一切幼獸，與下文"不殺胎，不殀夭"等正相合。"麋"字本義爲
"麋鹿"。《説文·鹿部》："麋，鹿屬。从鹿，米聲。"⑩ 與"幼小"義無
涉。"麑"、"麋"二字古音同屬明母，韻部相近，"麑"屬支部，"麋"
屬脂部，支脂通轉。

【爲—謂】

　　《初學記·禮部上·巡狩》事對"觀風　展義"："《禮記》曰：'命

---

① 《十三經注疏》，第 1328 頁中欄。
② 《説文解字》，第 205 頁下欄。段玉裁認爲"犬田"之"犬"當作"火"（《説文解字
注》，第 476 頁上欄）。
③ 《説文解字注》，第 476 頁上欄。
④ 《十三經注疏》，第 1333 頁中欄。
⑤ 《吕氏春秋新校釋》，第 2 頁。
⑥ 《淮南鴻烈集解》，第 161 頁。
⑦ 同上書，第 308 頁。
⑧ 《逸周書彙校集注》，第 253 頁。
⑨ 《説文解字》，第 202 頁下欄。
⑩ 同上。

太師陳詩，以觀民風。'鄭玄注：'陳詩，爲采其一詩而視之。'"（330）

按：引文"爲"《禮記·王制》鄭注作"謂"①。考《説文·爪部》："爲，母猴也。其爲禽好爪，爪，母猴象也；下腹爲母猴形。"② 羅振玉《增訂殷虚書契考釋》云："從爪，從象，絕不見母猴之狀，卜辭作手牽象形……意古者役象以助勞其事，或尚在服牛乘馬以前。"③ 其非"稱作"義明矣。王引之《經傳釋詞》："家大人曰：'爲猶謂也。'"④《韓非子·内儲説下》："商臣聞之，未察也，乃爲其傅潘崇曰：'奈何察之也？'"王先慎集解："爲、謂字通。"⑤《墨子·公輸》："宋所爲無雉兔狐狸者也。"孫詒讓《閒詁》曰："爲，《宋策》作'謂'，字通。"⑥

【无、無—毋】

《初學記·政理部·囚》事對"夏挺　冬決"："《禮記》曰：'仲夏，門閭无閉，關市無索，挺重囚，益其食。'鄭玄注：'挺，寬也。'"（491）

按：引文中的"无"與"無"字《禮記·月令》皆作"毋"⑦。無、无同，詳上文。《説文·毋部》："毋，止之也。"⑧ 段注曰："古通用無。《詩》、《書》皆用無，《士昏禮》：夙夜毋違命。注曰：古文毋爲無。是古文《禮》作無，今文《禮》作毋也。漢人多用毋，故《小戴禮記》、今文《尚書》皆用毋，《史記》則竟用毋爲有無字。"⑨《金文編》已收"毋"字，包山楚簡亦見"毋"字⑩，故"毋"字晚出之説恐難成立。朱駿聲《説文通訓定聲·豫部》："無，叚借爲毋。"⑪ 其説是也。《孟子·梁惠王上》："王無罪歲。"楊伯峻注："無，同毋，表示禁止的副詞。"⑫ 蓋"無"、"毋"混用已久，遂不分。

---

① 《十三經注疏》，第 1328 頁中栏。
② 《説文解字》，第 63 頁上栏。
③ 《古文字詁林》第 3 册，第 337 頁。
④ 《經傳釋詞》，第 48 頁。
⑤ 《韓非子集解》，第 255 頁。
⑥ 《墨子閒詁》，第 485 頁。
⑦ 《十三經注疏》，第 1370 頁上栏。
⑧ 《説文解字》，第 265 頁上栏。
⑨ 《説文解字注》，第 626 頁下栏。
⑩ 《古文字詁林》第 9 册，第 902—903 頁。
⑪ 《説文通訓定聲》，第 405 頁下栏。
⑫ 《孟子譯注》，第 8 頁。

【鍾—鐘】

《初學記·文部·講論》事對"撞鍾　鳴鼓"："《禮記》曰：'善待問者，如撞鍾；扣之以小者則小鳴，扣之以大者則大鳴。'"（509）

按：引文"鍾"《禮記·學記》作"鐘"①。"鍾"通"鐘"。《説文·金部》："鍾，酒器也。"② 同部："鐘，樂鐘也。秋分之音，物種成。从金，童聲。古者垂作鐘。"③ 段注："經傳多作'鍾'，叚借酒器字。"④ 段説是也，這裏"鍾"即假借爲"鐘"。

【掩—揜】

《初學記·寶器部（花草附）·玉》事對"垂棘　浮筠"："《禮記》曰：'子貢問於孔子曰：敢問君子貴玉而賤珉，何也？曰：瑕不掩瑜，瑜不掩瑕，忠也；浮筠旁達，信也。'"（652）

按：引文"掩"《禮記·聘義》作"揜"⑤。考《説文·手部》："掩，斂也。小上曰掩。"⑥ 朱駿聲曰："叚借爲揜。"⑦ 又手部："揜，自關以東謂取曰揜，一曰覆也。"⑧ 《初學記》借"掩"表覆蓋義的"揜"，今本《禮記》用本字也。

【綏—緌】

《初學記·禮部下·冠》事對"筮門　冠阼"："《禮記·冠義》曰：'始冠，緇布之冠也。太古冠布，齊則緇之，其綏也。孔子曰：吾未之聞也。冠而敝之可也。嫡子冠於阼，以著代也。'"（352）

按：此段文字《冠義》無，見於今本《儀禮·士冠禮》與《禮記·郊特牲》，其中《儀禮·士冠禮》"綏"作"緌"⑨。綏、緌古音同隸微部，疊韻鄰紐，音近而通也。《説文·系部》："綏，車中把也。"⑩ 朱駿

---

① 《十三經注疏》，第 1524 頁中欄。

② 《説文解字》，第 294 頁下欄。

③ 同上書，第 297 頁上欄。

④ 《説文解字注》，第 709 頁下欄。

⑤ 《十三經注疏》，第 1694 頁上欄—中欄。

⑥ 《説文解字》，第 256 頁上欄。

⑦ 《説文通訓定聲》，第 132 頁下欄。

⑧ 《説文解字》，第 253 頁上欄。

⑨ 《十三經注疏》，第 958 頁中欄。

⑩ 《説文解字》，第 277 頁下欄。

聲《説文通訓定聲》:"叚借爲綏。"① 又系部:"綏,系冠繸也。"② 爲冠上的繸飾。上例"綏"即"綏"之借字也。

二　《初學記》引文爲本字

【繪—會】

《初學記·寶器部(花草附)·繡》敘事:"《尚書》曰:'予欲觀古人之象,日、月、星辰、山、龍、華蟲作繪,宗彝、藻、火、粉、米、黼、黻、絺繡。'"(656)

按:引文"繪"《尚書·益稷》作"會"③。陸德明《釋文》曰:"會,馬、鄭作繪,胡對反。"④ "會"通"繪"也。《説文·會部》:"會,合也。從亼,從曾省。曾,益也。凡會之屬皆從會。"⑤ 又系部:"繪,會五采繡也。《虞書》曰:'山龍華蟲作繪。'《論語》曰:'繪事後素。'從系,會聲。"⑥ 因"繪"、"會"俱音"會",故"會"假借爲"繪",今本《尚書》作"會",用假借字也。

【棠—常】

《初學記·人部上·友悌》事對"棣華　荆葉":"《毛詩》曰:'棠棣之華,鄂不韡韡,凡今之人,莫如兄弟。死喪之威,兄弟孔懷。'"(424)

按:引文"棠"《詩·小雅·常棣》作"常"⑦。考《説文·木部》:"棠,牡曰棠,牝曰杜。從木,尚聲。"⑧ 巾部:"常,下帬也。從巾,尚聲。"⑨ 因"常"、"棠"皆從"尚"得聲,古音相同,故多通假。如《國語·齊語》"反其侵地棠、潛"⑩ 句的"棠"字,《管子·小匡》作

---

① 《説文通訓定聲》,第 609 頁上欄。
② 《説文解字》,第 274 頁下欄。
③ 《十三經注疏》,第 141 頁下欄。
④ 《經典釋文》(通志堂本),第 39 頁上欄。
⑤ 《説文解字》,第 109 頁上欄。
⑥ 同上書,第 273 頁下欄。
⑦ 《十三經注疏》,第 408 頁上欄。
⑧ 《説文解字》,第 115 頁上欄。
⑨ 同上書,第 159 頁上欄。
⑩ 《國語》,第 241 頁。

"常"①。《説文·木部》："杕，棠棣也。"② 則本字作"棠"，今本《毛詩》作"常"，假借字也。

【甜—恬　甕—翁】

《初學記·器物部·酒》敘事："《周禮》曰：'酒正掌酒之政令……（以節度作之……成而汁滓相將，如今甜酒矣，盎猶甕也，成而色翁翁然，如今酇白酒矣。……如今造渭酒也。）辨三酒之物……三曰清酒。（事酒……清酒，今之冬釀夏成者也。）'"（633）

按：引文"甜"《周禮·天官·酒正》作"恬"，"甕"作"翁"③。"甜"即"甛"也，古文無定形，偏旁往往可相換也。《説文·甘部》："甛，美也。从甘从舌。"④ "恬"字本義爲安靜。《説文·心部》："恬，安也。从心，甛省聲。"⑤ 是"甜"、"恬"音同而相通也。孫詒讓《正義》："恬即甛之借字。"⑥

又盎、甕均爲大腹斂口的瓦器，以"甕"釋"盎"可通。《説文·羽部》："翁，頸毛也。"⑦ 以之釋"盎"，不合。此處"翁"當爲"甕"之借字。"翁"、"甕"古音均隸東韻影母，聲韻相同而通也。《史記·貨殖列傳》："而雍伯千金。"⑧《漢書·貨殖傳》"雍伯"作"翁伯"⑨。"甕"從"雍"聲，此即"翁"、"甕"相通之證。

【皁—早】

《初學記·地部上·總載地》敘事："《周禮》：'大司徒辨五地之物，一曰山林，其動物宜毛物，其植物宜皁物……五曰原隰，其動物宜臝物，其植物宜藂物。'"（88）

按：引文"皁"《周禮·地官·大司徒》作"早"⑩。《校勘記》："'其植物宜早物'，岳本同，《唐石經》、宋本、嘉靖本、閩、監、毛本早皆作

---

① 《管子校注》，第 424 頁。
② 《説文解字》，第 117 頁上欄。
③ 《十三經注疏》，第 668 頁下欄。
④ 《説文解字》，第 100 頁上欄。
⑤ 同上書，第 218 頁上欄。
⑥ 《周禮正義》，第 344 頁。
⑦ 《説文解字》，第 75 頁上欄。
⑧ 《史記》第 10 册，第 3282 頁。
⑨ 《漢書》第 11 册，第 3694 頁。
⑩ 《十三經注疏》，第 702 頁中欄。

皁。此本注及疏亦作皁。……按，皁者草之俗字。《説文》：'草者，草斗、櫟實也。'自人用草爲艸木字，乃別製皁爲草斗字。岳本作皁，與《釋文》合。《周禮》用假借字也。"① 其説是。鄭玄注曰："皁物，柞栗之屬，今世間謂柞實爲皁斗。"② "皁"爲表"柞栗"義的"草"字之異體，"早"字本義爲早晨，"草"從早得聲，二字古音相同，故"早"可假借爲"草"。因此三者的關係，可圖示爲：

皁←（異體字）→草←（假借字）→早

【柄—枋】

《初學記·文部·史傳》敘事："《周官》：'有太史、小史、内史、外史、御史，凡五官。……内史掌王八<u>柄</u>之法，書王命而貳之；外史掌書外令，掌四方之志，掌三皇五帝之書，掌達書名于四方；御史掌邦國都鄙萬民之治令，以贊冢宰，掌贊書。'"（502）

按：引文"八柄"的"柄"《周禮·春官·内史》作"枋"③。《校勘記》云："'掌王之八<u>枋</u>之瀍'，唐石經、諸本同，《釋文》作八柄，云本又作枋。按，《大宰》作八柄。"④ 阮校是。朱駿聲《説文通訓定聲》："枋，叚借爲柄。"⑤ 胡承珙《儀禮古今文疏義》曰："此經之義作柄爲近。然古音方聲、丙聲同部，從方從丙字多通。"⑥ 徐養原《儀禮古今文異同疏證》亦曰："枋，木可爲車。從木，方聲，與柄同音，故借枋爲柄。"⑦ 此處《周禮》作"枋"，假借字也。

【扆—依】

《初學記·帝王部·總敘帝王》事對"當宁　置圖"："《禮記》曰：'天子當<u>扆</u>而立，諸侯北面而見天子，曰覲；天子當宁而立，諸公東面，諸侯西面，曰朝。'"（203）

按：引文"扆"《禮記·曲禮下》作"依"⑧。考《説文·人部》：

---

① 《周禮校勘記》，第 467 頁中欄。
② 《十三經注疏》，第 702 頁下欄。
③ 同上書，第 820 頁上欄。
④ 《周禮校勘記》，第 492 頁中欄。
⑤ 《説文通訓定聲》，第 926 頁上欄。
⑥ 《儀禮古今文疏義》，第 1119 頁中欄。
⑦ 《儀禮古今文異同疏証》，第 1233 頁下欄。
⑧ 《十三經注疏》，第 1265 頁中欄。

"依，倚也。"① 但李旦丘認爲"依"字本義爲屏風，引申而爲户牖之間②。李説不確。《説文·户部》："扆，户牖之間謂之扆。"③ 段注："《詩》、《禮》多假依爲之。"④ 高翔麟《説文字通》亦認爲"依通扆"⑤。《爾雅·釋宫》："牖户之間謂之扆。"郭璞注曰："窗東户西也。《禮》云斧扆者，以其所在處名之。"⑥ 徐鍇《繫傳》："《禮》注云：'若今屏風也。'"⑦ 屏風即置於牖户之間。故《初》作"扆"，爲本字；今本《禮記》作"依"，假借字也。

【鱻—鮮】

《初學記·禮部上·宗廟》敘事："《禮記》曰：'凡祭宗廟之禮，牛曰一元大武……鱻魚曰脡祭……幣曰量幣。'"（323）

按：引文"鱻"《禮記·曲禮下》作"鮮"⑧。考《説文·魚部》："鱻，新魚精也。从三魚，不變魚。"⑨ 段注曰："許書'玼'下云：新玉色鮮也。'鱻'下云：不鮮也。其字蓋皆本作鱻。凡鮮明、鮮新字皆當作'鱻'。自漢人始以'鮮'代'鱻'。如《周禮》經作'鱻'，注作'鮮'，是其證。至《説文》全書不用段借字。而'玼'下、'鱻'下亦皆爲淺人所改。今則'鮮'行而'鱻'廢矣。"⑩ 王玉樹《説文拈字》："今俗通作鮮，非是。鮮，魚名，出貊國。"⑪ 邵瑛《群經正字》："此字唯《周禮》如此作。《庖人》'冬行鱻羽'，《獻人》'辨魚物，爲鱻薧'，是也。餘皆作鮮……正字當作鱻。今作鮮。《説文》本部：'鮮，魚名。出貊國，从魚，羴省聲。'音同義異。"⑫ "鱻"字指魚新鮮，引申而爲各種新的東西。"鮮"字，則原本爲一種魚名，與新鮮義無涉。但因二字古

---

① 《説文解字》，第 164 頁上欄。
② 《古文字詁林》第 7 册，第 333—334 頁。
③ 《説文解字》，第 247 頁下欄。
④ 《説文解字注》，第 587 頁上欄。
⑤ 《説文字通》，第 606 頁下欄。
⑥ 《十三經注疏》，第 2597 頁上欄。
⑦ 《説文解字繫傳》，第 234 頁上欄。
⑧ 《十三經注疏》，第 1269 頁上欄。
⑨ 《説文解字》，第 245 頁上欄。
⑩ 《説文解字注》，第 581 頁下欄—582 頁上欄。
⑪ 《説文解字詁林》，第 11482 頁上欄。
⑫ 《説文解字群經正字》，第 298 頁下欄。

音相同而通。漢代以後"鮮"字通行，"鱻"字反而逐漸爲人淡忘，後世遂假借字行而本字廢矣。

【修—脩】

《初學記·職官部上·太尉司徒司空》事對"明七教　修六禮"："又曰：'司徒修六禮以節民性。'"（256）

按：引文《禮記·王制》"修"作"脩"①。《校勘記》："閩監本同，石經同，岳本同，嘉靖本同，衛氏《集説》同，毛本脩作修。"② 《説文·彡部》："修，飾也。"③ 肉部："脩，脯也。"④ "修"字本義爲修飾，引申而爲"整治"；"脩"之本義則爲乾肉。然"修"、"脩"二字形近音同，早在先秦就已通用。如《易·繫辭下》："損，德之脩也。"⑤《荀子·大略篇》："脩六禮，明十教。"⑥ 皆其例。

【獻—鮮】

《初學記·歲時部上·春》事對"獻羔　祭鮪"："《禮記》曰：'仲春之月，天子乃獻羔開冰，先薦寢廟。'"（45）

按：引文"獻"《禮記·月令》作"鮮"。鄭玄注曰："鮮當爲獻，聲之誤也。"⑦ 與"開冰"相對，"獻羔"之"獻"爲動詞，故《禮記》本字當作"獻"。《詩·豳風·七月》："四之日其蚤，獻羔祭韭。"⑧《左傳·昭公四年》："祭寒而藏之，獻羔而啓之，公始用之。"⑨《呂氏春秋·仲春紀》亦作："天子乃獻羔開冰，先薦寢廟。"⑩ 俱作"獻"。俞樾《禮記鄭讀考》："按《爾雅·釋山》：'小山別大山，鮮。'《詩·皇矣》篇：'度其鮮原。'毛傳曰：'小山別大山曰鮮。'即用雅訓《公劉》篇：'陟則在巘。'傳曰：'巘，小山別於大山也。'是毛公之意以鮮、巘同字。

---

① 《十三經注疏》，第 1342 頁上栏。
② 《禮記校勘記》，第 671 頁上栏。
③ 《説文解字》，第 185 頁上栏。
④ 同上書，第 89 頁上栏。
⑤ 《十三經注疏》，第 89 頁中栏。
⑥ 《荀子集解》，第 499 頁。
⑦ 《十三經注疏》，第 1362 頁中栏。
⑧ 同上書，第 392 頁上栏。
⑨ 同上書，第 2034 頁中栏。
⑩ 《呂氏春秋新校釋》，第 65 頁。

此即鮮與獻通之證。”① 陳喬樅《禮記鄭讀考》：“《太平御覽》十九引蔡邕《月令章句》曰：‘仲春之月，天子獻羔開冰。’《吕氏春秋》及《周禮·凌人》注亦作‘獻羔開冰’《左氏傳》曰：‘獻羔而啟之。’啟即開冰也，獻、鮮聲相近故鄭以爲聲之誤。……《釋文》鮮音息淺反，此亦鮮、獻音近通假之一證也。”② 俞、陳二説可從。古音“鮮”心母元部，“獻”曉母元部，兩者疊韻通轉③。

【率—帥】

《初學記·禮部下·釋奠》事對“陳牲　釋菜”：“《禮記》曰：‘天子乃獻羔開冰，先薦寢廟。上丁，命樂正習舞，釋菜，天子乃率三公九卿諸侯大夫親往視之。’”（343）

按：引文“率”《禮記·月令》作“帥”④。《吕氏春秋·仲春紀》⑤、《藝文類聚·禮部上·釋奠》俱作“率”⑥。《説文·率部》：“率，補鳥畢也。象絲罔，上下其竿柄也。”⑦《説文·巾部》：“帥，佩巾也。”⑧ 許慎認爲“率”、“帥”二字本義皆非帶領，本字當作“達”也。《説文·辵部》：“達，先道也。”⑨ 段玉裁曰：“道，今之導字。達，經典假率字爲之。《周禮》：‘燕射，帥射夫以弓矢舞。’故書帥爲率。鄭司農云：‘率，當爲帥。’大鄭以漢人帥領字通用帥，與周時用率不同故也。此所謂古今字。”⑩ 其説或可商。三字俱出現於先秦古文字中，“率”字最早出現於甲骨，其餘兩字出現於金石文字，不當構成古今字的關係。陳鐵凡在《中國文字》中説：“漢末率字，殆有率、衛、達三體。經傳又通叚帥字。許氏著《説文》，乃分別部居而各繫以異訓。顧氏著《玉篇》，又緣附爲帥之古文。輾轉譌傳，莫知其極。實則帥爲率之通叚，率爲達之本字。”⑪

---

① 《禮記鄭讀考》，第 998 頁下欄。

② 《禮記鄭讀考》，第 128 頁下欄。

③ 參見黄焯《古今聲類通轉表》，第 144 頁。

④ 《十三經注疏》，第 1362 頁中欄。

⑤ 《吕氏春秋新校釋》，第 65 頁。

⑥ 《藝文類聚》，第 695 頁。

⑦ 《説文解字》，第 278 頁下欄。

⑧ 同上書，第 158 頁下欄。

⑨ 同上書，第 39 頁上欄。

⑩ 《説文解字注》，第 70 頁上欄。

⑪ 《古文字詁林》第 2 册，第 315 頁。

從其說，是"達"爲"率"之變體，"帥"爲"率"之假借字，率領之率，本字當作"率"。

【雀—爵】

《初學記·歲時部上·秋》敘事："《禮記·月令》曰：'孟秋之月，日在張，昏尾中，曉婁中。……鴻鴈來賓，雀入大水爲蛤……霜始降，草木黃落。'"（52—53）

按：引文"雀"《禮記·月令》作"爵"①。雀、爵古音同屬藥韻精母，相通。《說文·隹部》："雀，依人小鳥也。从小隹，讀與爵同。"②段注："爵與雀同音，後人因書小鳥之字爲爵矣。"③又鬯部："爵，禮器也。象雀之形，中有鬯酒，又持之也。所吕飲器象雀者。"④段玉裁注："爵，假借爲雀字。"⑤此處與"鴻鴈"相應者當爲鳥雀，故"爵"字在此爲借字也。

【塊—蕢】

《初學記·帝王部·總敘帝王》事對"鶉居　掬飲"："《禮記》曰：'塊桴而土鼓，汙樽而抔飲。'鄭注：'汙樽杯飲，以手掬之。'"（204）

按：《禮記·禮運》作"汙尊而抔飲，蕢桴而土鼓"，與《初學記》文相顛倒也。鄭玄注："蕢讀爲凷，聲之誤也。"⑥"蕢"、"凷"古音相同，"蕢"乃"凷"之借字也。《說文·土部》："凷，墣也。从土，一屈象形。塊，凷或从鬼。"⑦"塊"爲"凷"字異體，"蕢"爲"凷"的借字，因此也是"塊"的借字。三者關係如下：

塊←（異體字）→凷←（通假字）→蕢

【籠—范】

《初學記·居處部·宮》敘事："此諸宮，皆籠金合土而爲之，以爲貴也。(見《禮記》)"（568—569）

---

① 《十三經注疏》，第 1379 頁上欄。
② 《說文解字》，第 76 頁上欄。
③ 《說文解字注》，第 141 頁下欄。
④ 《說文解字》，第 106 頁下欄。
⑤ 《說文解字注》，第 217 頁下欄。
⑥ 《十三經注疏》，第 1415 頁中欄—下欄。
⑦ 《說文解字》，第 286 頁下欄。

按：引文“範”《禮記·禮運》作“范”①。《説文·艸部》：“范，艸也。从艸，氾聲。”②車部：“範，軷也。从車，笵省聲。讀與犯同。”③朱駿聲《説文通訓定聲》曰：“范”假借爲“範”④。則此處正字當作“範”。“氾”、“犯”皆從“己”得聲，是二者古音相同故可通。

【鑽—攢　樝—柤】

《初學記·果木部·棗》敘事：“（《禮記》）又曰：‘棗曰新之，栗曰撰之，桃曰膽之，<u>樝</u>梨曰<u>鑽</u>之。食棗桃李，不致于核。’”（676）

按：引文“樝”《禮記·内則》作“柤”，“鑽”作“攢”。陸德明《釋文》云：“攢，本又作鑽。”⑤《説文·金部》：“鑽，所以穿也。”⑥依《説文》，表鑽孔義時，本字爲“鑽”。“攢”爲“攢”的省形俗字。《字彙·手部》：“攢，俗攢字。”⑦“攢”字本義爲聚集。《集韻·換韻》：“攢，聚也。”⑧。因“攢”、“鑽”古音相同，遂借“攢”爲“鑽”。

又《説文·木部》：“樝，果似梨而酢。”⑨《廣雅·釋木》：“樝、柠，梨也。”⑩是“樝”字本義爲“梨”。而“柤”字本義乃木栅欄。《説文·木部》：“柤，木閑。”⑪與“梨”義相去甚遠。然“樝”、“柤”古音相同，故得通用也。《莊子·人間世》：“夫柤梨橘柚果蓏之屬，實熟則剝。”⑫亦借“柤”指“梨”也。

【璪—藻】

《初學記·文部·史傳》事對“書言　掌命”：“《禮記》曰：‘天子玉<u>璪</u>，十有二斿。朝日東門之外，聽朔南門之外，動則左史書之，言則右史書之。’”（504）

---

① 《十三經注疏》，第1416頁上栏。
② 《説文解字》，第26頁下栏。
③ 同上書，第302頁下栏。
④ 《説文通訓定聲》，第139頁下栏。
⑤ 《十三經注疏》，第1466頁下栏。
⑥ 《説文解字》，第296頁下栏。
⑦ 《字彙》，第186頁上栏。
⑧ 《集韻》，第557頁。
⑨ 《説文解字》，第114頁下栏。
⑩ 《廣雅疏證》，第353頁下栏。
⑪ 《説文解字》，第121頁上栏。
⑫ 《莊子集釋》，第172頁。

按：引文"璪"《禮記·玉藻》作"藻"①。陸德明《釋文》："玉藻，本又作璪。"②《説文·玉部》："璪，玉飾如水藻文。從玉，喿聲。"③段注："《虞書》曰：'璪火粉米。'古文《尚書·皋繇謨》文。按《虞書》璪字，衣之文也，當從衣，而從玉者，假借也。衣文、玉文皆如水藻，聲義皆同，故相假借，非衣上爲玉文也。"④《説文·艸部》："藻，水艸也。從艸從水，巢聲……藻，藻或從澡。"⑤藻、璪音同義近相通假也。

【褕翟—揄狄】

《初學記·中宮部·妃嬪》事對"褕翟　弓韣"："《禮記》曰：'王后褘衣，夫人褕翟。褕音余。'"（225）

按：引文"褕翟"《禮記·玉藻》作"揄狄"⑥。考《説文·衣部》："褕，翟羽飾衣。從衣，俞聲。一曰直裾謂之襜褕。"⑦手部："揄，引也。從手，俞聲。"⑧以意義看，顯然此處當作"褕"，表"揮引"義的"揄"字用於此處，義不協。然"褕"、"揄"俱從"俞"得聲，古音相同，故得通假也。

又"狄"、"翟"亦當以後者爲本字。鄭玄注："揄讀如搖，翬、搖皆翟雉名也。刻繒而畫之，著於衣以爲飾，因以爲名也。後世作字異耳。"⑨"褕翟"因衣上刻畫有雉鳥形，故得名。"狄"本指我國古代北方民族。《説文·犬部》："狄，赤狄，本犬種。狄之爲言淫辟也。"⑩與衣飾無涉。因"狄"與"翟"音同，故通假。朱駿聲《説文通訓定聲》："狄，叚借爲翟。"⑪《詩·召南·何彼襛矣》序"雖則王姬，亦下嫁於諸侯，車服不繫其夫，下王后一等"毛傳："下王后一等，謂車乘厭翟，勒面繢總，

---

①　《十三經注疏》，第 1473 頁上欄。
②　《經典釋文》（通志堂本），第 189 頁上欄。
③　《説文解字》，第 11 頁下欄。
④　《説文解字注》，第 14 頁下欄。
⑤　《説文解字》，第 26 頁上欄。
⑥　《十三經注疏》，第 1481 頁中欄。
⑦　《説文解字》，第 170 頁上欄。
⑧　同上書，第 254 頁下欄。
⑨　《十三經注疏》，第 1481 頁中欄。
⑩　《説文解字》，第 205 頁下欄。
⑪　《説文通訓定聲》，第 522 頁下欄。

服則褕翟。"① 又《鄘風·君子偕老》："玼兮玼兮，其之翟也。"注云："褕翟、闕翟，羽飾衣也。箋云：'侯伯夫人之服，自褕翟而下，如王后焉。'"② 毛傳俱用本字"褕翟"也。

【彫—雕】

《初學記·禮部上·宗廟》事對"瑤爵　玉豆"："《禮記》曰：'季夏六月，以禘禮祀周公於太廟。鬱尊用黃目，灌用玉瓚大圭，薦用玉豆<u>彫</u>篹，爵用玉琖。'"（323）

按：引文"彫"《禮記·明堂位》作"雕"③。"雕"字本義爲一種猛禽。《説文·隹部》："雕，鷻也。"④ 假借爲表彫刻義的"彫"。朱駿聲《説文通訓定聲·孚部》曰："雕叚借爲彫。"⑤

【一—壹】

《初學記·器物部·酒》敘事："《禮記》曰：'夫豢豕爲酒，非以爲禍也；而獄益繁，則酒之流爲禍也。是故先王因爲酒禮。<u>一</u>獻之禮，賓主百拜，終日飲酒而不得醉焉。此先王之所以備酒禍也。'"（633）

按：引文"一"《禮記·樂記》作"壹"⑥。考《説文·一部》："一，惟初太始，道立於一，造分天地，化成萬物。"⑦ 表示數字，後世"一"常書作"壹"。翟灝在《通俗編·數目》中説："《演繁露》：今官府文書，凡其記數，皆取聲同而點畫多者改用之，于是壹貳叄肆之類，本皆非數，借以爲用，貴其不可改換爲姦耳。"⑧ 翟説是。"壹"字本義爲專一。《説文·壹部》："壹，專壹也。從壺，吉聲。"⑨ 後因"一"字易加筆被改故，書同音之"壹"字以代之。

【享—饗】

《初學記·人部上·孝》事對"賜算　得壽"："《禮記》曰：'舜其大孝也歟，德爲聖人，尊爲天子。富有四海之内，宗廟<u>享</u>之，子孫保之。

① 《十三經注疏》，第 293 頁中欄。
② 同上書，第 313 頁下欄。
③ 同上書，第 1489 頁上欄。
④ 《説文解字》，第 76 頁下欄。
⑤ 《説文通訓定聲》，第 258 頁上欄。
⑥ 《十三經注疏》，第 1534 頁下欄。
⑦ 《説文解字》，第 7 頁上欄。
⑧ 《通俗編》，第 707 頁。
⑨ 《説文解字》，第 214 頁下欄。

故大德必得其位，必得其禄，必得其名，必得其壽。'"（420）

按：引文"享"《禮記·中庸》作"饗"①。"享"字此處爲祭獻義。《説文·食部》："饗，鄉人飲酒也。"② 段注："孔沖遠曰：'鄉人飲酒而謂之饗者，鄉飲酒禮尊事重故以饗言之。'此不知亯獻之亯正作亯。亯，獻也。《左傳》作亯爲正字，《周禮》、《禮記》作饗爲同音假借字。"③"亯"即"享"。從段説，《初學記》作"享"，用其本字也，《禮記》作"饗"，乃假借字。《詩·小雅·楚茨》："先祖是皇，神保是饗。"鄭玄箋："其鬼神又安而享其祭祀。"④ 即以"享"釋"饗"也。

【植—殖】

《初學記·地部上·總載地》事對"養材　敏樹"："《禮記》曰：'人道敏政，地道敏樹。'鄭注云：'樹謂植草木。'"（89）

按：《禮記·中庸》鄭注"植"作"殖"⑤。考《説文·歺部》："殖，膏脂久殖也。"⑥ 朱駿聲《定聲》："叚借爲兹。……又爲植。"⑦《廣雅·釋詁》："殖，立也。"王念孫疏證："殖與植通。"⑧"殖"在古籍中常假借爲表種植義的"植"字。《禮記》作"殖"，正用假借字也。

【後—后】

《初學記·禮部下·婚姻》事對"男女以正　父子以親"："《禮記·婚義》曰：'婚禮所以成男女之別而立夫婦之義也。男女有別，而後夫婦有義。夫婦有義，而後父子有親。父子有親，而後君臣正。故曰：婚者禮之本也。'"（355）

按：引文"後"《禮記·昏義》俱作"后"⑨。《説文·后部》："后，繼體君也。"⑩ 本義爲君主，後通作先後之"後"。朱駿聲《定聲》："后，

---

①　《十三經注疏》，第 1628 頁上欄。

②　《説文解字》，第 107 頁下欄。

③　《説文解字注》，第 220 頁下欄—221 頁上欄。

④　《十三經注疏》，第 468 頁上欄。

⑤　同上書，第 1629 頁中欄。

⑥　《説文解字》，第 85 頁上欄。

⑦　《説文通訓定聲》，第 222 頁上欄。

⑧　《廣雅疏證》，第 119 頁上欄。

⑨　《十三經注疏》，第 1681 頁上欄。

⑩　《説文解字》，第 186 頁下欄。

叚借爲後。"① 現代漢語中表示前後左右的"后"字，早在漢代前就已作爲"後"的假借字使用了。

【宴—燕】

《初學記·禮部下·饗讌》事對"明貴賤　觀威儀"："《禮記》曰：'諸侯宴禮之義，俎豆牲醴薦羞，皆有等差，所以明貴賤也。'"（348）

按：引文"宴"《禮記·燕義》作"燕"②。《説文·燕部》："燕，玄鳥也。"③ 朱駿聲曰：燕叚借爲宴，饗宴也④。《詩·小雅·南有嘉魚》："君子有酒，嘉賓式燕以樂。"鄭玄箋："用酒與賢者燕飲而樂也。"⑤ 借"燕"表"宴饗"義也。今本《禮記》作"燕"，與此同，亦借以表"宴饗"也；《初學記》作"宴"，用本字也。

【鑿—鑿】

《初學記·器物部·飯》事對"精鑿　濡潤"："《左傳》曰：'大羹不致，粢食不鑿。'杜預注曰：'不精鑿也。'"（637）

按：引文"鑿"《左傳·桓公二年》作"鑿"⑥。考《説文·金部》："鑿，穿木也。从金，鑿省聲。"⑦　"鑿"字本義爲穿孔用的工具鑿子。《説文·毇部》："鑿，糲米一斛舂爲九斗曰鑿。"⑧　"鑿"字本義爲舂米。兩者在詞義上本不相涉。然因"鑿"字乃"鑿省聲"，二字古音相同，遂借"鑿"爲"鑿"也。《左傳》作"鑿"，用借字也。

【伶—泠】

《初學記·樂部上·雅樂》事對"省風　考俗"："《左傳》曰：'伶州鳩曰：夫鼓音之輿也，鐘音之器也。天子省風以作樂。'"（367）

按：引文"伶"《左傳·昭公二十一年》作"泠"。杜預注："伶，樂官。州鳩，其名也。"⑨ 則杜預所見本即作"伶"。《説文·人部》：

---

①　《説文通訓定聲》，第 350 頁下欄。

②　《十三經注疏》，第 1690 頁中欄—下欄。

③　《説文解字》，第 245 頁下欄。

④　《説文通訓定聲》，第 725 頁上欄。

⑤　《十三經注疏》，第 419 頁上欄。

⑥　同上書，第 1741 頁中欄。

⑦　《説文解字》，第 295 頁下欄。

⑧　同上書，第 148 頁下欄。

⑨　《十三經注疏》，第 2097 頁上欄。

"伶，弄也。從人，令聲。"① 引文作"伶"字乃用其本義。《説文·水部》："泠，水出丹陽宛陵，西北入江。從水，令聲。"② "伶"、"泠"皆"令聲"，故二字古音相同，而可通假也。今本《左傳》此處作"泠"，顯然用借字也。

【覆—復】

《初學記·人部上·忠》事對"復楚　歸邾"："《左傳》曰：'初，伍員與申包胥友。其亡也，謂包胥曰：我必覆楚國。包胥曰：子勉之。子能覆之，我必興之。及昭王在隨，包胥如秦乞師，立依於庭而哭，日夜不絕聲，勺飲不入口。如是，秦師乃出。'"（417）

按：引文"覆"《左傳·定公四年》皆作"復"。杜預注："復，報也。"③ 釋"復"爲報復之義，於此句可通，然與下文申包胥之回答"我必興之"不協。《初》作"覆"，即傾覆也，與申包胥之答恰成對比之辭，語義安。《史記·伍子胥傳》作"我必覆楚"④，正與《初》相合。《初》作"覆"當存《左傳》之古本也。今本《左傳》作"復"，乃"覆"字的假借字，通作"傾覆"之"覆"也。

三　二者均爲借字

【翌—翼】

《初學記·禮部上·社稷》事對"殖百穀　平九土"："《尚書》曰：'越翌日戊午，乃社于新邑，牛一羊一豕一。'安國注曰：'之位，牲用大牢。共工氏有子曰勾龍，能平九土，祀以爲社。'"（326）

按：引文"翌"《尚書·召誥》作"翼"⑤。"翼"字本義爲鳥的翅膀。《説文·飛部》："𦐄，翄也。從飛，異聲。翼，篆文𦐄從羽。"⑥ 朱駿聲《説文通訓定聲·頤部》：翼，假借爲翌，實爲昱⑦。朱説是。《説文·

---

① 《説文解字》，第 165 頁下欄。
② 同上書，第 226 頁上欄。
③ 《十三經注疏》，第 2137 頁上欄。
④ 《史記》第 7 冊，第 2176 頁。
⑤ 《十三經注疏》，第 211 頁下欄。
⑥ 《説文解字》，第 245 頁下欄。
⑦ 《説文通訓定聲》，第 182 頁上欄。

日部》："昱，明日也。从日，立聲。"①《説文》無"翌"字，"翌"字本義亦爲翅膀。後世因"昱日"多以"翌"字來表示，《廣韻》遂以"翌"字本義即爲明日矣②。《初》引文之"翌"與《尚書》之"翼"，實皆爲"昱"的假借字也。

【菊—鞠】

《初學記·歲時部下·九月九日》事對"服黄華 佩赤實"："《禮記》曰：'菊有黄華。'"（80）

按：引文"菊"《禮記·月令》作"鞠"③。考《説文·革部》："鞠，蹋鞠也。"④ 艸部："菊，大菊，蘧麥。"⑤ 同部又："蘜，日精也，以秋華。"⑥ 段注："字或作菊，或作鞠，以《説文》繩之，皆叚借也。《釋艸》：'蘜，治牆。'郭云：'今之秋華菊。'郭意蘜、菊爲古今字。玉裁謂：'許君剖析菊爲大菊、蘧麥，蘜爲治牆，蘜爲日精，分厝三所。又恐學者以其同音易溷也，著之曰以秋華，言此蘜字乃《小正》、《月令》之布華玄月者也。然則許意治牆別是一物，種類甚殊，如大菊之非蘜。'"⑦ 段玉裁以爲本字當作"蘜"。李富孫以爲"蘜"字作"鞠"或"菊"，"皆後人轉寫從省"⑧ 故也。從段説，以許書意，"鞠"、"菊"本義皆非秋華也，兩者均爲"蘜"字之借字也。

【斿—旒】

《初學記·文部·史傳》事對"書言 掌命"："《禮記》曰：'天子玉璪，十有二斿。朝日東門之外，聽朔南門之外，動則左史書之，言則右史書之。'"（504）

按：此乃節引也，今本《禮記·玉藻》曰："天子玉藻，十有二旒，前後邃延，龍卷以祭。玄端而朝日於東門之外，聽朔於南門之外，閏月則闔門左扉，立于其中。皮弁以日視朝，遂以食。日中而餕，奏而食。日少

① 《説文解字》，第 139 頁上欄。
② 參見《宋本廣韻》，第 507 頁。
③ 《十三經注疏》，第 1379 頁上欄。
④ 《説文解字》，第 61 頁上欄。
⑤ 同上書，第 16 頁上欄。
⑥ 同上書，第 20 頁上欄。
⑦ 《説文解字注》，第 33 頁上欄。
⑧ 《古文字詁林》，第 1482 頁上欄—下欄。

牢，朔月大牢。五飲：上水、漿、酒、醴、酏。卒食，玄端而居。動則左史書之，言則右史書之。"① 《初學記》之"斿"字，今本《禮記》作"旒"。"斿"、"旒"異體字。《説文・㫃部》："游，旌旗之流也。从㫃，汓聲。"② 段注："此字省作斿，俗作旒。"③《玉篇・㫃部》："斿，旌旗之末垂者。或作游。"④《集韻・尤韻》："旒，旌旗之旓……或作斿。"⑤《周禮・夏官・弁師》："繅斿皆就，玉瑱玉笄。"孫詒讓《正義》："斿，正字當作'瓙'。《説文・玉部》云：'瓙，垂玉也。冕飾。'經典皆叚'旌旗流'之'游'爲之。'游'又省作'斿'。或作'旒'者，'斿'之俗也。"⑥ 依孫説，則本字當作"瓙"，"斿"乃"游"字之省，"旒"乃"斿"字之俗，兩者皆借字也。

【答—荅】

《初學記・人部中・師》事對"叩鐘　鳴鼓"："《禮記》曰：'善待問者如撞鐘，叩之以小者則小鳴，叩之以大者則大鳴。待其從容，然後盡其聲。不善答問者反此。'"（432）

　　按：引文"答問"之"答"《禮記・學記》作"荅"⑦。回答之"答"本作"畣"。《玉篇・亼部》："畣，今作荅。"⑧ "荅"本義爲一種小豆。《説文・艸部》："荅，小尗也。"⑨ 假借爲回答之"畣"。《五經文字・艸部》："此荅本小豆之一名，對荅之荅本作畣。經典及人間行此荅已久，故不可改。"⑩ 是"荅"字因假借爲回答之義日久，世人反不知其本字，而專行"回荅"之"荅"矣。"答"又是表回答義的"荅"字的異體。古者竹旁艸旁相亂，故"荅"又可寫作"答"。畢沅《經典文字辨證書》："荅，正；答，俗。"⑪ 是三者的關係爲："荅"是"畣"的假借字，

---

① 《十三經注疏》，第 1473 頁上欄。
② 《説文解字》，第 140 頁下欄。
③ 《説文解字注》，第 311 頁下欄。
④ 《宋本玉篇》，第 312 頁。
⑤ 《集韻》，第 260 頁。
⑥ 《周禮正義》，第 2531 頁。
⑦ 《十三經注疏》，第 1524 頁中欄。
⑧ 《大廣益會玉篇》，第 76 頁上欄。
⑨ 《説文解字》，第 15 頁下欄。
⑩ 《五經文字》，第 27 頁上欄。
⑪ 《經典文字辨證書》，第 471 頁下欄。

又是"答"的正字。

【粢—齊】

《初學記·禮部下·籍田》事對"事天　祈社"："《禮記》曰：'昔者天子爲藉千畝，冕而朱紘，躬秉耒；諸侯爲藉百畝。冕而青紘，躬秉耒。以事天地山川社稷先古，以爲醴酪粢盛，於是乎取之，敬之至也。'"（340）

按：《初學記·禮部下·籍田》敘事引《禮記》亦曰"以供粢盛"（339）。《禮記·祭義》"粢"作"齊"。陸德明《釋文》："齊，音咨，本亦作齋。"① 是陸德明所見本亦有作"齋"者。《禮記·祭統》："諸侯耕於東郊，亦以共齊盛。"鄭注曰："齊或爲粢。"② 則鄭玄所見本有作"粢盛"者。"粢"、"齊"皆爲借字，本字當作"齋"。《説文·禾部》："齋，稷也。從禾，亝聲。粢，齋或從次。"③《春秋左傳·桓公六年》"粢盛豐備"句④，《校勘記》云："惠棟云：禹廟殘碑作資盛，《説文》作齋，云：稷也。又云：齋或從次作粢字。按，凡經典言粢盛皆粢盛之誤。齋、盠、粢三字古通用爲祭祀之黍稷，餈、粢二字同用爲《周禮》之粉餈，不知何時淆亂而莫有正之者。"⑤ "粢"字本爲"餈"字異體。《説文·食部》："餈，稻餅也。粢，餈或從米。"⑥ 本義爲稻餅，與稷無涉。但因"粢"與"齋"字的或體"粢"形近，且二字古音相同而相通也。齊、齋古音同，故齊通齋也⑦。故齊、粢皆"齋"的假借字。

第二節　專用名詞

早在漢字產生以前，語言就已經存在了。因此對於漢字產生以前的人

---

① 《十三經注疏》，第 1597 頁下欄。

② 同上書，第 1603 頁中欄。

③ 《説文解字》，第 144 頁下欄。

④ 《十三經注疏》，第 1750 頁上欄。

⑤ 《春秋左氏傳校勘記》，第 798 頁下欄。

⑥ 《説文解字》，第 107 頁上欄。

⑦ 《説文·皿部》："齋，黍稷在器以祀者。從皿，齊聲。"（《説文解字》，第 104 頁上欄）段玉裁注："齋、粢爲古今字。"（《説文解字注》，第 212 頁上欄）而《禾部》"齋"字下段注又曰："今日經典粢盛皆從米作，則又粉餈之或字而誤段之。"（《説文解字注》，第 322 頁上欄—下欄）前後矛盾，段説誤。

名、地名或年代特別久遠的專用名詞，古人往往祇記其音。反映在漢字上，同一個名詞可以有多種不同的寫法，這些不同的寫法之間往往以讀音爲紐帶相聯繫。

【庖犧—包犧】

《初學記·武部·獵》敘事："《易》曰：'庖犧氏之王天下也，結繩而爲網罟，以佃以漁，蓋取諸離。'"（540）

按："庖犧氏"《周易·繫辭下》作"包犧氏"①。《校勘記》曰："'包犧氏之王天下也'，石經、岳本、閩、監、毛本同，《釋文》、包本又作庖，孟、京作伏。犧，孟、京作戲。"②"庖"從"包"得聲，故古音與"包"同，是又作"庖犧"。關於"包犧"這一人名，除了這兩種寫法外，古代典籍中有還多種寫法，《潛夫論·五德志》作"伏羲"③，《莊子·大宗師》作"伏戲"④，《漢書·律曆志下》作"炮犧"⑤，《初學記·歲時部上·春》敘事作"宓羲"（43），皆取其音也。

【蒼琅—蒼筤】

《初學記·儲宮部·皇太子》事對"黄離　蒼震"："（《易》）又曰：'震爲蒼琅竹。'"（229）

按："蒼琅竹"《周易·説卦》作"蒼筤竹"⑥。阮元《校勘記》曰："岳本、閩、監、毛本同，《釋文》蒼筤或作琅，通。"⑦考《説文·玉部》："琅，琅玕，似珠者。从玉，良聲。"⑧竹部："筤，籃也。从竹，良聲。"⑨因"琅"、"筤"古音均從良，故二字古音相同。古代人名地名及專名往往祇取其聲，故"蒼筤竹"又可寫作"蒼琅竹"。

【孟瀦—孟豬】

《初學記·州郡部·河南道》事對"荷澤　葵邱"："《尚書》曰：'導荷澤，被孟瀦。'"（169）

---

① 《十三經注疏》，第 86 頁中栏。
② 《周易校勘記》，第 299 頁中栏。
③ 《潛夫論箋校正》，第 383 頁。
④ 《莊子集釋》，第 150 頁。
⑤ 《漢書》第 4 册，第 1011 頁。
⑥ 《十三經注疏》，第 95 頁上栏。
⑦ 《周易校勘記》，第 301 頁下栏。
⑧ 《説文解字》，第 13 頁下栏。
⑨ 同上書，第 96 頁下栏。

按："孟瀦"《尚書·禹貢》作"孟豬"①。取其聲，故又作"孟諸"。《釋文》曰："孟豬，張魚反，又音諸。《左傳》、《爾雅》皆作孟諸，宋藪澤也。"②《説文》無"瀦"字。《説文新附·水部》："瀦，水所亭也。從水，豬聲。"③乃後起字，當是與水有關，故加"氵"旁以示之。

【紂—受】

《初學記·帝王部·總敘帝王》事對"牧野　阪泉"："《尚書》曰：'武王戎車三百兩，虎賁三千人，與紂戰於牧野。'"（205）

按《初學記·帝王部·總敘帝王》事對"周武仗鉞　漢高提劍"引《尚書》亦作"受"不作"紂"，其文曰："武王與受戰於牧野。甲子昧爽，王朝至于商郊，左仗黃鉞，右執白旄，以麾。"（209）《尚書·牧誓》"紂"作"受"④。《太平御覽》卷八十四："《書》曰：'武王戎車三百乘，虎賁三百人，與紂戰于牧野，作《牧誓》。'"⑤《唐律疏議·進律表疏》："《書·牧誓》：'武王與紂戰於牧野。'"⑥則唐代"受"多作"紂"。《廣韻》"紂"、"受"均屬尤韻，疊韻，其中"紂"屬澄母，"受"屬禪母，古無舌上音，知組歸端組，澄母歸定母。而禪母與定母關係最密，讀音最相近，常有二母之字爲異文之例⑦。《書·西伯戡黎》："祖伊恐，奔告于受。"僞孔傳："受，紂也，音相亂。"⑧即書"紂"爲"受"。如銀雀山竹簡《六韜·十》"夫受爲無道"句的"受"即當讀與"紂"同⑨。

【昧—靺　朱離—株離】

《初學記·樂部上·四夷樂》敘事："《周禮·春官》：'鞮鞻氏掌四夷之樂（鄭玄注曰：東方曰昧，南方曰任，西方曰朱離，北方曰禁。）。'"（375）

按：《周禮·春官·鞮鞻氏》鄭玄注"昧"作"靺"，"朱離"作

①　《十三經注疏》，第 150 頁上欄。

②　《經典釋文》（通志堂本），第 40 頁下欄。

③　《説文解字》，第 238 頁上欄。

④　《十三經注疏》，第 182 頁下欄。

⑤　《太平御覽》，第 398 頁上欄。

⑥　《唐律疏議》，第 589 頁。

⑦　參見周祖謨《問學集·禪母古音考》，第 161 頁。

⑧　《十三經注疏》，第 176 頁下欄。

⑨　詳見王輝《古文字通假字典》，第 195—196 頁。

"株離"①。《禮記·明堂位》:"《昧》,東夷之樂也。"②《白虎通·禮樂》:"西夷之樂曰昧。"③《文選·班固〈東都賦〉》:"僸休兜離。"李善注:"《孝經鉤命決》曰:'東夷之樂曰休,南夷之樂曰任,西夷之樂曰株離,北夷之樂曰僸。'毛萇《詩傳》曰:'東夷之樂曰靺,南夷之樂曰任,西夷之樂曰朱離,北夷之樂曰禁。'然說樂是一,而字並不同,蓋古音有輕重也。"④ 李善說是。"昧"、"靺"、"休"古音均從"未"旁得聲;"株"、"朱"均從"朱"旁得聲,故音聲相近。因其爲專用樂名,古人祇記其音,故四夷之樂在流傳過程中出現了多種寫法。《初》作"昧"、"朱離"當爲其中一種。

【姕—諏】

《初學記·歲時部上·春》敘事:"《禮記·月令》曰:'孟春之月,日在虛,昏昴中,曉心中。(孟,長也。日月之行,一歲十二會。觀斗所建,命其四時。孟春,日月會於姕訾,而斗建寅。)'"(43)

按:引文"姕"《禮記·月令》作"諏"⑤。《禮記校勘記》:"'日月會於輙訾',閩、監、毛本同,岳本同,嘉靖本同,衛氏《集說》'諏'作'姕',《釋文》出'於陬',云本又作'姕'。案《正義》皆作'姕'。"⑥ 姕、諏、陬皆從取得声,古音相同故相通。

【太簇—太蔟】

《初學記·歲時部上·春》敘事:"《禮記·月令》曰:'孟春之月,日在虛,昏昴中,曉心中……律中太簇……(此陽氣蒸運,可耕之候。)'"(43)

按:引文"簇"《禮記·月令》作"蔟"⑦。《説文》有"蔟"無"簇"。《玉篇·竹部》:"簇,矢金也。"⑧ 清人雷浚《説文外編》卷十三:"《説文》無簇字。《狄部》:'族,矢鋒也。'……案矢鋒即《玉篇》之矢

---

① 《十三經注疏》,第 802 頁上栏。
② 同上書,第 1489 頁上栏。
③ 《白虎通疏證》,第 108 頁。
④ 《文選》,第 33 頁下栏。
⑤ 《十三經注疏》,第 1352 頁下栏。
⑥ 《禮記校勘記》,第 674 頁下栏。
⑦ 《十三經注疏》,第 1352 頁下栏。
⑧ 《宋本玉篇》,第 276 頁。

金。"① 若其説可從，則"族"乃"簇"之本字，"簇"乃"族"之後起分化字，是"簇"當從"族"得聲。《説文·艸部》："蔟，行蠶蓐。從艸，族聲。"② 簇、蔟二字，古均從"族"得聲，古音相同故得通用。

【狐邱—壺丘】

《初學記·州郡部·河南道》事對"雞水　狐邱"："《左傳》：'楚侵陳，克狐邱。'"（169）

按："狐邱"《左傳·文公九年》作"壺丘"③。《左傳·襄公元年》杜注"河東東垣縣東南有壺丘"，阮元《校勘記》："'河東東垣縣東南有壺邱'，宋本'壺'作'瓠'，《水經注·河水篇》云：'清水又東南，逕陽壺城東，即垣縣之壺邱亭。'《郡國志》：'河東郡有壺邱亭。'注引注云縣東南有壺邱亭，宋本作'瓠邱'，非也。"④ 古人書寫地名往往無定形，但取字音相同者爲之耳，並非如《校勘記》所言有一定之字。"壺"、"狐"二字讀音相同，"邱"、"丘"均從"丘"得聲，故在地名用字上可以相換。如《左傳·襄公元年》"實諸瓠丘"⑤，則又可作"瓠丘"。

【昊—皞】

《初學記·帝王部·總敘帝王》事對"紀鳳鳥　舞神魚"："《左傳》曰：'少昊氏之立也，鳳鳥適至，故紀於鳥。'"（169）

按《左傳·昭公十七年》："我高祖少皞摯之立也，鳳鳥適至，故紀於鳥。"⑥ "少昊"作"少皞"。"皞"通"昊"。"皞"即"暤"，亦即"皥"也。《正字通·白部》："皞，暤本字。"⑦ 《説文·日部》："暤，皓旰也。"⑧ 段玉裁注："俗從白作皞。"⑨ "暤"字本義爲明亮之貌，與本義爲廣大的"昊"字本不相同。但二者在作爲姓氏用時，卻往往同用。段玉裁曰："古者大暤、少暤，蓋皆以德之明得偁，俗作大昊、少昊。"⑩ 其

---

① 《説文外編》，第 416 頁下欄。

② 《説文解字》，第 25 頁下欄。

③ 《十三經注疏》，第 1847 頁下欄。

④ 《春秋左氏傳校勘記》，第 845 頁下欄。

⑤ 《十三經注疏》，第 1928 頁中欄。

⑥ 同上書，第 2083 頁中欄。

⑦ 《正字通》，第 721 頁下欄。

⑧ 《説文解字》，第 138 頁上欄。

⑨ 《説文解字注》，第 304 頁下欄。

⑩ 同上。

説是，因上古先有語音，後有文字，故古之姓氏往往有多種寫法。

【子裳—子常—子當】

《初學記·地部下·漢水》事對"沉玉　亡劍"："《左傳》曰：'蔡昭侯爲兩珮與兩裘以如楚，獻一珮一裘於昭王。子裳欲之，不與。三年止之。蔡侯歸，及漢，執玉而祝曰：余所濟漢而南者，有若夫川。'"（143）

按："子裳"《左傳·定公三年》作"子常"①。從"尚"之字，古多相通。如《詩·小雅·常棣》"常棣之華"句的"常"字，《藝文類聚》卷二十一、《初學記》卷十七引作"棠"②。又如《史記·西南夷列傳》："滇王嘗羌乃留爲求道西十餘輩。"裴駰《集解》曰："徐廣曰：'嘗，一作賞。'"③"常"與"裳"亦此例也。如《呂氏春秋·去尤》："爲甲裳以帛。"④《初學記·武部·甲》引作"常"（535）。上文《左傳》之"子常"，《初》作"裳"，亦是其相通之例。《初學記·地部下·漢水》事對"近二別　過三澨"引《左傳》曰："吳師伐郢，楚子當濟漢而陣，自小別至于大別。"（143）其中的"子當"即"子常"也。

【沮漳—雎章】

《初學記·地部中·江》事對"荊池　楚望"："《左傳》曰：'江漢沮漳，楚之望也。'"（124）

按："沮漳"《左傳·哀公六年》作"雎章"⑤。《校勘記》曰："'江漢雎漳'，北宋刻《釋文》亦作雎，石經誤睢，《家語》、《水經注》並引作沮，李善注《文選·登樓賦》云：'雎與沮同。'"⑥"沮漳"乃沮水與漳水的合稱。《説文·水部》："沮水，出漢中房陵，東入江。從水，且聲。"⑦又："漳，濁漳，出上黨長子鹿谷山，東入清漳；清漳出沽山大要谷，北入河；南漳出南郡臨沮。從水，章聲。"⑧"雎"字《説文》無。因與"沮"音同，故被借用作"沮水"之"沮"。"章"本義是樂曲章

---

① 《十三經注疏》，第 2133 頁上欄。

② 參見《藝文類聚》，第 388 頁；《初學記》，第 424 頁。

③ 《史記》第 9 册，第 2996 頁。

④ 《呂氏春秋新校釋》，第 694 頁。

⑤ 《十三經注疏》，第 2162 頁上欄。

⑥ 《春秋左氏傳校勘記》，第 909 頁中欄。

⑦ 《説文解字》，第 225 頁上欄。

⑧ 同上書，第 226 頁上欄。

節。《説文·音部》："章,樂竟爲一章。"① 因"漳"從"章"得聲,"漳"、"章"音同,故亦借用爲"漳水"之"漳"。李善所云"沮"與"雎"同,蓋因地名用字,先取其音,借音同、音近字爲之,後造本字,與借字相並行世。沮漳、雎章同也。

【皋繇—皋陶】

《初學記·帝王部·總敘帝王》事對"得六相　有五臣":"《論語》曰:'舜有臣五人而天下治。'孔安國注:'禹、稷、契、<u>皋繇</u>、伯益。'"(208)

按:《論語·泰伯》僞孔注"皋繇"作"皋陶"②。"皋""皋"異體字也。"陶"字《廣韻》音"徒刀切",又"餘昭切"③,一屬定母豪韻,古音屬幽部;一屬以母宵韻,古音屬宵部。"繇"字《廣韻》有三音,其一與"陶"字又音同,也是"餘昭切"④,"陶"字《廣韻》的兩種讀音,説明古音"幽"、"宵"有合用現象,且喻四歸定,故"皋繇"又稱"皋陶"。

第三節　聯綿詞

聯綿詞是指由兩個音節連綴而成,語義不能分割的詞語。組成聯綿詞的兩個音節往往雙聲或疊韻⑤。記錄聯綿詞的每個音節不能單獨表義,連在一起才表示確定的詞義,組成聯綿詞的文字祇取其音而已,故同一個聯綿詞往往有多種不同的寫法。這種特點在《初學記》引經異文中亦有所反映。本節考察的對象,是指除上文專有名詞之外的雙聲或疊韻的聯綿詞。舉例如下:

【佻達—挑達】

《初學記·人部中·離別》事對"一日三月　二載千秋":"《毛詩》曰:'<u>佻</u>兮<u>達</u>兮,在城闕兮;一日不見,如三月兮。'"(450)

按:引文"佻"字《毛詩·鄭風·子衿》作"挑"。毛傳:"挑達,

---

① 《説文解字》,第 58 頁上欄。
② 《十三經注疏》,第 2487 頁下欄。
③ 《宋本廣韻》,第 128 頁。
④ 同上。
⑤ 參見符定一《聯綿字典》的"重印説明"。

往來相見貌。"① 胡承琪云,本無"相見"二字②。考《説文·又部》:"叐,滑也。《詩》云:'叐兮達兮。'"③ 則許慎所見本作"叐"。《説文·辵部》"達"字下引此詩作"挑兮達兮"④。徐鍇《説文解字繫傳》"達"字下引是語作"恌"⑤,字形不一。"挑達"一詞爲雙聲連綿詞,形容往來之貌,字無定形⑥。除以上幾種字形外,還有作"條達"者,如《文選》卷十三《月賦》"腼朓警闕",李善注曰:"鄭玄曰:'朓,條達行疾貌也。'"⑦

【浮筠—孚尹】

《初學記·寳器部(花草附)·玉》事對"垂棘 浮筠":"《禮記》曰:'子貢問於孔子曰:敢問君子貴玉而賤珉,何也?曰:瑕不掩瑜,瑜不掩瑕,忠也;浮筠旁達,信也。'"(652)

按:"浮筠"《禮記·聘義》作"孚尹"。鄭玄注曰:"孚讀爲浮。尹讀如竹箭之筠。浮筠,謂玉采色也。采色旁達,不有隱翳,似信也。孚或作姇,或爲扶。"⑧ 段玉裁《周禮漢讀考》曰:"漢人作注,於字發疑正讀,其例有三:一曰讀如、讀若,二曰讀爲、讀曰,三曰當爲。讀如、讀若者,擬其音也。古無反語,故爲比方之詞。讀爲、讀曰者,易其字也。易之以音相近之字,故爲變化之詞。"⑨ 依段説,則"孚""浮"音同,"尹""筠"音近,"浮筠"即"孚尹",指玉的色彩。

【銍銍—挃挃】

《初學記·寳器部(花草附)·五穀》事對"芃芃 銍銍":"《爾雅》曰:'銍銍,穫也。'"(662)

按:"銍銍"《爾雅·釋訓》作"挃挃"。郭璞注:"刈禾聲。"⑩《詩·

---

① 《十三經注疏》,第 345 頁中欄。
② 參見王先謙《詩三家義集疏》,第 365—366 頁。
③ 《説文解字》,第 64 頁下欄。
④ 同上書,第 41 頁上欄。
⑤ 《説文解字繫傳》,第 34 頁下欄。
⑥ 可參見馬瑞辰《毛詩傳箋通釋》,第 280—281 頁。
⑦ 《文選》,第 197 頁上欄。
⑧ 《十三經注疏》,第 1694 頁上欄—中欄。
⑨ 《周禮漢讀考》,第 187 頁中欄。
⑩ 《十三經注疏》,第 2590 頁中欄。

周頌·良耜》：“穫之挃挃，積之栗栗。”毛傳：“挃挃，穫聲也。”① 是
“挃挃”爲象聲詞。“挃”又可作“銍”。《尚書·禹貢》：“二百里納銍。”
僞孔傳：“銍，刈，謂禾穗。”②《詩·周頌·臣工》：“奄觀銍艾。”毛傳：
“銍，穫也。”③ 郝懿行《爾雅義疏》卷三曰：“以聲言則曰挃，以器言則
曰銍矣。”④ 因“挃”、“銍”皆從“至”得聲，古音相同，故《初》書
“挃挃”作“銍銍”。

---

① 《十三經注疏》，第 602 頁下欄。

② 同上書，第 153 頁上欄。

③ 同上書，第 591 頁中欄。

④ 《爾雅義疏》，第 16 頁下欄。

第 五 章
異文研究(下):因義嬗變

隨著時代的變化，語音、詞匯、語法都會發生改變，這三種要素當中，詞匯是變化最明顯的。研究詞匯，離不開歷時的縱向研究和同時的横向比較。本章將從同義詞、古今異稱、雙音化和文化現象等幾個方面來考察詞匯在異文對比中折射出來的價值與意義。

第一節　同義替換

對於同義詞的概念，學界歷來有多種觀點。主要有王力等的一義相同說，張永言、洪成玉等的近義說，郭錫良、蔣紹愚等的多義相同說。衆說紛紜，莫衷一是。黄金貴先生對這些觀點進行了全面的整理與辨析，認爲同義詞是指一義相同的詞群。本書所論的同義詞，就是黄氏所説的某一義位相同，而本義、語源、引申義、語法功能或者感情色彩等方面又有細微差別的詞族①。文獻異文中，同義詞往往占有很大的比重。《初學記》引文與今本經文之間的異文，就有一些屬於同義詞的范圍。

研究同義詞，在漢語史上具有深遠的價值。通過對異文同義詞的考辨，可以明確同義詞的詞義、詞性，亦可以佐證前人之説或駁斥前人之謬。本節比較《初學記》引文與今本經文，找出屬於同義詞的異文，進行分析。

【折獄—斷獄】

《初學記·政理部·刑罰》事對"折獄　要囚"："《尚書》曰：'要囚服念，五六日至于旬時。'孔安國注云：'要囚，謂其要辭以折獄也。'"（489）

---

① 關於同義詞的概念，參見黄金貴《論同義詞之"同"》，《浙江大學學報》2000 年第 4 期。

　　按：引文出自《尚書·康誥》，今本僞孔傳曰：“要囚謂察其要辭以斷獄。”① 考“折”有“斷”義，“折獄”即“斷獄”也。《易·豐卦》：“君子以折獄致刑。”孔穎達疏：“折獄，斷決也。斷決獄訟，須得虛實之情。”② 可證。

　　【負石—抱石】

　　《初學記·地部中·河》事對“悲申屠　尋方叔”：“《韓詩外傳》曰：‘申屠狄言非其時，將投于河，崔嘉聞而止之，曰：聖仁者，民之父母也，今以濡足之故，不救溺人可乎？狄曰：昔桀殺龍逢，紂殺比干，而亡天下；吳殺子胥，陳殺洩冶，而滅其國。非無聖知，不用故也。遂負石而沉于河。’”（121）

　　按：《韓詩外傳》卷一“負石”作“抱石”③。王念孫《讀書雜志·荀子一》“故懷負石”條云：“‘懷負石而赴河’者，負，抱也。謂抱石於懷中而赴河也。《韓詩外傳》曰：‘申徒狄抱石而沈於河。’是其證。”④ 王說是。《淮南子·說林》：“負子而登牆，謂之不祥，爲其一人隕而兩人殤。”高誘注：“負，抱也。”⑤ 即明言“負”與“抱”同義。《初學記》引《韓詩外傳》 “抱石”正作“負石”，亦可爲王說添一佐證。

　　【刑—治】

　　《初學記·政理部·刑罰》事對“六典　三章”：“《周禮》曰：‘大司徒職，掌建邦之六典，以佐王刑邦國。’”（489）

　　按《周禮·天官·大宰》：“大宰之職，掌建邦之六典，以佐王治邦國。”⑥ “刑”作“治”。考《廣雅·釋詁三》：“刑，治也。”⑦ “刑”與“治”同義，故相換用。《周禮·秋官·敘官》曰：“乃立秋官司寇，使帥其屬而掌邦禁，以佐王刑邦國。”⑧ 亦用“刑”字，可證。

---

① 《十三經注疏》，第 204 頁上欄。
② 同上書，第 67 頁下欄。
③ 《韓詩外傳集釋》，第 27 頁。
④ 《讀書雜志》，第 640 頁上欄。
⑤ 《淮南子校釋》，第 1815 頁。
⑥ 《十三經注疏》，第 645 頁中欄。
⑦ 《廣雅疏證》，第 95 頁上欄。
⑧ 《十三經注疏》，第 867 頁中欄。

【邦—都】

《初學記·職官部上·太尉司徒司空》事對"造宮室　平水土"："鄭玄注《考工記》：'司空掌營城郭，建邦邑，立社稷宗廟，造宮室車服器械，監百工。唐虞以上曰共工。'"(257)

按：引文"邦邑"《周禮·考工記·敘官》鄭玄注作"都邑"①。《禮記·檀弓上》："謀人之邦邑，危則亡之。"② 是邦邑是指古代諸侯國的封地。《月令》："可以築城郭，建都邑。"③ "都邑"指古代的城市。然後世"邦邑"、"都邑"都語義泛化，指行政區域。故《初》以"邦邑"代"都邑"，同義替換也。

【太室—世室】

《初學記·禮部上·明堂》敘事："《周禮》曰：'夏后氏太室，殷人重屋，周人明堂，度以九尺之筵。'"(327)

按《周禮·考工記·匠人》："夏后氏世室……殷人重屋……周人明堂，度九尺之筵。"鄭玄注曰："世室者，宗廟也。"④ 可知鄭玄所見本亦作"世室"。《穀梁傳·文公十三年》："大室猶世室也。"⑤ 惠棟《九經古義·公羊古義》曰："《公羊》皆以'世'爲'大'。如衛大叔儀爲世叔齊，宋樂大心爲樂世心，又推而廣之，如鄭大夫子大叔，《論語》作'世叔'，天子之子稱大子，《春秋傳》云：'會世子於首止。'諸侯之子稱世子，而晉有大子申生，鄭有大子華……明古'世'與'大'同義，是'世室'猶'大室'也。"⑥ 周祖謨《審母古音考》曰："世與大古聲相近。世、大古多通用。"⑦ 王引之《經義述聞》卷二二"鄭游吉字大叔"條曰："古者'世'之與'大'，字義通也。案《公羊》經文十三年：世室屋壞。《左氏》、《穀梁》竝作'大室'。……則'大'、'室'古通用也。"⑧ 是則"大室"、"世室"音義皆近古相通。《初》作"太"，當因

---

① 《十三經注疏》，第 905 頁上欄。

② 同上書，第 1288 頁下欄。

③ 同上書，第 1374 頁中欄。

④ 同上書，第 927 頁下欄—928 頁上欄。

⑤ 同上書，第 2409 頁上欄。

⑥ 《九經古義》，第 775 頁上欄—中欄。

⑦ 《問學集》，第 123 頁。

⑧ 《經義述聞》，第 524 頁下欄。

"大"、"太"古今字，故"大室"又書作"太室"。

【蓍—筴】

《初學記·政理部·卜》敘事："《禮記》曰：'龜爲卜，蓍爲筮。'"
（486）

　　按：引文"蓍"字《禮記·曲禮上》作"筮"。鄭玄注曰："筮或爲蓍。"① 是東漢時已有"筮"、"蓍"之異。《太平御覽》卷七二五引是語作"筮爲筮"②。前一個"筮"字當爲"筴"字的形近之誤，則與今本《禮記》同。《尚書·周書·洪範》："擇建立卜筮人。"僞孔傳曰："龜曰卜，蓍曰筮。"③ 與《初》略同。

　　俞樾認爲"筮"、"蓍"之別"乃文異"④。陳喬樅曰："筴與蓍義通。《月令》：'太史釁龜筴。'注云：'筴，蓍也。'……《正義》曰：謂蓍爲筴者，筴以謀筴爲義，言用此物以謀於前事也。《國語·晉語》：'決之以卜筮，乃公親筮之。'注並云：蓍爲筮。此從《禮記》或本也。"⑤ "筴"即"策"也。《説文》無"筴"字。《集韻·麥韻》："策，《説文》：'馬箠也。'一曰謀也；一曰蓍也；一曰小箕曰筴。或作筴。"⑥ "策"字本義爲馬箠。段玉裁曰："計謀曰籌策者，策猶籌，籌猶筭。筭所以計曆數。謀而得之，猶用筭而得之也。故曰筭、曰籌、曰策，一也。"⑦ 是"策"亦"蓍"也。《禮記·月令》："命大史釁龜筴占兆。"鄭玄注曰："筴，蓍也。"⑧《禮記·少儀》"筴、籥"鄭注同⑨。二者之別，陳喬樅已説得很明白，乃一取其義，用作謀略；一取其材，是爲蓍草，其用途亦是爲了謀略，因此"蓍"字亦具有計謀義。二者具有共同的義位，屬同義詞。

【交—爭】

《初學記·歲時部下·五月五日》敘事："《月令》：'仲夏陰陽交，死生分；君子齋戒，正聲色，節嗜慾。'"（74）

---

①　《十三經注疏》，第 1252 頁中欄。
②　《太平御覽》，第 3210 頁下欄。
③　《十三經注疏》，第 191 頁上欄。
④　《禮記異文箋》，第 989 頁上欄。
⑤　《禮記鄭讀考》，第 120 頁下欄。
⑥　《集韻》，第 738 頁。
⑦　《説文解字注》，第 196 頁上欄。
⑧　《十三經注疏》，第 1381 頁上欄。
⑨　同上書，第 1514 頁中欄。

按："陰陽交"《禮記·月令》作"陰陽爭"。鄭玄注曰："爭者，陽方盛，陰欲起也。"① 是鄭玄所見本亦作"爭"。疑《禮記》原文作"爭"。《呂氏春秋·仲夏紀》："陰陽爭，死生分。"② 《淮南子·時則》同③。"爭"指陰陽交替之際，即交通、貫通義也。此義後世很少用"爭"字，多用"交"字來表示。如《史記·律書》："午者，陰陽交，故曰午。"④《通志·天文略第一》："陰陽交合盛爲雷。"⑤《初》文亦以"交"替"爭"也，亦是詞義發展變遷的一個反映。

【祭—主】

《初學記·禮部上·社稷》事對"示本　表功"："《禮記》曰：'社，所以神地之道也，地取於天，是以尊天而親地，故教人美報焉。家祭中霤而國主社稷，示本也。'"（325）

按：引文"祭"字《禮記·郊特牲》作"主"⑥。《後漢書·祭祀志》："二月八月及臘，一歲三祠，皆太牢具，使有司祠。"劉昭注引《禮記》曰："地載萬物，天垂象，取財於地，取法於天，是以尊天而親地，故教民美報焉。家主中霤而國主社，示本也。"⑦ 《宋書·禮志四》引《禮記》曰："社所以神地之道。地載萬物，天垂象，取財於地，取法於天。是以尊天而親地，教人美報焉。家主中霤而國主社，示本也。"⑧ 皆作"主"，与今本《禮記》同。《初學記》作"祭"，疑爲受上文"社祭土而主陰氣也"句影響，且"祭"與"主"同義，遂以"祭"換"主"。

【交—接】

《初學記·人部中·交友》敘事："《禮記》曰：'君子之交淡如水，小人之交甘若醴；君子淡以成，小人甘以壞。'"（434）

按：引文"交"字《禮記·表記》均作"接"。鄭玄注："接或爲交。"⑨ 是鄭玄時已見"交"、"接"異本。《藝文類聚》卷二一《人部·

① 《十三經注疏》，第 1370 頁上欄。
② 《呂氏春秋新校釋》，第 245 頁。
③ 《淮南子校釋》，第 553 頁。
④ 《史記》第 4 冊，第 1247 頁。
⑤ 《通志》，第 477 頁。
⑥ 《十三經注疏》，第 1449 頁中欄。
⑦ 《後漢書》第 11 冊，第 3201 頁。
⑧ 《宋書》第 2 冊，第 479 頁。
⑨ 《十三經注疏》，第 1643 頁下欄。

交友》："《禮記》曰：'君子之交淡如水，小人之交甘如醴.'"①《太平御覽》卷四〇六《人事部·交友》："君子之交淡如水，小人之交甘如醴."②俱作"交"。"接"與"交"義同。《説文·手部》："接，交也."③即以"交"釋"接"。上引異文，"接"與"交"爲交往義，表示這個義位，後世多用"交"字，少用"接"字。形成異文的原因，除了二者同義以外，與"接"字此義項的逐漸消亡也不無關係。現代漢語的雙音詞"交接"，仍然保留了這個義項。

【行人—使人】

《初學記·政理部·奉使》敘事："《左傳》曰：'行李之往來.'杜預注：'行李，行人也.'"（479）

按：《左傳·僖公三十年》杜預注"行人"作"使人"④。"使人"一詞，《左傳》已有。《左傳·襄公二十七年》："趙孟曰：'牀第之言不踰閾，況在野乎？非使人之所得聞也.'"⑤此"使人"爲使者義。古"行人"與"使人"義同，亦可指使者。如《管子·侈靡》："行人可不有私."尹知章注："行人，使人也."⑥《初學記》作"行人"，疑據《左傳·襄公八年》杜預注而來。《左傳·襄公八年》："亦不使一介行李告于寡君."杜注："行李，行人也."⑦即釋"行李"作"行人"也。

【圖—囿】

《初學記·州郡部·河南道》事對"蕩渠　原圃"："《左傳》曰：'鄭有原圃，猶秦之有具圖.'"（169）

按："具圖"的"圖"字《左傳·僖公三十三年》作"囿"⑧。《校勘記》曰："'猶秦之有具囿也'，山井鼎云：'宋本囿作圖.'《考文》所謂宋本即此本也。此本初刊似作'圖'，後改從'囿'。盧文弨《鍾山札記》云：'宋時本是具圖，今本作具囿。引《初學記》、《水經注》、高誘

---

① 《藝文類聚》，第 392 頁。

② 《太平御覽》，第 1876 頁下欄。

③ 《説文解字》，第 253 頁上欄。

④ 《十三經注疏》，第 1831 頁上欄。

⑤ 同上書，第 1997 頁上欄。

⑥ 《管子校注》，第 712 頁。

⑦ 《十三經注疏》，第 1940 頁上欄。

⑧ 同上書，第 1833 頁上欄。

《吕氏春秋注》並作具圃爲是。'案唐石經、宋本、淳熙本、岳本及諸刻本皆作圃。"① 若盧説無誤，則作"具圃"與宋前他本相合。今謂"囿"亦"圃"也。《説文·囗部》："囿，苑有垣也。从囗，有聲。一曰禽獸曰囿。"② "囿"字本義爲畜獸的園林，引申爲一切四周有圍欄的菜園、果園。段玉裁曰："引伸之凡淵奥處曰囿。"③ 《説文·囗部》："圃，穜菜曰圃。"④ 則"囿"之引申義與"圃"之本義相同。"具圃"與"具囿"之别，當是"圃"與"囿"同義且形近，傳抄過程中互换的結果。

【煮—腼】

《初學記·器物部·肉》事對"熊蹯　雞跖"："《左傳》：'晉靈公使宰夫煮熊蹯，不熟，殺之，寘諸畚，載以過朝。'"（639）

按：引文"煮"字《左傳·宣公二年》作"腼"⑤。考《説文·肉部》："腼，爛也。"⑥ 本義是煮熟（食物），引申爲煮。陸德明《釋文》："腼，音而，煮也。"⑦ 《初》編者改"腼"作"煮"，疑因"腼"字生僻，故將其改爲常見的同義詞"煮"。

【和平—平和】

《初學記·樂部上·雜樂》敘事："《左傳》曰：'煩手淫聲，慆堙心耳，乃忘和平，謂之鄭聲。'"（372）

按：引文"和平"《左傳·昭公元年》作"平和"⑧。《左傳》的"平和"在此處是温和義。古代文獻中，"和平"與"平和"一樣，也可以用來表示温和。如《禮記·樂記》："故樂行而倫清，耳目聰明，血氣和平。"⑨ "血氣和平"即血氣温和也。這種用法在後代一直沿襲，唐代也不例外，如韓愈《與祠部陸員外書》："其爲人温良誠信……和平而有立。"⑩ 《初》之"和平"與今本《左傳》之"平和"，當屬同義詞之間的替换。

---

① 《春秋左氏傳校勘記》，第 819 頁上欄。
② 《説文解字》，第 129 頁上欄。
③ 《説文解字注》，第 278 頁上欄。
④ 《説文解字》，第 129 頁上欄。
⑤ 《十三經注疏》，第 1867 頁上欄。
⑥ 《説文解字》，第 89 頁下欄。
⑦ 《經典釋文》（通志堂本），第 244 頁上欄。
⑧ 《十三經注疏》，第 2025 頁上欄。
⑨ 同上書，第 1536 頁中欄。
⑩ 《韓愈全集校注》，第 1514 頁。

【旌—旃】

《初學記·武部·弓》事對"招虞　遺卻"："《左傳》曰：'齊景公田于沛，招虞人以弓，不進。公使執之，辭曰：旌以招大夫，弓以招士，皮冠以招虞人。臣不見皮冠，故不敢進。'"（532）

　　按：引文"旌"字《左傳·昭公二十年》作"旃"①。"旌"與"旃"義近，析言相別，渾言則同。《爾雅·釋天》："注旄首曰旌，有鈴曰旂，錯革鳥曰旟，因章曰旃。"② 因均與旗幟相關，故《爾雅》將"旌"、"旂"、"旟"、"旃"歸於同一類下。《詩·鄘風·干旄》："孑孑干旄，在浚之郊。"毛傳："孑孑，干旄之貌，注旄於干首，大夫之旃也。"③ 上文《爾雅》以"旄首"釋"旌"，而此處毛傳以之釋"旃"，可見在毛亨、毛萇作傳時，二者同義。《左傳·定公四年》："分康叔以大路、少帛、綪茷、旃旌。"④ "旃旌"同義連言。《初》以"旌"代"旃"，當屬同義詞換用。《孟子·萬章下》："庶人以旃，士以旂，大夫以旌。"趙岐注："孟子曰：'招禮若是。皮冠，弁也。旃，通帛也，因章曰旃。旂，旃有鈴者。旌，注旄首者。'"⑤ 據趙注，則分言時，"旃"、"旌"相別，既然"庶人以旃"，"大夫以旌"，則"旌"的級別較"旃"爲高。若依《孟子》爲準，則《左傳》似作"旌"更妥。

【冠—冕】

《初學記·器物部·弁》事對"加首　會髮"："《穀梁傳》曰：'弁冠雖舊，必加於首；周室雖衰，必先諸侯。'"（623）

　　按：引文"冠"字《左傳·僖公八年》作"冕"⑥。考《說文·冖部》："冠，絭也，所以絭髮。弁冕之總名也。"⑦ 段注："析言之，冕、弁、冠三者異制，渾言之，則冕、弁亦冠也。"⑧ 是"冠"乃"冕、弁"類的總稱。

---

① 《十三經注疏》，第 2093 頁中欄。

② 同上書，第 2610 頁下欄。

③ 同上書，第 319 頁上欄。

④ 同上書，第 2134 頁下欄。

⑤ 同上書，第 2745 頁下欄。趙岐注"旌，注旄首者"句原作"旌，注旄首者"，《校勘記》認爲衍一"者"字，今據以删。

⑥ 《十三經注疏》，第 2395 頁中欄。

⑦ 《說文解字》，第 156 頁下欄。

⑧ 《說文解字注》，第 353 頁上欄。

第二節　避諱改字

避諱有廣義與狹義之別，廣義的避諱包括敬諱、忌諱、憎諱三種：敬諱指因禮俗約束或敬重的原因，不敢直呼或直書尊長姓名，而以缺筆或改字的方法避之；忌諱指因畏懼作用而不敢稱言不吉利的文字；憎諱指由於心中厭惡而不願言及的情況①。我們這裏討論的避諱字，僅限於因敬諱而引起的文字改變。避諱的手法很多，有以同義詞替換的，亦有缺筆改形的。"缺筆改形"與本章的"因義嬗變"無關，但因都與避諱有關，故亦附列於本節加以討論。

《初學記》因成書於玄宗朝，所以避太宗李世民、高宗李治之諱。然亦有漏避的現象。如《器物部・佩》敘事引《禮記》："古之君子必佩玉，右徵角，左宮羽。（玉聲所中也，徵角在右，事也，民也，可以勞。宮羽在左，君也，物也，宜逸。）"（628）注文即不避太宗李世民"民"字之諱。又如《天部下・霽晴》敘事小注："孔安國注云：君政治則時暘順。"（40）即不避唐玄宗李治諱。疑《初學記》原文或缺筆避之，後世版本不避唐諱，遂補全之。綜觀全文，避諱的情況非常普遍。因《初學記》引文的避諱情況總體較爲簡單，茲舉數例如下：

一　避唐太宗李世民諱

（一）改民爲人

改"民"爲"人"的避諱最常見。一方面，說明玄宗朝對唐太宗李世民的尊重；另一方面，也說明"民"字比較常見。

（1）《初學記・禮部上・總載禮》事對"設容　辨等"："《周禮》曰：'以人辨等則人不越。'"（314）

按：《周禮・地官・大司徒》前一個"人"作"儀"，後一個"人"作"民"②，《初學記》改"民"作"人"，當爲避唐太宗諱；改"儀"爲"人"，疑爲涉下文"人"字而誤。

（2）《初學記・政理部・卜》敘事："《禮記》曰：'卜筮者，先聖王

---

① 參見王彥坤《歷代避諱字匯典》前言，第1頁；陳垣《史諱舉例》序，第1頁。
② 《十三經注疏》，第703頁上欄。

之所以使人信時日，敬鬼神，畏法令，決嫌疑，定猶豫也。'"（487）

按：引文"人"字《禮記・曲禮上》作"民"①，《太平御覽》卷七百二十七引《禮記》亦作"民"②，是原文作"民"，《初》作"人"，爲編者所改。

（3）《初學記・武部・獵》敘事："（《禮記》）又曰：'季冬之月，天子乃教田獵，以習五戎。'鄭玄注曰：'田獵之禮，教人以戰法。'"（540—541）

按：引文"人"字《禮記・月令》作"民"③。

（4）《初學記・禮部上・總載禮》事對"考信　成道"："《禮記》曰：'禹、湯、文、武、成王、周公，由此其選也。此六君子者，未有不謹於禮者也。以考其信，示人有常。'鄭玄注云：'考，成也。'"（315）

按：引文"人"字《禮記・禮運》作"民"④。

（5）《初學記・禮部上・社稷》事對"示本　表功"："《禮記》曰：'社，所以神地之道也，地取於天，是以尊天而親地，故教人美報焉。家祭中霤而國主社稷，示本也。'"（325）

按：引文"人"字《禮記・郊特牲》作"民"⑤，亦避諱故也。

（二）改世爲代

改"世"爲"代"的例子不多見。

《初學記・禮部下・婚姻》敘事："（《禮記》）又曰：'夫婚禮，萬代之始也。娶於異姓，所以附遠厚別也。'"（353）

按：引文"代"字《禮記・郊特牲》作"世"⑥。《藝文類聚》卷四〇《婚》下引《禮記》："夫婚禮，萬世之始也。"⑦ 亦作"萬世"。《初》作"萬代"，當爲避太宗諱而改也。

（三）改換偏旁

《初學記》亦有爲避諱而改換文字內部某一部件的情況。

《初學記・地部下・井》敘事："《易》云：'井渫不食。'"（153）

---

① 《十三經注疏》，第1252頁中欄。
② 《太平御覽》，第3220頁上欄。
③ 《十三經注疏》，第1379頁下欄。
④ 同上書，第1414頁中欄。
⑤ 同上書，第1449頁中欄。
⑥ 同上書，第1456頁中欄。
⑦ 《藝文類聚》，第721頁。

　　按：《周易・井》"渫"作"渫"①。《初》改"渫"作"渫"，當亦是避太宗李世民之諱。唐代合體字構成部件中含"世"字的，往往改形避之。敦煌文獻中這種現象習見。如《俗務要名林》，"葉"作"菜"，"煤"作"煤"，"蝶"作"蝶"②，皆避李世民之諱改換偏旁之例。

二　避唐高宗李治諱

　　《初學記》避唐高宗李治諱，常改"治"爲"理"。

　　《初學記・禮部上・總載禮》事對"承天　法地"："《禮記》曰：'夫禮，先王以承天之道，以理人之情，故失之者死，得之者生。'"（314）

　　按：引文"理"字《禮記・禮運》作"治"③。《孔子家語・禮運》："孔子曰：'夫禮，先王所以承天之道，以治人之情。'"④《藝文類聚》卷三十八引《禮記》："夫禮，先王以承天之道，以治人之情。"⑤皆作"治"也。《初》作"理"，當是避唐高宗李治諱故。

第三節　方言異稱

　　語言是隨著時代的發展而變化的，因此每一個時代的語言都會帶有這個時代的烙印。"舊詞不斷消亡，新詞不斷產生，詞義不斷演變"⑥，通過比較《初學記》引經與今本經文的異文情況，我們可以發現詞彙在古今流傳中的變遷。同時中國地域廣泛，異文的產生，與各地方言的差別也是密切相關的。同一個詞語，在各個不同的地區往往有多種不同的發音，字形亦或有不同。在《初學記》引文與今本《十三經》的對比中，我們也發現了這種現象。

一　方言差別

【蜩—蟬】

　　《初學記・蟲部・蟬》敘事："《禮記・月令》曰：'仲夏之月蜩始

---

① 《十三經注疏》，第 60 頁中欄。
② 參見竇懷永《敦煌文獻避諱研究》，浙江大學，博士學位論文，2007 年，第 291 頁。
③ 《十三經注疏》，第 1414 頁下欄。
④ 《孔子家語》，第 29 頁。
⑤ 《藝文類聚》，第 674 頁。
⑥ 詳見王力《古代漢語》（第一冊）通論（二），第 82 頁。

鳴，季秋之月寒蟬鳴。'"①

按：引文"蜩"字《禮記·月令》作"蟬"②。《詩·小雅·小弁》："菀彼柳斯，鳴蜩嘒嘒。"毛傳："蜩，蟬也。"③"蜩"、"蟬"實乃方言之別。《方言》卷一一："蟬，楚謂之蜩，宋衛之間謂之螗蜩，陳鄭之間謂之蜋蜩，秦晉之間謂之蟬，海岱之間謂之蟜。"④ 是"蜩"、"蟬"之別，乃楚地與秦晉之間方言差異也。

【食—飧】

《初學記·器物部·飯》事對"饌簋　陪鼎"："《左傳》曰：'宴有好貨，食有陪鼎，禮之至也。'"（637）

按：引文"食"字《左傳·昭公五年》作"飧"⑤。考《方言》卷一："饟，飵食也。陳楚之內相謁而食麥饘謂之饟（饘，糜也），楚曰飵。凡陳楚之郊，南楚之外相謁而飧，或曰飵，或曰餡，秦晉之際，河陰之間曰饟餾。"⑥ 則"食"爲通語，"飧"爲陳楚之郊與南楚之外的稱呼。《周禮·天官·宰夫》："凡朝覲、會同、賓客，以牢禮之灋掌其牢禮、委積、膳獻、飲食、賓賜之飧牽與其陳數。"鄭玄注引是語："《春秋傳》曰：'飧有陪鼎。'"⑦ 陸德明《釋文》："飧有，音孫，熟食。"⑧ "飧"即"飧"也，鄭玄與陸德明所見本均作"飧"，不作"食"，則《左傳》原文當作"飧"也，《初》引文作"食"乃編者改以通語也。

二　古今異稱

【黃鸝—離黃】

《初學記·歲時部上·春》事對"倉庚　玄乙"："《毛詩》曰：'春日載陽，有鳴倉庚。'注曰：'倉庚，黃鸝也。'"（45）

按：今本《毛詩·豳風·七月》毛傳曰："倉庚，離黃也。"⑨ 考

①　《初學記》卷三十嚴陸校宋本異文，第9頁。

②　《十三經注疏》，第1370頁中欄。

③　同上書，第453頁上欄。

④　《方言箋疏》，第612頁。

⑤　《十三經注疏》，第2042頁上欄。

⑥　《方言箋疏》，第107頁。

⑦　《十三經注疏》，第656頁上欄。

⑧　《經典釋文》（通志堂本），第276頁下欄。

⑨　《十三經注疏》，第389頁下欄。

《禮記·月令》:"倉庚鳴,鷹化爲鳩。"鄭玄注:"倉庚,驪黃也。"① 是"離黃"又作"驪黃"。《爾雅·釋鳥》:"倉庚,商庚。"郭璞注:"即鶬黃也。"② 同篇又曰:"鶬黃,楚雀。"郭注:"即倉庚也。"陸德明《釋文》:"鷺音離。"③ 又:"倉庚,鷺黃也。"郭璞注:"其色鷺黑而黃,因以名云。"④ 是又作"鷺黃"。《禽經》:"倉鶊,鷺黃、黃鳥也。"張華注:"今謂之黃鶯、黃鸝是也。野民曰黃栗留,語聲囀耳。其色鷺黑而黃,故名鷺黃。《詩》云黃鳥,以色呼也。"⑤ 是"倉庚"漢時稱"離黃","離"又作"鶊"、"鷺"諸形;晉時或倒文稱"黃鸝"。《初》作"黃鸝",與張華注所稱"今謂"同。

【釋奠—釋菜】

《初學記·禮部下·釋奠》事對"陳牲　釋菜":"《禮記》曰:'天子乃獻羔開冰,先薦寢廟。上丁,命樂正習舞,釋菜,天子乃率三公九卿諸侯大夫親往視之。'鄭玄注:'樂正,樂官之長;命舞者,順萬物始出地鼓舞也。將舞必釋奠先師以禮也。'"(343)

按:鄭注"釋奠"今本《禮記·月令》注作"釋菜"⑥。"釋菜"即以芹藻之屬釋奠(於先師),屬釋奠的一種。然"釋菜"義較晦澀,漢唐以來,使用頻率逐漸減少,編者遂改爲當時通語"釋奠"。

【屨—履】

《初學記·器物部·履》事對"跪遷　坐取":"(《禮記》)又曰:'君子之飲酒,三爵而退,則坐取屨,隱避而後履。'"(629)

按:引文"屨"字《禮記·玉藻》作"屨"⑦。考《説文·履部》:"履,足所依也。""屨,履也。"⑧ 段注:"古曰屨,今曰履。"又曰:"晉蔡謨曰:'今時所謂履者,自漢以前皆名屨。《左傳》'踊貴屨賤',不言履賤。《禮記》'戶外有二屨',不言二履。賈誼曰'冠雖敝,不以苴

---

① 《十三經注疏》,第 1361 頁中欄。

② 同上書,第 2649 頁下欄。

③ 同上。

④ 同上書,第 2650 頁中欄。

⑤ 《禽經》,第 253 頁上欄。

⑥ 《十三經注疏》,第 1362 頁中欄。

⑦ 同上書,第 1476 頁中欄。

⑧ 《説文解字》,第 175 頁下欄。

履'，亦不言菲履。《詩》曰：'糾糾葛屨，可以履霜。'屨、烏者一物之
別名，履者足踐之通稱。'按：蔡説極精。《易》、《詩》、《三禮》、《春秋
傳》、《孟子》皆言屨，不言履。周末諸子、漢人書乃言履。《詩》、《易》
凡三履，皆謂踐也。然則履本訓踐，後以爲屨名，古今語異耳。許以今釋
古，故云古之屨即今之履也。"① 段説是。黃金貴先生在《古代文化詞義
集類辨考》一書中通過定性與定量相結合的分析，得出這樣的結論："戰
國前，'屨'作鞋子的總稱，'履'作踐踏義等。戰國時，二者並作鞋子
通稱。從漢代起，'履'取代'屨'，作鞋子總稱。"②。則改"屨"作
"履"者，古今異稱也。

【户—門】

《初學記·人部中·貧》事對"圭窬　蓽户"："《左傳》曰：'蓽户
圭竇。'"（444）

按：引文《左傳·襄公十年》作"蓽門圭竇"③。考《説文·户部》：
"户，護也。半門曰户，象形。"④ 門部："門，聞也。從二户，象形。"⑤
是許慎認爲"門"是"二户"。古代單扇之門稱户，二户組成門。從出土
的甲骨文來看，"門"字也一般被寫作兩個"户"的組合體。因此古代
"門"與"户"雖然相關，但又是截然相別的。而《初》將"門"字改
成"户"，説明至唐代，"門"與"户"之間的概念已逐漸混同。

【禍—選　奔—適】

《初學記·人部中·富》事對"秦鍼　魏冉"："《左傳》曰：'秦后
子有寵於桓，如二君。其母曰：不出懼禍。后子奔晉，其車千乘。'注
曰：'景公母弟公子鍼。'"（443）

按：引文"不出懼禍"《左傳·昭公元年》作"弗去，懼選"，"后
子奔晉"作"鍼適晉"⑥。"不出懼禍"句的"不出"與"弗去"同義，
"不"與"弗"先秦文獻中常相替換，此不贅述。"選"字在《左傳》爲
放逐之義，段玉裁《説文解字注》即引此爲證。但"選"字表此義在唐

---

① 《説文解字注》，第 402 頁下欄。
② 《古代文化詞義集類辨考》，第 757 頁。
③ 《十三經注疏》，第 1949 頁上欄。
④ 《説文解字》，第 247 頁下欄。
⑤ 同上。
⑥ 《十三經注疏》，第 2022 頁中欄—下欄。

代已基本絕跡，漸爲"放逐"之"逐"字所代替。改"選"作"禍"，蓋遭放逐的原因往往是惹禍於君王。《初》改"選"作"禍"，一方面説明了此兩字語義上的相關，另一方面又恰恰證明了"選"字語義的變遷。春秋時"選"字的"放逐"義在唐代已難覓蹤影，故《初》編者需改換詞語以表義。

又"后子"即"鍼"，"奔"在此處爲逃亡義，"適"爲去、往義，二者意義相近，但感情色彩不同。《公羊傳·昭公元年》即曰："夏，秦伯之弟鍼出奔晉。"[1]《穀梁傳·昭公元年》同，皆作"奔"。《左傳》多用春秋筆法，曲筆寓褒貶，而《公羊》、《穀梁》較爲直白。《初》從《公羊傳》與《穀梁傳》改作"奔"，或爲突出當時秦國兄弟相煎的真相。

第四節　雙音化

漢語雙音詞萌芽於殷商，產生於周代，秦漢至唐大量發展，元明清時獲得主導地位。從單音詞到複音詞，是漢語發展的一個趨勢。從《初學記》引《十三經》所出現的異文中，我們亦可以發現語言雙音化的表現。

一　並列式複音詞

【深淺—深】

《初學記·天部上·日》事對"測景　步暑"："《周禮》曰：'大司徒以土圭之法測土深淺。正日景以求地中，日南則景短多暑，日北則景長多寒。'"（6）

按：引文"深淺"《周禮·地官·大司徒》作"深"[2]。《初學記》改"深"作"深淺"，組成由反義詞素構成的並列式複音詞。如果説董仲舒《春秋繁露·正貫》"論罪源深淺，定法誅，然後絕屬之分別矣"[3]的"深淺"尚處於詞組與詞的中間態，那麼此處《初》徑以"深淺"代"深"，可知"深淺"已由詞組轉變成詞。

---

① 《十三經注疏》，第2316頁下欄。
② 同上書，第704頁上欄。
③ 《春秋繁露義證》，第143頁。

【兵政—兵】

《初學記·歲時部上·秋》事對"九法　五政":"《周禮》曰:'大司馬之職,掌建邦國之九法,以佐王平邦國,仲秋教理兵政。'"(54)

按:引文"仲秋教理兵政"句,《周禮·夏官·大司馬》作"中秋,教治兵"①。"兵政"即管理軍隊和用兵相關事務。《初》改"兵"作"兵政",乃近義聯合,反映了先秦至唐代詞匯的雙音化傾向。《大詞典》"兵政"條舉宋代葉適《經總制錢二》例②,時代偏晚,可據《初》補。

【社稷—社】

《初學記·禮部上·社稷》事對"示本　表功":"《禮記》曰:'社,所以神地之道也,地取於天,是以尊天而親地,故教人美報焉。家祭中霤而國主社稷,示本也。'"(325)

按:引文"社稷"《禮記·郊特牲》作"社"③。先秦以"社"爲土神,"稷"爲谷神,本爲兩個詞。但因"社稷"二字多並言,統指祭祀的神靈。先秦就有連用之例,如《孟子·盡心下》:"民爲貴,社稷次之,君爲輕。"④ 至唐代,"社稷"已完全凝固成一個詞。《初》文編者以"社稷"代"社",實際上就是"社稷"從詞組到詞轉變的反映。

二　偏正式複音詞

【藉田—藉】

《初學記·禮部下·籍田》事對"載耜　秉耒":"又曰:'昔者天子爲藉田千畝,冕而朱紘;諸侯藉田百畝,冕而青紘。躬秉耒,以事天地山川社稷。'"(340)

按:引文中的兩處"藉田",《禮記·祭義》俱作"爲藉"⑤。"爲藉"當係《禮記》原貌。《詩·大雅·瞻卬》:"如賈三倍,君子是識。婦無公事,休其蠶織。"鄭玄注:"古者天子爲藉千畝,冕而朱紘,躬秉耒。諸侯爲藉百畝,冕而青紘,躬秉耒。"⑥ 則鄭玄所見本亦作"爲藉"。《太平

---

① 《十三經注疏》,第 837 頁中欄。
② 《漢語大詞典》第 2 冊,第 92 頁。
③ 《十三經注疏》,第 1449 頁中欄。
④ 同上書,第 2774 頁中欄。
⑤ 同上書,第 1597 頁下欄。
⑥ 同上書,第 578 頁上欄。

御覽·禮儀部·籍田》："《祭儀》曰：'昔天子爲籍田千畝，冕而朱紘，躬秉末耜；諸侯爲籍百畝，冕而青紘，躬秉末耜。'"① 引文"籍田"、"籍"今本《禮記》皆作"藉"一字，"藉"與"籍"通。鄭玄注："藉，藉田也。"② 則東漢時，"藉"字單獨表"藉田"義已頗費解，需加"田"字組合成雙音節詞語才能理解。唐代較之東漢，年歲愈久，是《初》文編者徑從鄭注改之作"藉田"，以符合當時的語言狀態。"籍田"一詞，出現甚早，《詩序》中已見該詞。《詩·周頌·載芟》序曰："《載芟》，春籍田而祈社稷也。"③ 後世一直襲用，《初》亦沿用也。

【國君—君】

《初學記·器物部·帷幕》敘事："《儀禮》曰：'<u>國君</u>與卿圖事，管人布幕於寢門外。'"（598）

按：引文"國君"《儀禮·聘禮》作"君"④。"國君"一詞，早在《禮記》中就已出現。《禮記·曲禮上》："國君撫式，大夫下之。"⑤《初》改"君"爲"國君"，説明此詞在唐代使用廣泛。

雖然雙音化是漢語發展的一大趨勢，但是專書詞匯往往夾雜了編者的個人因素在裏面，而且，詞語的發展也並非沿著雙音化的方向直線前進的，所以有時候亦有原文爲雙音詞，但《初學記》編者轉引時偶亦有改成單音詞的現象。例如：

【職—職事】

《初學記·禮部上·巡狩》事對"考職　賦政"："《周禮》：'職方氏掌天地之圖。王將巡狩，則戒于四方曰：各修平乃守。考乃<u>職</u>，無敢不敬戒。'"（330）

按：引文"職"《周禮·夏官·職方氏》作"職事"⑥。"職事"即職務、職業，"職事"構詞結構屬同義連言，"職"即"事"也。《初》編者在引用時，將"職事"改作"職"，因"職"字即有"職務"、"職事"

---

① 《太平御覽》，第 2437 頁下欄。
② 《十三經注疏》，第 1597 頁下欄。
③ 同上書，第 601 頁上欄。
④ 同上書，第 1046 頁上欄—中欄。
⑤ 同上書，第 1249 頁中欄。
⑥ 同上書，第 864 頁上欄。

之義。《書·周官》："六卿分職，各率其屬，以倡九牧，阜成兆民。"①
即其例。

【習—簡習】

《初學記·歲時部上·冬》事對"講武　論刑"："《禮記》曰：'孟
冬之月，天子命將帥講武習射。' 鄭玄注曰：'爲仲冬大閱習之。'"（59）

按：《禮記·月令》鄭玄注作"爲仲冬將大閱，簡習之"②。"簡習"
即"習"也。《國語·吳語》："夫申胥、華登簡服吳國之士於甲兵，而未
嘗有所挫也。"韋昭注："簡，習也。"③ 是"簡"與"習"相連屬同義連
言。但因"簡"作"操練"義不常見，疑爲編者懼其晦澀而删之，祇留
易懂之"習"字。

第五節　文化現象

《初學記》引經的異文，不僅表現在文字、詞匯的變遷，透過這些現
象，我們還可以從中發掘到語言的文化意義。本節從同名異稱和曆日變換
兩個方面分別舉例説明。

一　同名異稱
【子晳—公孫黑】

《初學記·禮部下·婚姻》事對"委禽　納幣"："《左傳》曰：'鄭
徐吾犯之妹美，公孫楚聘之，子晳使强委禽焉。'"（354）

按：引文"子晳"《左傳·昭公元年》作"公孫黑"④。"子晳"即
"公孫黑"也。古代男子有姓、氏、名、字等多種稱法。"子晳"即其字，
"公孫黑"乃其氏加名。《初學記》改"公孫黑"爲"子晳"，或爲與前
面的"公孫楚"相别。在修辭上，我們可以稱之爲繁文避複。然而這種
修辭手法，《初》全書並不一以貫之。如同書《人部下·美婦人》敘事引
是語："《左傳》稱：'鄭有徐吾犯之妹甚美，公孫楚與公孫黑爭聘之。'"

---

① 《十三經注疏》，第 235 頁中欄。
② 同上書，第 1382 頁中欄。
③ 《國語》，第 591—592 頁。
④ 《十三經注疏》，第 2022 頁上欄。

(455) 這説明在唐人編書的過程中，修辭意識漸已顯現，但並非貫徹到每一細節之處。

【伏犧—大皞】

《初學記·帝王部·總敘帝王》敘事："《左傳》曰：'伏犧氏以龍紀官。'"（196）

按《左傳·昭公十七年》："大皞氏以龍紀，故爲龍師而龍名。"大皞即伏犧也。杜預注曰："大皞，伏犧氏，風姓之祖也。有龍瑞，故以龍命官。"① "皞"又作"昊"。《漢書·古今人表》："太昊帝，宓羲氏。"顏師古注引張晏曰："太昊，有天下號也。作罔罟田漁以備犧牲，故曰宓羲氏。"② 是《初》作"伏犧"，取其氏；《左傳》作"大皞"，用其號也。

二　曆日換算

夏正建寅，殷正建丑，周正建子，而秦正建亥，漢初因之，至武帝元封七年始改用太初曆，仍以周正建子爲十一月，歲首與夏正相同。後世襲用，唐代亦沿用，以一月爲歲首。故《初學記》在引用古代典籍，逢有周曆者，常轉換以夏曆年月。如下例：

《初學記·歲時部上·冬》事對"鑿冰　爨燧"："《毛詩》曰：'二之日鑿冰沖沖。'注云：'冰盛水腹，命徹取冰山林中。沖沖，鑿冰之音；二日，夏之十二月。'"（60）

按《詩·豳風·七月》："二之日鑿冰沖沖。"毛傳："冰盛水腹，則命取冰於山林。沖沖，鑿冰之意。"③ 《初》引文較之今本毛傳，多"二日，夏之十二月"句。《七月》首章"一之日觱發，二之日栗烈"句下，毛傳："一之日，周正月也……二之日，殷正月也。"④ 殷正建丑，夏正建寅，所以"殷正月"相當於夏正十二月，故《初》引文釋"二之日"作"夏之十二月"與今本毛傳之"殷正月"實同。

《舊唐書》言天寶五載春正月乙亥，唐玄宗敕令《禮記月令》改爲《時令》⑤。而《新唐書》載玄宗刪定《禮記·月令》，又令集賢院學士李

---

① 《十三經注疏》，第 2083 頁上欄。
② 《漢書》第 3 册，第 863 頁。
③ 《十三經注疏》，第 392 頁上欄。
④ 同上書，第 389 頁上欄。
⑤ 參看《舊唐書》卷九《玄宗本紀下》第 1 册，第 219 頁。

林甫、陳希烈、徐安貞，直學士劉光謙、齊光乂、陸善經，修撰官史玄晏、待制官梁令瓚等注解，名《御刊定禮記月令》。《唐石經》即采用這個删定本的《月令》入《禮記》首篇①。《初》引文《月令》章天文相關部分與唐玄宗的《御刊定禮記月令》②正相合，則當是引自《唐月令》。下以實例説明：

（1）《初學記》引《禮記·月令》時，言及天文，每與今本《禮記》不合。如《初學記·歲時部上·春》敘事：“《禮記·月令》曰：‘孟春之月，日在虚，昏昴中，曉心中。（孟，長也。日月之行，一歲十二會。觀斗所建，命其四時。孟春，日月會於娵訾，而斗建寅。）……天氣下降，地氣上騰，天地和同，草木萌動。（此陽氣蒸運，可耕之候。）’”（43）

按：“日在虚，昏昴中，曉心中”句，今本《禮記》作“日在營室，昏參中，旦尾中”③，與《初》引文相差甚遠。考唐玄宗《御刊定禮記月令》曰：“正月之節，日在虚，昏昴中，曉壁中。”④“正月”即“孟春”，《初》引文前兩句與《唐月令》相合。《初》引文當據《唐月令》而來。但《唐月令》末句“昏昴中”與“曉壁中”，一屬西方，一屬北方，從昏至曉祇行三個星宿，不合常理。事實上此“壁”字乃雙鈎後補，並非原本。敦煌文獻斯621號《御刊定禮記月令》和伯3306號《月令節義》即作“曉心中”，與《初學記》相同。故《初》此條當引自《唐月令》也。

（2）《初學記·歲時部上·夏》敘事：“《禮記·月令》曰：‘孟夏之月，日在昴，昏翼中，曉牽牛中……’”（49）

按《禮記·月令》作：“孟夏之月，日在畢，昏翼中，旦婺女中。”⑤《初》引文與今本《禮記》相差甚遠，非其所本。《唐月令》曰：“四月之節，日在昴，昏翼中，曉牽牛中。”正與《初》引文相合，當爲所出。

---

① 參見《新唐書·藝文志》第5冊，第1434頁。
② 以下簡稱《唐月令》。
③ 《十三經注疏》，第1352頁下欄。
④ 《景刊唐開成石經》，第910頁下欄。
⑤ 《十三經注疏》，第1364頁下欄。

第 六 章
《初學記》引經的價值

古籍流傳至今，多有訛誤、錯亂乃至亡佚的情況發生。《初學記》保存了唐以前大量典籍的片斷，而這些片斷所依據的底本均爲唐以前的古寫本。由於去古未遠，更多地保存着古書的原貌，可據之與今本典籍對勘，糾正今本訛謬之處，對於失傳的古籍，還可用於輯佚。下面就《初學記》所引經傳，分糾正謬誤、保存古本、考訂異文、補證辭書、輯録佚文五個方面加以説明。

第一節　糾謬

經籍流傳日久，謬誤隨之產生。通過《初學記》所引經文與今本的比勘，可以糾正今本訛、謬之處。舉例如下。

【坼—圻】

《初學記·天部上·雷》事對"出豫　作解"："《易》曰：'天地解而雷雨作，雷雨作而百果草木皆甲坼。'"（21）

按：引文"坼"字《周易·解卦》作"圻"①。《校勘記》曰："石經、岳本、錢本圻作坼，是也。閩、監、毛本作拆，非。宋本、注疏皆作甲圻，經文坼（圻）字不明，當亦作坼。《釋文》：'坼，馬陸作宅。'"② "坼"乃綻開、綻放之義，"圻"爲邊際之義，用於此處不辭。當從阮校，今本經文作"圻"，乃"坼"字形近之誤。《初》作"坼"正可證阮校，今本《周易》當從改。

【硃—玉】

《初學記·地部上·石》敘事："琅玕，石似硃也。（出《尚書注》）"

---

①　《十三經注疏》，第 52 頁上欄。

②　《周易校勘記》，第 291 頁下欄。

（107）

　　按《尚書·禹貢》"厥貢惟球、琳、琅玕"句，孔傳："琅玕，石而似玉。"① 《校勘記》云："'石而似玉'，山井鼎曰：正、嘉、萬曆本'珠'作'玉'，毛氏本與古本、宋板同。按，岳本、《纂傳》俱作'珠'，與疏標目合。十行、閩、葛俱誤作'玉'。《初學記·地部上》：'琅玕，石似珠也。出《尚書注》。'此作'珠'之證。"② 則阮氏所見《初》作"珠"，今本作"硃"，當是受上文"石"字影響偏旁類化所致。孔穎達疏標起止曰"球琳至似珠"③，則孔氏所見本亦作"珠"。《爾雅·釋地》："西北之美者，有崑崙虛之璆琳琅玕焉。"郭璞注："璆琳，美玉名。琅玕，狀似珠也。"④ 正作"珠"也。今本《尚書》當改作"珠"。

　　【雨—寒】

　　《初學記·天部下·雨》敘事："《尚書》曰：'休徵曰肅，時雨若（休，美也。肅，敬也。若，順也。孔安國注云：君行敬，則時雨順。）；咎徵則狂，恒雨若（咎，惡也。孔安國注云：君行狂妄，則常雨順。）。'"（23）

　　按引文"時雨若"《尚書·洪範》作"時寒若"。孔傳曰："君行敬，則時雨順之。"⑤ 且經之行文按"雨、暘、燠、寒、風、時"的順序來説明各種徵兆。下文又有"曰謀，時寒若"⑥ 句，故此處不當作"寒"，當作"雨"。顧頡剛、劉起釪的《尚書校釋譯論》⑦ 和臧克和《尚書文字校詁》⑧ 即徑書作"雨"，《十三經》注疏本偶誤，當改。

　　【薄切—薄折】

　　《初學記·器物部·脯》敘事："《周禮》曰：'腊人掌乾肉，凡田獸之脯腊膴胖之事（夫物解肆乾之，謂之乾肉；薄切曰脯，捶之而施薑桂曰腶脩。腊，小物而乾者。）。祭祀，共豆脯、薦脯、膴（呼）胖。'"（641）

　　按《周禮·天官·腊人》鄭注作："大物解肆乾之，謂之乾肉，若今

----

① 《十三經注疏》，第 150 頁下欄。
② 《尚書校勘記》，第 319 頁上欄。
③ 《十三經注疏》，第 150 頁下欄。
④ 同上書，第 2615 頁中欄。
⑤ 同上書，第 192 頁中欄。
⑥ 同上。
⑦ 《尚書校釋譯論》，第 1187 頁。
⑧ 《尚書文字校詁》，第 263 頁。

涼州烏翅矣。薄折曰脯，棰之而施薑桂曰鍛脩。腊，小物全乾。"① "薄折"不辭，《初》文引作"薄切"，據此可知"折"字在此處當與"切"義相近。"折"與"析"字形相近，"析"字本義爲劈，與"切"字義近，"折"當爲"析"字形誤。孫詒讓《周禮正義》已改作"析"。阮刻本《周禮注疏》當據以改。

【致—示】

《初學記·樂部上·雅樂》事對"致鱗羽　動風雲"："《周禮》曰：'凡六樂者，一變而致羽物，三變而致鱗物。'鄭玄注：'變，更也。樂成則更奏也。'"（369）

按：此乃節引《周禮·春官·大司樂》，今本曰："凡六樂者，一變而致羽物及川澤之示，再變而致嬴物及山林之示，三變而示鱗物及丘陵之示。"鄭玄注："變猶更也。樂成則更奏也。"②《初》"三變而致鱗物"句的"致"字，今本《周禮》作"示"。從《周禮》此段經文的體例來看，"一變而致……"、"再變而致……"與下文"四變而致……"、"五變而致……"、"六變而致……"對應來看，"三變而示"之"示"應爲"致"字之誤。孫詒讓《周禮正義》徑作"致"，與《初》同。今本《周禮》當亦改作"致"。

【贄—摯】

《初學記·果木部·棗》敘事："《禮記》曰：'婦人之贄，椇榛脯脩棗栗。'"（676）

按：引文"贄"字《禮記·曲禮下》作"摯"③。考《説文》有"摯"，無"贄"。《説文·手部》："摯，握持也。从手从執。"④ 席世昌曰："《尚書》：'五玉、三帛、二生、一死贄。'《釋文》云：'本又作摯。'按貝部無贄字。摯取執義，與握持意合。《禮記》'凡摯'、'天子㘸庶人之摯匹'、《周禮·大宗伯》'六摯'皆从手。《虞書》从貝者非古也。《孟子》作質，借通也。"⑤ 錢大昕《十駕齋養新録》卷二"摯"條："摯，正字；贄，俗字。《士冠》、《士昏》二篇，皆用摯字。獨《士相

---

① 《十三經注疏》，第 664 頁中欄。
② 同上書，第 789 頁中欄。
③ 同上書，第 1270 頁中欄。
④ 《説文解字》，第 251 頁下欄。
⑤ 《席氏讀説文記》，第 119 頁下欄。

見》篇皆作贄,蓋張淳所改。"又引張淳《儀禮識誤》云:"此卷'贄'字經注總四十有四,皆從手。按《釋文》云:'贄,本又作摯,音同。'其從手者必非陸氏所釋本,今改從貝。"錢氏得出"唐石經本作'摯',北宋刊本猶然"的結論①。《周禮·春官·大宗伯》:"以禽作六摯,以等諸臣。"孫詒讓《正義》認爲"摯"字由握持之義引申爲"人所執摯之稱","贄即摯之俗"②。孫說是也。因"摯"字引申出見面禮之義,而見面所用之禮品又往往與財物有關,遂有人爲了使字形更形象地表現這個詞的含義,改手作貝,造出了"贄"字。"贄"字當爲"摯"字的後起別體。而今本《禮記》的"摰"字,則當爲"摯"字的形近誤字。"摰"與"摯"音義相差甚遠,二者既不可能同源,也不可能通假。這一點王念孫在《廣雅疏證》中已經做了詳盡地論述③。所以今本《禮記》因字形相近而誤作"摰",《初學記》引文亦非正字,《禮記》原文當作"摯"。

【左宫羽—左宫月】

《初學記·器物部·佩》敘事:"(《禮記》)又曰:'古之君子必佩玉,右徵角,<u>左宫羽</u>。(玉聲所中也,徵角在右,事也,民也,可以勞。宫羽在左,君也,物也,宜逸。)'"(628)

按:引文"左宫羽"之"羽"字《禮記·玉藻》作"月"。鄭玄注:"玉聲所中也。徵、角在右,事也,民也,可以勞。宫、羽在左,君也,物也,宜逸。"④。則鄭玄所見本與《初學記》同,正作"羽"也。《禮記》宋淳熙四年撫州公使庫刻本即作"左宫羽"。阮刻本當據以改。

【敷—溥】

《初學記·人部上·孝》敘事:"《禮記》:'曾子曰:身也者,父母之遺體也。……<u>敷</u>之而横乎四海。斷一樹,殺一獸,不以其時,非孝

　①　《十駕齋養新録(附餘録)》,第30—31頁。

　②　《周禮正義》,第1383頁。

　③　《廣雅·釋詁一》:"摯,引也。"王念孫疏證:"摯、摰二字音義各別,摰音充世反,與瓊、掣同,引也。字從手,執聲。摯音至,握持也,字從手執聲。《廣雅》摰訓爲引,當音充世反。曹憲音至,誤也。《集韻》、《類篇》摰音至,引《説文》'握持也',又尺制切,與掣同。涸摰、摯爲一字,其誤滋甚。考《玉篇》摯從執,音至;摰從埶,音充世切,與瓊、掣同,今據以辨正。"(《廣雅疏證》,第41頁上欄—下欄。)

　④　《十三經注疏》,第1482頁中欄。

也。’”（419）

按：引文“敷”字《禮記·祭義》作“溥”①。正字當作“敷”。王引之曰：“‘溥之而横乎四海’，‘溥’本作‘敷’。敷，布也。本或作‘傅’。‘傅’與‘敷’古字通。孔穎達從作‘敷’之本而兼列作‘傅’者。……陸德明從作‘傅’之本而兼列作‘敷’者。《釋文》曰：‘傅之，本亦作敷，同芳于反。’是也。自唐石經誤刻並《正義》四‘敷’字亦改爲‘溥’。不知孔訓‘敷’爲布。若作‘溥’字，不得訓爲布矣。又改《釋文》之‘傅’爲‘溥’，不知‘傅’音芳于反。若作‘溥’字，不得音芳于反矣……”②王説是矣，因“傅”、“敷”相通，陸德明時代，《禮記》有作“傅”與“敷”兩種版本。今本作“溥”，疑爲“傅”字形近之誤。《初》作“敷”，與陸德明所見本同，今本當據以正。

【啓—起】

《初學記·政理部·賞賜》事對“受北國　啓南陽”：“《左傳》曰：‘晉侯朝王，與之陽樊、温、原、攢茅之田，晉於是始啓南陽。’”（473）

按：引文“啓”字《左傳·僖公二十五年》作“起”③。《校勘記》曰：“‘晉於是始起南陽’，石經、宋本、淳熙本、岳本、足利本‘起’作‘啓’，不誤。”④“啓”有開拓義，而“起”字無。《初》引文正作“啓”，可證阮校也，今本《左傳》當從正。

【曰—且】

《初學記·居處部·宅》事對“蕭居　晏卜”：“《左傳》曰：‘齊景公欲更晏子之宅。晏子如晉，公更其宅，反則成矣。既拜，乃毀之爲里舍，皆如其舊，則使宅人返之。曰：諺曰：非宅是卜，唯鄰是卜。二三子先卜鄰矣。違卜不祥。君子不犯非禮，小人不犯不祥。卒復其舊。’”（579）

按：引文“曰諺曰”的前一個“曰”字《左傳·昭公三年》作“且”⑤。陳樹華《春秋經傳集解考正》曰：“《朱氏日鈔》云：‘且字文義

① 《十三經注疏》，第 1598 頁中欄。
② 《經義述聞》，第 380 頁下欄—381 頁上欄。
③ 《十三經注疏》，第 1820 頁下欄。
④ 《春秋左氏傳校勘記》，第 815 頁下欄。
⑤ 《十三經注疏》，第 2031 頁下欄。

不接，或疑上有闕文。'愚謂'且'乃'曰'字之誤。'諺曰'以下皆晏子使宅人反故室之辭。'"① 陳校是，《初》引文不作"且"，正作"曰"，可證陳校之疑。今本《左傳》可從而正也。

【問—間】

《初學記·禮部上·總載禮》事對"天經　地義"："《左傳》曰：'子太叔見趙簡子，簡子問揖讓周旋之禮。對曰：是儀也，非禮也。簡子曰：敢問何謂禮？對曰：吉也。聞諸先大夫子産曰：夫禮，天之經也，地之義也，民之行也。'"（315）

按："簡子問揖讓周旋之禮"句的"問"字，《左傳·昭公二十五年》作"間"②。作"間"不辭，當是"問"字形近之誤。核之唐石經，亦作"問"也③。洪亮吉《春秋左傳詁》亦作"問"④。今《左傳》注疏本作"間"，當是後代刊刻誤字。

【義—美】

《初學記·禮部上·祭祀》事對"薦敬　報功"："《穀梁傳》曰：'宮室不設，不可以祭。祭者，薦其時也，薦其敬也，薦其義也，非享味也。'"（317）

按：引文"薦其義也"句的"義"字，《穀梁傳·成公十七年》作"美"⑤。"美"當改作"義"。王念孫曰："《祭統》云：'唯賢者爲能盡祭之義。'又云：'其德盛者其志厚，其志厚者其義章，其義章者其祭也敬。'故曰：'……薦其義也，非享味也。'若云薦其美，則與非享味之意不合矣。"⑥ 其説是，《藝文類聚》卷三十八《禮部上·祭祀》與《郊丘》章引是語皆作"薦其義也"⑦，《太平御覽》卷五二五《禮儀部·祭禮中》⑧ 引是語亦同。今本《穀梁傳》當據以改。

――――――――――

① 《春秋經傳集解考正》，第 190 頁。

② 《十三經注疏》，第 2107 頁上欄。

③ 具體可見《景刊唐開成石經》，第三册，第 2026 頁下欄。

④ 《春秋左傳詁》，第 765 頁。

⑤ 《十三經注疏》，第 2423 頁下欄。

⑥ 《經義述聞》，第 608 頁上欄—下欄。

⑦ 《藝文類聚·禮部上·祭禮》引是語曰："《穀梁傳》曰：'宮室不設不可以祭者，薦其義也，非享味也。'"（第 677 頁）又同部《郊丘》："《公羊傳》曰：'祭者，薦其時也，薦其義也，非享味也。'"（第 682 頁）"公羊傳"三字，蓋"穀梁傳"之誤題也。

⑧ 詳見《太平御覽》，第 2385 頁上欄。

【苹萍—萍莽】

《初學記·寶器部（花草附）·萍》敘事：“《爾雅》曰：‘苹，萍也，（郭璞曰：江東謂之藻。）其大者蘋。’”（668）

按《爾雅·釋草》：“萍，莽。”① 《校勘記》曰：“‘萍莽’，雪牕本、注疏本同，正德本作苹萍，非，唐石經、單疏本作苹莽，當據以訂正。”② 陸德明《釋文》曰：“苹音平，萍本或作莽，音瓶。”③ 《五經文字·艸部》云：“苹音平，莽音瓶。”④ 則張參所見本作“苹莽”。依《釋文》則《爾雅》原文當作“苹萍”或“苹莽”。《初》作“苹萍”，合於《釋文》。今本《爾雅》作“萍莽”，誤也。

【鼮鼠—鼳鼠】

《初學記·獸部·鼠》敘事：“《爾雅》曰：‘豹文鼮鼠（音廷，文彩如豹）、鼮（音孤覓反，似鼠而蒼黑色，在樹木上）鼠。’”（718）

按：引文“鼮鼠”《爾雅·釋獸》作“鼳鼠”⑤。“鼮”字與“鼳”字，除均爲鼠旁外，字形並不相近。但“鼮”字與“鼳”字字形相近。《爾雅校勘記》於“鼳鼠身”下曰：“唐石經、單疏本同，雪牕本鼳作鼮，注疏本作鼳，皆訛，下鼳鼠同。”⑥ 從阮校，則作“鼳”者乃訛字，作“鼮”者爲形近誤字，本字當作“鼳”也。

第二節　存古

《初學記》引文所用經籍，均爲唐以前的寫本，多與前人所言之古本相合，故可借之以窺古本原貌。

【噬乾脯—噬乾肺】

《初學記·器物部·脯》事對“瓊枝　金矢”：“《周易》曰：‘噬乾脯，得金矢。’王肅注曰：‘四體純陰卦，骨之象，骨在乾肉脯之象，金象，所以獲野禽以食之，反得金矢。君子於味必思其毒，於利必備其

---

① 《十三經注疏》，第 2628 頁中栏。
② 《爾雅校勘記》，第 146 頁上栏。
③ 《經典釋文》（通志堂本），第 426 頁下栏。
④ 《五經文字》，第 28 頁。
⑤ 《十三經注疏》，第 2652 頁上栏。
⑥ 《爾雅校勘記》，第 160 頁下栏。

難。’”（642）

　　按：引文“噛乾脯”《周易·噬嗑》作“噬乾胏”①。“噛”爲“齧”的後起字。《説文·齒部》：“齧，噬也。”②是“噛”與“噬”義同。《校勘記》曰：“‘噬乾胏’，石經、岳本、閩、監、毛本同。《釋文》：胏，子夏作脯，荀、董同。按，胏《説文》作𦟘。”③ 核之於《經典釋文》，曰：“胏，緇美反。馬云：‘有骨謂之胏。’鄭云：簀也。《字林》云：含食所遺也。一曰脯也。子夏作脯。徐音甫，荀、董同。”④ 則漢晉有作“脯”字本。

【地—土】

　　《初學記·天部上·日》事對“麗天　出地”：“《易》曰：‘日月麗乎天，百穀草木麗乎地。’”（6）

　　按：引文“地”字《周易·離》作“土”⑤。陸德明《經典釋文》“乎土”條曰：“王肅本作地。”《初》作“地”，正與《釋文》所言王肅本相合也。

【濟—泲】

　　《初學記·人部中·離別》事對“宿濟　餞禰”：“《毛詩》曰：‘出宿于濟，飲餞于禰。’”（448）

　　按：引文“濟”字《詩·邶風·泉水》作“泲”。毛傳：“泲，地名。祖而舍軷，飲酒於其側曰餞，重始有事於道也。禰，地名。”鄭箋：“泲、禰者，所嫁國適衛之道所經，故思宿餞。”⑥ 則毛、鄭所見本均作“泲”。然《儀禮·士虞禮》“獻畢，未徹，乃餞”鄭注：“《詩》云：‘出宿于濟，飲餞于禰。’”⑦ 王先謙曰：“《列女傳》一引《詩》‘出宿于濟’句，‘泲’作‘濟’，‘泲’‘濟’字同，《禹貢》‘濟’字，《漢志》皆作‘泲’。《文選》顏延之《應詔讌曲水作詩》注、《初學記》十八、《白帖》

---

　　① 《十三經注疏》，第37頁中欄。

　　② 《説文解字》，第45頁上欄。

　　③ 《周易校勘記》，第287頁中欄。

　　④ 《經典釋文》（通志堂本），第23頁上欄。

　　⑤ 《十三經注疏》，第43頁上欄。

　　⑥ 同上書，第309頁上欄—中欄。

　　⑦ 同上書，第1174頁下欄。

三十四、《御覽》四百八十九引《詩》，並作‘濟’。"① 依王說，則古有作"濟"本。《初》引文作"濟"，與《列女傳》同。

【安得萱草—焉得諼草】

《初學記·寶器部（花草附）·萱》敘事："《毛詩》曰：‘安得萱草，言樹之背（背，北堂也。）。'"（667）

按：引文"安得萱草"《毛詩·衛風·伯兮》作"焉得諼草"②。考《說文·艸部》："蘐，令人忘憂艸也。从艸，憲聲。《詩》曰：‘安得蘐艸？'蕿，或从煖。萱，或从宣。③ "萱"即"蘐"之或體。從許說，則漢時《詩》有作"安得萱草"者。

【園有樹桃—園有桃】

《初學記·居處部·園圃》事對"樹桃　毓果"："《毛詩》曰：‘園有樹桃，其實之肴。'"（587）

按《毛詩·魏風·園有桃》："園有桃，其實之殽。"④ 《呂氏春秋·重己》："昔先聖王之爲苑囿園池也。"高誘注："樹果曰園，《詩》曰：‘園有樹桃。'"⑤ 亦作"樹桃"。馬瑞辰曰："疑三家詩古有作‘樹桃’者。"⑥《初》引文明曰"毛詩"，疑爲《毛詩》古本。

【穜稑—重穋】

《初學記·歲時部上·冬》事對"納稼　儲穀"："《毛詩》曰：‘十月納禾稼，黍稷穜稑，禾麻菽麥。'"（59）

按：引文"穜稑"《毛詩·豳風·七月》作"重穋"⑦。陸德明《釋文》"重"字下曰："先種後熟曰重，又作種，音同。《說文》云：‘禾邊作重是重穋之字。禾邊作童是種蓺之字。'今人亂之已久。"又於"穋"字下云："本又作稑，音同。《說文》云：‘稑或從坴，後種先熟曰稑。'"⑧ 鄭玄注《周禮·內宰》曰："《詩》云‘黍稷穜稑’。"⑨《說文·

① 《詩三家義集疏》，第 193 頁。
② 《十三經注疏》，第 327 頁中欄。
③ 《說文解字》，第 16 頁下欄。
④ 《十三經注疏》，第 357 頁下欄。
⑤ 《呂氏春秋新校釋》，第 43 頁。
⑥ 《毛詩傳箋通釋》，第 323 頁。
⑦ 《十三經注疏》，第 391 頁下欄。
⑧ 《經典釋文》（通志堂本），第 73 頁下欄。
⑨ 《十三經注疏》，第 686 頁上欄。

禾部》"稑"字下引《詩》曰："黍稷種稑。"① 則作"種稑"。《廣雅·釋詁三》："穜,類也。"王念孫《疏證》："穜,經傳皆作種。"② 其說是,《詩》古本當作"種稑",但因漢時"種"、"穜"常相混,故又作"穜稑"。《初》引文與《周禮》鄭玄注相合。

【犴—岸】

《初學記·政理部·獄》敘事:"《詩》曰:'宜犴宜獄。'"(493)

按:引文"犴"字《詩·小雅·小宛》作"岸"。毛傳:"岸,訟也。"③ 馬瑞辰曰:"獄从二犬,象所以守;犴為野犬,亦善守,故獄又謂之犴。犴本為獄,又訓為訟,猶獄亦得訓訟也。"④ 王先謙曰:"《韓詩》'岸'作'犴'"⑤。《釋文》曰:"《韓詩》作犴,音同。云鄉亭之繫曰犴,朝廷曰獄。"⑥《周禮·夏官·射人》:"士以三耦射犴侯"鄭玄注:"《大射禮》犴作干,讀如'宜犴宜獄'之犴。"⑦"豻""犴"異體字也。《說文·豸部》:"豻,胡地野狗。从豸,干聲。犴,豻或从犬。《詩》曰:'宜犴宜獄。'"⑧ 則許慎所見本亦作"犴"。作"犴"者,與詩本意相合,乃本字也,作"岸",乃借字也。《說文》從古,引《詩》多用《毛詩》,《周禮》亦是古文經的代表,既然《周禮》時代已有"豻"字,則《詩》當用本字"豻"也,"犴"乃"豻"之異體。《初》作"犴",正與古本相合也。

【縭—纚】

《初學記·器物部·舟》事對"錦維 絆繫":"《毛詩》曰:'汎汎楊舟,絆縭維之。'"(611)

按:引文"縭"字《詩·小雅·采菽》作"纚"⑨。《爾雅·釋水》引《詩》曰:"汎汎楊舟,絆縭維之。"⑩《初》作"縭"與《爾雅》引

---

① 《說文解字》,第 144 頁上欄。

② 《廣雅疏證》,第 80 頁下欄。

③ 《十三經注疏》,第 452 頁上欄。

④ 《毛詩傳箋通釋》,第 640 頁。

⑤ 《詩三家義集疏》,第 695 頁。

⑥ 《經典釋文》(通志堂本),第 82 頁上欄。

⑦ 《十三經注疏》,第 845 頁中欄。

⑧ 《說文解字》,第 198 頁上欄。

⑨ 《十三經注疏》,第 490 頁中欄。

⑩ 同上書,第 2619 頁下欄。

《詩》相合。

【嵩—崧　峻—駿】

《初學記·地部上·嵩高山》事對"神岳　天鎮"："《詩》曰：'嵩高維岳，峻極于天；維岳降神，生甫及申。'"（103）

按《詩·大雅·崧高》："崧高維嶽，駿極于天。維嶽降神，生甫及申。"①《禮記·孔子閒居》："其在《詩》曰：'嵩高惟嶽，峻極于天。'"②《公羊傳·莊公四年》："九世猶可以復讎乎？雖百世可也。"何休注："百世，大言之爾。猶《詩》云'嵩高維嶽，峻極于天，君子萬年'③。《初》作"嵩"、"峻"，與《禮記》及何休注《公羊傳》相合。《說文》無"崧"字，"崧"字晚出，故今本作"崧"，當非原貌。

【遏—曷】

《初學記·器物部·火》事對"燄燄　烈烈"："《詩》曰：'如火烈烈，則莫我敢遏。'"（620）

按：引文"遏"字《詩·商頌·長發》作"曷"④。馬瑞辰曰："《荀子·議兵篇》、《漢書·刑法志》引《詩》俱作遏。《爾雅·釋詁》曷、遏並訓止。《說文》：'遏，微止也。'曷當是遏之省借。"⑤馬說是，"遏"當是"曷"的分化字，故古並可訓作止。毛傳訓作"曷，害也"⑥，非，當從《爾雅》、《說文》作止也。《初》作"遏"，與《荀子》、《漢書》相合。

【庳—痺】

《初學記·武部·箭》敘事："《周官》：'司弓矢掌八矢之法。八矢：一曰枉，二曰絜，三曰殺，四曰鍭，五曰矰，六曰茀，七曰恒，八曰庳。凡枉矢、絜矢，利火射，用諸守城車戰。殺矢、鍭矢，用諸近射田獵。矰矢、茀矢，用諸弋射。恒矢、庳矢，用諸散射。此八矢者。弓弩各有四焉：蓋枉殺矰恒，弓所用也；絜鍭茀庳，弩所用也。'"（533）

按：引文"庳"字《周禮·夏官·司弓矢》作"痺"。《周禮》鄭玄

---

① 《十三經注疏》，第 565 頁下欄。

② 同上書，第 1617 頁下欄。

③ 同上書，第 2226 頁中欄。

④ 同上書，第 627 頁上欄。

⑤ 《毛詩傳箋通釋》，第 1181 頁。

⑥ 《十三經注疏》，第 627 頁上欄。

注曰：“絜矢、鏃矢、茀矢、庳矢，弩所用也。”又鄭司農云：“庳矢，讀爲人罷短之罷。”鄭玄謂：“庳讀如痺病之痺。”① 則鄭玄與鄭司農所見本俱作“庳”也。今本《周禮》經文或注之“痺”疑爲後人據音近字改也。《周禮校勘記》“恒矢痺矢”條：“閩、監、毛本同，唐石經、余本、嘉靖本痺作庳，當據正。注同，此本疏中不誤，《石經考文提要》云：‘宋本九經、宋纂圖互注本、宋附釋音本皆作庳矢。’”② 《初》作“庳”正與鄭注相合。

【雷乃始收—雷始收聲】

《初學記·歲時部上·秋》敘事：“《禮記·月令》曰：‘孟秋之月，日在張，昏尾中，曉婁中。……日夜分，雷乃始收，……霜始降，草木黃落。’”（52—53）

　　按：引文“雷乃始收”《禮記·月令》作“雷始收聲”③。王引之《經義述聞》曰：“引之謹案：‘雷始收聲’本作‘雷乃始收’。古人多以‘乃始’二字連文。《初學記·歲時部》及《周官·韗人》疏引《月令》皆作‘雷乃始收’。《淮南·時則》篇同。是經文‘始’上有‘乃’字，而‘收’下無‘聲’字。後人以‘仲春，雷乃發聲’，又以注云‘雷始收聲在地中’，遂於正文內加入‘聲’字。若山井鼎《考文》所引古本、足利本及《吕氏春秋》，並作‘雷乃始收聲’是也。（高誘注曰：‘雷乃始收，藏其聲，不震也。’則正文本無‘聲’字明矣。）又或嫌其句法之累，則刪‘始’字而存‘乃’字。《唐月令》作‘雷乃收聲’是也。或刪‘乃’字而存‘始’字，宋撫州本以下諸本《禮記》及今本《逸周書》並作‘雷始收聲’是也。無者加之，有者減之，而原本幾不可見。幸賴引者參差不齊，改之未盡，得以求其蹤跡耳。”④ 從其說，《初學記》引文正存《禮記》之舊也。

【迹—績】

《初學記·居處部·都邑》敘事：“《春秋傳》曰：‘復禹之迹，不失舊物。’”（561）

　　按《左傳·哀公元年》：“復禹之績。祀夏配天，不失舊物。”⑤ 陸德

---

① 《十三經注疏》，第 856 頁上欄。
② 《周禮校勘記》，第 500 頁上欄。
③ 《十三經注疏》，第 1374 頁中欄。
④ 《經義述聞》，第 341 頁下欄—342 頁上欄。
⑤ 《十三經注疏》，第 2154 頁下欄。

明《釋文》："之績，一本作迹。"① 《初》作"迹"，與陸氏所言"一本"合。

【批殺—臂搣】

《初學記·人部上·忠》事對"碎首 袒背"："《公羊傳》曰：'宋萬弑閔公，仇牧聞之，趨而至。遇之於門，手劍而叱之。萬批殺仇牧，碎其首，齒著于門闔，仇牧可謂不畏強禦矣。'"（416）

按：引文"批殺"《公羊傳·莊公十二年》作"臂搣"②。陸德明《釋文》："萬臂，必賜反。本又作辟，婢亦反。搣，素葛反，又素結反，側手擊也。"③《校勘記》曰："唐石經臂作辟，《釋文》臂，必賜反，本又作辟，婢亦反。按，此當作辟，音婢亦反。是辟搣，非臂搣也。"④《左傳·莊公十二年》記載此事曰："遇仇牧于門，批而殺之。"⑤《校勘記》曰："今《説文》作搉，無批字。《玉篇》引傳正作搉而殺之。"⑥ "批"即"搉"也，乃簡省字。《説文》字頭雖無"批"字，然釋文卻用了"批"，如《説文·手部》："摣，拔取也。南楚語。從手，寒聲。《楚詞》曰：朝摣批之木蘭。"⑦ "批而殺之"即"批殺"也。《初》引文與《左傳》相合。王引之曰："臂短不可以擊人，作辟者是也。辟，椎擊也……辟之言批也……批、辟聲之轉耳。搣當爲殺，辟殺仇牧者，批殺仇牧也……若作搣而訓爲側手，則與辟義相複。辟已是手擊，何須又言側手乎？何所據搣字，殆誤本也。古本《公羊傳》蓋作殺，不作搣，故《説文》無搣字。"⑧ 從王説，《初》引文作"批殺"，存古本舊貌也。

【提月—是月】

《初學記·歲時部下·月晦》事對"提月 晦日"："《公羊傳》曰：'提月，六鷁退飛過宋都。提月者何？僅建是月晦日也。'何休注曰：'提月，邊也，魯人語也，在是月之幾盡。'"（66）

---

① 《經典釋文》（通志堂本），第 297 頁下欄。

② 《十三經注疏》，第 2233 頁上欄。

③ 《經典釋文》（通志堂本），第 310 頁下欄—311 頁上欄。

④ 《春秋公羊傳校勘記》，第 10 頁中欄。

⑤ 《十三經注疏》，第 1770 頁下欄。

⑥ 《春秋左氏傳校勘記》，第 803 頁下欄。

⑦ 《説文解字》，第 255 頁上欄。

⑧ 《經義述聞》，第 577 頁上欄—下欄。

按：引文後一“提月”《公羊傳·僖公十六年》作“是月”；何休注“提月”今本何注作“是月”，“是月”作“正月”①。盧文弨《經典釋文考證》：“注疏本本作‘提月’。《初學記·晦日》條下引作‘提月’，宋陸佃注《鶡冠子·王鈇篇》：‘家里用提。’注云：‘提，零日也。’亦引《公羊》爲證。今本作‘是’，乃後人依《釋文》改之，陸氏不云本或作‘提’，亦疎漏也。”② 盧説是，陸德明《釋文》曰“一音徒兮反”，正與“提”字音同，則陸氏所見本有作“提月”者。沈濤《銅熨斗齋隨筆》卷二“提月”條曰：“今本作‘是’，乃後人據二傳改……注中‘正月’亦當依《初學記》作‘是月’。凡月之幾盡皆謂之‘提月’，不必正月也。”又注曰：“余得北宋本《公羊傳》，已同今本作‘是月’，彭叔夏《文苑英華辨證》亦引《初學記》，是宋本皆作‘是月’，此唐本之所以可貴也。”③ 沈説是。今本何注之“正月”，當是因經文訛成“是月”而爲後人所改，當依《初》作“是月”。《初》經文之“提月”，注文之“提月”、“是月”，存《公羊傳注》舊貌也。

【大害中國—佚宕中國】

《初學記·人部下·長人》事對“眉見軾　骨專車”：“《穀梁傳》：‘魯文公十一年，叔孫得臣敗狄于鹹。長狄也，弟兄三人，大害中國，瓦石不能害。叔孫得臣，最善射者也。射其目，身橫九畝；斷其首，眉見於軾。’”（461）

按：引文“大害中國”《穀梁傳·文公十一年》作“佚宕中國”④。《校勘記》曰：“‘佚宕中國’，閩、監、毛本同，石經宕作害，《釋文》出佚害，云害本又作宕。”⑤ 則《初》作“大害”，“害”字與石經同，“大”字未知所來。《釋文》出“佚害”，曰：“大結反，更也。害，本又作宕。”⑥ 是陸德明所見本或作“佚宕”，與今本《穀梁傳》同，或作“佚害”，與《初》引文引差一字。《初》不作“佚害”而作“大害”，則疑爲涉《釋文》音注“大結反”的“大”字而誤。鍾文烝曰：“佚，即

① 《十三經注疏》，第 2254 頁下。
② 《經典釋文考證》，第 276 頁。
③ 《清人考訂筆記》（七種），第 615 頁。
④ 《十三經注疏》，第 2408 頁下欄。
⑤ 《春秋穀梁傳校勘記》，第 48 頁中欄。
⑥ 《經典釋文》（通志堂本），第 333 頁上欄。

'迭'字，故訓更。"① 其說或近真，《太平御覽》卷三七七《人事部·長絕域人》引是語即作"迭害"② 也。《初》作"大害"，說明唐以前當有作"佚害"本。

【夾—頰】

《初學記·樂部上·雜樂》事對"魯幕 秦帷"："《穀梁傳》曰：'定公十一年，夾谷會，齊人使優施舞於魯君之幕下。孔子曰：笑君者罪當死。使司馬行法焉。'"（373）

按：引文"夾谷會"《穀梁傳·定公十年》作"頰谷之會"③。《穀梁傳》、《公羊傳》、《左傳》此事俱載於定公十年，《初》作"十一"，"一"字當屬衍文。《公羊傳》亦作"頰"④。《說文·頁部》："頰，面旁也。从頁，夾聲。"⑤ 凡從"夾"之字，多有兩旁相持之義，如"莢"，《廣雅·釋草》："豆角謂之莢。"王念孫疏證："莢之言夾也，兩旁相夾，豆在其中也。"⑥ 又"梜"，《說文·木部》："梜，檢柙也。从木，夾聲。"⑦ 兩旁相夾以護書。故"頰"當是"夾"的同源分化字。《初》作"夾"，當是古字，存古本之貌，《左傳·定公十年》亦作"夾"⑧，可爲證也。

【凋—彫】

《初學記·歲時部上·冬》事對"凋松 傷竹"："《論語》曰：'歲寒然後知松柏之後凋。'"（60）

按：引文"凋"字《論語·子罕》作"彫"⑨。《校勘記》曰："皇本彫作凋，注同。《釋文》出'後彫'，云依字當作凋。按《釋文》是也，

---

① 《春秋穀梁經傳補注》，第 396 頁。
② 《太平御覽》卷三七七："《穀梁傳》：文公曰：'魯文公十一年，叔孫得臣敗狄于鹹，獲長狄也。兄弟三人，迭害中國。得臣善射，射中其目，身横九畝，斷其首而載之眉見於軾。'"（第 1742 頁上栏。）
③ 《十三經注疏》，第 2445 頁中栏。
④ 同上書，第 2341 頁中栏。
⑤ 《說文解字》，第 182 頁上栏。
⑥ 《廣雅疏證》，第 338 頁下栏。
⑦ 《說文解字》，第 124 頁下栏。
⑧ 《十三經注疏》，第 2147 頁下栏。
⑨ 同上書，第 2491 頁下栏。

彤是假借字。"① 從阮校，則《初》作"凋"，與皇本相合，爲本字也。

第三節　明異

《初學記》引文多有與今本經文不同者，通過對勘，可以發現許多有價值的異文信息，有益於進一步考鏡文字脈絡，廓清版本源流。

【北巡狩—朔巡守】

《初學記·地部上·恒山》事對"虞巡　并鎮"："《虞書》曰：'十有一月北巡狩，至北岳，如西禮。'"（101）

按《尚書·舜典》："十有一月朔巡守，至于北岳，如西禮。"② 《禮記·王制》："十有一月北巡守，至于北嶽，如西巡守之禮。"③ 則漢時有作"北"者。《公羊傳·隱公八年》何休注："《尚書》曰：'歲二月，東巡守，至于岱宗，柴……十有一月朔巡守，至于北嶽，如西禮。'"④ 是何休所見本作"朔"。那麼漢時有作"北"與作"朔"兩種版本。今本基本從唐石經一脈而來，故作"朔"。唐代寫本主要作"朔"，核之於敦煌寫卷，北敦 14681（北新 881）號果亦作"朔"。《初》作"北"，說明至唐代時尚有作"北"的異本存在。《藝文類聚》卷二七《人部·行旅》引《尚書》亦作"北"⑤，可參。

【一百一十一—一百一十二】

《初學記·帝王部·總敘帝王》敘事："《尚書》曰：'舜生三十登庸。三十在位，五十載陟方乃死。（孔安國注：通服堯喪三年，其一共三十之數，凡壽一百一十一歲。）'"（198）

按今本《尚書·舜典》僞孔傳："舜即位五十年，升道南方巡守，死於蒼梧之野而葬焉。三十徵用，三十在位，服喪三年，其一在三十之數，爲天子五十年，凡壽百一十二歲。"⑥ 既然三十歲始征用，在位三十年，則在位的時間爲三十歲至五十九歲，又曰"服喪三年，其一在三十之

---

① 《論語校勘記》，第 77 頁上欄。

② 《十三經注疏》，第 127 頁下欄。

③ 同上書，第 1328 頁下欄。

④ 同上書，第 2209 頁中欄。

⑤ 《藝文類聚》，第 483 頁。

⑥ 《十三經注疏》，第 132 頁中欄。

數”，則五十九又須加二爲六十一，另外“爲天子五十年”，相加正好是一百一十一歲。今本作“百一十二歲”，蓋把“三十徵用”當成前三十年俱未見用。“徵用”即徵召起用，故在位時間當從三十歲開始計算。今本僞孔傳作“百一十二歲”，似誤，然敦煌文獻北敦 14681（北新 881）號亦作百十二歲。本存異之旨，且附於此。

【冒—幠】

《初學記·禮部上·社稷》事對“封土　藝樹”：“《尚書》曰：‘海岱及淮惟徐州，厥貢惟土，爲社五色。’孔安國注曰：‘王者封五色土爲社，建諸侯，則各割其方土與之。使立社，冒以黄土，苴以白茅。’”（326）

按：引文“冒以黄土”的“冒”字今本《尚書·禹貢》僞孔傳作“幠”①。“冒”與“幠”義同，均指覆蓋也。《白虎通義·社稷》：“《春秋傳》曰：‘天子有大社也，東方青色，南方赤色，西方白色，北方黑色，上冒以黄土。’”②李善注《文選》引《尚書緯》云：“天子社，東方青，南方赤，西方白，北方黑，上冒以黄土。”③是疑孔傳本或作“冒”。

【屺—紀】

《初學記·地部上·終南山》事對“有條有梅　有屺有堂”：“（《詩》）又曰：‘終南何有？有屺有堂。’”（105）

按：引文“屺”字《毛詩·秦風·終南》作“紀”④。《校勘記》曰：“唐石經缺，小字本、相臺本同。案，《釋文》‘紀’字云本亦作‘屺’。《正義》云：‘《集注》本作屺，定本作紀，標起止云傳紀基，是《正義》本與定本同，屺是山有草木字，《集注》當誤。’”⑤阮校非。王引之《經義述聞》曰：“凡首章言草木者，二章、三章、四章、五章亦皆言草木，此不易之例也。今首章言木而二章乃言山，則既與首章不合，又與全詩之例不符矣。今案，紀讀爲杞，堂讀爲棠，條梅杞棠，皆木名也。”⑥王説是，“紀”、“屺”當均爲“杞”之借字。然陸德明已見作“屺”者，

① 《十三經注疏》，第 148 頁上欄—中欄。
② 《白虎通疏證》，第 91 頁。
③ 《文選》，第 502 頁下欄。
④ 《十三經注疏》，第 372 頁下欄。
⑤ 《毛詩校勘記》，第 379 頁下欄。
⑥ 《經義述聞》，第 137 頁下欄。

《初》引文與德明所見本合，説明唐時尚有作"屺"者。

【言邁—信邁】

《初學記·人部中·離別》事對"宿濟　餞郿"："（《毛詩》）又曰：'申伯言邁，王餞于郿。'"（448）

按：引文"言"字《詩·大雅·崧高》作"信"。毛氏於此句無傳。鄭箋云："邁，行也。申伯之意不欲離王室，王告語之復重，於是意解而信行。"① 則鄭氏所見本作"信"，不作"言"。《太平御覽》卷四八九曰："《毛詩》曰：'出宿于濟，飲餞于禰。'又曰：'申伯言邁，王餞于郿。'"② 引文與《初》全同。此處作"言"，於《詩》亦通，乃年邁而不欲行，以故"王告語之復重"，於是始行。《初》、《御覽》與今本《毛詩》相别，存異本也。

【鳥翼覆之—鳥覆翼之】

《初學記·地部下·冰》事對"魚負　鳥覆"："《毛詩》曰：'誕寘之寒冰，鳥翼覆之。'"（151）

按：引文"鳥翼覆之"《詩·大雅·生民》作"鳥覆翼之"。毛傳曰："大鳥來，一翼覆之，一翼藉之。"③ 《藝文類聚》卷十引《史記》曰："帝高陽氏元妃姜嫄，見大人之跡履之，歆然若感，而生后稷。棄之寒冰之上，鳥翼覆之。"④ 與《初》引文同。則作"鳥翼覆之"或爲《詩》異本也。

【夜】

《初學記·武部·弓》事對"救日　觀星"："《周禮》曰：'庭氏掌射國中之妖鳥，若不見其鳥獸，則以救日之弓救月之矢夜射之。'鄭司農注曰：'救月之矢，謂日月食所作弓矢。'"（533）

按：引文"救日之弓"的"弓"下《周禮·秋官·庭氏》多一"與"字，"救月之矢"的"矢"下少一"夜"字⑤。《校勘記》曰："與'救月之矢射之'，閩、監、毛本同，誤也。唐石經、大字本、錢鈔本、

---

① 《十三經注疏》，第 567 頁中欄。
② 《太平御覽》，第 2237 頁上欄。
③ 《十三經注疏》，第 530 頁上欄。
④ 《藝文類聚》，第 184 頁。
⑤ 《十三經注疏》，第 889 頁中欄。

岳本、嘉靖本矢下有夜①，當據以補正。《石經考文提要》云：宋本、九經宋纂圖互注本、宋附釋音本、余仁仲本皆作‘夜射之’。"② 則各本俱有"與"字，《初》當據以補。《初》有"夜"字，正与《石經考文提要》所述合，唐石經亦有"夜"字③。《藝文類聚》卷六〇《軍器部·箭》引之與《初》同，則《初》引文與《周禮》他本合。

【所以使民】

《初學記·政理部·卜》敘事："《禮記》曰：‘卜筮者，先聖王之所以使人信時日，敬鬼神，畏法令，決嫌疑，定猶豫也。’"（487）

按《禮記·曲禮上》："卜筮者，先聖王之所以使民信時日，敬鬼神，畏法令也。所以使民決嫌疑，定猶與也。"④ "決嫌疑"前多"所以使民"四個字。《太平御覽》卷七二七《方術部·筮》引《禮記》與《初學記》同⑤，然同部"卜"下卻引作"所以使民信時日，敬鬼神，畏法令也；所以使民決嫌疑，定猶豫也"⑥，與今本《禮記》同。《六家詩名物疏》卷十五、《玉海》卷一二五、《經濟類編》卷九七、《山堂肆考》卷一六五"敬鬼神"條、《文苑英華》卷七五〇引是語均無"所以使民"四個字，與《初》本相合。《禮記》或亦有無"所以使民"句的版本。

【言曰—言之曰】

《初學記·禮部下·葬》事對"馬鬣 龍耳"："《禮記》曰：‘孔子之喪，有自燕來觀者，舍於子夏氏。子夏曰：聖人之葬人，與人之葬聖人也，子何觀焉？昔夫子言曰：吾見封之若堂者矣，見若防者矣，見若覆夏屋者矣，見若釜者矣。吾從若釜者焉，馬鬣封之謂也。’"（360）

按："昔夫子言曰"的"言"下《禮記·檀弓上》多一"之"字⑦。後世文獻引這段話時，多有"之"字。如《太平御覽》卷五五三《禮儀部·葬送》、《册府元龜》卷五七一《掌禮部·討論》、《通典》卷八六

---

① "夜"字，《校勘記》作"射"，據下文宋本、九經宋纂圖互注本、宋附釋音本、余仁仲本皆作"夜射之"句，知此"射"字當爲"夜"字之誤。

② 《周禮校勘記》，第507頁下欄。

③ 《景刊唐開成石經》，第612頁下欄。

④ 《十三經注疏》，第1252頁中欄。

⑤ 《太平御覽》，第3220頁上欄。

⑥ 同上書，第3210頁下欄。

⑦ 《十三經注疏》，第1292頁上欄。

《禮·葬儀》等引是語俱作"昔者夫子言之曰"①。然亦有不帶"之"字者。如《孔子家語·終記解》作"昔夫子言曰"②。《東家雜記》卷下《先聖墓》與《孔子家語》同③，俱無"之"字。是此段文字"之"字之有無，歷來有兩個版本。

【君在佩玉—君在不佩玉】

《初學記·器物部·佩》敘事："《禮記》又曰：'君在佩玉，左結佩，右設佩。居則設佩，朝則結佩（朝於君亦結左），齊則綪結佩而爵鞸（綪，屈也，結又屈之，思神靈不在事也。爵鞸者，齊服玄端）。'"（628）

按：引文"君在佩玉"《禮記·玉藻》作"君在不佩玉"④，多一否定副詞"不"。孫希旦曰："'君在不佩玉'，非全不佩也，結其左而設其右焉耳。君子於玉比德，結其左者，示其德之不敢擬於君也。居則佩玉，左右皆設之也。朝則結佩，結其左也。鄭氏以此爲世子之禮，又以'左結佩、右設佩'爲事佩。然上文並未言'世子'，此何忽而及之？君在不佩玉，正與'君在則裼'同，鄭於注云'臣在君所'，此不當爲異義。又上下文俱言'佩玉'，亦不應結佩、設佩忽爲事佩也。"⑤孫疑是也。《禮記》此段首句作"古之君子必佩玉"，於此處突然"君在不佩玉"，上下文文義不協。《初學記》作"君在佩玉"，較今本《禮記》少一"不"字，則經文豁然開朗，孫希旦之疑倏忽可解矣，疑"不"字爲後人衍入。

【七宿—宿】

《初學記·歲時部上·夏》事對"龍見　鶉棲"："《左傳》曰：'龍見而雩。'注云：'龍見，建巳之月。蒼龍，七宿之體，昏見東方。'"（50）

按：引文"七宿"《左傳·桓公五年》作"宿"，無"七"字，阮元亦無校記。孔穎達疏："《天官》：'東方之星盡爲蒼龍之宿。'"⑥則孔氏所見

---

① 分別見《太平御覽》，第 2502 頁下欄；《宋本冊府元龜》，第 1677 頁上欄；《通典》，第 2344 頁。

② 《孔子家語》，第 66 頁。

③ 《東家雜記》，第 469 頁上欄。

④ 《十三經注疏》，第 1482 頁中欄。

⑤ 《禮記集解》，第 821—822 頁。

⑥ 《十三經注疏》，第 1749 頁上欄。

當無"七"字。然杜預《春秋釋例》卷三曰:"蒼龍,七宿之體。"① 蒼龍乃東方七宿角、亢、氐、房、心、尾、箕的總稱。則杜注或本作"七宿"。然無他證,本存疑之旨,且列於此。

【亭—臺】

《初學記·州郡部·河南道》事對"秦亭 盧邑":"《左傳》曰:'魯築亭於秦。'杜預注云:'范縣西北有秦亭。'"(169)

按:引文"築亭於秦"的"亭"字《左傳·莊公三十一年》作"臺"②。《公羊傳·莊公三十一年》:"秋,築臺于秦。"③《穀梁傳·莊公三十一年》:"秋,築臺于秦。"④ 則《左傳》作"臺"與《公羊傳》、《穀梁傳》同。然杜預注:"范縣西北有秦亭。"又似杜預所見本即作"亭"。《初》所據或即杜本,故亦作"亭"。"亭"、"臺"古雙聲,或爲音近換用。若此説成立,則早在晉代,《左傳》已出現"亭"字本,《初》本作"亭",正反映了這種版本之異。

【芥—介】

《初學記·鳥部·雞》事對"玉璫 金距":"《左傳》曰:'季郈之雞鬬,季氏芥其雞,郈氏爲之金距。平子怒,益宮於郈氏,且讓之,故郈昭伯亦怨平子。'"(729)

按:引文"芥"字《左傳·昭公二十五年》作"介"⑤。陸德明《釋文》出"介其",曰:"又作芥。"⑥ 則陸氏所見本有作"芥"者。《初》作"芥",説明唐時尚有作"芥"本流傳。關於"芥"與"介"字,衆説紛紜。賈逵、服虔、杜預俱認爲"介"通"芥",杜注曰:"擣芥子播其羽也。或曰以膠沙播之爲介雞。"⑦ 因以芥子播雞羽與情理似難合,遂又出膠沙一説。而鄭衆則云:"介,甲也,爲雞著甲。"⑧ 高誘則搖擺不定,他在《吕氏春秋·察微篇》注曰:"介,甲也。作小鎧甲著雞頭也。"

① 《春秋釋例》,第59頁上欄。
② 《十三經注疏》,第1783頁上欄。
③ 同上書,第2242頁上欄。
④ 同上書,第2389頁上欄。
⑤ 同上書,第2109頁中欄。
⑥ 《經典釋文》(通志堂本),第288頁下欄。
⑦ 《十三經注疏》,第2109頁中欄。
⑧ 可參見楊伯峻《春秋左傳注》,第1461頁。楊先生在書中據《吕氏春秋》"高誘注",認爲鎧甲説較爲見長。

而在《淮南子·人間》卻云："介，以芥菜塗其雞翅也。"① 兩相矛盾，正說明了高氏當時對於此字的不確定。從上下文句意來看，與下文的"金距"相對應，則以"鎧甲"説較爲可信，那麼當以"介"爲本字。

【霈—沛】

《初學記·天部上·天》事對"油雲　膏雨"："《孟子》曰：'油然作雲，霈然下雨。'"（3）

按：引文"霈"字《孟子·梁惠王上》作"沛"②。《校勘記》曰："《音義》出沛字，云，字亦作霈。按《初學記》引此文正作霈。"③ 阮校是，《初》作"霈"，與孫奭所見異本同。

【徒擊鼓謂之咢】

《初學記·樂部下·鼓》敘事："大鼗謂之麻，小鼗謂之料，徒擊鼓謂之咢。（見《爾雅》）"（399）

按《爾雅·釋樂》："徒擊鼓謂之咢，大鼗謂之麻，小者謂之料。"④ "徒擊"在"大鼗"與"小鼗"之前。宋代陳祥道的《禮書》卷一二一引《爾雅·釋樂》曰："大鼓謂之鼖，小鼓謂之應；大鼗謂之麻，小鼗謂之料，徒擊鼓謂之咢。"⑤ 順序與《初》同，"徒擊"位於"大鼗"、"小鼗"之後。《爾雅·釋樂》篇所釋内容的順序大致爲：大瑟、大琴、大鼓、大磬、大笙、大篪、大塤、大鐘、大簫、大管、大籥、徒鼓、徒吹、徒歌、徒擊鼓、徒鼓鐘、徒鼓磬、大鼗、和樂。"徒鼓"之前，所釋全是樂器的種類，"徒鼓"至"徒鼓磬"乃是奏樂的方式。而"大鼗"、"小鼗"屬樂器的一種。《周禮·春官·小師》："掌教鼓鼗、柷、敔、塤、簫、管、弦、歌。"鄭玄注："鼗如鼓而小，持其柄搖之，旁耳還自擊。"⑥《玉篇·鼓部》："鼗，似鼓而小。亦作鞉。"⑦ 按照邏輯順序，《爾雅》既然前面所釋均爲樂器，"大鼗"、"小鼗"又屬於樂器的一種，則當放於"徒鼓"之前。今本《爾雅》放於"徒鼓"之後，顛倒也，當如《初》

---

① 《吕氏春秋新校釋》，第 1020 頁。
② 《十三經注疏》，第 2670 頁上欄。
③ 《孟子校勘記》，第 171 頁上欄。
④ 《十三經注疏》，第 2602 頁上欄—中欄。
⑤ 《禮書》，第 733 頁下欄。
⑥ 《十三經注疏》，第 797 頁上欄。
⑦ 《宋本玉篇》，第 304 頁。

序，放"大鼗"、"小鼗"於"徒鼓"之前。這樣，末句"和樂"亦是奏樂方式，恰能與前之"徒鼓"等相恰。然尚無其他證據，且列於此。

【鶆—鶆】

《初學記·鳥部·鷹》敘事："《爾雅》曰：'鷹，鶆鳩。'"（730）

按：引文"鶆"字《爾雅·釋鳥》作"鶆"①。陸德明《釋文》"來鳩"條曰："'來'字或作'鶆'。郭讀作爽，所丈反。衆家並依字。樊云：'來鳩，鶆鳩也。'《字林》作'鶆'，音'來'，云鶆鳩，鷹也。"② 阮元《校勘記》曰："《左傳》作'爽鳩'是也。蓋《爾雅》經作'來鳩'，注作'爽鳩'。《字林》始加鳥旁，唐石經、今本因之。"③ 阮校是，作"鶆"作"鶆"皆後起也，原本當無鳥旁。《初》作"鶆"當是唐時之貌也。

第四節　補正辭書

字典、詞典是字、詞研究成果的總匯。《漢語大詞典》、《漢語大字典》、《中華字海》是現行學界最常用，收字、詞最多的辭書。然而由於材料龐雜，成書於衆手，間或有不妥之處。《初學記》引經異文，亦有可校正上列辭書之處。舉例如下。

一　補收詞目

【獄—別獄】

《初學記·政理部·獄》事對"春省　秋繕"："《禮記》又曰：'孟秋之月，命有司脩法制，繕囹圄，具桎梏。'鄭玄注曰：'囹圄所以禁守繫者，則今之獄矣。'"（493）

按：今本《禮記·月令》此處無注。然上文"命有司，省囹圄"句下鄭注曰"若今別獄矣"④。"別獄"乃鄭玄時代解釋上文"囹圄"的一個常用語。《唐大詔令集》卷八六《咸通七年大赦》："其賣毒藥、開劫墳墓，及別獄之內，官吏推斷不平，因成冤濫，無論有贓、無贓，不在原宥

---

① 《十三經注疏》，第 2649 頁下欄。
② 《經典釋文》（通志堂本），第 434 頁下欄。
③ 《爾雅校勘記》，第 159 頁中欄。
④ 《十三經注疏》，第 1361 頁中欄。

之限。"① 尚用之，然已顯晦澀，《初》文編者遂去"別"字，徑改作
"獄"。"別獄"即"獄"也。唐以後除解釋《禮記》之作外，文獻"別
獄"一詞用例極少，遂不爲辭書編纂者所注意。《漢語大詞典》此條失
收，當據以補。

【薜—萆】

《初學記·歲時部上·夏》敘事："《禮記·月令》曰：'孟夏之月，
日在昴，昏翼中，曉牽牛中。……螻蟈鳴，蚯蚓出；王瓜生，苦菜秀（螻
蟈，蛙也；王瓜，薜挈也。高誘曰：螻蟈，蝦蟆也。薜，蒲結反）；靡草死，麥秋至；斷
薄刑，決小罪（靡草，薺葶藶之屬。）。'"（49）

　按：引文"薜"字《禮記·月令》作"萆"②。"薜"字傳世字書不
載。與今本《禮記》相較，可知"薜"即"萆"也。據注文知"薜挈"
即王瓜之別稱也。《汉语大詞典》釋"王瓜"曰："一名土瓜。葫芦科，
多年生攀援草本。叶互生，多毛茸。"③ 然"萆"何以書作"薜"，頗費思
量。《漢語大詞典》收錄了另外一個名詞"萆薢"，祇釋作"多年生纏繞
藤本植物，根、莖可制淀粉，也供藥用"④，釋義較爲模糊，既無言及別
名，又没説明具體形狀。"挈"，《廣韻》："苦結切，古音月部溪母。"
"薢"，《廣韻》："佳買切，又古諧切。""古諧切"古音屬月部見母。古音
見母、溪母不分。如《左傳·宣公十二年》"韓厥"，《公羊傳·襄公元年》
作"屈"，《左傳·昭公七年》"南宮敬叔"，《説苑雜言》作"頃叔"⑤，
皆見母與溪母互爲異文例。故"挈"、"薢"古音相近，"萆挈"當即
"萆薢"也。"萆"字受"薜"影響，偏旁類化，寫作"薜"，故又可寫
作"薜挈"。通過異文的比較，我們可以把《漢語大詞典》中"萆薢"一
詞與"萆挈"（即王瓜）繫聯起來，從而得到一個完整而清晰的釋義。

二　補充書證

【駉—駒　埛—坰】

《初學記·獸部·馬》事對"驊騵　騄駬"："《毛詩》曰：'駉駉牡

---

① 《唐大詔令集》，第 443 頁。

② 《十三經注疏》，第 1365 頁上欄。

③ 《漢語大詞典》第 4 册，第 456 頁。

④ 《漢語大詞典》第 9 册，第 445 頁。

⑤ 參見趙振鐸《辭書學論文集》，第 299 頁。

馬，在坰之野；薄言駉者，有驈有皇。有驪有黃，有騅有駓，有騂有騏，有驒有駱。'"（704）

按：引文"駉"字《毛詩·魯頌·駉》作"駉"，"坰"作"坰"①。"駉"即"駉"也。《龍龕手鏡·馬部》："駉、駒，二俗；駉，正，古營反，駿馬也。"②《漢語大字典》以唐代韓愈的《答張徹》詩爲文獻用例。《初學記》之例可補。

又"坰"即"坰"的俗字。《漢語大字典》以明王錂《春蕪記·宸游》作爲文獻用例，《初》此條異文可補《漢语大字典》例證。

【社肉】

《初學記·器物部·肉》敘事："《穀梁》曰：脤者，俎實祭肉也。生曰脤，熟曰膰。蓋社肉也。"（639）

按《穀梁傳·定公十四年》："脤者，何也？俎實也，祭肉也。生曰脤，熟曰膰。"③ 無"蓋社肉也"句，當是《初》編者案語。《左傳·定公十四年》經曰："天王使石尚來歸脤。"杜預注："脤，祭社之肉。"④《初》引文之末句"蓋社肉也"當是編者從杜注概括而來。《大詞典》有"社肉"一詞，引宋代陸游和戴復古詩爲書證⑤，稍晚。從《初》引文可知，至遲至唐代已出現"社肉"一詞，可據《初學記》提前例證。

【旝—旝】

《初學記·政理部·奉使》事對"受命　從宜"："《儀禮》曰：'使者載旝，帥以受命于朝。'"（480）

按：引文"旝"字《儀禮·聘禮》作"旝"⑥。"旝"同"旝"，均爲"旃"的異體字。"旝"字，《漢語大字典》失收。《中華字海》云："旝，同'旝'。見《直音篇》"又在"旝"字後云"同'旃'"⑦。此條異文可補充字典文獻例證。

---

① 《十三經注疏》，第 609 頁上欄。
② 《龍龕手鏡》，第 292 頁。
③ 《十三經注疏》，第 2446 頁中欄。
④ 同上書，第 2151 頁上欄。
⑤ 詳見《漢語大詞典》第 7 冊，第 832 頁。
⑥ 《十三經注疏》，第 1047 頁中欄。
⑦ 《中華字海》，第 948 頁。

第五節　鈎沉輯佚

　　《十三經》流傳千載，其中難免有脱漏之處。《初學記》引經注或有較今本經注多出文句者，考之又非屬意引之例，今且附列於此。考證佚文往往需要多重證據，先秦兩漢文獻卻多有散佚而不足徵。證據不足者，本存疑之精神，亦附列於此。輯佚之學，清代大盛。余蕭客《古經解鈎沉》、馬國翰《玉函山房輯佚書》、黄奭《黄氏逸書考》、王仁俊《玉函山房輯佚書續編三種》等著作對於佚經、佚注多有輯録。本书所列《初學記》所引佚文，可與之比對、商榷，抑或有其未收者。

一　《周易》類
王肅注
　　《隋書·經籍志》載，王肅注有《周易》十卷，今已亡佚。馬國翰《玉函山房輯佚書》輯有王肅《周易注》二卷，黄奭《黄氏逸書考》輯有王肅《周易注》一卷。編《初學記》時，王肅注尚存，故收有王肅之注，今可資輯佚。

　　《初學記·儲宫部·皇太子》事對“儲貳　明兩”：“《易》曰：‘明兩作離，大人以繼明照于四方。’王肅注曰：‘兩離相續，明之義也。’”（229）

　　按：此條王肅注黄奭書已收，所據即爲《初學記》。

鄭玄注
　　《隋書·經籍志》載，鄭玄有《周易注》九卷，唐時尚得見是書。而今祇存王弼、韓康伯注，故《初》引文所載《周易注》，可供輯佚也。王應麟輯有鄭玄《周易注》一卷。

　　《初學記·居處部·道路》事對“鹿蹊　馬跡”：“《周易》曰：‘艮爲徑路。’鄭玄注曰：‘田間之道曰徑路。艮爲之者，取山間鹿兔之蹊。’”（589）

　　按：王應麟《鄭康成周易注》即據之輯。

二 《尚書》類

王肅注

王肅，三國時魏東海郯人。曾任黃門侍郎，累遷至中領軍加散騎常侍。遍注群書，曾立於學官，然今均已佚①。據《隋書·經籍志》知其有《尚書注》十一卷②。馬國翰《玉函山房輯佚書》輯有王肅注兩卷，王仁俊《玉函山房輯佚書續編三種》輯有王肅注數條。黃奭《黃氏逸書考》無收。

（1）《初學記·禮部上·祭祀》事對"三望　六宗"："《尚書》曰：'禋于六宗。'王肅注曰：'所宗者六，皆潔祀之。埋少牢於太昭，祭時也；相近於坎壇，祭寒暑也；王宮，祭日也；夜明，祭月也；幽禜，祭星也；雩禜，祭水旱也。禋于六宗，此之謂也。'"（318）

按：引文出自《尚書·舜典》，孔穎達《正義》："《祭法》云：'埋少牢於太昭，祭時；相近於坎、壇，祭寒暑；王宮，祭日；夜明，祭月；幽禜，祭星；雩禜，祭水旱也。'據此言六宗彼祭六神，故傳以彼六神謂此六宗，必謂彼之所祭是此六宗者，彼文上有祭天、祭地，下有山谷、丘陵。此六宗之文在上帝之下，山川之上，二者次第相類，故知是此六宗。王肅亦引彼文，乃云：'禋于六宗，此之謂矣。'"則知王肅注乃引《祭法》文而於句末加"禋于六宗此之謂矣"③，與《初》引王肅注同。馬國翰《玉函山房輯佚書》和王仁俊《玉函山房輯佚書續編三種》無此條，可據補。

（2）《初學記·樂部上·雅樂》事對"教胄子　掌成均"："《尚書》曰：'帝曰：夔，命汝典樂，教胄子。'王肅注曰：'胄子，國子也。'"（369）

按：此條馬國翰《玉函山房輯佚書》與和王仁俊《玉函山房輯佚書續編三種》失收。陸德明《經典釋文·尚書音義·舜典》下曰："胄，直又反。王云，胄子，國子也。"④ 則陸德明所見王肅注與《初》引文同。可補馬國翰之缺。余蕭客《古經解鈎沉》卷三即據《初》引文輯。

---

① 具體事蹟詳見《三國志·魏書·王朗傳附王肅》，第414—423頁。

② 《隋書》第4冊，第913頁。

③ 《十三經注疏》，第127頁上欄。

④ 《經典釋文》（通志堂本），第38頁上欄。

逸經

（1）《初學記·儲宮部·皇太子》敘事：“《尚書》曰：‘太子發升于舟是也。’或云：‘諸侯之子稱世子。’”（229）

按：清代沈自南《藝林彙考·稱號篇》卷一稱“《尚書》曰：‘太子發升于舟是也。’”句出自僞《泰誓》①，然今本《泰誓》無是語。《白虎通義·德論上·爵》：“《尚書傳》曰：‘太子發升王舟。’”陳立疏證：“《詩疏》及《後漢書注》引《書大傳》曰：‘太子發升舟，中流，白魚入王舟。’《史記·周本紀》云：‘爲文王木主，載以車。武王自稱太子發，言奉文王以伐，不敢自專。’”②《尚書大傳》卷三：“太子發升於舟中流，白魚入於王舟，王跪取出，涘以燎。羣公咸曰：休哉。”③《藝文類聚》卷十六：“《尚書》曰……又曰：‘太子發升于舟，中流，魚入于舟。王跪取出，俟以燎。’”④ 從以上文獻來看，或云《尚書》，或云《尚書傳》，“傳”即對《尚書》所做之注，故《初》引文極可能是《尚書》佚文或伏生《尚書大傳》文。

（2）《初學記·禮部上·社稷》事對“南社　右稷”：“《尚書·無逸》篇曰：‘大社惟松，東社惟柏，南社惟梓，西社惟粟，北社爲槐。’”（326）

今本《尚書·無逸》無是語。《太平御覽》卷五三二《社稷》：“《尚書》逸篇曰：‘太稷唯松，東社唯栢，南社唯梓，西社唯栗，北社唯槐。天子社廣五丈，諸侯半之。’”⑤《魏書·劉芳傳》：“《尚書》逸篇則云：‘太社惟松，東社惟柏，南社惟梓，西社惟栗，北社惟槐。’”⑥ 朱彝尊在《經義考》卷七三曰：“《白虎通德論》引《尚書》云……又云：‘太社惟松，東社惟柏，南社惟梓，西社惟栗，北社惟槐。’今其文皆逸，未審是百篇書中語，抑《大傳》文也？”⑦《初》引文之“《無逸》篇”之“無”字當屬衍文，引文與《白虎通德論》、《魏書》及《太平御覽》等合，從

---

① 《藝林彙考》，第 260 頁上欄。

② 《白虎通疏證》，第 30 頁。

③ 《尚書大傳疏證》，第 738 頁上欄。

④ 《藝文類聚》，第 294 頁。

⑤ 《太平御覽》，第 2413 頁上欄。

⑥ 《魏書》第 4 册，第 1226 頁。

⑦ 《（點校補正）經義考》第 3 册，第 142 頁。

朱説,或爲《尚書》逸文。

(3)《初學記·禮部上·社稷》事對"冒黄土 苴白茅":"《尚書·無逸篇》曰:'天子社廣五丈,諸侯半之。上冒以黄土。'"(326)

今本《尚書·無逸篇》無是語。《尚書·禹貢》:"厥田惟上中,厥賦中中,厥貢惟土五色。"孔穎達疏:"《韓詩外傳》云:'天子社廣五丈,東方青,南方赤,西方白,北方黑,上冒以黄。將封諸侯各取其方色土,苴以白茅以爲社,明有土,謹敬絜清也。'"[①] 今本《韓詩外傳》無是語。《太平御覽》卷五三二:"《尚書·逸篇》曰:'太稷惟松,東社惟栢,南社惟梓,西社惟栗,北社惟槐,天子社廣五丈,諸侯半之。'"[②] 《白虎通》卷三《社稷》曰:"《春秋文義》曰:'天子之社稷廣五丈,諸侯半之。'"陳立疏證:"'文義'《通典》作'大義'。案《漢志》亦無《春秋大義》,未知出何書。盧疑爲亦出《尚書》逸篇。《御覽》引作'佚禮',或可從也。《紺珠》引《援神契》云:'天子社廣五丈,諸侯半之。'則又疑本《孝經》説也。"[③] 《初》與《太平御覽》俱云出自《尚書》,可證盧校之疑也。

《尚書大傳》

(1)《初學記·居處部·堂》敘事:"《尚書大傳》云:'天子之堂高九雉,公侯七雉,子男五雉;(雉長三丈。)歷代之堂。'"(576)

按:今本《尚書大傳》無是語,可據補。

(2)《初學記》卷二五嚴陸校宋本異文《器物部·火》事對"紀物名官":"《尚書大傳》曰:'燧皇以火紀物。'"[④]

按:今本《尚書大傳》無是語。《太平御覽》卷八六八:"《尚書大傳》曰:'燧人爲燧皇,以火紀物。'"[⑤] 當爲《尚書大傳》佚文,可補。

三 《韓詩》類

《韓詩》

《齊詩》,魏代已亡;《魯詩》,亡於西晉;《韓詩》,亡於宋代。故

---

① 《十三經注疏》,第 148 頁中欄。
② 《太平御覽》,第 2413 頁上欄。
③ 《白虎通疏證》,第 91 頁。
④ 《初學記》卷二十五《嚴陸校宋本異文》,第 7 頁。
⑤ 《太平御覽》,第 3849 頁下欄。

《初學記》引《韓詩》者，較爲可信。

至宋以來，文人學者多有輯《韓詩》者。王應麟《韓詩考》乃其濫觴。清儒盧文弨、楊晨、丁晏、王謨、黃奭、蔣曰豫、宋綿初、阮元、朱士端、陳壽祺、馮登府、龍璋、馬國翰等均做過輯考①，然均不全。《初學記》引文之《韓詩》或可與以上幾家相互考校，今錄之如下：

（1）《初學記·歲時部下·三月三日》事對"周禊　鄭被"："《韓詩》曰：'三月桃花水下之時。鄭國之俗，三月上巳，於溱洧兩水上，執蘭招魂續魄，袚除不祥也。'"（68）

按：此條馬國翰失收。與下文之《韓詩章句》文字相近，或即出於《韓詩章句》。

（2）《初學記·地部下·漢水》事對"解珮弄珠"："《韓詩》曰：'鄭交甫過漢皋，遇二女，妖服珮兩珠。交甫與之言曰：願請子之珮。二女解珮與交甫，而懷之。去十步，探之則亡矣。迴顧二女亦不見。'"（143）

按《太平御覽》卷六二《地部·漢沔》："《韓詩》曰：'鄭交甫過漢皋，遇二女，妖服珮兩珠。交甫與之言曰：願請子之珮。二女解珮與交甫，而懷之。去十步，探之則亡矣。迴顧二女亦即亡矣。'"②與此同，當爲《韓詩》佚文。

（3）《初學記·禮部下·饗讌》敘事："《韓詩外傳》曰：'不脫履而即席，謂之禮；跣而上坐，謂之宴；能飲者飲，不能飲者止，謂之醧；閉門不出客，謂之湎。'"（348）《初學記·器物部·酒》敘事："《韓詩》曰：'夫飲之禮，不脫履而即序者謂之禮；跣而上坐者謂之宴；能飲者飲之，不能飲者已，謂之醧；齊顔色，均衆寡，謂之沉；閉門不出者，謂之湎。故君子可以宴，可以醧，不可以沉，不可以湎。'"（633）

按：今本《韓詩外傳》無是語。《藝文類聚·禮部·燕會》引是語曰："《韓詩》曰：'不脫履而即度，謂之禮；下跣而止，謂之燕；能飲者飲，不能飲者，謂之醧；閉門不出客，謂之湎。'"③《初》引文"《韓詩外傳》"當爲"《韓詩》"之誤。可輯。

---

① 此說參考了劉毓慶《歷代詩經著述考（先秦—元代）》，第41頁。

② 《太平御覽》，第297頁下欄。

③ 《藝文類聚》，第712—713頁。

（4）《初學記·樂部上·歌》敘事："《韓詩》曰：'饑者歌食，勞者歌事。'"（376）

按：王應麟《詩考》即據之輯。

（5）《初學記·樂部上·舞》敘事："《韓詩》曰：'萬，大舞也。'"（380）

按：王應麟《詩考》據之輯録。

（6）《初學記·政理部·獄》敘事："《韓詩外傳》云：'鄉亭之繫曰犴，朝廷曰獄。'"（493）

按：此條依體例，非《外傳》，當是《内傳》。《六家詩名物疏》卷六引之即曰："《韓詩傳》云：鄉亭之繫曰犴，朝廷曰獄。"① 即不作《外傳》。

（7）《初學記·果木部·桐》敘事："《韓詩》曰：'其桐其椅，其實離離（離離，長貌）。'"（689—690）

按：引詩出自《詩·小雅·湛露》，毛傳曰："離離，垂也。"② 可與《韓詩》比勘。

《韓詩章句》

《隋書·經籍志》曰："《韓詩》二十二卷，漢常山太傅韓嬰，薛氏章句。"③《後漢書·儒林列傳下》云："薛漢，字公子，淮陽人也。世習《韓詩》，父子以章句著名。漢少傳父業，尤善説災異讖緯，教授常數百人。"④《初學記》所引《韓詩章句》當即薛漢之章句也。馬國翰輯有《薛君韓詩章句》二卷。

（1）《初學記·歲時部上·春》事對"榆莢雨　桃花水"："《韓詩章句》曰：'溱與洧，方涣涣兮。謂三月桃花水下。時鄭國之俗，三月上巳，此水招魂續魄，被除不祥之故也。'"（46）

按：引詩出自《詩·鄭風·溱洧》。其章句馬國翰失收，可補。

（2）《初學記·歲時部下·三月三日》敘事："《韓詩章句》曰：'鄭俗，上巳溱洧兩水之上，秉蘭被除。'"（68）

---

① 《六家詩名物疏》，第90頁上栏。
② 《十三經注疏》，第421頁中栏。
③ 《隋書》第4册，第915頁。
④ 《後漢書》第9册，第2573頁。

按：可與上一條相互校正也。

（3）《初學記·樂部上·歌》敘事：“《韓詩章句》曰：‘有章曲曰歌，無章曲曰謠。’”（376）

按：王應麟《詩考》據之輯。

《詩說》

《初學記·地部下·冰》敘事：“《韓詩說》云：‘冰者，窮谷陰氣所聚，不洩則結而爲伏陰。’”（150）

馬國翰輯有《韓詩說》，然此條失收。王應麟《詩考》即據《初學記》收錄此條。

四　《周禮》類

（1）《初學記·中宮部·妃嬪》事對“贊齍敦　載筐鉤”：“《周禮》曰：‘凡祭祀，九嬪贊玉齍、玉敦，后薦徹豆籩。’鄭注云：‘玉齍、玉敦，黍稷之器。’齍音資，敦音對。”（226）

按：《周禮·天官·九嬪》無“玉敦”二字[1]。《周禮》原文當有“玉敦”二字。玉齍乃古代盛黍稷的玉飾祭器，玉敦乃盟誓時歃血的器皿，二者雖同爲玉製，然作用不同。“玉敦”並非“玉齍”的釋語，故鄭注正確的標點當作“玉齍、玉敦，受黍稷器”。因此鄭玄所見經文有“玉敦”二字。陸德明釋文於“玉齍”下出“玉敦”，則陸氏所見本亦有“玉敦”二字。《初學記》之“玉敦”正合鄭陸所見之舊。今本《周禮》缺佚，當據以補。

（2）《初學記·職官部上·太尉司徒司空》事對“邦教　地征”：“（《周禮》）又曰：‘以土均之法辨五物九等，制天下之地征。’鄭玄注曰：‘均，平也；五物，五土所生之物也；九等，騂剛、赤緹、墳壤、渴澤、鹹瀉、勃壤、埴壚、强㯺、輕㯺之屬；征，稅也。’”（255）

按：今本《周禮》鄭玄注“九等”，祇言“騂剛、赤緹之屬”[2]。《尚書埤傳》卷四“白壤”條：“按《周禮注》：‘五物，五地之物也，謂山林、川澤、丘陵、墳衍、原隰；九等謂騂剛、赤緹、墳壤、渴澤、鹹瀉、

---

① 《十三經注疏》，第 687 頁下欄。

② 同上書，第 704 頁上欄。

勃壤、埴壚、强㯺、輕燢。'"① 與《初學記》引文同。《玉海·食貨·農書》亦曰："禮，草人掌土化之灋以物地，相地宜而爲之種。騂剛、赤緹、墳壤、渴澤、鹹潟、勃壤、埴壚、疆㯺、輕燢。"② 亦同，則《初》引文多餘部分或爲鄭玄佚文。

五 《儀禮》類

《初學記·歲時部下·臘》事對"祠㷭 磔雞"："王肅《儀禮》曰：'季冬大儺，旁磔雞，出土牛以送寒氣，即今之臘，除逐疫磔雞葦絞桃梗之屬。'"（84）

按：今本《儀禮》無此文。《隋書·經籍志》於"《儀禮》十七卷，鄭玄注"下又云："《儀禮》十七卷，王肅注。"③ 《初》引文之"王肅《儀禮》"或即指王肅《儀禮》注。《太平御覽·時序部·臘》："王肅議《禮》曰：季冬大儺，旁磔出鷄，出土牛，以送寒氣，節令之臘，除逐疫磔鷄葦絞桃梗之屬。'"④ 正與此大略同。則《初》引文的王肅《儀禮》注，可能是王肅舊注，可以輯佚。

六 《禮記》類

（1）《初學記·政理部·貢獻》敘事："《禮記》曰：'獻車馬執綏，獻馬者執靮，獻人虜者操右袂，執琴瑟者上左手，獻几者拂之，獻杖者執其末。'此其制也。"（474）

按《禮記·曲禮上》："獻車馬者執策綏，獻甲者執胄，獻杖者執末，獻民虜者操右袂，獻粟者執右契，獻米者操量鼓，獻執食者操醬齊，獻田宅者操書致。"⑤ 又："進几杖者拂之。"⑥ 《初》引文較今本《禮記》多"獻馬者執靮"、"執琴瑟者上左手"等文字。其中的"獻馬者執靮"句，疑或源於《禮記·少儀》之"牛則執紖，馬則執靮"⑦ 句。然"執琴瑟

---

① 《尚書埤傳》，第 760 頁下欄。
② 《玉海》，第 3272 頁上欄。
③ 《隋書》第 4 册，第 918 頁。
④ 《太平御覽》，第 157 頁上欄一下欄。
⑤ 《十三經注疏》，第 1244 頁上欄。
⑥ 同上書，第 1244 頁下欄。
⑦ 同上書，第 1514 頁上欄。

者上左手”句，今本《禮》經全無。唯《淵鑑類函》引《禮記》與《初學記》同。然其成書乃援採《初學記》、《北堂書鈔》等類書而成，且成書年代又晚至清朝，極可能即採之《初學記》。從文意上看，上文“獻人虜者操右袂”與此句正相對偶，文從字順。疑爲《禮記》佚文。

（2）《初學記·歲時部上·春》事對“帝藉　神禖”：“《禮記》曰：‘孟春之月，天子躬耕帝藉。’蔡邕曰：‘天子藉田千畝，以供上帝之粢盛，借人力以成其功，故曰帝藉。’”（45）

按：蔡邕之語，今本《禮記》無。檢之《隋書·經籍志》，蔡邕有《月令章句》十二卷。引文蔡邕語當出自此書。然檢之《新唐書》與《舊唐書》，僅存戴顒的《月令章句》，是蔡邕之《月令章句》早在宋朝以前就已失傳。《初學記》引文尚可以讓我們窺豹一斑。

七　《左傳》類

（1）《初學記·武部·甲》事對“連組　被練”：“《左傳》曰：‘楚子重伐吳，至衡山，使鄧廖帥組甲三百，被練三千，以侵吳。’馬融注曰：‘被練，練爲甲裏，卑者所服。’”（535）

按：孔穎達《正義》：“馬融云：‘組甲，以組爲甲裏，公族所服；被練，以練爲甲裏，卑者所服。’”① 所引馬融語與《初》相同。《後漢書·馬融傳》：“嘗欲訓《左氏春秋》，及見賈逵、鄭衆注，乃曰：‘賈君精而不博，鄭君博而不精。既精既博，吾何加焉！’但著《三傳異同說》。”② 知融曾注《三傳異同說》，今已佚。《初》與孔穎達《正義》引文之馬融注，當即從《三傳異同說》而來。馬國翰《玉函山房輯佚書》即收是語於馬融《三傳異同說》下③。

（2）《初學記·武部·甲》事對“纓縢　綴組”：“《左傳》曰：‘楚子重伐吳，至衡山，使鄧廖帥組甲三百以侵吳。’服虔注曰：‘以組綴甲。’”（536）

按孔穎達《正義》：“賈逵云：‘組甲，以組綴甲。’”④ 與《初》引文

① 《十三經注疏》，第1930頁中欄。
② 《後漢書》第7冊，第1972頁。
③ 參見馬國翰《玉函山房輯佚書》，第1264頁下欄。
④ 《十三經注疏》，第1930頁上欄。

之服虔注相同。《初》引文之服虔注，或是編者誤將賈逵題作服虔。若非編者之誤，則爲服虔注恰與賈逵注相同。《後漢書·儒林列傳下》説服虔"有雅才，善著文論，作《春秋左氏傳解》"①。那麼《初》引文之服虔注當是出自此書。馬國翰即據《初》引文，將之收於《春秋左氏傳解》之下②。

八 《穀梁傳》類

（1）《初學記·禮部下·婚姻》事對"結帨　施鞶"："《春秋穀梁傳》曰：'女嫁，諸母施鞶紳，戒曰：謹慎從爾父母之言。'徐邈注曰：'鞶，佩囊也；紳，帶也。諸母爲施佩帶，又戒之也。'"（354）

按《穀梁傳·桓公三年》："諸母般申之曰：'謹慎從爾父母之言。'"③當爲所出。據《隋書·經籍志》，徐邈有《春秋穀梁傳注》十二卷④、《春秋穀梁傳義》十卷、《答春秋穀梁義》三卷⑤。可見徐邈於《穀梁傳》留下有多種著作，惜今皆亡。從以上三種作品的體例分析，《初》引文所引徐邈言，極可能出自其十二卷本的《春秋穀梁傳注》。陸德明《釋文》出"諸母般"，云："一本作鞶，音同。鞶，囊也。"⑥是陸氏所見本有作"鞶"者。那麼《初》此條引文不僅保存了徐邈的注，且亦存古本之舊貌。

（2）《初學記·天部上·雷》敘事："《穀梁傳》云：'陰陽相薄，感而爲雷，激而爲霆。霆，電也。'"（20）

按：今本《穀梁傳》無是語。《藝文類聚》卷二《雷》下曰："《淮南子》曰：'陰陽相薄，感而爲雷。'"⑦同卷又曰："《穀梁傳》曰：'陰陽相薄，感而爲雷，激而爲霆。'"⑧《太平御覽》卷十三亦一引作《淮南

---

① 《後漢書》第9冊，第2853頁。

② 參見馬國翰《玉函山房輯佚書》，第1303頁下欄。

③ 《十三經注疏》，第2373頁下欄。

④ 《隋書·經籍志》原作"《春秋穀梁傳》十二卷"，今據陸德明《經典釋文·序録》云：徐邈於《穀梁傳》有注十二卷，當即《隋書》所謂《春秋穀梁傳》，今據《釋文》改。見《經典釋文》（第15頁上欄）。

⑤ 參見《隋書·經籍志一》第4冊，第931頁。

⑥ 《經典釋文》（通志堂本），第327頁上欄。

⑦ 《藝文類聚》，第34頁。

⑧ 同上書，第35頁。

子》，一引作《穀梁傳》①。《淮南子·天文》曰："陰陽相薄，感而爲雷，激而爲霆。"② 但無 "霆，電也" 句。而《穀梁傳·隱公九年》曰："震，雷也。電，霆也。"③ 恰與 "霆，電也" 反訓，或爲《初》引文末句釋語所出。若非《藝文類聚》、《初學記》與《太平御覽》誤引，則《穀梁傳》本有 "陰陽相薄，感而爲雷，激而爲霆" 句。唐時尚存不脱本，是歐陽詢、徐堅等人編書之時尚得見。但唐石經無是語，而後世版刻皆以石經爲準，故皆無此句。

（3）《初學記·禮部上·明堂》事對 "策勳　布政"："《春秋》：'人君將出于宗廟，及行策勳獻俘於廟。'"（329）

按：今本《春秋》無是語。《太平御覽》卷五三三《禮儀部·明堂》云："穎容《春秋釋例》曰：'周公朝諸侯於明堂太廟與明堂二體也。春秋人君將出，告于宗廟，反行策勳獻俘於廟。'"④ 與《初》引文略同。據《隋書·經籍志》，穎容有《春秋釋例》十卷⑤。引文所云《春秋》當即穎容的《春秋釋例》。因此書今已佚，《初》引文可爲輯佚此書提供材料。此條不屬於《穀梁傳》，然因俱與《春秋》相關，故附於此。

九　《論語》類

鄭玄注

鄭玄曾注《論語》，唐時尚存，然《宋史·藝文志》已失載。馬國翰、黄奭、孔廣林等均輯有鄭玄《論語注》。敦煌文獻斯 3339、6121、11910、7003B、伯 2510、俄敦 05919、中村 133 號等寫卷存有鄭玄《論語注》。

（1）《初學記·人部上·孝》事對 "色難　敬易"："《論語》曰：'子夏問孝，子曰：色難，有事弟子服其勞，有酒食先生饌。曾是以爲孝乎？'鄭玄注曰：'言和顔悦色爲難也。食餘曰饌。'"（第 421 頁）

按：此條爲《論語·爲政》注文。馬國翰《玉函山房輯佚書》輯作兩條：據《毛詩正義》與《初》此處引文輯 "言和顔悦色爲難也" 條；

---

①　分别參見《太平御覽》卷十三《雷》下，第 65、64 頁。

②　《淮南子校釋》，第 245 頁。

③　《十三經注疏》，第 2371 頁中欄。

④　《太平御覽》，第 2420 頁下欄。

⑤　《隋書·經籍志》云："《春秋釋例》十卷，漢公車徵士穎容撰。"（第 4 册，第 928 頁）。

據《經典釋文》輯"食餘曰餕"①。但無"食餘曰饌"句，可據《初》補。

（2）《初學記·果木部·柏》事對"衛國舟　殷人社"："《論語》曰：'哀公問社於宰我。宰我對曰：夏后氏以松，殷人以柏，周人以栗。'鄭玄注云：'主四主謂社也。'"（688）

按：此條爲《論語·八佾》注文。馬國翰失輯，可據《初》補。

佚名注

《初學記·禮部上·宗廟》敘事："《論語》曰：'夏后氏以松，殷人以柏，周人以栗（栗，敬也，使人謹敬）。'"（322）

按：小字注文，今本《論語》何晏集解無。當是前人之注，然因日久，究爲何人已無可考。《藝文類聚》卷三八亦引是語②，然同樣未説明注者。今本輯佚之旨，存於此。

十　《孝經》類

鄭玄注

《隋書·經籍志》載有《孝經》鄭玄注一卷，今已佚。孔廣林、皮錫瑞、孫季咸等均輯有鄭玄《孝經注》。敦煌文獻伯 2556、2674、3428、俄敦 02784、02979、03867、斯 3393、3824、9213 號存有鄭玄孝經注。

《初學記·地部上·總載地》事對"九地　五土"："鄭玄注《孝經》曰：'分別五土，視其高下。若高田宜黍稷，下田宜稻麥，邱陵坂險宜種棗栗。'"（90）

按：引文出自《孝經·庶人》，余蕭客《古經解鉤沉》卷二十四即據之輯。

十一　《爾雅》類

孫炎注

孫炎，三國時魏樂安人，爲鄭玄門人。王肅作《聖證論》譏鄭玄，孫炎駁之，作《周易春秋例》。遍注《毛詩》、《禮記》、《春秋三傳》和

---

① 《玉函山房輯佚書》，第 1659 頁上欄。陸德明《經典釋文·論語音義·爲政》下曰："先生饌，上眷反，馬云飲食也，鄭作餕，音俊，食餘曰餕。"（第 345 頁下欄）

② 詳見《藝文類聚》，第 684—685 頁。

《爾雅》，然今皆佚。《隋書·經籍志》曰，孫炎曾注《爾雅》七卷；《舊唐書·經籍志》與《新唐書·藝文志》則載孫炎有《爾雅注》六卷，《宋史·藝文志》載孫炎有《爾雅疏》十卷。《爾雅疏》疑即《爾雅注》也。眾史籍載孫炎注《爾雅》卷數雖各有差別，但有一點卻是確定無疑，即唐代孫炎注尚存，《初》編者尚見此書。馬國翰《玉函山房輯佚書》輯有孫炎注三卷、王仁俊《玉函山房輯佚書續編三種》輯有孫炎注一條。黃奭《黃氏逸書考》輯有孫炎《爾雅音注》一卷。

（1）《初學記·居處部·道路》敘事：“《爾雅》：‘一達謂之道路，二達謂之歧旁（歧道旁出也），三達謂之劇旁（旁出歧多故曰劇），四達謂之衢，五達謂之康，六達謂之莊（康，樂也；莊，盛也；言交道康樂繁盛），七達謂之劇驂（驂馬有四，今此有七，比之方劇驂），八達謂之崇期（崇，多也，多道會期在此），九達謂之逵（逵一曰馗，言似龜背，故曰馗。見《說文》）。廟中路謂之唐。’”（589）

按：引文出自《爾雅·釋宮》。“二達謂之歧旁”，郭璞注：“歧道旁出也。”① 當爲引文注所出。自“三達”起，引文之注，與今本《爾雅》郭璞注均差別甚遠，當非《初》引文注所本，“九達”之注，《初》已明言出自《說文》，此不再詳述。“三達”至“八達”條注文乃出自孫炎注。“三達謂之劇旁”，刑昺疏引孫炎注曰：“旁出歧多故曰劇。”② 與引文之注同。“五達謂之康，六達謂之莊”，邢昺疏又曰：“孫炎云：康，樂也；交會樂道也。”③ 與注文略同。“八達謂之崇期”句，《文選》卷四《蜀都賦》李善注曰：“《爾雅》曰：‘八達謂之崇期。’孫炎曰：‘崇，多也，多道會期於此。’”④《釋名》卷一：“七達曰劇驂。驂馬有四耳，今此道七，比於劇也。”⑤ 與《初》引文“七達”之注略同，疑孫炎或亦曾據《釋名》注《爾雅》此句也。

馬國翰即據《初》此段引文輯入孫炎《爾雅注》⑥，然馬氏將“二

① 《十三經注疏》，第 2598 頁上欄。
② 同上書，第 2598 頁中欄。
③ 同上。
④ 《文選》，第 78 頁下欄。
⑤ 《釋名疏證》，第 591 頁下欄。
⑥ 詳見《玉函山房輯佚書》，第 1903 頁下欄—1904 頁上欄。

達"條郭璞之注也誤作孫炎注輯入①，則謬。

（2）《初學記·果木部·李》敘事："《爾雅》曰：'休無實李（郭璞注曰：一名趙李），座接慮李（今之麥熟李）。駁赤李，桃李醜核，棗李曰還之（孫炎曰：桃李類皆核還之去柢也。還音帝）。'"（671）

按：馬國翰、黃奭均輯有此句②，然語句與今本稍異。可相校勘。

（3）《初學記·果木部·槐》敘事："《爾雅》曰：'守宮槐葉，晝聶宵炕，槐大葉而黑（郭璞注曰：守宮槐，晝日聶合而夜炕布。孫炎曰：聶合，炕張也）。'"（689）《初學記·果木部·槐》事對"晝聶夜舒　兔目鼠耳"："《爾雅》曰：'守宮槐，葉晝聶宵炕。'郭璞注曰：'守宮槐晝聶合而夜舒布也。'江東有槐樹，與此相反，俗因名爲合昏，既晝夜各一，其理等耳。孫炎注云：'聶合，炕張也。'"（689）

按：馬國翰《玉函山房輯佚書》輯有此條③。

（4）《初學記·蟲部·蟬》敘事："《爾雅》曰：'蜩（調），蜋（良）蜩，蜋蜩；蚗（札），蜻蜻；螇，茅蜩；蟪（彌煎反），馬蜩；蜺，寒蜩（孫炎曰：蜋，五色具；蜩，宮中小青蟬也。蟪，蝘青口，蟬小者也。郭璞注云：蜩蜋，俗呼爲胡蟬，江南謂之蜋蜩，如蟬而小，有文。江東呼螇曰茅，螇似蟬而小青。一曰馬蟬，蟬中最大者也。蜺，寒螿也，似蟬而小，青而赤。）。'"（747）

按：馬國翰據此引文，輯佚文兩條④。

（5）《初學記·蟲部·蟬》事對"五德　八名"："《爾雅》曰：'蜩，蜋蜩，蜋蜩，蚗，蜻蜻，螇茅蜩，蟪，馬蜩，蜺，寒蜩，蜓蚞，螇蠰。'李巡注曰：'自蜩蜋以下，皆分別五方之語，而名不同也。'"（748）

按：此李巡注，馬國翰《玉函山房輯佚書》、王仁俊《玉函山房輯佚書續編三種》、黃奭《黃氏逸書考》俱無，可補。

（6）《初學記·歲時部上·夏》敘事："《爾雅》曰：'蟋蟀，蛬。'劉劭注云：'謂蜘蟟也。'孫炎云：'梁國謂之蛬。'郭璞云：'今促織

---

① 《文選》卷二十八《長安有狹邪行》李善注："爾雅曰：二達謂之歧旁。郭璞曰：歧，道旁出也。"（第 397 頁下欄）李善注《文選》時，郭璞注與孫炎注並存，善明言此句出自郭璞注，則馬國翰據《初》此條所引，定爲孫炎注，當誤也。

② 參見馬國翰《玉函山房輯佚書》，第 1919 頁下欄；黃奭《黃氏逸書考》第 23 冊，第 53 頁下欄—54 頁上欄。

③ 詳見《玉函山房輯佚書》，第 1919 頁上欄。

④ 同上書，第 1919 頁上欄—下欄。

也。'蜇，《音義》，或作蛬。'"（49）

按：此孫炎注，馬國翰《玉函山房輯佚書》已收，來源之一，即
《初》此條也。

（7）《初學記·獸部·猴》事對"抱梁　升木"："孫炎注《爾雅》
曰：'猱，母猴也。'"（721）

按：此條馬國翰《玉函山房輯佚書》已收。

李巡注

李巡，汝南汝陽人。東漢靈帝時宦官，時任中常侍，爲人清忠不爭威
權。以經籍去聖久遠，俗儒改字以合私文，故與諸儒共刻《五經》文字
於石，詔蔡邕正之。著有《爾雅注》三卷，然已佚。《隋書·經籍志》：
"《爾雅》三卷，漢中散大夫樊光注。梁有漢劉歆，犍爲文學、中黃門李
巡《爾雅》各三卷，亡。"① 然《舊唐書·經籍志》："《爾雅》三卷，李
巡注。"②《新唐書·藝文志》："《爾雅》李巡注三卷。"③《宋史·藝文
志》無此書，則此書宋時已亡。馬國翰《玉函山房輯佚書》、王仁俊《玉
函山房輯佚書續編三種》輯有李巡注各一卷。清人黃奭其《黃氏逸書考》
中輯有《爾雅李巡注》，與劉歆注合爲一卷。

（1）《初學記·武部·漁》敘事："《爾雅》云：'罜謂之汕（所諫反。
郭璞注云：罜今之柴橑罟。），罩者，編細竹以爲之。'"（544）

按：今本《爾雅·釋器》曰："罜謂之汕。"郭璞注："今之撩罟。汕
所諫切。"又"篧謂之罩"郭注："捕魚籠也。"④ "罩者，編細竹以爲之"
句，今本《爾雅》郭注無。根據今本經文"篧謂之罩"，可以推斷"罩
者，編細竹以爲之"可能屬於此句的注文。《六家詩名物疏》卷三四：
"《爾雅》云：'篧謂之罩。'李巡曰：'篧，編細竹以爲罩，捕魚也。'"⑤
知此乃李巡舊注。此條黃奭《爾雅李巡注》已輯，黃氏所據乃《韻會》，
可據《初》提前例證。

（2）《初學記·果木部·瓜》敘事："《爾雅》曰：'瓞瓝其紹瓞。（孫
炎曰：《詩》云：綿綿瓜瓞。瓝，小瓜子，其本子小。瓝，蒲角反。）'"（684）

① 《隋書》第 4 册，第 937 頁。
② 《舊唐書》第 6 册，第 1983 頁。
③ 《新唐書》第 5 册，第 1447 頁。
④ 《十三經注疏》，第 2599 頁上欄。
⑤ 《六家詩名物疏》，第 371 頁下欄。

按：黃奭《爾雅李巡注》，無此條，可補。

其他

（1）《初學記·天部下·雪》敘事："《爾雅》云：'雪與雨雜下曰霰。'"（27）

按：《初學記·天部下·雨》敘事引《爾雅》又云："小雨曰霡霂……雨與雪雜下曰霰。"（23）今本《爾雅》無是語。《漢書·五行志中之下》："盛陰雨雪，凝滯而冰寒，陽氣薄之不相入，則散而爲霰。"顏師古注："霰，雨雪雜下。"[①] 未言所出。《初》引文或爲《爾雅》佚文，然證據不足。本存疑之旨，且列於此。

（2）《初學記·獸部·猴》敘事："《爾雅》曰：'累猴似猴，南海人名爲累猴也。玃似犬，母猴也。色蒼黑，持人，好顧眄也。玃父善顧，狒狒如人，被髮迅走，食人，威夷長脊而泥（泥，少力反）。蜼卬鼻而長尾（蜼似獼猴而大，蒼黑色，尾長數尺，似獺。尾末有歧，鼻露上向，雨則自懸於樹，以尾塞鼻）。'"（720）

按：引文出自《爾雅·釋獸》，然今本《爾雅》無"累猴似猴，南海人名爲累猴也"句。從體例看，可能是《爾雅》佚注。

---

① 《漢書》第 5 册，第 1428 頁。

第 七 章
《初學記》引經存在的問題

如前一章所述，《初學記》引經在校勘、訓詁、版本、輯佚等方面具有巨大的價值，但是因爲此書成於衆手，引書繁多，難免存在一些錯誤與紕漏。由於《初學記》"敘事"部分，並非雜抄，而是對所有材料的有序編排，這一做法，一方面使文字前後連貫，另一方面卻勢必要改動原文才能達到這種前後連貫的效果，因此往往有改寫原文的情況。另外"事對"部分爲使表意完整，對於原文主語承前省略或賓語不明朗的語句，編者常常在句首與句末加上簡略的描述，以補充句意，這也往往造成與原文的不合。再者，《初學記》編書之目的，乃爲諸皇子讀書學習之用，故遇生僻字詞，編者有時亦會改之以唐時常用詞。下面以意引、脱文、衍文、誤倒、改字、雜糅、引文標志錯誤等七個方面來詳細討論《初學記》引經存在的問題。

第一節　意引

朱承平在《異文類語料的鑑別與應用》一書中説："類書引用之時，凡遇古書文句古奧，詞義曖昧，事理湮没久遠者，引用者難以遽得其意，往往憑意妄改，致使類書字句多與原書不同。"[①]　《初學記》是類書的一種，雖編纂較爲精良，然亦難免以己意引經。

（1）《初學記·天部下·霜》事對"魏葛屨　齊紈扇"："《毛詩》曰：'糾糾葛屨，可以履霜；摻摻女手，可以縫裳。'毛萇注曰：'夏葛屨，冬皮屨。葛屨，履霜也。'鄭玄云：'魏俗，至冬猶謂葛屨可用履霜，利其賤也。'"（31）

按：今本《毛詩·魏風·葛屨》毛傳曰："夏葛屨，冬皮屨。葛屨非

---

① 《異文類語料的鑑別與應用》，第349頁。

所以履霜。"① 與《初》引文正好相反。若如《初》所言，作"葛屨，履霜也"，則與經文"糾糾葛屨，可以履霜"句同，毛氏又何必多此一舉再解釋呢？且從鄭箋來看，其言魏俗以葛屨履霜，突出一"猶"字，説明這種情形並不常見。若毛傳已作可以"履霜"，則鄭箋此解釋又與毛氏相矛盾。《初》引文之毛傳，當是編者臆引，致與經意相違背。

（2）《初學記·禮部下·朝會》敘事："《周禮》曰：'王執鎮圭（圭畫鎮山爲飾也），公執桓圭（雙植謂之桓），侯執信圭（信即身也，謂圭上作人身），伯執躬圭（躬亦身也）。子執穀璧（穀以養人，謂璧上作穀文），男執蒲璧（蒲者，所以爲薦以安人也，亦謂璧上爲蒲草文）。孤執皮帛，卿執羔，大夫執鴈，士執雉，庶人執鶩，工商執雞。'"（345）

按：今本《周禮·春官·大宗伯》經與《初》同，注文則有別。《初學記》"圭畫鎮山爲飾也"句，《周禮》作"鎮圭者，蓋以四鎮之山爲瑑飾"；"信即身也，謂圭上作人身"句，《周禮》作"信當爲身，聲之誤也。身圭、躬圭，蓋皆象以人形爲瑑飾"；"穀以養人，謂璧上作穀文"，"蒲者，所以爲薦以安人也。亦謂璧上爲蒲草文"兩句，《周禮》作"穀所以養人；蒲爲席，所以安人。二玉蓋或以穀爲飾，或以蒲爲瑑飾"②。造成這種差別的原因，蓋《初》編者意引注文所致。

（3）《初學記·樂部下·磬》敘事："《周禮注》曰：'在東方曰笙磬，在西方曰頌磬。（笙，生也。頌作庸。庸，功也。）'"（398）

按《周禮·春官·眡瞭》曰："擊頌磬、笙磬。"鄭玄注："視瞭播鼗又擊磬。磬在東方曰笙，笙，生也。在西方曰頌，頌或作庸，庸，功也。"③《初》當據《周禮》及鄭玄注而來，乃意引也。

（4）《初學記·禮部上·祭祀》事對"受釐　致福"："《周禮》曰：'掌都祭之禮，致福於國。'"（318）

按：今本《周禮》無"掌都祭之禮"句。《周禮·春官·都宗人》曰："掌都宗祀之禮。凡都祭祀，致福于國。"④ 當爲《初》引文所出。疑爲《初》編者誤將"掌都宗祀之禮。凡都祭祀"二句糅爲一句，故作

---

① 《十三經注疏》，第357頁上欄。
② 《周禮》相關的引文見《十三經注疏》，第761頁下欄—762頁上欄。
③ 《十三經注疏》，第797頁中欄。
④ 同上書，第827頁中欄。

"掌都祭之禮"。

（5）《初學記·器物部·弁》敘事："《周禮》：'弁師掌王之皮弁，會五采玉璂，象邸玉笄。（璂綦同，結也，縫中貫結五采玉者。）'"（623）

按《周禮·夏官·弁師》："王之皮弁，會五采玉璂，象邸，玉笄。"當爲《初》引《周禮》正文所自出。鄭玄注曰："璂讀如薄借綦之綦。綦，結也。皮弁之縫中，每貫結五采玉十二以爲飾。"① 則《初》引文之小字注當從此鄭注加以己意而來。

（6）《初學記·禮部下·婚姻》敘事："《考工記》曰：'天子以穀圭聘女，諸侯以大璋聘女。（穀圭七寸。鄭玄曰：謂納徵加於束帛。）'"（354）

按：《周禮·考工記·玉人》："穀圭七寸，天子以聘女。"鄭玄注："納徵加於束帛。"又"大璋亦如之，諸侯以聘女。"鄭玄注："亦納徵加於束帛也。"②《初》乃意引《周禮》經文，又將經原文"穀圭七寸"作爲小字注文來說明天子聘女用圭的尺寸。

（7）《初學記·禮部下·籍田》事對"載耜　秉耒"："《禮記》曰：'乃擇元辰，天子親載耒耜，置之車右，公卿諸侯大夫躬耕藉田。'注云：'元辰，蓋郊後吉辰也。耒耜，農器也。'"（340）

按：其中的"置之車右"、"公卿"、"藉田"，今本《禮記·月令》分作"措之于參保介之御間"、"帥三公、九卿"、"帝藉"，注文"耒耜，農器也"《禮記》鄭玄注："耒，耜之上曲也"③。"帝藉"、"藉田"同，上文已及，此不贅述。"措之于參保介之御間"即置於車右與御者之間。鄭玄注曰："保介，車右也。置耒於車右與御者之間。"孔穎達疏曰："車右及御人皆是主參乘。於時天子在左，御者在中，車右在右。"④ 是置耒耜的位置是在車子的右邊。《初學記》編者遂據文意而簡化作"置之車右"。同樣地，編者也將"帥三公、九卿"簡作"公卿"二字。

《初學記》引文不僅對當時造成了影響，而且後世文獻往往亦沿用其文。《通典》卷四六《籍田》："周制，天子孟春之月，乃擇元辰，親載耒耜，置之車右，帥公卿諸侯大夫，躬耕籍田千畝於南郊。"⑤《太平御覽》

---

① 《十三經注疏》，第 854 頁下欄。

② 同上書，第 923 頁上欄。

③ 同上書，第 1356 頁中欄。

④ 同上書，第 1356 頁中欄—下欄。

⑤ 《通典》，第 1284 頁。

卷五三二《禮儀部·先農》："《禮記·月令》曰：'孟春，乃擇元辰，天子親載末耜，置之車右，率公卿諸侯大夫躬耕籍田。'"① 以上二書關於《禮》的引文，疑皆承襲《初學記》而來。

（8）《初學記·禮部下·冠》敘事："《冠義》曰：'冠者，禮之始也，嘉事之重也。凡冠，卜日筮賓於廟。見於母，母拜之；見於兄弟，兄弟拜之（以其成人而與爲禮。）。故冠而後服備，服備而後容體正。顏色齊，辭令順（言服未備，未可求以三始。）。'"（352）

按：今本《禮記·冠義》與《初學記》引文語序相異。原文作："故冠而后服備，服備而后容體正，顏色齊，辭令順（言服未備，未可求以三始也。童子之服，采衣紒）。故曰'冠者，禮之始也'。是故古者聖王重冠。古者冠禮，筮日、筮賓，……見於母，母拜之，見於兄弟，兄弟拜之，成人而與爲禮也。……成人之者，將責成人禮焉也。……故曰'冠者，禮之始也，嘉事之重者也'。"② 《初學記》引文屬敘事，爲説明冠義，乃意引《禮記》文。且爲表達需要，顛倒語序，與今本不全相合也。其中的"卜"字，今本《禮記》作"筮"，當爲作者因意引而以同義之詞替換之也。

（9）《初學記·職官部上·太師太傅太保》敘事："《禮記》云：'三公無官，言有其人然後充之，無其人則闕。'"（251）

按：今本《禮記》無引文之語句，然有與引文意義相類之語。《禮記·文王世子》："《記》曰：'虞夏商周，有師保，有疑丞。設四輔及三公，不必備，唯其人。'語使能也。"③ 其義與《初學記》同，蓋編者以意改寫之。

（10）《初學記·武部·弓》事對"楚桃　越棘"："《左傳》曰：'楚靈王次於乾谿，右尹子革夕。王與之語曰：昔我先王熊繹，僻在荊山，唯是桃弧棘矢，以供禦王事。'"（532）

按《左傳·昭公十二年》："楚子次于乾谿……右尹子革夕，王見之，去冠被，舍鞭。與之語曰：'昔我先王熊繹，與吕級、王孫牟、燮父、禽父，並事康王。四國皆有分，我獨無有。今吾使人於周，求鼎以爲分，王

---

① 《太平御覽》，第 2417 頁上欄。

② 《十三經注疏》，第 1679 頁下欄—1680 頁上欄。

③ 同上書，第 1407 頁上欄。

其與我乎?'對曰:'與君王哉!昔我先王熊繹,辟在荆山。篳路藍縷,以處草莽,跋涉山林,以事天子。唯是桃弧、棘矢,以共禦王事。'"①"對曰"乃子革語。故《初》引文"昔我先王熊繹,辟在荆山,唯是桃弧棘矢,以供禦王事"句主語當爲子革。《史記·楚世家》亦曰:"析父對曰:'其予君王哉!昔我先王熊繹,辟在荆山。篳露藍蔞,以處草莽,跋涉山林,以事天子。唯是桃弧、棘矢,以共王事。'"②同。《初》引文當是編者不及細看,誤將子革對辭當成楚靈王語,又以己意而略引。後《太平御覽》卷三四七亦作楚靈王語,晚於《初》,疑抄自《初》,故承其誤。

第二節　脱文

　　脱文是指古書流傳過程中脱漏的文字。個別字句的脱落又稱奪文、闕文,整段、整章、整篇的脱落則稱爲佚文或逸文。古書闕脱的原因很複雜,有自然脱落,有後人的漏鈔漏刻,也有後人的妄删而脱。《初學記》引經,因版本龐雜,引用繁多,亦有脱文的現象存在,主要是漏鈔漏刻和後人妄改。列舉如下:

　　(1)《初學記·寶器部(花草附)·萍》事對"共祭祀　羞王公":"《毛詩》曰:'《采蘋》,大夫妻能循法度,則可以承先祖,共祭祀。'"(669)

　　按今本《詩·召南·采蘋》小序曰:"《采蘋》,大夫妻能循法度也。能循法度,則可以承先祖,共祭祀矣。"③多"能循法度也"五字。《初》引文非同位句,"《采蘋》"與下文"大夫妻能循法度,則可以承先祖,共祭祀"句不接。敦煌寫經作"大夫妻能循法度。能循法度"④,"能循法度"句重文。《初》引文作"能循法度"當是編者不識重文符號而脱。核之敦煌文獻伯2529號,正作"能=循=法=度="也。

　　(2)《初學記·禮部下·婚姻》事對"辭父母　遠兄弟":"《毛詩·

---

①　《十三經注疏》,第2063頁下栏—2064頁上栏。

②　《史記》第5册,第1705頁。

③　《十三經注疏》,第286頁中栏。

④　《敦煌經部文獻合集》,第430頁。據許建平師的校記,可知斯789號卷亦有"也"字,然其餘均無。

泉水篇》云：'女子有行，遠父母兄弟。' 鄭玄箋云：'婦人有出嫁之道，遠於親，故禮緣人情，使得歸寧也。'"（354）

按今本《詩·邶風·泉水》鄭箋云："婦人有出嫁之道，遠於親親，故禮緣人情，使得歸寧。"① 較之《初》多一"親"字。"親親"乃漢代常用語，用以指親屬也。如《漢書·翼奉傳》："古者朝廷必有同姓以明親親，必有異姓以明賢賢，此聖王之所以大通天下也。"② 《初》少一"親"字，當亦如上文所言，不識重文符號而脫。

（3）《初學記·器物部·飯》敘事："《周禮》曰：'凡食眡春時。(飯宜溫，齊調和。)'"（637）

按：今本《周禮·天官·食醫》"食眡"中間多一"齊"字③。《周禮》原文當有"齊"字。理由有二：《初》引文《周禮》注作"飯宜溫，齊調和"，若正文無"齊"字，則注文"齊調和"無義，此其一也；今本《周禮》下文作"羹齊眡夏時，醬齊眡秋時，飲齊眡冬時"④。若"食眡"中間無"齊"字，則與下文對應不工整，此其二也。故《初》引文脫一"齊"字。

（4）《初學記·禮部上·宗廟》事對"瑤爵　玉豆"："《周禮》曰：'凡賓客獻瑤爵皆贊。' 鄭玄注曰：'謂王之同姓及二王後來朝覲，爲王賓客者也。裸之禮亞王而禮賓也，獻謂王饗燕王獻賓也。'"（323）

按：《周禮·天官·内宰》"凡賓客"下多"之裸"二字，鄭玄注作："謂王同姓及二王之後來朝覲爲賓客者。裸之禮，亞王而禮賓。獻謂王饗燕，亞王獻賓也。"⑤ "王獻賓"前亦多一"亞"字。"裸"即"獻"也。《初學記》少"之裸"二字，"之"字虛詞無義，"裸"、"獻"二詞同義，編者刪其一避複。然據其引鄭注"裸之禮亞王而禮賓也"，可知原文當有"裸"字，否則此鄭注豈非空穴來風。

又《初》引文鄭玄注"王獻賓"前當有一"亞"字。《内宰》章上文言王、后裸獻之禮。《周禮》等級森嚴，賓客所用之禮儀當次於王、后之禮儀，故此處鄭注"裸之禮亞王而禮賓也"，則獻之禮當亦次於王之

① 《十三經注疏》，第 309 頁中欄。
② 《漢書》第 10 册，第 3173 頁。
③ 《十三經注疏》，第 667 頁上欄。
④ 同上。
⑤ 同上書，第 685 頁上欄。

禮。若不加"亞"字，則與王禮相同，爲僭越也。是《初》引文當據今本《禮記》於"王獻賓"前加一"亞"字。

（5）《初學記·禮部上·祭祀》敘事："《周禮》曰：'以禋祀祀昊天上帝，以實柴祀日月星辰，以槱燎祀司中風師雨師，以血祭祭社稷五祀五嶽，以沉埋祭山林川澤，以疈（普逼反）辜祭四方百物，以肆（他的反）獻祼（古亂反）享先王。'"（317）

按：今本《周禮·春官·大宗伯》"命風師雨師"句前多一"司"字，故斷句作"以槱燎祀司中、司命、風師、雨師"①。"命風師雨師"，嚴陸校亦於"命"前補一"司"字②。從上下文對文情況看，"命風師雨師"應屬上，然若無"司"字，屬上則不辭。排印本《初》當補。

（6）《初學記·樂部上·雅樂》事對"和邦國　化黎庶"："《周禮》曰：'大合樂以和邦國。'"（368）

按《周禮·春官·大司樂》云："大合樂，以致鬼神示，以和邦國。"③嚴陸校："'大合樂'句下宋本有'以致鬼神祇'五字。"④正與今本《周禮》合，是排印本《初》脫"以致鬼神祇"五字。《初學記·樂部上·雅樂》事對"致神祇　薦郊廟"引《周禮》曰："大合樂以致鬼神祇，以和邦國，以諧萬民，以安賓客，以悅遠人，以作動物。"（369）即與今本《周禮》同，可證。

（7）《初學記·禮部上·祭祀》事對"圜丘方澤　蒼璧黃琮"："《周禮》曰：'凡樂，圜鍾爲宮，黃鍾爲角，太簇爲徵，姑洗爲羽。冬日至，於地上之圜丘奏之，則天神皆降，可得而禮矣。函鍾⑤爲宮，太簇爲角，姑洗爲徵，南呂爲羽。夏日至，於澤中之方丘奏之，則地祇皆出，可得而禮矣。'"（318）

按，此乃節引《周禮》文。今本《周禮·春官·大司樂》"則天神皆降"句前多"若樂六變"四字，"則地祇皆出"前多"若樂八變"四字⑥。《初》引《周禮》之文乃是事對主題"圜丘方澤"的描述，故與此

---

① 《十三經注疏》，第757頁上欄。
② 《初學記》卷十三"校勘表"，第1頁。
③ 《十三經注疏》，第788頁上欄。
④ 《初學記》卷十五"校勘表"，第1頁。
⑤ 嚴陸校曰"函鍾"作"黃鍾"，《初學記》卷十三"校勘表"，第2頁。
⑥ 《十三經注疏》，第789頁下欄—790頁上欄。

主題無關的文字，則節略之。然"若樂六變"與"若樂八變"分別爲
"天神皆降"與"地祇皆出"的先決條件，若節略此八字，則省略了這個
假設句的條件，結果就無法實現了，故此此八字不當省。

（8）《初學記·樂部下·鼓》敘事："（《周禮》）又曰：'王執路，侯
執蕘，將軍執晉鼓，師帥執提，旅帥執鼙。'"（399）

按《周禮·夏官·大司馬》："王執路鼓，諸侯執賁鼓，軍將執晉鼓，
師帥執提，旅帥執鼙。""路"下多一"鼓"字。鄭玄注引《鼓人職》
曰："以路鼓鼓鬼享，以賁鼓鼓軍事，以晉鼓鼓金奏，以金鐃止鼓，以金
鐸通鼓，以金鐲節鼓。"① 則鄭玄所見本亦作"路鼓"。故"路"下當添
一"鼓"字作"路鼓"。

（9）《初學記·地部下·井》敘事："《周禮》曰：'挈壺氏以令軍
井。'"（153）

按《周禮·夏官·挈壺氏》曰："挈壺氏掌挈壺以令軍井。"② 《初》
引文少"掌挈壺"三字，使主語缺少謂語成分，與補語"以令軍井"之
間銜接不合。鄭司農云："挈壺以令軍井，謂爲軍穿井，井成，挈壺縣其
上，令軍中士衆皆望見，知此下有井。壺所以盛飲，故以壺表井。"③ 則
鄭司農所見本與今本《周禮》同。《初學記》無此三字，疑爲"掌挈壺"
之"挈壺"二字與主語"挈壺氏"重文，被當作衍文而誤刪之。

（10）《初學記·武部·劍》敘事："《周官》：'桃氏爲劍，臘廣二寸
有半寸（臘謂兩刃。音獵），兩從半之（劍脊兩面殺趨鍔者），以其臘廣爲之莖圍，
長倍之（莖謂劍交人之所握以上）；中其莖，設其後（謂從中以卻稍大之），身長五
其莖長，重九鋝（音劣），謂上上制，上士服之。身長四其莖長，重七鋝，
謂之中制，中士服之。身長三其莖長，重五鋝，謂之下制，下士服之。'"
（525）

按：引文"莖謂劍交人之所握以上"句，《周禮·考工記·桃氏》鄭
司農注："莖謂劍夾，人所握，鐔以上也。"④ "交"當爲"夾"字形近之
誤。《經典釋文》云："之莖，戶耕反。劍夾，古協反，又古洽反，下同。

---

① 《十三經注疏》，第 836 頁上欄。
② 同上書，第 844 頁下欄。
③ 同上。
④ 同上書，第 915 頁下欄。

鐔，戚音淫，徐、劉音尋，一音徒南反。"① 則陸氏所見本作"夾"，且下有"鐔"字。《初》當爲誤脱也。

（11）《初學記·政理部·奉使》事對"奉璧　拭圭"："《儀禮》曰："賓朝服立東西面，賈人北面坐拭圭。" 鄭玄注："賓，使者；拭，清之也。""（480）

按今本《儀禮·聘禮》曰："賓朝服立于幕東，西面，介皆北面，東上。賈人北面，坐拭圭。" 鄭玄注："拭，清也。"② 較之《初》，"立"下多"于幕"二字。《初》少"于幕"，本當在"東"字下斷句而不斷，作"立東西面"，究爲立於東面，還是立於西面，不可解。乃因脱文而造成句意不明。當從今本《儀禮》添"于幕"二字。

（12）《初學記·歲時部上·夏》事對"均管　頒冰"："《禮記》曰："仲夏之月，命樂修鞀鞞鼓，以均琴瑟管簫。""（50）

按：《禮記·月令》"命樂"下多一"師"字③。"命樂"下當有"師"字。從語法結構看，如無"師"字，"樂"在句中作"命"的賓語，"修"的主語，充當兼語這一語法功能，則此處當爲名詞性成分，爲"樂師"義。然"樂"字作"樂師"義，從先秦至唐代唯有與"女"字連用作"女樂"時，才有此義，無單獨用例。且《呂氏春秋·仲夏紀》、《淮南子·時則》俱作"命樂師"④。是《初學記》引文"樂"下脱一"師"字，當據今本《禮記》補。

（13）《初學記·帝王部·總敘帝王》事對"獻櫻　薦黍"："《禮記》曰："仲夏之月，農乃登黍；乃以雛嘗黍，羞以含桃，先薦寢廟。""（206）

按：《禮記·月令》"羞以含桃"前多"天子"二字⑤。《初學記·歲時部上·夏》事對"祭黍　羞桃"作："《禮記》曰："仲夏之月，天子羞以含桃，先薦寢廟。""（50）即有"天子"二字。且《淮南子·時則》："天子以雛嘗黍，羞以含桃，先薦寢廟。"⑥《呂氏春秋·仲夏紀》：

---

①　《經典釋文》（通志堂本），第 138 頁上欄。

②　《十三經注疏》，第 1048 頁下欄。

③　同上書，第 1369 頁中欄。

④　陳奇猷《呂氏春秋新校釋》，第 244 頁；張雙棣《淮南子校釋》，第 553 頁。

⑤　《十三經注疏》，第 1370 頁上欄。

⑥　《淮南子校釋》，第 553 頁。

"天子以雛嘗黍，羞以含桃，先薦寢廟。"① 俱有"天子"二字，皆可證《禮記》原文當有"天子"二字，《初》當據補。

（14）《初學記·武部·獵》事對"講武 習戒"："《禮記》曰：'季秋之月，天子乃教於田獵，以習五戎。'注云：'五戎謂五兵，弓、矢、殳、矛、戈也。'"（541）

按《禮記·月令》鄭玄注："五戎謂五兵，弓矢、殳、矛、戈、戟也。"②《周禮·夏官·司兵》："司兵掌五兵。"鄭司農云："五兵者，戈、殳、戟、酋矛、夷矛。"③ 又"軍事，建車之五兵"鄭玄注："車之五兵，鄭司農所云者是也。步卒之五兵，則無夷矛，而有弓矢。"④ 鄭玄以五兵分車與步卒兩類，每類各有不同的五種兵器。孫希旦認爲二鄭之説均有不當之處。鄭司農分矛爲二種，鄭玄以弓矢專屬步卒，皆誤也。五兵無二類，即指"弓矢、殳、矛、戈、戟"也⑤。《司馬法》："弓矢禦，殳矛守，戈戟助。凡五兵五當，長以衛短，短以救長。"⑥ 從孫説，《初學記》引文當脱一"戟"字⑦。

（15）《初學記·禮部上·總載禮》事對"體信 成仁"："《禮記》曰：'先王脩禮以達義，體信以達順。'"（315）

按：《禮記·禮運》"脩"前有一"能"字⑧。《藝文類聚》卷九八："先王能修禮以達義，體信以達順，此順之實也。"⑨《太平御覽》卷八七二："先王能脩禮以達順，故此順之實也。"⑩ 俱有"能"字，則原文當

---

① 《吕氏春秋新校釋》，第 244 頁。
② 《十三經注疏》，第 1379 頁下欄。
③ 同上書，第 855 頁上欄。
④ 同上書，第 855 頁中欄。
⑤ 孫希旦認同鄭玄之五兵，但認爲不當據步卒或車乘分爲兩類，詳見《禮記集解》（第 480 頁）。
⑥ 《司馬法》，第 77 頁中欄。
⑦ 關於五兵，衆説紛紜。《穀梁傳·莊公二十五年》："天子救日，置五麾，陳五兵五鼓。"范甯注："五兵：矛、戟、鉞、楯、弓矢。"（《十三經注疏》，第 2387 頁上欄）《漢書·吾丘壽王傳》："古者作五兵。"顏師古注："五兵，謂矛、戟、弓、劍、戈。"（《漢書》第 9 册，第 2795—2796 頁）然無論出現弓矢，還是單用弓，均是被當作五兵的一種看待，並無將弓矢分而爲二的作法，疑弓矢須配合方得使用故也。《初學記》引文將弓矢分屬二物，則誤也。
⑧ 《十三經注疏》，第 1427 頁下欄。
⑨ 《藝文類聚》，第 1693 頁。
⑩ 《太平御覽》，第 3863 頁上欄。

有"能"字。但因此處"能"字有或無，不影響句意；且無"能"字，可使句子對應顯得更工整。疑編者爲對仗考慮而略去"能"字。

（16）《初學記·禮部下·冠》敘事："《郊特牲》曰：'冠於阼，以著代也；醮於客位，加有成也；三加彌尊，諭其志也；冠而字之，敬其名也。(始加緇布，次皮弁，次爵弁，冠益尊則志益大也。)'"（352）

按：注文"始加緇布"，《禮記·郊特牲》鄭玄注作"始加緇布冠"①。孔穎達《正義》曰："鄭云此者，解經'始冠'之義。始冠者，謂三加之時以緇布冠爲始，故云先加緇布冠。先加即始也。"② 是孔穎達所見本鄭注有"冠"字。《初學記》引文無"冠"，蓋因下文"次皮弁，次爵弁"俱無"冠"字，涉下而脫也。殊不知下文無"冠"字，正因前有"冠"字，承前省略也。若"緇布"下無"冠"字，則不知所云矣。

（17）《初學記·人部上·孝》事對"怡聲　愉色"："《禮記》曰：'適父母之所，乃下氣怡聲。'"（419）

按：《禮記·內則》"父母"下有"舅姑"二字。孔穎達《正義》曰："此一節論子事父母，婦事舅姑，至其處所，奉扶沃盥之儀，奉進酒醴膳羞之事。"③ 既包括"子"、"婦"二人，則所事對象當不得祇言父母也。《初學記》脫"舅姑"二字。

（18）《初學記·器物部·笏》敘事："《禮記》曰：'天子以球玉，諸侯以象，大夫以魚須文竹，士，竹。本，象可也。(文猶飾也，大夫飾竹以爲笏，不敢與君並用純物也。)'"（626）

按：注文"大夫飾竹以爲笏"，今本《禮記》鄭玄注作"大夫、士飾竹以爲笏"。阮元此條未出校勘記。孔穎達疏："士，竹本象可也者，士以竹爲本質，以象牙飾其邊緣，飾之可也。"④ 是士所用之笏，亦加以文飾耳。今本脫一"士"字，疑爲編者誤解經意所致。若將引文斷句作"士，本象可也"，"本象"即本來的樣子，全句可理解作"士，用（竹子）本來的樣子就可以了"，則士所用不是經過修飾之竹。作是理解，則"士"不能加入"飾竹以爲笏"之行列，故編者省之。然"本象"一詞

---

① 《十三經注疏》，第1455頁下欄。
② 同上書，第1456頁上欄。
③ 同上書，第1461頁下欄。
④ 同上書，第1480頁中欄。

晚出，至明代才出現。如《西遊記》第六七回："那怪物攛過山去，現了本像，乃是一條紅鱗大蟒。"① "本像"即"本象"也。故此處不得以"本象"連言。《初學記》當據今本《禮記》加"士"字。

（19）《初學記·器物部·酒》敘事："《禮記》曰：'夫豢豕爲酒，非以爲禍也；而獄益繁，則酒之流爲禍也。是故先王因爲酒禮。一獻之禮，賓主百拜，終日飲酒而不得醉焉。此先王之所以備酒禍也。'"（633）

按："而獄益繁"之"獄"下《禮記·樂記》有一"訟"字，"則酒之流爲禍也"之"爲"作"生"②。《史記·樂書》："夫豢豕爲酒，非以爲禍也；而獄訟益煩，則酒之流生禍也。"③《太平御覽》卷八四三《飲食部·酒》："《樂記》曰：'夫豢豕爲酒，非以爲禍也；而獄訟益繁，則酒之流生禍也。'"④ 俱作"獄訟"，與今本《禮記》同，《初》當據以加。

（20）《初學記·禮部下·葬》敘事："《禮記》曰：'君葬用輴，四綍二碑，御棺用羽葆；大夫葬用輴，二綍二碑，御棺用茅；士葬用車，二綍無碑。'"（359）

按："士葬用車"之"車"前《禮記·喪大記》多一"國"字⑤。鄭玄注："大夫廢輴，此言輴，非也。輴皆當爲'載以輇車'之輇，聲之誤也。'輇'字或作'團'，是以文誤爲'國'。輇車，柩車也，尊卑之差也。"孔穎達疏："'士葬用國車'者，'國'亦當爲'輇'也。"又云："'士葬用國車'，'國'字與'團'字相似，因誤耳。'團'與'輇'聲相類。"⑥ 則鄭玄、孔穎達所見本俱作"國車"，且"國"字爲"輇"字之誤也。《初學記》作無"國"字，疑因鄭注、孔疏皆言"國"爲誤字而錯刪之。

（21）《初學記·人部上·恭敬》事對"敬以免禍　恭以存位"："《禮記》云：'鄉飲酒之禮，主人拜迎賓于門之外。……斯君子所以免禍也，故聖人制之以道。'"（427）

---

① 《西遊記》，第813頁。

② 《十三經注疏》，第1534頁下欄。

③ 《史記》，第1199頁。

④ 《太平御覽》，第3766頁下欄。

⑤ 《十三經注疏》，第1584頁下欄。

⑥ 同上。

按：《禮記·鄉飲酒義》"門"作"庠門"，"免禍"作"免於人禍"①。鄭玄注："庠，鄉學也。州黨曰序。"②是鄭玄所見本有"庠"字。"庠門"即古代學校的門口，與"門"有本質的差別，故《初學記》引文當據今本《禮記》加一"庠"字。

又阮元於"斯君子所以免於人禍"句出《校勘記》，然未言有作"斯君子所以免禍"者。山井鼎《七經孟子考文補遺·禮記卷》："斯君子所以免於人禍也，'君子'下有'之'字，宋板同。"③則作者所見諸本亦俱作"免於人禍"。《初學記》少"於人"二字，疑爲編者誤脫也。

（22）《初學記·禮部上·郊丘》敘事："《左傳》曰：'凡啓蟄而郊。'"（320）

按《左傳·桓公五年》："凡祀，啓蟄而郊。"④較《初》多一"祀"字。杜預注："言凡祀，通下三句天地宗廟之事也。"⑤是知杜預所見本有"祀"字。《左傳》下文曰："龍見而雩，始殺而嘗，閉蟄而烝。過則書。""雩"、"嘗"、"烝"與"郊"都屬於祭祀的一種。四者共同充當"過則書"的主語。從句子成分的完整性和句意的連貫性看，若無"祀"字則不能成立。原文當從今本《左傳》有"祀"字，《初》當據以加。

（23）《初學記·州郡部·河南道》事對"郳城　費邑"："《左傳》曰：'郳黎來朝。'杜預注曰：'東海昌盧縣東北有郳城。'"（170）

按：《左傳·莊公五年》"郳犂來"下多一"來"字⑥。《初》脫一"來"字。《公羊傳·莊公五年》："秋，倪黎來來朝。倪者何？小邾婁也。小邾婁則曷爲謂之倪？未能以其名通也。黎來者何？名也。其名何？微國也。"⑦《穀梁傳·莊公五年》："秋，郳黎來來朝。郳，國也。黎來，微國之君，未爵命者也。"⑧"倪"即"郳"也，外族之名古但取其音。由《公羊傳》和《穀梁傳》可知，"郳"爲國名，"黎來"人名。經文後一

---

① 《十三經注疏》，第 1682 頁中欄。
② 同上。
③ 《七經孟子考文並補遺》，第 1261 頁。
④ 《十三經注疏》，第 1748 頁中欄。
⑤ 同上。
⑥ 同上書，第 1764 頁上欄。
⑦ 同上書，第 2227 頁上欄—中欄。
⑧ 同上書，第 2381 頁下欄。

個"來"字是句中的動詞。《初》少一"來"字,當是不識外族人名或不諳重文符號,以爲"邘黎來來朝"衍一"來"字,遂誤删之。

(24)《初學記·器物部·肉》事對"熊蹯 雞跖":"(《左傳》)又曰:'楚太子商臣以宮甲圍成王,請熟熊蹯而死,不聽。'"(639)

按《左傳·文公元年》:"以宮甲圍成王。王請食熊蹯而死,弗聽。"① 諸本"請食熊蹯而死"句前均有主語"王"字,而《初》少此"王"字,按照古漢語承前省略的原則,"太子商臣"成了該句的主語。《初》當因上句末尾爲"成王"二字,誤以下文之"王"字爲衍文而删之。殊不知此一字之誤,句子原意全然相别,與史實更是背道而馳了。

(25)《初學記·地部中·涇水》事對"毒晉 崇秦":"《左傳》曰:'晉侯伐秦,帥諸侯之師以進,濟涇而次。秦人毒涇上,師人多死。'"(138)

按:《左傳·襄公十四年》"涇上"作"涇上流"②。晉師"濟涇而次",若秦人投毒地點不是上流,則不一定能使晉師中毒。少一"流"字,使下文未必能成立。《初》脱"流"字,致語意模糊,當據今本加。

(26)《初學記·人部中·師》敘事:"《穀梁》曰:'魯昭公云:子既生,不免於水火,母之罪也;成童,不就師傅,父之罪也;就師,學問無方,心志不通,師之罪也。'"(431)

按:《穀梁傳·昭公十九年》"成童"作"羈貫成童"③。范甯注曰:"羈貫,謂交午剪髮以爲飾。成童,八歲以上。"④ 知范所見本有"羈貫"二字。陸德明《釋文》:"羈貫,古亂反。交午剪髮爲飾曰羈貫。羈又作覊。"⑤ 是陸氏所見本亦有"羈貫"二字。《初》無此二字,疑因下文"就師,學問無方"句以"就師"開頭,兩字爲句,編者爲與下文强求一致而删"羈貫"二字。《太平御覽》卷四〇四《人事部·師》引是語亦無此二字⑥,當是抄自《初學記》也。

---

① 《十三經注疏》,第 1837 頁中欄。
② 同上書,第 1956 頁中欄。
③ 同上書,第 2439 頁上欄。
④ 同上。
⑤ 《經典釋文》(通志堂本),第 338 頁上欄。
⑥ 《太平御覽》,第 1868 頁下欄。

第三節　衍文

衍文又稱羨文，指古書流傳過程中誤增的字詞語句。《初學記》引經時亦常有衍文的情況發生，下面本文將詳細分析這種情況。

（1）《初學記·職官部上·太尉司徒司空》事對"邦教　地征"："《周禮》：'大司徒之職，乃立地官司徒。使帥其屬而掌邦教，以佐王安擾邦國。'鄭玄注云：'所以親百姓，訓五品也，擾亦安也。'"（255）

按《周禮·地官·敘官》："乃立地官司徒，使帥其屬而掌邦教，以佐王安擾邦國。"① 當爲《初》引文所出。然是語出於《地官·敘官》，而非《大司徒》。"地官司徒"即"大司徒"，故《初》引文"大司徒之職，乃立地官司徒"句邏輯錯誤，疑爲編者與下文的《大司徒》章首句相混所致。"大司徒之職"五字，屬衍文，當删。

（2）《初學記·器物部·煙》敘事："《周禮》：'蟈氏掌去鼃黽，焚牡蘜，以灰灑之則死，以其煙被之則活，凡水蟲無聲。'"（618）

按：《周禮·秋官·蟈氏》較《初》引文少一"活"字②。既然蟈氏的職責是"掌去鼃黽"，若作"以其煙被之則活"，則與此職責相違背，且與下文"凡水蟲無聲"句文意不接。當從今本《周禮》無"活"字，且"則"字屬下。《初》衍"活"字，疑爲因編者強求與上文"以灰灑之則死"句對偶，"死"對"活"，故增衍文"活"字。

（3）《初學記·歲時部上·夏》事對"均管　頒冰"："《禮記》曰：'仲夏之月，命樂修鞀鞞鼓，以均琴瑟管簫。'"（50）

按：《禮記·月令》"均琴瑟管簫"前無"以"字③。"修鞀鞞鼓"與"均琴瑟管簫"乃並列關係，若加"以"字，則成因果關係，於意不通。《呂氏春秋·仲夏紀》："命樂師，修鞀鞞鼓，均琴瑟管簫。"④《淮南子·時則》："命樂師，修鞀鞞琴瑟管簫。"⑤ 均無"以"字，皆其證也。故《初》當從今本删"以"字。

---

① 《十三經注疏》，第 697 頁上欄。
② 同上書，第 889 頁中欄。
③ 同上書，第 1369 頁中欄。
④ 《呂氏春秋新校釋》，第 244 頁。
⑤ 《淮南子校釋》，第 553 頁。

（4）《初學記·禮部下·死喪》敘事："《禮記·喪大記》曰：'衣尸曰斂。小斂於戶內，大斂於阼。君以簟席，大夫以蒲席，士以葦席。'"（357）

按：今本《禮記》無"衣尸曰斂"語①。《釋名·釋喪制》卷四："衣尸棺曰斂，斂者斂也，斂藏不復見也。"② 則"斂"所指包括衣屍與入棺兩部分內容。《禮記·檀弓下》："季康子之母死，公輸若方小。斂，般請以機封。"鄭玄注："斂，下棺於椁。"③ 據鄭玄語，則至東漢，"斂"字的主要含義是下棺。《儀禮·士喪禮》："主人奉尸斂于棺。"鄭玄注："棺在肂中斂尸焉，所謂殯也。"賈公彥疏："以尸入棺名斂，亦名殯也。"④ "肂"即埋棺之坎。是鄭玄以"下棺"爲"斂"這種形式必不可少的內容。此與《初學記》引文"衣尸曰斂"之語不合，該句於《禮記》當屬衍文。釋"斂"作"衣尸"始於唐代。玄應的《衆經音義》與李賢的《後漢書》注首先提到了"衣尸"即"斂"。《後漢書·趙咨傳》："招復含斂之禮。"李賢注："斂，以衣服斂屍也。"⑤ 《衆經音義》卷二《大般涅槃經》卷三十："殯殮，衣尸也。"⑥ 《初學記》引文與《玄應音義》同，疑或抄自《玄應音義》。因下文與斂相關的內容均出自《禮記》，編者記憶發生錯誤，遂誤題"衣尸曰斂"作《禮記》語。

第四節　誤倒

誤倒是指古籍在流傳過程中出現字句或篇章先後順序的顛倒錯亂。《初學記》引經並非長篇累牘地引用，所以本書所指的誤倒主要是文句的顛倒錯亂。詳析如下：

（1）《初學記·地部中·濟》事對"鬭水　截流"："《尚書》曰：'導沇水東流爲濟，入于河，溢爲滎。'孔安國注曰：'濟水入河，並流數千里而截河。又並河數里，溢爲滎澤。'"（131）

---

① 《十三經注疏》，第 1577 頁上欄。
② 《釋名疏證補》，第 1104 頁下欄。
③ 《十三經注疏》，第 1310 頁下欄。
④ 同上書，第 1140 頁中欄。
⑤ 《後漢書》第 5 冊，第 1316 頁。
⑥ 《一切經音義》，第 30 頁中欄。

　　按：注文"數千里"《尚書·禹貢》孔注作"十數里"①。《太平寰宇記》卷五二《河北道·孟州》曰："孔安國注云：'濟水入河，並流數十里而南截河。'"②"數十里"或爲"十數里"之誤倒。而《初》或與《太平寰宇記》同一來源，又進而誤"十"作"千"，於是"十數里"就變成了"數千里"。

　　（2）《初學記·禮部下·婚姻》事對"宋子　齊姜"："《毛詩·衡門篇》云：'豈其娶妻，必宋之子？豈其娶妻，必齊之姜？'鄭玄箋云：'何必大國之女然後可妻，取其貞順而已。以喻在臣，何必聖人，取其誠孝而已。宋，子姓；齊，姜姓。'"（354）

　　按《毛詩·陳風·衡門》："豈其取妻，必齊之姜？豈其食魚，必河之鯉？豈其取妻，必宋之子？"③　"齊之姜"在"宋之子"的前面，與《初》順序恰好相反。《藝文類聚》卷四〇亦引是語，順序與今本《毛詩》同，"齊姜"放在"宋子"之前④。《文選》卷四〇《沈休文奏彈王源》"宋子河魴，同穴於興臺之鬼"，李善注引《毛詩》曰："豈其食魚，必河之魴？豈其取妻，必齊之姜？豈其食魚，必河之鯉？豈其取妻，必宋之子？"⑤　也與今本《毛詩》同序。《初》先"宋子"後"齊姜"，顛倒之誤也。

　　（3）《初學記·地部上·華山》敘事："《周官》：'豫州，其鎮山曰華山。'"（98）

　　按：引文"鎮山"《周禮·夏官·職方氏》作"山鎮"⑥。《周禮》此句上文"正南曰荊州，其山鎮曰衡山"，下文"正東曰青州，其山鎮曰沂山"，皆作"山鎮"。鄭玄曰："鎮，名山安地德者也。"⑦　是"山鎮"即該地最有名的山。"鎮山"一詞先秦無，後世指某地區之主山，且往往不止一座，用於此處顯然文意不適，當爲顛倒之誤。《初》同卷同部事對

---

　　①　《十三經注疏》，第 152 頁中欄。

　　②　《太平寰宇記》，第 441 頁上欄。

　　③　《十三經注疏》，第 377 頁中欄。

　　④　《藝文類聚》卷四〇曰："《毛詩》曰……又曰：'豈其食魚，必河之魴？豈其取妻，必齊之姜？豈其食魚，必河之鯉？豈其取妻，必宋之子？'"（第 722 頁）

　　⑤　《六臣注文選》，第 747 頁上欄。

　　⑥　《十三經注疏》，第 862 頁中欄。

　　⑦　同上書，第 862 頁上欄。

"豫鎮 秦城"引《周禮》亦作"鎮山"（99）。則"鎮山"一詞在唐代當已普遍使用。《漢語大詞典》"鎮山"條引宋朝姜夔詞作書證，時間嫌晚，可據《初》補。

（4）《初學記·器物部·燭》敘事："《周禮》曰：'凡邦大事，司烜氏共賁燭（麻燭也。一云大燭），祭祀共明燭（以燧取明火於日）。'"（616）

按《周禮·秋官：司烜氏》曰："司烜氏掌以夫遂取明火於日，以鑒取明水於月，以共祭祀之明齍、明燭，共明水。凡邦之大事共墳燭庭燎。"鄭司農云："賁燭，麻燭也。"玄謂："墳，大也。"① "祭祀共明燭"在"司烜氏共賁燭"之前。《玉海》卷九一引"周遂鑒，漢方諸"條引《周禮》曰："秋官司烜氏掌以夫遂取明火於日，以鑒取明水於月，以供祭祀之明齍、明燭共明水。凡邦之大事共墳燭庭燎。"② 與今本《周禮》同。《初》因選引，引文與今本《周禮》異序，顛倒《司烜氏》文也。

（5）《初學記·政理部·奉使》事對："《禮記》曰：'使從宜，禮從俗。'"（480）

按：《禮記·曲禮上》作："禮從宜，使從俗。"③ 《初學記·禮部上·總載禮》引《禮記》亦作："禮從宜，使從俗。"正與《曲禮》同。《北堂書鈔》卷八〇亦云："禮從宜，使從俗。"④《困學紀聞》卷十、《黃氏日抄》卷十四等引《禮記》亦同。上揭引文作"使從宜，禮從俗"，"使""禮"顛倒錯亂。

（6）《初學記·禮部下·婚姻》事對"三日不舉樂 三夜不息燭"："《禮記·曾子問》曰：'娶婦之家，三日不舉樂，思嗣親也。嫁女之家，三夜不息燭，思相離也。'"（355）

按《禮記·曾子問》曰："嫁女之家，三夜不息燭，思相離也。取婦之家，三日不舉樂，思嗣親也。"⑤《初學記》引文顛倒《禮記》原文也。《韓詩外傳》卷二："嫁女之家，三夜不息燭，思相離也；取婦之家，三日不舉樂，思嗣親也。"⑥《白虎通義》卷十《嫁娶》："禮曰：'嫁女之

---

① 《十三經注疏》，第 885 頁中欄—下欄。
② 《玉海》第 2 册，第 1664 頁下欄。
③ 《十三經注疏》，第 1230 頁下欄。
④ 《北堂書鈔》，第 401 頁上欄。
⑤ 《十三經注疏》，第 1392 頁中欄。
⑥ 《韓詩外傳集釋》，第 76 頁。

家，三日不絕火，思相離也；娶婦之家，三日不舉樂，思嗣親也。'"①
《藝文類聚》卷四〇《禮部下·婚》："嫁女之家，三夜不息燭，思相離
也；娶婦之家，三日不舉樂，思嗣親也。"② 俱是先"嫁女之家"後"娶
婦之家"。唯《公羊傳·隱公二年》何休注曰："禮，男之將取，三日不
舉樂，思嗣親也；女之將嫁，三夜不息燭，思相離也。"③ 何休注與今本
《禮記》異序，乃因循先男後女之順序也；而《初學記》引文則分以
"嫁"、"娶"爲字頭，故先"嫁"後"娶"。若先述"娶婦之家"後講
"嫁女之家"，則不合國人嫁娶之思維順序矣。《初學記》引文必誤倒也。

（7）《初學記·人部上·忠》敘事："《禮記》曰：'爲人臣，殺其
身，有益於君者則爲之。'"（414）

按：《禮記·文王世子》的"者"字位置與《初學記》不同，作
"爲人臣者，殺其身，有益於君則爲之"④。"者"字置於"人臣"之後或
"有益於君"之後，於意俱通。《孔子家語》卷十："聞之曰：'爲人臣
者，曰殺其身，有益於君則爲之。'"⑤ 《亢倉子》："夫爲人臣者，殺其
身，有益於君則爲之。"⑥ 《白孔六帖》卷三十九："爲人臣者，殺其身，
有益於君則爲之。"⑦ 《太平御覽》卷一四六："聞之曰：'爲人臣者，殺
其身，有益於君則爲之。'"⑧ 又卷六二一："又曰：'爲人臣者，殺其身，
有益於君則爲之。'"⑨ "者"字俱位於"人臣"之後，知《禮記》原文當
作"爲人臣者"。

（8）《初學記·帝王部·總敘帝王》事對"鶉居　掬飲"："《禮記》
曰：'塊桴而土鼓，汙樽而抔飲。'鄭注：'汙樽杯飲，以手掬之。'"
（204）

按：《禮記·禮運》作"汙尊而抔飲，蕢桴而土鼓"⑩。《孔子家語·

---

① 《白虎通疏證》，第 462 頁。
② 《藝文類聚》，第 721 頁。
③ 《十三經注疏》，第 2203 頁中欄。
④ 同上書，第 1407 頁上欄。
⑤ 《孔子家語》，第 93 頁。
⑥ 《亢倉子》，第 308 頁下欄。
⑦ 《白孔六帖》，第 614 頁下欄。
⑧ 《太平御覽》，第 714 頁上欄。
⑨ 同上書，第 2785 頁上欄。
⑩ 《十三經注疏》，第 1415 頁中欄—下欄。

問禮》："汙罇而抔飲，蕢桴而土鼓。"① 《後漢紀・孝和皇帝紀上》："古者民人淳樸，制禮至簡，汙樽抔飲，可以盡懽於君親；蕢桴土鼓，可以致敬於鬼神。"② 俱與《禮記》同。《初》引文誤倒也。

（9）《初學記・果木部・槐》敘事："《爾雅》曰：'守宮槐葉，晝聶宵炕，槐大葉而黑。（郭璞注曰：守宮槐，晝日聶合而夜炕布。孫炎曰：聶合，炕張也。）'"（689）

按：今本《爾雅・釋木》曰："櫰，槐大葉而黑。守宮槐葉，晝聶宵炕。"③《初》引《爾雅》與今本《爾雅》正好倒序。《太平御覽》卷九五四《木部・槐》："《爾雅》曰：'櫰，槐大葉而黑。守宮槐葉，晝聶宵炕。'"④ 與今本《爾雅》同。《初》引文蓋顛倒原文也。

第五節　訛誤

誤字是指古籍在引用其他書籍時，文字發生錯誤的情況。導致訛誤的原因很多，主要有形近、音近，受上下文影響，編者以意改字，記憶失誤及時代變化等因素。《初學記》引經常發生誤字的情況，本節以實例的形式加以探討。

一　形近而誤

【底—底】

《初學記・器物部・席》敘事："《尚書》曰：'成王將崩，牖間南嚮，敷重篾席黼純（孔安國注：篾，桃枝竹也）。西序東嚮，敷重底席綴純（底，蒻華也）。東序西嚮，敷重豐席畫純（豐，莞也）。西夾南嚮，敷重筍席玄紛純（筍，蒻竹也）。'"（602）

按：引文經文"底"字《尚書・顧命》作"厎"；注文"底，蒻華也"句，僞孔傳作"厎，蒻苹"⑤。陸德明《經典釋文》曰："厎，之履

---

① 《孔子家語》，第 21 頁。

② 《兩漢紀》，第 257 頁。

③ 《十三經注疏》，第 2637 頁中欄。

④ 《太平御覽》，第 4236 頁下欄。

⑤ 《十三經注疏》，第 239 頁上欄。

反。馬云，青蒲也。"① 則陸氏所見祇作"厎"。《玉篇·艸部》云："蓙，
之履切，《書》云：'敷重蓙席。'"② 是"厎"又作"蓙"。段玉裁在
《古文尚書撰異》中説："按俗加艸作蓙也。《正義》云：'《禮》注謂蒲
席爲葴苹。'不言何篇《禮》注。今考《閒傳》鄭注曰：'苄，今之蒲平
也。'《釋名》：'蒲草以蒲作之，其體平也。'苹，本當作平，俗加艸
耳……《説文》曰：'葴，蒲子，可以爲平席也，世謂蒲平。'……馬、
王云：'厎席，青蒲席也。'……説同鄭君。"③ 據段説，則無作"厎"
者，"厎"字當是"厎"的加點誤字。"厎"訓爲葴苹或青蒲，其實同
也，"苹"乃"平"字的加旁俗寫，《初》作"華"，未知所據，或爲
"苹"字之誤。

【也—地】

《初學記·地部中·淮》事對"二山　三洲"："《毛詩》曰：'鼓鍾
伐鼛，淮有三洲。'毛注：'三洲，淮上也。'"（127）

按：引文毛注"也"字《詩·小雅·鼓鍾》毛注作"地"④。孔疏
曰："鼓擊其鍾，伐擊其鼛，於淮水有三洲之地。"又標傳文起止曰："鼛
大至上地。"⑤ 則知孔氏所見本作"地"，不作"也"。《爾雅·釋水》：
"水中可居者曰洲。"⑥ 故"洲"指水中陸地。"淮"即淮水也。若如
《初》釋"三洲"作"淮上也"，則與"洲"字本義不符，故當如今本毛
傳作"地"。《初》作"也"，疑爲"地"的壞字。

【屬—喝】

《初學記·天部下·雨》事對"離畢　化坎"："《毛詩》云：月離于
畢，俾滂沱矣。畢，月<u>屬</u>也，月離陰星則雨。鄭玄注曰：'將有大雨，徵
先見於天。'"（23）

按：引文"月屬也"《詩·小雅·漸漸之石》毛傳曰："畢，喝也。

---

①　《經典釋文》（通志堂本），第50頁上欄。

②　《大廣益會玉篇》，第67頁上欄。

③　《古文尚書撰異》，第104頁上欄。

④　《十三經注疏》，第466頁下欄。

⑤　《十三經注疏》，第466頁下欄—467頁上欄。原文"至"字作"淮"，據《毛詩校勘
記》改。詳見《清經解》第五冊，第402頁中欄。

⑥　《十三經注疏》，第2620頁上欄。

月離陰星則雨。"① 宋本、建本作"畢，噣也"②，與今本同。《詩·齊風·盧令》序"襄公好田獵畢弋而不脩民事"，毛傳："畢，噣也。"③《爾雅·釋天》："月在甲曰畢。"又曰："濁謂之畢。"郭璞注："掩兔之畢，或呼爲濁，因星形以名。"④"濁"、"噣"通。"畢"既可釋作"月在甲"，又或名"噣"，疑《初》引文乃兩釋之合稱，本作"畢，月噣也"，誤而爲"月屬也"。

【窦—覈】

《初學記·地部上·總載地》敘事："《周禮》：'大司徒辨五地之物，一曰山林，其動物宜毛物，其植物宜皁物；二曰川澤，其動物宜鱗物，其植物宜膏物；三曰邱陵，其動物宜羽物，其植物宜窦物；四曰墳衍，其動物宜介物，其植物宜莢物；五曰原隰，其動物宜嬴物，其植物宜藂物。'"（88）

按：引文"窦"《周禮·地官·大司徒》作"覈"⑤。鄭玄注書作"核"："核物，李梅之屬。"《周禮》原文當作"覈"。"覈"即"核"也。朱駿聲《定聲·小部》："覈，凡物包覆其外，堅實其中曰覈，故艸木之果曰覈。"⑥"窦"與"覈"俱從"敫"得聲，形音皆近，"窦"當是"覈"字之借或俗訛。

【國—囿】

《初學記·居處部·苑囿》敘事："《周禮》曰：'囿人掌國游之獸禁。'鄭玄注云：'國之離宮小苑游觀處。'"（586）

按：引文"國"字《周禮·地官·囿人》經文及注均作"囿"⑦。遍檢《十三經注》，無作"國游"者；作"囿游"者共五處。《囿人》已出現兩處。其他三處分別是：上揭經文之後鄭司農注："囿游之獸，游牧之獸。"⑧《周禮·天官·敘官》："閽人，王宫每門四人，囿游亦如之。"鄭

---

① 《十三經注疏》，第500頁中欄。
② 闇琴南博士論文《〈初學記〉研究》，第109頁。
③ 《十三經注疏》，第353頁中欄。
④ 同上書，第2608—2609頁上欄。
⑤ 同上書，第702頁下欄。
⑥ 《說文通訓定聲》，第339頁下欄。
⑦ 《十三經注疏》，第749頁上欄。
⑧ 同上。

玄注："囿，御苑也。游，離宮也。"① 《周禮·天官·大宰》："以九貢致邦國之用：一曰祀貢，二曰嬪貢，三曰器貢，四曰幣貢，五曰材貢，六曰貨貢，七曰服貢，八曰斿貢，九曰物貢。"鄭玄注："游，讀如囿游之游。"② 從以上三例可以看出，鄭玄所指"囿游"即御苑之離宮也。與《初》引文《囿人》例鄭玄注合。"國游"不辭，當是"囿"的形近誤字。

【淇—湛】

《初學記·地部下·漢水》事對"楚望　荆川"："《周禮》曰：'正南曰荆州，其川江漢，其浸潁淇。'"（143）

按：引文"淇"《周禮·夏官·職方氏》作"湛"③。"淇"當從今本作"湛"，原因有二：

其一，《説文·水部》："溠，水，在漢南。從水，差聲。荆州浸也。"④ "湛，没也。從水，甚聲。一曰湛水，豫章浸。"⑤ 又曰："潁，水。出潁川陽城乾山，東入淮。從水，頃聲。豫州浸。"⑥ 是《説文》以潁、湛爲豫州浸，以溠爲荆州浸，與今本《周禮》恰相反。《職方氏》下文曰："河南曰豫州，其山鎮曰華山，其澤藪曰圃田，其川熒雒，其浸陂溠。"⑦ 段玉裁《説文解字注》"潁"字條云："許潁下湛下皆曰豫州浸，而溠下曰荆州浸，此非筆誤，蓋案地形互易之也。"⑧ 《説文》與今本《周禮》之異文，或因許慎所見《周禮》"荆州"、"豫州"條與今本異序，或如段氏所説爲地形變化。不管是出於哪一種原因，至少有一點我們可以據《説文》肯定，即與潁爲同一地之浸的水是湛水。

其二，《書·禹貢》："荆及衡陽惟荆州。"僞孔傳曰："北據荆山，南及衡山之陽。"⑨ 《爾雅·釋地》："漢南曰荆州。"郭璞注曰："自漢南至

---

① 《十三經注疏》，第 642 頁下欄。

② 同上書，第 648 頁上欄。

③ 同上書，第 862 頁中欄。

④ 《説文解字》，第 226 頁上欄。

⑤ 同上書，第 233 頁下欄。

⑥ 同上書，第 227 頁上欄。

⑦ 《十三經注疏》，第 862 頁中欄。

⑧ 《説文解字注》，第 534 頁上欄。

⑨ 《十三經注疏》，第 149 頁上欄。

衡山之陽。"① 是周代荊州的位置大致在今湖北、湖南之間。而"淇水"
則位於河南北部，南流至今汲縣東北的淇門鎮，後入河。《說文·水部》：
"淇，水。出河内共北山，東入河；或曰出隆慮西山。"② 段注："共音恭。
今河南衛輝府輝縣治，古其城也。"③ 淇水與荊州在地理位置上相差較遠，
難爲"荊州之浸"。《集韻·侵韻》："湛，水名，在襄城。"④ 襄城在湖
北，是湛水過湖北，與荊州的地理位置相合。《初》作"淇"，疑因與
"湛"字形近，且較湛水常見，故致訛誤也。

【滎洛—滎雒】

《初學記·地部中·洛水》敘事："《周官》：'豫州其川滎洛。'"
（132）

按：引文"滎洛"《周禮·夏官·職方氏》作"滎雒"⑤。《校勘記》
曰："'其川滎雒'，余本、岳本、閩本同，是也。嘉靖本、監、毛本滎作
榮。《釋文》雒作洛，皆非。唐石經作其水滎洛，則非特滎字、雒字誤，
即川字亦誤矣。後改水爲川。疏中滎字，此本、閩本同，注中則諸本皆從
水。"⑥ 段玉裁曰："雍州洛水，豫州雒水，其字分別，自古不紊。……許
書水部下不舉豫州水，尤爲二字分別之證。後人書豫水作洛，其誤起於
魏。……自詭於復古，自魏至今，皆受其欺。……自魏人書雒爲洛，而人
輒改魏以前書籍，故或致數行之内雒、洛錯出。"⑦ 其說是也，《初》作
"滎洛"，當沿魏世之誤。

【駢—騑】

《初學記·禮部下·死喪》事對"說驂而賻 祭服以襚"："《禮記·
檀弓》曰：'孔子之衛，遇舊館人之喪，入而哭之哀。出，使子貢說驂而
賻之。'鄭玄注曰：'賻，助喪用也。駢馬曰驂。'"（358）

按：注文"駢"《禮記·檀弓上》鄭注作"騑"⑧。《說文·馬部》：

---

① 《十三經注疏》，第 2614 頁下欄。

② 《說文解字》，第 226 頁上欄。

③ 《說文解字注》，第 527 頁下欄。

④ 《集韻》，第 276 頁。

⑤ 《十三經注疏》，第 862 頁中欄。

⑥ 《周禮校勘記》，第 501 頁下欄。

⑦ 《說文解字注》，第 524 頁下欄—525 頁上欄。

⑧ 《十三經注疏》，第 1283 頁上欄。

"驂，駕三馬也。"又曰："駢，駕二馬也。"又曰："騑，驂，旁馬。"①
是許慎認爲"驂"、"駢"有別，他以駕馬的數量來區別二者。段玉裁注
曰："許意古爲駕三馬之名，後乃駕四馬、駕六馬，其旁馬皆得驂名矣，
故又申之曰旁馬。旁者，冡上在軛中言之，不當衡下者謂之驂，亦謂之
騑，駕三駕四所同也。"②《詩·鄭風·大叔于田》："執轡如組，兩驂如
舞。"鄭注曰："在旁曰驂。"③ 同詩下文"兩服上襄，兩驂鴈行"又"兩
服齊首，兩驂如手"，"兩驂"與"兩服"對舉，"兩服"指中間的兩匹
馬，"兩驂"當指兩旁的兩匹馬，即"驂"亦指旁馬，與"騑"同。《詩·
秦風·小戎》："騏駵是中，騧驪是驂。""騏駵"與"騧驪"對舉，"驂"
與"中"對舉，"驂"此處亦爲旁馬義。鄭箋云："驂，兩騑也。"④ 鄭注
徑以"騑"釋"驂"。而"駢"無作旁馬例，《初學記》作"駢"，當爲
"騑"字的形近之誤。

【成—戌】

《初學記·人部上·忠》事對"衛難　犯顏"："《禮記》曰：'公叔
文子卒，其子成請謐於君。君曰：昔衛國有難，夫子以死衛寡人，不亦貞
乎?'"（417）

按：引文"成"《禮記·檀弓下》作"戌"⑤。《禮記校勘記》曰：
"'其子戌'，石經同，嘉靖本同，閩、監、毛本戌作戍，岳本同，衛氏
《集說》同，浦鏜挍云戌誤戍。"⑥ 浦鏜挍是。《禮記·檀弓上》："公叔木
有同母異父之昆弟死。"鄭玄注："木當爲朱，《春秋》作戌，衛公叔文子
之子，定公十四年奔魯。"⑦"朱"與"戌"同韻旁紐相通也。《左傳·定
公十三年》："及文子卒，衛侯始惡於公叔戌，以其富也。"⑧ 正作"戌"
也。"成"與"朱"、"戌"聲韻俱別，音難諧也，當爲"戌"的形近
誤字。

① 《説文解字》，第 200 頁下欄。
② 《説文解字注》，第 465 頁上欄。
③ 《十三經注疏》，第 337 頁下欄。
④ 同上書，第 370 頁下欄。
⑤ 同上書，第 1309 頁下欄。
⑥ 《禮記校勘記》，第 660 頁上欄。
⑦ 《十三經注疏》，第 1290 頁下欄。
⑧ 同上書，第 2150 頁下欄。

【辨—别　文—交】

《初學記·禮部上·總載禮》事對"兄弟親　君臣義"："《禮記》曰：'非禮無以辨男女、父子、兄弟之親，婚姻、疏數之文。'"（315）

按：引文"辨"《禮記·哀公問》作"别"，"文"作"交"①。《初學記》作"辨"當爲受《禮記》上文"非禮無以辨君臣、上下、長幼之位也"② 句的影響所致，"辨""别"同義，故相替换。

又"文"當爲"交"字形近之誤。"婚姻疏數之交"，此語常見，若作"文"，於義難安。《大戴禮記·哀公問於孔子》："非禮無以别男女、父子、兄弟之親、昏姻、疏數之交也。"③《孔子家語·問禮》卷一："非禮則無以别男女、父子、兄弟、婚姻、親族、疏數之交焉"④ 俱作"别男女"與"昏姻、疏數之交"，可爲之證也。

【臼亭—臼衰】

《初學記·州郡部·河東道》事對"臼亭　虞坂"："《左傳》曰：'公子重耳取臼亭。'杜預注曰：'河東解縣有臼亭。'"（174）

按：引文"臼亭"《左傳·僖公二十四年》作"臼衰"⑤。陸德明《釋文》出"臼衰，初危反"⑥，則陸氏所見本亦作"臼衰"。《國語·晉語四》："公子濟河，召令狐、臼衰、桑泉皆降。"⑦《竹書紀年·晉紀》："晉惠公十有五年，秦穆公率師送公子重耳，圍令狐、桑泉、臼衰，皆降于秦師。"⑧ 皆作"臼衰"。故知今本《左傳》作"臼衰"不誤。《初》作"臼亭"，"亭"字當爲"衰"字的形近之誤。

【繢—繪】

《初學記·器物部·冠》敘事："《禮記》曰：'玄冠朱組纓，天子之冠也；緇布冠繢緌，諸侯之冠也……居冠屬武，自天子下達，有事然後緌。'"（621）

---

① 《十三經注疏》，第 1611 頁上欄。
② 同上。
③ 《大戴禮記解詁》，第 12 頁。
④ 《孔子家語》，第 19 頁。
⑤ 《十三經注疏》，第 1816 頁中欄。
⑥ 《經典釋文》（通志堂本），第 235 頁下欄。
⑦ 《國語》，第 367 頁。
⑧ 《古本竹書紀年輯證》，第 76 頁。

按：引文“績”字《禮記·玉藻》作“繢”。鄭玄注：“諸侯緇布冠有緌，尊者飾也。繢或作繪。”① “繢”與“繪”同，皆表示一種繪圖彩繡，正好與上文“玄冠朱組纓”的“朱”在色彩上相對應。《説文·糸部》：“績，緝也。”② “績”字本義爲績麻，與彩繡義相去甚遠，也無色彩義，原文當作“繢”。作“績”，蓋形近之誤。

【紉—紐】

《初學記·實器部（花草附）·錦》事對“綢杠　束髮”：“《禮記》曰：‘童子之飾也，緇布衣，錦緣，錦紳并紉，錦束髮。’”（655）

按：引文“紉”字《禮記·玉藻》作“紐”③。《儀禮·士冠禮》：“將冠者采衣，紒，在房中，南面。”鄭注引《玉藻》亦作“并紐”④。“錦緣”指錦制的衣服鑲邊，“錦紳”指一種以錦做的束腰大帶，“紐”乃衣服上的紐扣，皆爲服飾之一部分。“紉”則與服飾無關。《説文·糸部》：“紉，繟繩也。”⑤ 本義是搓繩，引申而爲一種繩索。《廣雅·釋詁三》：“紉，索也。”⑥ 用於上文，則義不安。《初學記》引文作“紉”，因與“紐”字形近而誤。

【眛—末】

《初學記·禮部上·宗廟》事對“上下之際　神明之道”：“《禮記》曰：‘夫祭有畀、煇、胞、翟、閽者，惠下之道也。此四者，吏之至賤者。尸又至尊，以至尊既祭之眛而不忘至賤。是故明君在上，則無凍餓者矣，此之謂上下之際。’”（324）

按：引文“眛”字《禮記·祭統》作“末”⑦。《禮記》原文當作“末”爲是。理由有二：下文曰“而以其餘畀之”，與“末”字前後意義連貫。若作“眛”則句意不通，此其一也；孔穎達疏引經文亦作“既祭之末”⑧，此其二也。《初》作“眛”，疑爲“末”與“未”形近，“未”

---

① 《十三經注疏》，第 1476 頁下欄。
② 《説文解字》，第 277 頁上欄。
③ 《十三經注疏》，第 1483 頁上欄。
④ 同上書，第 951 頁下欄。
⑤ 《説文解字》，第 275 頁下欄。
⑥ 《廣雅疏證》，第 107 頁下欄。
⑦ 《十三經注疏》，第 1606 頁上欄。
⑧ 同上書，第 1606 頁中欄。

加旁而成"味"。

【筄—筊】

《初學記·果木部·竹》敘事："《爾雅》曰：'筍竹箭，剽堅中，簡箨中（其中空），仲，無筄。'"（694）

按：引文"筄"《爾雅·釋草》作"筊"①。《玉篇·竹部》："筊，《爾雅》曰：'仲無筊，竹類也。'"② 是《爾雅》本當作"筊"，《初》引作"筄"，當是"筊"的形近誤字。

二　音近而誤

【祀—事】

《初學記·禮部下·婚姻》敘事："《禮記》曰：'合二姓之好，上以祀宗廟，下以繼後世也。'"（353）

按：引文"祀"字《禮記·昏義》作"事"③。《魏書·咸陽王傳》："然則婚者，合二姓之好，結他族之親，上以事宗廟，下以繼後世。"④。《文選》卷四十《奏彈王源》："若乃交二族之和，辨伉合之義，升降窊隆，誠非一揆。"李注："《禮記》曰：'婚禮者，將合二姓之好，上以事宗廟，下以繼後代也。'"⑤《藝文類聚》卷四十："婚禮者，將合二姓之好，上以事宗廟，而下繼後世矣。"⑥ 俱作"事"。

《禮記·祭統》出"事宗廟"兩處："請君之玉女，與寡人共有敝邑，事宗廟社稷。"⑦ "崇事宗廟社稷，則子孫順孝。"⑧ 然遍檢《十三經》，無"祀宗廟"之語。"事"、"祀"上古均隸之部，"事"屬崇母，"祀"屬邪母，發音部位相同，均屬齒頭音，二者古音非常接近，"事"作"祀"，疑爲音近之誤也。

---

① 《十三經注疏》，第 2626 頁中欄—2629 頁中欄。

② 《宋本玉篇》，第 276 頁。

③ 《十三經注疏》，第 1680 頁中欄。

④ 《魏書》，第 534 頁。

⑤ 《文選》，第 562 頁上欄。

⑥ 《藝文類聚》，第 721 頁。

⑦ 《十三經注疏》，第 1603 頁上欄。

⑧ 同上書，第 1604 頁下欄。

三　受上下文影響而誤

【亂—惡】

《初學記·文部·經典》事對"言樞　道籥"："《易》曰：'言天下之至賾而不可<u>亂</u>也。出其言善，則千里之外應之，言行君子樞機。'"（499）

按：引文"亂"字《周易·繫辭上》作"惡"。"惡"字是。其作"亂"者，涉下文"言天下之至動而不可亂也"句"亂"字而誤也。

【湯誓—湯誥】

《初學記·帝王部·總敘帝王》事對"禹孜孜　湯栗栗"："（《尚書》）又曰：'湯既黜夏命，復歸于亳，作《<u>湯誓</u>》曰：栗栗危懼，若將隕于深淵。'"（207）

按：引文"湯誓"《尚書·湯誥》作"湯誥"[1]。"湯誥"是。因《尚書·湯誥》的上一章是《仲虺之誥》，《仲虺之誥》的上一章是《湯誓》，《初》編者當是將《湯誥》誤成了《湯誓》。

【大琴—大瑟】

《初學記·樂部上·雅樂》事對"鳳歌鸞舞　玉管朱絃"："《尚書大傳》曰：'<u>大琴</u>朱絃而達越。'"（370）

按：《尚書大傳》卷二曰："古者帝王升歌清廟之樂，大琴練弦達越，大瑟朱弦達越。"[2]"大琴"作"大瑟"。《初》引文將"大瑟"誤成"大琴"，蓋涉上文而誤也。

【季—弟】

《初學記·人部上·友悌》敘事引《詩》："陟彼岡兮，瞻望兄兮。兄曰：'嗟，予<u>季</u>行役，夙夜必偕。'上慎旃哉，猶來無死。"（423）

按：引文"予季行役"句，《毛詩·魏風·陟岵》作"予弟行役"[3]。此詩首章曰："父曰：'嗟，予子行役，夙夜無已。'"次章曰："母曰：'嗟，予季行役，夙夜無寐。'"毛傳："季，少子也。"[4]則於《初》引文"兄"

---

① 《十三經注疏》，第 162 頁上欄—中欄。
② 《尚書大傳疏證》，第 723 頁上欄。
③ 《十三經注疏》，第 358 頁中欄。
④ 同上書，第 358 頁上欄—中欄。

之口言"予季"非妥，當從今本《毛詩》作"弟"。《初》作"季"，當是受上一章母稱子的影響所致。

【駕—好】

《初學記·武部·獵》事對"搏狩　大蒐"："《毛詩》曰：'田車既駕，四牡孔阜；東有甫草，駕言行狩。之子于苗，選徒囂囂；建旐設旄，搏狩于敖。'"（541）

按：引文"田車既駕"句，《詩·小雅·車攻》作"田車既好"①。孔穎達疏曰："毛以爲宣王言我田獵之車既善好，四牡之馬又甚盛大。"②則知孔疏所見本經文及毛傳均作"好"。"好"、"草"古均屬幽部，押韻③，作"駕"則不押。《初》改"好"作"駕"，疑涉下文"駕言行狩"之"駕"字而誤。

【殿—設】

《初學記·武部·旌旗》事對"表門　設道"："《周禮》曰：'掌舍爲帷宮殿旌門。'注曰：'樹旌以表門。'"（524）

按：引文"殿"《周禮·天官·掌舍》作"設"④。《周禮·春官下·司常》："會同、賓客亦如之，置旌門。"鄭玄注："《掌舍職》曰：'爲帷宮，設旌門。'"⑤則鄭玄所見本作"設"。《藝文類聚》卷六三《居處部·門》曰："《周官》曰：'掌舍，掌王會同之舍。設梐枑再重，設車宮轅門，爲壇壝宮棘門。爲帷宮，設旌門。無宮則供人門。'"⑥亦作"設"。《初》作"殿"，疑爲受"宮"字影響，"宮殿"一詞唐時習見，受常見詞的影響，"設"字遂誤作"殿"。

【函—甲　犀—革】

《初學記·武部·甲》敘事："《周官》：'函人爲函，犀甲七屬（音注），兕甲六屬，合甲五屬。犀甲壽百年，兕甲壽二百年，合甲壽三百年（犀堅者又支久）。凡爲甲，必先爲容，然後制革。權其上旅與其下旅而重若一（上旅謂要以上，下旅謂要以下）。'"（535）

---

① 《十三經注疏》，第 428 頁上欄。
② 同上書，第 428 頁中欄。
③ 參見王力《詩經韻讀》，《王力文集》第 6 卷，第 293 頁。
④ 《十三經注疏》，第 676 頁中欄。
⑤ 同上書，第 827 頁上欄。
⑥ 《藝文類聚》，第 1128 頁。

按：《周禮·考工記·函人》"函人爲函"句的後一個"函"字作"甲"，"犀堅者又支久"的"犀"作"革"①。《初》作"函人爲函"疑爲受《周禮》體例影響所致而誤，如"輪人爲輪"、"輈人爲輈"。"犀堅者又支久"句的"犀"當爲涉上文"犀甲壽百年"而誤。從經文"犀甲壽百年，兕甲壽二百年，合甲壽三百年"內容看，所指不止"犀甲"。"犀甲"、"兕甲"、"合甲"均可用"革"來概括。故《初》當從今本《周禮》作"革"。

【觀—覜】

《初學記·禮部上·巡狩》敘事："《禮記》曰：'王者巡狩，必觀諸侯，問百年。太師陳詩，以觀民之風俗；命市納賈，以觀民之好惡。'"（330）

按《禮記·王制》："歲二月，東巡守，至于岱宗。柴而望，祀山川。覜諸侯，問百年者就見之。命大師陳詩，以觀民風。命市納賈，以觀民之所好惡，志淫好辟。"②。疑此本於《尚書》。《風俗通義·序》："《尚書》：'天子巡守，至於岱宗，覜諸侯，見百年，命大師陳詩，以觀民風俗。'"③《尚書·虞書·舜典》曰："歲二月，東巡守，至于岱宗，柴，望秩于山川。肆覲東后。"孔傳曰："遂見東方之國君。"④ 是此處"后"指諸侯。"覲東后"，即見東方的諸侯。據此我們可以推斷，《禮記》原文當作"覜"，作"觀"語不諧。《初學記》作"觀"當是涉下文"觀民風"、"觀民之好惡"而誤。

【瑜—瑈】

《初學記·器物部·佩》敘事："《禮記》曰：'天子佩白玉，公侯佩山玄玉，大夫佩水蒼玉，世子佩瑜玉，士佩瑜玟。'"（627）

按：引文"瑜玟"的"瑜"字，《禮記·玉藻》作"瑈"⑤。《說文·玉部》："玟，火齊，玫瑰也。一曰石之美者。"⑥ 又曰："玉，石之美。"⑦

---

① 《十三經注疏》，第 917 頁中欄。

② 同上書，第 1328 頁中欄。

③ 《風俗通義校注》，第 8 頁。

④ 《十三經注疏》，第 127 頁中欄。

⑤ 同上書，第 1482 頁下欄。

⑥ 《說文解字》，第 13 頁下欄。

⑦ 同上書，第 10 頁上欄。

是"玟"與"玉"就廣義而言，均是一種美石。士與天子、公侯、大夫、世子所佩玉的不同乃在於玉的質地。從天子到士，佩玉的顏色逐漸由純正到駁雜。玫瑰是一種黄赤色的美石，與緼色相映襯。瑉乃一種次於玉的石。孔穎達疏："瑉玟，石次玉者。賤，故士佩之。"① 是孔穎達所見本亦作"瑉玟"。若作"瑜玟"，則士與世子無别，不能顯示階層差異。《初學記》引文作"瑜玟"，顯然涉上文"世子佩瑜玉"句的"瑜"字影響而誤。

【玉—昔】

《初學記·寶器部（花草附）·玉》事對"白虹　青氣"："《禮記》曰：'子貢問於孔子曰：敢問君子貴玉而賤珉何也？子曰：夫玉者，君子比德於玉焉。温潤而澤，仁也；氣如白虹，天也。'"（652）

按：引文"夫玉者"句的"玉"字，《禮記·聘義》作"昔"②。原文當從今本《禮記》作"昔"。《藝文類聚》卷八三引《禮記》曰："子曰：'昔，君子比德於玉焉。'"③《太平御覽》卷八〇四："夫昔者，君子比德於玉焉。"④《太平御覽》卷八〇九："夫昔者，君子比德於玉焉。"⑤ 俱作"昔"。《初學記》作"玉"，當是受上下文"玉"字影響而誤。

【赦—説】

《初學記·禮部下·朝會》事對"命政事供職貢"："《左傳》曰：'子産相鄭伯以如楚，舍不爲壇。曰：小適大有五惡，赦其罪戾，講其政事，供其職貢，從其時命，不然則重其幣帛，以賀其福而弔其凶，皆小國之禍也。焉用作壇，以昭其禍。'"（346）

按：引文"赦"字《左傳·襄公二十八年》作"説"⑥。《初》引文作"赦"，與文意不合。"小適大有五惡"總領五種惡，下文乃其分説。若如《初》引文作"赦"，則何惡之有？乃善之表現。核之今本《左傳》，"小適大"至"以昭其禍"爲子産語。在言"小適大"之前，其有言曰："大適小，則爲壇。小適大，苟舍而已，焉用壇？僑聞之，大適小

---

① 《十三經注疏》，第 1483 頁上欄。
② 同上書，第 1694 頁上欄—中欄。
③ 《藝文類聚》，第 1426 頁。
④ 《太平御覽》，第 3570 頁下欄。
⑤ 同上書，第 3595 頁上欄。
⑥ 《十三經注疏》，第 2000 頁上欄。

有五美：宥其罪戾，赦其過失，救其菑患，賞其德刑，教其不及。小國不困，懷服如歸。是故作壇以昭其功，宣告後人，無怠於德。"①《初》引文省略此段。其改"說"作"赦"，當是受此段"赦其過失"句影響而誤。

【災—不時】

《初學記·禮部上·祭祀》敘事："《左傳》：'雪霜風雨之災則禜之。'"（317）

按：引文"災"，《左傳·昭公元年》作"不時"②。《周禮·春官·鬯人》鄭玄注引《左傳》曰："則雪霜風雨之不時，於是乎禜之。"③《周禮·春官·大祝》鄭玄注亦引是語同。《禮記·祭法》鄭玄注引是語，亦同。可見鄭玄所見本《左傳》與今本《左傳》同。那麼《初》何故改"不時"作"災"呢？按《左傳·昭公元年》此句之上曰："山川之神，則水旱癘疫之災，於是乎禜之。"④《初》前揭引文當是編者受此句影響所致而誤。

【有緣—無緣】

《初學記·武部·弓》敘事："《爾雅》云：'弓有緣者謂之弭（今角弓）。以金者謂之銑，以蜃者謂之珧，以玉者謂之珪。（用金蜃玉飾弓兩頭，因取類以爲名。）'"（531）

按《爾雅·釋器》："弓有緣者謂之弓，無緣者謂之弭。"⑤ 與《初》恰相反。《說文·弓部》："弭，弓無緣，可以解轡紛者。"⑥ 釋"弭"作"弓無緣"者，與今本《爾雅》同。《初》引作"弓有緣者謂之弭"，當是受《爾雅》上文"弓有緣者謂之弓"句影響所致⑦。

四　因妄改而誤

【井—行】

《初學記·地部下·井》敘事："《禮記》云：'井與門、户、竈、中

---

① 《十三經注疏》，第1999頁下欄—2000頁上欄。
② 同上書，第2024頁上欄。
③ 同上書，第771頁上欄。
④ 同上書，第2024頁上欄。
⑤ 同上書，第2600頁下欄。
⑥ 《說文解字》，第269頁下欄。
⑦ 同部事對"蜃珧　象弭"引《爾雅》亦作"弓有緣者謂之弭，以蜃謂之珧"，沿襲敘事之誤也。詳見《初學記》，第532頁。

雷爲五祀。'"（153）

按《禮記·曲禮下》："大夫祭五祀。"鄭注曰："五祀，户、竈、中雷、門、行也。"①《禮記·祭法》："王爲羣姓立七祀，曰司命，曰中雷，曰國門，曰國行，曰泰厲，曰户，曰竈。王自爲立七祀。諸侯爲國立五祀，曰司命，曰中雷，曰國門，曰國行，曰公厲。諸侯自爲立五祀。"鄭玄注："司命，主督察三命。中雷，主堂室居處。門、户，主出入。行，主道路行作。厲，主殺罰。竈，主飲食之事。《明堂月令》：'春曰其祀户，祭先脾。夏曰其祀竈，祭先肺。中央曰其祀中雷，祭先心。秋曰其祀門，祭先肝。冬曰其祀行，祭先腎。'"②孫希旦認爲，五祀有二，大者爲五行之神，小者爲户、灶、門、行、中雷③。其説是也，大者爲國所立，小者爲諸侯以下自爲而立。《睡虎地秦墓竹簡·日書乙種》第 40 簡："祠五祀日，丙丁竈，戊己内中土，乙户，壬癸行，庚辛□。"④説明先秦確有以户、灶、門、行、中雷爲五祀的傳統。《初學記》所引，當爲其小者。

《初學記》之所以改"行"作"井"，因爲至遲在漢代，五祀已改"行"作"井"。《吕氏春秋·孟冬紀》："饗先祖五祀。"高誘注："五祀：木正句芒其祀户；火正祝融其祀竈；土正后土其祀中雷，后土爲社；金正蓐收其祀門；水正玄冥其祀井；故曰五祀。社爲土官，稷爲木官，俱在五祀中，以其功大，故別言社稷耳。"⑤《漢書·郊祀志上》亦曰："大夫祭門、户、井、灶、中雷五祀。"⑥是其證也。後世沿襲，至清代一直用此五祀。《清史稿》卷八四《五祀八蜡》："五祀，初循舊制，每歲暮合祭太廟西廡下。順治八年定制，歲孟春宫門外祭司户神，孟夏大庖前祭司竈神，季夏太和殿階祭中雷神，孟秋午門西祭司門神，孟冬大庖井前祭司井神。"⑦唐代當然也不例外，《初學記》的編者爲與實際祭祀的五祀相合，故改"行"作"井"。

---

①　《十三經注疏》，第 1268 頁中栏。
②　同上書，第 1590 頁上栏。
③　詳見孫希旦《禮記集解》，第 1203 頁。
④　《睡虎地秦墓竹簡》，第 123 頁。
⑤　《吕氏春秋新校釋》，第 523—529 頁。
⑥　《漢書》，第 1193—1194 頁。
⑦　《清史稿》第 10 册，第 2550 頁。

【伐—滅】

《初學記·州郡部·淮南道》事對"弦子都　虞丘郭"："《左傳》曰：'楚人伐弦，弦子奔黄。'"（186）

按：引文"伐"字《左傳·僖公五年》作"滅"①。《公羊傳》與《穀梁傳》俱作"楚人滅弦"，則《左傳》原文亦當作"滅"。征伐雖是滅國必不可少的途徑，但改"滅"作"伐"，句意全然不同，當是《初》編者以己意妄改。

【辭焉—辭玉】

《初學記·政理部·奉使》事對"獻節　張旌"："《左傳》曰：'秦伯使西乞術來聘，且言將伐晉。襄仲辭焉，答曰：寡君得微福于周公、魯公以事君，不腆先君之敝器，而使下臣致諸執事，以爲瑞節。要結好命，所以藉寡君之命，結二國之好，是以敢致之。'"（480）

按：引文"辭焉"《左傳·文公十二年》作"辭玉"。杜預注："不欲與秦爲好，故辭玉。"② 其説恐非。《儀禮·聘禮》："擯者入告，出辭玉。"③ "辭玉"乃聘禮中的一種禮節④，並非如杜預所説爲不欲結好的表現。《初》改"辭玉"作"辭焉"，疑爲編者不知"辭玉"之意而臆改。殊不知《聘禮》亦有"辭玉"之儀式，改"辭玉"作"辭焉"，弄巧成拙矣。

第六節　雜糅

雜糅是指古籍在引用他書時，將同書的不同章節或段落的句子編排於同一句子，或者將不同書籍的內容或注文糅於一處。《初學記》引經有數書內容的雜糅，亦有同書不同章節、段落的雜糅，還有經文與注疏之間的雜糅。舉例如下：

一　數書内容之雜糅

（1）《初學記·人部上·聖》敘事："《尚書》曰：'睿作聖。'又曰：

---

① 《十三經注疏》，第 1794 頁中欄。

② 同上書，第 1851 頁中欄。

③ 同上書，第 1054 頁中欄。

④ 參見楊伯峻《春秋左傳注》（修訂本），第 588 頁。

'聖作則。'"（407）

按：今本《尚書》無"聖作則"句。《左傳·昭公六年》："《書》曰：'聖作則。'"① 《初》引文與《左傳》引《尚書》合，當是古本《尚書》佚文也。然唐代編《初學記》時，古文《尚書》已亡，故《初》引文當是一本《尚書》，一自《左傳》轉引，但編者祇題《尚書》之名。

（2）《初學記·寶器部（花草附）·玉》敘事："《詩》云：言念君子，溫其如玉。故君子貴之也。"（650）

按《詩·秦風·小戎》："言念君子，溫其如玉。"② 無"故君子貴之也"句。而《禮記·聘義》曰："《詩》云：'言念君子，溫其如玉。'故君子貴之也。"③ 正與《初》全同。知《初》此段非直接引自《詩經》，而是轉引自《禮記》，但《初》編者徑標《詩》名。

（3）《初學記·地部下·關》事對"賓叩 旅悅"："《周禮》曰：'凡四方賓客叩關，譏而不禁，則天下之行旅皆悅，而願出於其路矣。'"（160）

按《周禮·地官·司關》："凡四方之賓客敂關，則爲之告。"④ 無"譏而不禁"以後的內容。《孟子·公孫丑上》："關譏而不征，則天下之旅皆悅而願出於其路矣。"⑤ 當爲《初》所本。因都與"關禁"相關，內容接近，故編者將《孟子》誤記作《周禮》。

（4）《初學記·樂部下·鐘》敘事："《周禮》曰：'鳧氏爲鐘，兩欒謂之銑。（鄭玄曰：故書欒作樂。杜子春云：銑，鍾口兩角也。）銑間謂之于，于上謂之鼓，鼓上謂之鉦，鉦上謂之舞。（此四者，鐘體也。鄭司農云：于，鐘脣之上袪，鼓所擊處。）鐘懸謂之旋，旋蟲謂之幹。（旋屬鐘柄，所以懸也。鄭司農云：旋蟲者，旋以蟲爲飾也。玄謂今之旋，有蹲熊、盤龍、辟邪之蟲。）鐘帶謂之篆，篆間謂之枚，枚間謂之景。（帶所以分其名。鄭司農云，枚，鐘乳也。）凡鐘磬各有筍（思尹反）虡，寫鳥獸之形，大聲有力者以爲鐘虡，清聲無力者以爲磬虡。'"（395）

按："鳧氏爲鐘"至"枚，鐘乳也"爲《周禮·考工記·鳧氏》文，"凡鐘磬各有筍虡"至末尾，今本《周禮》無。《宋書·樂志一》："蔡邕

---

① 《十三經注疏》，第 2045 頁上欄。
② 同上書，第 370 頁上欄。
③ 同上書，第 1694 頁中欄。
④ 同上書，第 739 頁中欄。
⑤ 同上書，第 2690 頁中欄。

曰：'寫鳥獸之形，大聲有力者以爲鍾虡，清聲無力者以爲磬虡。'"①
《初學記》引文後半段當出自蔡邕文。而《周禮·考工記·梓人》："梓人
爲筍虡。天下之大獸五：脂者、膏者、臝者、羽者、鱗者。宗廟之事，脂
者、膏者以爲牲；臝者、羽者、鱗者以爲筍虡……大聲而宏，則於鍾宜。
若是者以爲鍾虡，是故擊其所縣，而由其虡鳴。……無力而輕，則於任輕
宜；其聲清陽而遠聞，於磬宜。若是者以爲磬虡，故擊其所縣，而由其虡
鳴。"② 又當爲蔡邕文句所本。

（5）《初學記·器物部·燭》敘事："《儀禮》曰：'燕則庶子執燭於
阼階上，司宮執燭於西階上，甸人執大燭於庭，閽人爲燭於門外。凡燭
至，起。(異晝夜。)'"（616）

按：以上內容非單引自《儀禮》，乃《儀禮》與《禮記》之雜糅。
《儀禮·燕禮》曰："宵則庶子執燭於阼階上，司宮執燭於西階上，甸人
執大燭於庭，閽人爲大燭於門外。"③ 又《大射》："宵則庶子執燭於阼階
上，司宮執燭於西階上，甸人執大燭於庭，閽人爲燭於門外。"④ 是爲其
所出。"凡燭至，起"句，今本《儀禮》無。《禮記·曲禮上》："燭至
起。"鄭玄注："異晝夜。"⑤ 當爲《初》所本。編者因此內容俱與"燭"
相關，遂合於一條，祇題《儀禮》之名。

（6）《初學記·鳥部·鴈》敘事："《儀禮》曰：大夫執鴈，取其候
時而行也。婚禮下達，納采用鴈。"（735）

按："大夫執鴈，取其候時而行也"句今本《儀禮》無。《周禮·春
官·大宗伯》："大夫執鴈。"鄭玄注："鴈，取其候時而行。"⑥ 與《初》
引文同，疑爲編者所本。《儀禮·士昏禮》："昏禮下達，納采用鴈。"⑦
當爲《初》下二句所本。因都與"鴈"有關，編者統之於《儀禮》
名下。

（7）《初學記·蟲部·螢》敘事："《禮記·月令》曰：'季夏之月，

① 《宋書》第 2 册，第 554 頁。
② 《十三經注疏》，第 924 頁下欄—925 頁中欄。
③ 同上書，第 1024 頁上欄。
④ 同上書，第 1044 頁上欄。
⑤ 同上書，第 1240 頁上欄。
⑥ 同上書，第 762 頁上欄。
⑦ 同上書，第 961 頁中欄。

腐草爲螢，丹鳥即螢也。'又曰：'丹鳥羞白鳥也，白鳥即蚊也。'"①

按：閻琴南曰："此作'又曰'則承上《禮記·月令》，檢下注文實爲《大戴禮記·夏小正》之文，疑各本並誤。"② 閻説是也。《禮記·月令》："季夏之月……腐草爲螢。"③ 爲上揭引文前二句所出。《大戴禮記·夏小正》曰："丹鳥羞白鳥。丹鳥者，謂丹良也。白鳥，謂閩蚋也。"④ 陸德明《釋文·禮記音義·月令》曰："閩，音文，依字作蟁，又作蚊。"⑤ 上揭引文"丹鳥即螢也"及"又曰"的内容，當從此而來。崔豹《古今注·魚蟲》："螢火，一名耀夜，一名景天，一名熠燿，一名丹良，一名燐，一名丹鳥，一名夜光，一名宵燭，腐草爲之，食蚊蚋。"⑥ 是丹鳥即螢也。《初學記》的引文顯是編者雜糅《禮記》與《大戴禮記》又加以己意的結果。

（8）《初學記·人部中·師》事對"主善　司成"："《禮記》曰：'樂正司業，父師司成，一人元良，萬邦以貞，世子之謂也。'鄭玄注曰：'司，主也。'"（432）又《儲宫部·皇太子》事對"天序　國貞"曰："《禮記》曰：'一人元良，萬邦以貞，太子之謂也。'"（229）

按：《禮記·文王世子》作"一有元良，萬國以貞"⑦。《尚書·商書·太甲下》："一人元良，萬邦以貞。"⑧ 與《初學記》同。而《尚書》此段文字，乃承《禮記》而來。閻若璩《尚書古文疏證》曰："二十五篇，《書》以此人之語入彼人口中而不顧所處之地，所值之時……《文王世子》語曰：'樂正司業，父師司成。一有元良，萬國以貞，世子之謂也。'今入元良二語于伊尹口中以訓長君。"⑨ 依閻説，則此語是古文《尚書》之造僞者據《文王世子》改造的結果。改"有"作"人"，蓋《文王世子》此語是爲贊揚世子而作，而《太甲下》所指則爲天子。僞孔傳：

---

① 《初學記》卷三十嚴陸校宋本異文，第 12 頁。

② 閻琴南《〈初學記〉研究》，第 403 頁。

③ 《十三經注疏》，第 1370 頁。

④ 《大戴禮記解詁》，第 43 頁。

⑤ 《經典釋文》（通志堂本），第 177 頁下欄。

⑥ 《古今注》，第 13 頁。

⑦ 《十三經注疏》，第 1407 頁下欄。

⑧ 同上書，第 165 頁中欄。

⑨ 《尚書古文疏證》，第 241 頁。

"一人，天子。"① 知古以"一人"稱天子。故僞本《尚書》改"有"爲"人"。改"國"爲"邦"，疑爲漢高祖名劉邦，漢時避其名之諱，常改"邦"爲"國"②；僞撰者以《禮記》爲漢人戴聖編輯，認爲作"國"乃爲避諱語，遂回改作"邦"，不知實誤矣。《初》引文蓋《尚書》與《禮記》交互影響的結果。

（9）《初學記·器物部·飯》敘事："《禮記》曰：'膳夫掌王之食飲（食，飯也；飲，酒漿也），食用六穀（稌、黍、稷、粱、麥、苽、雕胡）。黍稷稻粱，黃粱稻穛（稻音醣，熟穀也；穛音阻腳反，生穀也）。'"（636）

按：此乃雜糅《周禮·天官·膳夫》與《禮記·內則》之文。《周禮·天官·膳夫》："膳夫，掌王之食飲膳羞，以養王及后、世子。"鄭玄注："食，飯也。飲，酒漿也。"又："凡王之饋，食用六穀。"鄭玄注："六穀，稌、黍、稷、粱、麥、苽。苽，雕胡也。"③　《禮記·內則》："飯：黍、稷、稻、粱、白黍、黃粱，稰、穛。"④ 爲引文之所出。

（10）《初學記·天部下·雹》敘事："《左傳》云：'凡雹，皆冬之愆陽，夏之伏陰。（愆陽，冬溫也；伏陰，夏寒也。）聖人在上，無雹。雖有，不爲災。'"（32）

按《左傳·昭公四年》："聖人在上，無雹。雖有，不爲災。"又"則冬無愆陽"杜預注："愆，過也。謂冬溫。""夏無伏陰"杜注："伏陰，謂夏寒。"⑤ 但今本《左傳》無"凡雹，皆冬之愆陽，夏之伏陰"句。考《太平御覽》卷十四引《史記》："凡雹，皆冬之愆陽，夏之伏陰也。"⑥《淵鑑類函》卷九引文與《初》同，當是抄自《初》。今本《史記》無是語，《太平御覽》或亦誤題書名。《漢書·五行志》曰："《左氏傳》曰：'聖人在上無雹，雖有不爲災。'說曰：凡物不爲災不書，書大，言爲災也。凡雹，皆冬之愆陽，夏之伏陰也。"⑦ 從《漢書》體例看，"説曰"

---

① 《十三經注疏》，第 165 頁中欄。

② 《漢書·高帝紀》注"高祖"，荀悦曰："諱邦，字季，邦之字曰國。"顏師古曰："邦之字曰國者，臣下所避以相代也。"（《漢書》，第 1 頁）説明漢代避高祖劉邦的諱。

③ 《十三經注疏》，第 659 頁下欄。

④ 同上書，第 1463 頁下欄。

⑤ 同上書，第 2033 頁下欄—2034 頁下欄。

⑥ 《太平御覽》，第 70 頁下欄。

⑦ 《漢書》第 5 册，第 1427 頁。

的内容往往與前書引文無涉，則此處"凡雹，皆冬之愆陽，夏之伏陰"句非《左傳》語。《初》引文當出自《漢書·五行志》而非《左傳》，但《初》編者誤以屬上作《左傳》。

（11）《初學記·文部·史傳》敘事："《春秋傳》曰：'晉趙穿弒靈公。太史董狐書曰：趙盾弒其君。盾曰：不然。對曰：子爲正卿，亡不越境，反不討賊，非子而誰？齊崔杼弒莊公。太史書曰：崔杼弒其君，崔子殺之。其弟嗣書，又殺之。其弟又書，乃舍之。南史聞太史盡死，執簡以往，聞既書矣，乃還。楚王與右尹子革語，左史倚相趨而過。王曰：良史也！能讀三墳、五典、八索、九丘。'"（502）

按：以上引文乃《穀梁傳》與《左傳》之雜糅。《穀梁傳·宣公二年》曰："趙穿弒公，而後反趙盾。史狐書賊曰：趙盾弒公。盾曰：天乎天乎！予無罪。孰爲盾而忍弒其君者乎？史狐曰：子爲正卿，入諫不聽，出亡不遠。君弒，反不討賊，則志同，志同則書重，非子而誰？故書之曰：晉趙盾弒其君夷皋者，過在下也。"① 《初》引文"晉趙穿弒靈公"至"太史書曰：崔杼弒其君"當從所出。《左傳·襄公二十五年》："大史書曰'崔杼弒其君'。崔子殺之。其弟嗣書，而死者二人。其弟又書，乃舍之。南史氏聞大史盡死，執簡以往。聞既書矣，乃還。"② 又昭公十二年："王曰：'是良史也，子善視之。是能讀《三墳》、《五典》、《八索》、《九丘》。'"③ 當爲《初》引文後一段所出。

二 同書内容之雜糅

（1）《初學記·人部上·聖》敘事："《易》曰：'備物致用，立成器以爲天下利，莫大乎聖人。知進退存亡而不失其正者，其唯聖人乎。'"（407）

按《周易·繫辭上》："備物致用，立成器以爲天下利，莫大乎聖人。"④ 《周易·乾卦》："知進退存亡而不失其正者，其唯聖人乎？"⑤ 《初》引文乃《繫辭上》與《乾卦》的雜糅。

---

① 《十三經注疏》，第 1982 頁下欄。
② 同上書，第 1984 頁上欄。
③ 同上書，第 2064 頁中欄。
④ 同上書，第 82 頁中欄。
⑤ 同上書，第 17 頁下欄。

（2）《初學記·帝王部·總敘帝王》事對"軒營　周陣"："《尚書》曰：'武王伐殷，一月戊午，師渡孟津。癸亥，陳于商郊，俟天休命。'"（205）

按《尚書·泰誓上》："武王伐殷。一月戊午，師渡孟津。"① 《尚書·武成》："癸亥，陳于商郊，俟天休命。"② 此二章當是《初》引文所本，編者合二而一。

（3）《初學記·帝王部·總敘帝王》事對"周官械樸　殷相鹽梅"："《尚書》曰：'高宗夢傅説，爰立作相，王置諸其左右，命之曰：若金，用汝作礪；若濟巨川，用汝作舟楫；若作酒醴，爾惟麴蘗；若作和羹，爾惟鹽梅；若歲大旱，用汝作霖雨。'"（209）

按《尚書·説命上》："高宗夢得説……爰立作相，王置諸其左右。命之曰：'朝夕納誨，以輔台德。若金，用汝作礪；若濟巨川，用汝作舟楫；若歲大旱，用汝作霖雨。'"③ 無"若作酒醴，爾惟麴蘗；若作和羹，爾惟鹽梅"句。《尚書·説命下》："若作酒醴，爾惟麴蘗；若作和羹，爾惟鹽梅。"④ 當爲"若作酒醴"云云所出。因主題一致，故《初》編者徵引時放於一處。

（4）《初學記·器物部·裘》事對"三英　千鎰"："《毛詩注》曰：'三英，三德也。英謂古者以素絲英飾裘，即上素絲五紽也。'"（631）

按今本《毛詩·鄭風·羔裘》："羔裘晏兮，三英粲兮。"毛傳："三英，三德也。"⑤ 無"英謂古者以素絲英飾裘，即上素絲五紽也"句，鄭箋亦無。查《毛詩·召南·羔羊》"羔羊之皮，素絲五紽"毛傳："古者素絲以英裘，不失其制，大夫羔裘以居。"⑥ 《初》引文蓋雜糅《羔裘》與《羔羊》經傳而成。

（5）《初學記·器物部·裘》敘事："《毛詩》曰：'公子狐貍裘，舟人熊羆裘。'"（630）

---

① 《十三經注疏》，第 179 頁下欄。
② 同上書，第 185 頁上欄。
③ 同上書，第 174 頁中欄—下欄。
④ 同上書，第 175 頁下欄。
⑤ 同上書，第 340 頁上欄。
⑥ 同上書，第 289 頁上欄。

按《詩·豳風·七月》："取彼狐狸，爲公子裘。"① 又《詩·小雅·大東》："舟人之子，熊羆是裘。"②《初》引文當是據《七月》與《大東》改造的結果。

（6）《初學記·菓木部·梅》敘事："《毛詩》曰：'摽有梅，其實七兮。山有嘉卉，侯栗侯梅。'"③

按《詩·召南·摽有梅》："摽有梅，其實七兮。"④ 又《詩·小雅·四月》："山有嘉卉，侯栗侯梅。"⑤《初》乃合《摽有梅》與《四月》於一處。

（7）《初學記·帝戚部·王》事對"藩屏皇家　維翰帝室"："《詩》云：'大邦維翰。'"（238）

按《詩·大雅·板》曰："大邦維屏，大宗維翰。"⑥《初》引文蓋將兩句雜糅爲一所致。

（8）《初學記·職官部下·太府卿》敘事："《周禮·天官》：'屬有太府下大夫，掌貢賦，受其貨賄之入。'"（303）

按《周禮·天官·敘官》："大府，下大夫二人。"⑦ 又《大府》："大府掌九貢、九賦、九功之貳，以受其貨賄之入。"⑧《初》引文乃雜糅二者而成。

（9）《初學記·中宮部·妃嬪》事對"教九御　繰三盆"引《周禮》："九嬪以婦職之法教九御。"（226）

按：《周禮·天官·九嬪》作"九嬪掌婦學之灋，以教九御"⑨。《初》引文疑爲受《內宰》篇影響所致。《內宰》曰："以婦職之灋教九御。"⑩ 此句加上"九嬪"之頭衔，正與《初》引文完全吻合。編者雜糅《內宰》與《九嬪》篇的內容。

---

① 《十三經注疏》，第 391 頁上欄。
② 同上書，第 461 頁上欄。
③ 《初學記》卷二十八嚴陸宋本異文，第 10 頁。
④ 《十三經注疏》，第 291 頁中欄。
⑤ 同上書，第 462 頁下欄。
⑥ 同上書，第 550 頁上欄。
⑦ 同上書，第 642 頁上欄。
⑧ 同上書，第 677 頁中欄。
⑨ 同上書，第 687 頁中欄。
⑩ 同上書，第 684 頁下欄。

（10）《初學記·文部·史傳》事對"書言　掌命"："《周官》：'内史掌書王命，外史掌四方之志。'"（504）

按："内史掌書王命"句乃《周禮·春官·内史》文，"外史掌四方之志"句乃《周禮·春官·外史》文。因俱爲《周禮》文，且均掌書命之責，故《初》編者聚於《周禮》名下。

（11）《初學記·樂部上·雅樂》敘事："《周禮》：'奏大樂皆以鐘鼓。奏九夏（夏樂章名，若今之奏鼓吹），一曰王夏（天子出入奏之），二曰肆夏（祭祀尸出入奏之，亦主賓入門奏之，享四方奏之。），三曰昭夏（牲出入奏之），四曰納夏（享四方奏之），五曰章夏（納有功奏之），六曰齊夏（大夫祭奏之），七曰族夏（族人侍奏之），八曰祴夏（賓醉出奏之），九曰鷔夏（公出入奏之）。天子祭祀用六代之樂（一曰雲門，二曰咸池，三曰簫韶，四曰大夏，五曰大濩，六曰大武）。'"（366）

按：以上文字均爲意引《周禮》。"奏大樂皆以鐘鼓"至"公出入奏之"出自《周禮·春官·鍾師》。今本《鍾師》云："凡樂事，以鍾鼓奏《九夏》，《王夏》、《肆夏》、《昭夏》、《納夏》、《章夏》、《齊夏》、《族夏》、《祴夏》、《鷔夏》。"注曰："以鍾鼓者，先擊鍾，次擊鼓以奏《九夏》。夏，大也，樂之大歌有九。故書納作内，杜子春云：'内當爲納，祴讀爲陔鼓之陔。王出入奏《王夏》，尸出入奏《肆夏》，牲出入奏《昭夏》，四方賓來奏《納夏》，臣有功奏《章夏》，夫人祭奏《齊夏》，族人侍奏《族夏》，客醉而出奏《陔夏》，公出入奏《鷔夏》。《肆夏》，詩也。'"①"天子祭祀用六代之樂"至末尾的内容《周禮·鍾師》無。但《大司樂》："以樂舞教國子：舞《雲門》、《大卷》、《大咸》、《大磬》、《大夏》、《大濩》、《大武》。"注："此周所存六代之樂。"②疑即《初》所本。

（12）《初學記·文部·史傳》敘事："《周官》：'有太史、小史、内史、外史、御史，凡五官。太史掌建邦之六典，八法，八則，以逆邦國之治；小史掌邦國之志，奠繫世，辨昭穆，若有事則詔王之忌諱；内史掌王八柄之法，書王命而貳之；外史掌書外令，掌四方之志，掌三皇五帝之書，掌達書名于四方；御史掌邦國都鄙萬民之治令，以贊冢宰，掌贊書。'"（502）

---

① 《十三經注疏》，第800頁中欄。

② 同上書，第787頁下欄。

按：《初》引文出自《周禮·春官》。首句"有太史、小史、内史、外史、御史，凡五官"當出自《敍官》。"太史掌建邦之六典"句出自《大史》，今本《大史》云："大史掌建邦之六典，以逆邦國之治，掌灋以逆官府之治，掌則以逆都鄙之治。"鄭玄注："典、則，亦法也。逆，迎也。六典、八法、八則，冢宰所建，以治百官，大史又建焉，以爲王迎受其治也。"① 似鄭玄所見本"灋"作"八灋"，"則"作"八則"，《初》引文作"八法"、"八則"正與鄭見本合。"小史"句出自《小史》，"内史"句出自《内史》，"外史"句出自《外史》，"御史"句出自《御史》，故此條乃《周禮》數章内容之雜糅。

（13）《初學記·武部·旌旗》敍事："《周官》：'司常掌九旗之物，名各有屬，以待國事。日月爲常，交龍爲旂，通帛爲旜，雜帛爲物，熊虎爲旗，鳥隼爲旟，龜蛇爲旐，全羽爲旞，析羽爲旌。龍旂九斿，以象大火也；鳥旟七斿，以象鶉火也，熊旗六斿，以象伐也；龜蛇四斿，以象營室也，弧旌枉矢，以象弧也。'"（523）

按："司常掌九旗之物"至"析羽爲旌"出自《周禮·春官·司常》，"龍旂九斿"至"以象弧也"出自《考工記·輈人》。因所述内容均與"旗"相關，《初》編者聯結在一起而統名之曰《周官》。

（14）《初學記·政理部·奉使》敍事："《周官》：'小行人掌邦國賓客之禮籍，以待四方之使者。凡四方之使者，大客則擯，小客則受其幣，聽其辭。行夫掌邦國傳遽之小事，凡其使也，必以旌節。'"（479）

按：此乃《周禮·秋官·小行人》與《行夫》之拼合。今本《周禮·秋官·小行人》："小行人掌邦國賓客之禮籍，以待四方之使者。……凡四方之使者，大客則擯，小客則受其幣而聽其辭。"② 《初》"行夫"前的内容當出自此。《周禮·秋官·行夫》："行夫掌邦國傳遽之小事、媺惡而無禮者。凡其使也，必以旌節。"③ "行夫"以後的内容當本於此。

（15）《初學記·居處部·道路》敍事："昔黃帝爲天子，匠人營國。國中九經、九緯。經涂九軌，環涂七軌，野涂五軌，合方氏掌達天下之道路。至於四畿，凡道路之舟車轚互者，敍而行之。凡有節者及有爵者至，

---

① 《十三經注疏》，第 817 頁上栏。
② 同上書，第 893 頁中栏。
③ 同上書，第 899 頁中栏。

則爲之辟禁野之橫行徑踰者。（見《周官》。）"（589）

按："昔黃帝爲天子"句，今本《周禮》無。當是《初》編者爲串聯上下文而加之辭。"匠人營國"至"野涂五軌"句，今本《周禮·考工記·匠人》曰："匠人營國，方九里，旁三門。國中九經九緯，經涂九軌。……經涂九軌，環涂七軌，野涂五軌。"①《初》編者節引且進行了縮略。"合方氏掌達天下之道路"句，出自《夏官·合方氏》。"至於四畿"至"則爲之辟禁野之橫行徑踰者"，乃《秋官·野廬氏》的內容，今本曰："野廬氏掌達國道路，至于四畿。……凡道路之舟車轚互者，敘而行之。凡有節者及有爵者至，則爲之辟。禁野之橫行徑踰者。"②因野廬氏與合方氏俱掌天下之道路，編者混於一處。

（16）《初學記·居處部·市》敘事："《周禮》：'建國後立市，設其次，置其敘，正其肆，陳其貨財，出度量。（建國必面朝而後市。王立朝，后立市，陰陽相成之象。）司市掌市之治教政刑，量度禁令；以次敘分地而經市，以陳肆辨物而平市，以政令禁物靡而均市，以商賈阜財而行布。大市，日中而市，百族爲主。朝市，朝時而市，商賈爲主。夕市，夕時而市，販夫販婦爲主。'"（591）

按：此乃《周禮·天官·內宰》與《周禮·地官·司市》內容之和。"建國後立市"至"陰陽相成之象"出自《內宰》，"司市"後內容出自《司市》。

（17）《初學記·器物部·席》敘事："《周禮》曰：'王府掌王之袨席（袨席，簟席），司几筵，掌五几五席之名物。凡大朝覲，設莞席紛純，加繅席畫純，加次席黼純。諸侯祭祀，席蒲筵繢純。（紛，白綉也；純，緣也；次，獸皮爲席也；繅席，削蒲翦編以五采，若今合歡矣，畫謂雲氣也；次席，桃枝席，有次列成文。）'"（602）

按："王府掌王之袨席"句出自《周禮·天官·玉府》。"司几筵"以下乃《春官·司几筵》的內容。

（18）《初學記·獸部·馬》敘事引《周官》："凡特，居四之一（三牝者一特也）。春祭馬祖，執駒（馬祖，天駟也；執駒，無令近母也）；夏祭先牧，頒馬攻特（先牧，始養馬者，則謂之特）；秋祭馬社（馬社，始乘馬者。《世本》曰：相土作

---

① 《十三經注疏》，第 927 頁中欄—928 頁下欄。
② 同上書，第 884 頁中欄—下欄。

乘馬）；冬祭馬步（馬步，神爲災害馬者。）。凡大祭祀，朝覲會同，毛馬而頒之，飾幣馬，執扑而從之，禁原蠶。（原，再也，天文辰爲馬。蠶爲龍精，月直火則浴其種，是蠶與馬同氣也。物莫能兩大，禁再蠶者，爲傷馬也。）"（701）

按：引文內容爲《周禮·夏官·校人》與《馬質》之和。"凡特"至"執扑而從之"爲《校人》的內容；"禁原蠶"以後爲《馬質》的內容。因都與"馬"相關，《初》編者同置於馬部下。

（19）《初學記·獸部·牛》敘事："《周官》曰：'牛人掌養國之公牛，以待政令。祭祀供享牛、求牛，賓客供積膳牛，軍事供犒牛，喪事供奠牛，軍旅供兵車之牛。牛角長二尺有五寸，三色不失，謂之戴牛。（三色，本白中青末豐也。戴牛掌直一牛。）'"（706）

按："牛人"至"兵車之牛"出自《周禮·地官·牛人》，"牛角"以後出自《考工記·弓人》。因內容均與牛相關，故《初》編者統於"牛"小部下，而統以《周官》之名。

（20）《初學記·器物部·脯》敘事："《儀禮》曰：'鄉飲酒，主人立于西階東，薦脯；使行出祖，釋軷祭脯；士冠，賓東面薦脯。'"（641）

按：《儀禮·鄉飲酒禮》："主人立于西階東，薦脯醢。"① 又《聘禮》："出祖，釋軷，祭酒脯。"② 又《士冠禮》："賓東面苔拜。薦脯醢。"③《初》引文當爲此三處內容雜糅的結果。因均出於《儀禮》，故編者祇題大名《儀禮》以統之。

（21）《初學記·禮部上·總載禮》敘事："《禮記》又曰：'故禮之於人也，猶酒之有糵也，如竹箭之有筠也，如松柏之有心也。'"（314）

按：《初學記》引文乃雜糅《禮記·禮運》與《禮器》之文。《禮記·禮運》："故禮之於人也，猶酒之有糵也。"④《禮記·禮器》："其在人也，如竹箭之有筠也，如松栢之有心也。"⑤《初學記》編者將二者合於"禮之於人"這一主題下。

（22）《初學記·果木部·瓜》敘事引《禮記》曰："瓜祭，上環，食中，棄所操。婦人之贄，瓜桃李梅。"（684）

① 《十三經注疏》，第 984 頁中欄。
② 同上書，第 1072 頁中欄。
③ 同上書，第 952 頁下欄。
④ 同上書，第 1426 頁中欄。
⑤ 同上書，第 1430 頁下欄。

按：此段引文乃雜糅《玉藻》、《曲禮下》與《内則》之文所成。《玉藻》："瓜祭，上環，食中，弃所操。"① 《曲禮下》："婦人之挚，榛、脯、脩、棗、栗。"② 據此，則"婦人之贄"無"瓜桃李梅"等物。《内則》："芝栭、菱、椇、棗、栗、榛、柿、瓜、桃、李、梅、杏、楂、梨、薑、桂。"鄭玄注："自'牛脩'至此三十一物，皆人君庶食所加庶羞也。"③ 則"瓜桃李梅"非婦人之贄，"皆人君庶食所加庶羞也"。《初學記》編者將上述不同篇章的内容，雜糅在同一主題之下。

（23）《初學記·禮部下·死喪》敘事："《禮記》曰：'生曰父，死曰考（考，成也）；生曰母，死曰妣（妣，比也，言比父亦然）。壽考曰卒，短折曰不禄，死寇曰兵。男子不死於婦人之手，婦人不死男子之手。君夫人卒於路寝，大夫世婦卒於適寝，内子未命則死於下室，士之妻皆死于寝。小臣復，復者朝服。君以卷，夫人以屈狄，大夫以玄赬，命婦以襢衣，士以爵弁，士妻以税衣。凡復，男子稱名，婦人稱字。'"（357）

按：《初學記》引文乃《禮記·曲禮下》與《喪大記》内容之雜糅。從"生曰父"至"死寇曰兵"屬《曲禮下》的内容④。"男子不死於婦人之手"起，屬《喪大記》的内容⑤。《曲禮下》與《喪大記》均爲《禮記》篇章，編者引用時徑以大名冠之，將兩章相關内容糅和在一起。

（24）《初學記·人部上·恭敬》敘事："《禮記》曰：'中正無邪，禮之質也；莊敬恭順，禮之制也。昔者魯哀公問孔子曰：何以敬身？對曰：君子過言則人作辭，過動則人作則，君子言不過辭，動不過則，百姓不令而敬恭。如是則能敬其身，能敬其身，則能成其親。'"（426）

按：以上内容出自《禮記》的《樂記》與《哀公問》。"中正無邪"至"禮之制也"出自《樂記》⑥。"昔者魯哀公問孔子曰"至"則能成其親"與《哀公問》大致相同。《哀公問》："公曰：'敢問何謂敬身？'孔子對曰：'君子過言則民作辭，過動則民作則。君子言不過辭，動不過

① 《十三經注疏》，第 1483 頁中栏。

② 同上書，第 1270 頁中栏。

③ 同上書，第 1464 頁上栏。

④ 同上書，第 1269 頁下栏。

⑤ 同上書，第 1571 頁下栏—1572 頁中栏。

⑥ 同上書，第 1530 頁。

則，百姓不命而敬恭。如是則能敬其身。能敬其身，則能成其親矣。'"①
當爲所出。

（25）《初學記·器物部·脯》敘事："《禮記》又曰：'婦人之贄脯
脩，大夫燕禮，有脯無膾，有膾無脯。'"（641）

按：引文分別出自《禮記·曲禮下》與《内則》。《曲禮下》："婦人
之摯，棋、榛、脯、脩、棗、栗。"② 因此章主題爲"脯"，《初學記》衹
引其中的"脯、脩"二物。《内則》："大夫燕食，有膾無脯，有脯無
膾。"③《初學記》將與"脯"相關之文，放在一起。

（26）《初學記·寶器部（花草附）·繡》敘事："《禮記》曰：'仲
秋之月，命有司文繡有恒，必循其故，所以交於神明者，不可以同於所安
樂之義也。故有黼黻文繡之美，疏布之尚，反女功之始也。'"（656）

按：引文乃意引《禮記·月令》與《郊特牲》之文。《月令》："仲
秋之月……乃命司服，具飭衣裳，文繡有恒，制有小大，度有長短。衣服
有量，必循其故。"④《郊特牲》："所以交於神明者，不可以同於所安樂
之義也。酒醴之美，玄酒、明水之尚，貴五味之本也。黼黻、文繡之美，
疏布之尚，反女功之始也。"⑤

（27）《初學記·獸部·牛》敘事："《禮記》曰：'祭宗廟之禮，牛
曰一元大武；祭天地之牛角繭栗；宗廟之牛角握；賓客之牛角尺。'"（706）

按：引文乃《禮記·曲禮下》與《王制》的綜合。"祭宗廟之禮，牛
曰一元大武"句出自《曲禮下》⑥，"祭天地之牛角繭栗"至"賓客之牛
角尺"則出自《王制》⑦。因均與"牛"相關，《初學記》將之連綴成文。

（28）《初學記·器物部·羹》敘事："《禮記》又曰：'羹食，自諸
侯以下，至于庶人，無等，士不貳羹胾。子卯稷食菜羹，凡居人之右，無
嚃羹（亦嫌疾），無絮羹（調和也）。客絮羹，主人辭不能烹。'"（640）

按：引文出自《禮記·内則》、《玉藻》與《曲禮》。"羹食"至"貳

---

① 《十三經注疏》，第 1612 頁中欄。
② 同上書，第 1270 頁中欄。
③ 同上書，第 1465 頁上欄。
④ 同上書，第 1373 頁中欄—下欄。
⑤ 同上書，第 1455 頁上欄。
⑥ 同上書，第 1269 頁上欄。
⑦ 同上書，第 1337 頁上欄。

羹胾"出自《内則》而語序稍異。《内則》："士不貳羹、胾。……羹食，自諸侯以下至於庶人，無等。"① "子卯稷食菜羹" 句出自《玉藻》②，"凡居人之右" 至末，出自《曲禮上》而稍異。《曲禮上》："凡進食之禮，左殽右胾。食居人之左，羹居人之右。……毋嚃羹（亦嫌欲疾也），毋絮羹（絮猶調也），毋刺齒，毋歠醢。客絮羹，主人辭不能亨。"③《初》編者加以意引也。

（29）《初學記·帝王部·總敘帝王》事對 "虞韶　夏籥"："《論語》曰：'子在齊聞韶，三月不知肉味。' 孔安國注：'韶，舜樂名。'"（206）

按：《論語·述而》："子在齊聞《韶》，三月不知肉味。"④ 今本此處無孔安國注。但在《八佾》篇："子謂《韶》：'盡美矣，又盡善也。'" 何晏集解："孔曰：'《韶》，舜樂名。'"⑤ 此 "孔曰" 即 "孔安國注"。《初》引文乃《述而》篇與《八佾》篇注的雜糅。

（30）《初學記·文部·文章》敘事："孔子曰：'煥乎其有文章。' 子貢曰：'夫子之文章，可得而聞也。'（見《論語》。）"（511）

按：《論語·泰伯》曰："子曰：'……煥乎，其有文章。'"⑥《公冶長》："子貢曰：'夫子之文章，可得而聞也。'"⑦《初》引文乃《泰伯》章與《公冶長》章關於文章內容的雜糅。

（31）《初學記·鳥部·雞》敘事："《爾雅》曰：'雞大者蜀，蜀子雓。未成雞曰健。絕有力，奮。雞三尺爲鶤，棲於杙爲桀，鑿垣而棲爲塒。'（郭璞注曰：蜀，今蜀雞也；雓，雞子名也，今江東呼雞少者爲健。鶤，古之名雞也。）"（728）

按：《爾雅·釋畜》曰："雞，大者蜀。" 郭注："今蜀雞。" "蜀子，雓。" 郭注："雛子名。" "未成雞，健。" 郭注："江東呼雞少者曰健。" "絕有力，奮。……雞三尺爲鶤。" 郭注："陽溝巨鶤⑧，古之

---

① 《十三經注疏》，第 1465 頁上欄—1467 頁上欄。
② 同上書，第 1474 頁中欄。
③ 同上書，第 1241 頁下欄—1242 頁下欄。
④ 同上書，第 2482 頁中欄。
⑤ 同上書，第 2469 頁上欄。
⑥ 同上書，第 2487 頁中欄。
⑦ 同上書，第 2474 頁上欄。
⑧ "鶤" 爲 "鶤" 的異體字。陸德明《釋文》曰："鶤，音昆，字或作鵾，同"（第 438 頁上欄）。

名雞。"① "棲於杙爲桀，鑿垣而棲爲塒"句，《釋畜》無。《爾雅·釋宮》曰："雞棲於弋爲榤，鑿垣而棲爲塒。"② 當爲所出。《初》乃雜糅《爾雅·釋畜》與《釋宮》與"雞"相關文字而成。

（32）《初學記·人部下·美丈夫》敘事："《爾雅》曰：'美士爲彦；睢睢，皇皇，穆穆，美也。'"（453）

按：《爾雅·釋訓》："美士爲彦。"③ 《釋詁下》："睢睢、皇皇、藐藐、穆穆、休、嘉、珍、褘、懿、鑠，美也。"④ 《初》引文乃《釋訓》與《釋詁下》之合引，因與"美"相關，故放於一處。

（33）《初學記·獸部·羊》敘事："《爾雅》曰：'麢，大羊（似羊大，角員銳，在山崖間），羬如羊（音元，似吳羊）。羊，牡羒（墳），牝牂，夏羊（黑羖攊也）。牡羭，牝羖，未成羊。羒，絕有力，奮。'"（709）

按：《爾雅·釋獸》："麢，大羊。"郭注："麢羊似羊而大，角圓銳，好在山崖間。"⑤ "羬，如羊。"郭注："羬羊，似吳羊而大角，角橢，出西方。"⑥ 《爾雅·釋畜》："羊：牡，羒；牝，牂。夏羊：牡，羭；牝，羖。……未成羊，羒。絕有力，奮。"郭注："黑羖攊。"⑦ 《初》引文出自《釋獸》與《釋畜》，因均與"羊"有關，故放於一處。

三　經傳注疏之淆亂

（1）《初學記·人部上·賢》事對"詩喻鶴鳴　易稱鴻漸"："《毛詩》曰：'鶴鳴，誨宣王也。鶴在野聞其鳴聲，喻賢者雖隱居，人咸知之。'"（411）

按今本《詩·小雅·鶴鳴》小序："《鶴鳴》，誨宣王也。"鄭箋云："鶴在中鳴焉，而野聞其鳴聲。興者，喻賢者雖隱居，人咸知之。"⑧ 《初》引文當是據《詩小序》和鄭箋而來。其中鄭氏"鶴在中鳴焉，而野

---

① 《十三經注疏》，第 2653 頁下欄。
② 同上書，第 2597 頁中欄。
③ 同上書，第 2591 頁下欄。
④ 同上書，第 2573 頁下欄。
⑤ 同上書，第 2651 頁上欄。
⑥ 同上書，第 2651 頁中欄。
⑦ 同上書，第 2653 頁中欄。
⑧ 同上書，第 433 頁上欄。

聞其鳴聲"句，編者略引，與原義相違。鄭氏本箋"鶴鳴于九皋，聲聞于野"句，故"鶴"不在野，乃其聲達於野。編者略引作"鶴在野聞其鳴聲"，誤矣；將鄭箋誤認爲《毛詩》，更誤矣。

（2）《初學記·武部·弓》敘事："《周官》：'司弓矢掌六弓四弩八矢之法，辨其名物，而掌其守藏，與其出入。六弓，王弓、弧弓、夾弓、庾弓、唐弓、大弓是也。中春獻弓弩，中秋獻矢箙，及其頒之。王弓、弧弓，以授射甲革椹質者；夾弓、庾弓，以授射豺侯鳥獸者；唐弓、大弓，以授學射者、使者、勞者。'"（531）

按：此乃引《周禮·夏官·司弓矢》語，《周禮》曰："司弓矢掌六弓四弩八矢之灋，辨其名物，而掌其守藏與其出入。中春獻弓弩，中秋獻矢箙。及其頒之，王弓、弧弓以授射甲革、椹質者，夾弓、庾弓以授射豺侯、鳥獸者，唐弓、大弓以授學射者、使者、勞者。"① 然今本《周禮》無"六弓，王弓、弧弓、夾弓、庾弓、唐弓、大弓是也"句。鄭玄注："王、弧、夾、庾、唐、大六者，弓異體之名也。"② 當爲所出。故《初》引文乃糅合《周禮》經注而來。

（3）《初學記·武部·箭》敘事："《周官》：'司弓矢掌八矢之法。八矢：一曰枉，二曰絜，三曰殺，四曰鍭，五曰矰，六曰茀，七曰恒，八曰庳。凡枉矢、絜矢，利火射，用諸守城車戰。殺矢、鍭矢，用諸近射田獵。矰矢、茀矢，用諸弋射。恒矢，庳矢，用諸散射。此八矢者。弓弩各有四焉：蓋枉殺矰恒，弓所用也；絜鍭茀庳，弩所用也。'"（533—534）

按："八矢"至"八曰庳"及"此八矢者"至末，此兩段今本《周禮》無。然《周禮·夏官·司弓矢》鄭玄注曰："此八矢者，弓弩各有四焉。枉矢、殺矢、矰矢、恒矢，弓所用也。絜矢、鍭矢、茀矢、庳矢，弩所用也。"③ 當從此鄭注而來。編者不分，誤作正文。

（4）《初學記·獸部·麟》敘事："《左傳》曰：'魯哀公十四年春，西狩獲麟。叔孫氏之車子鉏商獲之，以爲不祥，以賜虞人。仲尼觀之，曰：麟也。然後取之。'"（700）

按：引文之《左傳》乃合今本《春秋》經與左氏傳而成。今本《左

---

①　《十三經注疏》，第 855 頁下欄。

②　同上書，第 855 頁下欄。

③　同上書，第 856 頁上欄。

傳·哀公十四年》曰：“十四年，春，西狩於大野，叔孫氏之車子鉏商獲麟，以爲不祥，以賜虞人。仲尼觀之，曰：‘麟也。’然後取之。”① 無“西狩獲麟”句。而同年《春秋》經曰：“十有四年，春，西狩獲麟。”② 與《初》引文句首同。是《初》引文雜糅《春秋》經傳於一處。

（5）《初學記·寶器部（花草附）·金》敘事：“《孟子》曰：‘兼金，好金也。’”（645）

按：今本《孟子》無是語。但《孟子·公孫丑下》：“王餽兼金一百而不受。”趙岐注：“兼金，好金也。”③ 《初》引文所謂《孟子》實乃趙岐注也。

（6）《初學記·天部下·虹蜺》敘事：“《爾雅》云：‘蜺，雌虹也。一名挈（口结反）貳。’”（38）

按：今本《爾雅·釋天》曰：“蜺爲挈貳。”郭璞注：“蜺，雌虹也。見《離騷》。挈貳，其別名。”④ 是《初》引文所謂“《爾雅》”，實乃郭注也。

（7）《初學記·地部上·恒山》敘事：“《爾雅》曰：‘常山謂之恒山。’”（101）

按：今本《爾雅·釋山》曰：“恒山爲北嶽。”郭璞注：“常山。”⑤ 《初》引文蓋是編者雜糅《爾雅》經注所得。

（8）《初學記·獸部·猴》敘事引《爾雅》曰：“貀（女滑反）無前足。狙，玃屬也。貜（矍於反），如貜而形似獮猴，多鬚奮迅，其頭能舉石以摘於人也。”（720）

按：今本《爾雅·釋獸》曰：“貀，無前足……貜，迅頭。”郭璞注：“今建平山中有貜，大如狗，似獮猴。黃黑色，多髯鬣，好奮迅其頭，能舉石摘人。玃類也。”⑥ “貀”、“貀”同。《釋文》曰：“貀，本又作貀。”⑦ 是今本《爾雅》郭注，亦被《初》編者混入了經文。

---

① 《十三經注疏》，第 2172 頁下栏—2173 頁上栏。
② 同上書，第 2172 頁中栏。
③ 同上書，第 2695 頁上栏。
④ 同上書，第 2608 頁中栏。
⑤ 同上書，第 2618 頁中栏。
⑥ 同上書，第 2651 頁上栏—下栏。
⑦ 《經典釋文》（通志堂本），第 435 頁下栏。

第七節　引文題識錯誤

《初學記》在引用他書時，往往先題書名或作者名於引文之前以作爲引書題識。但引書題識有時亦會出錯。吳承仕説："昔人引書標題每多錯互。"①《初學記》引經即常發生誤題書名與誤題作者的現象。舉例如下：

一　誤題書名

（1）《初學記·禮部上·郊丘》事對"南郊　北畤"："《周禮》曰：'設丘兆于南郊，以祀上帝，配以后稷。'"（321）

按：今本《周禮》無是語。《逸周書·作雒解》："設丘兆于南郊，以上帝，配□后稷。"黄懷信彙校："盧校'以'下增'祀'，缺處補'以'。"②當爲《初學記》引文所出。而《初》引文"以"下正有"祀"字，"配"後恰作"以"，可證盧文弨校之確。《藝文類聚》卷三八："《周書》曰：'設丘兆于南郊，以祀上帝，配以后稷、農皇，先王皆與食。'"③《太平御覽》卷五二七："《周書·作雒》曰：'乃設兆于南郊，祀以上帝，配以后稷、農星，先王皆與食。'"④二書不誤，正題作"周書"也。

（2）《初學記·禮部上·明堂》敘事："《周禮》曰：'夏后氏太室，殷人重屋，周人明堂，度以九尺之筵。'又曰：'明堂者，明諸侯之尊卑。'"（327）

按："又曰"之内容，依《初》的體例，乃承前省略書名，當亦爲《周禮》的内容。遍檢《周禮》無是語。《禮記·明堂位》："明堂也者，明諸侯之尊卑也。"⑤又《逸周書·明堂解》："明堂，明諸侯之尊卑也。"⑥與引文内容相似，《初》引文或出自《禮記》，或出自《逸周書》，誤題《周禮》也。

---

①　《經籍舊音序録》，第 67 頁。
②　《逸周書彙校集注》，第 568 頁。
③　《藝文類聚》，第 676 頁。
④　《太平御覽》，第 2391 頁上欄。
⑤　《十三經注疏》，第 1488 頁中欄。
⑥　《逸周書彙校集注》，第 765 頁。

（3）《初學記·中宮部·妃嬪》敘事：“《周禮》：‘天子后立六宮、三夫人、九嬪、二十七世婦、八十一御妻，以聽天下之內治，以明章婦順，故天下內和而家理。’（鄭注云：六宮者，前一宮，後五宮也。五者，后一宮，三夫人一宮，九嬪一宮，二十七世婦一宮，八十一御妻一宮，凡百二十人。后正位宮闈，體同天王。夫人坐論婦禮，九嬪掌教四德，世婦主知喪祭賓客，女御序王之燕寢。）”（224）

按：上揭引文今本《周禮》無。《禮記·昏義》：“古者天子后立六宮、三夫人、九嬪、二十七世婦、八十一御妻，以聽天下之內治，以明章婦順，故天下內和而家理。”① 與引文同，當爲其所出。

又上揭引文所引鄭注今本《禮記》鄭注無。《周禮·天官·內宰》：“以陰禮教六宮。”鄭司農云：“陰禮，婦人之禮。六宮後五前一，王之妃百二十人：后一人，夫人三人，嬪九人，世婦二十七人，女御八十一人。”玄謂：“六宮，謂后也。婦人稱寢曰宮。宮，隱蔽之言。后象王，立六宮而居之，亦正寢一，燕寢五。教者，不敢斥言之，謂之六宮，若今稱皇后爲中宮矣。”②《初》引文之“鄭注”當本《周禮》鄭司農注而來。

（4）《初學記·政理部·刑罰》事對“五辭 三讓”：“《周禮·秋官》曰：‘凡民有邪惡者，三讓而罰。’”（489）

按：《周禮·秋官》無是語。《周禮·地官·司救》：“凡民之有衺惡者，三讓而罰。”③·與引語同，當係《初》引文所出。編者誤題“地官”作“秋官”也。

（5）《初學記·禮部上·宗廟》敘事：“《周禮》曰：‘五歲一禘，三歲一祫。’”（322）

按：今本《周禮》無是語。《説苑·修文》：“三歲一祫，五年一禘。”④《公羊傳·文公二年》：“五年而再殷祭。”何休注：“殷，盛也。謂三年祫，五年禘。”⑤《後漢書·祭祀志下》：“純奏：‘禮，三年一祫，五年一禘。’”⑥ 俱不言書名。《南齊書·禮志上》：“《禮緯·稽命徵》曰：

---

① 《十三經注疏》，第 1681 頁下欄。
② 同上書，第 684 頁下欄。
③ 同上書，第 732 頁上欄。
④ 《説苑校證》，第 496 頁。
⑤ 《十三經注疏》，第 2267 頁上欄。
⑥ 《後漢書》第 11 册，第 3194 頁。

'三年一祫，五年一禘。'"①《舊唐書·禮儀志六》："高宗上元三年十月，將祫享於太廟。時議者以《禮緯》'三年一祫，五年一禘。'"② 均以《禮緯》爲出處。據《隋書·經籍志》，鄭玄曾爲《禮緯》作注，然此書隋代已亡佚，今不可考。《說文·示部》："禘，諦祭也……《周禮》曰：'五歲一禘。'" 又 "祫，大合祭先祖親疏遠近也……《周禮》曰：'三歲一祫。'"③ 是許慎時代，已言出自《周禮》。《藝文類聚》卷三八亦曰："《周禮注》：'五歲一禘，三歲一祫。'"④ 然陳壽祺認爲 "《說文》偁《周禮》，皆屬《周禮說》，非《周禮》六篇文"⑤，孫詒讓亦以其說爲是。若從陳說，則《說文》此所引《周禮》文亦出《周禮說》。若果本《周禮說》，何以《漢書·藝文志》與《隋書·經籍志》俱失載？若出自《禮緯》，劉向著《說苑》早於班固著《漢書》，則《禮緯》應成書於《說苑》以前，然何以《漢書·經籍志》失收，而《隋書·經籍志》始言其亡佚。疑引文所指 "周禮" 或爲周代禮儀的簡稱。

（6）《初學記·地部上·總載地》敘事："《周禮》又云：'東西爲廣，南北爲輪。'"（88）

按：今本《周禮》無是語。《周禮訂義》卷十五："'以天下土地之圖周知九州之地域廣輪之數。'鄭氏曰：'周，徧也。九州，揚荊豫青兗雍幽冀并也。'鄭鍔曰：'馬氏云：東西爲廣，南北爲輪。'"⑥ "東西爲廣，南北爲輪" 蓋《周禮》馬融注語，《初學記》編者誤題作 "周禮"。

（7）《初學記·歲時部下·冬至》敘事："《周禮》曰：'冬至，日在牽牛，景長一丈三尺；夏至，日在東井，景長有五寸。'"⑦（82）

按：今本《周禮》無是語。《周禮·春官·馮相氏》："冬夏致日，春秋致月，以辨四時之敘。" 鄭玄注："冬至，日在牽牛，景丈三尺；夏至，日在東井，景尺五寸。"⑧ 鄭玄注當爲《初》引文所出，編者誤將鄭玄

---

①　《南齊書》第 1 册，第 118 頁。

②　《舊唐書》第 3 册，第 996 頁。

③　《說文解字》，第 8 頁下欄。

④　《藝文類聚》，第 684 頁。

⑤　轉引自孫詒讓《周禮正義》，第 964 頁。

⑥　《周禮訂義》，第 235 頁。

⑦　嚴陸校 "有五寸" 作 "尺有五寸"，詳見《初學記》卷四 "校勘表"（第 4 頁）。

⑧　《十三經注疏》，第 818 頁下欄。

《周禮》注當作《周禮》也。

（8）《初學記·樂部下·鼓》敘事：“馬上之鼓曰提鼓。（見《周禮》，有木可提執。）”（399）

按：引語“馬上之鼓曰提鼓”句《周禮》無。《周禮·夏官·大司馬》：“師帥執提。”鄭司農云：“提讀如攝提之提，謂馬上鼓，有曲木提持鼓立馬耄上者，故謂之提。”①《初》引文蓋據鄭司農注加以己意而來。

（9）《初學記·器物部·酒》敘事：“《儀禮》鄭玄注曰：‘醴，稻米酒也。’”（633）

按：今本《儀禮》鄭注無是語。《禮記·雜記上》：“醴者，稻醴也。”②《初》引文當出於此。編者誤《禮記》作《儀禮》又加以鄭玄之名，則一誤再誤矣。

（10）《初學記·禮部下·婚姻》敘事：“《昏禮》曰：‘壻執鴈而入，再拜奠鴈。壻出，御婦車，授綏輪三周，共牢而食，合卺（謹）而酳（音胤）。’”（353）

按：今本《儀禮·士昏禮》無是語。《禮記·昏義》：“壻執鴈入，揖讓升堂，再拜奠鴈，蓋親受之於父母也。降出，御婦車，而壻授綏，御輪三周，先俟于門外。婦至，壻揖婦以入，共牢而食，合卺而酳。”③ 當爲其所出。因《禮記·昏義》與《儀禮·士昏禮》之内容相近，都與結婚相關，《初》編者遂將《禮記》之文誤題作《昏禮》。

（11）《初學記·禮部下·冠》事對“筮門　冠阼”：“《禮記·冠義》曰：‘始冠，緇布之冠也。太古冠布，齊則緇之，其綏也。孔子曰：吾未之聞也。冠而敝之可也。嫡子冠於阼，以著代也。’”（352）

按：以上引文今本《禮記·冠義》無。《儀禮·士冠禮》與《禮記·郊特牲》出類似語句。《儀禮·士冠禮》：“冠義。始冠，緇布之冠也。大古冠布，齊則緇之。其綏也，孔子曰：‘吾未之聞也，冠而敝之可也。’適子冠於阼，以著代也。”④《禮記·郊特牲》：“冠義，始冠之，緇布之冠也。大古冠布，齊則緇之。其綏也，孔子曰：‘吾未之聞也，冠而敝之

---

① 《十三經注疏》，第 836 頁上栏—中栏。

② 同上書，第 1555 頁下栏。

③ 同上書，第 1680 頁下栏。

④ 同上書，第 958 頁中栏。

可也。'適子冠於阼,以著代也。"① 除個別文字外,内容基本相同。根據
王夢鷗的研究,《郊特牲》此段内容抄自《儀禮·士冠禮》②,那麼《初
學記》引文實當出自《儀禮·士冠禮》,而非《禮記·冠義》。誤題作
《冠義》,乃因該段以"冠義"二字起首也。

(12)《初學記·地部下·冰》事對"夏蟲疑　春魚上":"《禮記》
曰:'立春之日,東風解凍;又五日,蟄蟲始振;又五日,魚上冰。風不
解凍,號令不行;魚不上冰,兵甲不藏。'"(151)

按:《禮記·月令》:"東風解凍,蟄蟲始振,魚上冰,獺祭魚。"③
"風不解凍,號令不行;魚不上冰,兵甲不藏"句,今本《禮記》無。引
文實出自《逸周書》。《逸周書·時訓解》:"立春之日,東風解凍。又五
日,蟄蟲始振。又五日,魚上冰。風不解凍,號令不行。蟄蟲不振,陰姦
陽。魚不上冰,甲胄私藏。"④ "蟄蟲不振,陰姦陽"句,因《初學記》
常節引,故略之。末句"兵甲不藏",與《逸周書》相異,當爲受《時訓
解》之下文"麋角不解,兵甲不藏"⑤ 句影響所致。《初》誤題《逸周
書》作《禮記》也。

(13)《初學記·儲宮部·皇太子》事對"守祧　主器":"《禮記》
曰:'遠廟爲祧。'又曰:'主器莫若長子,故受之以《震》。'"(229)

按:依《初學記》體例,引書之後"又曰",乃承前一書名而省略,
"又曰"後所接内容,亦屬於前一書。然此處"又曰"後所接内容與《禮
記》無關,乃出自《周易·序卦》。《序卦》:"主器者莫若長子,故受之
以《震》。"⑥ 正與《初學記》同。而《初學記》之所以誤於《禮記》文
後接《周易》,乃因《禮記》文前,其所引即爲《周易》,疑"又曰"本
當置於《周易》之後,《禮記》之前。

(14)《初學記·禮部上·祭祀》事對"朝日　夕月":"《禮記》曰:
'朝日祀五帝,則張大次、小次,設重席重案。合諸侯亦如之。'鄭玄注
曰:'朝日,春拜日於東門之外。'"(318)

---

① 《十三經注疏》,第1455頁下欄。
② 參見王夢鷗《禮記校證》,第107頁上欄。
③ 《十三經注疏》,第1355頁上欄。
④ 《逸周書彙校集注》,第623頁。
⑤ 同上書,第653頁。
⑥ 《十三經注疏》,第96頁中欄。

按:《禮記》無是語。《周禮・天官・掌次》:"朝日祀五帝,則張大次、小次,設重帟重案。合諸侯亦如之。"鄭玄注:"朝日,春分拜日於東門之外。"① 與引文大致同,當爲所出。《初學記》編者誤題《周禮》作《禮記》也。

(15)《初學記・禮部下・婚姻》敘事引《禮記》曰:"男子五十而室,女三十而嫁,謂中古也。"(353)

按:引文《禮記》無,乃出自《大戴禮記》。《大戴禮記・本命》:"中古男三十而娶,女二十而嫁,合於五也,中節也。太古男五十而室,女三十而嫁,備於三五,合於八十也。"② 編者引用時,將太古的嫁娶年齡排於中古之下,故出現了與今本《大戴禮記》相異的文句。

(16)《初學記・文部・經典》事對"承天 事地":"《禮記》曰:'禮,上事天,下事地,尊先祖而崇君師。'"(500)

按:今本《禮記》無是語,乃出自《大戴禮記》。《大戴禮記・禮三本》:"故禮,上事天,下事地,宗事先祖而寵君師。"③ 與《初學記》引文略同,蓋其所自出也。《初學記》"寵"作"崇",蓋"寵"、"崇"俱有尊崇義,語音相近,故換用。

(17)《初學記・菓木部・桃》敘事:"《禮記・月令》曰:'驚蟄之日,桃始華。'"④

按:《禮記・月令》唯言"桃始華",無"驚蟄之日"語。《逸周書・時訓解》:"驚蟄之日,桃始華。"⑤ 與引文全同,當爲其出處。因《時訓解》內容與《月令》相似,故編者誤以爲出自《月令》。

(18)《初學記・蟲部・螢》敘事引《禮記》曰:"丹鳥羞白鳥也,白鳥即蚊也。"⑥

按:《禮記・月令》無是語。《大戴禮記・夏小正》:"丹鳥羞白鳥。丹鳥者,謂丹良也。白鳥,謂閩蚋也。"⑦ 與引文大略同,應爲其所出。

---

① 《十三經注疏》,第 676 頁下欄。
② 《大戴禮記解詁》,第 251 頁。
③ 同上書,第 17 頁。
④ 《初學記》卷二十八嚴陸宋本異文,第 6 頁。
⑤ 《逸周書彙校集注》,第 625 頁。
⑥ 《初學記》卷三十嚴陸校宋本異文,第 12 頁。
⑦ 《大戴禮記解詁》,第 43 頁。

（19）《初學記·天部上·日》敘事："《左傳》曰：'冬日可愛，夏日可畏。'"（6）

按：今本《左傳》無是語。《左傳·文公七年》："趙衰，冬日之日也；趙盾，夏日之日也。"杜預注："冬日可愛，夏日可畏。"①《初》引文所謂《左傳》語當據此杜預注而來，編者誤將杜注記作《左傳》語也。而《初》於《歲時部上·冬》事對"愛日　嚴霜"下引是語即作："杜預注《左傳》曰：'冬日可愛，夏日可畏。'"（59）明言出杜注。

（20）《初學記·儲宮部·皇太子》敘事："《春秋傳》云：晉有太子申生，鄭有太子華，齊有太子光。"（229）

按：今本《左傳》、《公羊》、《穀梁》三傳皆無是語。陳立《白虎通疏證》曰："《春秋》曰：'公會王世子于首止。'或曰：天子之子稱太子。《尚書傳》曰：'太子發升舟。'《中候》曰：'廢考，立發爲太子。'明文王時稱太子也。"其下小字注曰："舊本有'或曰：諸侯之稱代子。則《傳》曰：晉有太子申生，鄭有太子華，齊有太子光。由是觀之，周制太子、代子亦不定也。漢制，天子稱皇帝，其嫡嗣稱皇太子，諸侯王之嫡稱太子，後代咸因之。'共九十六字……盧以爲徐堅説，故避唐諱，非《白虎通》正文也。"②盧文弨之説非是。當是《初學記》抄自《白虎通》。因《白虎通》上文有言《春秋傳》，故編者誤以其爲《春秋傳》文。殊不知即使屬上，其上當是《尚書》文而非《春秋傳》文。《初》此段原文作："《白虎通》曰：何以知天子之子稱世子？《春秋傳》曰：王世子會于首止是也，何以知天子之子稱太子？《尚書》曰：太子發升于舟是也。或云諸侯之子稱世子。則《春秋傳》云：晉有太子申生，鄭有太子華，齊有太子光。由是觀之，周制，太子世子，亦不定也。漢制，天子稱皇帝，其嫡嗣稱皇太子，諸侯王之嫡稱世子。"（229）比之《白虎通》可知，自《春秋傳》至"世子"俱是《白虎通》文也。

（21）《初學記·人部中·貧》事對"并日而食　同衣而出"："《論語》曰：'端木賜結駟連騎，以從原憲；憲居蓬蒿之中，并日而食。子貢曰：甚矣！子之病也。'"（444）

按：今本《論語》無此文。《藝文類聚》卷三五："《家語》曰：'端

---

① 《十三經注疏》，第1846頁上栏。

② 《白虎通疏證》，第30—31頁。

木賜結駟連騎，以從原憲；憲居蓬蒿中，并日而食。子貢曰：甚矣！子之病也。'"①《太平御覽》卷四八四："《家語》曰：'端木賜駟馬連騎，以從原憲；居蓬蒿之中，并日而食。子貢曰：甚矣！子之病矣。'"② 也作《家語》。但今本《孔子家語》亦無是語。疑原文所出本爲《孔子家語》，但後佚。因都與"孔子"相關，故編者誤《孔子家語》作《論語》也。

（22）《初學記·寶器部（花草附）·玉》敘事："《逸論語》曰：'玉十謂之區，治玉謂之琢，亦謂之雕。（雙玉爲瑴，五瑴爲區。雕，治璞也。瑴音角。）瑳，玉色鮮白也；瑩，玉色也；瑛，玉光也；瓊，赤玉也；璿、瑾、瑜，美玉也；璑（舞），三采玉也；玲瑲玎瑝（鍠），玉聲也；璬，玉佩也；瑱，充耳也；璪，玉飾以水藻也。'"（651）

按：朱彝尊《經義考》卷二六二《論語》逸篇據《太平御覽》收有《問王》篇，文字與《初》相同③。但翟灝《四書考異·總考十七》中說：上條出自《爾雅·釋器》，下條出自《說文·玉部》各字注，句法與《論語》不相合④。

（23）《初學記·寶器部（花草附）·玉》事對"荊璆　魯寶"："《逸論語》曰：'璠璵，魯之寶玉也。孔子曰：美哉璠璵，遠而望之，煥若也；近而視之，瑟若也。一則理勝，一則孚勝。'"（652）

按：朱彝尊《經義考》卷二六二《論語》逸篇據《太平御覽》收有此段⑤，文字與《初》相同。然翟灝《四書考異·總考十七》曰："此條出於《說文》，未言出於《論語》，或爲編者誤記。"⑥

（24）《初學記·寶器部（花草附）·玉》事對"五德　三采"："《逸論語》曰：'玉如瑩也。璑，三采玉也。'"（652）

按：翟灝《四書考異·總考十七》曰："'玉如瑩也'當即'如玉之瑩'變文。據《法言·吾子》篇：'或問屈原智乎？曰：如玉之瑩。'"⑦依翟說，則此語出自揚雄《法言》。

---

① 《藝文類聚》，第 625 頁。
② 《太平御覽》，第 2215 頁上欄。
③ 詳見朱彝尊《（點校補正）經義考》第 7 冊，第 774 頁。
④ 翟灝《四書考異》，第 75 頁上欄。
⑤ 詳見朱彝尊《（點校補正）經義考》第 7 冊，第 774 頁。
⑥ 《四書考異》，第 75 頁上欄。
⑦ 同上書，第 74 頁下欄。

（25）《初學記·禮部上·郊丘》敘事："《爾雅》云：'圓丘泰壇，祭天也；方澤泰圻，祭地也。'"（320）

按：今本《爾雅》無是語。《廣雅·釋天》："圓丘、大壇，祭天也；方澤、大折，祭地也。"① 當爲引文所本。"泰"與"大"同，故"泰壇"即"大壇"。"圻"爲"折"字形近之誤也。《禮記·祭法》："燔柴於泰壇，祭天也。瘞埋於泰折，祭地也。"鄭玄注："壇、折，封土爲祭處也。壇之言坦也。坦，明貌也。折，炤晢也。必爲炤明之名，尊神也。"② 鄭玄所見本《禮記》即作"折"也。《廣雅》或本《祭法》文而來。

（26）《初學記·地部上·總載山》敘事："《爾雅》云：'土高有石曰山。'"（91）

按：今本《爾雅》無是語。《廣雅·釋山》："土高有石，山。"③《初》引文所謂《爾雅》蓋出《廣雅》也。嚴校曰，《爾雅》當作《廣雅》④，其校是。

（27）《初學記·歲時部上·春》事對"倉庚　玄乙"："《爾雅》曰：'燕，乙也。'"（45）

按：今本《爾雅·釋鳥》曰："燕燕，鳦。"⑤ 與《初》相異。《大戴禮記·夏小正》："燕，乙也。"⑥ 正與《初》引文相合，當爲引文所出。因與《爾雅》文類似，編者誤作《爾雅》矣。

二　誤題作者

（1）《初學記·禮部下·婚姻》事對"御輪　秣馬"："《毛詩》曰：'之子于歸，言秣其馬。'毛萇傳曰：'之子者，是子也，謂女嫁適夫之時。'"（354）⑦

按：《初》引文之詩出自《詩·周南·漢廣》，毛傳曰："秣，養也。

---

① 《廣雅疏證》，第 288 頁上欄。
② 《十三經注疏》，第 1588 頁上欄。
③ 《廣雅疏證》，第 301 頁下欄。
④ 詳見《初學記》卷五"校勘表"，第 1 頁。
⑤ 《十三經注疏》，第 2648 頁下欄。
⑥ 《大戴禮記解詁》，第 32 頁。
⑦ 閻琴南校注，宋本、安國本、晉府本同，建本作"夫家"，嚴陸校同（《〈初學記〉研究》，第 246 頁）。

六尺以上曰馬。"鄭箋云："之子，是子也。謙不敢斥其適己，於是子之嫁，我願秣其馬，致礼餼，示有意焉。"① 知《初》引文之"毛萇傳"實爲鄭箋。末句"謂女嫁適夫之時"，當是編者據鄭箋意引。

（2）《初學記·天部下·雨》事對"鶴鳴　魚喚"："《毛詩》曰：'我來自東，零雨其濛；鶴鳴於垤，婦歎於室。'鄭玄注曰：'將陰則穴處者先知之。鶴好雨，將雨，長鳴而喜也。'"（24）

按：《初》引文出自《詩·豳風·東山》。今本鄭箋無是語。毛傳曰："將陰雨，則穴處先知之矣。鶴好水，長鳴而喜也。"② 知《初》引文之"鄭箋"乃是毛傳之誤也。

（3）《初學記·器物部·屏風》敘事："《周官》曰：'掌次設皇邸。（鄭玄注云：邸，後板也。其屏風邸，染羽像鳳皇以爲飾。）'"（599）

按《周禮·天官·掌次》注作："鄭司農云：'皇，羽覆上。邸，後版也。'玄謂：'後版，屏風與？染羽象鳳皇羽色以爲之。'"③ 《初》引文鄭玄注之"邸，後板也"句，實出自鄭司農，但編者誤將鄭司農注歸於鄭玄名下。

（4）《初學記·寶器部（花草附）·錢》敘事："《周官》曰：'泉府上士四人，中士八人，下士十有六人。（鄭玄注曰：泉或作錢。）'"（652）

按：鄭玄注當改爲鄭司農注。今本《周禮·地官·敘官》同一經文下，鄭司農注："故書泉或作錢。"④ 當即《初》所引《周禮》注所出。然因鄭玄作注時，將鄭司農的成果徑置於本注之上，久之，讀者於二鄭之注每不甚分別，而均題曰"鄭玄注"。

（5）《初學記·禮部上·祭祀》事對"鬱酒　蘭湯"："《周禮》曰：'凡祭祀賓客之祼事，和鬱鬯以實彝而陳之。'鄭玄注曰：'築鬱金，煮之和鬯酒也。鬱爲草若蘭。'"（318）

按：《初》引文之鄭玄注，今本《周禮·春官·鬱人》鄭玄注祇含其半。鄭玄注曰："築鬱金，煮之以和鬯酒。"鄭司農云："鬱，草名，十葉爲貫，百二十貫爲築，以煮之鐎中，停於祭前。鬱爲草若蘭。"⑤ 是"鬱

① 《十三經注疏》，第 282 頁上欄。
② 同上書，第 396 頁下欄。
③ 同上書，第 676 頁下欄。
④ 同上書，第 699 頁上欄。
⑤ 同上書，第 770 頁中欄。

爲草若蘭”句乃鄭司農注。《初》編者不分，將鄭司農注亦誤題於鄭玄名下。

（6）《初學記·樂部上·雅樂》事對“教冑子　掌成均”：“《周禮》曰：‘大司樂掌成均之法，以治建國之學政，而合國之子弟焉。’鄭玄注曰：‘均，調也。樂師主調其音，大司樂主受此成事已謂之樂。’”（369）

按：此乃引《周禮·春官·大司樂》文，然注文非鄭玄注，而爲鄭司農注。今本《周禮注》曰：“鄭司農云：‘均，調也。樂師主調其音，大司樂主受此成事已調之樂。’”① 正與《初》文所引鄭玄注同。亦爲《初》編者誤題鄭司農注於鄭玄名下例。

（7）《初學記·歲時部下·九月九日》事對“服黃華　佩赤實”：“《爾雅》曰：‘椒榝林荗。’郭璞注曰：‘《本艸》：茱萸一名榝，而實赤細者。’”（80）

按：閻琴南曰：椒榝林荗，宋本、晉府本、建本皆作“椒榝醜荗”②，與今本《爾雅·釋木》同。然《初》引文之郭注，今本《爾雅》無。《經典釋文·爾雅音義下·釋木》於“榝”下曰：“所黠反。《字林》云：‘似茱萸，出《淮南》。’《本草》云：‘茱萸一名榝。’案今樹極似茱萸，唯子赤細。”③ 則知《初》引文所謂“本艸”，即《本草經》也。今本郭注無，從陸德明的《釋文》看，當非郭璞注語，而屬陸氏新注。“郭璞注”或爲陸德明《釋文》之誤也。

結語

選擇《〈初學記〉引經考》這個題目作爲研究對象，主要是從兩個方面考慮的。第一，目前全面研究《初學記》的論文並不多見，而以《初學記》引文爲研究對象的，更是少之又少，且往往只是選擇其中數條材料作爲研究對象，尚無人進行過窮盡性地研究，因此本文認爲有必要對《初學記》引文進行窮盡性地研究，這樣不僅可以與今本相對照，而且可將同一內容的不同引文作爲比較對象。第二，《初學記》與其他類書一

---

① 《十三經注疏》，第787頁中欄。
② 詳見閻琴南《〈初學記〉研究》，第137頁。
③ 《經典釋文》（通志堂本），第430頁上欄。

樣，内容繁雜，包羅萬象，要在幾年内對所有引文進行完整地研究，時間和精力都不允許。綜合考慮，選定了《〈初學記〉引經考》作爲論文的題目。因爲經史子集四部之中，個人對經部比較感興趣，而且以此爲題，可以把文獻學、語言學和經學的内容有機地聯繫起來。

本书在前人的基礎上考辨了《初學記》的作者問題，通過對《新唐書·藝文志》體例的辨析和句法、語意的分析，考定張説爲《初學記》的編者之一。同時通過對《初學記》引文的梳理，歸納了《初學記》全書的通例和引經時的體例。並以逐條比對的方式從字形、語音和詞義三個方面考察了《初學記》引文與今本的差別及意義，糾正了今本的大量錯誤。在此基礎上以實例的形式進一步分析了《初學記》引經在糾謬、存古、明異、補正辭書、鉤沉輯佚五個方面的價值和意引、脱文、衍文、誤倒、訛誤、雜糅、引文題識錯誤七個方面的問題。

本书的研究，有益於《初學記》和《十三經注疏》的進一步整理，也爲廓清古書異文產生的軌跡提供了參考實例。同時爲文字學、音韻學、詞匯學的歷時演變研究提供了不少鮮活的材料與證據。文末附録的表格，既利於本文的查核比勘，也有益於學者的進一步研究利用。

但由於本书未及對《初學記》史、子、集三部引文進行完整的分析，經部的字書、韻書等引文亦未進行詳細比對，因此有些内部材料尚未被發掘與利用，而且經學博大精深，異文產生的情況較爲複雜，雖然自己作了很多努力，限於學識和時間的雙重因素，不少問題仍僅是本人在考察衆説之後認爲比較合理的答案，有待以後的進一步研究與思考。

附　　錄
《初學記》引經表

說明：

1. 附表所輯《初學記》各經引文按今本經文的順序排列。“序號”指條目數；“今本篇名、頁碼”，指中華書局影印阮元刻本《十三經注疏》的篇名、頁碼，中間加“/”以區分；“《初學記》引文與原文”指《初學記》所引經文與阮刻本《十三經注疏》對應的文字；“出處”指引文在《初學記》中的卷、部、小部、事對或敘事及頁碼，亦在中間加“/”以區分。如《周易》第 2 條，“《周易·乾》/P13 下”指引文對應的今本是《周易·乾卦》，在《十三經注疏》本第 13 頁；“《易》曰：九三，君子終日乾乾，夕惕若厲，無咎”爲《初學記》引文；“伏犧已重卦矣……爻辭周公”爲阮刻本對應的文字；“9/帝王部/總敘帝王/對/P204”是指引文出現於《初學記》第九卷帝王部總敘帝王小部事對部分第 204 頁。

2. 文中“＊”表示《初學記》引文與阮刻本比較後發現有異文。括號“（）”內的文字爲《初學記》的小字注文或阮刻本的注疏。引文在阮刻本中對應的出處不止一處時，以“//”相分隔。

3. 《初學記》引文與阮刻本《十三經注疏》無對應文字者，“今本篇名、頁碼”項一般空缺；但若與《逸周書》、《大戴禮記》相合，則在此項標明《逸周書》、《大戴禮記》的篇名、頁碼。《逸周書》用黃懷信的《逸周書彙校集注》，上海古籍出版社 1995 年版；《大戴禮記》用清代王聘珍的《大戴禮記解詁》，中華書局 1983 年版。

《周易》

序號	今本篇名、頁碼	《初學記》引文與原文	出處
1＊	《周易正義·卷首》/P9—10	《周易正義》曰：伏犧重卦，周公作爻辭。	21/文部/經典/敘/P497
		伏犧已重卦矣……爻辭周公。	

续表

序號	今本篇名、頁碼	《初學記》引文與原文	出處
2*	《周易·乾》/ P13 下	《易》曰:九三,君子終日乾乾,夕惕若厲,無咎。	9/帝王部/總敘帝王/對/P204
		九三:君子終日乾乾,夕惕若厲,无咎。	
3	《周易·乾》/ P13 下	(《周易》)又曰:九四,或躍在淵。	9/帝王部/總敘帝王/對/P203
4*	《周易·乾》/ P13 下	《周易》曰:九四,或躍在淵,無咎。	30/鱗介部/龍/對/P739
		九四:或躍在淵,无咎。	
5	《周易·乾》/ P14 上	《周易》曰:時乘六龍以御天。	9/帝王部/總敘帝王/對/P203
6	《周易·乾》/ P16 中	《易》曰:水流濕,火就燥。	6/地部中/總載水/對/P112
7	《周易·乾》/ P16 中	《易》曰:雲從龍,風從虎。	1/天部上/雲/對/P15
8	《周易·坤》/ P17 下	《周易》曰:坤:元、亨,利牝馬之貞。	29/獸部/馬/對/P703
9*	《周易·坤》/ P18 上	《易》曰:至哉坤元!萬物資生,含弘光大,品物咸亨。	5/地部上/總載地/對/P88
		至哉坤元!萬物資生,乃順承天,坤厚載物,德合无疆。含弘光大,品物咸亨。	
10*	《周易·坤》/ P18 上	《易》曰:牝馬地類,行地無疆。王弼注云:乾以龍御天,坤以馬行地。	5/地部上/總載地/對/P89
		牝馬地類,行地无疆。(乾以龍御天,坤以馬行地。)	
11	《周易·坤》/ P18 中	《易》曰:履霜堅冰,陰始凝也。	2/天部下/霜/敘/P30
12	《周易·坤》/ P18 中	《易》曰:履霜堅冰,陰始凝也。	7/地部下/冰/敘/P150
13	《周易·坤》/ P19 上	《易》曰:履霜,堅冰至。王弼注曰:始於履霜,至于堅冰。	2/天部下/霜/對/P31
14	《周易·屯》/ P19 下	《周易》曰:雲雷屯,君子以經綸。	9/帝王部/總敘帝王/對/P206

序號	今本篇名、頁碼	《初學記》引文與原文	出處
15 *	《周易·蒙》/ P20 上	《易》曰：初筮告，再三瀆，瀆則不告。	20/政理部/卜/對/P487
		初筮告，再、三瀆，瀆則不告。	
16	《周易·師》/ P25 下	《周易》曰：大君有命，開國承家。	9/帝王部/總敘帝王/對/P203
17 *	《周易·比》/ P26 上	《易》稱：先王建萬國，親諸侯。	10/帝戚部/王/敘/P237
		先王以建萬國，親諸侯。	
18 *	《周易·比》/ P26 中	《周易》曰：王用三驅，失前禽。	22/武　部/獵/對/P541
		王用三驅，失前禽。	
19	《周易·泰》/ P28 中	《易》曰：上下交而其志同。	18/人部中/交友/敘/P434
20	《周易·泰》/ P28 中	《易》曰：天地交，泰，后以財成天地之道，輔相天地之宜，以左右民。	10/帝王部/總敘帝王/對/P206
21	《周易·大有》/ P30 中	《周易》曰：火在天上，大有。君子以遏惡揚善，順天休命。	25/器物部/火/敘/P619
22	《周易·謙》/ P31 上	《易》曰：地道變盈而流謙。	5/地部上/總載地/對/P89
23	《周易·豫》/ P31 下	《易》曰：雷出地奮，豫。	1/天　部　上/雷/敘/P20
24	《周易·豫》/ P31 下	《易》曰：雷出地奮，豫。	1/天　部　上/雷/敘/P20
25 *	《周易·豫》/ P31 下	《周易》曰：雷出地奮，豫。先王作樂崇德，殷薦上帝，以配祖考。	1/天　部　上/雷/對/P20
		雷出地奮，豫。先王以作樂崇德，殷薦之上帝，以配祖考。	
26 *	《周易·豫》/ P31 下	《周易》曰：雷出地奮，豫。先王以作樂崇德，殷薦上帝，以配祖考。	15/樂部上/雅樂/對/P367
		雷出地奮，豫。先王以作樂崇德，殷薦之上帝，以配祖考。	

续表

序號	今本篇名、頁碼	《初學記》引文與原文	出處
27 *	《周易·豫》/ P31 下	《周易》曰：雷出地奮，豫。先王以作樂崇德，殷薦上帝，以配祖考。 雷出地奮，豫。先王以作樂崇德，殷薦之上帝，以配祖考。	15/樂部上/雅樂/對/P369
28	《周易·觀》/ P36 下	《周易》曰：風行地上，觀。先王以省方觀民。	13/禮部上/巡狩/對/P331
29	《周易·觀》/ P36 下	《周易》曰：先王以省方觀民設教。	13/禮部上/巡狩/敘/P330
30	《周易·觀》/ P36 下	《周易》曰：觀國之光，利用賓于王。	20/政理部/薦舉/對/P477
31 *	《周易·噬嗑》/ P37 上	《易》曰："雷電""噬嗑"，先王以明罰敕法。 "雷電""噬嗑"，先王以明罰敕法。	20/政理部/刑罰/對/P489
32 *	《周易·噬嗑》/ P37 中	《周易》曰：噬乾脯，得金矢。王肅注曰：四體純陰卦，骨之象，骨在乾肉脯之象，金象，所以獲野禽以食之，反得金矢。君子於味必思其毒，於利必備其難。 噬乾胏，得金矢。	26/器物部/脯/對/P642
33	《周易·賁》/ P37 下	(《周易》)又曰：山下有火，賁。君子以明庶政，无敢折獄。	20/政理部/獄/對/P494
34 *	《周易·賁》/ P38 上	《易》曰：束帛戔戔，賁于丘園。 賁于丘園，束帛戔戔。	20/政理部/薦舉/對/P478
35	《周易·習坎》/ P42 中	《易》曰：水洊至，"習坎"。君子以常德行，習教事。	6/地部中/總載水/對/P112
36 *	《周易·習坎》/ P42 下	《周易》曰：習坎上六云："係用徽纆，寘于叢棘，三歲不得，凶。"王弼注曰：險峭之極，不可升也；嚴法峻整，難可犯也。宜其囚執，寘于思過之地。 上六：係用徽纆，寘于叢棘，三歲不得，凶。(險陷之極，不可升也。嚴法峻整，難可犯也。宜其囚執寘于思過之地。)	20/政理部/刑罰/對/P490

续表

序號	今本篇名、頁碼	《初學記》引文與原文	出處
37 *	《周易·習坎》/P42 下	《周易》曰：習坎上六云：係用徽纆，寘于叢棘，三歲不得，凶。王弼注曰：險峭之極，不可升也；嚴法峻整，難可犯也。宜其囚執，寘于思過之地。	20/政理部/囚/對/P491
		上六：係用徽纆，寘于叢棘，三歲不得，凶。（險陗之極，不可升也。嚴法峻整，難可犯也。宜其囚執寘于思過之地。）	
38 *	《周易·離》/P43 上	《易》曰：日月麗乎天，百穀草木麗乎地。	1/天部 上/日/對/P6
		日月麗乎天，百穀草木麗乎土。	
39 *	《周易·離》/P43 上	《周易》曰：日月麗於天，百穀草木麗於土。	27/寶器部（花草附）/五穀/敘/P659
		日月麗乎天，百穀草木麗乎土。	
40 *	《周易·離》/P43 上	《易》曰：明兩作，離。大人以繼明照于四方。王肅注曰：兩離相續，明之義也。	10/儲宮部/皇太子/對/P229
		明兩作，離。大人以繼明照于四方。	
41 *	《周易·離》/P43 中 《周易·說卦》/94 中	《易》曰：黃離，元吉。離注曰：離，南方之卦。離爲火，土託位焉；土色黃，火之子。喻子有明德，能附麗於其父之道，順成其業，故吉也。	10/儲宮部/皇太子/對/P229
		黃離，元吉。離也者，明也。萬物皆相見，南方之卦也。	
42	《周易·大壯》/P48 下	《周易》曰：羝羊觸藩，羸其角。	29/獸部/羊/對/P709
43	《周易·家人》/P50 中	《易》曰：无攸遂，在中饋。	10/中宮部/皇后/對/P221
44 *	《周易·解》/P52 上	《易》曰：天地解而雷雨作，雷雨作而百果草木皆甲坼。	1/天部 上/雷/對/P21
		天地解而雷雨作，雷雨作而百果草木皆甲坼。	

续表

序號	今本篇名、頁碼	《初學記》引文與原文	出處
45*	《周易·解》/P52 上	《象》曰：雷雨作，解。君子以赦過宥罪。王弼注曰：解者，解也。屯難縶結，於是乎解之。 雷雨作，解。君子以赦過宥罪。（解者，解也。屯難盤結，於是乎解也。）	1/天 部 上/雷/對/P21
46	《周易·解》/P52 上	《周易》曰：雷雨作，解。君子以赦過宥罪。	20/政 理 部/赦/對/P469
47*	《周易·損》/P53 中	《周易》曰：或益之，十朋之龜。王弼注曰：龜者，決疑之物。獲益而得十朋之龜，則盡天人之助也。 或益之，十朋之龜。（龜者，決疑之物也。……獲益而得十朋之龜，足以盡天人之助也。）	30/鱗 介 部/龜/對/P745
48	《周易·井》/P60 上	《易》云：井泥不食。	7/地 部 下/井/敍/P153
49*	《周易·井》/P60 上	《易》曰："井泥不食"，"舊井無禽"，時舍也。 "井泥不食"，下也。"舊井无禽"，時舍也。	7/地 部 下/井/對/P154
50*	《周易·井》/P60 上	《易》曰："井泥不食"，"舊井無禽"，時舍也。 "井泥不食"，下也。"舊井无禽"，時舍也。	7/地 部 下/井/對/P155
51	《周易·井》/P60 上	《易》曰：井谷射鮒，甕敝漏。	7/地 部 下/井/對/P154
52*	《周易·井》/P60 中	《易》云：井渫不食。 井渫不食。	7/地 部 下/井/敍/P153
53*	《周易·井》/P60 中	《易》云：井甃，無咎。 井甃，无咎。	7/地 部 下/井/敍/P153
54*	《周易·井》/P60 中	《易》云：井洌寒泉。 井洌寒泉。	7/地 部 下/井/敍/P153
55*	《周易·震》/P62 上	《易》曰："震雷百里"，驚遠而懼邇也。出，可以守宗廟社稷，以爲祭祀主。 "震驚百里"，驚遠而懼邇也。出，可以守宗廟社稷，以爲祭主也。	10/儲 宮 部/皇 太 子/對/P229
56	《周易·震》/P62 上	《易》曰：洊雷，震。洊，重也。 洊雷，震。	1/天 部 上/雷/敍/P20

序號	今本篇名、頁碼	《初學記》引文與原文		出處
57 *	《周易·震》/P62 上	《易》曰：洊雷，震。		10/儲宮 部/皇 太 子/對/P229
58 *	《周易·漸》/P63 中—下	《易》曰：山上有水，漸。君子以居賢德善俗。鴻漸于陸。其羽可用爲儀，吉。		17/人部上/賢/對/P411
		山上有木，漸，君子以居賢德善俗。……鴻漸于陸。其羽可用爲儀，吉。		
59	《周易·豐》/P67 下	（《易》）又曰：雷電皆至，豐。君子以折獄致刑。		20/政理部/刑罰/對/P489
60 *	《周易·旅》/P68 中	《周易》曰：山上有火，旅。君子以明，慎刑罰而不留獄。		20/政理部/獄/對/P493
		山上有火，旅。君子以明，慎用刑而不留獄。		
61	《周易·中孚》/P71 上	《周易》曰：澤上有風，中孚。君子以議獄緩死。		20/政理部/獄/對/P494
62	《周易·既濟》/P72 下	《易》曰：東鄰殺牛，不如西鄰之禴祭，實受其福。		9/帝王部/總敘帝王/對/P208
63	《周易·未濟》/P73 上	《周易》曰：火在水上，未濟。		25/器物 部/火/對/P620
64	《周易·未濟》/P73 上	《周易》曰：火在水上，未濟。		25/器物 部/火/對/嚴陸異 P8
65	《周易·繫辭上》/P76 上	《易》曰：鼓之以雷霆。		16/樂部下/鼓/敘/P398
66	《周易·繫辭上》/P77 中	《易》曰：齊小大者存乎卦。韓康伯注曰：卦有小大也，齊猶言辨也。		20/政理部/卜/對/P488
67	《周易·繫辭上》/P77 下	（《周易》）又曰：範圍天地之化而不過。王弼注：範圍者，擬範天地而周備其理。		21/文部/經典/對/P499
68	《周易·繫辭上》/P78 中	《易》曰：富有之謂大業。		18/人部中/富/敘/P442
69	《周易·繫辭上》/P79 上	《易》曰：廣大配天地，變通配四時。		5/地部上/總載地/對/P88
70 *	《周易·繫辭上》/P79 上	《易》曰：天地設位，而易行于其中。		1/天 部 上/天/對/P2
		天地設位，而易行乎其中矣。		

续表

序號	今本篇名、頁碼	《初學記》引文與原文	出處
71 *	《周易·繫辭上》/P79 中一下	《易》曰：言天下之至賾而不可亂也。出其言善，則千里之外應之，言行，君子樞機。	21/文部/經典/對/P499
		言天下之至賾而不可惡也。言天下之至動而不可亂也……出其言善，則千里之外應之……言行，君子之樞機。	
72	《周易·繫辭上》/P79 中	《周易》曰：擬之而後言，議之而後動，擬議以成其變化。	21/文部/經典/對/P499
73	《周易·繫辭上》/P79 下	《周易》曰：二人同心，其利斷金。	18/人部中/交友/對/P435
74	《周易·繫辭上》/P79 下	《周易》曰：二人同心，其利斷金；同心之言，其臭如蘭。	18/人部中/交友/對/P435
75	《周易·繫辭上》/P79 下	《易》曰：同心之言，其臭如蘭。	17/寶器部（花草附）/蘭/敘/P664
76 *	《周易·繫辭上》/P79 下	《易·繫辭》曰：君子致恭以存其位。	17/人部中/恭敬/對/P427
		謙也者，致恭以存其位者也。	
77 *	《周易·繫辭上》/P80 下	《易》曰：凡天地之數五十有五，所以成變化而行鬼神。	5/地部上/總載地/對/P89
		凡天地之數五十有五。此所以成變化而行鬼神也。	
78 *	《周易·繫辭上》/P81 中	《易》曰：夫《易》，聖人之所以極深而研幾。唯深也，故能通天下之志。唯幾也，故能成天下之務。唯神也，故不疾而速，不行而至。	17/人部上/聖/對/P409
		夫《易》，聖人之所以極深而研幾也。唯深也，故能通天下之志。唯幾也，故能成天下之務。唯神也，故不疾而速，不行而至。	
79 *	《周易·繫辭上》/P81 下一82 中	《周易》曰：定天下之吉凶，成天下之亹亹者，莫大乎蓍龜也。蓍之德圓而神，卦之德方以智。神以知來，智以藏往。	20/政理部/卜/敘/P487
		蓍之德圓而神，卦之德方以知。……神以知來，知以藏往。……定天下之吉凶，成天下之亹亹者，莫大乎蓍龜。	

序號	今本篇名、頁碼	《初學記》引文與原文	出處
80	《周易·繫辭上》/P82 上—中	《周易》曰:《易》有太極,是生兩儀。兩儀生四象,四象生八卦,八卦定吉凶。	21/文部/經典/對/P499
81	《周易·繫辭上》/P82 中	《易》曰:備物致用,立成器以爲天下利,莫大乎聖人。	17/人部上/聖/對/P408
82	《周易·繫辭上》/P82 中	(《易》)又曰:天垂象,見吉凶,聖人象之。	1/天部上/天/對/P2
83	《周易·繫辭下》/P86 上	《易》曰:天地之道,貞觀者也;日月之道,貞明者也。	1/天部上/天/對/P2
84	《周易·繫辭下》/P86 中	《易》曰:天地之大德曰生,聖人之大寶曰位。何以守位?曰仁。何以聚人?曰財。	9/帝王部/總敘帝王/對/P204
85 *	《周易·繫辭下》/P86 中	《易》曰:庖犧氏之王天下也,結繩而爲網罟,以佃以漁,蓋取諸離,此其始也。 古者包犧氏之王天下也……結繩而爲罔罟,以佃以漁,蓋取諸離。	22/武部/獵/敘/P540
86	《周易·繫辭下》/P86 中	《易》所謂作結繩而爲網罟,以佃以漁,蓋取諸離也。 結繩而爲罔罟,以佃以漁,蓋取諸離。	22/武部/漁/敘/P544
87 *	《周易·繫辭下》/P86 中—下	《易》曰:庖犧氏没,神農氏作。斲木爲耜,揉木爲耒。耒耨之利,以教天下。 包犧氏没,神農氏作,斲木為耜,揉木為耒,耒耨之利,以教天下。	9/帝王部/總敘帝王/對/P207
88 *	《周易·繫辭下》/P86 中—下	《周易·繫辭》云:神農氏日中爲市,致天下之人,聚天下貨,交易而退,各得其所,蓋取諸噬嗑。(噬嗑,卦名也,言設法以合物也。) 包犧氏没,神農氏作,斲木為耜,揉木為耒,耒耨之利,以教天下,蓋取諸益。日中爲市,致天下之民,聚天下之貨,交易而退,各得其所,蓋取諸噬嗑。(噬嗑,合也。市人之所聚,異方之所合,設法以合物也,噬嗑之義也。)	24/居處部/市/敘/P591

续表

序號	今本篇名、頁碼	《初學記》引文與原文	出處
89	《周易·繫辭下》/P86 下—87 上	《易》曰：神農氏没，黄帝堯舜氏作。弦木爲弧，剡木爲矢；弧矢之利，以威天下，蓋取諸睽。	9/帝王部/總敘帝王/對/P205
90 *	《周易·繫辭下》/P87 上	《易》曰：黄帝、堯、舜垂衣裳而治天下，蓋取諸乾、坤。	9/帝王部/總敘帝王/對/P203
		黄帝、堯、舜垂衣裳而天下治，蓋取諸乾、坤。	
91	《周易·繫辭下》/P87 上	《周易》曰：刳木爲舟，剡木爲楫；舟楫之利，以濟不通，蓋取諸涣。	25/器物部/舟/敘/P610
92	《周易·繫辭下》/P87 上	夫重門擊柝，以待暴客，蓋取諸豫。（見《周易》）	24/居處部/門/敘/P582
93 *	《周易·繫辭下》/P87 上	《易》所謂弦木爲弧，剡木爲矢，弧矢之利，以威天下。蓋取諸睽。	22/武　部/弓/敘/P531
		弦木為弧，剡木為矢，弧矢之利，以威天下，蓋取諸睽。	
94	《周易·繫辭下》/P87 上	《周易》曰：弦木爲弧，剡木爲矢，弧矢之利，以威天下。	22/武　部/弓/對/P532
95	《周易·繫辭下》/P87 上	《周易》曰：上古穴居而野處，後代聖人易之以宫室。上棟下宇，以待風雨，蓋取諸大壯。	24/居處部/宫/敘/P568
96 *	《周易·繫辭下》/P87 中	《易》曰：上古結繩以治，後世聖人易之以書契，蓋取諸夬。	21/文部/文字/敘/P505
		上古結繩而治，後世聖人易之以書契，百官以治，萬民以察，蓋取諸夬。	
97 *	《周易·繫辭下》/P87 中	《周易》曰：上古結繩以治，後世聖人易之以書契，蓋取諸夬。	21/文部/文字/對/P506
		上古結繩而治，後世聖人易之以書契，百官以治，萬民以察，蓋取諸夬。	
98 *	《周易·繫辭下》/P87 中	《易》曰：陽卦多陰，陰卦多陽，其故何也？陽卦奇而陰卦耦。	20/政理部/卜/對/P488
		陽卦多陰，陰卦多陽，其故何也？陽卦奇，陰卦耦。	

序號	今本篇名、頁碼	《初學記》引文與原文	出處
99 *	《周易·繫辭下》/P89 下	(《周易》) 又曰：《易》之爲書也屢遷，變動不居，周流六虚。注曰：六虚，六位也。	21/文部/經典/對/P499
		《易》之爲書也不可遠，爲道也屢遷，變動不居，周流六虚。(六虚，六位也。)	
100 *	《周易·繫辭下》/P91 上	《易》曰：八卦以象告。韓康伯注曰：以象告人吉凶。	20/政理部/卜/對/P487
		八卦以象告。(以象告人。)	
101	《周易·説卦》/P93 中	《易》曰：昔者聖人之作《易》也，幽贊於神明而生蓍，參天兩地而倚數。	17/人部上/聖/對/P408
102 *	《周易·説卦》/P93 中	《易》曰：聖人作《易》，幽贊於神明，參天兩地而倚數。	17/人部上/聖/對/P409
		昔者聖人之作《易》也，幽贊於神明而生蓍，參天兩地而倚數。	
103	《周易·説卦》/P93 中	《易·説卦》曰：昔者聖人之作《易》也，幽贊於神明而生蓍。	21/文部/經典/對/P499
104	《周易·説卦》/P93 下	(《易·説卦》) 又曰：發揮於剛柔而生爻。	21/文部/經典/對/P499
105	《周易·説卦》/P94 上	《周易》曰：帝出乎震，齊乎巽。	9/帝王部/總敘帝王/對/P203
106 *	《周易·説卦》/P94 下	《易》曰：兑爲狗。	29/獸部/狗/對/嚴陸異 P6
		艮爲狗，兑爲羊。	
107 *	《周易·説卦》/P94 下	(《易》) 又曰：震爲長男。	1/天部上/雷/敘/P20
		震，一索而得男，故謂之長男。	
108 *	《周易·説卦》/P94 下	《周易》曰：乾爲金。	27/寶器部（花草附）/金/敘/P645
		乾爲天，爲圜，爲君，爲父，爲玉，爲金。	
109 *	《周易·説卦》/P94 下	《周易》曰：乾爲金，爲玉。	27/寶器部（花草附）/玉/敘/P650
		乾爲天，爲圜，爲君，爲父，爲玉，爲金。	
110	《周易·説卦》/P95 上	《易》曰：震爲雷。	1/天部上/雷/敘/P20

续表

序號	今本篇名、頁碼	《初學記》引文與原文	出處
111 *	《周易·説卦》/ P95 上	（《易》）又曰：震爲長子。	10/儲宫部/皇太子/對/P229
		震爲雷，爲龍，爲玄黄，爲旉，爲大塗，爲長子。	
112 *	《周易·説卦》/ P95 上	（《易》）又曰：震爲蒼琅竹。	10/儲宫部/皇太子/對/P229
		震爲雷，爲龍，爲玄黄，爲旉，爲大塗，爲長子，爲決躁，爲蒼筤竹。	
113 *	《周易·説卦》/ P95 中	（《周易》）又曰：艮爲門闕。	24/居處部/門/敘/P582
		艮爲山，爲徑路，爲小石，爲門闕。	
114 *	《周易·説卦》/ P95 中	《周易》曰：艮爲徑路。鄭玄注曰：田間之道曰徑路。艮爲之者，取山間鹿兔之蹊。	24/居處部/道路/對/P589
		艮爲山，爲徑路。	
115 *	《周易·雜卦》/ P96 下	《易傳》云：井，通也，物所通用也。	7/地部下/井/敘/P153
		井通而困相遇也。（注：井，物所通用而不吝也。）	
116 *	《周易·繫辭上》/P82 中 《周易·乾》/ P17 下	《易》曰：備物致用，立成器以爲天下利，莫大乎聖人。知進退存亡而不失其正者，其唯聖人乎？	17/人部上/聖/敘/P407
		備物致用，立成器以爲天下利，莫大乎聖人。//知進退存亡而不失其正者，其唯聖人乎？	

《尚書》

序號	今本篇名、頁碼	《初學記》引文與原文	出處
1	《尚書序》/ P113 上	《尚書序》曰：伏犧氏之王天下也，始畫八卦，造書契，以代結繩之政，由是文籍生焉。	9/帝王部/總敘帝王/敘/P196
2 *	《尚書序》/ P114 中—115 上	孔安國《尚書序》曰：先君孔子，討論墳典，斷自唐虞以下，訖于周。舉其宏綱，撮其樞要，凡百篇，示人主以軌範。帝王之制，坦然明白。	21/文部/經典/對/P499
		先君孔子……討論墳典，斷自唐虞以下，訖于周。芟夷煩亂，翦截浮辭，舉其宏綱，撮其機要，足以垂世立教，典、謨、訓、誥、誓、命之文凡百篇。所以恢弘至道，示人主以軌範也。帝王之制，坦然明白。	

序號	今本篇名、頁碼	《初學記》引文與原文	出處
3*	《尚書序》/P114中—115上	孔安國《尚書序》曰：先君孔子，覿史籍之煩，又懼覽之者不一，斷唐虞以下，訖于周。舉其宏綱，撮其樞要，典謨、訓誥、誓命之文凡百篇，所以恢宏至道。	21/文部/經典/對/P500
		先君孔子，生於周末，覿史籍之煩文，懼覽之者不一。……斷自唐虞以下，訖于周。芟夷煩亂，翦截浮辭，舉其宏綱，撮其機要，足以垂世立教，典、謨、訓、誥、誓、命之文凡百篇。所以恢弘至道。	
4*	《尚書序》/P115下	孔安國《尚書序》曰：魯共王好治宮室，壞孔子舊宅，以廣其居。於屋壁中得先人所藏虞夏商周之書。	24/居處部/牆壁/對/P585
		魯共王好治宮室，壞孔子舊宅，以廣其居，於壁中得先人所藏古文虞夏商周之書。	
5	《尚書·堯典》/P119中	《堯典》云：協和萬邦。	10/帝戚部/王/敘/P237
6*	《尚書·堯典》/P119下	《尚書》曰：日永，星火，以正仲夏（永，長也，謂夏至之日也。火，蒼龍之中星，舉中則七星見可知也），鳥獸希革（時毛羽希少改易。革，改也）。	3/歲時部上/夏/敘/P49
		日永，星火，以正仲夏。（永，長也，謂夏至之日。火，蒼龍之中星。舉中則七星見可知。以正仲夏之氣節，季孟亦可知。）厥民因，鳥獸希革。（因謂老弱因就在田之丁壯以助農也。夏時鳥獸毛羽希少改易。革，改也。）	
7*	《尚書·堯典》/P119下	《尚書》曰：日永，星火，以正仲夏。注曰：火，蒼龍之中星也。	3/歲時部上/夏/對/P50
		日永，星火，以正仲夏。（永，長也，謂夏至之日。火，蒼龍之中星。）	

序號	今本篇名、頁碼	《初學記》引文與原文	出處
8*	《尚書·堯典》/P119下	《尚書》曰：宵中，星虛，以殷仲秋（宵，夜也；虛玄武中星，以秋分日見。），鳥獸毛毨（毨，理也，毛更生整理也。蘇薺反又星殄反）。 宵中，星虛，以殷仲秋。（宵，夜也。春言日，秋言夜，互相備。虛，玄武之中星，亦言七星皆以秋分日見，以正三秋。）厥民夷，鳥獸毛毨。（夷，平也，老壯在田與夏平也。毨，理也，毛更生整理。）毨，先典反（與星殄反音同）。	3/歲時部上/夏/敍/P53
9*	《尚書·堯典》/P119下	《尚書》曰：日短，星昴，以正仲冬，（日短，冬至之日；昴，白虎中星。）鳥獸氄（辱勇反）毛（鳥獸皆生濡毳細毛以自温也）。 日短，星昴，以正仲冬。（日短，冬至之日。昴，白虎之中星，亦以七星並見，以正冬之三節。）厥民隩，鳥獸氄毛。（隩，室也。民改歲入此室處，以辟風寒。鳥獸皆生而毳細毛以自温焉。）	3/歲時部上/夏/敍/P58
10*	《尚書·堯典》/P119下	《尚書》曰：日短星昴，以正仲冬。孔安國注曰：日短，冬至之日也。昴，玄武中星，亦以七星並正冬之三節也。 日短，星昴，以正仲冬。（日短，冬至之日。昴，白虎之中星，亦以七星並見，以正冬之三節。）	4/歲時部下/冬至/對/P82
11*	《尚書·堯典》/P122上	《尚書》曰：帝曰："疇咨若時？登庸。"孔安國傳曰：疇，誰，庸，用也。誰能庶績，順是事者，將登用之也。 帝曰："疇咨若時？登庸。"（疇，誰；庸，用也。誰能咸熙庶績，順是事者，將登用之。）	20/政理部/薦舉/對/P477
12	《尚書·堯典》/P122上	《尚書》云："帝曰：咨！四岳，湯湯洪水方割，蕩蕩懷山襄陵，浩浩滔天。"	6/地部中/總載水/對/P113

序號	今本篇名、頁碼	《初學記》引文與原文	出處
13 *	《尚書·堯典》/P123 上	《尚書》曰：有鰥在下，曰虞舜。帝曰："俞，予聞，如何？"岳曰："瞽子，父頑，母嚚，象傲，克諧以孝，烝烝乂，弗格姦。"	17/人部上/孝/對/P420
		有鰥在下，曰虞舜。帝曰："俞，予聞，如何？"岳曰："瞽子，父頑，母嚚，象傲，克諧以孝，烝烝乂，不格姦。"	
14 *	《尚書·堯典》/P123 上—中	《尚書》曰：有鰥在下，曰虞舜。帝曰："我其試哉，女于時，觀厥刑於二女。"釐降二女于嬀汭，嬪于虞。	10/中宮部/皇后/對/P221
		有鰥在下，曰虞舜。……帝曰："我其試哉！女于時，觀厥刑于二女。"釐降二女于嬀汭，嬪于虞。	
15 *	《尚書·堯典》/P123 中	《尚書》曰：釐降二女於嬀汭，嬪於虞。注云：降，下也；嬪，婦也。	10/帝戚部/公主/對/P244
		釐降二女於嬀汭，嬪於虞。（降，下；嬪，婦也。）	
16	《尚書·舜典》/P126 中	《尚書》曰：正月上日，受終於文祖。孔安國注云：上日，朔日也。	4/歲時部下/元日/對/P63
17 *	《尚書·舜典》/P126 中	《尚書》：肆類於上帝，禋於六宗，望于山川，徧於羣神。	13/禮部上/祭祀/對/P318
		肆類於上帝，禋於六宗，望于山川，徧于群神。	
18 *	《尚書·舜典》/P126 中	《尚書》曰：禋於六宗。王肅注曰：所宗者六，皆潔祀之。埋少牢於太昭，祭時也；相近於坎壇，祭寒暑也；王宮，祭日也；夜明，祭月也；幽禜，祭星也；雩禜，祭水旱也。禋于六宗，此之謂也。	13/禮部上/祭祀/對/P318
		禋于六宗。（精意以享謂之禋。宗，尊也。所尊祭者，其祀有六，謂四時也，寒暑也，日也，月也，星也，水旱也。祭亦以攝告。）	

序號	今本篇名、頁碼	《初學記》引文與原文	出處
19 *	《尚書·舜典》/P126 下	《尚書》曰：既月，乃日覲四岳羣牧。孔安國注云：既，盡也；覲，見也。言舜盡以正月中，乃日日見羣牧。	14/禮部下/朝會/對/P345
		既月，乃日覲四岳羣牧。（既，盡；覲，見；班，還；后，君也。舜斂公侯伯子男之瑞圭璧，盡以正月中，乃日日見四岳及九州牧監。）	
20 *	《尚書·舜典》/P127 中	《虞書》曰：歲二月，東巡狩，至於岱宗，柴。	5/地理上/泰山/對/P95
		歲二月，東巡守，至於岱宗，柴。	
21 *	《尚書·舜典》/P127 中一下	《尚書》曰：歲二月，東巡狩，至於岱宗，柴，修五禮、五玉。孔安國注云：五等諸侯瑞圭璧也。	13/禮部上/巡狩/對/P331
		歲二月，東巡守，至於岱宗，柴……修五禮、五玉。（修吉、凶、賓、軍、嘉之禮。五等諸侯執其玉。）	
22 *	《尚書·舜典》/P127 中一下	《尚書》曰：歲二月，東巡狩，至於岱宗，柴，望秩於山川，肆覲東后。協時月正日，同律度量衡。修五禮、五玉、三帛、二生、一死贄。如五器，卒乃復。五月南巡狩，至於南岳，如岱禮。八月西巡狩，至于西岳，如初。十有一月朔巡狩，至於北岳，如西禮。歸，格於藝祖，用特。	13/禮部上/巡狩/對/P330
		歲二月，東巡守，至於岱宗，柴，望秩於山川，肆覲東后。協時月正日，同律度量衡。修五禮、五玉、三帛、二生、一死贄，如五器，卒乃復。五月南巡守，至於南岳，如岱禮。八月西巡守，至於西岳，如初。十有一月朔巡守，至於北岳，如西禮。歸，格於藝祖，用特。	
23 *	《尚書·舜典》/P127 下	《虞書》曰：十有一月北巡狩，至北岳，如西禮。	5/地部上/恒山/對/P101
		十有一月朔巡守，至於北岳，如西禮。	

序號	今本篇名、頁碼	《初學記》引文與原文	出處
24 *	《尚書·舜典》/P127 下	《尚書》曰：五載一巡狩，羣後四朝。 五載一巡守，羣後四朝。	13/禮部上/巡狩/對/P331
25	《尚書·舜典》/P128 下	《書》曰：鞭作官刑。	22/武　部/鞭/敘/P539
26 *	《尚書·舜典》/P130 中	《尚書》曰：四岳……僉曰："伯禹作司空。"帝曰："俞，諮！禹，汝平水土，惟時懋哉。！"注：懋，勉也。 舜曰："諮！四岳，有能奮庸熙帝之載，使宅百揆，亮采惠疇?"僉曰："伯禹作司空。"帝曰："俞，諮！禹，汝平水土，惟時懋哉!"（懋，勉也。）	11/職官部上/太尉司徒司空/對/P257
27	《尚書·舜典》/P130 中	（《尚書》）又曰：舜曰："諮！四岳，有能奮庸熙帝之載，使宅百揆，亮采惠疇。"	20/政理部/薦舉/對/P477
28 *	《尚書·舜典》/P130 下	《尚書》：帝曰："契，百姓不親，五品不遜。汝作司徒，敬敷五教，在寬。"注曰：五常之教，務在寬也。 帝曰："契，百姓不親，五品不遜。汝作司徒，敬敷五教，在寬。"（布五常之教務在寬。）	11/職官部上/太尉司徒司空/對/P256
29	《尚書·舜典》/P130 下	《尚書》云：五刑有服。	20/政理部/刑罰/敘/P488
30 *	《尚書·舜典》/P131 中	《尚書》曰：帝曰："夔！命汝典樂，教胄子。"王肅注：胄子，國子也。 帝曰："夔！命汝典樂，教胄子。"（胄，長也，謂元子以下至卿大夫子弟。）	15/樂部上/雅樂/對/P369
31 *	《尚書·舜典》/P131 下	《尚書》曰：詩言誌，歌永言（永，長也，長言之）。 詩言誌，歌永言。（謂詩言誌以導之，歌詠其義以長其言。）	15/樂部上/歌/對/P376
32 *	《尚書·舜典》/P131 下	《尚書》曰：詩言誌，歌永言，律和聲。 詩言誌，歌永言，聲依永，律和聲。	15/樂部上/歌/對/P377

续表

序號	今本篇名、頁碼	《初學記》引文與原文	出處
33	《尚書·舜典》/P131 下	詩言志，歌永言（見《尚書》）。	21/文部/文章/敘/P511
34	《尚書·舜典》/P131 下	《尚書》曰：八音克諧，無相奪倫。	15/樂部上/雅樂/對/P370
35	《尚書·舜典》/P131 下	《尚書》曰：擊石拊石，百獸率舞。	16/樂部下/磬/對/P398
36 *	《尚書·舜典》/P131 下	孔注《尚書》曰：拊，擊也；石，磬也。	16/樂部下/磬/對/P398
		擊石拊石，百獸率舞。（石，磬也。磬，音之清者。拊亦擊也。）	
37 *	《尚書·舜典》/P132 上	《尚書》曰：龍，命汝作納言。	11/職官部上/尚書令/敘/P258
		帝曰："龍，朕聖讒說殄行，震驚朕師。命汝作納言。"	
38 *	《尚書·舜典》/P132 中	《尚書》曰：舜生三十登庸。三十在位，五十載陟方乃死。（孔安國注：通服堯喪三年，其一共三十之數，凡壽一百一十一歲。）	9/帝王部/總敘帝王/敘/P198
		舜生三十徵庸，三十在位，五十載陟方乃死。（方，道也。舜即位五十年，升道南方巡守，死於蒼梧之野而葬焉。三十徵用，三十在位，服喪三年，其一在三十之數，爲天子五十年，凡壽百一十二歲。）	
39 *	《尚書·大禹謨》/P135 上	《尚書》曰：禹曰："於！帝念哉，德惟善政，政在養民，水、火、金、木、土、穀，惟脩；正德、利用、厚生，惟和。九功惟序，九序惟歌。"	15/樂部上/歌/對/P377
		禹曰："於！帝念哉！德惟善政，政在養民。水、火、金、木、土、穀，惟修；正德、利用、厚生，惟和。九功惟敘，九敘惟歌。"	
40 *	《尚書·大禹謨》/P135 下	《虞書》曰：帝曰："皋陶汝作士，明於五刑。"	12/職官部下/大理卿/對/P310
		帝曰："皋陶，惟茲臣庶，罔或干予正。汝作士，明于五刑。"	

序號	今本篇名、頁碼	《初學記》引文與原文	出處
41 *	《尚書·大禹謨》/P136 上	《尚書》曰：帝曰："來，禹，克勤于邦，克儉于家。弗自滿假，惟汝賢。"	17/人部上/賢/對/P310
		帝曰："來，禹，降水儆予，成允成功，惟汝賢。克勤于邦，克儉于家，不自滿假，惟汝賢。"	
42	《尚書·大禹謨》/P136 上	《尚書》曰：可愛非君？可畏非民？衆非元后何戴。	9/帝王部/總敘帝王/對/P203
43 *	《尚書·大禹謨》/P137 中	《尚書》曰：苗民逆命，帝誕敷文德，舞干羽于兩階。孔安國注：干，盾；羽，翳也，皆舞者之所執也。	15/樂部上/舞/對/P380
		苗民逆命……帝乃誕敷文德，舞干羽于兩階。（干，楯；羽，翳也，皆舞者所執。）	
44 *	《尚書·益稷》/P141 上	《尚書》曰：禹曰："予思日孜孜。"孔安國注曰：言己思日孜孜不怠，奉成臣功而已。	9/帝王部/總敘帝王/對/P207
		禹拜曰："都！帝，予何言？予思日孜孜。"（言己思日孜孜不怠，奉承臣功而已。）	
45 *	《尚書·益稷》/P141 下	《尚書》曰：予欲觀古人之象，日、月、星辰，山、龍、華蟲，作繪，宗彝，藻、火、粉、米、黼、黻、絺、繡。	27/寶器部（花草附）/繡/敘/P656
		予欲觀古人之象，日、月、星辰、山、龍、華蟲，作會，宗彝，藻、火、粉、米、黼、黻、絺、繡。	
46	《尚書·益稷》/P144 上	孔安國注《尚書》曰：雄曰鳳，雌曰凰，靈鳥也。	9/帝王部/總敘帝王/對/P207
47 *	《尚書·益稷》/P144 上	《尚書》曰：簫韶九成，鳳凰來儀。孔安國注曰：韶，舜樂名也。	9/帝王部/總敘帝王/對/P207
		簫韶九成，鳳皇來儀。（韶，舜樂名。）	
48 *	《尚書·益稷》/P144 上	《尚書》曰：簫韶九成，鳳凰來儀。	13/禮部上/祭祀/對/P318
		簫韶九成，鳳皇來儀。	
49 *	《尚書·益稷》/P144 上	《尚書》曰：簫韶九成，鳳凰來儀。	16/樂部下/簫/對/P400
		簫韶九成，鳳皇來儀。	

序號	今本篇名、頁碼	《初學記》引文與原文	出處
50	《尚書·禹貢》/P146上	《尚書》曰：禹別九州。	8/州郡部/總敘州郡/對/P166
51 *	《尚書·禹貢》/P146上—150下	《尚書》：禹別九州，任土作貢，其物可以特進奉者曰貢，盛之於筐而進者曰筐；若不常歲貢，須賜命乃貢者曰錫貢。故兗州厥貢漆絲；青州厥貢鹽絺，海物惟錯，岱畎絲枲，鉛松怪石；徐州厥貢惟土五色，羽畎夏翟，嶧陽孤桐，泗濱浮磬，淮夷蠙珠暨魚；揚州厥貢惟金三品：瑤琨篠簜，齒革羽毛，惟木；荊州厥貢羽毛齒革，惟金三品：杶榦栝柏，礪砥砮丹，惟箘簵楛；豫州厥貢漆枲絺紵，梁州厥貢璆鐵銀鏤砮磬，熊羆狐狸織皮；雍州厥貢球琳琅玕；兗州厥篚織文；青州厥篚厴絲；徐州厥篚玄纖縞；揚州厥篚織貝；荊州厥篚玄纁璣組；豫州厥篚纖纊；揚州錫貢厥包橘柚；豫州錫貢磬錯；荊州納錫大龜，是也。	20/政理部/貢獻/敘/P166
		禹別九州，隨山濬川，任土作貢。……濟、河惟兗州。……厥貢漆絲。厥篚織文。……海、岱惟青州。……厥貢鹽、絺，海物惟錯。岱畎絲、枲、鉛、松、怪石。萊夷作牧。厥篚厴絲。……海、岱及淮惟徐州。……厥貢惟土五色，羽畎夏翟，嶧陽孤桐，泗濱浮磬，淮夷蠙珠暨魚。厥篚玄纖縞。……淮、海惟揚州。……厥貢惟金三品，瑤琨篠簜，齒革羽毛惟木。島夷卉服。厥篚織、貝……荊及衡陽惟荊州。……厥貢羽、毛、齒、革，惟金三品，杶、榦、栝、柏，礪、砥、砮、丹，惟菌、簵、楛。……厥篚玄纁、璣組，九江納錫大龜。……荊、河惟豫州。……厥貢漆、枲、絺、紵。厥篚纖纊，錫貢磬錯。……華陽、黑水惟梁州。……厥貢璆、鐵、銀、鏤、砮、磬，熊、羆、狐、狸織皮。……黑水、西河惟雍州……厥貢惟球、琳、琅玕。	

续表

序號	今本篇名、頁碼	《初學記》引文與原文	出處
52*	《尚書·禹貢》/P146上—152中	《尚書》曰：禹別九州，九州攸同。	8/州郡部/總敘州郡/敘/P163
		禹別九州……九州攸同。	
53*	《尚書·禹貢》/P147中	按《尚書》：兖州西北距河，謂古九河也。九河填塞。	8/州郡部/河南道/敘/P167
		濟、河惟兖州。（東南據濟，西北距河。）	
54	《尚書·禹貢》/P147中	《尚書》曰：濟、河惟兖州。	8/州郡部/河南道/對/P170
55*	《尚書·禹貢》/P147中—149下	《尚書》曰：荊河惟豫州，濟、河惟兖州，海、岱及淮惟徐州，海、岱惟青州。	8/州郡部/河南道/敘/P167
		濟、河惟兖州。……海、岱惟青州。……海、岱及淮惟徐州。……荊、河惟豫州。	
56*	《尚書·禹貢》/P147中	《尚書》曰：九河既道。孔安國注曰：河水分爲九道，平原以北是也。	6/地部中/總載水/對/P112
		九河既道。（河水分爲九道，在此州界，平原以北是。）	
57*	《尚書·禹貢》/P147中—148上	《尚書》：青州，厥貢岱畎絲、枲、鉛、松、怪石。	28/果木部/松/敘/P686
		海、岱惟青州……厥貢鹽、絺，海物惟錯。岱畎絲、枲、鈆、松、怪石。	
58	《尚書·禹貢》/P148上	《尚書》曰：海、岱及淮惟徐州。	8/州郡部/總敘州郡/對/P167
59*	《尚書·禹貢》/P148上—中	《尚書》曰：海岱及淮惟徐州，厥貢惟土，爲社五色。孔安國注曰：王者封五色土爲社，建諸侯，則各割其方土與之。使立社，冒以黃土，苴以白茅。	13/禮部上/社稷/對/P326
		海、岱及淮惟徐州……厥貢惟土五色。（王者封五色土爲社，建諸侯，則各割其方色土與之，使立社。纛以黃土，苴以白茅，茅取其潔，黃取王者覆四方。）	

序號	今本篇名、頁碼	《初學記》引文與原文	出處
60 *	《尚書·禹貢》/P148 上—中	《尚書》曰：徐州，泗濱浮磬。孔安國曰：泗水中見石可以爲磬也。	16/樂部下/磬/對/P398
		海、岱及淮惟徐州。……泗濱浮磬。（泗水涯水中見石，可以爲磬。）	
61	《尚書·禹貢》/P148 上	《尚書·禹貢》曰：淮、沂其义。孔安國注曰：二水已治。	6/地部中/淮/對/P128
62 *	《尚書·禹貢》/P148 中	《尚書》曰：羽畎夏翟，嶧陽孤桐。孔安國注曰：嶧陽特生桐，中琴瑟也。	28/果木部/桐/對/P690
		羽畎夏翟，嶧陽孤桐。（嶧山之陽特生桐，中琴瑟。）	
63 *	《尚書·禹貢》/P148 中	《尚書》曰：泗濱浮磬。孔安國注云：泗水、濱涯也，水中見石，可以爲磬。	5/地部上/石/對/P108
		泗濱浮磬。（泗水涯水中見石，可以爲磬。）	
64	《尚書·禹貢》/P148 中	《尚書》曰：《禹貢》云：泗濱浮磬，淮夷蠙珠暨魚。孔安國注曰：淮夷二水出蠙珠及美魚。	6/地部中/淮/對/P128
65	《尚書·禹貢》/P148 中	《尚書》曰：泗濱浮磬。	16/樂部下/磬/敍/P398
66	《尚書·禹貢》/P148 中	《尚書》曰：淮、海惟揚州。	8/州郡部/淮南道/敍/P185
67	《尚書·禹貢》/P148 中—149 上	《禹貢》曰：淮、海惟揚州，厥包橘柚錫貢。（孔安國曰：小曰橘，大曰柚。）	28/果木部/橘/敍/P680
68 *	《尚書·禹貢》/P148 中—149 中	《尚書》曰：揚州，厥貢篠簜；荆州，厥貢惟箘簵楛。（孔安國注曰：篠，竹箭；簜，大竹；箘、簵，美竹也。出雲夢之澤。三國常致貢之，其名天下稱善。）	28/果木部/竹/敍/P693
		淮、海惟揚州。……篠簜既敷（篠，竹箭；簜，大竹）……厥貢惟金三品，瑤琨篠簜。……荆及衡陽惟荆州。……厥貢……惟箘、簵、楛，三邦厎貢厥名。（箘、簵，美竹；楛，中矢榦。三物皆出雲夢之澤。近澤三國致貢之，其名天下稱善。）	

续表

序號	今本篇名、頁碼	《初學記》引文與原文	出處
69 *	《尚書·禹貢》/P148 中	《尚書》曰:三江既入,震澤底定。孔安國注云:三江已入,致定爲震澤。	6/地部中/總載水/對/P112
		三江既入,震澤底定。(震澤,吳南大湖名。言三江已入,致定爲震澤。)	
70 *	《尚書·禹貢》/P149 上—中	《尚書》曰:荊州,厥貢杶、榦、栝、柏。	28/果木部/柏/敘/P688
		荊及衡陽惟荊州。……厥貢羽、毛、齒、革,惟金三品,杶、榦、栝、柏。	
71 *	《尚書·禹貢》/P149 上—150 上	《尚書》曰:荊及衡陽惟荊州,華陽、黑水惟梁州。	8/州郡部/山南道/敘/P181
		荊及衡陽惟荊州。……華陽、黑水惟梁州。	
72 *	《尚書·禹貢》/P149 上	《尚書》曰:江、漢朝宗于海。注云:宗,尊也,有似於朝。	6/地部中/海/對/P116
		江、漢朝宗于海。(二水經此州而入海,有似於朝,百川以海爲宗。宗,尊也。)	
73	《尚書·禹貢》/P149 上	《尚書》曰:江、漢朝宗于海。	7/地部下/漢水/對/P144
74	《尚書·禹貢》/P149 下	《尚書》曰:九江納錫大龜。	6/地部中/江/對/P124
75 *	《尚書·禹貢》/P149 下	《尚書》曰:九江納錫大龜。孔傳云:尺二寸曰大龜,出九江水中。	20/政理部/貢獻/對/P474
		九江納錫大龜。(尺二寸曰大龜,出於九江水中。)	
76 *	《尚書·禹貢》/P150 上	《尚書》曰:導荷澤,被孟瀦。	8/州郡部/河南道/對/P169
		導菏澤,被孟豬。	
77	《尚書·禹貢》/P150 中	《尚書》曰:黑水、西河惟雍州。	8/州郡部/關内道/敘/P171
78 *	《尚書·禹貢》/P150 中	(《尚書》)又云:涇屬渭汭,並是也。(屬音燭。孔安國注《尚書》:屬,逮也。水北曰汭,言治涇水入於渭。)	6/地部中/涇水/敘/P137
		涇屬渭汭(屬,逮也。水北曰汭。言治涇水入於渭)。	

续表

序號	今本篇名、頁碼	《初學記》引文與原文	出處
79 *	《尚書·禹貢》/P152 中	《尚書》稱：導渭自鳥鼠同穴，東會于灃，東會于涇，又東過漆沮，入于河。	6/地部中/渭水/敘/P135
		導渭自鳥鼠同穴，東會于灃，又東會于涇，又東過漆沮，入于河。	
80 *	《尚書·禹貢》/P150 下	琅玕，石似硃也（出《尚書注》）。	6/地部上/石/敘/P107
		厥貢惟球、琳、琅玕。（琅玕，石而似玉。）	
81 *	《尚書·禹貢》/P151 中	《尚書》曰：過九江，至于敷淺源。	8/州郡部/江南道/對/P189
		過九江，至于敷淺原。	
82	《尚書·禹貢》/P151 中	《尚書》曰：導弱水，至于合黎。	8/州郡部/隴右道/對/P189
83 *	《尚書·禹貢》/P151 下	《尚書》稱：導河積石，至于龍門（今絳州龍門縣界。），南至于華陰，北至于砥柱，東至于孟津（在洛北，都道所湊，古今以爲津）。東過洛汭，至于大伾（洛汭，今鞏縣，在河洛合流之所也。大伾山，今氾水縣，即故成皋也。山再成曰伾。）。北過絳水，至于大陸（其絳水今冀州信都。大陸，澤名，今邢州鉅鹿），又北播爲九河，同爲逆河入于海，是也。（同，合也。九河又合爲一，名爲逆河。逆，迎也，言海口有朝夕潮，以迎河水。）	6/地部中/河/敘/P119
		導河積石，至于龍門；（施功發於積石，至于龍門。或鑿山，或穿地，以通流。）南至于華陰，（河自龍門南流至華山，北至東行。）東至于砥柱；（砥柱，山名。河水分流，包山而過，山見水中若柱然，在西虢之界。）又東至于孟津，（孟津，地名。在洛北，都道所湊，古今以爲津。）東過洛汭，至于大伾；（洛汭，洛入河處。山再成曰伾。至於大伾而北行。）北過降水，至于大陸；（降水，水名，入河。大陸，澤名。）又北播爲九河，（北分爲九河，以殺其溢。在兗州界。）同爲逆河，入于海。（同合爲一大河，名逆河，而入于渤海。皆禹所加功，故敘之。）	

续表

序號	今本篇名、頁碼	《初學記》引文與原文		出處
84	《尚書·禹貢》/P151下	《尚書》曰:導河積石。		8/州郡部/隴右道/對/P180
85*	《尚書·禹貢》/P152上	《尚書》稱:嶓冢導漾,東流爲漢(孔安國注云:泉始出山爲漾水,東南流爲沔水,至漢中東行爲漢水。)。又東爲滄浪之水,過三澨,至于大別,南入于江。東匯澤爲彭蠡,東爲北江,入于海。是也。(匯,迴也。音胡賄反。言漢水合大江,迴流入彭蠡澤。東北至南徐州,名爲北江而入海。)		7/地部下/漢水/敘/P142
		嶓冢導漾,東流爲漢;(泉始出山爲漾水,東南流爲沔水,至漢中東流爲漢水。)又東爲滄浪之水;過三澨,至于大別,南入于江。東匯澤爲彭蠡,(匯,迴也。水東迴爲彭蠡大澤。匯徐胡罪反,韋空爲反。)東爲北江,入于海。(自彭蠡江分爲三,入震澤,遂爲北江而入海。)		
86*	《尚書·禹貢》/P152上	《尚書》稱:岷山導江,東別爲沱。(江別爲沱水。)又東至于澧,(澧,水名,在荊州。)過九江,至于東陵。(東陵,地名。)東迆(以氏反)北會于匯(胡罪反。匯澤即彭蠡也。)東爲中江,入于海是也。		6/地部中/江/敘/P124
		岷山導江,東別爲沱;(江東南流,沱東行。)又東至于澧,(澧,水名。)過九江,至于東陵;(江分爲九道,在荊州。東陵,地名。)東迆北會于匯;(迆,溢也。東溢分流,都共北會爲彭蠡。)東爲中江,入于海。		
87	《尚書·禹貢》/P152上	《尚書》曰:岷山導江,東別爲沱。		6/地部中/江/對/P124
88	《尚書·禹貢》/P152上	孔安國注《尚書》:泉源爲沇,流去爲濟。在溫西北平地。		6/地部中/濟/敘/P130

序號	今本篇名、頁碼	《初學記》引文與原文	出處
89 *	《尚書·禹貢》/P152 上—中	《尚書》稱：導沇水東流爲濟，入于河，溢爲滎，東出于陶丘北（即菏水所在也），又東北會于汶，又東北入于海，是也。	6/地部 中/濟/敘/P130
		導沇水，東流爲濟，入于河，溢爲滎；東出于陶丘北（陶丘，丘再成），又東至于菏（菏澤之水）；又東北，會于汶；又北東入于海。	
90 *	《尚書·禹貢》/P152 上—中	《尚書》曰：導沇水，東流爲濟，入于河，溢爲滎。孔安國注曰：濟水入河，並流數千里而截河。又並河數里，溢爲滎澤。	6/地部 中/濟/對/P131
		導沇水，東流爲濟，入于河，溢爲滎。（濟水入河，並流十數里，而南截河。又並流數里，溢爲滎澤，在敖倉東南。）	
91 *	《尚書·禹貢》/P152 中	《尚書》稱：導淮自桐柏，東會于泗、沂，入于海，是也。	6/地部 中/淮/敘/P127
		導淮自桐柏，東會于泗、沂，東入于海。	
92 *	《尚書·禹貢》/P152 中	《尚書》曰：導渭自鳥鼠同穴。孔安國注云：鳥鼠共爲雌雄，同穴處此山，遂名山曰鳥鼠。渭水出焉。	6/地部 中/渭水/對/P136
		導渭自鳥鼠同穴（鳥鼠其爲雌雄，同穴處此山，遂名山曰鳥鼠，渭水出焉）。	
93 *	《尚書·禹貢》/P152 中	《尚書》稱：導渭自鳥鼠同穴，又東會于涇。	6/地部 中/涇水/敘/P137
		導渭自鳥鼠同穴，東會于灃，又東會于涇。	
94 *	《尚書·禹貢》/P152 中	《尚書》稱：導洛自熊耳，東北會于澗瀍，又東會于伊，又東北入于河是也。	6/地部 中/洛水/敘/P132
		導洛自熊耳，東北會于澗瀍，又東會于伊，又東北入于河。	
95 *	《尚書·甘誓》/P155 下	《尚書》曰：今予惟恭行天罰。	20/政理部/刑罰/對/P489
		今予惟恭，行天之罰。	
96 *	《尚書·甘誓》/P155 下	（《書》）又曰：用命，賞於祖；弗用命，戮於社。	20/政理部/賞賜/敘/P471
		用命，賞于祖；弗用命，戮于社。	

续表

序號	今本篇名、頁碼	《初學記》引文與原文	出處
97	《尚書·五子之歌》/P157 上	《尚書·五子之歌》曰：惟彼陶唐，有此冀方。	24/居處部/都邑/敘/P561
98 *	《尚書·胤征》/P157 下	《尚書》曰：每歲孟春，遒人以木鐸徇于路。注曰：遒人，宣令之官。木鐸，金鈴木舌，所以振文教也。	3/歲時部上/春/對/P46
		每歲孟春，遒人以木鐸徇于路，（遒人，宣令之官。木鐸，金鈴木舌，所以振文教。）	
99	《尚書·胤征》/P157 下	《尚書》曰：每歲孟春，遒人以木鐸徇于路，官師相規，工執藝事以諫，其或不恭，邦有常刑。	18/人部中/諷諫/敘/P437
100	《尚書·胤征》/P157 下	《尚書》曰：每歲孟春，遒人以木鐸徇于路。	24/居處部/道路/對/P590
101 *	《尚書·胤征》/P158 上	（《尚書》）又曰：《政典》曰："先時者殺無赦，不及時者殺無赦。"孔安國云：政典，夏后氏爲政之典。	20/政理部/刑罰/對/P489
		先時者殺無赦，（政典，夏后爲政之典籍。）不及時者殺無赦。	
102 *	《尚書·胤征》/P158 中	《書》曰：火炎崑岡，玉石俱焚。	25/器物部/火/對/嚴陸異 P8
		火炎崐岡，玉石俱焚。	
103 *	《尚書·湯誓》/P160 下	《尚書》曰：湯既勝夏，欲遷其社，不可。（湯承堯舜禪代之後，順天應人，逆取順守而有慙德，故革命創制，改正易服，變置社稷，以後代無及勾龍者，故不可而遂止。）	13/禮部上/社稷/敘/P325
		湯既勝夏，欲遷其社，不可。（湯承堯舜禪代之後，順天應人，逆取順守而有慙德，故革命創制，改正易服，變置社稷，而後世無及句龍者，故不可而止。）	
104 *	《尚書·湯誓》/P161 上	《尚書》曰：湯遂伐三鬷。	8/州郡部/河南道/對/P169
		湯遂從之，遂伐三朡。	
105	《尚書·仲虺之誥》/P161 中	《尚書》曰：成湯放桀于南巢。	8/州郡部/淮南道/敘/P185

序號	今本篇名、頁碼	《初學記》引文與原文	出處
106	《尚書·仲虺之誥》/P161 中	《書》曰：德懋懋官，功懋懋賞。	20/政理部/賞賜/敘/P471
107 *	《尚書·湯誥》/P162 上一中	（《尚書》）又曰：湯既黜夏命，復歸于亳，作《湯誥》曰：栗栗危懼，若將隕于深淵。	9/帝王部/總敘帝王/對/P207
		湯既黜夏命，復歸于亳，作《湯誥》。……慄慄危懼，若將隕于深淵。	
108	《尚書·伊訓》/P162 下	《商書》曰：成湯既没，太甲元年。孔安國注云：太甲，太丁子，湯孫也。太丁未立而卒，及湯没而太甲立，稱元年。	9/帝王部/總敘帝王/敘/P199
109	《尚書·伊訓》/P163 下	《尚書》曰：聖謨洋洋，嘉言孔彰。	17/人部上/聖/對/P408
110	《尚書·咸有一德》/P165 下	《尚書》曰：惟尹躬暨湯，咸有一德。	9/帝王部/總敘帝王/敘/P207
111 *	《尚書·咸有一德》/P165 下	《尚書》曰：以有九有之師，爰革夏正。注云：九有，九州也。	8/州郡部/總敘州郡/對/P166
		以有九有之師，爰革夏正。（爰，於也。於得九有之衆，遂伐夏勝之，改其正。）	
112	《尚書·咸有一德》/P166 上	《尚書》曰：德無常師，主善爲師。	18/人部中/師/對/P432
113 *	《尚書·盤庚上》/P168 中	《尚書》曰：盤庚五遷，將徙亳殷。	24/居處部/都邑/對/P563
		盤庚五遷，將治亳殷。	
114 *	《尚書·盤庚上》/P169 下	《書》曰：若火之燎於原，不可嚮邇。	25/器物部/火/對/嚴陸異 P7
		若火之燎于原，不可嚮邇。	
115	《尚書·説命上》/P174 下	（《尚書》）又：惟木從繩則正，后從諫則聖。	18/人部中/諷諫/敘/P437
116	《尚書·説命上》/P175 下	《尚書》曰：若作和羹，爾惟鹽梅。	28/菜木部/梅/對/嚴陸異 P10
117	《尚書·泰誓下》/P182 上	《尚書》曰：斮朝涉之脛，剖賢人之心。孔安國注曰：比干忠諫，謂其心有異於人，剖而觀之。	17/人部上/忠/對/P416
118	《尚書·泰誓下》/P182 中	《尚書》曰：囚奴正士。	20/政理部/囚/敘/P491

序號	今本篇名、頁碼	《初學記》引文與原文	出處
119 *	《尚書·泰誓下》/P182 中	（《書》）又曰：功多有厚賞，弗迪有顯戮。	20/政理部/賞賜/敘/P491
		功多有厚賞，不迪有顯戮。	
120 *	《尚書·牧誓》/P182 下	《尚書》曰：武王戎車三百兩，虎賁三千人，與紂戰於牧野。	9/帝王部/總敘帝王/對/P207
		武王戎車三百兩，虎賁三百人，與受戰于牧野。	
121 *	《尚書·牧誓》/P182 下—183 上	《尚書》曰：武王與受戰於牧野。甲子昧爽，王朝至于商郊，左仗黃鉞，右執白旄，以麾。	9/帝王部/總敘帝王/對/P209
		武王戎車三百兩，虎賁三百人，與受戰于牧野，作《牧誓》。牧誓。時甲子昧爽，王朝至于商郊牧野，乃誓。王左杖黃鉞，右秉白旄以麾。	
122	《尚書·牧誓》/P183 中	《尚書》曰：牝雞之晨，惟家之索。	30/鳥 部/雞/敘/P491
123	《尚書·武成》/P184 上	《尚書》曰：歸馬于華山之陽，放牛于桃林之野，示天下弗服。	5/地部上/華山/對/P100
124	《尚書·武成》/P185 中	《尚書》曰：散鹿臺之財。	24/居處部/臺/敘/P574
125 *	《尚書·武成》/P185 下	《尚書》曰：建官惟賢，位事惟能，崇德報功，垂拱而天下治。	17/人部上/賢/對/P411
		建官惟賢，位事惟能。重民五教，惟食喪祭。惇信明義，崇德報功，垂拱而天下治。	
126 *	《尚書·洪範》/P185 下	《尚書》曰：天乃錫禹洪範九疇，彝倫攸敘。孔安國注：疇，類也。天與禹洛出書，神龜負文而出，列於背，有數至于九。禹遂因而第之，以成九類。	5/地部中/洛水/對/P132
		天乃錫禹洪範九疇，彝倫攸敘。（天與禹洛出書，神龜負文而出，列於背，有數至于九。禹遂因而第之，以成九類。）	
127 *	《尚書·洪範》/P187 下	《尚書》曰：天乃錫禹洪範九疇。孔安國注曰：天興禹，洛出書。	21/文部/經典/對/P500
		天乃錫禹洪範九疇。（天與禹，洛出書。）	

续表

序號	今本篇名、頁碼	《初學記》引文與原文	出處
128 *	《尚書·洪範》/P188上	《尚書·洪範》曰：建用皇極。孔安國注曰：皇，大也；極，中也。凡立事當用大中之道。 建用皇極。（皇，大；極，中也。凡立事當用大中之道。）	9/帝王部/總敘帝王/對/P207
129 *	《尚書·洪範》/P188中	《尚書》：五行。一曰水，水曰潤下，潤下作鹹。 五行。一曰水，二曰火，三曰木，四曰金，五曰土。水曰潤下……潤下作鹹。	6/地部中/總載水/對/P112
130 *	《尚書·洪範》/P188中	《書》又曰：五行。二曰火。火曰炎上。 五行。一曰水，二曰火，三曰木，四曰金，五曰土。水曰潤下，火曰炎上。	25/器物部/火/對/嚴陸異 P7
131	《尚書·洪範》/P188中	《尚書》曰：金曰從革。	27/寶器部（花草附）/金/敘/P645
132	《尚書·洪範》/P188下	《尚書》曰：睿作聖。	17/人部上/聖/敘/P407
133 *	《尚書·洪範》/P192中	《尚書》曰：休徵曰肅，時雨若。（休，美也。肅，敬也。若，順也。孔安國注云：君行敬，則時雨順。）咎徵則狂，恒雨若。（咎，惡也。孔安國注云：君行狂妄，則常雨順。） 休徵。（敘美行之驗。）曰肅，時寒若。（君行敬，則時雨順之。）……曰咎徵。（敘惡行之驗。）曰狂，恒雨若。（君行狂疾，則常雨順之。）	2/天部下/雨/敘/P23
134	《尚書·洪範》/P193上	《尚書》：六極。一曰凶短折，二曰疾，三曰憂，四曰貧，五曰惡，六曰弱。	18/人部中/貧/對/P444
135 *	《尚書·洪範》/P193上	《尚書·洪範》：六極，五曰惡（孔安國曰：醜陋也）。 六極。一曰凶短折，二曰疾，三曰憂，四曰貧，五曰惡（醜陋）。	19/人部下/醜人/敘/P457
136	《尚書·旅獒》/P194下	《尚書》曰：西旅獻獒。注云：西戎遠國貢大犬。	9/帝王部/總敘帝王/對/P206

序號	今本篇名、頁碼	《初學記》引文與原文	出處
137	《尚書·旅獒》/P194下	《尚書》曰：西旅獻獒。	29/獸　部/狗/對/P713
138*	《尚書·旅獒》/P194下	《尚書》曰：西旅獻獒，太保乃作《旅獒》。	29/獸　部/狗/對/嚴陸異 P6
		西旅獻獒，太保作《旅獒》。	
139*	《尚書·旅獒》/P195下	《尚書》曰：武王疾，周公作《金縢》。孔安國注云：爲請命之書，藏之於匱，緘之以金，不欲人開之也。	27/寶器部（花草附）/金/對/P646
		武王有疾，周公作《金縢》。（爲請命之書，藏之於匱，緘之以金，不欲人開之。）	
140*	《尚書·旅獒》/P195下—196上	《尚書》曰：武王有疾不豫，二公曰："我其爲王穆卜。"	20/政理部/卜/對/P488
		武王有疾。……王有疾，弗豫。二公曰："我其爲王穆卜。"	
141*	《尚書·旅獒》/P197上—中	《尚書》曰：周公居東三年，天大風，禾盡偃，大木斯拔，邦人大恐。王與大夫盡弁，以啟金縢之書，乃得周公所自以爲功，代武王之説。天乃反風，禾盡起。	1/天部上/風/對/P18
		周公居東二年……秋，大熟，未穫，天大雷電以風，禾盡偃，大木斯拔，邦人大恐。王與大夫盡弁，以啓金縢之書，乃得周公所自以爲功代武王之説。……王出郊，天乃雨，反風，禾則盡起。	
142*	《尚書·康誥》/P204上	《尚書》曰：要囚，服念五六日，至于旬時。孔安國注云：要囚謂其要辭以折獄也。	20/政理部/刑罰/對/P489
		要囚，服念五六日，至于旬時。（要囚謂察其要辭以斷獄。）	
143*	《尚書·康誥》/P204上	（《尚書》）又曰：要囚，服念五六日，至於旬時，丕蔽要囚。	20/政理部/囚/敘/P491
		要囚，服念五六日，至于旬時，丕蔽要囚。	

序號	今本篇名、頁碼	《初學記》引文與原文	出處
144 *	《尚書·召誥》/P211 下	《尚書》曰：越翌日戊午，乃社于新邑，牛一，羊一，豕一。孔安國注曰：社稷之位，牲用大牢。共工氏有子曰勾龍，能平九土，祀以爲社。	13/禮部上/社稷/對/P326
		越翼日戊午，乃社于新邑，牛一，羊一，豕一。（告立社稷之位，用太牢也。共工氏子曰句龍，能平水土，祀以爲社。）	
145 *	《尚書·洛誥》/P214 上—中	《尚書》曰：召公既相宅，周公往營成周，使來告卜，作《洛誥》。曰："我又卜瀍水東，亦惟食。"	6/地部中/洛水/對/P133
		召公既相宅，周公往營成周，使來告卜，作《洛誥》。……我又卜瀍水東，亦惟洛食。	
146	《尚書·洛誥》/P214 中	《尚書》曰：我乃卜澗水東、瀍水西，惟洛食。	24/居處部/都邑/對/P563
147 *	《尚書·洛誥》/P215 上	《尚書》曰：无若火始燄燄，厥攸灼敘，弗其絕。	25/器物部/火/對/P620
		無若火始燄燄，厥攸灼敘，弗其絕。	
148 *	《尚書·周官》/P235 上—中	《尚書》曰：立太師、太傅、太保。孔安國注云：師，天子所法也，佐王論道，以經緯國事。有德乃堪之。	11/職官部上/太師太傅太保/對/P252
		立太師、太傅、太保。（師，天子所師法；傅，傅相天子；保，保安天子於德義者。此惟三公之任，佐王論道，以經緯國事，和理陰陽。言有德乃堪之。）	
149 *	《尚書·周官》/P235 上—中	《尚書》曰：立太師、太傅、太保，惟茲三公，論道經邦，燮理陰陽。孔安國傳曰：師，天子所師法，惟三公之任。佐王論道，經緯國事，和理陰陽。	11/職官部上/太師太傅太保/對/P252
		立太師、太傅、太保，茲惟三公。論道經邦，燮理陰陽。（師，天子所師法；傅，傅相天子；保，保安天子於德義者。此惟三公之任，佐王論道，以經緯國事，和理陰陽。言有德乃堪之。）	

序號	今本篇名、頁碼	《初學記》引文與原文	出處
150*	《尚書·周官》/P235 上—中	《尚書》曰：立太師、太傅、太保，惟茲三公。論道經邦。孔安國注云：傅，傅相天子。	11/職官部上/太師太傅太保/對/P253
		立太師、太傅、太保，茲惟三公。論道經邦，燮理陰陽。（師，天子所師法；傅，傅相天子。）	
151*	《尚書·周官》/P235 上—中	《尚書》云：太師、太傅、太保，惟茲三公，論道經邦。注云：太保，保安天子於德義。	11/職官部上/太師太傅太保/對/P253
		立太師、太傅、太保，茲惟三公。論道經邦，燮理陰陽。（師，天子所師法；傅，傅相天子；保，保安天子於德義者。）	
152*	《尚書·周官》/P235 中	《書》云：維茲三公，論道經邦是也。太師在太傅上；太保次太傅，無官屬，與王同職，無不總統。	11/職官部上/太師太傅太保/敘/P251
		茲惟三公，論道經邦。	
153*	《尚書·周官》/P235 中	《尚書》曰：司徒掌邦教，敷五典，擾兆民。注云：敷，布也。主國教化，布五常之教，以安和天下之衆民也。	11/職官部上/太尉司徒司空/對/P256
		司徒掌邦教，敷五典，擾兆民。（《地官》卿，司徒，主國教化，布五常之教，以安和天下衆民，使小大皆協睦。）	
154*	《尚書·周官》/P235 中	《尚書》曰：司空掌邦土，居四民，時地利。注曰：《冬官》卿，主國空土以居，士農工商四民，使順天時分地利也。	11/職官部上/太尉司徒司空/對/P257
		司空掌邦土，居四民，時地利。（《冬官》卿，主國空土以居民，士農工商四人。使順天時，分地利。）	
155	《尚書·周官》/P235 下	《尚書》曰：六年，五服一朝。又六年，王乃時巡，考制度於四岳。諸侯各朝于方岳，大明黜陟。孔安國注云：覲四方諸侯，各朝于其方岳之下，大明考績黜陟之法。	14/禮部下/朝會/對/P345
156	《尚書·君陳》/P236 下	《尚書·君陳》曰：友于兄弟，克施有政。	17/人部上/友悌/敘/P423

续表

序號	今本篇名、頁碼	《初學記》引文與原文	出處
157＊	《尚書·顧命》/P237下—239上	《尚書》曰：成王將崩，牖間南嚮，敷重篾席，黼純。（孔安國注：篾，桃枝竹也。）西序東嚮，敷重底席綴純。（底，蒻蒻也。）東序西嚮，敷重豐席，畫純。（豐，莞也。）西夾南嚮，敷重筍席玄紛純。（筍，蒻竹也） 成王將崩，……牖間南嚮，敷重篾席，黼純，華玉仍几。（篾，桃枝竹。）西序東嚮，敷重底席，綴純，文貝仍几。（底，蒻蒻。）東序西嚮，敷重豐席，畫純，雕玉仍几。（豐，莞。）西夾南嚮，敷重筍席，玄紛純，漆仍几。（筍，蒻竹。）	25/器物部/席/敘/P602
158＊	《尚書·顧命》/P239上	《尚書》曰：赤刀、大訓、弘璧、琬琰，在西序。孔安國注曰：寶刀，赤刀削也。 赤刀、大訓、弘璧、琬琰，在西序。（寶刀，赤刀削。）	22/武部/刀/敘/P529
159＊	《尚書·顧命》/P239上	《尚書》曰：和之弓在東房。孔安國注曰：和，古之弓人也。 和之弓、垂之竹矢，在東房。（兌、和，古之巧人。）	22/武部/弓/對/P532
160＊	《尚書·呂刑》/P249中—下	《尚書·呂刑》云：惟敬五刑，以成三德。五刑者，墨罰之屬千，劓罰之屬千，剕罰之屬五百，宮罰之屬三百，大辟之屬二百，五刑之屬三千。 惟敬五刑，以成三德。……墨罰之屬千，劓罰之屬千，剕罰之屬五百，宮罰之屬三百，大辟之罰其屬二百。五刑之屬三千。	20/政理部/刑罰/敘/P489
161＊	《尚書·呂刑》/P249下	《尚書》曰：兩造備具，師聽五辭。 兩造具備，師聽五辭。	20/政理部/刑罰/對/P489

序號	今本篇名、頁碼	《初學記》引文與原文	出處
162 *	《尚書·呂刑》/P249 下	《尚書》曰：兩造具備，師聽五辭。孔安國注曰：兩謂囚、證。造，至也。兩至具備，則衆獄官共聽其入五刑之罪。	20/政理部/囚/對/P491
		兩造具備，師聽五辭。（兩謂囚、證。造，至也。兩至具備，則衆獄官共聽其入五刑之辭。）	
163	《尚書·呂刑》/P250 下	《尚書》曰：哀敬折獄，明啓刑書。	20/政理部/刑罰/對/P489
164	《尚書·費誓》/P254 下	《尚書序》曰：魯侯伯禽宅曲阜。	20/居處部/都邑/敘/P561
165 *	《尚書·泰誓》/P179 下　《尚書·武成》/P185 上	《尚書》曰：武王伐殷，一月戊午，師渡孟津，癸亥陳于商郊，俟天休命。	9/帝王部/總敘帝王/對/P205
		武王伐殷。一月戊午，師渡孟津。//癸亥，陳于商郊，俟天休命。	
166 *	《尚書·説命上》/P174 中—下　《尚書·説命下》/P175 下	《尚書》曰：高宗夢傅説，爰立作相，王置諸其左右，命之曰："若金，用汝作礪；若濟巨川，用汝作舟楫；若作酒醴，爾惟麴蘗；若作和羹，爾惟鹽梅；若歲大旱，用汝作霖雨。"	9/帝王部/總敘帝王/對/P209
		高宗夢得説……爰立作相，王置諸其左右。命之曰："朝夕納誨，以輔台德。若金，用汝作礪；若濟巨川，用汝作舟楫；若歲大旱，用汝作霖雨。"//若作酒醴，爾惟麴蘗；若作和羹，爾惟鹽梅。	
167 *	《左傳·昭公六年》/P2045 上	（《尚書》）又曰：聖作則。	17/人部上/聖/敘/P407
		《書》曰：聖作則。	
168 *		《尚書》曰：太子發升于舟是也。或云諸侯之子稱世子。	10/儲宮部/皇太子/敘/P229
169 *		《書》曰：應劭《漢官儀》曰："孝平皇帝元始元年，太后詔曰：'太師光，今年老有疾，俊乂大臣，惟國之重。《書》曰無遺老成，國之將興；尊師重傅，其令太師無朝。十日一賜餐，賜以靈壽杖。黃門令爲太師於省中施坐置几，太師入省杖焉。'"	11/職官部上/太師太傅太保/對/P252

序號	今本篇名、頁碼	《初學記》引文與原文	出處
170 *		《尚書·無逸篇》曰：大社惟松，東社惟柏，南社惟梓，西社惟粟，北社爲槐。	13/禮部上/社稷/對/P326
171 *		《尚書·無逸篇》曰：天子社廣五丈，諸侯半之。上冒以黄土。	13/禮部上/社稷/對/P326
172 *		《尚書大傳》曰：德及皇天則祥風起。	1/天 部 上/天/對/P3
173 *		《尚書大傳》云：夏以平明爲朔，殷以雞鳴爲朔，周以夜半爲朔。	4/歲時部下/元日/敘/P63
174 *		《尚書大傳》曰：五里爲邑，十里爲都，十都爲師，州十一師。	8/州郡部/總敘州郡/對/P166
175 *		《尚書大傳》曰：燧人爲燧皇，以火紀官。	9/帝王部/總敘帝王/敘/P195
176 *		《尚書大傳》曰：堯八眉。八眉者如八字。	9/帝王部/總敘帝王/對/P202
177 *		《尚書大傳》曰：舜耕於歷山，堯妻之以二女，屬其九子也，贈以昭華之玉。	9/帝王部/總敘帝王/對/P203
178 *		《尚書大傳》曰：祭之言察也。察者至也，言人事至於神也。	13/禮部上/祭祀/敘/P316
179 *		《尚書大傳》曰：大琴朱絃而達越。	15/樂部上/雅樂/對/P370
180 *		《尚書大傳》曰：天子左五鐘，右五鐘。	16/樂部下/鐘/敘/P395
181 *		《尚書大傳》曰：夏成五服，外薄四海，南海魚革珠珍大貝。鄭注：所貢物也。貝，古以爲貨。	20/政理部/貢獻/對/P474
182 *		《尚書大傳》曰：夏成五服，外薄四海，主諸靈龜陰谷玄玉。鄭玄注：所貢物。	20/政理部/貢獻/對/P475
183 *		古之用刑者，畫象而不犯，蓋上刑赭衣不純。中刑雜履，下刑墨幪，以居州里而人恥之。（見《尚書·大傳》。）	20/政理部/刑罰/敘/P488

序號	今本篇名、頁碼	《初學記》引文與原文	出處
184 *		《尚書大傳》曰：舜漁雷澤之中。	22/武 部/漁/敘 /P543
185 *		《尚書大傳》曰：周文王至磻溪，見吕望，文王拜之尚父。望釣得玉璜，刻曰："周受命，吕佐檢，德合于今昌來提。"	22/武 部/漁/對 /P544
186 *		《尚書大傳》云：天子之堂高九雉，公侯七雉，子男五雉（雉長三丈）；歷代之堂。	24/居 處 部/堂/敘 /P576
187 *		《尚書大傳》云：天子賁庸，諸侯疏杼（鄭玄注曰：賁，大也，言大牆正直也。疏，衰也，杼亦牆也，言衰殺其上下，不得正直。《新序》曰：諸侯垣牆有黝堊，無丹青之色。）。	24/居 處 部/牆/敘 /P584
188 *		《尚書大傳》曰：成王時，有苗異莖而生，同爲一穗，人有上之者。王召周公而問之，公曰："三苗爲一穗，抑天下其和爲一乎。"	27/寶器部（花草附）/五 穀/對 /P661
189 *		《尚書大傳》曰：成王時，有苗異莖而生，同爲一穗，長充箱。	27/寶器部（花草附）/五 穀/對 /P661
190 *		《尚書大傳》曰：散宜生之犬戎氏取美馬，驪身朱鬣雞目者，取九六焉，陳於紂之庭。紂出見之，還而觀之曰："此何人也？"散宜生遂趨而進曰："吾西蕃之臣昌之使者。"	27/獸 部/馬/對 /P704
191 *		《尚書大傳》曰：燧皇以火紀物。	25/器 物 部/火/對 /嚴陸異/P7

《毛詩》

序號	今本篇名、頁碼	《初學記》引文與原文	出處
1 *	《毛詩序》/ P270 上	《毛詩序》曰：情動於中而形於言。言之不足，故嗟歎之；嗟歎之不足，故詠歌之；詠歌之不足，不知手之舞之，足之蹈之。	15/樂 部上/歌/敘/P376
		情動於中而形於言，言之不足，故嗟歎之；嗟歎之不足，故永歌之；永歌之不足，不知手之舞之、足之蹈之也。	

序號	今本篇名、頁碼	《初學記》引文與原文	出處
2*	《毛詩序》/P273 上	《毛詩序》曰：《周南》、《召南》，正始之道，王化之本。	10/帝戚部/王/對/P238
		《周南》、《召南》，正始之道，王化之基。	
3*	《詩·周南·桃夭》/P279 中	《毛詩》曰：男女以正，婚姻以時。	14/禮部下/婚姻/對/P355
		男女以正，婚姻以時。	
4	《詩·周南·桃夭》/P279 下	《毛詩》曰：桃之夭夭，灼灼其華。	3/歲時部上/春/對/P45
5*	《詩·周南·漢廣》/P281 下	《毛詩》曰：南有喬木，不可休息；漢有遊女，不可求思。	7/地部下/漢水/對/P143
		南有喬木，不可休息。漢有游女，不可求思。	
6*	《詩·周南·漢廣》/P282 上	《毛詩》曰：之子于歸，言秣其馬。毛萇傳曰：之子者是子也，謂女嫁適夫之時。	14/禮部下/婚姻/對/P354
		之子于歸，言秣其馬。（秣，養也。六尺以上曰馬。箋云：之子，是子也。謙不敢斥其適己，於是子之嫁，我願秣其馬，致礼餼，示有意焉。）	
7	《詩·周南·汝墳》/P282 中	《毛詩》曰：《汝墳》，道化行也。	8/州郡部/河南道/對/P168
8*	《詩·周南·麟之趾》/P283 中	《毛詩》曰：麟之趾，振振公子，于嗟麟兮。注云：趾，足也；麟信而應禮，以足至者。振振，信厚也；吁嗟，歎辭也。	10/帝戚部/王/對/P238
		麟之趾，振振公子，（傳：趾，足也。麟信而應礼，以足至者也。振振，信厚也。）于嗟麟兮！（傳：于嗟，歎辭。）	
9*	《詩·召南·鵲巢》/P283 下	《毛詩》曰：之子于歸，百兩御之。毛萇傳曰：兩乘也。諸侯之子，嫁于諸侯，送迎皆百乘也。	14/禮部下/婚姻/對/P354
		之子于歸，百兩御之。（百兩，百乘也。諸侯之子嫁於諸侯，送御皆百乘。）	

序號	今本篇名、頁碼	《初學記》引文與原文	出處
10*	《詩·召南·采蘋》/P286中	《毛詩》曰：《采蘋》，大夫妻能循法度，則可以承先祖，共祭祀。	27/寶器部（花草附）/萍/對/P669
		《采蘋》，大夫妻能循法度也。能循法度，則可以承先祖，共祭祀矣。	
11*	《詩·召南·殷其靁》/P289下	《詩》云：殷其雷。殷音隱，雷聲。	1/天部上/雷/敘/P20
		殷其靁。（《釋文》：殷音隱，下同，殷，雷聲也。）	
12	《詩·召南·摽有梅》/P291中	《毛詩》曰：摽有梅，其實三分。	28/果木部/梅/對/682
13*	《詩·召南·何彼襛矣》/P293下	《詩》云：曷不肅雝，王姬之車。謂平王之女嫁齊侯也。	10/帝戚部/公主/對/P245
		曷不肅雝？王姬之車。（肅，敬；雝，和。箋云：曷，何；之，往也。何不敬和乎，王姬往乘車也。言其嫁時，始乘車則已敬和。）	
14*	《詩·召南·何彼襛矣》/P293下	《毛詩》曰：何彼襛矣，華如桃李；平王之孫，齊侯之子。	28/果木部/桃/對/P674
		何彼襛矣？華如桃李。平王之孫，齊侯之子。	
15*	《詩·邶風·柏舟》/P296下	《毛詩》曰：柏舟，言仁而不遇也。衛頃公之時，仁人不遇，小人在側也。汎彼柏舟，亦汎其流。	28/果木部/柏/對/P688
		《柏舟》，言仁而不遇也。衛頃公之時，仁人不遇，小人在側。汎彼柏舟，亦汎其流。	
16*	《詩·邶風·終風》/P299上	終日風謂之終風。（出《詩》。）	1/天部上/風/敘/P17
		終風且暴，顧我則笑。（毛傳：興也。終日風爲終風。）	
17	《詩·邶風·凱風》/P301下	《詩》云：凱風自南。	1/天部上/風/敘/P17
18	《詩·邶風·谷風》/P303下	《詩》云：習習谷風。	1/天部上/風/敘/P17
19	《詩·邶風·谷風》/P304中	《詩》曰：毋逝我梁，毋發我笱。	22/武部/漁/敘/P544

序號	今本篇名、頁碼	《初學記》引文與原文	出處
20 *	《詩·邶風·泉水》/P309 上	《毛詩》曰：出宿于濟，飲餞于禰。 出宿于沛，飲餞于禰。	18/人部中/離別/對/P448
21 *	《詩·邶風·泉水》/P309 中	《毛詩·泉水篇》云：女子有行，遠父母兄弟。鄭玄箋云：婦人有出嫁之道，遠於親故，禮緣人情，使得歸寧也。 女子有行，遠父母兄弟。（箋云：行，道也。婦人有出嫁之道，遠於親親，故禮緣人情，使得歸寧。）	14/禮部下/婚姻/對/P354
22	《詩·邶風·北門》/P309 下	《毛詩》曰：出自北門，憂心殷殷；終窶且貧，莫知我艱。	18/人部中/貧/敘/P444
23	《詩·邶風·北風》/P310 中	《詩》云：北風其涼。	1/天部上/風/敘/P17
24	《詩·邶風·北風》/P310 中	（《毛詩》）又曰：北風其涼，雨雪其雱。惠而好我，攜手同行。	2/天部下/雪/對/P28
25 *	《詩·鄘風·柏舟》/P312 下	《毛詩》曰：汎彼柏舟，在彼中河。 汎彼柏舟，在彼中河。	6/地部中/河/對/P121
26	《詩·鄘風·君子偕老》/P314 中	《毛詩注》云：美女爲媛。	19/人部下/美婦人/敘/P455
27	《詩·鄘風·定之方中》/P315 下	《毛詩》曰：椅桐梓漆，爰伐琴瑟。	28/果木部/桐/敘/P690
28	《詩·鄘風·相鼠》/P319 上	《毛詩》曰：《相鼠》，刺無禮也。相鼠有皮，人而無儀；人而無儀，不死何爲。	29/獸部/鼠/對/P719
29	《詩·鄘風·干旄》/P320 上	《毛詩》曰：孑孑干旄，在浚之城。	22/武部/旌旗/對/P524
30 *	《詩·衛風·淇奧》/P321 中	《毛詩》曰：有斐君子，充耳琇瑩，會弁如星。注謂：弁所以會髮。 有匪君子，充耳琇瑩，會弁如星。（傳：弁，皮弁，所以會髮。）	26/器物部/弁/對/P623

序號	今本篇名、頁碼	《初學記》引文與原文	出處
31	《詩·衛風·碩人》/P322 下	《詩》曰：施罛濊濊，鱣鮪發發。	22/武部/漁/敘/P544
32	《詩·衛風·氓》/P325 上	（《毛詩》）又曰：自我徂爾，三歲食貧。	18/人部中/貧/敘/P444
33 *	《詩·衛風·河廣》/P326 下	（《毛詩》）又曰：誰謂河廣，一葦航之。	6/地部中/河/對/P121
		誰謂河廣？一葦杭之。	
34 *	《詩·衛風·伯兮》/P327 中	《毛詩》曰：安得萱草，言樹之背（背，北堂也）。	27/寶器部（花草附）/萱/敘/P667
		焉得諼草，言樹之背？（背，北堂也。）	
35	《詩·王風·兔爰》/P332 中	《毛詩》曰：兔爰，閔周也。有兔爰爰，雉離于羅。	29/獸部/兔/對/P716
36 *	《詩·鄭風·叔于田》/P337 中	《毛詩》曰：《叔于田》，刺莊公也。叔處于京，繕甲治兵，以出田，國人悦而歸之。	22/武部/甲/對/P536
		《叔于田》，刺莊公也。叔處于京，繕甲治兵，以出于田，國人說而歸之。	
37	《詩·鄭風·羔裘》/P340 上	《毛詩注》曰：三英，三德也。	26/器物部/裘/對/P631
38 *	《詩·鄭風·山有扶蘇》/P341 下	《毛詩》曰：不見子都，乃見狂且。（注曰：狂且，狂醜之人。）	19/人部下/醜人/敘/P458
		不見子都，乃見狂且。（子都，世之美好者也。狂，狂人也。）	
39 *	《詩·鄭風·子衿》/P345 中	《毛詩》曰：佻兮達兮，在城闕兮；一日不見，如三月兮。	18/人部中/離別/對/P450
		挑兮達兮，在城闕兮。一日不見，如三月兮。	
40	《詩·齊風·著》/P349 下	《毛詩》曰：尚之以瓊華乎而。	27/寶器部（花草附）/玉/對/P652
41 *	《詩·齊風·南山》/P352 中	《毛詩》曰：葛屨五兩，冠緌雙止。	26/器物部/冠/對/P622
		葛屨五兩，冠緌雙止。	

续表

序號	今本篇名、頁碼	《初學記》引文與原文	出處
42	《詩·齊風·盧令》/P353 中一下	《毛詩·國風》曰：盧令令，其人美且仁；盧重環，其人美且鬈。	29/對/嚴陸異 P6
43	《詩·齊風·敝笱》/P354 上	《詩》曰：敝笱在梁，其魚唯唯。	22/武 部/漁/敘/P544
44*	《詩·魏風·葛屨》/P357 上	《毛詩》曰：糾糾葛屨，可以履霜；摻摻女手，可以縫裳。毛萇注曰：夏葛屨，冬皮屨。葛屨，履霜也。鄭玄云：魏俗，至冬猶謂葛屨可用履霜，利其賤也。	2/天 部下/霜/對/P31
		糾糾葛屨，可以履霜？（糾糾猶繚繚也。夏葛屨，冬皮屨。葛屨非所以履霜。箋云：葛屨賤，皮屨貴，魏俗至冬猶謂葛屨可以履霜，利其賤也。）摻摻女手，可以縫裳？	
45*	《詩·魏風·園有桃》/P357 下	《毛詩》曰：園有樹桃，其實之肴。	24/居處部/園圃/對/P587
		園有桃，其實之殽。	
46	《詩·魏風·陟岵》/P358 上一中	《毛詩》曰：《陟岵》，孝子行役，思念父母也。陟彼屺兮，瞻望母兮。母曰："嗟，予季行役，夙夜無寐。上慎游哉，猶來無棄。"	17/人 部 上/孝/對/P419
47*	《詩·魏風·陟岵》/P358 上一中	《毛詩》曰：《陟岵》，孝子行役，思念父母也。陟彼岵兮，瞻望父兮。父曰："嗟，予子行役，夙夜無已。上慎游哉，猶來無止。"	17/人 部 上/孝/對/P421
		《陟岵》，孝子行役，思念父母也。……陟彼岵兮，瞻望父兮。父曰："嗟，予子行役。夙夜無已。上慎游哉！猶來無止。"	
48*	《詩·魏風·陟岵》/P358 中	（《詩》）又曰：陟彼岡兮，瞻望兄兮。兄曰："嗟，予季！行役，夙夜必偕。上慎游哉，猶來無死。"	17/人部上/友悌/敘/P423
		陟彼岡兮，瞻望兄兮。兄曰："嗟，予弟！行役夙夜必偕。上慎游哉！猶來無死。"	
49	《詩·魏風·陟岵》/P358 中	《毛詩》曰：陟彼岡兮，瞻望兄兮。	17/人部上/友悌/對/P425

序號	今本篇名、頁碼	《初學記》引文與原文	出處
50	《詩·唐風·蟋蟀》/P361 上	《毛詩》曰：此晉也，而謂之唐。	10/帝戚部/王/對/P238
51	《詩·唐風·椒聊》/P362 下	《詩》云：椒聊之實，蕃衍盈升。	10/中宫部/皇后/對/P220
52 *	《詩·唐風·綢繆》/P364 上	《毛詩》曰：綢繆束薪，三星在天。毛萇傳曰：三星，參也。在天始見東方；男女待禮而成，若薪芻待人事而束也。	14/禮部下/婚姻/對/P354
		綢繆束薪，三星在天。（傳：三星，參也。在天謂始見東方也。男女待禮而成，若薪芻待人事而後束也。）	
53	《詩·秦風·車鄰》/P369 上	《毛詩》曰：阪有漆，隰有栗。	28/果木部/栗/敘/P678
54	《詩·秦風·小戎》/P370 上 《禮記·聘義》/1694 中	《詩》云：言念君子，温其如玉，故君子貴之也。	27/寶器部（花草附）/玉/敘/P650
		《詩·秦風·小戎》：言念君子，温其如玉。//《禮記·聘義》：“《詩》云：‘言念君子，温其如玉。’故君子貴之也。”	
55 *	《詩·秦風·小戎》/P370 上	《毛詩》曰：游環脅驅，陰靷鋈續。	25/器物部/車/對/P612
		游環脅驅，陰靷鋈續。	
56 *	《詩·秦風·小戎》/P370 下	《毛詩》曰：駟牡孔阜，六轡在手。	22/武部/轡/對/P538
		四牡孔阜，六轡在手。	
57 *	《詩·秦風·蒹葭》/P372 上	《毛詩》曰：蒹葭蒼蒼，白露爲霜。毛萇注曰：蒹葭，蘆也。蒼蒼，盛也。白露降，凝而爲霜。	2/天部下/霜/對/P31
		蒹葭蒼蒼，白露爲霜。（興也。蒹，薕；葭，蘆也。蒼蒼，盛也。白露凝戾爲霜。）	
58	《詩·秦風·蒹葭》/P372 上	《毛詩》曰：蒹葭蒼蒼，白露爲霜。	3/歲時部上/秋/對/P54
59	《詩·秦風·終南》/P372 下	《詩·秦風》云：終南何有？有條有梅。	5/地部上/終南山/對/P105

序號	今本篇名、頁碼	《初學記》引文與原文	出處
60 *	《詩·秦風·終南》/P372 下	《毛詩·秦風·終南詩》亦云：終南，周之名山，中南山也。	5/地部上/終南山/敘/P105
		蒹葭蒼蒼，白露爲霜。（興也。蒹，薕；葭，蘆也。蒼蒼，盛也。白露凝戾爲霜。）	
61 *	《詩·秦風·終南》/P372 下	（《詩·秦風》）又曰：終南何有？有屺有堂。	5/地部上/終南山/對/P105
		終南何有？有紀有堂。	
62	《詩·秦風·渭陽》/P374 中	（《毛詩》）又曰：我送舅氏，曰至渭陽；何以贈之？路車乘黃。	5/地部中/渭水/對/P135
63	《詩·陳風·衡門》/P377 上	《毛詩》曰：衡門之下，可以棲遲。	24/居處部/門/敘/P582
64 *	《詩·陳風·衡門》/P377 中	《毛詩·衡門篇》云：豈其娶妻，必宋之子；豈其娶妻，必齊之姜。鄭玄箋云：何必大國之女然後可妻，取其貞順而已。以喻在臣，何必聖人，取其誠孝而已。宋，子姓；齊，姜姓。	14/禮部下/婚姻/對/P354
		豈其取妻，必齊之姜？（箋云：何必大國之女然後可妻，亦取貞順而已。以喻君任臣何必聖人，亦取忠孝而已。齊，姜姓。）豈其食魚，必河之鯉？豈其取妻，必宋之子？（箋云：宋，子姓。）	
65 *	《詩·陳風·東門之楊》/P377 下	《毛詩》曰：東門之楊，其葉牂牂。毛萇傳曰：男女失時，不逮秋冬也。	14/禮部下/婚姻/對/P355
		東門之楊，其葉牂牂。（傳：興也。牂牂然，盛貌。言男女失時，不逮秋冬。）	
66	《詩·陳風·東門之楊》/P377 下	《毛詩》曰：東門之楊，其葉牂牂。	28/果木部/柳/對/P691
67 *	《詩·曹風·蜉蝣》/P384 中	《毛詩》曰：蜉蝣掘閱，麻衣如雪。鄭玄注曰：喻曹昭公之君臣，朝夕變易衣服。麻衣，深衣也。	2/天部下/雪/對/P28
		蜉蝣掘閱，麻衣如雪。（箋云：掘閱，掘地解，謂其始生時也。以解閱喻君臣朝夕變易衣服也。麻衣，深衣。）	

序號	今本篇名、頁碼	《初學記》引文與原文	出處
68*	《詩·曹風·鳲鳩》/P385 中	《毛詩》曰：淑人君子，其弁伊騏。毛萇注曰：騏，文也。	26/器物部/弁/對/P623
		淑人君子，其帶伊絲。其帶伊絲，其弁伊騏。（毛傳：騏，騏文也。）	
69	《詩·豳風·七月》/P389 上	《毛詩》曰：七月流火，九月授衣。	3/歲時部上/秋/對/P53
70*	《詩·豳風·七月》/P389 下	《毛詩》曰：春日載陽，有鳴倉庚。注曰：倉庚，黃鸝也。	3/歲時部上/春/對/P45
		春日載陽，有鳴倉庚。（傳：倉庚，離黃也。）	
71*	《詩·豳風·七月》/P389 下	《毛詩》曰：春日載陽，爰求柔桑。	3/歲時部上/春/對/P45
		春日載陽，有鳴倉庚。女執懿筐，遵彼微行，爰求柔桑。	
72	《詩·豳風·七月》/P389 下	《詩》曰：春日遲遲。	1/天部上/日/敘/P6
73	《詩·豳風·七月》/P389 下	《毛詩》曰：春日遲遲，采蘩祁祁。鄭注曰：遲遲，舒緩也。	3/歲時部上/春/對/P44
74*	《詩·豳風·七月》/P390 中	《毛詩》曰：蠶月條桑。鄭玄曰：條桑支落其葉。	3/歲時部上/春/對/P46
		蠶月條桑。（箋云：條桑，枝落采其葉也。）	
75*	《詩·豳風·七月》/P390 下	《毛詩》曰：四月秀葽。注云：不榮而實曰秀葽，草也。	3/歲時部上/夏/對/P50
		四月秀葽。（傳：不榮而實曰秀葽。葽，草也。）	
76*	《詩·豳風·七月》/P391 下	《毛詩》曰：十月納禾稼，黍稷穜稑，禾麻菽麥。	3/歲時部上/冬/對/P59
		十月納禾稼，黍稷重穋，禾麻菽麥。	
77*	《詩·豳風·七月》/P391 中	《毛詩》曰：穹窒熏鼠，塞向墐戶。注云：向，北出牖。墐，塗也。	3/歲時部上/冬/對/P60
		穹窒熏鼠，塞向墐戶。（傳：向，北出牖也。墐，塗也。）	
78	《詩·豳風·七月》/P391 中	《毛詩》曰：八月剝棗。	28/果木部/棗/敘/P676

序號	今本篇名、頁碼	《初學記》引文與原文	出處
79	《詩·豳風·七月》/P391 中	《毛詩》曰：八月剝棗。	28/菓 木 部/棗/敘/嚴陸異/P8
80 *	《詩·豳風·七月》/P392 上	《毛詩》曰：二之日鑿冰沖沖。注云：冰盛水腹，命徹取冰山林中。沖沖，鑿冰之音；二日，夏之十二月。	3/歲時部上/冬/對/P60
		二之日鑿冰沖沖。（傳：冰盛水腹，則命取冰於山林。沖沖，鑿冰之意。）	
81 *	《詩·豳風·七月》/P392 上	《詩》云：二之日鑿冰沖沖，三之日納于凌陰。二之日，夏之十二月；三之日，夏之正月。（周以十一月爲正。二之日當夏正十二月也，三之日當夏之正月。）沖沖，聲也。凌陰，冰室也。	7/地部下/冰/敘/P150
		二之日鑿冰沖沖，三之日納于凌陰。（沖沖，鑿冰之意。凌陰，冰室也。）	
82 *	《詩·豳風·七月》/P392 上	《毛詩注》曰：冰盛水複，則命取冰於山林。	7/地部下/冰/對/P151
		二之日鑿冰沖沖，三之日納于凌陰，四之日其蚤，獻羔祭韭。（傳：冰盛水腹，則命取冰於山林。）	
83 *	《詩·豳風·東山》/P396 中	《毛詩·七月》曰：町畽鹿場，熠燿宵行，螢火。	30/蟲 部/螢/敘/嚴陸異 P12
		町畽鹿場，熠燿宵行。（傳：熠燿，燐也。燐，螢火也。）	
84 *	《詩·豳風·東山》/P396 下	《毛詩》曰：我來自東，零雨其濛；鸛鳴於垤，婦歎於室。鄭玄注曰：將陰則穴處者先知之。鸛好雨，將雨，長鳴而喜也。	2/天部下/雨/對/P24
		我來自東，零雨其濛。鸛鳴于垤，婦歎于室。（毛傳：將陰雨，則穴處先知之矣。鸛好水，長鳴而喜也。）	

序號	今本篇名、頁碼	《初學記》引文與原文	出處
85 *	《詩·豳風·東山》/P397 上	《毛詩》曰：《東山篇》曰："親結其縭，九十其儀。"傳曰：縭，婦人之禕禪香纓也。女將嫁，母結縭而戒之也。	14/禮部下/婚姻/對/P354
		親結其縭，九十其儀。（縭，婦人之褘也。母戒女施衿結帨。九十其儀，言多儀也。箋云：女嫁，父母既戒之，庶母又申之。九十其儀，喻丁寧之多。）	
86	《詩·豳風·伐柯》/P399 上	《毛詩》曰：我覯之子，籩豆有踐。	14/禮部下/饗讌/對/P349
87	《詩·小雅·皇皇者華》/P407 中	《毛詩》曰：我馬維駒，六轡如濡。	22/武部/轡/對/P538
88	《詩·小雅·皇皇者華》/P407 中	（《毛詩》）又曰：我馬維駱，六轡沃若。	22/武部/轡/對/P538
89 *	《詩·小雅·常棣》/P408 上—中	《毛詩》曰：棠棣之華，鄂不韡韡，凡今之人，莫如兄弟。死喪之威，兄弟孔懷。	17/人部上/友悌/對/P424
		常棣之華，鄂不韡韡。凡今之人，莫如兄弟。死喪之威，兄弟孔懷。	
90 *	《詩·小雅·常棣》/P408 上—中	《小雅·棠棣詩》：棠棣之華，鄂不韡韡，凡今之人，莫如兄弟。死喪之威，兄弟孔懷，原隰裒矣，兄弟求矣。鶺鴒在原，兄弟急難，每有良朋，況也永歎。	17/人部上/友悌/詩/P426
		常棣之華，鄂不韡韡。凡今之人，莫如兄弟。死喪之威，兄弟孔懷。原隰裒矣，兄弟求矣。脊令在原，兄弟急難。每有良朋，況也永歎。	
91 *	《詩·小雅·常棣》/P408 中	（《毛詩》）又曰：鶺鴒在原，兄弟急難。	17/人部上/友悌/對/P425
		脊令在原，兄弟急難。	
92	《詩·小雅·常棣》/P409 上	《詩》曰：兄弟既翕，和樂且湛。	17/人部上/友悌/敘/P423

序號	今本篇名、頁碼	《初學記》引文與原文	出處
93 *	《詩・小雅・伐木》/P410 下	《毛詩》曰：《伐木》，宴朋友、故舊也。自天子至於庶人，未有不須友以成者也。親親以睦，友賢不棄；故舊不遺，則民德歸厚矣。	14/禮部下/饗讌/對/P349
		《伐木》，燕朋友故舊也。自天子至于庶人，未有不須友以成者。親親以睦，友賢不棄，不遺故舊，則民德歸厚矣。	
94 *	《詩・小雅・伐木》/P410 下	《毛詩序》曰：《伐木》，燕朋友故舊也。自天子至于庶人，未有不須友以成者也。	18/人部中/交友/敘/P434
		《伐木》，燕朋友故舊也。自天子至于庶人，未有不須友以成者。	
95 *	《詩・小雅・伐木》/P411 上	《毛詩》曰：伐木湑湑，釃酒有藇。注曰：以筐曰釃。藇，美也。	26/器物部/酒/對/P635
		伐木許許，釃酒有藇。（毛傳：以筐曰釃，以藪曰湑。藇，美貌。）	
96 *	《詩・小雅・采薇》/P412 下—414 上	《毛詩》曰：文王以天子之命，命將帥歌《采薇》以遣之："昔我往矣，楊柳依依；今我來思，雨雪霏霏。"	2/天部下/雪/對/P28
		文王之時，西有昆夷之患，北有玁狁之難。以天子之命，命將率遣戍役，以守衛中國。故歌《采薇》以遣之。……昔我往矣，楊柳依依。今我來思，雨雪霏霏。	
97	《詩・小雅・采薇》/P414 上	《毛詩》曰：四牡翼翼，象弭魚服。鄭玄注曰：以象骨爲之。	22/武部/弓/對/P532
98 *	《詩・小雅・采薇》/P414 上	《毛詩》曰：四牡翼翼，象弭魚服。鄭玄注：象弭，弓反末彆者，以象骨爲之，以助御者。	22/武部/弓/對/P533
		四牡翼翼，象弭魚服。（箋云：弭，弓反末彆者，以象骨爲之，以助御者解轡紛宜滑也。）	
99 *	《詩・小雅・魚麗》/P417 中	《詩》曰：魚離于罶，鱨鯊。	22/武部/漁/敘/P544
		魚麗于罶，鱨鯊。	

续表

序號	今本篇名、頁碼	《初學記》引文與原文	出處
100	《詩·小雅·南山有臺》/P419下	《毛詩》曰：北山有李。	28/菓木部/李/對/嚴陸異 P5
101 *	《詩·小雅·湛露》/P421上	《詩》曰：匪陽不晞。晞，幹也，言日昕幹濕物也。	1/天部上/日/敘/P5
		匪陽不晞。（晞，乾也。露雖湛湛然，見陽則乾。）	
102	《詩·小雅·湛露》/P421中	《毛詩》曰：湛湛露斯，在彼杞棘；顯允君子，莫不令德。	2/天部下/露/對/P33
103	《詩·小雅·彤弓》/P421下	《毛詩》曰：《彤弓》，天子錫有功諸侯也。彤弓弨兮，受言藏之。	22/武部/弓/對/P533
104 *	《詩·小雅·車攻》/P428上—下	《毛詩》曰：田車既駕，四牡孔阜；東有甫草，駕言行狩。之子于苗，選徒囂囂；建旐設旄，搏狩于敖。	22/武部/獵/對/P541
		田車既好，四牡孔阜。東有甫草，駕言行狩。之子于苗，選徒囂囂。建旐設旄，搏獸于敖。	
105	《詩·小雅·吉日》/P429中—430上	《毛詩》曰：《吉日》，美宣王田也。悉率左右，以燕天子。既張我弓，既挾我矢，發彼小豝，殪此大兕。	22/武部/獵/對/P542
		《吉日》，美宣王田也。……悉率左右，以燕天子。既張我弓，既挾我矢。發彼小豝，殪此大兕。	
106 *	《詩·小雅·鶴鳴》/P433上	《毛詩》曰：《鶴鳴》，誨宣王也。鶴在野聞其鳴聲，喻賢者雖隱居，人咸知之。	17/人部上/賢/對/P411
		《鶴鳴》，誨宣王也。鶴鳴于九皋，聲聞于野。（箋云：……鶴在中鳴焉，而野聞其鳴聲。興者，喻賢者雖隱居，人咸知之。）	

序號	今本篇名、頁碼	《初學記》引文與原文	出處
107 *	《詩·小雅·節南山》/P440 下	《詩》曰：尹氏太師，維周之氏，秉國之均，四方是維，天子是毗，俾民不迷。鄭箋云：毗，輔也。言尹氏居太師之官，持國政之平，維制四方。	11/職官部上/太師太傅太保/對/P252
		尹氏大師，維周之氏。秉國之均，四方是維。天子是毗，俾民不迷。（箋云：氏當作桎鎋之桎。毗，輔也。言尹氏作大師之官，爲周之桎鎋，持國政之平，維制四方。）	
108	《詩·小雅·節南山》/P440 下	《詩》云：天子是毗。	11/職官部上/太師太傅太保/對/P252
109 *	《詩·小雅·小旻》/P449 上	《毛詩》曰：我龜既猒，不我告猷。鄭玄注：卜筮數而瀆龜，龜靈猒之，不復告其所圖之吉凶也。言雖得兆，繇不中也。	20/政理部/卜/對/P487
		我龜既猒，不我告猶。（箋云：猶，圖也。卜筮數而瀆龜，龜靈猒之，不復告其所圖之吉凶。言雖得兆，占繇不中。）	
110 *	《詩·小雅·小宛》/P452 上	《毛詩》曰：哀我填寡，宜岸宜獄；握粟出卜，自何能穀。鄭玄注：可哀哉！我窮盡寡財之民，仍有獄訟之事；持粟行菊，求其勝負，從何能得善？	20/政理部/卜/對/P487
		哀我填寡，宜岸宜獄。握粟出卜，自何能穀？（箋云：可哀哉！我窮盡寡財之人，仍有獄訟之事，無可以自救，但持粟行卜，求其勝負，從何能得生？）	
111 *	《詩·小雅·小宛》/P452 上	《詩》曰：宜犴宜獄。	20/政理部/獄/敘/P493
		宜岸宜獄。	
112 *	《詩·小雅·小宛》/P452 中	《毛詩》曰：溫溫恭人，如集于木；惴惴小心，如臨於谷。	17/人部上/恭敬/對/P427
		溫溫恭人，如集于木。惴惴小心，如臨于谷。	

序號	今本篇名、頁碼	《初學記》引文與原文	出處
113	《詩·小雅·小弁》/P452 中	《毛詩》曰：弁彼鸒斯，歸飛提提。	30/鳥 部/烏/對/P732
114 *	《詩·小雅·巧言》/P454 中	（《毛詩》）又曰：趯趯毚兔，遇犬獲之；往來行言，心焉數之。	29/獸 部/兔/對/P716
		躍躍毚兔，遇犬獲之。荏染柔木，君子樹之。往來行言，心焉數之。	
115 *	《詩·小雅·蓼莪》/P459 下—460 上	《毛詩》曰：哀哀父母，生我劬勞。無父何怙，無母何恃。出則銜恤，入則靡至。父兮生我，母兮鞠我；拊我畜我，長我育我，顧我復我，出入腹我。欲報之德，昊天罔極。	17/人 部 上/孝/敘/P419
		哀哀父母，生我劬勞。……無父何怙？無母何恃？出則銜恤，入則靡至。父兮生我，母兮鞠我。拊我畜我，長我育我。顧我復我，出入腹我。欲報之德，昊天罔極。	
116	《詩·小雅·大東》/P460 中	《毛詩》曰：有饛簋飧，有捄棘匕。毛萇注曰：饛，滿簋貌；飧，熟食。	26/器 物 部/飯/對/P637
117 *	《詩·小雅·大東》/P460 下	《毛詩》曰：小東大東，杼軸其空。箋云：謂他貨，唯絲麻耳。今盡杼軸不作也。	18/人 部 中/貧/對/P444
		小東大東，杼柚其空。（箋云：譚無他貨，維絲麻爾，今盡杼柚不作也。）	
118 *	《詩·小雅·大東》/P460 下	《毛詩》曰：大東小東，杼軸其空；糾糾葛屨，可以履霜。	26/器 物 部/履/對/P629
		小東大東，杼柚其空。糾糾葛屨，可以履霜。	
119	《詩·小雅·四月》/P462 中	《毛詩》曰：秋日淒淒，百卉具腓。	3/歲 時 部上/秋/對/P54
120	《詩·小雅·四月》/P462 中	《毛詩》曰：秋日淒淒。	3/歲 時 部上/秋/對/P55
121	《詩·小雅·四月》/P462 下	《詩》云：滔滔江漢，南國之紀。	7/地部下/漢 水/對/P143

序號	今本篇名、頁碼	《初學記》引文與原文	出處
122 *	《詩·小雅·鼓鍾》/P466 下	《毛詩》曰：鼓鍾伐鼛，淮有三洲。毛注：三洲，淮上也。	6/地部中/淮/對/P127
		鼓鍾伐鼛，淮有三洲。（傳：三洲，淮上地。）	
123 *	《詩·小雅·楚茨》/P467 下	《毛詩》曰：我黍與與，我稷翼翼，我倉既盈，我庾惟億。	27/寶器部（花草附）/五穀/對/P662
		我黍與與，我稷翼翼。我倉既盈，我庾維億。	
124 *	《詩·小雅·楚茨》/P468 上—中	《毛詩》曰：祝祭于祊，祀事孔明。先祖是皇，神保是享，孝孫有慶，以介景福，萬壽無疆。	13/禮部上/宗廟/對/P324
		祝祭于祊，祀事孔明。先祖是皇，神保是饗。孝孫有慶，報以介福，萬壽無疆。	
125 *	《詩·小雅·信南山》/P470 下	《詩》云：上天同雲，雨雪雰雰。同雲謂雲陰竟天，同爲一色。	1/天部上/雲/敘/P15
		上天同雲，雨雪雰雰。（雰雰，雪貌。豐年之冬，必有積雪。）	
126 *	《詩·小雅·信南山》/P470 下	《詩》云：上天同雲，雨雪雰雰，同謂雲陰與天同爲一色也。	2/天部下/雪/敘/P27
		上天同雲，雨雪雰雰。（雰雰，雪貌。豐年之冬，必有積雪。）	
127	《詩·小雅·信南山》/P470 下	《毛詩》曰：上天同雲，雨雪雰雰。	2/天部下/雪/對/P28
128	《詩·小雅·信南山》/P471 中	《毛詩》曰：祭以清酒，從以騂牡，享于祖考。	13/禮部上/祭祀/對/P317
129	《詩·小雅·信南山》/P471 中	《毛詩》曰：執其鸞刀。注曰：刀有鸞者。	22/武部/刀/敘/P529
130 *	《詩·小雅·大田》/P477 上	《詩》云：有渰淒淒，興雨祈祈。	1/天部上/雲/敘/P14
		有渰萋萋，興雨祈祈。	
131 *	《詩·小雅·大田》/P477 上	《詩》曰：有渰淒淒，興雨祁祁。渰音掩，雲陰貌。	2/天部下/雨/敘/P23
		有渰萋萋，興雨祈祈。（傳：渰，雲興貌。）	
132	《詩·小雅·大田》/P477 中	《毛詩》曰：以享以祀，以介景福。	13/禮部上/祭祀/對/P318

序號	今本篇名、頁碼	《初學記》引文與原文	出處
133	《詩·小雅·賓之初筵》/P485下	（《毛詩》）又曰：籥舞笙鼓，樂既和奏。烝衎烈祖，以洽百禮；百禮既至，有壬有林。錫爾純嘏，子孫其湛。鄭玄云：純，大也。嘏謂尸與主人以福。	13/禮部上/宗廟/對/P324
134 *	《詩·小雅·魚藻》/P488下	《詩》曰：王在在鎬，愷樂飲酒。	26/器物部/酒/對/P634
		王在在鎬，豈樂飲酒。	
135 *	《詩·小雅·采菽》/P490中	《毛詩》曰：汎汎楊舟，紼纚維之。	25/器物部/舟/對/P611
		汎汎楊舟，紼纚維之。	
136 *	《詩·小雅·角弓》/P491中	《毛詩》曰：無教猱升木。毛萇注曰：猱，猨屬也。	29/獸部/猴/對/P721
		毋教猱升木。（猱，猨屬。）	
137	《詩·小雅·角弓》/P491下	《詩》曰：見晛曰消。《毛傳》云：晛，日氣也。	1/天部上/日/敘/P5
138	《詩·小雅·黍苗》/P495上	《毛詩》曰：芃芃黍苗，陰雨膏之；悠悠南行，召伯勞之。	27/寶器部（花草附）/五穀/對/P662
139 *	《詩·小雅·漸漸之石》/P500上—中	《毛詩》云：月離于畢，俾滂沱矣。畢，月屬也。月離陰星則雨。鄭玄注曰：將有大雨，徵先見於天。	2/天部下/雨/對/P23
		月離于畢，俾滂沱矣。（畢，噣也。月離陰星則雨。箋云：將有大雨，徵氣先見於天。）	
140 *	《詩·小雅·苕之華》/P501上	《詩》曰：牂羊羵首，三星在罶。鄭玄注曰：羊牝曰牂。羵，大也。	29/獸部/羊/對/P710
		牂羊墳首，三星在罶。（傳：牂羊，牝羊也。墳，大也。）	
141 *	《詩·大雅·大明》/P506下	《毛詩》曰：明明在下，赫赫在上。毛萇注曰：文王之德，明明於下，故赫赫然著於天也。	9/帝王部/總敘帝王/對/P204
		明明在下，赫赫在上。（傳：明明，察也。文王之德，明明於下，故赫赫然著見於天。）	

续表

序號	今本篇名、頁碼	《初學記》引文與原文	出處
142 *	《詩·大雅·大明》/P507 上	《毛詩》曰：維此文王，小心翼翼，昭事上帝，聿懷多福。鄭箋云：翼翼，小心之貌。	9/帝王部/總敘帝王/對/P204
		維此文王，小心翼翼。昭事上帝，聿懷多福。（箋云：小心翼翼，恭慎貌。）	
143 *	《詩·大雅·大明》/P507 中	《毛詩》曰：文王初載，天作之合，在洽之陽，於渭之涘。文定厥祥，親迎于渭，造舟爲梁。	6/地部中/渭水/對/P135
		文王初載，天作之合。在洽之陽，在渭之涘。文王嘉止，大邦有子。大邦有子，俔天之妹。文定厥祥，親迎于渭。造舟爲梁。	
144 *	《詩·大雅·大明》/P507 中	《毛詩·大明篇》云：大邦有子，俔天之妹。毛萇注云：俔，磬也，盡也。文王以太姒爲賢，問名還，卜之既吉，盡禮尊敬之，如天之有女弟。俔，口見反。	10/中宮部/皇后/對/P221
		大邦有子，俔天之妹。（俔，磬也。箋云：既使問名，還則卜之。又知大姒之賢，尊之如天之有女弟。俔，牽遍反，磬也，徐又下顯反。）	
145 *	《詩·大雅·大明》/P508 下	《詩》云：惟師尚父，時惟鷹揚。	11/職官部上/太師太傅太保/對/P252
		維師尚父，時維鷹揚。	
146 *	《詩·大雅·棫樸》/P514 上	《毛詩》曰：《棫樸》，文王能官人也。芃芃棫樸，薪之槱之。毛萇注曰：芃芃，木盛也；棫，白桵也。山木茂盛，萬民得而薪之。喻賢人衆多。國家得用蕃興也。	9/帝王部/總敘帝王/對/P209
		《棫樸》，文王能官人也。芃芃棫樸，薪之槱之。（傳：興也。芃芃，木盛貌。棫，白桵也。樸，枹木也。槱，積也。山木茂盛，萬民得而薪之。賢人衆多，國家得用蕃興。）	

序號	今本篇名、頁碼	《初學記》引文與原文	出處
147 *	《詩・大雅・思齊》/P516 中	毛萇傳曰：齊，莊也；媚，愛也；周姜，太姜也。常思莊敬，太任，乃爲文王之母，又常思愛太姜之配太王之禮，故能爲京室之婦。言其德行純備，故生聖子。	10/中宮部/皇后/對/P221
		思齊大任，文王之母。思媚周姜，京室之婦。（齊，莊；媚，愛也。周姜，大姜也。京室，王室也。箋云：京，周地名也。常思莊敬者，大任也，乃爲文王之母。又常思愛大姜之配大王之礼，故能爲京室之婦。言其德行純備，故生聖子也。）	
148	《詩・大雅・思齊》/P516 中	《毛詩・思齊篇》云：思齊大任，文王之母；思媚周姜，京室之婦。	10/中宮部/皇后/對/P221
149 *	《詩・大雅・思齊》/P516 中	《毛詩》曰：思齊太任，文王之母。鄭玄注：文王之母，常思莊敬者，太任也。	17/人部上/恭敬/對/P427
		思齊大任，文王之母。（箋云：京，周地名也。常思莊敬者，大任也，乃爲文王之母。）	
150	《詩・大雅・皇矣》/P520 上	《毛詩》曰：維此王季，因心則友；則友其兄，則篤其慶。	17/人部上/友悌/對/P424
151 *	《詩・大雅・皇矣》/P522 中	《大雅》云：是類是禡，師祭也。	13/禮部上/祭祀/對/P318
		是類是禡。（箋云：類也、禡也，師祭也。）	
152 *	《詩・大雅・靈臺》/P525 上	《毛詩》曰：王在靈囿。毛萇注云：囿所以養禽獸也。天子百里，諸侯四十里。	24/居處部/苑囿/敘/P586
		王在靈囿。（傳：囿，所以域養禽獸也。天子百里，諸侯四十里。）	
153 *	《詩・大雅・下武》/P525 中—下	《毛詩》曰：《下武》，繼文也。媚兹一人，應侯順德，永言孝思，昭哉嗣服。鄭玄注曰：服，事也。昭哉武王言嗣行祖考之事，謂伐紂定天下也。	17/人部上/孝/對/P420
		《下武》，繼文也。……媚兹一人，應侯順德。永言孝思，昭哉嗣服。（箋云：服，事也。明哉，武王之嗣行祖考之事。謂伐紂定天下。）	

序號	今本篇名、頁碼	《初學記》引文與原文	出處
154	《詩·大雅·文王有聲》/P526 中	《毛詩》曰：文王受命，有此武功；既伐于崇，作邑于豐。	24/居處部/都邑/對/P563
155 *	《詩·大雅·生民》/P530 上	《毛詩》曰：誕寘之寒冰，鳥翼覆之。	7/地部下/冰/對/P151
		誕寘之寒冰，鳥覆翼之。	
156 *	《詩·大雅·生民》/P531 上	《詩》曰：天降嘉種，帷秬惟秠。	1/天部上/天/對/P2
		誕降嘉種，維秬維秠。	
157	《詩·大雅·既醉》/P536 下	《毛詩》曰：朋友攸攝，攝以威儀。	18/人部中/交友/對/P435
158 *	《詩·大雅·公劉》/P542 上	《毛詩》又曰：何以舟之？維玉及瑤，鞞琫容刀。注云：舟，帶也；容刀言有武事。	22/武部/刀/敘/P529
		何以舟之？維玉及瑤，鞞琫容刀。（傳：巘，小山別於大山也。舟，帶也。瑤，言有美德也。下曰鞞，上曰琫，言德有度數也。容刀，言有武事也。）	
159 *	《詩·大雅·板》/P550 上	《詩》云：大邦維翰。	10/帝戚部/王/對/P238
		大邦維屏，大宗維翰。	
160	《詩·大雅·板》/P550 上	《毛詩》曰：懷德維寧，宗子維城。	10/帝戚部/王/對/P238
161 *	《詩·大雅·蕩》/P553 下	《毛詩》曰：咨汝殷商！如蜩如螗（蜩，蟬也。螗，蝘也）。	30/蟲部/蟬/敘/嚴陸異 P9
		咨女殷商！如蜩如螗（蜩，蟬也。螗，蝘也）。	
162 *	《詩·大雅·桑柔》/P560 中	《詩》云：泰風有遂。	1/天部上/風/敘/P17
		大風有隧。	
163 *	《詩·大雅·崧高》/P565 下	《詩》曰：嵩高維岳，峻極于天。維岳降神，生甫及申。	5/地部上/嵩高山/對/P103
		崧高維嶽，駿極于天。維嶽降神，生甫及申。	
164 *	《詩·大雅·崧高》/P567 中	(《毛詩》) 又曰：申伯言邁，王餞于郿。	18/人部中/離別/對/P448
		申伯信邁，王餞于郿。	

序號	今本篇名、頁碼	《初學記》引文與原文	出處
165 *	《詩·大雅·烝民》/P568 下	《詩》云：仲山甫出納王命，王之喉舌。	11/職官部上/尚書令/敘/P258
		王命仲山甫，式是百辟。纘戎祖考，王躬是保。出納王命，王之喉舌。	
166 *	《詩·大雅·韓奕》/P572 中	《毛詩》曰：其追其貊，奄受北國。鄭玄注：韓侯入覲宣王，使復其先祖之舊職。錫以追貊，受北方之國也。	20/政理部/賞賜/對/P473
		其追其貊，奄受北國。（箋云：韓侯先祖有功德者，受先王之命，封爲韓侯，居韓城爲侯伯。其州界外接蠻服。因見使時節百蠻貢獻之往來。後君微弱，用失其業。今王以韓侯先祖之事如是，而韓侯賢，故於入覲，使復其先祖之舊職，賜之蠻服追貊之戎狄，令撫柔其所受王畿北面之國，因以其先祖侯伯之事盡予之。皆美其爲人子孫，能興復先祖之功。）	
167 *	《詩·周頌·清廟》序/P583 上	（《毛詩》）又曰：《清廟》，祀文王也。周公既成洛邑，朝諸侯，率以祀文王焉。鄭玄注曰：清廟者，祭有清明之德者之宮也，謂祭文王。天德清明，文王象之，故歌此詩而祭之。	13/禮部上/宗廟/對/P323
		《清廟》，祀文王也。周公既成洛邑，朝諸侯，率以祀文王焉。（清廟者，祭有清明之德者之宮也，謂祭文王也。天德清明，文王象焉，故祭之而歌此詩也。）	
168 *	《詩·周頌·維天之命》/P583 下	（《毛詩》）又曰：《維天之命》，太平，告文王也。維天之命，于穆不已。	13/禮部上/宗廟/對/P324
		《維天之命》，大平告文王也。維天之命，於穆不已。	
169	《詩·周頌·執競》/P589 下	《毛詩》曰：《執競》，祀武王也。執競武王，無競維烈；不顯成康，上帝是皇。	13/禮部上/宗廟/對/P324
170 *	《詩·周頌·有瞽》/P594 下	《毛詩注》曰：設大板以飾虡，爲懸爲業。	16/樂部下/鐘/敘/P395
		設業設虡。（業，大板也，所以飾栒爲縣也。捷業如鋸齒，或曰畫之。）	

续表

序號	今本篇名、頁碼	《初學記》引文與原文		出處
171 *	《詩·周頌·有瞽》/P594 下	（《毛詩注》）又曰：崇牙樹羽，並以飾爲簨虡。		16/樂部下/鐘/敘/P395
		崇牙樹羽。		
172 *	《詩·周頌·潛》/P595 下	《毛詩》曰：季冬薦魚，孟春獻鮪也。猗歟漆沮，潛有多魚；以享以祀，以介景福。		13/禮部上/宗廟/對/P323
		季冬薦魚，春獻鮪也。猗與漆沮，潛有多魚。有鱣有鮪，鰷鱨鰋鯉。以享以祀，以介景福。		
173	《詩·周頌·載芟》/P601 上	《毛詩》曰：《載芟》，春籍田而祈社稷也。		13/禮部上/社稷/對/P326
174 *	《詩·周頌·載芟》/P601 上一中	《毛詩》曰：《載芟》，春藉田而祈社稷也。載芟載柞，其耕澤澤；千耦其耘，徂隰徂畛。侯主侯伯，侯亞侯旅，侯彊侯以。		14/禮部下/籍田/對/P340
		《載芟》，春籍田而祈社稷也。載芟載柞，其耕澤澤。千耦其耘，徂隰徂畛。侯主侯伯，侯亞侯旅，侯彊侯以。		
175 *	《詩·周頌·良耜》/P602 中	（《毛詩》）又曰：《良耜》，秋報社稷也。畟畟良耜，俶載南畝，播厥百穀。		13/禮部上/社稷/對/P326
		《良耜》，秋報社稷也。畟畟良耜，俶載南畝。播厥百穀。		
176 *	《詩·周頌·般》/P605 中	《毛詩》曰：《般》，巡狩而祀四岳河海也。於皇時周，陟其高山。毛萇注云：高山，四岳也。		13/禮部上/巡狩/對/P331
		《般》，巡守而祀四嶽河海也。於皇時周，陟其高山。（傳：高山，四嶽也。）		
177 *	《詩·魯頌·駉》/P609 上一610 上	《毛詩》曰：駉駉牡馬，在坰之野；薄言駉者，有驈有皇。有驪有黃，有騅有駓；有騂有騏，有驒有駱。		29/獸部/馬/對/P704
		駉駉牡馬，在坰之野。薄言駉者，有驈有皇，有驪有黃……有騅有駓。有騂有騏……有驒有駱。		
178	《詩·魯頌·有駜》/P610 中	《毛詩》曰：振振鷺，鷺于飛，鼓咽咽。		16/樂部下/鼓/敘/P399

序號	今本篇名、頁碼	《初學記》引文與原文		出處
179	《詩·魯頌·泮水》/P611 下	《詩》曰：在泮獻囚。		20/政理部/囚/敘/P491
180 *	《詩·魯頌·閟宮》/P614 下	《毛詩》曰：閟宮有侐，鄭玄注曰：閟，神也，姜嫄神所依。古廟曰神宮。		13/禮部上/宗廟/對/P323
		閟宮有侐。（箋云：閟，神也。姜嫄神所依，故廟曰神宮。）		
181 *	《詩·魯頌·閟宮》/P615 下—617 下	《毛詩》曰：建爾元子，俾侯于魯。保有鳧嶧，遂荒徐宅。		8/州郡部/河南道/對/P170
		建爾元子，俾侯于魯。……保有鳧繹，遂荒徐宅。		
182 *	《詩·魯頌·閟宮》/P615 下	《毛詩》曰：皇皇后帝，皇祖后稷。注曰：皇皇，大也；后，君也。帝謂天帝也。魯郊祭皇皇之君帝，以美祖后稷以配之，其祭如天子之禮。		13/禮部上/郊丘/對/P320
		皇皇后帝，皇祖后稷。（箋云：皇皇后帝，謂天也。成王以周公功大，命魯郊祭天，亦配之以君祖后稷，其牲用赤牛純色，與天子同也。天亦饗之宜之，多予之福。）		
183 *	《詩·魯頌·閟宮》/P617 中	《毛詩》曰：泰山巖巖，魯邦所瞻。		5/地部上/泰山/對/P95
		泰山巖巖，魯邦所詹。		
184	《詩·魯頌·閟宮》/P617 中	（《毛詩》）又曰：奄有龜蒙，遂荒大東。		8/州郡部/河南道/對/P170
185	《詩·商頌·長發》/P626 中	《毛詩》曰：帝命式于九圍。		8/州郡部/總敘州郡/對/P166
186 *	《詩·商頌·長發》/P627 上	《詩》曰：如火烈烈，則莫我敢遏。		25/器物部/火/對/P620
		如火烈烈，則莫我敢曷。		
187	《詩·商頌·殷武》/P628 中	《毛詩》曰：商邑翼翼，四方之極。毛萇注曰：商邑，京師也。		24/居處部/都邑/對/P563

序號	今本篇名、頁碼	《初學記》引文與原文	出處
188 *	《詩·小雅·鹿鳴》/P405 中 《詩·小雅·常棣》/P407 下 《詩·小雅·湛露》/P420 下	《毛詩序》曰：《鹿鳴》，宴羣臣嘉賓也；棠棣，宴兄弟也；湛露，天子宴諸侯也。 《鹿鳴》，燕羣臣嘉賓也。//《常棣》，燕兄弟也。//《湛露》，天子燕諸侯也。	14/禮部下/饗讌/敘/P348
189 *	《詩·小雅·皇皇者華》/P407 上 《詩·小雅·四牡》/P406 中	《毛詩》曰：《皇皇者華》，君遣使臣也；《四牡》，勞使臣之來也。 《皇皇者華》，君遣使臣也。//《四牡》，勞使臣之來也。	20/政理部/奉使/敘/P479
190 *	《詩·豳風·七月》/P391 上 《詩·小雅·大東》/P461 上	《毛詩》曰：公子狐貍裘，舟人熊羆裘。 取彼狐貍，爲公子裘。//舟人之子，熊羆是裘。	26/器物部/裘/敘/P630
191 *	《詩·召南·摽有梅》/P291 中 《詩·小雅·四月》/P462 下	《毛詩》曰：摽有梅，其實七兮。山有嘉卉，侯栗侯梅。 摽有梅，其實七兮。//山有嘉卉，侯栗侯梅。	28/菓木部/梅/敘/嚴陸異 P10
192 *	《詩·召南·何彼襛矣》/P293 下 《詩·大雅·抑》/P556 上	《毛詩》曰：何彼襛矣，華如桃李；投我以桃，報之以李。 何彼襛矣？華如桃李。//投我以桃，報之以李。	28/菓木部/李/敘/嚴陸異 P5
193	《詩·周南·桃夭》/P279 下 《詩·衛風·木瓜》/P328 上	《毛詩》曰：桃之夭夭，灼灼其華；投我以木桃，報之以瓊瑤。 桃之夭夭，灼灼其華。//投我以木桃，報之以瓊瑤。	28/菓木部/桃/敘/嚴陸異 P6
194		（《毛詩》）又曰：鷺者，鼓精也。	16/樂部下/鼓/敘/P399

《周禮》

序號	今本篇名、頁碼	《初學記》引文與原文	出處
1*	《周禮·天官·敘官》/P641中	《周禮》曰：奚三百人。鄭玄注曰：古者從坐，男女沒入縣官曰奴婢，其少才智者以爲奚。今時侍史官婢是也。 奚三百人。（古者從坐，男女沒入縣官爲奴，其少才知，以爲奚，今之侍史官婢。或曰：奚，官女。）	19/人部下/奴婢/對/P464
2*	《周禮·天官·敘官》/P642上	《周禮》：天官，司會之職。鄭玄注曰：會，大計也。司會主天下之大計，計官之長，若今之尚書矣。 司會。（會，大計也。司會，主天下之大計，計官之長，若今尚書。）	11/職官部上/尚書令/對/P259
3*	《周禮·天官·敘官》/P642下	《周禮》鄭玄注曰：古者三夫人之於后，猶三公之於王，坐而論婦禮，无官職矣。 鄭玄注：夫人之於后，猶三公之於王，坐而論婦禮，無官職。	10/中宮部/妃嬪/對/P225
4*	《周禮·天官·大宰》/P645中	《周禮》曰：大司徒職，掌建邦之六典，以佐王刑邦國。 大宰之職，掌建邦之六典，以佐王治邦國。	20/政理部/刑罰/對/P489
5	《周禮·天官·大宰》/P645中	《周禮》曰：三曰禮典，以和邦國，以統百官，以諧萬民。	13/禮部上/總載禮/對/P314
6*	《周禮·天官·大宰》/P647上	《周官》：九職：二曰園圃，毓果木。 以九職任萬民：一曰三農，生九穀；二曰園圃，毓草木。	24/居處部/園圃/對/P587
7*	《周禮·天官·大宰》/648上	《周禮》：以九貢致邦國之用：一曰祀貢，二曰嬪貢，三曰器貢，四曰幣貢，五曰財貢，六曰貨貢，七曰服貢，八曰斿貢，九曰物貢。是也。獻者，謂貢筐錫貢之外所進奉者也。 以九貢致邦國之用：一曰祀貢，二曰嬪貢，三曰器貢，四曰幣貢，五曰材貢，六曰貨貢，七曰服貢，八曰斿貢，九曰物貢。	20/政理部/貢獻/敘/P474

序號	今本篇名、頁碼	《初學記》引文與原文		出處
8	《周禮·天官·内饔》/P662 上	《周官》曰：犬赤股而躁，臊。		29/獸 部/狗/敘/P712
9 *	《周禮·天官·亨人》/P662 下	《周禮》曰：亨人掌供鼎鑊，以給水火之齊。		25/器 物 部/火/對/嚴陸異 P8
		亨人掌共鼎鑊，以給水火之齊。		
10 *	《周禮·天官·亨人》/P662 下	《周禮》曰：烹人於祭祀，共大羹、鉶羹。賓客亦如之。		26/器 物 部/羹/敘/P640
		祭祀，共大羹、鉶羹。賓客亦如之。		
11 *	《周禮·天官·腊人》/P664 中	《周禮》曰：腊人掌乾肉，凡田獸之脯腊膴胖之事（夫物解肆乾之，謂之乾肉。薄切曰脯，捶之而施薑桂曰腶修。腊，小物而乾者）。祭祀，共豆脯、薦脯、膴（呼）胖。		26/器 物 部/脯/敘/P641
		腊人掌乾肉，凡田獸之脯腊膴胖之事。（大物解肆乾之，謂之乾肉，若今涼州烏翅矣。薄折曰脯，捶之而施薑桂曰鍛脩。腊，小物全乾。）凡祭祀，共豆脯，薦脯，膴、胖。		
12 *	《周禮·天官·醫師》/P666 下	《周禮》：醫師掌醫之政令，聚毒藥以共醫事。歲終，則稽其醫事。十全爲上；十失一，次之；十失四，爲下。		20/政 理 部/醫/對/P484
		醫師掌醫之政令，聚毒藥以共醫事。凡邦之有疾病者、疕瘍者造焉，則使醫分而治之。歲終，則稽其醫事以制其食。十全爲上，十失一次之，十失二次之，十失三次之，十失四爲下。		
13 *	《周禮·天官·食醫》/P667 上	《周禮》曰：凡食眡春時。（飯宜温齊調和。）		26/器 物 部/飯/敘/P637
		凡食齊眡春時。（飯宜温。）		

序號	今本篇名、頁碼	《初學記》引文與原文	出處
14 *	《周禮·天官·疾醫》/P667中—668上	《周官》曰：疾醫掌萬民之疾病。四時皆有癘疾：春時有痟首疾，夏時有痒疥疾，秋時有瘧寒疾，冬時有嗽上氣疾（痟，酸削也。首疾，頭病）。以五穀、五藥養其病（養猶治也），以五色、五氣、五聲視其死生。兩之以九竅之變，參之以五藏之動。凡民之有疾病者，分而治之。	20/政理部/醫/敘/P484
		疾醫掌養萬民之疾病。四時皆有癘疾：春時有痟首疾，夏時有痒疥疾，秋時有瘧寒疾，冬時有漱上氣疾。（癘疾，氣不和之疾。痟，酸削也。首疾，頭痛也。）以五味、五穀、五藥養其病，（養猶治也。）以五氣、五聲、五色眂其死生。兩之以九竅之變，參之以九藏之動。凡民之有疾病者，分而治之。	
15 *	《周禮·天官·瘍醫》/668上	（《周官》）又曰：瘍醫掌腫瘍，潰瘍，金瘍，折瘍。凡療瘍，以五毒攻之，以五氣養之，以五藥療之，以五味節之。	20/政理部/醫/敘/P484
		瘍醫掌腫瘍、潰瘍、金瘍、折瘍之祝藥劀殺之齊。凡療瘍，以五毒攻之，以五氣養之，以五藥療之，以五味節之。	
16 *	《周禮·天官·酒正》/P668下—669上	《周禮》曰：酒正掌酒之政令，以式法授酒材，辨五齊之名：一曰泛齊，二曰醴齊，三曰盎齊，四曰緹齊，五曰沉齊（以節度作之，故以齊爲名。泛者，成而浮滓，滓泛然，如今宜成醪矣。醴猶體也，成而汁滓相將，如今甜酒矣。盎猶翁也，成而色翁翁然，如今酇白酒矣。緹者成而紅赤，如今下酒矣。沉者成而滓沉，如今造清酒也）。辨三酒之物：一曰事酒，二曰昔酒，三曰清酒。（事酒，如今之醳酒也。昔酒，久酒，今之舊醳也。清酒，今之冬釀夏成者也。）	26/器物部/酒/敘/P633

序號	今本篇名、頁碼	《初學記》引文與原文	出處
		酒正掌酒之政令，以式灋授酒材。凡爲公酒者亦如之。辨五齊之名：一曰泛齊，二曰醴齊，三曰盎齊，四曰緹齊，五曰沈齊。（泛者，成而滓浮泛泛然，如今宜成醪矣。醴猶體也，成而汁滓相將，如今恬酒矣。盎猶翁也，成而翁翁然，葱白色，如今酇白矣。緹者，成而紅赤，如今下酒矣。沈者，成而滓沈，如今造清矣。玄謂：齊者，每有祭祀，以度量節作之。）辨三酒之物：一曰事酒，二曰昔酒，三曰清酒。（玄謂：事酒，酌有事者之酒，其酒則今之醳酒也。昔酒，今之酋久白酒，所謂舊醳者也。清酒，今中山冬釀，接夏而成。）	
17 *	《周禮·天官·凌人》/P671 上一中	《周禮》曰：祭祀，供冰鑑。賓客，供冰。大喪，供夷槃冰。夏頒冰，掌事。秋刷。鄭玄注曰：暑氣盛，王以冰頒賜，則王爲之。刷，清也。秋涼，冰不可用，以清除其室也。	7/地部下/冰/對/P152
		祭祀，共冰鑑；賓客，共冰。大喪，共夷槃冰。夏頒冰，掌事。（鄭玄注：暑氣盛，王以冰頒賜，則主爲之。）秋刷。（刷，清也。鄭司農云：刷除冰室，當更内新冰。玄謂：秋涼，冰不用，可以清除其室。）	
18	《周禮·天官·籩人》/P671 下	《周官》曰：饋食之籩，其實棗。	28/果木部/棗/敍/P676
19 *	《周禮·天官·籩人》/P671 下	《周官》曰：饋食之籩，其實栗。	28/果木部/栗/敍/P678
		饋食之籩，其實棗、栗、桃、乾藤、榛實。	
20 *	《周禮·天官·籩人》/P671 下	《周禮》曰：饋食之籩，其實栗。	28/果木部/栗/對/P678
		饋食之籩，其實棗、栗、桃、乾藤、榛實。	
21	《周禮·天官·籩人》/P671 下	《周官》曰：饋食之籩，其實棗。	28/菓木部/棗/敍/嚴陸異 P8
22 *	《周禮·天官·凌人》/P671 中	《周禮》曰：凌人掌夏頒冰。注云：暑氣盛，以冰頒賜。	3/歲時部上/夏/對/P50
		夏頒冰。（暑氣盛，王以冰頒賜，則主爲之。）	

序號	今本篇名、頁碼	《初學記》引文與原文	出處
23 *	《周禮·天官·籩人》/P672 上	《周官·籩人職》曰：羞籩之實，糗餌、粉餈。干寶注曰：糗餌者，豆末屑米，而烝之以棗豆之味。今餌餻也。	4/歲時部下/九月九日/敘/P80
		羞籩之實，糗餌、粉餈。	
24 *	《周禮·天官·掌舍》/P676 上	《周禮》：掌舍，掌王之會同之舍。設梐枑再重。設車宮、轅門。鄭玄注曰：謂王行，次車以爲藩，則卬車轅表門。	24/居處部/門/對/P583
		掌舍，掌王之會同之舍。設梐枑再重。設車宮、轅門。（謂王行止宿阻險之處，備非常。次車以爲藩，則仰車以其轅表門。）	
25 *	《周禮·天官·掌舍》/P676 上—中	王行幸，設車宮、轅門，帷宮、旌門。無宮則供人門。（見《周官》。鄭玄注曰：次車爲藩，則卬車轅以表門；張帷爲宮，則樹旌以表門；陳列周衛，則立長人以表門。）	24/居處部/門/敘/P582
		設車宮、轅門（次車以爲藩，則仰車以其轅表門）……爲帷宮，設旌門。（張帷爲宮，則樹旌以表門。）無宮則共人門。（陳列周衛，則立長大之人以表門。）	
26 *	《周禮·天官·掌舍》/P676 中	《周禮》曰：掌舍，爲帷宮，殿旌門。注曰：樹旌以表門。	22/武部/旌旗/對/P524
		爲帷宮，設旌門。（則樹旌以表門。）	
27 *	《周禮·天官·掌次》/P676 下	《周官》曰：掌次，設皇邸。（鄭玄注云：邸，後板也。其屛風邸，染羽像鳳皇以爲飾。）	25/器物部/屛風/敘/P599
		設皇邸。（鄭司農云："皇，羽覆上。邸，後版也。"玄謂：後版，屛風與？染羽象鳳皇羽色以爲之。）	
28 *	《周禮·天官·大府》/P677 中	《周禮·天官》：屬有太府，下大夫，掌貢賦，受其貨賄之入。	12/職官部下/太府卿/敘/P303
		大府掌九貢、九賦、九功之貳，以受其貨賄之入。	

续表

序號	今本篇名、頁碼	《初學記》引文與原文	出處
29 *	《周禮·天官·玉府》/P678 下	（《周禮》）又曰：古者致物於人，尊之曰獻，通行曰饋。毛詩箋云：獻，奉也。	20/政理部/貢獻/敍/P474
		凡王之獻金玉、兵器、文織、良貨賄之物，受而藏之。（古者致物於人，尊之則曰獻，通行曰饋。）	
30 *	《周禮·春官·司裘》/P683 上—中	《周禮》曰：司裘掌爲大裘，以供王祀天之服。仲秋獻良裘，季秋獻功裘。	3/歲時部上/秋/對/P55
		司裘掌爲大裘，以共王祀天之服。中秋獻良裘，王乃行羽物。季秋獻功裘，以待頒賜。	
31 *	《周禮·天官·司裘》/P683 上—中	《周官》曰：司裘爲太裘，以供王祀天之服（羔裘也）。仲秋獻良裘，乃行羽物（鄭玄注：黼裘也。行羽物，飛鳥賜群吏）。季秋獻功裘，以待班賜。（狐青麛裘之屬。鳩化爲鷹，故於此時爲賜。）	26/器物部/裘/敍/P630
		司裘掌爲大裘，以共王祀天之服。（鄭司農云：大裘，黑羔裘，服以祀天，示質。）中秋獻良裘，王乃行羽物。（鄭司農云：良裘，王所服也。行羽物，以羽物飛鳥賜羣吏。玄謂：良裘，《玉藻》所謂黼裘與？此羽物，小鳥鶉雀之屬，鷹所擊者。中秋鳩化爲鷹，中春鷹化爲鳩，順其始殺，與其將止，而大班羽物。）季秋獻功裘，以待頒賜。（功裘，人功微麤，謂狐青麛裘之屬。鄭司農云：功裘，卿大夫所服。）	
32 *	《周禮·天官·内宰》/P685 上	《周禮》曰：凡賓客獻瑤爵，皆贊。鄭玄注曰：謂王之同姓及二王後來朝覲爲王賓客者也。祼之禮，亞王而禮賓也。獻謂王饗燕，王獻賓也。	13/禮部上/宗廟/對/P323
		凡賓客之祼獻、瑤爵，皆贊。（謂王同姓及二王之後來朝覲爲賓客者。祼之禮，亞王而禮賓。獻謂王饗燕，亞王獻賓也。）	

序號	今本篇名、頁碼	《初學記》引文與原文	出處
33 *	《周禮·天官·九嬪》/P687 中	《周禮》曰：九嬪掌婦學之法，以教九御。婦德、婦言、婦容、婦功，各帥其屬，而時御敘于王所。	10/中宮部/妃嬪/對/P226
		九嬪掌婦學之灋，以教九御。婦德、婦言、婦容、婦功，各帥其屬而以時御敘于王所。	
34 *	《周禮·天官·九嬪》/P687 中	（《周禮》）又曰：九嬪以婦職之法教九御。	10/中宮部/妃嬪/對/P226
		九嬪掌婦學之灋，以教九御。	
35 *	《周禮·天官·九嬪》/P687 下	《周禮》曰：凡祭祀，九嬪贊玉齍、玉敦，后薦徹豆籩。鄭注云：玉齍、玉敦，黍稷之器。齍音資，敦音對。	10/中宮部/妃嬪/對/P226
		凡祭祀，贊玉齍，贊后薦徹豆籩。（玉齍、玉敦受黍稷器。）	
36 *	《周禮·天官·內司服》/P691 上	《周禮》：内司服掌褘衣、揄狄、闕狄、鞠衣、展衣、褖衣。褘音火韋反。	10/中宮部/皇后/對/P220
		内司服掌王后之六服，褘衣、揄狄、闕狄、鞠衣、展衣、緣衣、素沙。（褘音暉。）	
37 *	《周禮·地官·敘官》/P697 上	《周禮》：大司徒之職，乃立地官司徒，使帥其屬而掌邦教，以佐王安擾邦國。鄭玄注云：所以親百姓，訓五品也。擾亦安也。	11/職官部上/太尉司徒司空/對/P255
		乃立地官司徒，使帥其屬而掌邦教，以佐王安擾邦國。（教所以親百姓，訓五品。有虞氏五，而周十有二焉。擾亦安也，言饒衍之。）	
38 *	《周禮·地官·敘官》/P699 上	《周官》曰：泉府，上士四人，中士八人，下士十有六人。（鄭玄注曰：泉或作錢。）	27/寶器部（花草附）/錢/敘/P652
		泉府，上士四人，中士八人，下士十有六人。（鄭司農云："故書泉或作錢。"）	
39 *	《周禮·地官·敘官》/P700 下	《周禮·地官》：有舍人，上士二人。舍猶宮也，掌宮中之政，出廩分財。	11/職官部上/中書舍人/敘/P276
		舍人，上士二人。（舍猶宮也。主平宮中用穀者也。）	

序號	今本篇名、頁碼	《初學記》引文與原文	出處
40*	《周禮·地官·大司徒》/P702上	《周禮》：大司徒，掌天下土地之圖，知九州之地域廣輪之數。	5/地部上/總載地/對/P88
		大司徒之職，掌建邦之土地之圖與其人民之數，以佐王安擾邦國。以天下土地之圖，周知九州之地域廣輪之數。	
41*	《周禮·地官·大司徒》/P702上	《周禮》又云：東西爲廣，南北爲輪。	5/地部上/總載地/敘/P88
		以天下土地之圖，周知九州之地域廣輪之數。（疏：馬融云：東西爲廣，南北爲輪。）	
42*	《周禮·地官·大司徒》/P702中—下	《周禮》：大司徒辨五地之物：一曰山林，其動物宜毛物，其植物宜皁物；二曰川澤，其動物宜鱗物，其植物宜膏物；三曰邱陵，其動物宜羽物，其植物宜竅物；四曰墳衍，其動物宜介物，其植物宜莢物；五曰原隰，其動物宜臝物，其植物宜藂物。	5/地部上/總載地/敘/P88
		以土會之灋辨五地之物生：一曰山林，其動物宜毛物，其植物宜皁物，其民毛而方。二曰川澤，其動物宜鱗物，其植物宜膏物，其民黑而津。三曰丘陵，其動物宜羽物，其植物宜覈物，其民專而長。四曰墳衍，其動物宜介物，其植物宜莢物，其民晳而瘠。五曰原隰。其動物宜臝物。其植物宜藂物。	
43*	《周禮·地官·大司徒》/P703上	《周禮》：十二教，一曰祀禮教敬，二曰陽禮教讓，三曰陰禮教親。	13/禮部上/總載禮/對/P314
		因此五物者民之常，而施十有二教焉：一曰祀禮教敬，則民不苟。二曰以陽禮教讓，則民不爭。三曰以陰禮教親，則民不怨。	
44*	《周禮·地官·大司徒》/P703上	《周禮》曰：以人辨等，則人不越。	13/禮部上/總載禮/對/P314
		以儀辨等，則民不越。	

序號	今本篇名、頁碼	《初學記》引文與原文	出處
45 *	《周禮·地官·大司徒》/ P703 上	《周禮》曰：以賢制爵，則民順德。	17/人部上/賢/對/P411
		以賢制爵，則民慎德。	
46 *	《周禮·地官·大司徒》/ P703 下	（《周禮》）又曰：以土宜之法辯十有二土之名物。注曰：十有二土，分野十有二邦也。土緊十二次，各有所宜。	11/職官部上/太尉司徒司空/對/P256
		以土宜之灋辨十有二土之名物。（十二土分野十二邦，上緊十二次，各有所宜也。）	
47 *	《周禮·地官·大司徒》/ P704 上	（《周禮》）又曰：以土均之法辨五物九等，制天下之地征。鄭玄注曰：均，平也。五物，五土所生之物也。九等，騂剛、赤緹、墳壤、渴澤、鹹瀉、勃壤、埴壚、強檿、輕燢之屬。征，稅也。	11/職官部上/太尉司徒司空/對/P255
		以土均之灋辨五物九等，制天下之地征，以作民職，以令地貢，以斂財賦，以均齊天下之政。（均，平也。五物，五地之物也。九等，騂剛、赤緹之屬。征，稅也。）	
48 *	《周禮·地官·大司徒》/ P704 上	《周禮》曰：大司徒，以土圭之法測土深淺。正日景以求地中，日南則景短多暑，日北則景長多寒。	1/天部上/日/對/P6
		以土圭之灋測土深，正日景，以求地中。日南則景短多暑，日北則景長多寒。	
49 *	《周禮·地官·大司徒》/ P704 中	《周禮》曰：日至之晨，尺有五寸，謂之地中。天地之所合也，四合之所交也，乃建王國焉。	24/居處部/城郭/對/P566
		日至之景，尺有五寸，謂之地中：天地之所合也，四時之所交也，風雨之所會也，陰陽之所和也。然則百物阜安，乃建王國焉。	
50 *	《周禮·地官·大司徒》/ P704 下	《周禮》：大司徒之職，凡建邦國，以土圭土其地而制其域。注曰：土其地，猶言度其地。	11/職官部上/太尉司徒司空/對/P256
		凡建邦國，以土圭土其地而制其域。（土其地，猶言度其地。）	

序號	今本篇名、頁碼	《初學記》引文與原文	出處
51	《周禮·地官·大司徒》/P707 中	《周禮·大司徒》曰：六行，孝、友、睦、姻、任、恤。	17/人部上/友悌/敘/P423
52 *	《周禮·地官·大司徒》/P708 上	《周禮》：大司徒之職，以五禮防萬民之僞而教之中。鄭玄注：禮所以節止人之侈僞，使其得中。	11/職官部上/太尉司徒司空/對/P255
		以五禮防萬民之僞而教之中。（禮所以節止民之侈僞，使其行得中。）	
53 *	《周禮·地官·大司徒》/P708 上	（《周禮》）又曰：以六樂防萬民之情而教之和。注曰：樂以蕩正人之情思，使其心和。	11/職官部上/太尉司徒司空/對/P256
		以六樂防萬民之情，而教之和。（樂所以蕩正民之情思，使其心應和也。）	
54	《周禮·地官·小司徒》/P711 下	《周禮》曰：四縣爲都，以任地事。	24/居處部/都邑/對/P563
55 *	《周禮·地官·鄉大夫》/P716 下—717 上	《周官》：小司徒之職，三年則大比，考其德行、道藝，而興賢者、能者。鄉老及鄉大夫帥其吏與其衆寡，以禮賓之。厥明，鄉老及鄉大夫羣吏獻賢能之書于王。王再拜受之，登于天府。内史貳之。退而以鄉射之禮五物詢衆庶，此謂使人興賢，出使長之；使民興能，入使治之。	20/政理部/薦舉/敘/P476
		三年則大比，攷其德行、道藝，而興賢者、能者。鄉老及鄉大夫帥其吏與其衆寡，以禮禮賓之。厥明，鄉老及鄉大夫羣吏獻賢能之書于王，王再拜受之，登于天府，内史貳之。退而以鄉射之禮五物詢衆庶，一曰和，二曰容，三曰主皮，四曰和容，五曰興舞。此謂使民興賢，出使長之；使民興能，入使治之。	
56 *	《周禮·地官·鄉大夫》/P716 下	《周禮》：獻賢能之書于王。鄭玄注：獻，進也。	20/政理部/貢獻/敘/P474
		獻賢能之書于王。（獻猶進也。）	

序號	今本篇名、頁碼	《初學記》引文與原文	出處
57 *	《周禮·地官·比長》/P719 下	《周禮》曰：若无節，則惟圜土内之。鄭玄注曰：圜土，獄城也。	20/政理部/獄/對/P494
		若無授無節，則唯圜土内之。（圜土者，獄城也。）	
58 *	《周禮·地官·封人》/P720 上	《周禮》曰：封人設王之社壝，爲畿封而樹之。鄭玄注曰：壝謂壇及埒坂。	13/禮部上/社稷/對/P326
		封人掌詔王之社壝，爲畿封而樹之。（壝謂壇及埒坿也。）	
59 *	《周禮·地官·鼓人》/P720 下	《周禮》曰：以雷鼓鼓神祀（鄭玄曰：雷鼓八面），以靈鼓鼓社祭（靈鼓六面，社祭地祇），以路鼓鼓鬼享（路鼓四面。鬼享，享宗廟），以蕢（音墳）鼓鼓軍事（大鼓爲蕢，長八尺），以鼛（音高）鼓鼓役事（鼛鼓長一丈二尺），以晉鼓鼓金奏（晉鼓長六尺六寸）。	16/樂部下/鼓/敘/P399
		以雷鼓鼓神祀（雷鼓，八面鼓也），以靈鼓鼓社祭（靈鼓，六面鼓也。社祭，祭地祇也），以路鼓鼓鬼享（路鼓，四面鼓也。鬼享，享宗廟也），以蕢鼓鼓軍事（大鼓謂之蕢。蕢鼓長八尺），以鼛鼓鼓役事（鼛鼓長丈一尺），以晉鼓鼓金奏（晉鼓長六尺六寸。金奏謂樂作擊編鍾）。	
60 *	《周禮·地官·牧人》/P723 中	（《周禮》）又曰：牧人掌牧六牲，而阜蕃其物，以供祭祀之牲牷。凡陽祀，用騂牲毛之；陰祀，用黝牲毛之。	13/禮部上/郊丘/對/P321
		牧人掌牧六牲而阜蕃其物，以共祭祀之牲牷。凡陽祀，用騂牲毛之；陰祀，用黝牲毛之。	

续表

序號	今本篇名、頁碼	《初學記》引文與原文	出處
61 *	《周禮·地官·牧人》/P723 中	《周禮》：凡陽祀，用騂牲毛之；陰祀，用黝牲毛之。鄭注：陰祀，祭北郊及社稷。黝，黑。騂，赤也。 凡陽祀，用騂牲毛之；陰祀，用黝牲毛之。（陰祀，祭地北郊及社稷也。望祀，五嶽、四鎮、四瀆也。鄭司農云：陽祀，春夏也。黝讀爲幽。幽，黑也。）	13/禮部上/祭祀/對/P317
62 *	《周禮·地官·載師》/P724 下—725 上	市中空地謂之廛。（見鄭衆《周禮》注。） 以廛里任國中之地。（鄭司農云：壇讀爲廛。廛，市中空地未有肆，城中空地未有宅者。）	24/居處部/市/敘/P591
63 *	《周禮·地官·載師》/P726 中	《周禮》：凡任地，國宅無征。鄭衆注云：國宅，城中宅。無征，無稅也。 凡任地，國宅無征。鄭司農云：國宅，城中宅也。無征，無稅也。	24/居處部/宅/敘/P578
64	《周禮·地官·師氏》/P730 中	《周禮》曰：師氏以三德教國子：一曰至德，以爲道本；二曰敏德，以爲行本；三曰孝德，以知逆惡	21/文部/講論/對/P510
65 *	《周禮·地官·保氏》/P731 上	《周禮》：保氏掌諫王惡。注云：諫者，以禮義正之也。 保氏掌諫王惡。（諫者，以禮義正之。）	11/職官部上/太師太傅太保/對/P253
66 *	《周禮·地官·保氏》/P731 中	《周禮》曰：保章氏掌教國子六書。 養國子以道，乃教之六藝：一曰五禮，二曰六樂，三曰五射，四曰五馭，五曰六書。	21/文部/文字/對/P506
67 *	《周禮·地官·司諫》/P731 下	《周禮》曰：司諫，糾萬民之德而勸之朋友。 司諫掌糾萬民之德而勸之朋友。	18/人部中/交友/對/P435
68 *	《周禮·地官·司救》/P732 上	《周禮·秋官》曰：凡民有邪惡者，三讓而罰。 凡民之有衺惡者，三讓而罰。	20/政理部/刑罰/對/P489
69 *	《周禮·地官·媒氏》/P732 下	《周禮·媒氏職》曰：掌萬民之判。注曰：判，半也。得偶合成夫婦。 掌萬民之判。（判，半也。得耦爲合，主合其半，成夫婦也。）	14/禮部下/婚姻/對/P354

续表

序號	今本篇名、頁碼	《初學記》引文與原文	出處
70 *	《周禮·地官·媒氏》/P733 中	《周禮·媒氏職》曰：仲春之月，會合男女。鄭玄注云：仲春陰陽交，以成婚禮，順天時也。	14/禮部下/婚姻/對/P355
		中春之月，令會男女。（中春，陰陽交，以成昏禮，順天時也。）	
71	《周禮·地官·司市》/P735 中	（《周禮》）又曰：國君過市則刑人赦。	20/政理部/赦/敘/P469
72	《周禮·地官·司市》/P735 中	《周禮》曰：國君過市則刑人赦。	20/政理部/赦/對/P470
73 *	《周禮·地官·司門》/P738 下	《周禮》：司門掌受管鍵，以啟閉國門。	24/居處部/門第十/對/P583
		司門掌授管鍵，以啟閉國門。	
74 *	《周禮·地官·司關》/P739 上—中	《周禮》：司關掌國貨之節，以聽關市，故有關市之賦。國凶禮，則無門關之征（征亦賦也）。	7/地部下/關/敘/P159
		司關掌國貨之節，以聯門市。司貨賄之出入者，掌其治禁與其征廛。凡貨不出於關者，舉其貨，罰其人。凡所達貨賄者，則以節傳出之。國凶札，則無關門之征，猶幾。	
75	《周禮·地官·遂人》/P740 下	《周官》曰：溝上有畛。	24/居處部/道路/敘/P589
76 *	《周禮·地官·山虞》/P747 上—下	《周禮》曰：山虞掌山林之政令。若大田獵，則萊山田之野，及弊田，植虞旗于中，致禽而珥焉。	22/武部/獵/對/P541
		山虞掌山林之政令，……若大田獵，則萊山田之野，及弊田，植虞旗于中，致禽而珥焉。	
77 *	《周禮·地官·囿人》/P749 上	《周禮》曰：囿人掌國游之獸禁。鄭玄注云：國之離宮小苑游觀處。	24/居處部/苑囿/敘/P586
		囿人掌囿游之獸禁。（囿游，囿之離宮小苑觀處也。）	

序號	今本篇名、頁碼	《初學記》引文與原文	出處
78 *	《周禮·春官·大宗伯》/P757 上—760 中	《周禮·大宗伯之職》曰：以吉禮事邦國之鬼神祇（事謂祀之，祭之，享之），以凶禮哀邦國之憂（哀謂救患分災），以賓禮親邦國（親謂使之親附），以軍禮同邦國（同謂威其不協及僭蠧者），以嘉禮親萬民（嘉，善也。所以因人心所善而爲制）。	13/禮部上/總載禮/敘/P313
		以吉禮事邦國之鬼神示（事，謂祀之，祭之，享之），……以凶禮哀邦國之憂（哀謂救患分裁），……以賓禮親邦國（親，謂使之相親附），……以軍禮同邦國（同，謂威其不協僭差者），……以嘉禮親萬民（嘉，善也。所以因人心所善者而爲之制）。	
79 *	《周禮·春官·大宗伯》/P757 上—758 下	《周禮》曰：以禋祀祀昊天上帝，以實柴祀日月星辰，以槱燎祀司中命風師雨師，以血祭祭社稷五祀五嶽，以沉埋祭山林川澤，以疈（普遍反）辜祭四方百物，以肆（他的反）獻祼（古亂反）享先王。	13/禮部上/祭祀/敘/P317
		以禋祀祀昊天上帝，以實柴祀日、月、星辰，以槱燎祀司中、司命、飌師、雨師，以血祭祭社稷、五祀、五嶽，以貍沈祭山林、川澤，以疈（孚逼反，一音方麥反）辜祭四方百物，以肆（他歷反）獻祼（古亂反）享先王。	
80 *	《周禮·春官·大宗伯》/P758 下	《周禮》曰：以饋食享先王，以祠春享先王，以禴夏享先王，以嘗秋享先王，以烝冬享先王。	13/禮部上/宗廟/對/P323
		以饋食享先王，以祠春享先王，以禴夏享先王，以嘗秋享先王，以烝冬享先王。	
81	《周禮·春官·大宗伯》/P759 下	《周禮》曰：春見曰朝，夏見曰宗，秋見曰覲，冬見曰遇；時見曰會，殷見曰同。	14/禮部下/朝會/敘/P344

序號	今本篇名、頁碼	《初學記》引文與原文	出處
82 *	《周禮·春官·大宗伯》/P760 中	《周禮·大宗伯職》曰：以昏冠之禮親成男女。（親其恩，成其性。）	14/禮部下/婚姻/敘/P353
		以昏冠之禮，親成男女（親其恩，成其性。）	
83 *	《周禮·春官·大宗伯》/P760 下	《周禮》曰：饗宴之禮，所以親四方之賓客。	14/禮部下/饗讌/敘/P348
		以饗燕之禮，親四方之賓客。	
84 *	《周禮·春官·大宗伯》/P760 下	《周禮》曰：以饗宴之禮親四方之賓客。來朝聘，王爲設饗宴之禮以親之也。	14/禮部下/饗讌/對/P349
		以饗燕之禮，親四方之賓客。	
85	《周禮·春官·大宗伯》/761 下—762 上	《周禮》曰：以玉作六瑞，以等邦國。王執鎮圭，公執桓圭，侯執信圭，伯執躬圭，子執穀璧，男執蒲璧。	27/寶器部（花草附）/玉/對/P651
86 *	《周禮·春官·大宗伯》/P761 下—762 上	《周禮》曰：王執鎮圭（圭畫鎮山爲飾也），公執桓圭（雙植謂之桓），侯執信圭（信即身也，謂圭上作人身），伯執躬圭（躬亦身也），子執穀璧（穀以養人，謂璧上作穀文），男執蒲璧（蒲者，所以爲薦以安人也。亦謂璧上爲蒲草文），孤執皮帛，卿執羔，大夫執鴈，士執雉，庶人執鶩，工商執雞。	14/禮部下/朝會/敘/P345
		王執鎮圭（鎮圭者，蓋以四鎮之山爲琢飾），公執桓圭（雙植謂之桓），侯執信圭，伯執躬圭（信當爲身，聲之誤也。身圭、躬圭，蓋皆象以人形爲琢飾），子執穀璧，男執蒲璧。（穀所以養人；蒲爲席，所以安人。二玉蓋或以穀爲飾，或以蒲爲琢飾。）……孤執皮帛，卿執羔，大夫執鴈，士執雉，庶人執鶩，工商執雞。	
87	《周禮·春官·大宗伯》/P762 上	《周官》曰：工商執雞。（取其守時而動。）	30/鳥部/雞/敘/P728

序號	今本篇名、頁碼	《初學記》引文與原文	出處
88 *	《周禮·春官·大宗伯》/P762 中	《周禮》曰：以玉作六器，禮天地四方。以蒼璧禮天，以黃琮禮地。	13/禮部上/祭祀/對/P318
		以玉作六器，以禮天地四方。以蒼璧禮天，以黃琮禮地。	
89 *	《周禮·春官·大宗伯》/P762 中	《周禮》：以玉作六器，禮天地四方。以蒼璧禮天，以黃琮禮地，以青圭禮東方，以赤璋禮南方，以白琥禮西方，以玄璜禮北方。	13/禮部上/郊丘/對/P321
		以玉作六器，以禮天地四方。以蒼璧禮天，以黃琮禮地，以青圭禮東方，以赤璋禮南方，以白琥禮西方，以玄璜禮北方。	
90	《周禮·春官·大宗伯》/P762 下	《周禮》曰：以玉作六器，以禮天地四方。以蒼璧禮天，以黃琮禮地。	13/禮部上/祭祀/對/P318
91	《周禮·春官·小宗伯》/P766 上	《周禮》：掌建國之神位，右社稷，左宗廟。	13/禮部上/社稷/對/P326
92 *	《周禮·春官·鬱人》/P770 中	《周禮》曰：凡祭祀賓客之祼事，和鬱鬯，以實彝而陳之。鄭玄注曰：築鬱金煮之和鬯酒也。鬱爲草若蘭。	13/禮部上/祭祀/對/P318
		凡祭祀、賓客之祼事，和鬱鬯，以實彝而陳之。（築鬱金，煮之以和鬯酒。鄭司農云：鬱，草名，十葉爲貫，百二十貫爲築，以煮之鑊中，停於祭前。鬱爲草若蘭。）	
93 *	《周禮·春官·鬱人》/P770 中	《周禮》曰：凡灌玉濯之禮，陳之以贊灌事。鄭玄注云：灌玉，謂珪瓚璋瓚。	13/禮部上/宗廟/對/P323
		凡祼玉，濯之，陳之，以贊祼事。（祼玉，謂圭瓚璋瓚。）	

序號	今本篇名、頁碼	《初學記》引文與原文	出處
94 *	《周禮·春官·天府》/P776 中	《周禮》曰：天府掌季冬陳玉，以貞來歲之美惡。鄭玄注曰：問事之正曰貞。問歲美惡，謂問於龜。	3/歲時部上/冬/對/P59
		季冬，陳玉以貞來歲之媺惡。（問事之正曰貞。問歲之美惡，謂問於龜。）	
95 *	《周禮·春官·司服》/P782 上	《周禮》曰：視朝則皮弁服。鄭玄注曰：視外朝之事。	26/器物部/弁/對/P624
		眂朝，則皮弁服。（視朝，視內外朝之事。）	
96 *	《周禮·春官·大司樂》/P787 中	《周禮》曰：大司樂掌成均之法，以治建國之學政，而合國之子弟焉。鄭玄注曰：均，調也。樂師主調其音，大司樂主受此成事已謂之樂。	15/樂部上/雅樂/對/P369
		大司樂掌成均之灋，以治建國之學政，而合國之子弟焉。（鄭司農云：均，調也。樂師主調其音，大司樂主受此成事已調之樂。）	
97 *	《周禮·春官·大司樂》/P788 上	《周禮》曰：大合樂以和邦國。	15/樂部上/雅樂/對/P368
		以六律、六同、五聲、八音、六舞大合樂，以致鬼神示，以和邦國。	
98 *	《周禮·春官·大司樂》/P788 上	《周禮》曰：大合樂以致鬼神祇，以和邦國，以諧萬民，以安賓客，以悅遠人，以作動物。	15/樂部上/雅樂/對/P369
		大合樂，以致鬼神示，以和邦國，以諧萬民，以安賓客，以說遠人，以作動物。	
99 *	《周禮·春官·大司樂》/P789 中	《周禮》曰：凡六樂者，一變而致羽物，三變而致鱗物。鄭玄注：變，更也。樂成則更奏也。	15/樂部上/雅樂/對/P369
		凡六樂者，一變而致羽物及川澤之示，再變而致臝物及山林之示，三變而示鱗物及丘陵之示。（變猶更也。樂成則更奏也。）	

续表

序號	今本篇名、頁碼	《初學記》引文與原文	出處
100 *	《周禮·春官·大司樂》/P789下—790上	《周禮》曰：凡樂，圜鍾爲宮，黃鍾爲角，太簇爲徵，姑洗爲羽。冬日至，於地上之圜丘奏之，則天神皆降，可得而禮矣。函鍾爲宮，太簇爲角，姑洗爲徵，南呂爲羽。夏日至，於澤中之方丘奏之，則地祇皆出，可得而禮矣。 凡樂，圜鍾爲宮，黃鍾爲角，大蔟爲徵，姑洗爲羽……冬日至，於地上之圜丘奏之，若樂六變，則天神皆降，可得而禮矣。凡樂，函鍾爲宮，大蔟爲角，姑洗爲徵，南呂爲羽，……夏日至，於澤中之方丘奏之，若樂八變，則地示皆出，可得而禮矣。	13/禮部上/祭祀對/P318
101 *	《周禮·春官·大司樂》/P789下	《周禮》曰：孤竹之管，雲和之琴瑟，《雲門》之舞。冬日至，於圓丘奏之，若樂六變，則天神皆降，可得而禮矣。 孤竹之管，雲和之琴瑟，《雲門》之舞，冬日至，於地上之圜丘奏之，若樂六變，則天神皆降，可得而禮矣。	13/禮部上/祭祀/對/P318
102 *	《周禮·春官·大司樂》/P789下—790上	《周官》曰：孤竹之管，孫竹之管，陰竹之管。（鄭玄注曰：孤竹，竹特生者。孫竹，枝根之未生者。陰竹，生山北者。） 孤竹之管……孫竹之管……陰竹之管。（孤竹，竹特生者。孫竹，竹枝根之末生者。陰竹，生於山北者。）	28/果木部/竹/敘/P693
103 *	《周禮·春官·大司樂》/P789下—790上	《周禮》曰：孤竹之管，雲和之琴瑟，冬日至，於地上圜丘奏之。鄭玄注：雲和、空桑、龍門，皆山也。 孤竹之管，雲和之琴瑟，《雲門》之舞，冬日至，於地上之圜丘奏之。（雲和、空桑、龍門皆山名。）	15/樂部上/雅樂/對/P371

序號	今本篇名、頁碼	《初學記》引文與原文	出處
104	《周禮·春官·大司樂》/P789下—790上	《周禮》曰：空桑之琴瑟。	15/樂部上/雅樂/對/P370
105 *	《周禮·春官·樂師》/P793中	《周禮·樂師》曰：凡舞，有帗舞，有羽舞，有皇舞，有旄舞，有干舞，有人舞。（帗，析玉色繒也。羽，析羽也。皇，雜五采羽如鳳皇毛，持以舞也。旄舞者，犛牛之尾也。干舞者，兵舞也。人舞者，手舞也。社稷以帗，宗廟以羽，四方以皇，辟雍以旄，兵事以干，星辰以人也。）	15/樂部上/舞/敘/P379
		凡舞，有帗舞，有羽舞，有皇舞，有旄舞，有干舞，有人舞。（鄭司農云：帗舞者，全羽。羽舞者，析羽。皇舞者，以羽冒覆頭上，衣飾翡翠之羽。旄舞者，犛牛之尾。干舞者，兵舞。人舞者，手舞。社稷以帗，宗廟以羽，四方以皇，辟廱以旄，兵事以干，星辰以人舞。）	
106 *	《周禮·春官·小胥》/P795上—中	《周禮》曰：天子宮懸（四面如宮），諸侯軒懸（去南面，餘三面，其形如軒。亦曰曲懸），大夫判懸（又去其北面），士特懸。凡樂作謂之奏，九奏乃終，謂之九成。樂終謂之闋。凡懸鍾磬之半爲堵，全爲肆。（半謂鍾磬各八，共十六枚而在一簴）。	15/樂部上/雅樂/敘/P366
		王宮縣，諸侯軒縣，卿大夫判縣，士特縣，辨其聲。（鄭司農云：宮縣四面縣，軒縣去其一面，判縣又去其一面，特縣又去其一面。四面象宮室四面有牆，故謂之宮縣。軒縣三面，其形曲，故《春秋傳》曰"請曲縣繁纓以朝"，諸侯禮也。故曰惟器與名不可以假人。玄謂：軒縣去南面，辟王也。判縣左右之合，又空北面。）凡縣鍾磬，半爲堵，全爲肆。（半之者，謂諸侯之卿大夫士也。諸侯之卿大夫，半天子之卿大夫，西縣鍾，東縣磬，士亦半天子之士，縣磬而已。）	

序號	今本篇名、頁碼	《初學記》引文與原文	出處
107 *	《周禮·春官·瞍瞭》/P797 中	《周禮注》曰：在東方曰笙磬，在西方曰頌磬。（笙，生也。頌作庸。庸，功也。） 擊頌磬、笙磬。（磬在東方曰笙，笙，生也。在西方曰頌，頌或作庸，庸，功也。）	16/樂部下/磬/敘/P398
108 *	《周禮·春官·磬師》/P800 中	《周禮》曰：磬師掌考擊編鐘。 磬師掌教擊磬，擊編鍾。	16/樂部下/鐘/對/P395
109 *	《周禮·春官·籥師》/P801 中	《周禮》：籥師掌教國子舞羽吹籥。鄭玄注：文舞有持羽吹籥者，所謂籥舞也。 籥師掌教國子舞羽歙籥。	15/樂部上/雅樂/對/P368
110 *	《周禮·春官·籥章》/P801 下	《周禮》曰：籥章掌仲秋擊土鼓，吹豳詩，以逆寒氣。 中春晝擊土鼓，歙《豳詩》，以逆暑。中秋夜迎寒，亦如之。	3/歲時部上/秋/對/P55
111 *	《周禮·春官·鞮鞻氏》/P802 上	《周禮·春官》：鞮鞻氏掌四夷之樂。（鄭玄注曰：東方曰《昧》，南方曰《任》，西方曰《朱離》，北方曰《禁》。） 鞮鞻氏掌四夷之樂與其聲歌。（四夷之樂，東方曰《韎》，南方曰《任》，西方曰《株離》，北方曰《禁》。）	15/樂部上/四夷樂/敘/P375
112 *	《周禮·春官·大卜》/P802 中	《周禮》：太卜掌三兆之法。 大卜掌《三兆》之灋。	20/政理部/卜/對/P487
113 *	《周禮·春官·龜人》/P804 下	《周官》曰：龜人掌六龜之屬，各有名物。天龜曰靈屬，地龜曰繹屬，東龜曰果屬，西龜曰雷屬，南龜曰獵屬，北龜曰若屬，各以方色與其體辨之（屬言非一也。色謂天龜玄，地龜黃，東龜青，西龜白，南龜赤，北龜黑）。凡取龜用秋時，攻龜用春時，各以其物，入于龜室（六龜各異室）。上春釁龜，祭祀先卜。	30/鱗介部/龜/敘/P744

序號	今本篇名、頁碼	《初學記》引文與原文	出處
		龜人掌六龜之屬，各有名物。天龜曰靈屬，地龜曰繹屬，東龜曰果屬，西龜曰靁屬，南龜曰獵屬，北龜曰若屬。各以其方之色與其體辨之。（屬，言非一也。色，謂天龜玄、地龜黃、東龜青、西龜白、南龜赤、北龜黑。）凡取龜用秋時，攻龜用春時，各以其物入于龜室。（六龜各異室也。）上春釁龜，祭祀先卜。	
114 *	《周禮·春官·菙氏》/P805 上	《周禮》：菙氏掌供燋契，以待卜事。杜子春注曰：燋讀如薪樵之樵，謂所藝灼龜之木。 菙氏掌共燋契，以待卜事。（杜子春云：燋讀爲細目燋之燋，或曰如薪樵之樵，謂所藝灼龜之木也。）	20/政理部/卜/對/P487
115 *	《周禮·春官·馮相氏》/P818 下	《周禮》曰：冬至日在牽牛，景長一丈三尺；夏至日在東井，景長有五寸。 冬夏致日，春秋致月，以辨四時之叙。（冬至，日在牽牛，景丈三尺。夏至，日在東井，景尺五寸。）	4/歲時部下/冬至/叙/P82
116 *	《周禮·春官下·保章氏》/P819 中	《周官》：天星皆有州國分野。角亢氏兗州，房心豫州，尾箕幽州，斗牽牛婺女揚州，虛危青州，營室東壁并州，奎（音膎）婁胃徐州，昴畢冀州，觜嶲（以彌反）參益州，東井鬼雍州，柳七星張三河，翼軫荊州。堪輿家云：玄枵爲齊之分，星紀吳越之分，析木之津燕之分，大火宋之分，壽星鄭之分，鶉尾楚之分，鶉火周之分，鶉首秦之分，實沉魏之分，火梁趙之分，降婁魯之分，訾（即移反）娵（子于反）衞之分。太史掌之，以觀妖祥。 （鄭）玄謂：大界則曰九州，州中諸國中之封域，於星亦有分焉。其書亡矣。堪輿雖有郡國所入度，非古數也。今其存可言者，十二次之分也。星紀，吳越也；玄枵，齊也；娵訾，衞也；降婁，魯也；大梁，趙也；實沈，晉也；鶉首，秦也；鶉火，周也；鶉尾，楚也；壽星，鄭也；大火，宋也；析木，燕也。此分野之妖祥。	1/天部上/星/叙/P11

续表

序號	今本篇名、頁碼	《初學記》引文與原文	出處
117 *	《周禮·春官·保章氏》/P819 下	《周禮》：保章氏以五雲之物辨吉凶。鄭司農注云：二至二分觀雲色，青爲虫，白爲喪，赤爲兵荒，黑爲水，黃爲豐。	1/天部上/雲/敘/P14
		以五雲之物，辨吉凶。（鄭司農云：以二至二分觀雲色，青爲蟲，白爲喪，赤爲兵荒，黑爲水，黃爲豐。）	
118	《周禮·春官·外史》/P820 中	《周禮》曰：掌四方之志。鄭玄注曰：志，記也，謂若魯之《春秋》，晉之《乘》，楚之《檮杌》。	21/文部/經典/對/P501
119	《周禮·春官·外史》/P820 中	《周禮》曰：外史掌四方之志。鄭玄注曰：志，記也，謂若魯之《春秋》，晉之《乘》，楚之《檮杌》。	21/文部/史傳/對/P503
120 *	《周禮·春官·內史》/P820 中	《周禮》：內史掌書王命而貳之。	21/文部/史傳/對/P503
		內史掌書王命，遂貳之。	
121	《周禮·春官·內史》/P820 中 《周禮·春官·外史》/P820 中	《周官》：內史掌書王命，外史掌四方之志。	21/文部/史傳/對/P504
		內史掌書王命，遂貳之。//外史……掌四方之志。	
122	《周禮·春官·外史》/P820 下	《周禮》：外史掌三皇五帝之書。	21/文部/史傳/對/P503
123 *	《周禮·春官·巾車》/P822 下—823 中	《周禮》曰：玉輅，錫樊纓，十有再就，建太常，十有二斿，以祀（玉在馬曰輅。錫，音陽。錫，馬當面盧，刻金爲之，所謂鏤錫也。樊，音繁，謂今馬大帶也。此樊纓皆五色，采罽飾之。十有二就，就，成也。大常，九旗畫日月者）。金輅，鉤樊纓，九就，建大旂，以賓，同姓以封。象輅，朱樊纓，七就，建大赤，以朝，異姓以封。革輅，龍勒條纓，五就，建大白，以即戎，以封四衛。木輅，前樊鵠纓，建大麾，以田，以封藩國。	25/器物部/車/敘/P612

序號	今本篇名、頁碼	《初學記》引文與原文	出處
		一曰玉路，錫，樊纓十有再就，建大常，十有二斿，以祀。（王在焉曰路。玉路，以玉飾諸末。錫，馬面當盧，刻金爲之，所謂鏤錫也。樊讀如鞶帶之鞶，謂今馬大帶也。鄭司農云：纓謂當胷，《士喪禮下篇》曰"馬纓三就"。禮家說曰：纓，當胷，以削革爲之；三就，三重三匝也。玄謂：纓，今馬鞅。王路之樊及纓，皆以五采罽飾之十二就。就，成也。大常，九旗之畫日月者。）金路，鉤，樊纓九就，建大旂，以賓，同姓以封。象路，朱，樊纓七就，建大赤，以朝，異姓以封。革路，龍勒，絛纓五就，建大白，以即戎，以封四衛。木路，前樊鵠纓，建大麾，以田，以封蕃國。	
124 *	《周禮·春官·巾車》/P823 中	《周禮》鄭玄注曰：革輅，鞔之以革而漆之。 路，龍勒，絛纓五就，建大白，以即戎，以封四衛。（革路，鞔之以革而漆之。）	25/器物部/車/對/P613
125	《周禮·春官·司常》/P826 上	《周禮》曰：司常掌九旗之物名。	22/武部/旌旗/對/P524
126	《周禮·春官·司常》/P826 中	《周禮》曰：析羽爲旌。	22/武部/旌旗/對/P524
127 *	《周禮·春官·都宗人》/P827 中	《周禮》曰：掌都祭之禮，致福于國。 掌都宗祀之禮。凡都祭祀，致福于國。	13/禮部上/祭祀/對/P318
128 *	《周禮·夏官·大司馬》/P834 下—837 中	《周禮》曰：大司馬之職，掌建邦國之九法，以佐王平邦國，仲秋教理兵政。 大司馬之職，掌建邦國之九灋，以佐王平邦國。……中秋，教治兵。	3/歲時部上/秋/對/P54
129 *	《周禮·夏官·大司馬》/P836 上	（《周禮》）又曰：王執路，侯執賁鼓，將軍執晉鼓，師帥執提，旅帥執鼙。 王執路鼓，諸侯執賁鼓，軍將執晉鼓，師帥執提，旅帥執鼙。	16/樂部下/鼓/敘/P399

序號	今本篇名、頁碼	《初學記》引文與原文	出處
130 *	《周禮·夏官·大司馬》/P836上—中	馬上之鼓曰提鼓。（見《周禮》，有木可提執。）	16/樂 部 下/鼓/敘/P399
		師帥執提。（鄭司農云：辨鼓鐸鐲鐃之用，謂鉦鐸之屬。鐲讀如濁其源之濁，鐃讀如讙曉之曉。提讀如攝提之提，謂馬上鼓，有曲木提持鼓立馬髦上者，故謂之提。）	
131 *	《周禮·夏官·大司馬》/P836中	（《周禮》）又曰：獻禽以祭社。鄭玄注：獻，致也，屬也。	20/政理部/貢獻/敘/P474
		獻禽以祭社。（獻猶致也、屬也。）	
132 *	《周禮·夏官·挈壺氏》/P844下	《周禮》曰：挈壺氏以令軍井。	7/地部下/井/敘/P153
		挈壺氏掌挈壺以令軍井。	
133 *	《周禮·夏官·挈壺氏》/P844下	《周禮》曰：挈壺氏挈轡以令舍。鄭司農注云：懸轡於所當舍止之處。	22/武 部/轡/對/P538
		挈壺氏掌挈壺以令軍井，挈轡以令舍。（亦縣轡于所當舍止之處。）	
134 *	《周禮·夏官·挈壺氏》/P844下—845上	《周官》曰：挈壺氏以水火守之，分以日夜。及冬，則以火爨鼎水而沸之，而沃之。（鄭玄注曰：冬水凍，故以火炊水，沸以沃之，謂漏也。）	25/器物部/漏刻/敘/P595
		皆以水火守之，分以日夜。及冬，則以火爨鼎水而沸之，而沃之。（鄭司農云：冬水凍，漏不下，故以火炊水，沸以沃之，謂沃漏也。）	
135 *	《周禮·夏官·羅氏》/P846下	《周禮》：羅氏仲春獻鳩，以養國老。鄭玄注曰：春，鷹化爲鳩，變舊爲新，宜以養老助生氣。	3/歲時部上/春/對/P45
		中春，羅春鳥，獻鳩以養國老。（是時鷹化爲鳩。鳩與春鳥變舊爲新，宜以養老助生氣。）	

序號	今本篇名、頁碼	《初學記》引文與原文	出處
136 *	《周禮·夏官·太僕》/P851中—下	《周禮》曰：太僕掌王之服位，出入王之大命。建路鼓於大寢之門外而掌其政。王出入，則自右馭而前驅。	12/職官部下/太僕卿/對/P309
		太僕掌正王之服位，出入王之大命。……建路鼓于大寢之門外，而掌其政……王出入，則自左馭而前驅。	
137 *	《周禮·夏官·太僕》/P851下	《周禮》曰：太僕，王出入，則自左馭而前驅。鄭玄注云：前驅如今導引也。	12/職官部下/太僕卿/對/P308
		王出入，則自左馭而前驅。（前驅，如今道引也。）	
138 *	《周禮·夏官·弁師》/P854下	《周禮》：弁師掌王之皮弁，會五采玉璂，象邸玉笄。（璂綦同，結也，縫中貫結五采玉者。）	26/器物部/弁/敍/P623
		王之皮弁，會五采玉璂，象邸，玉笄。（璂讀如薄借綦之綦。綦，結也。皮弁之縫中，每貫結五采玉十二以爲飾。）	
139 *	《周禮·夏官·弁師》/P854下	《周禮》曰：弁師掌王之皮弁，象邸，玉笄也。	26/器物部/弁/對/P623
		王之皮弁，會五采玉璂，象邸，玉笄。	
140 *	《周禮·夏官·司弓矢》/P855下	《周官》：司弓矢掌六弓四弩八矢之法，辨其名物，而掌其守藏，與其出入。六弓，王弓、弧弓、夾弓、庾弓、唐弓、大弓是也。中春獻弓弩，中秋獻矢箙。及其頒之，王弓、弧弓，以授射甲革椹質者；夾弓、庾弓，以授射犴侯鳥獸者；唐弓、大弓，以授學射者、使者、勞者。	22/武部/弓/敍/P531
		司弓矢掌六弓四弩八矢之灋，辨其名物，而掌其守藏與其出入。中春獻弓弩，中秋獻矢箙。及其頒之，王弓、弧弓以授射甲革、椹質者，夾弓、庾弓以授射犴侯、鳥獸者，唐弓、大弓以授學射者、使者、勞者。	

序號	今本篇名、頁碼	《初學記》引文與原文	出處
141＊	《周禮・夏官・司弓矢》/P855下—856上	《周禮》曰：司弓矢掌八矢之法，枉矢、絜矢利火射，用諸守城、車戰。鄭玄注：枉矢者，取名飛星，飛行有光也，今之飛矛是也，或謂之兵矢。絜矢象焉。二者可結火以射敵，守城車戰。 司弓矢掌六弓四弩八矢之灋。……凡矢，枉矢、絜矢利火射，用諸守城、車戰。（枉矢者，取名變星，飛行有光，今之飛矛是也，或謂之兵矢。絜矢象焉。二者皆可結火以射敵、守城、車戰。）	22/武部/箭/對/P534
142＊	《周禮・夏官・司弓矢》/P855下—856上	《周官》：司弓矢掌八矢之法。八矢：一曰枉，二曰絜，三曰殺，四曰鍭，五曰矰，六曰茀，七曰恒，八曰庳。凡枉矢、絜矢，利火射，用諸守城車戰。殺矢、鍭矢，用諸近射田獵。矰矢、茀矢，用諸弋射。恒矢、庳矢，用諸散射。此八矢者，弓弩各有四焉：蓋枉殺矰恒，弓所用也；絜鍭茀庳，弩所用也。 司弓矢掌六弓四弩八矢之灋。……凡矢，枉矢、絜矢利火射，用諸守城、車戰，殺矢、鍭矢用諸近射、田獵，矰矢、茀矢用諸弋射，恒矢、痺矢用諸散射。（此八矢者，弓弩各有四焉。枉矢、殺矢、矰矢、恒矢，弓所用也。絜矢、鍭矢、茀矢、庳矢，弩所用也。）	22/武部/箭/敘/P533
143＊	《周禮・夏官・大馭》/P857下	（《周禮》）又：大馭掌馭玉路以祀。及犯軷，王自左馭，馭下祝，登，受轡，犯軷，遂驅之。 大馭掌馭玉路以祀。及犯軷，王自左馭，馭下祝，登，受轡，犯軷，遂驅之。	22/武部/轡/對/P538
144	《周禮・夏官・廋人》/P861下	《周官》曰：馬八尺以上爲龍，七尺以上爲騋，六尺以上爲馬。	29/獸部/馬/敘/P701

序號	今本篇名、頁碼	《初學記》引文與原文	出處
145 *	《周禮·夏官·職方氏》/P861下—864上	《周禮》：職方氏掌天地之圖。王將巡狩，則戒于四方曰："各修平乃守。考乃職，無敢不敬戒。"	13/禮部上/巡狩/對/P330
		職方氏掌天下之圖。……王將巡守，則戒于四方，曰："各脩平乃守，攷乃職事，無敢不敬戒。"	
146 *	《周禮·夏官·職方氏》/P862上	《周禮》：揚州之浸曰五湖。	6/地部中/總載/對/P112
		東南曰揚州，其山鎮曰會稽，其澤藪曰具區，其川三江，其浸五湖。	
147 *	《周禮·夏官·職方氏》/P862上	《周官》：揚州，其川三江。	6/地部中/江/敘/P123
		東南曰揚州，其山鎮曰會稽，其澤藪曰具區，其川三江。	
148 *	《周禮·夏官·職方氏》/P862上	《周官》：揚州，其浸五湖。	7/地部下/湖/敘/P139
		東南曰揚州，其山鎮曰會稽，其澤藪曰具區，其川三江，其浸五湖。	
149 *	《周禮·夏官·職方氏》/P862上	《周禮》曰：揚州，其浸曰五湖。	7/地部下/湖/對/P140
		東南曰揚州，其山鎮曰會稽，其澤藪曰具區，其川三江，其浸五湖。	
150	《周禮·夏官·職方氏》/P862中	《周官》：荊州，其山鎮曰衡山。	5/地部上/衡山/敘/P96
151 *	《周禮·夏官·職方氏》/P862中	《周禮》：荊州，其川江漢。	7/地部下/漢水/敘/P142
		正南曰荊州，其山鎮曰衡山，其澤藪曰雲瞢，其川江漢。	
152 *	《周禮·夏官·職方氏》/P862中	《周禮》曰：正南曰荊州，其川江漢，其浸潁淇。	7/地部下/漢水/對/P143
		正南曰荊州，其山鎮曰衡山，其澤藪曰雲瞢，其川江漢，其浸潁湛。	
153 *	《周禮·夏官·職方氏》/P862中	《周禮》曰：正南曰荊州，其浸潁淇。	8/州郡部/河南道/對/P168
		正南曰荊州，其山鎮曰衡山，其澤藪曰雲瞢，其川江漢，其浸潁湛。	

序號	今本篇名、頁碼	《初學記》引文與原文	出處
154	《周禮·夏官·職方氏》/P862中	《周禮》曰：正南曰荊州。	8/州郡部/山南道/對/P181
155 *	《周禮·夏官·職方氏》/P862中	《周官》：豫州，其鎮山曰華山。	5/地部上/華山/敘/P98
		河南曰豫州，其山鎮曰華山。	
156 *	《周禮·夏官·職方氏》/P862中	《周官》曰：豫州，其鎮山曰華山。	5/地部上/華山/對/P99
		河南曰豫州，其山鎮曰華山。	
157 *	《周禮·夏官·職方氏》/P862中	《周官》：豫州，其川滎洛，與伊澗二水爲三川。	6/地部中/洛水/敘/P132
		河南曰豫州，其山鎮曰華山，其澤藪曰圃田，其川滎雒。	
158 *	《周禮·夏官·職方氏》/P862下	《周官》：青州，其川淮泗。	6/地部中/淮/敘/P127
		正東曰青州，其山鎮曰沂山，其澤藪曰望諸，其川淮泗。	
159 *	《周禮·夏官·職方氏》/P862下	《周官》曰：兗州，其鎮山曰岱山。	5/地部上/泰山/對/P95
		河東曰兗州，其山鎮曰岱山。	
160 *	《周禮·夏官·職方氏》/P862下	《周官》：兗州，其川河濟。	6/地部中/濟/敘/P130
		河東曰兗州，其山鎮曰岱山，其澤藪曰大野，其川河、沛。	
161 *	《周禮·夏官·職方氏》/P862下	《周禮》：雍州，其川洛汭。	6/地部中/洛水/敘/P132
		正西曰雍州，其山鎮曰嶽山，其澤藪曰弦蒲，其川涇汭，其浸渭、洛。	
162 *	《周禮·夏官·職方氏》/P862下	《周官》：雍州，其浸渭洛。	6/地部中/渭水/敘/P134
		正西曰雍州，其山鎮曰嶽山，其澤藪曰弦蒲，其川涇汭，其浸渭、洛。	
163 *	《周禮·夏官·職方氏》/P862下	《周官》：雍州，其浸渭洛。	6/地部中/渭水/對/P135
		正西曰雍州，其山鎮曰嶽山，其澤藪曰弦蒲，其川涇汭，其浸渭、洛。	

序號	今本篇名、頁碼	《初學記》引文與原文	出處
164 *	《周禮·夏官·職方氏》/P862下	《周官》：雍州，其川涇汭。 正西曰雍州，其山鎮曰嶽山，其澤藪曰弦蒲，其川涇汭。	6/地部中/涇水/敘/P137
165 *	《周禮·夏官·職方氏》/P863上	《周禮》曰：冀州，其川曰漳。鄭玄注云：出長安。 河內曰冀州，其山鎮曰霍山，其澤藪曰楊紆，其川漳。（章出長子）	8/州郡部/河東道/對/P174
166 *	《周禮·夏官·職方氏》/P863上	《周官》曰：冀州，其利松柏。 河內曰冀州，其山鎮曰霍山，其澤藪曰楊紆，其川漳，其浸汾潞，其利松柏。	28/果木部/柏/敘/P688
167 *	《周禮·夏官·職方氏》/P863上	《周官》：并州，其鎮山曰恒山。 正北曰并州，其山鎮曰恒山。	5/地部上/恒山/敘/P101
168 *	《周禮·夏官·職方氏》/P863上	《周禮》曰：萊州，萊水。鄭玄注：萊水出廣昌。 其浸淶、易。（淶出廣昌。）	8/州郡部/河東道/對/P175
169 *	《周禮·秋官·大司寇》/P870中	《周官》：大司寇之職，以五刑糾萬民。（一曰野刑，上功糾力；二曰軍刑，上命糾守；三曰鄉刑，上德糾孝；四曰官刑，上能糾職；五曰國刑，上願糾暴。鄭注：糾謂察異也。） 以五刑糾萬民（刑亦法也。糾猶察異之。）：一曰野刑，上功糾力；二曰軍刑，上命糾守；三曰鄉刑，上德糾孝；四曰官刑，上能糾職；五曰國刑，上願糾暴。	20/政理部/刑罰/敘/P489
170 *	《周禮·秋官·大司寇》/P870中	《周禮》曰：五刑，五曰國刑。 以五刑糾萬民：一曰野刑，上功糾力；二曰軍刑，上命糾守；三曰鄉刑，上德糾孝；四曰官刑，上能糾職；五曰國刑，上願糾暴。	20/政理部/刑罰/對/P489

续表

序號	今本篇名、頁碼	《初學記》引文與原文	出處
171 *	《周禮·秋官·大司寇》/P870下—871上	《周禮》：以嘉石平罷民。注云：嘉石，文石也。以肺石達窮民，凡遠近惸獨老幼之欲有復於上而其長弗爲之達者，立於肺石。注云：肺石，赤石也；窮民，天民之窮而無告者。 以嘉石平罷民。（嘉石，文石也。）……以肺石遠窮民，（肺石，赤石也。窮民，天民之窮而無告者。）凡遠近惸獨老幼之欲有復於上而其長弗達者，立於肺石。	5/地部上/石/敘/P107
172	《周禮·秋官·朝士》/P877下	《周禮》曰：面三槐，三公位焉。	12/職官部下/太常卿/對/P301
173 *	《周禮·秋官·朝士》/P877下	（《周禮》）又曰：朝士掌外朝之法，左九棘，孤卿大夫位焉。鄭玄注曰：樹棘以爲位者，取其赤心而外刺，象赤心三刺。 朝士掌建邦外朝之灋，左九棘，孤、卿大夫位焉。（樹棘以爲立者，取其赤心而外刺，象以赤心三刺也。）	12/職官部下/太常卿/對/P301
174	《周禮·秋官·朝士》/P877下	《周禮》曰：三槐，三公位焉。	11/職官部上/太師太傅太保/對/P252
175 *	《周禮·秋官·司刺》/P880下	《周禮》：司刺掌三赦之法。 司刺掌三刺、三宥、三赦之灋。	20/政理部/赦/敘/P469
176 *	《周禮·秋官·掌囚》/P882下	《周官》：掌囚掌守盜賊，凡囚者。鄭玄注云：囚，拘也。此其事也。 掌囚掌守盜賊，凡囚者。（凡囚者，謂非盜賊自以他罪拘者也。）	20/政理部/囚/敘/P491
177 *	《周禮·秋官·萍氏》/P885中	《周禮》曰：萍氏掌謹酒。（使人節用酒。） 謹酒。（使民節用酒也。）	26/器物部/酒/敘/P634

序號	今本篇名、頁碼	《初學記》引文與原文	出處
178 *	《周禮・秋官・司烜氏》/P885中—下	《周禮》曰：凡邦大事，司烜氏共賁燭（麻燭也。一云大燭）。祭祀共明燭（以燧取明火於日）。 以共祭祀之明齍、明燭，共明水。凡邦之大事共墳燭庭燎。（鄭司農云：賁蜀，麻燭也。玄謂：墳，大也。）	25/器物部/燭/敘/P616
179 *	《周禮・秋官・司烜氏》/P885下	《周禮》曰：司烜氏掌仲春以木鐸，以脩火禁。 中春，以木鐸修火禁于國中。	3/歲時部上/春/對/P46
180 *	《周禮・秋官・司烜氏》/P885下	《周書・司烜氏》：仲春以木鐸循火禁于國中。注云：爲季春將出火也。 中春，以木鐸修火禁于國中。（爲季春將出火也。）	4/歲時部下/寒食/敘/P67
181 *	《周禮・秋官・蟈氏》/P889中	《周禮》：蟈氏掌去鼀黽，焚牡蘜，以灰灑之則死，以其煙被之則活，凡水蟲無聲。 蟈氏掌去鼀黽，焚牡蘜，以灰灑之，則死。以其煙被之，則凡水蟲無聲。	25/器物部/煙/敘/P618
182 *	《周禮・秋官・庭氏》/P889中	《周禮》曰：庭氏掌射國中之妖鳥。若不見其鳥獸，則以救日之弓救月之矢夜射之。鄭司農注曰：救月之矢，謂日月食所作弓矢。 庭氏掌射國中之夭鳥。若不見其鳥獸，則以救日之弓與救月之矢射之。（鄭司農云：救日之弓，救月之矢，謂日月食所作弓矢。）	22/武部/弓/對/P533
183 *	《周禮・秋官・大行人》/P890上	《周禮》：大行人掌賓客及諸侯朝覲事。即其任也。 大行人掌大賓之禮及大客之儀，以親諸侯。春朝諸侯而圖天下之事，秋覲以比邦國之功，夏宗以陳天下之謨，冬遇以協諸侯之慮，時會以發四方之禁，殷同以施天下之政。	12/職官部下/鴻臚卿/敘/P305

续表

序號	今本篇名、頁碼	《初學記》引文與原文	出處
184 *	《周禮・秋官・大行人》/P890上	《周禮》曰：春朝諸侯而圖天下之事。鄭玄注曰：王春見諸侯，則圖其事可否。圖者，考績之謂也。	14/禮部下/朝會/對/P345
		春朝諸侯而圖天下之事。（圖、比、陳、協，皆考績之言。王者春見諸侯則圖其事之可否。）	
185 *	《周禮・秋官・大行人》/P890中	《周禮》曰：殷覜以除邦國之慝。鄭注曰：慝，惡也。	14/禮部下/朝會/對/P345
		殷覜以除邦國之慝。（慝猶惡也。）	
186	《周禮・秋官・大行人》/P890中	《周禮》鄭玄注曰：五服諸侯，皆使卿以聘禮來覜天子。天子以禮見之，命以政禁之事。	14/禮部下/朝會/對/P346
187	《周禮・秋官・小行人》/P894上	《周禮》曰：合六幣，圭以馬，璋以皮，璧以帛，琮以錦，琥以繡，璜以黼。此六物者，以和諸侯之好。	27/寶器部（花草附）/繡/對/656
188 *	《周禮・考工記・敘官》/P905上	鄭玄注《考工記》：司空掌營城郭，建邦邑，立社稷宗廟，造宮室車服器械，監百工。唐虞以上曰共工。	11/職官部上/太尉司徒司空/對/257
		鄭玄注：司空，掌營城郭，建都邑，立社稷宗廟，造宮室車服器械。監百工者，唐虞已上曰共工。	
189 *	《周禮・考工記・敘官》/P905下—906上	《周禮》曰：智者創物，巧者述之，百工之事，皆聖人之作。	17/人部上/聖/對/409
		知者創物，巧者述之，守之世，謂之工。百工之事，皆聖人之作也。	
190 *	《周禮・考工記・敘官》/P906上	《周禮》曰：橘踰淮而北化爲枳，此地氣然也。	6/地部中/淮/對/P128
		橘踰淮而北爲枳，鸜鵒不踰濟，貉踰汶則死，此地氣然也。	
191 *	《周禮・考工記・敘官》/P906上	《周禮》曰：橘逾淮北而爲枳，此地氣使然也。	28/果木部/橘/敘/P680
		橘踰淮而北爲枳，鸜鵒不踰濟，貉踰汶則死，此地氣然也。	

续表

序號	今本篇名、頁碼	《初學記》引文與原文	出處
192	《周禮·考工記·敘官》/ P906 上	《周官》云：鶀鴒不踰濟。	6/地部中/濟/敘 /P130
193 *	《周禮·考工記·敘官》/ P906 上	《周禮》曰：鄭之刀，宋之斤，魯之削，吳越之劍，遷乎其地而不能爲良，地氣然也。	22/武　部/劍/對 /P528
		鄭之刀，宋之斤，魯之削，吳粵之劎，遷乎其地，而弗能爲良，地氣然也。	
194 *	《周禮·考工記·敘官》/ P906 上	鄭刀。（見《周禮》。）	22/武　部/刀/敘 /P529
		鄭之刀。	
195 *	《周禮·考工記·敘官》/ P906 中	《周禮》曰：石有時而泐。	5/地部上/石/敘 /P107
		石有時以泐。	
196 *	《周禮·考工記·敘官》/ P906 下	《周禮》云：有虞氏尚陶，夏后氏尚匠，殷尚梓，周尚輿。	25/器　物　部/車/ 對/P612
		有虞氏上陶，夏后氏上匠，殷人上梓，周人上輿。	
197 *	《周禮·考工記·敘官》/ P907 上	《周禮》曰：一器而工聚者，車爲多。	25/器　物　部/車/ 對/P613
		一器而工聚焉者，車爲多。	
198 *	《周禮·考工記·輈人》/ P913 上	《周禮》：輈度，國馬之輈，深四尺有七寸。田馬之輈深四尺。	25/器　物　部/車/ 對/P613
		輈有三度，軸有三理。國馬之輈深四尺有七寸，田馬之輈深四尺。	
199 *	《周禮·考工記·輈人》/ P914 中	《周禮》曰：輪輻三十，象日月也。	25/器　物　部/車/ 對/P613
		輪輻三十，以象日月也。	

序號	今本篇名、頁碼	《初學記》引文與原文	出處
200 *	《周禮·考工記·桃氏》/P915下—916上	《周官》：桃氏爲劍，臘廣二寸有半寸。（臘謂兩刃。音獵。）兩從半之。（劍脊兩面殺趣鍔者。）以其臘廣爲之莖圍，長倍之。（莖謂劍交人之所握以上。）中其莖，設其後，（謂從中以卻稍大之。）身長五其莖長，重九鋝（音劣），謂上上制，上士服之。身長四其莖長，重七鋝，謂之中制，中士服之。身長三其莖長，重五鋝，謂之下制，下士服之。 桃氏爲劍，臘廣二寸有半寸。（臘謂兩刃。臘力闔反一音獵）兩從半之。（鄭司農云：謂劍脊兩面殺趣鍔。）以其臘廣爲之莖圍，長倍之。（鄭司農云：莖謂劍夾，人所握，鐔以上也。玄謂：莖在夾中者，莖長五寸。）中其莖，設其後。（鄭司農云：謂穿之也。玄謂：從中以卻稍大之也。後大則於把易制。）參分其臘廣，去一以爲首廣，而圍之。（首圍，其徑一寸三分寸之二。）身長五其莖長，重九鋝，謂之上制，上士服之。身長四其莖長，重七鋝，謂之中制，中士服之。身長三其莖長，重五鋝，謂之下制，下士服之。	22/武　部/劍/敘/P525
201 *	《周禮·考工記·函人》/P917中	《周官》：函人爲函，犀甲七屬（音注），兕甲六屬，合甲五屬。犀甲壽百年，兕甲壽二百年，合甲壽三百年。（犀堅者又支久。）凡爲甲，必先爲容，然後制革。權其上旅與其下旅，而重若一。（上旅謂要以上，下旅謂要以下。） 函人爲甲，犀甲七屬，兕甲六屬，合甲五屬。（屬讀如灌注之注。）犀甲壽百年，兕甲壽二百年，合甲壽三百年。（革堅者又支久。）凡爲甲，必先爲容，然後制革。權其上旅與其下旅，而重若一。（鄭司農云：上旅謂要以上，下旅謂要以下。）	22/武　部/甲/敘/P535

序號	今本篇名、頁碼	《初學記》引文與原文	出處
202 *	《周禮·考工記·畫繢》/ P918 下	《周官》曰：五色備謂之繡，此言刺繡衣所用也。	27/寶器部（花草附）/繡/敘/P656
		五采備謂之繡。（此言刺繡采所用，繡以爲裳。）	
203 *	《周禮·考工記·玉人》/ P923 上	《考工記》曰：天子以穀圭聘女，諸侯以大璋聘女。（穀圭七寸。鄭玄曰：謂納徵加於束帛。）	14/禮部下/婚姻/敘/P354
		穀圭七寸，天子以聘女。（納徵加於束帛。）……大璋亦如之，諸侯以聘女。（亦納徵加於束帛也。）	
204	《周禮·考工記·磬氏》/ P923 下	《周禮》曰：磬人爲磬，倨句一矩有半，其博爲一。	16/樂部下/磬/敘/P398
205 *	《周禮·考工記·匠人》/ P927 下—928 上	《周禮》曰：夏后氏太室，殷人重屋，周人明堂，度以九尺之筵。	13/禮部上/明堂/敘/P327
		夏后氏世室……殷人重屋，……周人明堂，度九尺之筵。	
206 *	《周禮·考工記·匠人》/ P927 中—下	《周禮》：匠人營國中，九經九緯，經塗九軌。鄭玄注曰：國中，城內也；經緯之塗，皆容九軌。軌謂轍廣。	24/居處部/道路/對/P589
		匠人營國，方九里，旁三門。國中九經九緯，經涂九軌。（國中，城內也。經緯謂涂也。經緯之涂，皆容方九軌。軌謂轍廣，乘車六尺六寸，旁加七寸，凡八尺，是謂轍廣。）	
207 *	《周禮·考工記·匠人》/ P928 上	《周禮》曰：殷人重屋，堂修七尋。堂崇三尺，四阿，重屋。鄭玄注云：四阿若今四柱也。	13/禮部上/明堂/對/P328
		殷人重屋，堂脩七尋，堂崇三尺，四阿，重屋。（四阿若今四柱屋。）	
208 *	《周禮·考工記·匠人》/ P928 上	《周禮》曰：殷人曰重屋，堂脩七尋，堂崇三尺，四阿重屋。鄭玄注云：重者，王宮王堂若太寢者。	13/禮部上/明堂/對/P329
		殷人重屋，堂脩七尋，堂崇三尺，四阿，重屋。（重屋者，王宮正堂若大寢也。）	

续表

序號	今本篇名、頁碼	《初學記》引文與原文	出處
209 *	《周禮・考工記・弓人》/P934下	《周禮》曰：凡反幹之道七，柘爲上，檍、檿桑、橘、木瓜、荊次之，竹爲下。	22/武部/弓/對/P532
		凡取幹之道七，柘爲上，檍次之，檿桑次之，橘次之，木瓜次之，荊次之，竹爲下。	
210 *	《周禮・考工記・弓人》/P934中—下	《周禮》曰：弓人爲弓，取六材必其時。凡相幹，欲赤黑而陽聲，赤黑則向心，陽聲則遠根。	22/武部/弓/對/P532
		弓人爲弓，取六材必以其時。……凡相幹，欲赤黑而陽聲。赤黑則鄉心，陽聲則遠根。	
211 *	《周禮・考工記・弓人》/P934中—936下	（《周官》）又：弓人爲弓，取六材必以其時。六材既聚，巧者和之。幹也者，以爲遠也；角也者，以爲疾也；筋也者，以爲深也；膠也者，以爲和也；絲也者，以爲固也；漆也者，以爲受霜露也。凡爲弓，冬析幹，而春液角，夏治筋，秋合三材。爲天子之弓，合九而成規；諸侯之弓，合七而成規；大夫之弓，合五而成規；士之弓，合三而成規。	22/武部/弓/敘/P531
		弓人爲弓，取六材必以其時。六材既聚，巧者和之。幹也者，以爲遠也。角也者，以爲疾也。筋也者，以爲深也。膠也者，以爲和也。絲也者，以爲固也。漆也者，以爲受霜露也。……凡爲弓，冬析幹而春液角，夏治筋，秋合三材。……爲天子之弓，合九而成規。爲諸侯之弓，合七而成規。大夫之弓，合五而成規。士之弓，合三而成規。	
212 *	《周禮・考工記・弓人》/P936下	《周禮》云：天子之弓合九而成規，大夫之弓合五而成規，士之弓合三而成規。	22/武部/弓/對/P532
		爲天子之弓，合九而成規。爲諸侯之弓，合七而成規。大夫之弓，合五而成規。士之弓，合三而成規。	

序號	今本篇名、頁碼	《初學記》引文與原文	出處
213 *	《禮記·昏義》/P1681 下 《周禮·天官·内宰》/P684 下	《周禮》：天子后立六宫，三夫人，九嬪，二十七世婦，八十一御妻，以聽天下之内治，以明章婦順，故天下内和而家理。（鄭注云：六宫者，前一宫，後五宫也。五者，后一宫，三夫人一宫，九嬪一宫，二十七世婦一宫，八十一御妻一宫。凡百二十人。后正位宫闈，體同天王。夫人坐論婦禮，九嬪掌教四德，世婦主知喪祭賓客，女御序王之燕寢。） 古者天子后立六宫、三夫人、九嬪、二十七世婦、八十一御妻，以聽天下之内治，以明章婦順，故天下内和而家理。//以陰禮教六宫。（鄭司農云：陰禮，婦人之禮。六宫後五前一，王之妃百二十人：后一人，夫人三人，嬪九人，世婦二十七人，女御八十一人。玄謂：六宫，謂后也。婦人稱寢曰宫。宫，隱蔽之言。后象王，立六宫而居之，亦正寢一，燕寢五。教者，不敢斥言之，謂之六宫，若今稱皇后爲中宫矣。）	10/中宫部/妃嬪/敘/P224
214 *	《周禮·春官·大宗伯》/P757 上—762 下 《周禮·春官·典瑞》/P777 中 《周禮·春官·大司樂》/P788 下—789 上	《周禮·大宗伯之職》曰：以禋祀昊天上帝。（禋之言煙也。煙者，周人尚臭，煙氣之臭，聞昊天上帝。冬日至祀於圓丘。天皇，大帝也。鄭玄注曰：昊，天也；上帝，玄天也。）蒼璧禮天。（鄭玄曰：禮天以冬日至，謂天皇大帝在北極者。凡禮神必以其類，璧圓以象天。）黄琮禮地。（禮地以夏日至，謂神在崑崙者也。琮方，以象地。）四圭有邸，以祀天，以旅上帝。（鄭玄注曰：於中央爲璧，圭著四面，一玉俱成也，故曰四圭。有邸，圭末出也。或説四圭有邸，圭四角也。上帝，玄天也。鄭玄注云：禮天，夏正郊天也；上帝，五帝也。所郊以五帝殊，言天者尊異之至。）兩圭有邸，以祀地，以旅四望。（兩圭者，象地數二也，謂所祀北郊神州之	

序號	今本篇名、頁碼	《初學記》引文與原文	出處
214 *	《周禮·春官·大宗伯》/P757上—762下 《周禮·春官·典瑞》/P777中 《周禮·春官·大司樂》/P788下—789上	神。）大司樂奏黃鍾，歌大呂，舞雲門，以祀天神。（謂五帝及日月星辰也。王者各以夏正月祀其受命之帝於南郊。）奏太簇，歌應鍾，舞咸池，以祭地祇。（祭於北郊，謂神州之神及社稷。） 以禋祀祀昊天上帝。（禋之言煙，周人尚臭煙氣之臭聞者。……鄭司農云："昊天，天也。上帝，玄天也。"……玄謂：昊天上帝，冬至於圜丘所祀天皇大帝。）……以蒼璧禮天，以黃琮禮地。（此禮天以冬至，謂天皇大帝在北極者也。禮地以夏至，謂神在崑崙者也……立冬，謂黑精之帝，而顓頊、玄冥食焉。禮神者必象其類：璧圜，象天；琮八方，象地。）//四圭有邸以祀天、旅上帝。（鄭司農云：於中央爲璧，圭著其四面，一玉俱成。《爾雅》曰："邸，本也。"圭本著於璧，故四圭有邸，圭末四出故也。或說四圭有邸有四角也。邸讀爲抵欺之抵。上帝，玄天。玄謂：祀天，夏正郊天也。上帝，五帝，所郊亦猶五帝，殊言天者，尊異之也。《大宗伯職》曰："國有大故，則旅上帝及四望。"）兩圭有邸，以祀地、旅四望。（兩圭者，以象地數二也。僢而同邸。祀地，謂所祀於北郊神州之神。）//乃奏黃鍾，歌大呂，舞《雲門》，以祀天神。（天神，謂五帝及日月星辰也。王者又各以夏正月祀其所受命之帝於南郊。）乃奏大簇，歌應鍾，舞《咸池》，以祭地示。（地祇，所祭於北郊，謂神州之神及社稷。）	13/禮部上/郊丘/敘/P320

序號	今本篇名、頁碼	《初學記》引文與原文	出處
215 *	《周禮·春官·大司樂》/P787下　《周禮·春官·鍾師》/P800中	《周禮》：奏大樂皆以鐘鼓。奏九夏（夏樂章名，若今之奏鼓吹），一曰王夏（天子出入奏之），二曰肆夏（祭祀尸出入奏之，亦主賓賓入門奏之，享四方奏之），三曰昭夏（牲出入奏之），四曰納夏（享四方奏之），五曰章夏（納有功奏之），六曰齊夏（大夫祭奏之），七曰族夏（族人侍奏之），八曰祴夏（賓醉出奏之），九曰鷔夏（公出入奏之），天子祭祀用六代之樂（一曰雲門，二曰咸池，三曰簫韶，四曰大夏，五曰大濩，六曰大武）。	15/樂部上/雅樂/敘/P366
		凡樂事，以鍾鼓奏《九夏》、《王夏》、《肆夏》、《昭夏》、《納夏》、《章夏》、《齊夏》、《族夏》、《祴夏》、《鷔夏》。（以鍾鼓者，先擊鍾，次擊鼓以奏《九夏》。夏，大也，樂之大歌有九。故書納作内，杜子春云："内當爲納，祴讀爲陔鼓之陔。王出入奏《王夏》，尸出入奏《肆夏》，牲出入奏《昭夏》，四方賓來奏《納夏》，臣有功奏《章夏》，夫人祭奏《齊夏》，族人侍奏《族夏》，客醉而出奏《陔夏》，公出入奏《鷔夏》。《肆夏》，詩也。）//以樂舞教國子：舞《雲門》、《大卷》、《大咸》、《大磬》、《大夏》、《大濩》、《大武》。（此周所存六代之樂。）	
216 *	《周禮·考工記·鳧氏》/P916上　《周禮·考工記·梓人》/P924下—925中	《周禮》曰：鳧氏爲鐘，兩欒謂之銑。（鄭玄曰：故書欒作樂。杜子春云：銑，鍾口兩角也。）銑間謂之于，于上謂之鼓，鼓上謂之鉦，鉦上謂之舞。（此四者，鐘體也。鄭司農云：于，鐘脣之上袪，鼓所擊處。）鐘懸謂之旋，旋蟲謂之幹，（旋屬鐘柄，所以懸也。鄭司農云：旋蟲者，旋以蟲爲飾也。玄謂今之旋，有蹲熊、槃龍、辟邪之蟲。）鐘帶謂之篆，篆間謂之枚，枚間謂之景。（帶所以分其名。鄭司農云，枚，鐘乳也。）凡鐘磬各有筍（思尹反）虡。寫鳥獸之形，大聲有力者以爲鐘虡，清聲無力者以爲磬虡。	16/樂部下/鐘/敘/P395

序號	今本篇名、頁碼	《初學記》引文與原文	出處
		鳧氏爲鍾，兩欒謂之銑。（故書欒作樂。杜子春云：當爲欒，書亦或爲欒。銑，鍾口兩角。）銑間謂之于，于上謂之鼓，鼓上謂之鉦，鉦上謂之舞。（此四名者，鍾體也。鄭司農云：于，鍾脣之上袪也。鼓，所擊處。）舞上謂之甬，甬上謂之衡。（此二名者，鍾柄。）鍾縣謂之旋，旋蟲謂之幹。（旋屬鍾柄，所以縣之也。鄭司農云：旋蟲者，旋以蟲爲飾也。玄謂：今時旋有蹲熊、盤龍、辟邪。）鍾帶謂之篆，篆間謂之枚，枚謂之景。（帶所以介其名也。介在于鼓鉦舞甬衡之間，凡四。鄭司農云：枚，鍾乳也。玄謂：今時鍾乳俠鼓與舞，每處有九，面三十六。）//梓人爲筍虡。天下之大獸五：脂者、膏者、臝者、羽者、鱗者。宗廟之事，脂者、膏者以爲牲；臝者、羽者、鱗者以爲筍虡……大聲而宏，則於鍾宜。若是者以爲鍾虡，是故擊其所縣，而由其虡鳴。……無力而輕，則於任輕宜；其聲清陽而遠聞，於磬宜。若是者以爲磬虡，故擊其所縣，而由其虡鳴。	
217*	《周禮·秋官·小行人》/P893 《周禮·秋官·行夫》/P899 中	《周官》：小行人掌邦國賓客之禮籍，以待四方之使者。凡四方之使者，大客則擯，小客則受其幣，聽其辭。行夫掌邦國傳遽之小事，凡其使也，必以旌節。	20/政理部/奉使/敍/P479
		小行人掌邦國賓客之禮籍，以待四方之使者。……凡四方之使者，大客則擯，小客則受其幣而聽其辭。//行夫掌邦國傳遽之小事、媺惡而無禮者。凡其使也，必以旌節。	

序號	今本篇名、頁碼	《初學記》引文與原文	出處
218 *	《周禮·春官·大史》/P817 上 《周禮·春官·小史》/P818 中 《周禮·春官·内史》/P820上一中 《周禮·春官·外史》/P820中一下 《周禮·春官·御史》/P822 下	《周官》：有太史、小史、内史、外史、御史，凡五官。太史掌建邦之六典，八法，八則，以逆邦國之治；小史掌邦國之志，奠繫世，辨昭穆，若有事則詔王之忌諱；内史掌王八柄之法，書王命而貳之；外史掌書外令，掌四方之志，掌三皇五帝之書，掌達書名于四方；御史掌邦國都鄙萬民之治令，以贊冢宰，掌贊書。 大史掌建邦之六典，以逆邦國之治，掌灋以逆官府之治，掌則以逆都鄙之治。//小史掌邦國之志，奠繫世，辨昭穆。若有事，則詔王之忌諱。//内史掌王之八枋之灋⋯⋯内史掌書王命，遂貳之。//外史掌書外令，掌四方之志，掌三皇五帝之書，掌達書名于四方。//御史掌邦國都鄙及萬民之治令，以贊冢宰。凡治者，受灋令焉。掌贊書。	21/文 部/史 傳/敍/P502
219 *	《周禮·春官·司常》/P826上一中 《周禮·考工記·輈人》/P914 中一下	《周官》：司常掌九旗之物名，各有屬，以待國事。日月爲常，交龍爲旗，通帛爲斾，雜帛爲物，熊虎爲旗，鳥隼爲旟，龜蛇爲旐，全羽爲旞，析羽爲旌。龍旂九斿，以象大火也；鳥旟七斿，以象鶉火也，熊旗六斿，以象伐也；龜蛇四斿，以象營室也，弧旌枉矢，以象弧也。 司常掌九旗之物名，各有屬，以待國事。日月爲常，交龍爲旂，通帛爲旜，雜帛爲物，熊虎爲旗，鳥隼爲旟，龜蛇爲旐，全羽爲旞，析羽爲旌。//龍旂九斿，以象大火也。鳥旟七斿，以象鶉火也。熊旗六斿，以象伐也。龜蛇四斿，以象營室也。弧旌枉矢，以象弧也。	22/武 部/旌 旗/敍/P523

序號	今本篇名、頁碼	《初學記》引文與原文	出處
220 *	《周禮·考工記·匠人》/P927中—928下 《周禮·夏官·合方氏》/P864中 《周禮·秋官·野廬氏》/P884中—下	昔黃帝爲天子，匠人營國。國中九經、九緯。經涂九軌，環涂七軌，野涂五軌，合方氏掌達天下之道路。至於四畿，凡道路之舟車繫互者，敘而行之。凡有節者及有爵者至，則爲之辟禁野之橫行徑踰者。（見《周官》。） 匠人營國，方九里，旁三門。國中九經九緯，經涂九軌。……經涂九軌，環涂七軌，野涂五軌。//合方氏掌達天下之道路。//野廬氏掌達國道路，至于四畿。……凡道路之舟車繫互者，叙而行之。凡有節者及有爵者至，則爲之辟。禁野之橫行徑踰者。	24/居處部/道路/敘/P589
221 *	《周禮·天官·内宰》/P685中 《周禮·地官·司市》/P734上一中	《周禮》：建國後立市，設其次，置其敘，正其肆，陳其貨財，出度量。（建國必面朝而後市。王立朝，后立市，陰陽相成之象。）司市掌市之治教政刑，量度禁令；以次敘分地而經市，以陳肆辨物而平市，以政令禁物靡而均市，以商賈阜財而行布。大市，日中而市，百族爲主。朝市，朝時而市，商賈爲主。夕市，夕時而市，販夫販婦爲主。 凡建國，佐后立市，設其次，置其敘，正其肆，陳其貨賄，出其度、量、淳、制。（建國者必面朝後市，王立朝而后立市，陰陽相承之義。）//司市掌市之治教、政刑、量度、禁令。以次敘分地而經市，以陳肆辨物而平市，以政令禁物靡而均市，以商賈阜貨而行布，……大市，日𣅳而市，百族爲主；朝市，朝時而市，商賈爲主；夕市，夕時而市，販夫販婦爲主。	24/居處部/市/敘/P591
222 *	《周禮·地官·司市》/P734中	《周禮》曰：側朝夕之市，則三市。 大市，日昃而市，百族爲主；朝市，朝時而市，商賈爲主；夕市，夕時而市，販夫販婦爲主。	24/居處部/市/敘/P592

序號	今本篇名、頁碼	《初學記》引文與原文	出處
223 *	《周禮·天官·玉府》/P678 中 《周禮·春官·司几筵》/P774 下—P775 中	《周禮》曰：王府掌王之裸席，（裸席，簟席。）司几筵，掌五几五席之名物。凡大朝覲，設莞席紛純，加繅席畫純，加次席黼純。諸侯祭祀，席蒲筵繢純。（紛，白綉也；純，緣也；次，獸皮爲席也；繅席，削蒲蒻編以五采，若今合歡矣，畫謂雲氣也；次席，桃枝席，有次列成文。） 掌王之燕衣服、裸、席、牀、第，凡褻器。（鄭司農云：裸席，單席也。）//司几筵掌五几、五席之名物，辨其用與其位。凡大朝覲、大饗射，凡封國、命諸侯，王位設黼依，依前南鄉設莞筵紛純，加繅席畫純，加次席黼純，（鄭司農云：紛讀爲幩，又讀爲“和粉”之粉，謂白繡也。純讀爲“均服”之均。純，緣也。繅讀爲“藻率”之藻。次席，虎皮爲席。《書·顧命》曰：“成王將崩，命大保芮伯、畢公等被冕服，憑玉几。”玄謂：紛如綬，有文而狹者。繅席，削蒲蒻，展之，編以五采，若今合歡矣。畫，謂雲氣也。次席，桃枝席，有次列成文。）……諸侯祭祀席，蒲筵繢純，加莞席紛純。	25/器物部/席/敘/P602
224 * .	《周禮·天官·大宰》/P647 上 《周禮·天官·膳夫》/P659 下 《周禮·天官·疾醫》/P667 中 《周禮·夏官·職方氏》/P861 下—863 上	《周官》曰：太宰以九職任萬民，一曰三農，生九穀（鄭司農云：稷秫黍稻麻，大小豆，大小麥）。凡王之膳食用六穀（鄭司農云：稻黍稷粱麥苽），以五味、五穀、五藥養其病（鄭玄注：五穀，麻黍稷麥豆）。職方氏掌天下之圖，辨其邦國都鄙九穀之數。揚州、荆州，其穀宜稻；豫州、并州，其穀宜五種（鄭玄云：黍稷菽麥稻）；青州，其穀宜稻麥；兗州，其穀宜四種（黍稷稻麥）；雍州、冀州，其穀宜黍稷；幽州，其穀宜三種（黍稷稻）。	27/寶器部（花草附）/五穀/敘/P659

序號	今本篇名、頁碼	《初學記》引文與原文	出處
		以九職任萬民：一曰三農，生九穀（鄭司農云：三農，平地、山、澤也。九穀，黍、稷、秫、稻、麻、大小豆、大小麥）。//凡王之饋，食用六穀（鄭司農云：羞，進也。六穀，稌、黍、稷、粱、麥、苽）。//以五味、五穀、五藥養其病（五穀，麻黍稷麥豆也）。//職方氏掌天下之圖，以掌天下之地，辨其邦國、都鄙、四夷、八蠻、七閩、九貉、五戎、六狄之人民與其財用、九穀、六畜之數要。……東南曰揚州……其穀宜稻。正南曰荆州，……其穀宜稻。河南曰豫州，……其穀宜五種（五種，黍稷菽麥稻）。正東曰青州，……其穀宜稻麥。河東曰兗州，……其穀宜四種（四種，黍稷稻麥）。正西曰雍州，……其穀宜黍稷。東北曰幽州，……其穀宜三種（三種，黍稷稻）。河内曰冀州，……其穀宜黍稷。正北曰并州，……其穀宜五種。	
225 *	《周禮·夏官·校人》/P860中一下《周禮·夏官·馬質》/P842上	《周官》曰：馬八尺以上爲龍，七尺以上爲騋，六尺以上爲馬。又曰：凡牝，居四之一。（三牝者一特也。）春祭馬祖，執駒；（馬祖，天駟也；執駒，無令近母也。）夏祭先牧，頒馬攻特；（先牧，始養馬者，則謂之特。）秋祭馬社；（馬社，始乘馬者。《世本》曰："相土作乘馬。"）冬祭馬步。（馬步，神爲災害馬者。）凡大祭祀，朝覲會同，毛馬而頒之，飾幣馬執扑而從之，禁原蠶。（原，再也，天文辰爲馬。蠶爲龍精，月直火則浴其種，是蠶與馬同氣也。物莫能兩大，禁再蠶者，爲傷馬也。）	29/獸 部/馬/敘 /P701

序號	今本篇名、頁碼	《初學記》引文與原文	出處
		凡馬，特居四之一。（鄭司農云：四之一者，三牝一牡。）春祭馬祖，執駒。（馬祖，天駟也。《孝經說》曰："房爲龍馬。"鄭司農云：執駒無令近母。）夏祭先牧，頒馬，攻特。（先牧，始養馬者，其人未聞。夏通淫之後，攻其特。）秋祭馬社，臧僕。（馬社，始乘馬者。《世本·作》曰："相土作乘馬。"）冬祭馬步，獻馬，講馭夫。（馬步，神爲災害馬者。）凡大祭祀、朝覲、會同，毛馬而頒之。飾幣馬，執扑而從之。//禁原蠶者。（原，再也。天文，辰爲馬。《蠶書》，蠶爲龍精。月直大火，則浴其種，是蠶與馬同氣。物莫能兩大，禁再蠶者，爲傷馬與？）	
226 *	《周禮·地官·牛人》/P723下—724中《周禮·考工記·弓人》/P935上	《周官》曰：牛人掌養國之公牛，以待政令。祭祀供享牛，求牛，賓客供積膳牛，軍事供犒牛，喪事供奠牛，軍旅供兵車之牛。牛角長二尺有五寸，三色不失，謂之戴牛。（三色，本白中青末豐也。戴牛掌直一牛。）	29/獸　部/牛/敘/P706
		牛人掌養國之公牛，以待國之政令。凡祭祀，共其享牛、求牛，以授職人而芻之。凡賓客之事，共其牢禮積膳之牛。饗食、賓射，共其膳羞之牛。軍事，共其犒牛。喪事，共其奠牛。凡會同、軍旅、行役，共其兵軍之牛與其牽徬，以載公任器。//角長二尺有五寸，三色不失理，謂之牛戴牛。（三色：本白，中青，末豐。鄭司農云：牛戴牛，角直一牛。）	
227 *	《周禮·地官·司關》/P739中孟子·公孫丑上》/P2690中	《周禮》曰：凡四方賓客叩關，譏而不禁，則天下之行旅皆悦，而願出於其路矣。	7/地部下/關/對/P160
		凡四方之賓客敂關，則爲之告。//關譏而不征，則天下之旅皆悦而願出於其路矣。	

序號	今本篇名、頁碼	《初學記》引文與原文	出處
228 *	《逸周書·作雒解》/P568	《周禮》曰：設丘兆于南郊，以祀上帝，配以后稷。	13/禮部上/郊丘/對/P321
		設丘兆于南郊，以上帝，配□后稷。	
229 *	《禮記·明堂位》/P1488 中 《逸周書·明堂解》/P765	（《周禮》）又曰：明堂者，明諸侯之尊卑。	13/禮部上/明堂/敘/P327
		明堂也者，明諸侯之尊卑也。//明堂，明諸侯之尊卑也。	
230	《公羊傳·文公二年》/P2267 上	《周禮》曰：五歲一禘，三歲一祫。	13/禮部上/宗廟/敘/P322
		大事者何？大祫也。大祫者何？合祭也。其合祭奈何？毀廟之主陳于大祖，未毀廟之主，皆升，合食于大祖。五年而再殷祭。何休注：殷，盛也。謂三年祫，五年禘。	

《儀禮》

序號	今本篇名、頁碼	《初學記》引文與原文	出處
1 *	《儀禮·士冠禮》/P945 中	《儀禮》曰：士冠禮，筮于廟門。鄭玄注曰：筮者，問日吉凶於《易》也。冠比筮日於廟門者，重成人之禮。	14/禮部下/冠/對/P352
		士冠禮，筮于廟門。（筮者，以著問日吉凶於《易》也。冠必筮日於廟門者，重以成人之禮成子孫也。）	
2 *	《儀禮·士冠禮》/P947 上—中	《儀禮》曰：宗人告事畢。主人戒賓。賓禮辭，許。主人再拜，賓答拜。前期三日，筮賓，如求日之儀。鄭玄注云：筮賓，筮可使冠子者。	14/禮部下/冠/對/P352
		宗人告事畢。主人戒賓，賓禮辭，許。主人再拜，賓荅拜。主人退，賓拜送。前期三日，筮賓，如求日之儀。（筮賓，筮其可使冠子者。）	

续表

序號	今本篇名、頁碼	《初學記》引文與原文	出處
3 *	《儀禮·士冠禮》/P953 上—中	《儀禮》曰：冠者見於兄弟，兄弟再拜，冠者答拜。見贊者，西面拜，亦如之。入見姑姊，如見母。乃易服，玄端爵弁，奠贄見小君。遂以贄見于卿大夫、鄉先生。乃醴賓以一獻之禮。主人酬賓，束帛儷皮。	14/禮部下/冠/對/P352
		冠者見於兄弟，兄弟再拜，冠者答拜。見贊者，西面拜，亦如之。入見姑姊，如見母。乃易服，服玄冠、玄端、爵韠，奠摯見于君。遂以摯見於鄉大夫、鄉先生。乃醴賓以壹獻之禮。主人酬賓，束帛儷皮。	
4 *	《儀禮·士冠禮》/P957 中—下	《儀禮》曰：士冠禮，始加，祝曰："令月吉辰，始加元服。棄爾幼志，順爾成德。壽考惟祺，介爾景福。"再加，曰："吉月令辰，乃申爾服。敬爾威儀，淑慎爾德。眉壽萬年，永受遐福。"	14/禮部下/冠/對/P352
		始加，祝曰："令月吉日，始加元服。棄爾幼志，順爾成德。壽考惟祺，介爾景福。"再加，曰："吉月令辰，乃申爾服。敬爾威儀，淑慎爾德，眉壽萬年，永受胡福。"	
5 *	《儀禮·士冠禮》/P957 下	《儀禮》曰：士冠禮，三加，曰："以歲之正，以月之令，咸加爾服。兄弟具在，以成厥德。黃耇無疆，受天之慶。"	14/禮部下/冠/對/P352
		三加，曰："以歲之正，以月之令，咸加爾服。兄弟具在，以成厥德。黃耇無疆，受天之慶。"	
6 *	《儀禮·士昏禮》/P970 下	《儀禮·昏禮》曰：凡行事，必用昏昕。鄭玄注曰：用昕，使也。用昏，壻也。	14/禮部下/婚姻/對/P355
		行事，必用昏昕。（用昕，使者。用昏，壻也。）	

续表

序號	今本篇名、頁碼	《初學記》引文與原文	出處
7 *	《儀禮·鄉射禮》/P996 下—997 上	《儀禮》曰：司射則告賓曰："弓矢既具，有司請射。"賓與大夫之弓倚于西序，矢在弓下。 司射適堂西，袒、決、遂，取弓于階西，兼挾乘矢，升自西階。階上北面告于賓，曰："弓矢既具，有司請射。"……賓與大夫之弓倚于西序，矢在弓下。	22/武 部/弓/對/P532
8 *	《儀禮·燕禮》/P1024 下—1025 上	《儀禮》曰：主人升受爵，樂闋。升歌《鹿鳴》。 主人升受爵以下而樂闋。升歌《鹿鳴》。	15/樂部上/雅 樂/對/P367
9 *	《儀禮·聘禮》/P1046 上—中	《儀禮》曰：國君與卿圖事，管人布幕於寢門外。 君與卿圖事。……管人布幕于寢門外。	25/器物部/帷 幕/敘/P598
10 *	《儀禮·聘禮》/P1047 中	《儀禮》曰：使者載旜，帥以受命于朝。 使者載旜，帥以受命于朝。	20/政理部/奉使/對/P480
11 *	《儀禮·聘禮》/P1047 中	《儀禮》曰：使者受圭，垂繅以命。 使者受圭，同面，垂繅以受命。	20/政理部/奉使/對/P480
12 *	《儀禮·聘禮》/P1048 中—下	《儀禮》曰：使者及境，張旜，誓，乃謁關人。鄭玄注曰：謁，告也。 及竟，張旜，誓。乃謁關人。（謁，告也。）	20/政理部/奉使/對/P480
13 *	《儀禮·聘禮》/P1048 下	《儀禮》曰：賓朝服立東西面，賈人北面坐拭圭。鄭玄注：賓，使者。拭，清之也。 賓朝服立于幕東，西面，介皆北面，東上。賈人北面，坐拭圭。（拭，清也。）	20/政理部/奉使/對/P480
14 *	《儀禮·聘禮》/P1049 中	《儀禮》曰：使者及館，展幣於賈人之館，如初。 及館，展幣於賈人之館，如初。	20/政理部/奉使/對/P480
15 *	《儀禮·聘禮》/P1053 中	（《儀禮》）又曰：賓入門左，公再拜，賓避，不答拜。 賓入門左。公再拜。賓辟，不答拜。	20/政理部/奉使/對/P480

序號	今本篇名、頁碼	《初學記》引文與原文	出處
16 *	《儀禮·聘禮》/P1054 上—中	(《儀禮》) 又：賈人東面坐啓櫝，取圭，垂繅。賓襲執圭。鄭玄注云：執圭，盛禮也，又畫飾，爲相致敬也。	20/政理部/奉使/對/P480
		賈人東面坐啓櫝，取圭，垂繅，不起而授上介。上介不襲，執圭，屈繅，授賓。賓襲，執圭。(執圭盛禮，而又盡飾，爲其相蔽敬也。)	
17 *	《儀禮·聘禮》/P1066 下	(《儀禮》) 又：君使卿皮弁，還玉於館。賓受圭，退負右旁南立。	20/政理部/奉使/對/P480
		君使卿皮弁，還玉于館。……賓自碑内聽命，升自西階，自左，南面受圭，退負右房而立。	
18 *	《儀禮·士虞禮》/P1174 上	《儀禮》曰：始虞用柔日。曰："哀子某，敢用潔牲剛鬣、薌合、嘉薦。"	13/禮部上/宗廟/對/P323
		始虞用柔日。曰："哀子某，哀顯相，夙興夜處不寧。敢用絜牲剛鬣、香合、嘉薦、普淖。"	
19 *	《儀禮·士昏禮》/P961 中—963 上	《儀禮》：婚有六禮：納采 (鄭玄注曰：將爲婚，必先媒通其言，乃後使人納其采擇之禮。用鴈爲摯，取其陰陽往來之義也)、問名 (鄭玄注曰：問名者，將婦，卜其吉凶)、納吉 (鄭玄注曰：卜於廟，得吉兆，復使往告，婚姻之事於是定也)、納徵 (《白虎通》曰："納徵用玄纁，不用鴈。")、請期 (鄭玄注曰：陽倡陰和，期日宜由夫家。卜得吉日，乃使人往辭之)、親迎。(其納采、問名、請期，並用鴈也。)	14/禮部下/婚姻/敍/P353
		下達，納采用鴈。(達，通也。將欲與彼合昏姻，必先使媒氏下通其言。女氏許之，乃後使人納其采擇之禮。用鴈爲摯者，取其順陰陽往來。) ……請問名 (問名者，將歸卜其吉凶。) ……納吉 (歸卜於廟，得吉兆，復使使者往告，昏姻之事於是定。) 納徵 (徵，成也。使使者納幣以成昏禮。用玄纁者，象陰陽備也。束帛，十端也。) ……請期。(陽倡陰和，期日宜由夫家來也。夫家必先卜之，得吉日，乃使使者往，辭即告之。)	

序號	今本篇名、頁碼	《初學記》引文與原文	出處
20 *	《儀禮·士昏禮》/P967 中 《禮記·昏義》/P1680 下	《昏禮》曰：壻執鴈而入，再拜奠鴈。壻出，御婦車，授綏，輪三周。共牢而食，合巹（謹）而酳（音澎）。又曰：婦人年十五許嫁，笄而禮之。	14/禮部下/婚姻/敘/P353
		壻執鴈入，揖讓升堂，再拜奠鴈，蓋親受之於父母也。降出，御婦車，而壻授綏，御輪三周，先俟于門外。婦至，壻揖婦以入，共牢而食，合巹而酳。//主人入，親說婦之纓。（婦人十五許嫁，笄而禮之。）	
21 *	《儀禮·燕禮》/P1024 上 《儀禮·大射》/P1044 上 《禮記·曲禮上》/P1240 上	《儀禮》曰：燕則庶子執燭於阼階上，司宮執燭於西階上，甸人執大燭於庭，閽人爲燭於門外。凡燭至，起（異晝夜）。	25/器物部/燭/敘/P616
		宵則庶子執燭於阼階上，司宮執燭於西階上，甸人執大燭於庭，閽人爲大燭於門外。//宵則庶子執燭於阼階上，司宮執燭於西階上，甸人執大燭於庭，閽人爲燭於門外。//燭至起（異晝夜）。	
22 *	《儀禮·鄉飲酒禮》/P984 中 《儀禮·聘禮》/P1072 中 《儀禮·士冠禮》/P952 下	《儀禮》曰：鄉飲酒，主人立于西階東，薦脯。使行，出祖，釋軷，祭脯。士冠，賓東面薦脯。	26/器物部/脯/敘/P641
		主人立于西階東，薦脯醢。//出祖，釋軷，祭酒脯。//賓東面荅拜。薦脯醢。	
23 *	《周禮·春官·大宗伯》/P762 上 《儀禮·士昏禮》/P961 中	《儀禮》曰：大夫執鴈，取其候時而行也。婚禮下達，納采用鴈。	30/鳥部/鴈/敘/P735
		大夫執鴈（鴈，取其候時而行。）//昏禮下達，納采用鴈。	
24		王肅《儀禮》曰：季冬大儺，旁磔雞，出土牛以送寒氣。即今之臘除逐疫、磔雞、葦絞、桃梗之屬。	4/歲時部下/臘/對/P84

续表

序號	今本篇名、頁碼	《初學記》引文與原文	出處
25		《儀禮》鄭玄注曰：醴，稻米酒也。	26/器物部/酒/ 敘/P633

《禮記》

序號	今本篇名、頁碼	《初學記》引文與原文	出處
1	《禮記·曲禮上》/P1230下	《禮記》曰：禮從宜，使從俗。鄭玄注云：事不可常也。晉士匄帥師侵齊，聞齊侯卒，乃還。《春秋》善之。	13/禮部上/總載禮/對/P315
2 *	《禮記·曲禮上》/P1230下	《禮記》曰：使從宜，禮從俗。 禮從宜，使從俗。	20/政理部/奉使/對/P480
3 *	《禮記·曲禮上》/P1231上	《曲禮》曰：夫禮者，所以定親疏，決嫌疑，別同異，明是非。道德仁義，非禮不成；教訓政俗，非禮不備；分爭辨訟，非禮不決；君臣上下，父子兄弟，非禮不定；宦學事師，非禮不親；班朝治軍，涖官行法，非禮威嚴不行；禱祠、祭祀，供給鬼神，非禮不誠不莊。 夫禮者，所以定親疏，決嫌疑，別同異，明是非也。禮不妄說人，不辭費。禮不踰節，不侵侮，不好狎。脩身踐言，謂之善行。行脩言道，禮之質也。禮聞取於人，不聞取人。禮聞來學，不聞往教。道德仁義，非禮不成。教訓正俗，非禮不備。分爭辨訟，非禮不決。君臣上下、父子兄弟，非禮不定。宦學事師，非禮不親。班朝治軍，涖官行法，非禮威嚴不行。禱祠、祭祀，供給鬼神，非禮不誠不莊。	13/禮部上/總載禮/敘/P314
4	《禮記·曲禮上》/P1231中	（《禮記》）又曰：道德仁義，非禮不成。	13/禮部上/總載禮/對/P315
5	《禮記·曲禮上》/P1231中	《禮記》曰：君臣上下，父子兄弟，非禮不定。	13/禮部上/總載禮/對/P315

序號	今本篇名、頁碼	《初學記》引文與原文	出處
6*	《禮記·曲禮上》/P1232上	《禮記》曰：二十而弱冠。	14/禮部下/冠/敍/P352
		二十曰弱，冠。	
7*	《禮記·曲禮上》/P1233上	賜也者，命也（見鄭玄《禮記注》）。	20/政理部/賞賜/敍/P471
		三賜不及車馬。（鄭注：三賜，三命也。）	
8*	《禮記·曲禮上》/P1238中	大夫士出入君門，由闑右。不踐閾。凡與客入者，每門讓於客。客至於寢門，則主人請入爲席。主人入門而右，客入門而左（見《禮記》）。	24/居處部/門/敍/P582
		大夫士出入君門，由闑右。不踐閾。凡與客入者，每門讓於客。客至於寢門，則主人請入爲席。然後出迎客，客固辭，主人肅客而入。主人入門而右，客入門而左。	
9	《禮記·曲禮上》/P1239上	禮，堂上接武，堂下布武（武，迹也。見《禮記》）。	24/居處部/堂/敍/P577
10*	《禮記·曲禮上》/P1239下	《禮記》曰：凡講間席間函杖。函，容也。容杖，足以指畫。	18/人部中/師/對/P432
		若非飲食之客，則布席，席間函丈。（謂講問之客也。函猶容也。講問宜相對。容丈，足以指畫也。）	
11*	《禮記·曲禮上》/P1240上	《禮記》曰：燭不見跋。（跋，本也。燭盡則去之，爲嫌若燼多有厭倦。）	25/器物部/燭/敍/P616
		燭不見跋。（跋，本也。燭盡則去之，嫌若燼多有厭倦。）	
12*	《禮記·曲禮上》/P1240下	《禮記》曰：嚮長者而屨，跪而遷屨，俯而納屨。	26/器物部/屨/對/P629
		鄉長者而屨，跪而遷屨，俯而納屨。	
13*	《禮記·曲禮上》/P1241上	《禮記》曰：男女非有行媒，不相知名。（鄭玄曰：媒之言謀也，謀合異類，使和成也。）	14/禮部下/婚姻/敍/P354
		男女非有行媒，不相知名。（見媒往來傳昏姻之言，乃相知姓名。）	

序號	今本篇名、頁碼	《初學記》引文與原文	出處
14 *	《禮記·曲禮上》/P1241 上	《禮記》曰：娶妻，爲酒食以召鄉黨僚友，以厚其別。 爲酒食以召鄉黨僚友，以厚其別也。	14/禮部下/婚姻/對/P354
15	《禮記·曲禮上》/P1242 上	《禮記》曰：以脯脩置者，左胊右末。鄭玄注曰：屈中曰胊。	26/器物部/脯/對/P642
16 *	《禮記·曲禮上》/P1242 下	《禮記》曰：毋摶飯，毋放飯，毋揚飯。 毋摶飯，毋放飯，毋流歠，毋咤食，毋齧骨，毋反魚肉，毋投與狗骨，毋固獲，毋揚飯。	26/器物部/飯/敘/P637
17	《禮記·曲禮上》/P1242 下	《禮記》曰：濡肉齒決，乾肉不齒決。	26/器物部/肉/敘/P639
18	《禮記·曲禮上》/P1243 下	《禮記》曰：爲天子削瓜者，副之，巾以絺（副，析也。既削，又四析之，乃横斷之，而巾覆焉）；爲國君者華之，巾以綌（華，中裂也，不四析也）；爲大夫累之（累，倮也，謂不巾覆也）；士疐之（不中裂，横斷去疐而已）；庶人齕之（不横斷）。	28/果木部/瓜/敘/P684
19 *	《禮記·曲禮上》/P1244 上	《禮記》曰：獻車馬執綏，獻馬者執靮，獻人虜者操右袂，執琴瑟者上左手，獻几者拂之，獻杖者執其末，此其制也。 獻車馬者執策綏，獻甲者執胄，獻杖者執末，獻民虜者操右袂，獻粟者執右契，獻米者操量鼓，獻孰食者操醬齊，獻田宅者操書致。	20/政理部/貢獻/敘/P474
20 *	《禮記·曲禮上》/P1244 上—1252 下	《禮記》曰：獻車馬者執策綏，君車將駕，則僕執策立於馬前。則其事也。 獻車馬者執策綏，……君車將駕，則僕執策立於馬前。	22/武部/鞭/敘/P539
21	《禮記·曲禮上》/P1250 上	《曲禮》曰：史載筆，士載言。	21/文部/史傳/敘/P502
22	《禮記·曲禮上》/P1250 上	《曲禮》云：史載筆，士載言。	21/文部/筆/敘/P514

序號	今本篇名、頁碼	《初學記》引文與原文	出處
23 *	《禮記·曲禮上》/P1250上	《禮記》曰：前有水，則載青旌。鄭玄注曰：載，所謂舉於旌首，所以警衆者也。	22/武部/旌旗/對/P524
		前有水，則載青旌。（載，謂舉於旌首，以警衆也。）	
24 *	《禮記·曲禮上》/P1250上	《禮記》曰：前有塵埃，則載鳴鳶。鄭注曰：鳶，謂舉鳶鴟也。鴟鳴則風生。	1/天部上/風/對/P17
		前有塵埃，則載鳴鳶。（鳶鳴則將風。）	
25 *	《禮記·曲禮上》/P1250上	《禮記》曰：行，前朱雀而後玄武，左青龍而右白虎，招搖在上，急繕其怒。注曰：以此四獸爲軍陳，象天也。畫招搖星於旌旗上，以起居圉勁，軍之威怒。	22/武部/旌旗/對/P524
		行，前朱鳥而後玄武，左青龍而右白虎，招搖在上，急繕其怒。（以此四獸爲軍陳，象天也。急猶堅也。繕讀曰勁。又畫招搖星於旌旗上，以起居堅勁，軍之威怒象天帝也。）	
26 *	《禮記·曲禮上》/P1252中	《禮記》曰：龜爲卜，蓍爲筮。	20/政理部/卜/敘/P486
		龜爲卜，筴爲筮。	
27 *	《禮記·曲禮上》/P1252中	《禮記》曰：卜筮者，先聖王之所以使人信時日，敬鬼神，畏法令，決嫌疑，定猶豫也。	20/政理部/卜/敘/P487
		卜筮者，先聖王之所以使民信時日，敬鬼神，畏法令也。所以使民決嫌疑，定猶與也。	
28 *	《禮記·曲禮上》/P1252中	《禮記》曰：卜筮者，先聖王所以使人信時日，敬鬼神，畏法令。	20/政理部/卜/對/P488
		卜筮者，先聖王之所以使民信時日，敬鬼神，畏法令也。	
29 *	《禮記·曲禮上》/P1253中	《禮記》曰：大夫士下公門，式路馬。乘路馬，必朝服。步路馬，必中道。蹍路馬芻，有誅。	29/獸部/馬/敘/P701
		大夫士下公門，式路馬。乘路馬，必朝服。載鞭策，不敢授綏，左必式。步路馬，必中道。以足蹍路馬芻有誅，齒路馬有誅。	

序號	今本篇名、頁碼	《初學記》引文與原文	出處
30	《禮記·曲禮下》/P1256 上	（《禮記》）又曰：主佩倚則臣佩垂，主佩垂則臣佩委。	26/器物部/佩/敘/P628
31 *	《禮記·曲禮下》/P1265 中	《禮記》曰：天子當宸而立，諸侯北面而見天子，曰覲。天子當宁而立，諸公東面，諸侯西面，曰朝。	9/帝王部/總敘帝王/對/P203
		天子當依而立，諸侯北面而見天子，曰覲。天子當宁而立，諸公東面，諸侯西面，曰朝。	
32 *	《禮記·曲禮下》/P1265 中	《禮記》曰：天子當宸而立。（鄭玄注云：宸，屏風。）	25/器物部/屏風/敘/P599
		天子當依而立。	
33	《禮記·曲禮下》/P1267 上	《禮記》曰：天子穆穆，諸侯皇皇。	9/帝王部/總敘帝王/對/P204
34	《禮記·曲禮下》/P1267 上	《禮記》曰：天子穆穆，諸侯皇皇。	9/帝王部/總敘帝王/對/P204
35 *	《禮記·曲禮下》/P1268 中	《禮記》云：井與門、户、竈、中霤，爲五祀。	7/地部下/井/敘/P153
		鄭注曰：五祀，户、竈、中霤、門、行也。	
36	《禮記·曲禮下》/P1268 下	（《禮記》）又曰：天子以犧牛，諸侯以肥牛，大夫以索牛。	29/獸部/牛/敘/P706
37 *	《禮記·曲禮下》/P1269 上	《禮記》曰：凡祭宗廟之禮，牛曰一元大武，豕曰剛鬣，豚曰腯肥，羊曰柔毛，雞曰翰音，犬曰羹獻，雉曰疏趾，兔曰明視，脯曰尹祭，槀魚曰商祭，鱻魚曰脡祭，水曰清滌，酒曰清酌，黍曰薌合，粱曰薌萁，稷曰明粢，稻曰嘉疏，韭曰豐本，鹽曰鹹醝，玉曰嘉玉，幣曰量幣。	13/禮部上/宗廟/敘/P323
		凡祭宗廟之禮，牛曰一元大武，豕曰剛鬣，豚曰腯肥，羊曰柔毛，雞曰翰音，犬曰羹獻，雉曰疏趾，兔曰明視，脯曰尹祭，槀魚曰商祭，鮮魚曰脡祭，水曰清滌，酒曰清酌。黍曰薌合，粱曰薌萁，稷曰明粢，稻曰嘉疏，韭曰豐本，鹽曰鹹醝。玉曰嘉玉，幣曰量幣。	

序號	今本篇名、頁碼	《初學記》引文與原文	出處
38 *	《禮記·曲禮下》/P1269 上	《禮記》曰：凡祭宗廟之禮，羊曰柔毛。 凡祭宗廟之禮，牛曰一元大武，豕曰剛鬣，豚曰腯肥，羊曰柔毛。	29/獸　部/羊/敘/P709
39 *	《禮記·曲禮下》/P1269 上	《禮記》曰：凡祭宗廟之禮，羊曰柔毛。 凡祭宗廟之禮，牛曰一元大武，豕曰剛鬣，豚曰腯肥，羊曰柔毛。	29/獸　部/羊/對/P710
40 *	《禮記·曲禮下》/P1269 上	《禮記》曰：凡祭祀之禮，豕曰剛鬣。 凡祭宗廟之禮，牛曰一元大武，豕曰剛鬣。	29/獸　部/豕/敘/P711
41 *	《禮記·曲禮下》/P1269 上	《禮記》曰：凡祭祀之禮，豕曰剛鬣，豚曰腯肥。 凡祭宗廟之禮，牛曰一元大武，豕曰剛鬣，豚曰腯肥。	29/獸　部/豕/對/P711
42 *	《禮記·曲禮下》/P1269 上	《禮記》曰：祭宗廟之禮，兔曰明視。 凡祭宗廟之禮，牛曰一元大武，豕曰剛鬣，豚曰腯肥，羊曰柔毛，雞曰翰音，犬曰羹獻，雉曰疏趾，兔曰明視。	29/獸　部/兔/敘/P716
43 *	《禮記·曲禮下》/P1269 上	《禮記》曰：祭宗廟之禮，雞曰翰音。 凡祭宗廟之禮，牛曰一元大武，豕曰剛鬣，豚曰腯肥，羊曰柔毛，雞曰翰音。	30/鳥　部/雞/敘/P728
44 *	《禮記·曲禮下》/P1269 上	《禮記》曰：祭宗廟之禮，粱曰薌萁。 凡祭宗廟之禮，牛曰一元大武，豕曰剛鬣，豚曰腯肥，羊曰柔毛，雞曰翰音，犬曰羹獻，雉曰疏趾，兔曰明視，脯曰尹祭，稾魚曰商祭，鮮魚曰脡祭，水曰清滌，酒曰清酌。黍曰薌合，粱曰薌萁。	27/寶器部（花草附）/五穀/對/P663
45 *	《禮記·曲禮下》/P1269 上	《禮記》曰：稻曰嘉疏。 稻曰嘉蔬。	27/寶器部（花草附）/五穀/敘/P660
46	《禮記·曲禮下》/P1269 上	《禮記》曰：黍曰薌合。	27/寶器部（花草附）/五穀/敘/P660

续表

序號	今本篇名、頁碼	《初學記》引文與原文	出處
47*	《禮記·曲禮下》/P1270 中	《禮記》曰：婦人之贄，棋、榛、脯、脩、棗、栗。	28/果木部/棗/敘/P676
		婦人之摯，棋、榛、脯、脩、棗、栗。	
48*	《禮記·曲禮下》/1270 中	婦人之贄，脯、脩、棗、栗。	28/菓木部/棗/敘/嚴陸異 P8
		婦人之摯，棋、榛、脯、脩、棗、栗。	
49*	《禮記·曲禮下》/P1270 下	《禮記》曰：納女，於天子曰備百姓，於國君曰備酒漿，於大夫曰備掃灑。鄭注云：納女猶致女也。壻不親迎，則女之家遣人致之，此其辭也。姓之言生也。	14/禮部下/婚姻/對/P355
		納女，於天子曰備百姓，於國君曰備酒漿，於大夫曰備埽灑。（納女猶致女也。壻不親迎，則女之家遣人致之，此其辭也。姓之言生也。）	
50*	《禮記·檀弓上》/P1275 下	《禮記》曰：有虞氏瓦棺，夏后氏堲周（堲，子逸反），殷人棺槨，周人牆置翣。	14/禮部下/死喪/敘/P357
		有虞氏瓦棺，夏后氏堲周，殷人棺椁，周人牆置翣。	
51*	《禮記·檀弓上》/P1281 上	《禮記》曰：古之人有言曰：狐死正首邱，仁也。	29/獸部/狐/對/P717
		古之人有言曰：狐死正丘首。仁也。	
52*	《禮記·檀弓上》/P1282 下	《禮記》曰：子夏哭其子而喪其明。曾子弔之，曰："吾與汝事夫子於洙泗之間，退而老於西河之上，使西河之人疑汝於夫子，其罪一也"。鄭玄注曰：言其不稱師也。	18/人部中/師/對/P433
		子夏喪其子而喪其明。曾子弔之，曰："吾聞之也，朋友喪明則哭之。"曾子哭，子夏亦哭，曰："天乎，予之無罪也！"曾子怒曰："商！女何無罪也？吾與女事夫子於洙、泗之間，退而老於西河之上，使西河之民，疑女於夫子，爾罪一也。"（言其不稱師也。）	

序號	今本篇名、頁碼	《初學記》引文與原文	出處
53 *	《禮記·檀弓上》/P1282 下	《禮記》曾子謂子夏曰："吾與汝事夫子於洙泗之間。"	8/州郡部/河南道/對/P170
		吾與女事夫子於洙、泗之間。	
54 *	《禮記·檀弓上》/P1283 上	《禮記·檀弓》曰：孔子之衛，遇舊館人之喪，入而哭之，哀。出，使子貢說驂而賻之。鄭玄注曰：賻，助喪用也。駢馬曰驂。	14/禮部下/死喪/對/P358
		孔子之衛，遇舊館人之喪，入而哭之哀。出，使子貢說驂而賻之。（賻，助喪用也。駢馬曰驂。）	
55	《禮記·檀弓上》/P1284 中	（《禮記》）又曰：孔子之喪，公西赤爲志焉。飾棺牆、置翣、設披，周也；設崇，殷也；綢練設旐，夏也。	14/禮部下/葬/對/P361
56	《禮記·檀弓上》/P1290 上	《禮記·檀弓》：有子曰："夫子制於中都，四寸之棺，五寸之槨，以斯知不欲速朽也。"	14/禮部下/葬/對/P361
57 *	《禮記·檀弓上》/P1292 上	《禮記》曰：葬也者，藏也。藏也者，欲人弗得見也。	14/禮部下/葬/敘/P359
		葬也者，藏也。藏也者，欲人之弗得見也。	
58 *	《禮記·檀弓上》/P1292 上	《禮記》曰：孔子之喪，有自燕來觀者，舍於子夏氏。子夏曰："聖人之葬人，與人之葬聖人也，子何觀焉？昔夫子言曰：'吾見封之若堂者矣，見若防者矣，見若覆夏屋者矣，見若釜者矣。吾從若釜者焉。'馬鬣封之謂也。"	14/禮部下/葬/對/P360
		孔子之喪，有自燕來觀者，舍於子夏氏。子夏曰："聖人之葬人，與人之葬聖人也，子何觀焉？昔者夫子言之曰：'吾見封之若堂者矣，見若坊者矣，見若覆夏屋者矣，見若斧者矣。從若斧者焉。'馬鬣封之謂也。"	

序號	今本篇名、頁碼	《初學記》引文與原文	出處
59	《禮記·檀弓下》/P1305 中	《禮記》曰：智悼子卒，未葬。平公飲酒，師曠、李調侍，鼓鐘。杜蕢自外來，聞鐘聲，曰："安在？"曰："在寢。"杜蕢入寢，歷階而升，酌，曰："曠飲斯。"又酌，曰："調飲斯。"又酌，堂上北面坐飲之。	16/樂 部 下/鐘/對/P397
60 *	《禮記·檀弓下》/P1309 下	《禮記》曰：公叔文子卒，其子戍請謚於君。君曰："昔衛國有難，夫子以死衛寡人，不亦貞乎？" 公叔文子卒，其子戍請謚於君，曰："日月有時，將葬矣。請所以易其名者？"君曰："昔者衛國凶饑，夫子爲粥與國之餓者，是不亦惠乎？昔者衛國有難，夫子以其死衛寡人，不亦貞乎？"	17/人 部 上/忠/對/P417
61 *	《禮記·檀弓下》/P1310 上	《禮記》曰：子路曰："傷哉，貧也！生無以養，死無以爲禮也。"孔子曰："啜菽飲水，盡其歡，斯之謂孝。" 子路曰："傷哉，貧也！生無以爲養，死無以爲禮也。"孔子曰："啜菽飲水，盡其歡，斯之謂孝。"	17/人 部 上/孝/對/P420
62 *	《禮記·檀弓下》/P1310 上	子路曰："傷哉貧也，生無以爲養。"子曰："歠菽飲水，以盡其歡，斯之謂孝。" 子路曰："傷哉，貧也！生無以爲養，死無以爲禮也。"孔子曰："啜菽飲水，盡其歡，斯之謂孝。"	18/人 部 中/貧/對/P445
63 *	《禮記·檀弓下》/P1310 中	《檀弓》又曰：衛有太史曰柳莊，寢疾。公曰："若疾革，雖當祭，必告。"公再拜稽首，請于尸曰："有臣柳莊也者，非寡人之臣，社稷之臣也。聞之死，請往。"不釋服而往，遂以襚之。鄭玄注曰：不脫君祭服以襚臣，親賢也。 衛有大史曰柳莊，寢疾。公曰："若疾革，雖當祭必告。"公再拜稽首，請於尸曰："有臣柳莊也者，非寡人之臣，社稷之臣也。聞之死，請往。"不釋服而往，遂以襚之。（脫君祭服以襚臣，親賢也。）	14/禮部下/死喪/對/P358

续表

序號	今本篇名、頁碼	《初學記》引文與原文	出處
64 *	《禮記·檀弓下》/P1313 中	甲衣謂之櫜（見《禮記》）。	22/武　部/甲/敘/P535
		赴車不載櫜韔。（鄭注曰：櫜，甲衣。）	
65 *	《禮記·檀弓下》/P1316 下	《檀弓》：范有冠而蟬有綏。	30/蟲　部/蟬/敘/嚴陸異 P9
		范則冠而蟬有綏。	
66 *	《禮記·王制》/P1328 中	《禮記》曰：王者巡狩，必觀諸侯，問百年。太師陳詩，以觀民之風俗。命市納賈，以觀民之好惡。	13/禮部上/巡狩/敘/P330
		歲二月，東巡守，至于岱宗。柴而望，祀山川。覲諸侯，問百年者就見之。命大師陳詩，以觀民風。命市納賈，以觀民之所好惡。	
67 *	《禮記·王制》/P1328 中	《禮記》曰：命太師陳詩，以觀民風。	9/帝王部/總敘帝王/對/P206
		命大師陳詩，以觀民風。	
68 *	《禮記·王制》/P1328 中	《禮記》曰：命太師陳詩，以觀民風。鄭玄注：陳詩，爲采其一詩而視之。	13/禮部上/巡狩/對/P330
		命大師陳詩，以觀民風。（陳詩，謂采其詩而視之。）	
69 *	《禮記·王制》/P1332 中	《禮記》曰：天子無事，與諸侯相見曰朝。（事謂征伐之事。）	14/禮部下/朝會/敘/P344
		天子無事，與諸侯相見曰朝。（事謂征伐。）	
70 *	《禮記·王制》/P1332 中	《禮記》曰：天子賜諸侯樂，則以柷將之；賜伯子男樂，則以鼗將之（將，謂執以致命）。諸侯賜弓矢然後征，賜鈇鉞然後殺，賜珪瓚然後鬯。	20/政理部/賞賜/敘/P472
		天子賜諸侯樂，則以柷將之。賜伯子男樂，則以鼗將之。（將，謂執以致命。柷、鼗皆所以節樂。）諸侯賜弓矢，然後征。賜鈇鉞，然後殺。賜圭瓚，然後爲鬯。	
71 *	《禮記·王制》/P1332 下	《禮記》曰：天子曰辟雍，諸侯曰頖（音判）宮。	13/禮部上/明堂/敘/P327
		天子曰辟廱，諸侯曰頖宮。	

序號	今本篇名、頁碼	《初學記》引文與原文	出處
72 *	《禮記·王制》/P1333 上	《禮記》曰：天子將出征，宜于社。鄭玄注：宜，祭名也。	13/禮部上/祭祀/對/P318
		天子將出征，類乎上帝，宜乎社，造乎禰，禡於所征之地。（類、宜、造，皆祭名。）	
73 *	《禮記·王制》/P1333 中	《禮記》曰：古者天子諸侯无事，則歲三田：一爲乾豆，二爲賓客，三爲充君之庖。无事而不田，曰不敬。田不以禮，曰暴天物。天子不合圍，諸侯不掩羣。天子殺則下大綏，諸侯殺則下小綏，大夫殺則止佐車，佐車止則百姓田獵。獺祭魚，然後虞人入澤梁。豺祭獸，然後田獵。鳩化爲鷹，然後設罻羅。草木零落，然後入山林。昆蟲未蟄，不以火田。不麑，不卵，不殺胎，不殀夭，不覆巢。	22/武部/獵/敘/P540
		天子諸侯無事，則歲三田，一爲乾豆，二爲賓客，三爲充君之庖。無事而不田，曰不敬。田不以禮，曰暴天物。天子不合圍，諸侯不掩羣。天子殺則下大綏，諸侯殺則下小綏。大夫殺則止佐車。佐車止則百姓田獵。獺祭魚，然後虞人入澤梁。豺祭獸，然後田獵。鳩化爲鷹，然後設罻羅。草木零落，然後入山林。昆蟲未蟄，不以火田。不麑，不卵，不殺胎，不殀夭。不覆巢。	
74 *	《禮記·王制》/P1333 中	梁者，以木絕水取魚（見鄭玄《禮記注》）。	22/武部/漁/敘/P544
		然後虞人入澤梁。（鄭注曰：梁，絕水取魚者。）	
75 *	《禮記·王制》/P1336 上	《禮記》曰：天子祭名山大川，五岳視三公。鄭玄注曰：視者，牲器之數。	5/地部上/總載山/對/P92
		天子祭天下名山大川，五嶽視三公，四瀆視諸侯。（視，視其牲器之數。）	
76	《禮記·王制》/P1337 上	《禮記》曰：庶人春薦韭，夏薦麥，秋薦黍，冬薦稻。	27/寶器部（花草附）/五穀/對/P662

序號	今本篇名、頁碼	《初學記》引文與原文	出處
77 *	《禮記·王制》/P1338上	《禮記》曰：司空執度度地。鄭玄曰：司空，冬官卿，掌邦事也。	11/職官部上/太尉司徒司空/對/P256
		司空執度度地。（司空，冬官卿，掌邦事者。）	
78 *	《禮記·王制》/P1342上	（《禮記》）又曰：司徒修六禮以節民性。	11/職官部上/太尉司徒司空/對/P256
		司徒脩六禮以節民性。	
79 *	《禮記·王制》/P1342上	《禮記》曰：司徒明七教以興民德。	11/職官部上/太尉司徒司空/對/P256
		司徒脩六禮以節民性，明七教以興民德。	
80 *	《禮記·王制》/P1342上	《禮記》曰：司徒齊八政以防淫。	11/職官部上/太尉司徒司空/對/P256
		司徒脩六禮以節民性，明七教以興民德，齊八政以防淫。	
81 *	《禮記·王制》/P1342上	《禮記》曰：樂正崇四術，立四教，順先王《詩》、《書》、《禮》、《樂》以造士。王太子、王子，群后之太子，卿大夫、元士之適子，國之俊選，皆造焉。	10/儲宮部/皇太子/對/P231
		樂正崇四術，立四教。順先王《詩》、《書》、《禮》、《樂》以造士。春秋教以《禮》、《樂》，冬夏教以《詩》、《書》。王大子、王子、羣后之大子，卿大夫、元士之適子，國之俊選，皆造焉。	
82 *	《禮記·王制》/P1342上	（《禮記》）又曰：王太子、王子，群后之太子，卿大夫、元士之適子，凡入學以齒。	10/儲宮部/皇太子/對/P232
		王大子、王子、羣后之大子，卿大夫、元士之適子，國之俊選，皆造焉。凡入學以齒。	
83 *	《禮記·王制》/P1344上	《禮記》曰：關執禁以譏，禁異服，識異言。鄭玄注：譏，呵察之也。	7/地部下/關/對/P161
		關執禁以譏，禁異服，識異言。（關，竟上門。譏，呵察。）	
84 *	《禮記·王制》/P1344上	鄭玄注《禮記》曰：關，境上門也。	7/地部下/關/敘/P159
		關執禁以譏。（關，竟上門。）	

序號	今本篇名、頁碼	《初學記》引文與原文	出處
85	《禮記·王制》/P1346下	《禮·王制》曰：夏后氏收而祭，燕衣而養老。殷人冔而祭，縞衣而養老。	26/器物部/冠/對/P622
86	《禮記·王制》/P1347中	《禮記》：道路，男子由右，婦人由左，車從中央。	24/居處部/道路/敘/P589
87*	《禮記·月令》/P1352下—1356下	《禮記·月令》曰：孟春之月，日在虛，昏昴中，曉心中（孟，長也。日月之行，一歲十二會。觀斗所建，命其四時。孟春，日月會於娵訾，而斗建寅）。其日甲乙，其帝太皥，其神勾芒（鄭玄曰：此蒼精之君，木官之臣。自古以來，著德立功者，太皥、宓羲也。勾芒，少皥氏之子，曰重，爲木官），律中太簇（倉豆反。律，候氣之管，以銅爲之。中猶應也。高誘注曰：萬物動生，簇地而出，故曰太簇）。東風解凍，蟄蟲始振（振，動也），魚上冰，獺祭魚，鴻鴈來（此皆記時候）。天氣下降，地氣上騰，天地和同，草木萌動（此陽氣蒸運，可耕之候）。	3/歲時部上/春/敘/P43
		孟春之月，日在營室，昏參中，旦尾中。（孟，長也。日月之行，一歲十二會……觀斗所建，命其四時。此云孟春者，日月會於諏訾，而斗建寅之辰也。）其日甲乙。其帝大皥，其神句芒。（此蒼精之君，木官之臣，自古以來，著德立功者也。大皥，宓戲氏。句芒，少皥氏之子，曰重，爲木官。）其蟲鱗。其音角。律中大蔟。（律，候氣之管，以銅爲之。中猶應也。）其數八。其味酸，其臭羶。其祀戶，祭先脾。東風解凍，蟄蟲始振，魚上冰，獺祭魚，鴻鴈來。（振，動也。）……是月也，天氣下降，地氣上騰，天地和同，草木萌動。（此陽氣蒸達，可耕之候也。）	
88*	《禮記·月令》/P1352下—1355上	《禮記》：孟春之月，鴻鴈來。	3/歲時部上/春/對/P45
		孟春之月……鴻鴈來。	

续表

序號	今本篇名、頁碼	《初學記》引文與原文	出處
89 *	《禮記·月令》/P1352下—1355上	《禮記》曰：正月鴻鴈來。來，歸也。北有鴈門，故曰歸鴈。	3/歲時部上/春/對/P45
		孟春之月……鴻鴈來。	
90 *	《禮記·月令》/P1352下—1383下	《禮記》曰：孟春之月，鴻鴈來。季秋之月，鴻鴈來賓。季冬之月，鴈北鄉。	30/鳥部/鴈/敘/P735
		孟春之月……鴻鴈來……季秋之月……鴻鴈來賓……季冬之月……鴈北鄉。	
91 *	《禮記·月令》/P1352下—1356中	《禮記》曰：孟春之月，天子躬耕帝藉。蔡邕曰：天子藉田千畝，以供上帝之粢盛。借人力以成其功，故曰帝藉。	3/歲時部上/春/對/P45
92 *	《禮記·月令》/P1352下—1355中	《禮記》曰：孟春之月，天子居青陽左介，乘青輅，駕蒼龍。	3/歲時部上/春/對/P45
		孟春之月，……天子居青陽左个，乘鸞路，駕倉龍。	
93 *	《禮記·月令》/P1352下—1356中	《禮記》曰：孟春之月，擇元辰，天子親載耒耜，帥三公、九卿、諸侯、大夫躬耕藉田。	3/歲時部上/春/對/P46
		孟春之月……乃擇元辰，天子親載耒耜，措之于參保介之御間，帥三公、九卿、諸侯、大夫躬耕帝藉。	
94 *	《禮記·月令》/1352下—1356中	《禮記》曰：孟春之月，天子親載耒耜，躬耕籍田。天子三推，公五推，卿諸侯九推。	14/禮部下/籍田/對/P339
		孟春之月……天子親載耒耜，措之于參保介之御間，帥三公、九卿、諸侯、大夫躬耕帝藉。天子三推，三公五推，卿諸侯九推。	
95 *	《禮記·月令》/P1355下	《禮記》曰：立春之月，天子迎春於東郊。布德和令，行慶施惠，下及兆民。	3/歲時部上/春/對/P45
		立春之日，天子親帥三公、九卿、諸侯、大夫，以迎春於東郊。還反，賞公、卿、諸侯、大夫於朝。命相布德和令，行慶施惠，下及兆民。	

序號	今本篇名、頁碼	《初學記》引文與原文	出處
96 *	《禮記·月令》/P1356 中	《禮記》曰：乃擇元辰，天子親載耒耜，置之車右，公、卿、諸侯、大夫躬耕藉田。注云：元辰，蓋郊後吉辰也。耒耜，農器也。 乃擇元辰，天子親載耒耜，措之于參保介之御間，帥三公、九卿、諸侯、大夫躬耕帝藉。天子三推，三公五推，卿諸侯九推。（元辰，蓋郊後吉辰也。）	14/禮部下/籍田/對/P340
97 *	《禮記·月令》/P1361 上—中	《禮記》曰：孟春之月，命有司省囹圄，去桎梏，止獄訟。 仲春之月……命有司，省囹圄，去桎梏，毋肆掠，止獄訟。	20/政理部/獄/對/P493
98 *	《禮記·月令》/P1361 上—1362 上	《禮記》曰：仲春之月，脩闔扇。 仲春之月……是月也，耕者少舍，乃脩闔扇。	24/居處部/門/對/P583
99 *	《禮記·月令》/P1361 上—1362 中	《禮記》曰：仲春之月，天子乃獻羔開冰，先薦寢廟。 仲春之月……天子乃鮮羔開冰，先薦寢廟。	3/歲時部上/春/對/P45
100 *	《禮記·月令》/P1362 中	《禮記》曰：天子乃獻羔開冰，先薦寢廟。上丁，命樂正習舞，釋菜，天子乃率三公、九卿、諸侯、大夫親往視之。鄭玄注：樂正，樂官之長。命舞者，順萬物始出地鼓舞也。將舞，必釋奠先師以禮也。 天子乃鮮羔開冰，先薦寢廟。上丁，命樂正習舞，釋菜。（樂正，樂官之長也。命習舞者，順萬物始出地鼓舞也。將舞，必釋菜於先師以禮之。）天子乃帥三公、九卿、諸侯、大夫親往視之。	14/禮部下/釋奠/對/P343
101 *	《禮記·月令》/P1363 上	《禮記》曰：季春之月，萍始生。 季春之月……萍始生。	27/賓器部（花草附）/萍/敘/P668

序號	今本篇名、頁碼	《初學記》引文與原文	出處
102 *	《禮記·月令》/P1363上—中	《禮記》曰：季春之月，天子乃爲麥祈實。鄭玄注曰：於含秀求其成也。	3/歲時部上/春/對/P46
		季春之月……天子始乘舟，薦鮪于寢廟，（進美物。）乃爲麥祈實。（於含秀求其成也。）	
103 *	《禮記·月令》/P1363上—下	《禮記》曰：季春之月，鳴鳩拂其羽。	3/歲時部上/春/對/P45
		季春之月……鳴鳩拂其羽。	
104 *	《禮記·月令》/P1363下	《禮記》曰：后妃躬桑。蠶事既登，分繭秤絲，以供郊廟之服。	14/禮部下/親蠶/對/P342
		后妃齊戒，親東鄉躬桑，禁婦女毋觀，省婦使，以勸蠶事。蠶事既登，分繭稱絲效功，以共郊廟之服。	
105 *	《禮記·月令》/P1363上—下	《禮記》曰：季春之月，蠶事既登，分繭秤絲效功，以供宗廟之服。	3/歲時部上/春/對/P45
		季春之月……蠶事既登，分繭稱絲效功，以共郊廟之服。	
106	《禮記·月令》/P1363上—1364上	《禮記》曰：季春之月，審五庫之量。	24/居處部/庫藏/敘/P580
		季春之月……審五庫之量。	
107 *	《禮記·月令》/P1364下—1365中	《禮記·月令》曰：孟夏之月，日在昴，昏翼中，曉牽牛中（鄭玄注曰：孟夏者，日月會於實沉，而斗建巳之辰）。其日丙丁（丙之言炳也，萬物皆炳然著見而强大），其帝炎帝，其神祝融（此赤精之君，火官之臣。炎帝，大庭氏也。祝融，顓頊氏之子，曰黎，爲火官正者）。律中仲呂（高誘注曰：陽散在外，陰實在中，所以旅陽成功，故曰仲呂也）。螻蟈鳴，蚯蚓出，王瓜生，苦菜秀（螻蟈，蛙也。王瓜，萆挈也。高誘曰：螻蟈，蝦蟆也。萆，蒲結反）。靡草死，麥秋至，斷薄刑，決小罪（靡草，薺葶藶之屬）。	3/歲時部上/夏/敘/P49

序號	今本篇名、頁碼	《初學記》引文與原文	出處
		孟夏之月，日在畢，昏翼中，旦婺女中。（孟夏者，日月會於實沈，而斗建巳之辰。）其日丙丁。（丙之言炳也。……時萬物皆炳然著見而強大。）其帝炎帝，其神祝融。（此赤精之君，火官之臣，自古以來，著德立功者也。炎帝，大庭氏也。祝融，顓頊氏之子，曰黎，爲火官。）其蟲羽。其音徵，律中中呂。螻蟈鳴，蚯蚓出，王瓜生，苦菜秀。（皆記時候也。螻蟈，蛙也。王瓜，菁挈也。今《月令》云"王菁生"，《夏小正》云"王萯秀"，未聞孰是。）……靡草死，麥秋至，斷薄刑，決小罪。（舊説云靡草，薺亭歷之屬。）	
108 *	《禮記·月令》/P1364上—1365上	《禮記》：孟夏之月，天子居明堂左个，乘朱輅。	3/歲時部上/夏/對/P50
		孟夏之月……天子居明堂左个，乘朱路。	
109 *	《禮記·月令》/P1364上—1365中	《禮記》曰：孟夏，麥秋至，斷薄刑。	3/歲時部上/夏/對/P50
		孟夏之月……麥秋至，斷薄刑。	
110 *	《禮記·月令》/P1364上—1365下	《禮記》曰：孟夏之月，蠶事既畢，后妃獻繭于天子。	10/中宮部/皇后/對/P221
		孟夏之月……蠶事畢，后妃獻繭。	
111 *	《禮記·月令》/P1365下	（《禮記》）又曰：后妃獻蠒，乃收蠒稅，以桑爲均，貴賤長幼如一，以給郊廟之服。	14/禮部下/親蠶/對/P342
		后妃獻繭，乃收繭稅，以桑爲均，貴賤長幼如一，以給郊廟之服。	
112 *	《禮記·月令》/P1369上	《禮記》：仲夏之月，鵙始鳴。	3/歲時部上/夏/對/P50
		仲夏之月……鵙始鳴。	
113 *	《禮記·月令》/P1369上—1373上	《禮記·月令》曰：仲夏之月蜩始鳴，季秋之月寒蟬鳴。	30/蟲部/蟬/敘/嚴陸異 P9
		仲夏之月……鵙始鳴……鹿角解，蟬始鳴，半夏生，木堇榮。……孟秋之月……寒蟬鳴。	

序號	今本篇名、頁碼	《初學記》引文與原文	出處
114 *	《禮記·月令》/P1369 上—中	《禮記》曰：仲夏之月，命樂修韜鞞鼓，以均琴瑟管簫。	3/歲時部上/夏/對/P50
		仲夏之月……是月也，命樂師脩韜、鞞、鼓，均琴瑟、管、簫。	
115 *	《禮記·月令》/P1369 上—1370上	《禮記》曰：仲夏之月，農乃登黍。乃以雛嘗黍，羞以含桃，先薦寢廟。	9/帝王部/總敍 帝王/對/P206
		仲夏之月……農乃登黍。是月也，天子乃以雛嘗黍，羞以含桃，先薦寢廟。	
116 *	《禮記·月令》/P1369 上—1370上	（《禮記》）又曰：仲夏之月，農乃登黍也。	27/寶器部（花草附）/五穀/對/P662
		仲夏之月……農乃登黍。	
117 *	《禮記·月令》/P1369 上—1370上	《禮記》曰：仲夏之月，天子羞以含桃，先薦寢廟。	3/歲時部上/夏/對/P50
		仲夏之月……天子乃以雛嘗黍，羞以含桃，先薦寢廟。	
118 *	《禮記·月令》/P1369 上—1370上	《禮記》曰：仲夏之月，天子羞以含桃，先薦寢廟。（鄭玄注：含桃，今櫻桃。）	28/果木部/櫻桃/敍/P675
		仲夏之月……天子乃以雛嘗黍，羞以含桃，先薦寢廟。（含桃，櫻桃也。）	
119 *	《禮記·月令》/P1369 上—1370上	《禮記》曰：仲夏之月，天子羞以含桃，先薦寢廟。	28/果木部/櫻桃/對/P675
		仲夏之月……天子乃以雛嘗黍，羞以含桃，先薦寢廟。	
120 *	《禮記·月令》/P1369 上—1370上	《禮記·月令》曰：仲夏之月，天子羞以含桃，薦宗廟。	28/菜木部/櫻/敍/嚴陸異P8
		仲夏之月……天子乃以雛嘗黍，羞以含桃，先薦寢廟。	
121 *	《禮記·月令》/P1369 上—1370上	《禮記》曰：仲夏，門閭无閉，關市無索，挺重囚，益其食。鄭玄注：挺，寬也。	20/政理部/囚/對/P491
		仲夏之月……門閭毋閉，關市毋索。挺重囚，益其食。（挺猶寬也。）	

序號	今本篇名、頁碼	《初學記》引文與原文	出處
122 *	《禮記·月令》/P1369上—1370上	按《月令》：仲夏陰陽交，死生分。君子齋戒，正聲色，節嗜慾。	4/歲時部下/五月五日/敘/P74
		仲夏之月……是月也，日長至，陰陽爭，死生分。君子齊戒，處必掩身，毋躁。止聲色，毋或進。薄滋味，毋致和。節耆欲，定心氣。	
123 *	《禮記·月令》/1369上—1383中	《禮記》曰：日冬至而麋角解，日夏至鹿角解。	1/天部上/日/對/P6
		仲夏之月……鹿角解，仲冬之月……麋角解。	
124 *	《禮記·月令》/P1369上—1373上	《禮記》曰：仲夏之月蟬始鳴，孟秋之月寒蟬鳴。	30/蟲部/蟬/敘/P748
		仲夏之月……蟬始鳴……孟秋之月……寒蟬鳴。	
125 *	《禮記·月令》/P1370中	《禮記》：仲夏木堇榮。	3/歲時部上/夏/對/P50
		仲夏之月……木菫榮。	
126 *	《禮記·月令》/1370下	《月令》曰：季夏之月，日在東井，昏氐中，曉東壁中（鄭玄曰：季夏者，日月會於鶉火，而斗建未之辰）。律中林鍾。温風至、蟋蟀居壁（按《爾雅》曰："蟋蟀蛬。"劉劭注云：謂蜦蜻也。孫炎云：梁國謂之蛬。郭璞云：今促織也。蛬音義，或作蚕，方言蜻蜦。楚謂之蟋蟀。似蝗而小，正黑，有光澤如漆，有角翅。一名蛬，一名蜻蜦，幽州人謂之促織），鷹乃學習，腐草化爲螢（鷹學習，謂攫搏。螢，飛蟲，螢火也）。	3/歲時部上/夏/敘/P49
		季夏之月，日在柳，昏火中，旦奎中。（季夏者，日月會於鶉火，而斗建未之辰也。）其日丙丁。其帝炎帝，其神祝融。其蟲羽。其音徵，律中林鍾。其數七。其味苦，其臭焦。其祀竈，祭先肺。温風始至，蟋蟀居壁，鷹乃學習，腐草爲螢。	

续表

序號	今本篇名、頁碼	《初學記》引文與原文		出處
127 *	《禮記·月令》/P1370下	《禮記·月令》曰：季夏之月，腐草爲螢。丹鳥即螢也。		30/蟲 部/螢/敘/嚴陸異 P12
		季夏之月……温風始至，蟋蟀居壁，鷹乃學習，腐草爲螢。		
128 *	《禮記·月令》/P1370下—1373上	《禮記》曰：仲春之月，鷹乃學習。孟秋之月，鷹乃祭鳥，用始行戮。		30/鳥 部/鷹/對/P731
		季夏之月……鷹乃學習……孟秋之月……鷹乃祭鳥，用始行戮。		
129 *	《禮記·月令》/P1370下	《禮記》曰：季夏之月，腐草爲螢。		30/蟲 部/螢/敘/P751
		季夏之月……腐草爲螢。		
130 *	《禮記·月令》/P1372下—1380中	《禮記·月令》曰：孟秋之月，日在張，昏尾中，曉婁中（鄭玄曰：孟秋者，日月會於鶉尾，而斗建申之辰）。其日庚辛（庚之言更也，辛之言新也。日行，秋西從白道，成熟萬物。月爲之佐。萬物皆蕭然改更，秀實新成也），其帝少皞，其神蓐收（此白精之君，金官之臣。少昊，金天氏。蓐收，少皞氏之子，曰該，爲金官）。律中夷則（高誘曰：太陽力衰，太陰氣發，萬物彫傷，應法成性）。涼風至，白露降，寒蟬鳴，鷹乃祭鳥（鷹祭鳥者，將食之，示有先也）。仲秋之月，日在角，昏南斗中，曉畢中（鄭玄曰：仲秋者，日月會於壽星，而斗建酉之辰）。律中南吕（高誘曰：陽氣内藏，陰吕於陽，任其成功）。盲風至，鴻鴈來，玄鳥歸，群鳥養羞（盲風，疾風也。玄鳥，燕也。歸謂去蟄也，凡鳥隨陽者，不以中國爲居。羞謂所養）。日夜分，雷乃始收，蟄蟲坏（裴）户，陽氣日衰，水始涸（坏，益也）。季秋之月，日在角，昏牽牛中，曉東井中（鄭玄曰：季秋，日月會於大火，而斗建戌之辰）。律中無射（季秋氣生，則無射之律應。高誘曰：陰氣上升，陽氣下降，萬物隨陽而盛，而無射出見者也）。鴻鴈來賓，雀入大水爲蛤，菊有黃華，豺乃祭獸戮禽（來賓，言其客止未去。大水，海也。戮，殺也）。霜始降，草木黃落。		3/歲時部上/秋/敘/P52

序號	今本篇名、頁碼	《初學記》引文與原文	出處
		孟秋之月，日在翼，昏建星中，旦畢中。（孟秋者，日月會於鶉尾，而斗建申之辰也。）其日庚辛。（庚之言更也。辛之言新也。日之行，秋西從白道，成熟萬物，月爲之佐。萬物皆肅然改更，秀實新成）其帝少皞，其神蓐收。（此白精之君，金官之臣，自古以來，著德立功者也。少皞，金天氏。蓐收，少皞氏之子，曰該，爲金官。）其蟲毛，其音商，律中夷則。……涼風至，白露降，寒蟬鳴，鷹乃祭鳥，用始行戮。（鷹祭鳥者，將食之，示有先也。）……仲秋之月，日在角，昏牽牛中，旦觜觿中。（仲秋者，日月會于壽星，而斗建酉之辰也。）……盲風至，鴻鴈來，玄鳥歸，羣鳥養羞。（皆記時候也。盲風，疾風也。玄鳥，燕也。歸謂去蟄也。凡鳥隨陰陽者，不以中國爲居。羞謂所食也。）……是月也，日夜分，雷始收聲，蟄蟲坏户，殺氣浸盛，陽氣日衰，水始涸。（坏，益也。）……季秋之月，日在房，昏虛中，旦柳中。（季秋者，日月會於大火，而斗建戌之辰也。）其日庚辛。其帝少皞，其神蓐收。其蟲毛。其音商，律中無射。其數九。其味辛，其臭腥。其祀門，祭先肝。（季秋氣至，則無射之律應。）鴻鴈來賓，爵入大水爲蛤，鞠有黃華，豺乃祭獸戮禽。（來賓，言其客止未去也。大水，海也。戮猶殺也。）……是月也，霜始降，……是月也，草木黃落。	
131*	《禮記·月令》/P1372下	《禮記》曰：孟秋，其帝少皞。注云：少皞，金天氏。	3/歲時部上/秋/對/P54
		孟秋之月，日在翼，昏建星中，旦畢中，其日庚辛。其帝少皞，其神蓐收。（少皞，金天氏。）	
132	《禮記·月令》/P1373上	《禮記》曰：涼風至。	3/歲時部上/秋/對/P54

续表

序號	今本篇名、頁碼	《初學記》引文與原文	出處
133 *	《禮記·月令》/P1373 上	《禮記》曰：立秋之月，天子率三公、九卿、諸侯、大夫以迎秋於西郊。鄭玄注曰：是月，祭白帝於西郊，以迎秋。	3/歲時部上/秋/對/P54
		立秋之日，天子親帥三公、九卿、諸侯、大夫以迎秋於西郊。（迎秋者，祭白帝白招拒於西郊之兆也。）	
134 *	《禮記·月令》/P1372 下—1373 上	（《禮記》）又曰：孟秋之月，命有司脩法制，繕囹圄，具桎梏。鄭玄注曰：囹圄，所以禁守繫者，則今之獄矣。	20/政理部/獄/對/P493
		孟秋之月……命有司脩法制，繕囹圄，具桎梏，禁止姦，慎罪邪，務搏執。（順秋氣，政尚嚴。）	
135 *	《禮記·月令》/P1373 中—下	《禮記》曰：仲秋之月，天子居總章太廟。是月也，養衰老，授几杖。	3/歲時部上/秋/對/P55
		仲秋之月……天子居總章大廟。……是月也，養衰老，授几杖，行糜粥飲食。	
136	《禮記·月令》/P1373 中—1374 上	《禮記》曰：仲秋之月，天子乃以犬嘗麻，先薦寢廟。	27/寶器部（花草附）/五穀/敘/P661
		仲秋之月……天子乃難，以達秋氣。以犬嘗麻，先薦寢廟。	
137 *	《禮記·月令》/P1373 中—1374 中	《禮記》曰：仲冬之月，水始涸。	6/地部中/總載水/對/P112
		仲秋之月……水始涸。	
138 *	《禮記·月令》/P1379 上	《禮記》曰：菊有黃華。	4/歲時部下/九月九日/對/P80
		鞠有黃華。	
139 *	《禮記·月令》/P1379 上—中	《禮記》曰：季秋之月，霜始降，則百工休。	2/天部下/霜/對/P31
		季秋之月，……霜始降，則百工休。	

序號	今本篇名、頁碼	《初學記》引文與原文	出處
140 *	《禮記·月令》/P1379上—下	（《禮記》）又曰：季冬之月，天子乃教田獵，以習五戎。鄭玄注曰：田獵之禮，教人以戰法。此則上供宗廟，下以簡集之義。	22/武部/獵/敘/P540
		季秋之月……是月也，天子乃教於田獵，以習五戎，班馬政。（教於田獵，因田獵之禮教民以戰法也。）	
141 *	《禮記·月令》/P1379上—下	《禮記》曰：季秋之月，天子乃教於田獵，以習五戎。注云：五戎謂五兵，弓、矢、殳、矛、戈也。	22/武部/獵/對/P541
		季秋之月……是月也，天子乃教於田獵，以習五戎，班馬政。（教於田獵，因田獵之禮教民以戰法也。五戎，謂五兵，弓矢、殳、矛、戈、戟也。）	
142 *	《禮記·月令》/P1380下—1384中	《禮記·月令》曰：孟冬之月，日在房，昏虛中，曉張中（鄭玄曰：孟冬者，日月會於析木之津，而斗建亥之辰）。其日壬癸（壬之言任也。癸之言揆也。日之北行從黑道，閉藏萬物，月爲之佐。萬物懷姙於壬癸然萌牙），其帝顓頊，其神玄冥（黑精，水官之臣。顓頊，高陽氏也。玄冥，少昊氏之子，曰脩，曰熙，爲水官之臣）。律中應鍾（高誘曰：陰應於陽，轉成其功）。水始冰，地始凍，雉入大水化爲蜃，虹藏不見（大水，淮也。大蛤曰蜃）。仲冬之月，日在箕，昏營室中，曉軫中（鄭玄曰：仲冬者，日月會於星紀，斗建子之辰）。律中黃鍾（黃鍾者，律之始也。高誘曰：陽氣聚於下，陰氣盛於上，萌於黃泉下，故曰黃鍾）。冰益壯，地始坼，日短至，陰陽爭，諸生蕩（爭者，陰方盛，陽欲起。蕩謂物將萌牙者）。芸始生，荔挺出，蚯蚓結，麋角解，水泉動（芸，香草也。荔挺，馬薤也。水泉動，潤上行也）。季冬之月，日在南斗，昏婁中，曉氐亢中（鄭玄注曰：季冬，日月會於玄枵，而斗建丑之辰）。律中大呂。鴈北嚮，鵲始巢，雉雊，雞乳（雊，雉鳴也）。出土牛以送寒氣（出猶作也。土牛者，

序號	今本篇名、頁碼	《初學記》引文與原文	出處
		丑爲牛，牛可牽止。送猶畢也）。日窮于次，月窮于紀，星迴于天，數將幾終（言日月星辰，運行至此，皆周匝於故處也。次，舍也。紀猶會也）。	
		孟冬之月，日在尾，昏危中，旦七星中。（孟冬者，日月會於析木之津，而斗建亥之辰也。）其日壬癸。（壬之言任也。癸之言揆也。日之行，東北從黑道，閉藏萬物，月爲之佐。時萬物懷任於下，揆然萌牙，又因以爲日名焉。）其帝顓頊，其神玄冥。（此黑精之君，水官之臣，自古以來，著德立功者也。顓頊，高陽氏也。玄冥，少皥氏之子，曰脩，曰熙，爲水官。）其蟲介。其音羽。律中應鍾。……水始冰，地始凍，雉入大水爲蜃，虹藏不見。（大水，淮也。大蛤曰蜃。）仲冬之月，日在斗，昏東壁中，旦軫中。（仲冬者，日月會於星紀，而斗建子之辰也。）其日壬癸。其帝顓頊，其神玄冥。其蟲介。其音羽，律中黄鍾。其數六。其味鹹，其臭朽。其祀行，祭先腎。（黄鍾者，律之始也，九寸。仲冬氣至，則黄鍾之律應。）冰益壯，地始坼……是月也，日短至，陰陽爭，諸生蕩。（爭者，陰方盛，陽欲起也。蕩，謂物動萌牙也。）……芸始生，荔挺出，蚯蚓結，麋角解，水泉動。（芸，香草也。荔挺，馬薤也。水泉動，潤上行。）……季冬之月，日在婺女，昏婁中，旦氐中。（季冬者，日月會於玄枵，而斗建丑之辰也。）其日壬癸。其帝顓頊，其神玄冥。其蟲介。其音羽，律中大呂。其數六。其味鹹，其臭朽。其祀行，祭先腎。（大呂者，蕤賓之所生也。三分益一，律長八寸二百四十三分寸之百四。季冬氣至，則大呂之律應。《周語》曰："大呂助陽宣物。"）……出土牛，以送寒氣。（出猶作也。作土牛者，丑爲牛，牛可牽止也。送猶畢也。）……是月也，日窮于次，月窮于紀，星回于天，數將幾終。（言日月星辰運行，于此月皆周匝於故處也。次，舍也。紀，會也。）	3/歲時部上/冬/敘/P58

序號	今本篇名、頁碼	《初學記》引文與原文	出處
143 *	《禮記·月令》/P1380下—1382下	《禮記》曰：孟冬之月，冰始凍。仲冬之月，冰益壯，地始坼。	7/地部下/冰/對/P151
		孟冬之月……水始冰，地始凍……仲冬之月……冰益壯，地始坼。	
144 *	《禮記·月令》/P1380下—1381中	《禮記》曰：孟冬之月，天子始裘。	26/器物部/裘/敘/P630
		孟冬之月……是月也，天子始裘。	
145 *	《禮記·月令》/P1380下—1381中	《禮記》曰：孟冬，命有司循行積聚，坏城郭，戒門閭。	3/歲時部上/冬/對/P60
		孟冬之月……命司徒循行積聚，無有不斂。坏城郭，戒門閭。	
146 *	《禮記·月令》/P1380下—1382上	《禮記》曰：孟冬之月，天子乃祈來年於天宗。注云：天宗，日月星辰也。	3/歲時部上/冬/對/P59
		孟冬之月……天子乃祈來年于天宗。（天宗，謂日月星辰也。）	
147 *	《禮記·月令》/P1382上	《禮記》曰：天子乃祈年于天宗，大割牲，祠于公社及門閭，臘先祖五祀。	4/歲時部下/臘/對/P85
		天子乃祈來年于天宗，大割祠于公社及門閭，臘先祖五祀。	
148 *	《禮記·月令》/P1380下—1382中	《禮記》曰：孟冬之月，天子命將帥講武習射。鄭玄注曰：爲仲冬大閱習之。	3/歲時部上/冬/對/P59
		孟冬之月……天子乃命將帥講武，習射御，角力。（爲仲冬將大閱。）	
149 *	《禮記·月令》/P1382中	《禮記》曰：仲冬月，律中黃鍾。	3/歲時部上/冬/對/P59
		仲冬之月，日在斗，昏東壁中，旦軫中。其日壬癸。其帝顓頊，其神玄冥。其蟲介。其音羽，律中黃鍾。	
150 *	《禮記·月令》/P1382中—下	《禮記》曰：仲冬之月，地始坼。	3/歲時部上/冬/對/P59
		仲冬之月……地始坼。	

序號	今本篇名、頁碼	《初學記》引文與原文	出處
151 *	《禮記·月令》/P1382 中—1383 中	《禮記》曰：仲冬之月，日短至，陰陽爭，諸生蕩。鄭玄注云：爭者，陽欲施，陰欲化，爭成功也。	4/歲時部下/冬至/對/P83
		仲冬之月……是月也，日短至，陰陽爭，諸生蕩。（爭者，陰方盛，陽欲起也。蕩，謂物動萌牙也。）	
152	《禮記·月令》/P1383 中	《禮記》曰：日短至，則伐木，取竹箭。	28/果木部/竹/敘/P693
153 *	《禮記·月令》/P1383 中—1384 上	《禮記》曰：季冬之月，冰方盛，水澤腹堅，命取冰。腹，厚也。此月日在北陸，冰堅厚之時。	3/歲時部上/冬/對/P60
		冬之月……冰方盛，水澤腹堅，命取冰。（腹，厚也。此月日在北陸，冰堅厚之時也。）	
154 *	《禮記·曾子問》/P1392 中	《禮記·曾子問》曰：娶婦之家，三日不舉樂，思嗣親也。嫁女之家，三夜不息燭，思相離也。	14/禮部下/婚姻/對/P355
		嫁女之家，三夜不息燭，思相離也。取婦之家，三日不舉樂，思嗣親也。	
155 *	《禮記·曾子問》/P1393 上	《禮記》曰：當七廟五廟無虛主，唯祫祭於祖，爲無主耳。	13/禮部上/宗廟/對/P324
		當七廟五廟無虛主。虛主者，唯天子崩，諸侯薨，與去其國，與祫祭於祖，爲無主耳。	
156	《禮記·曾子問》/P1396 下	《禮記·曾子問》曰：諸侯之祭社稷，俎豆既陳。	13/禮部上/社稷/對/P327

序號	今本篇名、頁碼	《初學記》引文與原文	出處
157 *	《禮記·曾子問》/P1400 下	《禮記》曰：曾子問曰："葬引至于堩，日有食之則有變，且不行乎？"孔子曰："昔吾從老聃，助葬於巷黨，及堩而日有食之。老聃曰：'丘！止柩就道右，止哭以聽變。'既明反而後行，曰：'禮也。'"鄭玄注曰："堩，道也。變謂異禮也。"	14/禮部下/葬/對/P361
		曾子問曰："葬引至于堩，日有食之，則有變乎，且不乎？"（堩，道也。變謂異禮。）孔子曰："昔者吾從老聃，助葬於巷黨，及堩，日有食之，老聃曰：'丘！止柩就道右，止哭以聽變。'既明反而后行，曰：'禮也。'"（巷黨，黨名也。就道右者，行相左也。變，日食也。反，復也。）	
158 *	《禮記·文王世子》/P1404 上	《禮記》曰：文王之爲世子，朝於王季日三。雞初鳴而至於寢門外，問内豎之御者曰："今日安否何如？"内豎曰："安。"文王乃喜。及日中又至，亦如之。及暮又至，亦如之。	10/儲宮部/皇太子/對/P231
		文王之爲世子，朝於王季日三。雞初鳴而衣服，至於寢門外，問内豎之御者曰："今日安否何如？"内豎曰："安。"文王乃喜。及日中又至，亦如之。及莫又至，亦如之。	
159 *	《禮記·文王世子》/P1404 上	《禮記》曰：文王之爲世子，朝於王季日三。雞初鳴而衣服，至於寢門外，問内豎之御者曰："今日安否何如？"内豎曰："安。"文王乃喜。及日中又至，亦如之。及暮亦如之。其有不安節，則内豎以告文王。文王色憂，行不能正履。王季復膳，然後亦復初。	17/人部上/孝/對/P420
		文王之爲世子，朝於王季日三。雞初鳴而衣服，至於寢門外，問内豎之御者曰："今日安否何如？"内豎曰："安。"文王乃喜。及日中又至，亦如之。及莫又至，亦如之。其有不安節，則内豎以告文王。文王色憂，行不能正履。王季復膳。然後亦復初。	

序號	今本篇名、頁碼	《初學記》引文與原文	出處
160 *	《禮記·文王世子》/P1404 下	《禮記》曰：凡學，世子、學士以時，春誦夏絃，太師詔之。	10/儲宮部/皇太子/對/P232
		凡學，世子及學士必時，春夏學干戈，秋冬學羽籥，皆於東序。小樂正學干，大胥贊之。籥師學戈，籥師丞贊之。胥鼓《南》。春誦夏絃，大師詔之。	
161 *	《禮記·文王世子》/P1405 中	（《禮記》）又曰：大司成論說在東序。凡侍坐於大司成者，遠近間三席，可以問也。	18/人部中/師/對/P432
		大司成論說在東序。凡侍坐於大司成者，遠近間三席，可以問。	
162 *	《禮記·文王世子》/P1406 上	《禮記》曰：凡始立學，必先釋奠于先聖先師。及行事，必以幣。天子視學，大昕鼓徵，所以警衆也。衆至，然後天子至，乃命有司行事。適東序，釋奠於先老。	14/禮部下/釋奠/敘/P342
		凡始立學者，必釋奠于先聖先師。及行事，必以幣……天子視學，大昕鼓徵，所以警衆也。衆至，然後天子至，乃命有司行事，興秩節，祭先師、先聖焉。有司卒事反命。始之養也。適東序，釋奠於先老。	
163 *	《禮記·文王世子》/P1407 上	《禮記》曰：爲人臣，殺其身有益於君者，則爲之。	17/人部上/忠/敘/P414
		爲人臣者，殺其身有益於君則爲之。	
164 *	《禮記·文王世子》/1407 上	《禮記》云：三公無官。言有其人然後充之，無其人則闕。	11/職官部上/太師太傅太保/敘/P251
		夏商周，有師保，有疑丞。設四輔及三公，不必備，唯其人。語使能也。	

序號	今本篇名、頁碼	《初學記》引文與原文	出處
165 *	《禮記·文王世子》/P1407 中	又曰：世子齒於學，故父在斯爲子，君在斯爲臣。居子與臣之節，所以尊君親親也。故學之爲父子焉，學之爲君臣焉，學之爲長幼焉。行一物而三善皆得者，唯世子而已。	10/儲宫部/皇太子/對/P231
		故世子齒於學……故父在斯爲子，君在斯謂之臣。居子與臣之節，所以尊君親親也。故學之爲父子焉，學之爲君臣焉，學之爲長幼焉。學，教。父子、君臣、長幼之道得而國治。	
166	《禮記·文王世子》/P1407 中	《禮記》曰：世子齒於學，國人觀之曰："將君我而與我齒讓，何也？"曰："有父在則禮然。"	10/儲宫部/皇太子/對/P232
167 *	《禮記·文王世子》/P1407 下	《禮記》曰：樂正司業，父師司成，一人元良，萬邦以貞，世子之謂也。鄭玄注曰：司，主也。	18/人部中/師/對/P432
		語曰："樂正司業，父師司成，一有元良，萬國以貞。"世子之謂也。（司，主也。一，一人也。元，大也。良，善也。貞，正也。）	
168 *	《禮記·文王世子》/P1407 下	《禮記》曰：一人元良，萬邦以貞，太子之謂也。	10/儲宫部/皇太子/對/P229
		"一有元良，萬國以貞。"世子之謂也。	
169 *	《禮記·文王世子》/P1411 上	《禮記》曰：聖人之記事也，慮之以大，愛之以敬，行之以禮，脩之以孝，始之以義，終之以仁。是故古之人一舉事，而衆皆知其德之備也。	17/人部上/聖/對/P408
		是故聖人之記事也，慮之以大，愛之以敬，行之以禮，脩之以孝養，紀之以義，終之以仁。是故古之人一舉事，而衆皆知其德之備也。	

序號	今本篇名、頁碼	《初學記》引文與原文	出處
170 *	《禮記·文王世子》/P1411 上	《禮記》曰：太子朝夕至于寢門外，問於内豎曰："今日安否何如？"若内豎言疾，則太子親齊玄冠而勸膳。宰之饌，必敬視之；疾之藥，必親嘗之。	10/儲宮部/皇太子/對/P231
		朝夕至于大寢之門外，問於内豎曰："今日安否何如？"内豎曰："今日安。"世子乃有喜色。其有不安節，則内豎以告世子，世子色憂不滿容。内豎言"復初"，然後亦復初。朝夕之食上，世子必在視寒煖之節。食下，問所膳。羞必知所進，以命膳宰，然後退。若内豎言疾，則世子親齊玄而養，膳宰之饌，必敬視之。疾之藥，必親嘗之。	
171 *	《禮記·禮運》/P1413 下	《禮記》曰：昔者仲尼與於蜡賓。事畢，出遊於觀之上，喟然而歎曰："大道之行也，天下爲公，選賢與能，講信脩睦。故人不獨親其親，不獨子其子。"	13/禮部上/總載禮/對/P314
		昔者仲尼與於蜡賓，事畢，出遊於觀之上，喟然而嘆。仲尼之嘆，蓋嘆魯也。言偃在側，曰："君子何嘆？"孔子曰："大道之行也，與三代之英，丘未之逮也，而有志焉。大道之行也，天下爲公，選賢與能，講信脩睦。故人不獨親其親，不獨子其子。"	
172 *	《禮記·禮運》/P1414 中	（《禮記》）又曰：禮義爲紀，以正君臣，以篤父子，以睦兄弟，以和夫婦，以設制度，以立田里。	13/禮部上/總載禮/對/P315
		禮義以爲紀，以正君臣，以篤父子，以睦兄弟，以和夫婦，以設制度，以立田里。	

序號	今本篇名、頁碼	《初學記》引文與原文	出處
173 *	《禮記·禮運》/P1414 中	《禮記》曰：禹、湯、文、武、成王、周公，由此其選也。此六君子者，未有不謹於禮者也。以考其信，示人有常。鄭玄注云：考，成也。	13/禮部上/總載禮/對/P315
		禹、湯、文、武、成王、周公，由此其選也。此六君子者，未有不謹於禮者也。以著其義，以考其信，著有過，刑仁講讓，示民有常。（考，成也。）	
174 *	《禮記·禮運》/P1414 下	《禮記》曰：夫禮，先王以承天之道，以理人之情。故失之者死，得之者生。	13/禮部上/總載禮/對/P314
		夫禮，先王以承天之道，以治人之情，故失之者死，得之者生。	
175	《禮記·禮運》/P1415 中	《禮記》曰：言偃復問曰："夫子之極言禮也，可得而聞與？"孔子曰："我欲觀夏道，是故之杞，而不足徵也。吾得《夏時》焉。我欲觀殷道，是故之宋，而不足徵也。吾得《坤乾》焉。"	13/禮部上/總載禮/對/P314
176 *	《禮記·禮運》/P1415 中	《禮記》曰：塊桴而土鼓，汙樽而抔飲。鄭注：汙樽杯飲，以手掬之。	9/帝王部/總敘帝王/對/P204
		汙尊而抔飲，蕢桴而土鼓。（汙尊，鑿地爲尊也。抔飲，手掬之也。）	
177 *	《禮記·禮運》/P1416 上	《禮記》曰：昔者先王，冬則居營窟，夏則居橧巢。	9/帝王部/總敘帝王/對/P204
		昔者先王未有宮室，冬則居營窟，夏則居橧巢。	
178 *	《禮記·禮運》/P1416 上	此諸宮，皆範金合土而爲之，以爲貴也（見《禮記》）。	24/居處部/宮/敘/P568—569
		昔者先王未有宮室，冬則居營窟，夏則居橧巢。……范金，合土。以爲臺榭、宮室、牖户。	
179	《禮記·禮運》/P1424 中	《禮記》曰：聖人作則，必以天地爲本，以陰陽爲端，以四時爲柄，以日星爲紀。	17/人部上/聖/對/P409

序號	今本篇名、頁碼	《初學記》引文與原文	出處
180 *	《禮記·禮運》/P1425 上	《禮記》曰：麟、鳳、龜、龍，謂之四靈。麟以爲畜，則獸不狘（呼厥反）。	29/獸部/麟/敘/P700
		麟、鳳、龜、龍，謂之四靈。故龍以爲畜，故魚鮪不淰。鳳以爲畜，故鳥不獝。麟以爲畜，故獸不狘。	
181 *	《禮記·禮運》/P1425 上	《禮記》曰：麟、鳳、龜、龍，謂之四靈。麟以爲畜，則獸不狘。	29/獸部/麟/對/P701
		何謂四靈？麟、鳳、龜、龍謂之四靈。故龍以爲畜，故魚鮪不淰。鳳以爲畜，故鳥不獝。麟以爲畜，故獸不狘。	
182	《禮記·禮運》/P1425 下	《禮記》曰：祭帝於郊，所以定天位也。	13/禮部上/郊丘/敘/P320
183 *	《禮記·禮運》/P1426 上	《禮記》曰：是故夫禮必本於太一，分而爲天地，轉而爲陰陽，變而爲四時，列而爲鬼神。	13/禮部上/總載禮/對/P315
		是故夫禮必本於大一，分而爲天地，轉而爲陰陽，變而爲四時，列而爲鬼神。	
184	《禮記·禮運》/P1426 中	《禮記》曰：故禮義也者，人之大端也。所以講信脩睦，而固人之肌膚之會，筋骸之束也。所以養生送死，事鬼神之大端也。所以達天道、順人情之大竇也。	13/禮部上/總載禮/對/P316
185 *	《禮記·禮運》/P1427 中	《禮記》曰：聖王之所以爲順，山者不使居川，不使渚者居中原。用水、火、金、木、飲食必時。合男女，頒爵位，必當年德。是以天降膏露，地出醴泉，山出器車，河出馬圖。鄭玄注：馬圖，龍馬負圖而出。	6/地部中/河/對/P121
		故聖王所以順，山者不使居川，不使渚者居中原，而弗敝也。用水、火、金、木、飲食必時。合男女，頒爵位，必當年德。用民必順，故無水旱昆蟲之災，民無凶饑妖孽之疾。故天不愛其道，地不愛其寶，人不愛其情。故天降膏露，地出醴泉，山出器車，河出馬圖。（馬圖，龍馬負圖而出也。）	

序號	今本篇名、頁碼	《初學記》引文與原文	出處
186 *	《禮記·禮運》/P1427 下	《禮記》曰：先王脩禮以達義，體信以達順。	13/禮部上/總載禮/對/P315
		先王能脩禮以達義，體信以達順。	
187 *	《禮記·禮器》/P1430 下	《禮記》曰：禮者，合於天時，設於地財，順於鬼神，合於人心，理萬物者也。	13/禮部上/總載禮/對/P315
		禮也者，合於天時，設於地財，順於鬼神，合於人心，理萬物者也。	
188	《禮記·禮器》/P1431 中	《禮記》曰：堯授舜，舜授禹，湯放桀，武王伐紂。	9/帝王部/總敘帝王/對/P203
189	《禮記·禮器》/P1433 中	《禮記》：天子之堂九尺，諸侯七尺，大夫五尺，士三尺。	24/居處部/堂/敘/P576
190	《禮記·禮器》/P1433 下	《禮記》曰：大羹不和。	26/器物部/羹/敘/P640
191 *	《禮記·禮器》/P1440 中	《禮記》曰：昔先王因天事天，因地事地，因名山升中于天（中，成也，祭天告以成功）。	13/禮部上/封禪/敘/P333
		是故昔先王尚有德，尊有道，任有能，舉賢而置之，聚衆而誓之。是故因天事天，因地事地，因名山升中于天（中猶成也。謂巡守至於方獄，燔柴祭天，告以諸侯之成功也）。	
192 *	《禮記·禮器》/P1440 下	《禮記》曰：廟堂之上，罍樽在阼，犧樽在西。廟堂之下，懸鼓在西，應鼓在東。	16/樂部下/鼓/對/P399
		廟堂之上，罍尊在阼，犧尊在西。廟堂之下，縣鼓在西，應鼓在東。	
193	《禮記·郊特牲》/P1446 下	《禮記》曰：奠酬而工升歌，發德也。鄭玄注曰：以詩之義，發明賓主之德。	14/禮部下/饗讌/對/P348
194	《禮記·郊特牲》/P1446 下	《禮記》曰：奠酬而工升歌，發德也。歌者在上，匏竹在下，貴人聲也。	15/樂部上/歌/對/P377
195 *	《禮記·郊特牲》/P1446 下	《禮記》曰：樂由陽來者也，禮由陰作者也。陰陽和而萬物得也。	15/樂部上/雅樂/對/P368
		樂由陽來者也，禮由陰作者也，陰陽和而萬物得。	

序號	今本篇名、頁碼	《初學記》引文與原文		出處
196	《禮記·郊特牲》/P1447 中	《禮記》曰：大夫執圭而使，所以申信也。		20/政理部/奉使/對/P480
197 *	《禮記·郊特牲》/P1449 上	《禮記》曰：天子大社，必受霜露風雨，以達天地之氣。是故喪國之社屋之，不受天陽也。亳社北牖，使陰明也。鄭玄注曰：絶其陽，通陰而已。亳社，殷都於亳。		13/禮部上/社稷/對/P326
		天子大社，必受霜露風雨，以達天地之氣也。是故喪國之社屋之，不受天陽也；薄社北牖，使陰明也。（絶其陽通其陰而已。薄社，殷之社，殷始都薄。）		
198 *	《禮記·郊特牲》/P1449 中	《禮記》曰：社，所以神地之道也，地取於天，是以尊天而親地，故教人美報焉。家祭中霤而國主社稷，示本也。		13/禮部上/社稷/對/P325
		社，所以神地之道也。地載萬物，天垂象，取財於地，取法於天，是以尊天而親地也，故教民美報焉。家主中霤而國主社，示本也。		
199 *	《禮記·郊特牲》/P1449 中	《禮記》曰：地載物，天垂象，取財於地，是以尊天而親地。		5/地部上/總載地/對/P89
		地載萬物，天垂象，取財於地，取法於天，是以尊天而親地也。		
200	《禮記·郊特牲》/P1450 上	《禮》曰：季夏出火，爲焚也。		25/器物部/火/對/嚴陸異 P7
201	《禮記·郊特牲》/P1453 下	（《禮記》）又曰：帝牛不吉，以爲稷牛。帝牛必在滌三月，稷牛唯具。		29/獸部/牛/敘/P706

序號	今本篇名、頁碼	《初學記》引文與原文	出處
202 *	《禮記・郊特牲》/P1453 下—1454 下	《禮記》曰：天子大蜡八，伊耆氏始爲蜡。蜡也者，索也。歲十二月，合聚萬物而索饗之也。（八蜡者，一先嗇，二司嗇，三農，四郵表畷，五貓虎，六防，七水庸，八昆虫。） 天子大蜡八，伊耆氏始爲蜡。蜡也者，索也。歲十二月，合聚萬物而索饗之也。……四方年不順成，八蜡不通，以謹民財也。（其方穀不熟，則不通於蜡焉，使民謹於用財。蜡有八者，先嗇一也，司嗇二也，農三也，郵表畷四也，貓虎五也，坊六也，水庸七也，昆蟲八也。）	4/歲時部下/臘/敍/P84
203	《禮記・郊特牲》/P1454 下	《禮記》曰：黃冠而祭，息田夫。	26/器物部/冠/敍/P621
204 *	《禮記・郊特牲》/P1455 下	《郊特牲》曰：冠於阼，以著代也。醮於客位，加有成也。三加彌尊，諭其志也。冠而字之，敬其名也。（始加緇布，次皮弁，次爵弁，冠益尊則志益大也。） 適子冠於阼，以著代也。醮於客位，加有成也。三加彌尊，喻其志也。（始加緇布冠，次皮弁，次爵弁，冠益尊則志益大也。）冠而字之，敬其名也。	14/禮部下/冠/敍/P352
205	《禮記・郊特牲》/P1455 下	《禮記》曰：冠而字之，敬其名也。	14/禮部下/冠/對/P352
206 *	《禮記・郊特牲》/1455 下	《禮記・冠義》曰：始冠，緇布之冠也。太古冠布，齊則緇之。其緌也，孔子曰："吾未之聞也。"冠而敝之可也。嫡子冠於阼，以著代也。 始冠之，緇布之冠也。大古冠布，齊則緇之。其緌也，孔子曰："吾未之聞也。"冠而敝之可也。適子冠於阼，以著代也。	14/禮部下/冠/對/P352

序號	今本篇名、頁碼	《初學記》引文與原文	出處
207 *	《禮記·郊特牲》/P1456 中	(《禮記》)又曰:夫婚禮,萬代之始也。娶於異姓,所以附遠厚別也。	14/禮部下/婚姻/敘/P353
		夫昏禮,萬世之始也。取於異姓,所以附遠厚別也。	
208 *	《禮記·內則》/P1461 下	《禮記》曰:適父母之所,乃下氣怡聲。	17/人部上/孝/對/P419
		以適父母舅姑之所。及所,下氣怡聲。	
209	《禮記·內則》/P1462 下	《禮記》曰:命士以上,父子皆異宮。	24/居處部/宮/敘/P569
210 *	《禮記·內則》/P1463 中	《禮記》曰:婦人或賜之茝蘭,則受獻諸舅姑。	27/寶器部(花草附)/蘭/敘/P664
		婦或賜之飲食、衣服、布帛、佩帨、茝蘭,則受而獻諸舅姑。	
211 *	《禮記·內則》/P1464 上	《禮記》曰:脯羹、雞羹、折稌、犬羹、兔羹,和糝不蓼。(稌,稻也。凡羹,齊以五味之和,米屑之糝,則不蓼矣。)	26/器物部/羹/敘/P640
		脯羹、雞羹、析稌、犬羹、兔羹,和糝不蓼。(芯,彫胡也。稌,稻也。凡羹齊宜五味之和,米屑之糝,蓼則不矣。)	
212 *	《禮記·內則》/P1467 下	《禮記》曰:曾子曰:"孝子之養親也,樂其心,不違其志,樂其耳目,安其寢食者也。"	17/人部上/孝/對/P420
		曾子曰:"孝子之養老也。樂其心,不違其志,樂其耳目,安其寢處。"	
213	《禮記·內則》/P1468 上	《禮記》曰:五帝憲,養氣體而不乞言,有善則記之爲惇史。	21/文部/史傳/對/P503
214 *	《禮記·內則》/P1468 中	(《禮記》)又曰:熬:捶之,去其皽(音展),編萑,布牛肉焉。屑桂與薑,以洒諸上而鹽之,乾而食。欲濡肉,則釋而煎之以醢。欲乾肉,則捶而食之。	26/器物部/肉/敘/P639
		熬:捶之,去其皽,編萑,布牛肉焉。屑桂與薑,以洒諸上而鹽之,乾而食之。施羊亦如之。施麋、施鹿、施麇皆如牛羊。欲濡肉,則釋而煎之以醢。欲乾肉,則捶而食之。	

序號	今本篇名、頁碼	《初學記》引文與原文	出處
215 *	《禮記·玉藻》/P1473 上	《禮記》曰：天子玉璪，十有二旒。朝日東門之外，聽朔南門之外。動則左史書之，言則右史書之。	21/文部/史傳/對/P504
		天子玉藻，十有二旒，前後邃延，龍卷以祭。玄端而朝日於東門之外，聽朔於南門之外……動則左史書之，言則右史書之。	
216 *	《禮記·玉藻》/P1475 中	《禮記》曰：將適公所，史進象笏，書思對命也。	26/器物部/笏/對/P627
		將適公所，宿齊戒，居外寢，沐浴。史進象笏，書思對命。	
217 *	《禮記·玉藻》/P1476 中	（《禮記》）又曰：君子之飲酒，三爵而退，則坐取履，隱避而後履。	26/器物部/履/對/P629
		君子之飲酒也，受一爵而色洒如也。二爵而言言斯，禮已三爵而油油以退。退則坐取履，隱辟而后履。	
218 *	《禮記·玉藻》/P1476 下	《禮記》曰：玄冠朱組纓，天子之冠也。緇布冠繢緌，諸侯之冠也。玄冠丹組纓，諸侯之齊冠也。玄冠綦組纓，士之齊冠也。縞冠玄武，子姓之冠也。垂緌五寸，惰游之冠也。玄冠縞武，不齒之服也。居冠屬武，自天子下達，有事然後緌。	26/器物部/冠/敍/P621
		玄冠朱組纓，天子之冠也。緇布冠繢緌，諸侯之冠也。玄冠丹組纓，諸侯之齊冠也。玄冠綦組纓，士之齊冠也。縞冠玄武，子姓之冠也。縞冠素紕，既祥之冠也。垂緌五寸，惰游之士也。玄冠縞武，不齒之服也。居冠屬武，自天子下達，有事然後緌。	

序號	今本篇名、頁碼	《初學記》引文與原文	出處
219 *	《禮記·玉藻》/P1479 下	《禮記》曰：狐白裘，錦衣以裼之。君子狐青裘、豹褒，玄綃衣以裼之；麛裘、青豻褒，絞衣以裼之（豻，胡犬也。絞，蒼黃之色）；羔裘豹飾，緇衣以裼之；狐裘，黃衣以裼之；錦衣狐裘，諸侯之服也。犬羊之裘不裼（庶人無文飾），裘之裼也，見美也。	26/器 物 部/裘/敘/P630
		狐白裘，錦衣以裼之。君之右虎裘，厥左狼裘。士不衣狐白。君子狐青裘、豹褒，玄綃衣以裼之；麛裘、青豻褒，絞衣以裼之（豻，胡犬也。絞，蒼黃之色也。）；羔裘豹飾，緇衣以裼之；狐裘，黃衣以裼之。錦衣狐裘，諸侯之服也。犬羊之裘不裼（質略，亦庶人無文飾）。不文飾也，不裼。裘之飾也，見美也。	
220 *	《禮記·玉藻》/P1479 下	《禮記》鄭玄注曰：君衣狐白毛之裘，則以素錦爲衣覆之，可使裼也。	26/器 物 部/裘/對/P630
		鄭注：君衣狐白毛之裘，則以素錦爲衣覆之，使可裼也。	
221 *	《禮記·玉藻》/P1480 中	《禮記》曰：天子以球玉，諸侯以象，大夫以魚須文竹，士竹本象可也。（文猶飾也，大夫飾竹以爲笏，不敢與君並用純物也。）	26/器 物 部/笏/敘/P626
		天子以球玉，諸侯以象，大夫以魚須文竹，士竹本象可也。（球，美玉也。文猶飾也。大夫、士飾竹以爲笏，不敢與君並用純物也。）	
222 *	《禮記·玉藻》/P1481 中	《禮記》曰：王后褘衣，夫人揄翟。揄音余。	10/中宮 部/妃嬪/對/P225
		王后褘衣，夫人揄狄。（褘讀如翬，揄讀如搖。）	

序號	今本篇名、頁碼	《初學記》引文與原文	出處
223 *	《禮記·玉藻》/P1482 中	（《禮記》）又曰：古之君子必佩玉，右徵角，左宮羽（玉聲所中也，徵角在右，事也，民也，可以勞。宮羽在左，君也，物也，宜逸）。趨以《采齊》，行以《肆夏》。周旋中規，折還中矩。進則揖之，退則揚之，然後玉鏘鳴也。 古之君子必佩玉，右徵角，左宮月，（玉聲所中也。徵、角在右，事也，民也，可以勞。宮、羽在左，君也，物也，宜逸。）趨以《采齊》，行以《肆夏》，周還中規，折還中矩，進則揖之，退則揚之，然後玉鏘鳴也。	26/器物部/佩/敘/P628
224 *	《禮記·玉藻》/P1482 中	《禮記》又曰：君在佩玉，左結佩，右設佩。居則設佩，朝則結佩（朝於君亦結左），齊則綪結佩而爵韠（綪，屈也。結又屈之，思神靈，不在事也。爵韠者，齊服玄端）。 君在不佩玉，左結佩，右設佩。居則設佩，（謂所處而君不在焉。）朝則結佩。（朝於君亦結左。）齊則綪結佩，而爵韠。（綪，屈也。結又屈之，思神靈，不在事也。爵韠者，齊服玄端。）	26/器物部/佩/敘/P628
225 *	《禮記·玉藻》/P1482 下	《禮記》曰：天子佩白玉，公侯佩山玄玉，大夫佩水蒼玉，世子佩瑜玉，士佩瓀玫。 天子佩白玉而玄組綬，公侯佩山玄玉而朱組綬，大夫佩水蒼玉而純組綬，世子佩瑜玉而綦組綬，士佩瓀玫而縕組綬。	26/器物部/佩/敘/P627
226 *	《禮記·玉藻》/P1482 下	（《禮記》）又曰：孔子去魯，佩象環五寸。（謙不比德，云不事也。象，有文理者也。環，取可循而無窮。） 孔子佩象環五寸而綦組綬。（謙不比德，亦不事也。象，有文理者也。環，取可循而無窮。）	26/器物部/佩/敘/P628

续表

序號	今本篇名、頁碼	《初學記》引文與原文	出處
227 *	《禮記·玉藻》/P1483上	《禮記》曰：童子之飾也，緇布衣，錦緣，錦紳并紉，錦束髮。	27/寶器部（花草附）/錦/對/P655
		童子之節也，緇布衣，錦緣，錦紳并紐，錦束髮。	
228 *	《禮記·玉藻》/P1483下	（《禮記》）又曰：君賜車馬，乘以拜，賜衣服，服以拜。賜，君未有命，弗即乘、服。凡賜，君子與小人不同日。此賞賜之義。	20/政理部/賞賜/敘/P472
		君賜車馬，乘以拜，賜衣服，服以拜。賜，君未有命，弗敢即乘、服也。君賜，稽首，據掌，致諸地。酒肉之賜弗再拜。凡賜，君子與小人不同日。	
229 *	《禮記·明堂位》/P1487下	《禮記》曰：昔者周公朝諸侯于明堂之位，天子負扆，南鄉而立。明堂者，明諸侯之尊卑也。	14/禮部下/朝會/對/P346
		昔者周公朝諸侯于明堂之位，天子負斧依，南鄉而立。……明堂也者，明諸侯之尊卑也。	
230 *	《禮記·明堂位》/P1489上	《禮記》曰：季夏六月，以禘禮祀周公於太廟。鬱尊用黃目，灌用玉瓚大圭，薦用玉豆彫簋，爵用玉琖。	13/禮部上/宗廟/對/P323
		季夏六月，以禘禮祀周公於大廟，牲用白牡，尊用犧、象、山罍，鬱尊用黃目，灌用玉瓚大圭，薦用玉豆雕簋，爵用玉琖仍雕。	
231 *	《禮記·明堂位》/P1489上	《禮記》曰：《昧》，東夷之樂。《任》，南蠻之樂。	15/樂部上/四夷樂/敘/P375
		《昧》，東夷之樂也。《任》，南蠻之樂也。	
232 *	《禮記·明堂位》/P1489上	《禮記》曰：納夷蠻之樂於太廟，廣魯於天下也。	15/樂部上/四夷樂/對/P375
		納夷蠻之樂於大廟，言廣魯於天下也。	
233 *	《禮記·明堂位》/P1490上	鄭玄《禮記注》云：天子五門：皋、雉、庫、應、路。魯有庫、雉、路，則諸侯三門。	24/居處部/門/敘/P582
		鄭注：天子五門：皋、庫、雉、應、路。魯有庫、雉、路，則諸侯三門與？	

序號	今本篇名、頁碼	《初學記》引文與原文	出處
234 *	《禮記·明堂位》/P1491 上	《禮記》曰：伊耆氏蕢桴土鼓。	16/樂 部 下/鼓/敘/P399
		土鼓，蕢桴，葦籥，伊耆氏之樂也。	
235 *	《禮記·明堂位》/P1491 中	古磬名有離磬（見《禮記》）。	16/樂 部 下/磬/敘/P398
		垂之和鍾，叔之離磬。	
236	《禮記·明堂位》/P1491 中	《禮記》曰：女媧之笙簧。	9/帝 王 部/總 敘帝王/對/P206
237	《禮記·明堂位》/P1491 中	《禮記》曰：女媧之笙簧。	16/樂 部 下/笙/敘/P401
238	《禮記·少儀》/1514 下	《禮記·少儀》曰：賓客主恭，祭祀主敬。	17/人 部 上/恭 敬/敘/P427
239 *	《禮記·學記》/P1522 上	《禮記》曰：太學始教，皮弁祭菜，示敬道也。鄭玄注曰：祭菜，禮先聖先師也。	21/文 部/講 論/對/P509
		大學始教，皮弁祭菜，示敬道也。（皮弁，天子之朝朝服也。祭菜，禮先聖先師。）	
240 *	《禮記·學記》/P1522 上	《禮記》曰：皮弁祭菜，示敬道也。鄭玄注曰：菜，芹藻之屬。	14/禮部下/釋 奠/對/P343
		皮弁祭菜，示敬道也。（菜，謂芹藻之屬。）	
241	《禮記·學記》/P1523 下	《禮記》曰：君子知至學之難易，而知其美惡，然後能博喻。能博喻，然後能爲師。	18/人 部 中/師/對/P433
242 *	《禮記·學記》/P1524 上	《禮記》曰：凡學之道，嚴師爲難。師嚴然後道尊，道尊然後民知敬學。是故君之所不臣於其臣者二：當其爲尸，則弗臣也；當其爲師，則弗臣也。太學之禮，雖詔於天子，無北面，所以尊師也。善學者師逸而功倍，又從而庸之；不善學者師勤而功半，又從而怨之。	18/人 部 中/師/敘/P431
		凡學之道，嚴師爲難。師嚴然後道尊，道尊然後民知敬學。是故君之所不臣於其臣者二：當其爲尸，則弗臣也；當其爲師，則弗臣也。大學之禮，雖詔於天子，無北面，所以尊師也。善學者師逸而功倍，又從而庸之。不善學者師勤而功半，又從而怨之。	

序號	今本篇名、頁碼	《初學記》引文與原文	出處
243 *	《禮記·學記》/P1524 中	《禮記》曰：善待問者如撞鐘，叩之以小者則小鳴，叩之以大者則大鳴。待其從容，然後盡其聲。不善答問者反此。	18/人 部 中/師/對/P432
		善待問者如撞鐘，叩之以小者則小鳴，叩之以大者則大鳴，待其從容，然後盡其聲。不善答問者反此。	
244 *	《禮記·學記》/P1524 中	《禮記》曰：善待問者如撞鍾，扣之以小者則小鳴，扣之以大者則大鳴。	21/文 部/講 論/對/P509
		善待問者如撞鐘，叩之以小者則小鳴，叩之以大者則大鳴。	
245	《禮記·學記》/P1525 上	《禮記》曰：三王之祭川也，皆先河而後海。或源也，或委也。此之謂務本。	6/地部中/海/對/P116
246 *	《禮記·樂記》/P1527 中	《禮記》曰：樂者，音之所由生，其本在人心，感於物也。	15/樂部上/雅樂/對/P369
		樂者，音之所由生也，其本在人心之感於物也。	
247	《禮記·樂記》/P1527 下	《禮記》曰：情動於中，故形於聲。聲成文，謂之音。	15/樂部上/雅樂/對/P367
248	《禮記·樂記》/P1530 上	《禮記》曰：大樂與天地同和，大禮與天地同節。	15/樂部上/雅樂/對/P367
249	《禮記·樂記》/P1530 上	《禮記》曰：樂者，異文、合愛者也。	15/樂部上/雅樂/對/P367
250 *	《禮記·樂記》/P1530 下	（《禮記》）又曰：樂之施金石，越於聲音，用於宗廟社稷。	13/禮部上/社稷/對/P327
		若夫禮樂之施於金石，越於聲音，用於宗廟社稷。	
251 *	《禮記·樂記》/P1530 下	《禮記》曰：王者功成作樂，治定制禮，其功大者其樂備也。	15/樂部上/雅樂/對/P370
		王者功成作樂，治定制禮，其功大者其樂備。	
252 *	《禮記·樂記》/P1531 下	《禮記》曰：夫禮樂之行乎陰陽，通乎鬼神。	15/樂部上/雅樂/對/P368
		及夫禮樂之極乎天而蟠乎地，行乎陰陽而通乎鬼神。	

序號	今本篇名、頁碼	《初學記》引文與原文	出處
253 *	《禮記·樂記》/P1534 上	《禮記》曰：昔舜作五絃之琴，以歌《南風》。	9/帝王部/總敘帝王/對/P206
		昔者，舜作五弦之琴以歌《南風》。	
254	《禮記·樂記》/P1534 上	《禮記》曰：夔始制樂以賞諸侯。	15/樂部上/雅樂/敘/P365
255 *	《禮記·樂記》/P1534 上	《禮記》曰：故天子之爲樂也，以賞諸侯之有德者也。德盛而教尊，五穀時熟，然後賞之以樂也。	15/樂部上/雅樂/對/P370
		故天子之爲樂也，以賞諸侯之有德者也。德盛而教尊，五穀時熟，然後賞之以樂。	
256 *	《禮記·樂記》/P1534 上	《禮記》曰：理人勞者，其舞行綴遠。理人逸者，其綴短。故觀其舞，知其德。（人勞，德薄，舞人少。）	15/樂部上/舞/敘/P379
		故其治民勞者，其舞行綴遠。其治民逸者，其舞行綴短。（民勞則德薄，酇相去遠，舞人少也。）	
257 *	《禮記·樂記》/P1534 下	《禮記》曰：夫豢豕爲酒，非以爲禍也，而獄益繁，則酒之流爲禍也。是故先王因爲酒禮。一獻之禮，賓主百拜，終日飲酒而不得醉焉。此先王之所以備酒禍也。	26/器物部/酒/敘/P633
		夫豢豕爲酒，非以爲禍也，而獄訟益繁，則酒之流生禍也。是故先生因爲酒禮。壹獻之禮，賓主百拜，終日飲酒而不得醉焉，此先王之所以備酒禍也。	
258 *	《禮記·樂記》/P1536 中	《禮記》曰：夫樂，清明象天，廣大象地，終始象四時，周旋象風雨。	15/樂部上/雅樂/敘/P365
		是故清明象天，廣大象地，終始象四時，周還象風雨。	
259	《禮記·樂記》/P1536 中	《禮記》曰：五色成文而不亂，八風從律而不姦。	15/樂部上/雅樂/對/P370

序號	今本篇名、頁碼	《初學記》引文與原文	出處
260	《禮記·樂記》/P1538 上	《禮記》曰：魏文侯問於子夏曰："吾端冕以聽古樂，則唯恐臥。聽鄭衛之音，則不知倦。敢問古樂之如彼，何也？新樂之如此，何也？"	15/樂部上/雜樂/對/P372
261 *	《禮記·樂記》/P1540 下	《禮記》曰：鄭音好濫淫志，宋音燕女溺志，衛音趨數煩志，齊音傲僻驕志。此四者，淫於色而害於德。	15/樂部上/雅樂/對/P370
		鄭音好濫淫志，宋音燕女溺志，衛音趨數煩志，齊音敖辟喬志。此四者，皆淫於色而害於德。	
262	《禮記·樂記》/P1540 下	《禮記》曰：宋音燕女溺志。	15/樂部上/雜樂/對/P372
263	《禮記·樂記》/P1541 中	《禮記》曰：鐘聲鏗，鏗以立號，號以立橫，橫以立武。君子聽鐘聲，則思武臣。	16/樂部下/鐘/對/P396
264	《禮記·雜記上》/P1548 下	《禮記》曰：其輤有裧，緇布裳帷，素錦以爲屋而行。鄭玄曰：輤，載柩將殯之車飾也。	14/禮部下/葬/對/P361
265 *	《禮記·喪大記》/P1577 上	《禮記·喪大記》曰：衣尸曰斂。小斂於户内，大斂於阼。君以簟席，大夫以蒲席，士以葦席。	14/禮部下/死喪/敘/P357
		小斂於户内，大斂於阼。君以簟席。大夫以蒲席。士以葦席。	
266 *	《禮記·喪大記》/P1584 下	《禮記》曰：君葬用輴，四綍二碑，御棺用羽葆。大夫葬用輴，二綍二碑，御棺用茅。士葬用車，二綍無碑。	14/禮部下/葬/敘/P359
		君葬用輴，四綍二碑，御棺用羽葆。大夫葬用輴，二綍二碑，御棺用茅。士葬用國車，二綍無碑。	
267	《禮記·祭法》/P1587 中	《禮記》曰：有虞氏禘黃帝而郊嚳，祖顓頊而宗堯。夏后氏亦禘黃帝而郊鯀，祖顓頊而宗禹。殷人禘嚳而郊冥，祖契而宗湯。周人禘嚳而郊稷，祖文王而宗武王。（鄭玄注曰：禘、郊、祖、宗，謂祭祀以配食。）	13/禮部上/郊丘/敘/P320
268 *	《禮記·祭法》/P1588 上	《禮記》曰：雩禜，祭水旱也。	2/天部下/霽晴/對/P40
		雩宗，祭水旱也。	

序號	今本篇名、頁碼	《初學記》引文與原文	出處
269	《禮記·祭法》/P1589 上	《禮記》曰：遠廟爲祧。	10/儲宮部/皇太子/對/P229
270 *	《禮記·祭法》/P1589 下	《禮記》曰：王爲羣姓立社，曰太社。王自爲立社，曰王社。諸侯爲百姓立社，曰國社。諸侯自爲立社，曰侯社。大夫以下成羣立社，曰置社。	13/禮部上/社稷/敘/P325
		王爲羣姓立社，曰大社。王自爲立社，曰王社。諸侯爲百姓立社，曰國社。諸侯自爲立社，曰侯社。大夫以下成羣立社，曰置社。	
271 *	《禮記·祭法》/P1590 中	《禮記》曰：厲山氏之子柱，及周棄爲稷（厲山氏之有天下也，其子曰柱，能殖百穀。夏之衰也，周棄繼之，故祀以爲稷神。厲或爲列）。共工氏之子后土爲社（共工氏之霸九州也，其子曰勾龍，爲后土，能平九州，故祀爲社）。	13/禮部上/社稷/敘/P325
		是故厲山氏之有天下也，其子曰農，能殖百穀。夏之衰也，周弃繼之，故祀以爲稷。共工氏之霸九州也，其子曰后土，能平九州，故祀以爲社。	
272 *	《禮記·祭義》/P1592 中	《禮記》曰：君子合諸天道，春禘秋嘗。霜露既降，君子履之，必有悽惻之心，非其寒之謂也。春，雨露既濡，君子履之，必有怵惕之心，如將見之。	13/禮部上/宗廟/對/P324
		是故君子合諸天道，春禘秋嘗。霜露既降，君子履之必有悽愴之心，非其寒之謂也。春，雨露既濡，君子履之必有怵惕之心，如將見之。	
273 *	《禮記·祭義》/P1592 中	《禮記》曰：霜露既降，君子履之，必有悽愴之心，非其寒之謂也。鄭注云：以感時念親也。	2/天部下/霜/對/P31
		霜露既降，君子履之，必有悽愴之心，非其寒之謂也。（皆爲感時念親也。）	

序號	今本篇名、頁碼	《初學記》引文與原文	出處
274 *	《禮記·祭義》/P1592 下	《禮記》曰：祭之日，入室，僾然必有見乎其位。周還出户，肅然必有聞乎其容聲。出户而聽，愾然必有聞乎歎息之聲。是故先王之孝也，色不忘乎目，聲不絕乎耳，心志嗜欲不忘乎心。致愛則存，致慤則著。著、存不忘乎心，夫安得不敬乎？君子生則敬養，死則敬享，思終身弗辱也。 祭之日，入室，僾然必有見乎其位。周還出户，肅然必有聞乎其容聲。出户而聽，愾然必有聞乎其嘆息之聲。是故先王之孝也，色不忘乎目，聲不絕乎耳，心志嗜欲不忘乎心。致愛則存，致慤則著，著、存不忘乎心，夫安得不敬乎？君子生則敬養，死則敬享，思終身弗辱也。	17/人部上/恭敬/對/P427
275 *	《禮記·祭義》/P1592 下	《禮記》曰：先王之孝也，色不忘乎目，聲不絕乎耳，心志嗜欲不忘乎心。君子生則敬養，死則敬享，思終身不辱。 先王之孝也，色不忘乎目，聲不絕乎耳，心志嗜欲不忘乎心。致愛則存，致慤則著，著、存不忘乎心，夫安得不敬乎？君子生則敬養，死則敬享，思終身弗辱也。	17/人部上/孝/對/P421
276	《禮記·祭義》/P1594 上	（《禮記》）又曰：孝子之有深愛者，必有和氣。有和氣者，必有愉色。有愉色者，必有婉容。	17/人部上/孝/對/P420
277 *	《禮記·祭義》/P1597 下	《禮記》曰：昔者天子爲藉千畝，冕而朱紘，躬秉耒。諸侯爲藉百畝，冕而青紘，躬秉耒。以事天地、山川、社稷、先古，以爲醴、酪、粢盛，於是乎取之，敬之至也。 是故昔者天子爲藉千畝，冕而朱紘，躬秉耒；諸侯爲藉百畝，冕而青紘，躬秉耒，以事天地、山川、社稷、先古，以爲醴、酪、齊盛，於是乎取之，敬之至也。	14/禮部下/籍田/對/P340

序號	今本篇名、頁碼	《初學記》引文與原文	出處
278 *	《禮記·祭義》/P1597 下	（《禮記》）又曰：昔者天子爲藉田千畝，冕而朱紘。諸侯藉田百畝，冕而青紘。躬秉耒，以事天地、山川、社稷。	14/禮部下/籍田/對/P340
		是故昔者天子爲藉千畝，冕而朱紘，躬秉耒；諸侯爲藉百畝，冕而青紘，躬秉耒，以事天地、山川、社稷、先古，以爲醴、酪、齊盛，於是乎取之，敬之至也。	
279 *	《禮記·祭義》/P1597 下	《禮記》曰：天子爲藉千畝，躬秉耒，以事天地、山川、社稷。	14/禮部下/籍田/對/P340
		天子爲藉千畝，冕而朱紘，躬秉耒；諸侯爲藉百畝，冕而青紘，躬秉耒，以事天地、山川、社稷。	
280	《禮記·祭義》/P1597 下	《禮記·祭義》曰：古者天子、諸侯必有公桑蠶室，近川而爲之，築宮仞有三尺，棘牆而外閉之。	14/禮部下/親蠶/敘/P341
281 *	《禮記·祭義》/P1598 上	《禮記》曰：世婦卒蠶，獻繭于夫人。夫人受之，親繰三盆手，朱綠之，玄黃之，以爲黼黻文章。君服之以祀先王先公，敬之至也。	10/中宮部/妃嬪/對/P226
		世婦卒蠶，奉繭以示于君，遂獻繭于夫人。夫人曰：“此所以爲君服與！”遂副褘而受之，因少牢以禮之。古之獻繭者，其率用此與？及良日，夫人繰三盆手，遂布于三宮夫人、世婦之吉者，使繰。遂朱綠之，玄黃之，以爲黼黻文章。服既成，君服以祀先王先公，敬之至也。	
282 *	《禮記·祭義》/P1598 中	《禮記》：曾子曰：“孝體有三：大孝尊親，其次弗辱，其下能養。”公明儀問曾子曰：“夫子可以爲孝乎？”曾子曰：“孝者，先意承志，諭父母於道。參，直養者也，安能爲孝。”	17/人部上/孝/敘/P418
		曾子曰：“孝有三，大孝尊親，其次弗辱，其下能養。”公明儀問於曾子曰：“夫子可以爲孝乎？”曾子曰：“是何言與？是何言與？君子之所爲孝者，先意承志，諭父母於道。參，直養者也，安能爲孝乎？”	

序號	今本篇名、頁碼	《初學記》引文與原文	出處
283 *	《禮記·祭義》/P1598 中	《禮記》曰：公明儀問於曾子曰："夫子可以爲孝乎?"曾子曰："是何言歟? 君子之所謂孝者，先意承志，諭父母於道。參，直養者也，安能爲孝也。"	17/人 部 上/孝/對/P420
		公明儀問於曾子曰："夫子可以爲孝乎?"曾子曰："是何言與? 是何言與? 君子之所爲孝者，先意承志，諭父母於道。參，直養者也，安能爲孝乎?"	
284 *	《禮記·祭義》/P1598 中	《禮記》：曾子曰："身也者，父母之遺體也。行父母之遺體，敢不敬乎? 居處不莊，非孝也；事君不忠，非孝也；莅官不敬，非孝也；朋友不信，非孝也；戰陣無勇，非孝也。五者不遂，災及於親，敢不敬乎? 夫孝，置之而塞乎天地，敷之而橫乎四海。斷一樹，殺一獸，不以其時，非孝也。"	17/人 部 上/孝/敘/P419
		曾子曰："身也者，父母之遺體也。行父母之遺體，敢不敬乎? 居處不莊，非孝也。事君不忠，非孝也。莅官不敬，非孝也。朋友不信，非孝也。戰陳無勇，非孝也。五者不遂，裁及於親，敢不敬乎?……曾子曰："夫孝，置之而塞乎天地，溥之而橫乎四海，施諸後世而無朝夕。……曾子曰："樹木以時伐焉，禽獸以時殺焉。夫子曰：'斷一樹，殺一獸，不以其時，非孝也。'"	
285	《禮記·祭義》/P1600 上	《禮記》曰：耕藉，所以教諸侯之養也。	14/禮部 下/籍田/對/P340
286 *	《禮記·祭統》/P1603 中	《禮記》曰：天子親耕於南郊，諸侯耕於東郊，以供粢盛。	14/禮部 下/籍田/敘/P339
		天子親耕於南郊，以共齊盛。王后蠶於北郊，以共純服。諸侯耕於東郊，亦以共齊盛。	

序號	今本篇名、頁碼	《初學記》引文與原文	出處
287 *	《禮記·祭統》/P1605 上	(《禮記》) 又曰：鋪筵設同，凡爲依神也。既詔祝祔室而出於祊，此交神明之道也。	13/禮部上/宗廟/對/P324
		鋪筵設同几，爲依神也。詔祝於室，而出于祊，此交神明之道也。	
288 *	《禮記·祭統》/P1606 上	《禮記》曰：夫祭有畀、煇、胞、翟、閽者，惠下之道也。此四者，吏之至賤者。尸又至尊。以至尊既祭之味而不忘至賤。是故明君在上，則無凍餓者矣。此之謂上下之際。	13/禮部上/宗廟/對/P324
		夫祭有畀、煇、胞、翟、閽者，惠下之道也。……此四守者，吏之至賤者也。尸又至尊，以至尊既祭之末而不忘至賤，而以其餘畀之。是故明君在上，則竟內之民無凍餒者矣。此之謂上下之際。	
289 *	《禮記·祭統》/P1606 中	《禮記》曰：春祭曰礿，夏祭曰禘者，陽之盛也。古者於禘，祭爵賜服，順陽之義也。	13/禮部上/宗廟/對/P323
		春祭曰礿，夏祭曰禘，秋祭曰嘗，冬祭曰烝。……禘者，陽之盛也；嘗者，陰之盛也。故曰："莫重於禘、嘗。"古者於禘也，發爵賜服，順陽義也。	
290	《禮記·經解》/P1609 下	《禮記》曰：溫柔敦厚，《詩》教也。	21/文部/經典/對/P500
291 *	《禮記·經解》/P1610 中	《禮記》曰：禮之於正國也，猶衡之於輕重也，繩墨之於曲直也，規矩之於方圓也。故衡誠懸，不可欺以輕重；繩墨誠陳，不可欺以曲直；規矩誠設，不可欺以方圓；君子審禮，不可誣以姦詐。	13/禮部上/總載禮/對/P315
		禮之於正國也，猶衡之於輕重也，繩墨之於曲直也，規矩之於方圜也。故衡誠縣，不可欺以輕重。繩墨誠陳，不可欺以曲直。規矩誠設，不可欺以方圜。君子審禮，不可誣以姦詐。	

续表

序號	今本篇名、頁碼	《初學記》引文與原文	出處
292	《禮記·經解》/P1610中	（《禮記》）又曰：朝覲之禮，所以明君臣之義也。聘問之禮，所以使諸侯相尊敬也。	13/禮部上/總載禮/對/P315
293 *	《禮記·哀公問》/P1611上	《禮記》曰：非禮無以辨男女、父子、兄弟之親，婚姻疏數之文。	13/禮部上/總載禮/對/P315
		非禮無以辨君臣、上下、長幼之位也，非禮無以別男女、父子、兄弟之親、昏姻疏數之交也。	
294 *	《禮記·仲尼燕居》/P1613中	《禮記》曰：子貢越席而對：“敢問將何以爲此中者？”子曰：“禮乎！夫禮所以制中也。”	13/禮部上/總載禮/對/P314
		子貢越席而對曰：“敢問將何以爲此中者也？”子曰：“禮乎禮！夫禮所以制中也。”	
295	《禮記·仲尼燕居》/P1613中	《禮記》曰：夫禮所以制中。	21/文部/經典/對/P500
296	《禮記·孔子閒居》/P1617上	《禮記》曰：無聲之樂，無體之禮，無服之喪，此之謂三無。	21/文部/經典/對/P500
297	《禮記·孔子閒居》/P1617中	《禮記》曰：天無私覆，地無私載，日月無私照。	5/地部上/總載地/對/P89
298 *	《禮記·中庸》/P1628上	《禮記》曰：舜其大孝也歟？德爲聖人，尊爲天子，富有四海之内，宗廟享之，子孫保之。故大德必得其位，必得其禄，必得其名，必得其壽。	17/人部上/孝/對/P420
		舜其大孝也與？德爲聖人，尊爲天子，富有四海之内，宗廟饗之，子孫保之。故大德必得其位，必得其禄，必得其名，必得其壽。	
299 *	《禮記·中庸》/P1629上	《禮記》曰：武王、周公，其達孝矣乎！善繼人之志，善述人之事。	17/人部上/孝/對/P420
		武王周公，其達孝矣乎！夫孝者，善繼人之志，善述人之事者也。	
300 *	《禮記·中庸》/P1629中	《禮記》曰：人道敏政，地道敏樹。鄭注云：樹，謂植草木。	5/地部上/總載地/對/P89
		人道敏政，地道敏樹。（敏猶勉也。樹，謂殖草木也。）	

序號	今本篇名、頁碼	《初學記》引文與原文	出處
301 *	《禮記·中庸》/P1633 上	《禮記》曰：博厚所以載物也，高明所以覆物也。博厚配地，高明配天。	5/地部上/總載地/對/P88
		博厚所以載物也，高明所以覆物也，悠久所以成物也。博厚配地，高明配天。	
302 *	《禮記·中庸》/P1633 上	《禮記》曰：天地之道，博也，厚也，高也，明也，悠也，久也。鄭注曰：此言其善見功成。	1/天部上/天/對/P2
		天地之道，博也，厚也，高也，明也，悠也，久也。（此言其著見成功也。）	
303 *	《禮記·中庸》/P1633 上	《禮記》曰：天地之道，博也，厚也。載華岳而不重，振河海而不洩。	5/地部上/華山/對/P99
		天地之道博也，厚也，高也……載華嶽而不重，振河海而不洩。	
304 *	《禮記·中庸》/P1633 下—1634 下	《禮記》曰：大哉聖人之道，洋洋乎發育萬物，峻極于天。譬如天地之無不持載，無不覆燾（徒到切）。如四時之錯行，如日月之代明。	17/人部上/聖/敘/P407
		大哉聖人之道，洋洋乎發育萬物，峻極于天。……辟如天地之無不持載，無不覆幬。辟如四時之錯行，如日月之代明。	
305 *	《禮記·表記》/P1641 下	《禮記》曰：水之於人也，親而不尊。天尊而不親。	6/地部中/總載水/對/P113
		水之於民也，親而不尊。火尊而不親。土之於民也，親而不尊。天尊而不親。	
306 *	《禮記·表記》/P1643 下	《禮記》曰：君子之交淡如水，小人之交甘若醴。君子淡以成，小人甘以壞。	18/人部中/交友/敘/P434
		故君子之接如水，小人之接如醴。君子淡以成，小人甘以壞。	
307	《禮記·緇衣》/P1648 上	《禮記》曰：王言如絲，其出如綸。	11/職官部上/中書令/對/P272

序號	今本篇名、頁碼	《初學記》引文與原文	出處
308 *	《禮記·緇衣》/P1649 下	《禮記》曰：小人溺於水，君子溺於口。夫水近於人而易以溺人。	6/地 部 中/總 載 水/對/P113
		小人溺於水，君子溺於口，大人溺於民，皆在其所褻也。夫水近於人而溺人。	
309 *	《禮記·儒行》/P1670 上	《禮記》曰：儒有一畝之宫，環堵之室，蓽門圭窬。	18/人 部 中/貧/對/P444
310 *	《禮記·儒行》/P1670 上	《禮記》曰：儒有一畝之宫，環堵之室，蓽門圭窬，蓬户甕牖。	18/人 部 中/貧/對/P445
		儒有一畝之宫，環堵之室，篳門圭窬，蓬户甕牖。	
311	《禮記·儒行》/P1670 上	（《禮記》）又曰：儒有一畝之宫，環堵之室。	24/居 處 部/宫/敘/P569
312 *	《禮記·冠義》/P1679 下	《禮記》曰：凡人之所以爲人者，禮義也。禮義之始，在於正容體、齊顏色、順辭令也。故曰：冠者，禮之始也。	14/禮 部 下/冠/對/P352
		凡人之所以爲人者，禮義也。禮義之始，在於正容體，齊顏色，順辭令。……故曰：冠者，禮之始也。	
313 *	《禮記·冠義》/P1679 下	《冠義》曰：冠者，禮之始也，嘉事之重也。凡冠，卜日、筮賓於廟。見於母，母拜之；見於兄弟，兄弟拜之（以其成人而與爲禮）。故冠而後服備，服備而後容體正，顏色齊，辭令順（言服未備，未可求以三始）。	14/禮 部 下/冠/敘/P352
		故冠而后服備，服備而后容體正，顏色齊，辭令順。（言服未備者，未可求以三始也。）故曰：冠者，禮之始也。……見於母，母拜之，見於兄弟，兄弟拜之，成人而與爲禮也。……成人之者，將責成人禮焉也。……故曰：冠者，禮之始也，嘉事之重者也。	

序號	今本篇名、頁碼	《初學記》引文與原文	出處
314 *	《禮記·昏義》/P1680 中	《禮記》曰：合二姓之好，上以祀宗廟，下以繼後世也。	14/禮部下/婚姻/敘/P353
		將合二姓之好，上以事宗廟，而下以繼後世也。	
315 *	《禮記·昏義》/P1680 下	《禮記·昏義》曰：共牢而食，合巹而酳。	14/禮部下/婚姻/對/P355
		共牢而食，合巹而酳，所以合體同尊卑。	
316 *	《禮記·昏義》/P1680 中—1681 上	《禮記·婚義》曰：婚禮，所以成男女之別而立夫婦之義也。男女有別，而後夫婦有義。夫婦有義，而後父子有親。父子有親，而後君臣正。故曰：婚者，禮之本也。	14/禮部下/婚姻/對/P355
		昏禮者……而所以成男女之別，而立夫婦之義也。男女有別，而后夫婦有義；夫婦有義，而后父子有親；父子有親，而后君臣有正。故曰：昏禮者，禮之本也。	
317 *	《禮記·昏義》/P1681 下	（《禮記》）又曰：天子聽男教，后聽女順；天子治陽道，后治陰德；天子聽外治，后聽内職。	10/中宮部/皇后/對/P222
		天子聽男教，后聽女順；天子理陽道，后治陰德；天子聽外治，后聽内職。	
318 *	《禮記·昏義》/P1682 上	《禮記》曰：后脩女順，母道也。鄭玄曰：母者，施陰教於婦也。	10/中宮部/皇后/對/P222
		后脩女順，母道也。（父母者，施教令於婦子者也。）	
319 *	《禮記·鄉飲酒義》/P1682 中	《禮記》云：鄉飲酒之禮，主人拜迎賓于門之外，入，三揖而後至階，三讓而後升，所以致尊讓也。盥洗揚觶，所以致潔也。拜至，拜洗，拜受，拜送，拜既，所以致敬也。斯君子所以免禍也，故聖人制之以道。	17/人部上/恭敬/對/P427
		鄉飲酒之義，主人拜迎賓于庠門之外，入，三揖而后至階，三讓而后升，所以致尊讓也。盥洗揚觶，所以致絜也。拜至，拜洗，拜受，拜送，拜既，所以致敬也。……斯君子所以免於人禍也。故聖人制之以道。	

续表

序號	今本篇名、頁碼	《初學記》引文與原文	出處
320＊	《禮記·鄉飲酒義》/P1684 下	（《禮記》）又曰：洗之在阼，其水在洗東，祖天地之左海也。鄭玄注曰：海，水之所委也。	6/地部 中/海/對/P116
		洗之在阼，其水在洗東，祖天地之左海也。（海水之委也。）	
321＊	《禮記·射義》/P1689 中	《禮記》曰：男子生，桑弧蓬矢六，射天地四方。注云：天地四方，男子所有事也。	22/武　部/弓/對/P532
		男子生，桑弧蓬矢六，以射天地四方。天地四方者，男子之所有事也。	
322＊	《禮記·燕義》/P1690 中—下	《禮記》曰：諸侯宴禮之義，俎豆、牲醴、薦羞皆有等差，所以明貴賤也。	14/禮部下/饗燕/對/P348
		諸侯燕禮之義，……俎豆、牲醴、薦羞，皆有等差，所以明貴賤也。	
323＊	《禮記·聘義》/P1694 上	《禮記》曰：子貢問於孔子曰："敢問君子貴玉而賤珉，何也？"曰："瑕不掩瑜，瑜不掩瑕，忠也。浮筠旁達，信也。"	27/寶器部（花草附）/玉/對/P652
		子貢問於孔子曰："敢問君子貴玉而賤碈者，何也？爲玉之寡而碈之多與？"孔子曰："……瑕不揜瑜，瑜不揜瑕，忠也；孚尹旁達，信也。"	
324＊	《禮記·聘義》/P1694 上—中	《禮記》曰：子貢問於孔子曰："敢問君子貴玉而賤珉，何也？"子曰："夫玉者，君子比德於玉焉。温潤而澤，仁也；氣如白虹，天也。"	27/寶器部（花草附）/玉/對/P652
		子貢問於孔子曰："敢問君子貴玉而賤碈者何也？爲玉之寡而碈之多與？"孔子曰："……夫昔者，君子比德於玉焉：温潤而澤，仁也；……氣如白虹，天也。"	

序號	今本篇名、頁碼	《初學記》引文與原文	出處
325 *	《禮記·聘義》/P1694 中	《禮記》曰：君子比德於玉焉。溫潤而澤，仁也；縝密以栗，智也（縝，緻也。栗，堅貌。縝，之忍反。緻，音稺）；廉而不劌，義也（劌，傷也）；垂之如墜，禮也；叩之，其聲清越以長，其終詘然，樂也（越，揚也。詘，止貌也。詘音屈）；瑕不掩瑜，瑜不掩瑕，忠也（瑕，玉中病也。瑜，其中間美也）；孚尹旁達，信也（孚讀爲浮，尹讀如竹箭之筠。浮筠，謂玉采色也。采色旁達，不有隱翳，似信）；氣如白虹，天也；精神見于山川，地也；圭璋特達，德也；天下莫不貴者，道也。	27/寶器部（花草附）/玉/敘/P650
		君子比德於玉焉：溫潤而澤，仁也；縝密以栗，知也；（縝，緻也。栗，堅貌。縝音軫，一音真；知音智，緻，直置反，本亦作緻）廉而不劌，義也；（劌，傷也。義者，不苟傷人也。）垂之如隊，禮也；（禮尚謙卑。）叩之，其聲清越以長，其終詘然，樂也。（越猶揚也。詘，絕止貌也。詘其勿反。）瑕不掩瑜，瑜不掩瑕，忠也；（瑕，玉之病也。瑜，其中間美者。）孚尹旁達，信也。（孚讀爲浮。尹讀如竹箭之筠。浮筠，謂玉采色也。采色旁達，不有隱翳，似信也。）氣如白虹，天也。精神見于山川，地也。圭璋特達，德也。天下莫不貴者，道也。	
326 *	《禮記·曲禮下》/P1269 上 《禮記·王制》/P1337 上	《禮記》曰：祭宗廟之禮，牛曰一元大武。祭天地之牛角繭栗，宗廟之牛角握，賓客之牛角尺。	29/獸部/牛/敘/P706
		凡祭宗廟之禮，牛曰一元大武。//祭天地之牛角繭栗，宗廟之牛角握，賓客之牛角尺。	

序號	今本篇名、頁碼	《初學記》引文與原文	出處
327 *	《禮記·曲禮下》/P1269 下 《禮記·喪大記》/P1571 下—1572 中	《禮記》曰：生曰父，死曰考（考，成也）；生曰母，死曰妣（妣，比也，言比父亦然）。壽考曰卒，短折曰不禄，死寇曰兵。男子不死於婦人之手，婦人不死男子之手。君、夫人卒於路寢。大夫、世婦卒於適寢。内子未命，則死於下室。士之妻皆死于寢。小臣復，復者朝服。君以卷，夫人以屈狄，大夫以玄頹，命婦以禕衣，士以爵弁，士妻以稅衣。凡復，男子稱名，婦人稱字。<hr>生曰父、曰母、曰妻，死曰考、曰妣、曰嬪。壽考曰卒，短折曰不褖。//男子不死於婦人之手，婦人不死於男子之手。君、夫人卒於路寢，大夫、世婦卒於適寢。内子未命，則死於下室，遷尸于寢。士之妻皆死于寢。……小臣復，復者朝服。君以卷，夫人以屈狄，大夫以玄頹，世婦以禕衣，士以爵弁，士妻以稅衣……凡復，男子稱名，婦人稱字。	14/禮部下/死喪/敘/P357
328 *	《禮記·曲禮下》/P1270 中 《禮記·内則》/P1465 上	《禮記》又曰：婦人之贄，脯、脩。大夫燕禮，有脯無膾，有膾無脯。<hr>婦人之摯，椇、榛、脯、脩、棗、栗。//大夫燕食，有膾無脯，有脯無膾。	26/器物部/脯/敘/P641
329 *	《禮記·王制》/P1335 中 《禮記·祭法》/P1589 上	《禮記》曰：天子七廟，三昭三穆，與太祖之廟而七。諸侯五廟，二昭二穆，與太祖之廟而五。大夫三廟，一昭一穆，與太祖之廟而三。士一廟。庶人祭於寢。遠廟爲祧，去祧爲壇，去壇爲墠，去墠爲鬼。<hr>天子七廟，三昭三穆，與大祖之廟而七。諸侯五廟，二昭二穆，與大祖之廟而五。大夫三廟，一昭一穆，與大祖之廟而三。士一廟。庶人祭於寢。//遠廟爲祧，有二祧，享嘗乃止。去祧爲壇，去壇爲墠，壇、墠有禱焉，祭之；無禱，乃止。去墠曰鬼。諸侯立五廟，一壇一墠，曰考廟，曰王考廟，曰皇考廟，皆月祭之。顯考廟，祖考廟，享嘗乃止。去祖爲壇，去壇爲墠，壇、墠，有禱焉祭之；無禱，乃止。去墠爲鬼。	13/禮部上/宗廟/敘/P322

序號	今本篇名、頁碼	《初學記》引文與原文	出處
330 *	《禮記·月令》/P1352下—1380下 《禮記·曲禮下》/1268中 《禮記·祭義》/1595上，1592中 《禮記·祭法》/1590上—中	《禮記》：孟春之月，其祀户，祭先脾。孟夏之月，其祀竈，祭先肺、中央土；其祀中霤，祭先心。孟秋之月，其祀門，祭先肝。孟冬之月，其祀行，祭先腎。天子祭天地、祭四方、祭山川、祭五祀，歲徧。諸侯方祀，祭山川，祭五祀，歲徧。大夫祭五祀，歲徧。士祭其先。祭日於壇，祭月於坎。日於東，月於西（以別幽明，以別内外）。祭不欲數。數則煩，煩則不敬。祭不欲疏，疏則怠，怠則忘。王立七祀（曰司命，曰中霤，曰國門，曰國行，曰泰厲，曰户，曰竈），諸侯五祀（曰司命，曰中霤，曰國門，曰國行，曰公厲），大夫三祀（曰族厲，曰門，曰行），士二祀（曰門，曰行），庶人一祀（或立户，或立竈）。夫聖王之制祭祀也，法施於民則祀之，以死勤事則祀之，以勞定國則祀之，能禦大災則祀之，能捍大患則祀之。日月星辰，人所瞻仰；山林、川谷、邱陵，人所取材用也。非此族也，不在祀典（族猶類也）。	13/禮部上/祭祀/敘/P317
		孟春之月……其祀户，祭先脾。……孟夏之月……其祀竈，祭先肺。……中央土……其祀中霤，祭先心。……孟秋之月……其祀門，祭先肝。……孟冬之月，……其祀行，祭先腎。//天子祭天地，祭四方，祭山川，祭五祀，歲徧。諸侯方祀，祭山川，祭五祀，歲徧。大夫祭五祀，歲徧。士祭其先。//祭日於壇，祭月於坎，以別幽明，以制上下。（幽明者，謂日照晝，月照夜。）祭日於東，祭月於西，以別外内，以端其位。（端，正。）//祭不欲數，數則煩，煩則不敬。祭不欲疏，疏則怠，怠則忘。//王爲羣姓立七祀，曰司命，曰中霤，曰國門，曰國行，曰泰厲，曰户，曰竈。王自爲立七祀。諸侯爲國立五祀，曰司命，曰中霤，	

序號	今本篇名、頁碼	《初學記》引文與原文	出處
		曰國門，曰國行，曰公厲。諸侯自爲立五祀。大夫立三祀，曰族厲，曰門，曰行。適士立二祀，曰門，曰行。庶士、庶人立一祀，或立户，或立竈。……夫聖王之制祭祀也，法施於民則祀之，以死勤事則祀之，以勞定國則祀之，能禦大菑則祀之，能捍大患則祀之。是故厲山氏之有天下也，其子曰農，能殖百穀。夏之衰也，周弃繼之，故祀以爲稷。共工氏之霸九州也，其子曰后土，能平九州，故祀以爲社。帝嚳能序星辰以著衆，堯能賞均、刑法以義終，舜勤衆事而野死，鯀鄣鴻水而殛死，禹能脩鯀之功，黄帝正名百物以明民共財，顓頊能脩之，契爲司徒而民成，冥勤其官而水死，湯以寬治民而除其虐，文王以文治，武王以武功去民之菑，此皆有功烈於民者也。及夫日、月、星辰，民所瞻仰也；山林、川谷、丘陵，民所取財用也。非此族也，不在祀典。	
331 *	《禮記·月令》/P1373 中—下　《禮記·郊特牲》/P1455 上	《禮記》曰：仲秋之月，命有司文繡有恒，必循其故。所以交於神明者，不可以同於所安樂之義也。故有黼黻文繡之美，疏布之尚，反女功之始也。	27/寶器部（花草附）/繡/敘/P656
		仲秋之月……乃命司服，具飭衣裳，文繡有恒，制有小大，度有長短。衣服有量，必循其故。所以交於神明者，不可以同於所安樂之義也。酒醴之美，玄酒、明水之尚，貴五味之本也。黼黻、文繡之美，疏布之尚，反女功之始也。	
332 *	《禮記·禮運》/P1426 中　《禮記·禮器》/P1430 下	《禮記》又曰：故禮之於人也，猶酒之有糵也，如竹箭之有筍也，如松柏之有心也。	13/禮部上/總載禮/敘/P314
		故禮之於人也，猶酒之有糵也。//如竹箭之有筍也，如松栢之有心也。	

序號	今本篇名、頁碼	《初學記》引文與原文	出處
333 *	《禮記·樂記》/P1530 下 《禮記·哀公問》/P1612 中	《禮記》曰：中正無邪，禮之質也；莊敬恭順，禮之制也。昔者魯哀公問孔子曰："何以敬身？"對曰："君子過言則人作辭，過動則人作則。君子言不過辭，動不過則，百姓不令而敬恭。如是則能敬其身。能敬其身，則能成其親。" 中正無邪，禮之質也；莊敬恭順，禮之制也。//公曰："敢問何謂敬身？"孔子對曰："君子過言則民作辭，過動則民作則。君子言不過辭，動不過則，百姓不命而敬恭。如是則能敬其身。能敬其身，則能成其親矣。"	17/人部上/恭敬/敘/P426
334 *	《禮記·內則》/P1463 上 《禮記·表記》/P1643 上 《禮記·祭義》/P1598 下 《禮記·表記》/P1643 上	《禮記》曰：父母有過，下氣怡色，柔聲以諫。諫若不入，起敬起孝，悦則復諫。又，事君欲諫不欲陳（陳謂言過於外）。又，父母有過，諫而不逆。孔子曰："事君遠而諫，則謟也；近而不諫，則尸利也。" 父母有過，下氣怡色，柔聲以諫。諫若不入，起敬起孝，說則復諫。//子曰："事君欲諫不欲陳。"（陳，謂言其過於外也。）//"父母有過，諫而不逆。"/子曰："事君遠而諫，則謟也；近而不諫，則尸利也。"	18/人部中/諷諫/敘/P437
335 *	《禮記·內則》/P1465 上—1467 上 《禮記·玉藻》/P1474 中 《禮記·曲禮上》/P1241 下—1242 下	《禮記》又曰：羹食，自諸侯以下至于庶人，無等。士不貳羹胾。子卯稷食菜羹。凡居人之右，無嚃羹（亦嫌疾），無絮羹（調和也）。客絮羹，主人辭不能烹。 士不貳羹、胾。……羹食，自諸侯以下至於庶人，無等。//子卯稷食菜羹。//凡進食之禮，左殽右胾。食居人之左，羹居人之右。……毋嚃羹（亦嫌欲疾也），毋絮羹（爲其詳於味也。絮猶調也。），毋刺齒，毋歠醢。客絮羹，主人辭不能亨。	26/器物部/羹/敘/P640

续表

序號	今本篇名、頁碼	《初學記》引文與原文	出處
336 *	《禮記·内則》/P1466 下 《禮記·玉藻》/P1483 中	(《禮記》) 又曰：棗曰新之，栗曰撰之，桃曰膽之，楂棃曰鑽之。食棗、桃、李，不致于核。 棗曰新之，栗曰撰之，桃曰膽之，楂梨曰攢之。//食棗、桃、李，弗致于核。	28/果木部/棗/敘/P676
337 *	《禮記·玉藻》/P1483 中 《禮記·曲禮下》/P1270 中	(《禮記》) 又曰：瓜祭上環，食中，棄所操。婦人之贄，瓜、桃、李、梅。 瓜祭上環，食中，弃所操。//婦人之摯，椇、榛、脯、脩、棗、栗。	28/果木部/瓜/敘/P684
338 *	《逸周書·時訓解》/P623—653	《禮記》曰：立春之日，東風解凍。又五日，蟄蟲始振。又五日，魚上冰。風不解凍，號令不行；魚不上冰，兵甲不藏。 立春之日，東風解凍。又五日，蟄蟲始振。又五日，魚上冰。風不解凍，號令不行；蟄蟲不振，陰姦陽。魚不上冰，甲冑私藏。……麋角不解，兵甲不藏。	7/地部下/冰/對/P151
339	《周易·序卦》/P96 中	(《禮記》) 又曰：主器莫若長子，故受之以《震》。 主器者莫若長子，故受之以《震》。	10/儲宮部/皇太子/對/P229
340 *	《周禮·天官·掌次》/P676 下	《禮記》曰：朝日、祀五帝，則張大次小次，設重席重案。合諸侯亦如之。鄭玄注曰：朝日，春拜日於東門之外。 朝日、祀五帝，則張大次、小次，設重帟重案。合諸侯亦如之。(朝日，春分拜日於東門之外。)	13/禮部上/祭祀/對/P318
341 *	《大戴禮記·本命》/P251	又曰：男子五十而室，女三十而嫁，謂中古也。 中古男三十而娶，女二十而嫁，合於五也，中節也。太古男五十而室，女三十而嫁，備於三五，合於八十也。	14/禮部下/婚姻/敘/P353
342 *	《大戴禮記·禮三本》/P17	《禮記》曰：禮，上事天，下事地，尊先祖而崇君師。 故禮，上事天，下事地，宗事先祖而寵君師。	21/文部/經典/對/P500

序號	今本篇名、頁碼	《初學記》引文與原文	出處
343 *	《周禮·天官冢宰第一·膳夫》/P659 下《禮記·內則》/P1463 下	《禮記》曰：膳夫掌王之食飲（食，飯也。飲，酒漿也）。食用六穀（秫、黍、稷、粱、麥、苽。苽，彫胡也）。黍、稷、稻、粱、黃粱、稻穛（稻音酺，熟穛也。穛音阻腳反，生穛也）。 膳夫：掌王之食飲膳羞，以養王及后、世子。（食，飯也。飲，酒漿也。）凡王之饋，食用六穀，膳用六牲，飲用六清，羞用百二十品，珍用八物，醬用百有二十甕。（六穀，秫、黍、稷、粱、麥、苽。苽，彫胡也。）	26/器物部/飯/敘/P636
344	《逸周書·時訓解》/P625	曰：驚蟄之日，桃始華。	28/菓木部/桃/敘/嚴陸異 P6
345 *	《大戴禮記·夏小正》/P43	（《禮記·月令》）又曰：丹鳥羞白鳥也。白鳥即蚊也。 丹鳥羞白鳥。丹鳥者，謂丹良也。白鳥，謂閩蚋也。	30/鳥部/螢/敘/嚴陸異/P12
346 *		《禮記》者，本孔子門徒共撰所聞也。後通儒各有損益，子思乃作《中庸》，公孫尼子作《緇衣》，漢文時博士作《王制》。其餘衆篇，皆如此例。至漢宣帝世，東海后蒼善說禮，於曲臺殿撰禮一百八十篇，號曰《后氏曲臺記》。后蒼傳於梁國戴德及德從子聖，乃刪《后氏記》爲八十五篇，名《大戴禮》。聖又刪《大戴禮》爲四十六篇，名《小戴禮》。其後諸儒又加《月令》、《明堂位》、《樂記》三篇，凡四十九篇，則今之《禮記》也。（見《禮記正義》。《禮記》有馬融、鄭玄二家注。馬注今亡，唯鄭注行於世。）	21/文部/經典/敘/P498
347 *		（《曲禮》曰：）孔子曰：周任，古之良史也。老子爲周守藏室史，又爲柱下史，則其職也。	21/文部/史傳/敘/P502

《左傳》

序號	今本篇名、頁碼	《初學記》引文與原文	出處
1	《春秋序》/ P1703 中	杜預序曰：魯史記之名也。	21/文 部/經 典/ 敍/P499
2 *	《春秋序》/ P1703 中	杜預《春秋序》曰：記事者，以日繫月，以月繫時，以時繫年，所以紀遠近，別同異也。	21/文 部/史 傳/ 對/P504
		記事者，以事繫日，以日繫月，以月繫時，以時繫年，所以紀遠近，別同異也。	
3	《春秋序》/ P1704 上	杜預《春秋序》曰：《周禮》有史官，掌邦國四方之事。	21/文 部/史 傳/ 對/P504
4 *	《春秋序》/ P1705 上	杜預《春秋序》：仲尼因魯史策書成文，考其真偽而志其典禮，上以遵周公之遺制，下以明將來之禮法。	21/文 部/史 傳/ 對/P504
		仲尼因魯史策書成文，考其真偽，而志其典禮，上以遵周公之遺制，下以明將來之法。	
5 *	《春秋序》/ P1705 中	《春秋正義》：昔孔子約魯史以脩《春秋》。書有褒貶，不可以書見，口授弟子左丘明。恐弟子各安其意，以失其真，故論夫子所言而作傳。今《左氏傳》是也。初，孔子授《春秋》於卜商，又授之弟子公羊高、穀梁赤，又各為之傳，則今《公羊》、《穀梁》二傳是也。（見《春秋正義》。《左氏傳》有賈逵訓詁、服虔、杜預注，《公羊傳》有何休解詁，《穀梁傳》有范甯集解。）	21/文 部/經 典/ 敍/P499
		孔子論《史記》，次《春秋》。七十子之徒口受其傳。魯君子左丘明懼弟子各有妄其意，失其真故具論其語成《左氏春秋》。	
6	《春秋序》/ P1705 下	杜預《春秋序》曰：其發凡以言例，皆經國之常制，周公之垂法。	21/文 部/經 典/ 對/P501
7	《春秋序》/ P1705 下	杜預《春秋序》曰：其發凡以言例，皆經國之常制，周公之垂法，史書之舊章。	21/文 部/史 傳/ 對/P503

序號	今本篇名、頁碼	《初學記》引文與原文	出處
8	《春秋序》/P1706 下	杜預《春秋序》曰：四曰"盡而不汙"，直書其事，具文見意，丹楹刻桷。天王求車，齊侯獻捷之類是也。	21/文 部/史 傳/對/P504
		四曰"盡而不汙"，直書其事，具文見意。丹楹刻桷，天王求車，齊侯獻捷之類是也。	
9	《左傳·隱公元年》/P1715 下	（《左傳》）又曰：費伯帥師城郎。	8/州 郡 部/河南道/對/P170
10	《左傳·隱公元年》/P1717 上	《左傳》曰：天子七月而葬，同軌畢至；諸侯五月，同盟至；大夫三月，同位至；士踰月，外姻至。	14/禮 部 下/葬/敘/P359
11 *	《左傳·隱公三年》/P1723 中	《左傳》曰：蘋蘩蘊藻之菜，可羞於王公。	27/寶器部（花草 附）/萍/對/P669
		蘋蘩蘊藻之菜，筐筥錡釜之器，潢汙行潦之水，可薦於鬼神，可羞於王公。	
12 *	《左傳·隱公三年》/P1724 中	《春秋左氏傳》曰：君義，臣行，父慈，子孝，兄友，弟敬，所謂六順。	17/人部上/友悌/敘/P423
		君義、臣行、父慈、子孝、兄愛、弟敬，所謂六順也。	
13 *	《左傳·隱公四年》/P1725 中—1726 上	《左傳》曰：衛州吁弒桓公，石厚從州吁如陳。石碏使告于陳曰："此二人者，實弒寡君，敢即圖之。"陳人執之而請於衛，衛人使右宰醜蒞殺州吁于濮。石碏使其宰獳羊肩蒞殺石厚于陳。君子曰："石碏，純臣也，惡州吁而厚與焉。'大義滅親'，其是之謂乎？"	17/人 部 上/忠/對/P417
		衛州吁弒桓公而立。……厚從州吁如陳。石碏使告于陳曰："衛國褊小，老夫耄矣，無能爲也。此二人者，實弒寡君，敢即圖之。"陳人執之，而請涖于衛。九月，衛人使右宰醜涖殺州吁于濮，石碏使其宰獳羊肩涖殺石厚于陳。君子曰："石碏，純臣也。惡州吁而厚與焉。'大義滅親'，其是之謂乎？"	

序號	今本篇名、頁碼	《初學記》引文與原文	出處
14 *	《左傳·隱公五年》/P1726 中—1727 中	《左傳》曰：公將如棠觀魚，臧僖伯曰："鳥獸之肉，不登於俎，則公不射，古之制也。"	26/器 物 部/肉/對/P639
		公將如棠觀魚者。臧僖伯諫曰："……鳥獸之肉，不登於俎，皮革、齒牙、骨角、毛羽，不登於器，則公不射，古之制也。"	
15 *	《左傳·隱公五年》/P1727 下—1728 上	《左傳》曰：天子八佾（六十四人），諸侯六（四十八人），大夫四（三十二人），士二（十六人）。夫舞所以節八音而行八風，故用八。	15/樂 部 上/舞/敘/P379
		公問羽數於衆仲。對曰："天子用八（八八六十四人），諸侯用六（六六三十六人），大夫四（四四十六人），士二（二二四人。士有功，賜用樂）。夫舞，所以節八音而行八風，故自八以下。"	
16 *	《左傳·隱公八年》/P1733 上	《左傳》云：鄭伯請釋泰山之祀，而祀周公。杜預注曰：鄭有助祭泰山湯沐邑在祊。	5/地部上/泰山/對/P95
		鄭伯請釋泰山之祀，而祀周公。（鄭桓公，周宣王之母弟，封鄭，有助祭泰山湯沐之邑在祊。）	
17 *	《左傳·隱公九年》/P1734 中	《左傳》：凡平地盈尺爲大雪。	2/天部下/雪/敘/P27
		平地尺爲大雪。	
18 *	《左傳·桓公元年》/P1740 上	（《左傳》）又宋孔父嘉之妻美，宋華父督見之於路，目逆而送之，曰："美而豔。"	19/人部下/美婦人/敘/P455
		宋華父督見孔父之妻于路，目逆而送之，曰："美而豔。"	
19 *	《左傳·桓公二年》/P1741 中	《左傳》曰：大羹不致，粢食不鑿。杜預注曰：不精鑿也。	26/器 物 部/飯/對/P637
		大羹不致，粢食不鑿。（黍稷曰粢，不精鑿。）	
20 *	《左傳·桓公二年》/P1743 下	《左傳》曰：晉穆侯以條之役生太子，命之曰仇。其弟以千畝之戰生，命之曰成師。	8/州 郡 部/河 東 道/對/P174
		晉穆侯之夫人姜氏以條之役生太子，命之曰仇。其弟以千畝之戰生，命之曰成師。	

序號	今本篇名、頁碼	《初學記》引文與原文	出處
21*	《左傳·桓公三年》/P1746 上	《左傳》曰：齊侯、衛侯胥命于蒲。注曰：蒲衛殖邑也。	8/州郡部/河南道/對/P169
		齊侯、衛侯胥命于蒲。（申約，言以相命而不歃血也。蒲，衛地，在陳留長垣縣西南。）	
22*	《左傳·桓公五年》/P1748 中	《左傳》曰：凡啓蟄而郊。	13/禮部上/郊丘/敘/P320
		凡祀，啓蟄而郊。	
23*	《左傳·桓公五年》/P1749 上	《左傳》曰：龍見而雩。注云：龍見，建巳之月。蒼龍，七宿之體，昏見東方。	3/歲時部上/夏/對/P50
		龍見而雩（龍見，建巳之月。蒼龍，宿之體，昏見東方）。	
24	《左傳·桓公五年》/P1749 上	《左傳》：龍見而雩。	13/禮部上/祭祀/敘/P317
25*	《左傳·桓公六年》/P1749 下	《左傳》曰：鬪伯比言於楚子曰："漢東之國，隨爲大。"杜預注曰：隨國，今義陽隨縣也。	8/州郡部/山南道/對/P182
		鬪伯比言于楚子曰："……漢東之國，隨爲大。"楚武王侵隨，（杜預注：隨國，今義陽隨縣。）	
26*	《左傳·桓公十六年》/P1758 下	《左傳》曰：衛宣公烝於夷姜，生急子，屬諸左公子。爲之娶於齊，而美，公取之。生壽及朔。宣姜與公子朔搆急于公，使諸齊，使盜待諸莘，將殺之。壽子告之，使行。不可。及行，壽子飲以酒，載其旌以先，盜殺之。	17/人部上/友悌/對/P425
		衛宣公烝於夷姜，生急子，屬諸右公子。爲之娶於齊，而美，公取之。生壽及朔，屬壽於左公子。夷姜縊。宣姜與公子朔搆急子。公使諸齊，使盜待諸莘，將殺之。壽子告之，使行。不可，曰："棄父之命，惡用子矣！有無父之國則可也。"及行，飲以酒。壽子載其旌以先，盜殺之。	
27	《左傳·莊公四年》/P1763 下	杜預注《左傳》曰：荊亦楚也。	2/天部下/雨/對/P24

序號	今本篇名、頁碼	《初學記》引文與原文	出處
28 *	《左傳·莊公五年》/P1764 上	《左傳》曰：郳黎來朝。杜預注曰：東海昌盧縣東北有郳城。	8/州郡部/河南道/對/P170
		郳犁來來朝。（附庸國也。東海昌盧縣東北有郳城。）	
29 *	《左傳·莊公八年》/P1765 下	《左傳》曰：齊襄公田于具邱，喪屨。反，誅屨於徒人費，弗得，鞭之，見血。走出，遇賊于門，劫而束之。費曰："我奚禦哉！"袒而示之背，信之。費請先入，伏公而出鬭，死于門中。	17/人部上/忠/對/P416
		齊侯游于姑棼，遂田于貝丘。見大豕，從者曰："公子彭生也。"公怒曰："彭生敢見！"射之，豕人立而啼。公懼，隊于車，傷足，喪屨。反，誅屨於徒人費，弗得，鞭之，見血。走出，遇賊于門，劫而束之。費曰："我奚御哉！"袒而示之背，信之。費請先入，伏公而出鬭，死于門中。	
30 *	《左傳·莊公十一年》/P1770 中	《左傳》曰：魯莊公以金僕姑射南官長萬。杜預注曰：金僕姑，矢名也。	22/武部/箭/對/P535
		公以金僕姑射南宮長萬（金僕姑，矢名）。	
31	《左傳·莊公二十二年》/P1775 上	《左傳》曰：酒以成禮，不繼以淫。	26/器物部/酒/對/P635
32 *	《左傳·莊公二十二年》/P1775 上—中	《左傳》曰：陳厲公生敬仲，周内史筮之，遇觀之否。曰："是謂觀國之光，利用賓於王，其代陳有國乎?"	20/政理部/卜/對/P488
		陳厲公，蔡出也。故蔡人殺五父而立之。生敬仲。其少也，周史有以《周易》見陳侯者，陳侯使筮之，遇觀之否：曰："是謂觀國之光，利用賓于王此其代陳有國乎?"	

序號	今本篇名、頁碼	《初學記》引文與原文	出處
33 *	《左傳·莊公二十三年》/P1778下—1779上	《左傳》曰：莊公二十三年夏，公如齊觀社，非禮也。曹劌諫曰：“夫禮，所以整民也。會以訓上下之則，制財用之節；朝以正班爵之義，帥長幼之序。” 二十三年，夏，公如齊觀社，非禮也。曹劌諫曰：“不可。夫禮，所以整民也。故會以訓上下之則，制財用之節；朝以正班爵之義，帥長幼之序。”	14/禮部下/朝會/對/P345
34 *	《左傳·莊公二十三年》/P1778下—1779上	《左傳》曰：凡朝以正班爵之義；會以訓上下之則。 故會以訓上下之則，制財用之節；朝以正班爵之義，帥長幼之序。	14/禮部下/朝會/敘/P344
35 *	《左傳·莊公二十四年》/P1779下	《左傳》曰：女贄，不過榛、栗、棗、修。 女贄，不過榛、栗、棗、脩。	28/果木部/栗/對/P678
36 *	《左傳·莊公二十七年》/P1780下	《左傳》曰：天子非展義不巡狩。 天子非展義不巡守。	9/帝王部/總敘帝王/對/P206
37 *	《左傳·莊公二十七年》/P1780下	《左傳》曰：天子非展義不巡狩。社預注云：天子巡狩，所以宣布德義。 天子非展義不巡守。（杜預注：天子巡守，所以宣布德義。）	13/禮部上/巡狩/對/P330
38	《左傳·莊公二十八年》/P1782上	《春秋左氏傳》曰：凡邑，有宗廟先君之主曰都，無曰邑。	24/居處部/城郭/敘/P561
39 *	《左傳·莊公二十九年》/P1782上	《左傳》曰：凡馬，日中而出，日中而入。（中，春秋分也；春分放出之，秋分收入之。） 凡馬，日中而出，日中而入。（日中，春秋分也。治厩當以秋分，因馬向入而脩之，今以春作，故曰不時。）	29/獸部/馬/敘/P701

序號	今本篇名、頁碼	《初學記》引文與原文	出處
40 *	《左傳·莊公三十一年》/P1783上	《左傳》曰：魯築臺於秦。杜預注云：范縣西北有秦亭。	8/州郡部/河南道/對/P169
		秋，築臺于秦。（無傳。東平范縣西北有秦亭。）	
41 *	《左傳·閔公元年》/P1786中—下	《左傳》：晉侯賜畢萬魏，卜偃曰："畢萬之後必大。萬，盈數也。魏，大名也。以是始賞，天啓之矣。"	1/天部上/天/對/P3
		晉侯作二軍⋯⋯賜畢萬魏⋯⋯卜偃曰："畢萬之後必大。萬，盈數也。魏，大名也。以是始賞，天啓之矣。"	
42	《左傳·閔公二年》/P1787下	《左傳》曰：衛懿公好鶴，鶴有乘軒者。	30/鳥　部/鶴/對/P727
43 *	《左傳·閔公二年》/P1788中	《左傳》曰：晉侯使太子申生伐東山臯落氏。里克諫曰："太子奉冢祀社稷之粢盛，以朝夕視君膳者也，故曰冢子。君行則守，有守則從；從曰撫軍，守曰監國，古之制也。"	10/儲宮部/皇太子/對/P232
		晉侯使大子申生伐東山臯落氏。里克諫曰："大子奉冢祀、社稷之粢盛，以朝夕視君膳者也，故曰冢子。君行則守，有守則從。從曰撫軍，守曰監國，古之制也。"	
44 *	《左傳·僖公三年》/P1792上	《左傳》：齊侯會于陽穀。	8/州郡部/河南道/對/P169
		齊侯、宋公、江人、黃人會于陽穀。	
45	《左傳·僖公四年》/P1793上	《左傳》曰：楚國方城以爲城。	8/州郡部/河南道/對/P169
46 *	《左傳·僖公四年》/P1793中	《左傳》曰：晉獻公欲以驪姬爲夫人，卜之，不吉；筮之，吉。公曰："從筮"。筮人曰："筮短龜長，不如從長。"	20/政理部/卜/對/P488
		晉獻公欲以驪姬爲夫人，卜之，不吉；筮之，吉。公曰："從筮。"卜人曰："筮短龜長，不如從長。"	

序號	今本篇名、頁碼	《初學記》引文與原文	出處
47 *	《左傳·僖公五年》/P1794中	《左傳》曰：僖公五年正月辛卯，日南至。公既視朔，遂登觀臺以望。而書，禮也。	4/歲時部下/冬至/對/P83
		五年，春，王正月辛亥朔，日南至。公既視朔，遂登觀臺以望。而書，禮也。	
48 *	《左傳·僖公五年》/P1794中	《左傳》曰：楚人伐弦，弦子奔黃。	8/州郡部/淮南道/對/P186
		楚人滅弦，弦子奔黃。	
49	《左傳·僖公五年》/P1794中	《左傳》云：凡分、至、啓、閉，必書雲物，爲備故也。	4/歲時部下/冬至/對/P83
50 *	《左傳·僖公五年》/P1795上	《春秋傳》曰：王世子會于首止是也。	10/儲宮部/皇太子/敘/P229
		會于首止。	
51	《左傳·僖公五年》/P1795下	《左傳》曰：虞不臘矣。	4/歲時部下/臘/敘/P84
52	《左傳·僖公五年》/P1795下	《左傳》曰：虞不臘矣。	4/歲時部下/臘/對/P84
53 *	《左傳·僖公九年》/P1800下	《左傳》曰：齊桓公會諸侯於葵邱。	8/州郡部/河南道/對/P169
		公會宰周公、齊侯、宋子、衛侯、鄭伯、許男、曹伯于葵丘。	
54 *	《左傳·僖公九年》/P1800下—1801上	(《左傳》) 又曰：晉獻公使荀息傅奚齊。對曰："臣竭股肱之力，加之以忠貞。其濟，君之靈也；不濟；則以死繼之。"公曰："何謂忠貞？"對曰："公家之利，知無不爲，忠也；送往事居，偶俱無猜，貞也。"	17/人部上/忠/敘/P414
		初，獻公使荀息傅奚齊。公疾，召之，曰："以是貌諸孤，辱在大夫，其若之何？"稽首而對曰："臣竭其股肱之力，加之以忠貞。其濟，君之靈也；不濟，則以死繼之。"公曰："何謂忠貞？"對曰："公家之利，知無不爲，忠也；送往事居，耦俱無猜，貞也。"	

续表

序號	今本篇名、頁碼	《初學記》引文與原文	出處
55 *	《左傳·僖公十四年》/P1803上	《左傳》云：沙鹿崩。杜預注云：晉地也。元城東南有沙鹿山。	8/州郡部/河北道/對/P177
		沙鹿崩。（沙鹿，山名。平陽元城縣東有沙鹿山，在晉地。）	
56 *	《左傳·僖公十五年》/P1805中	《左傳》曰：楚伐徐，齊師伐厲以救之。杜預注曰：隨縣北有厲鄉。	8/州郡部/山南道/對/P182
		秋，七月，齊師、曹師伐厲。（厲，楚與國。義陽隨縣北有厲鄉。）	
57 *	《左傳·僖公十五年》/P1805下—1806上	（《左傳》）又曰：秦伯伐晉，卜徒父筮之，吉。涉河，晉侯車敗。詰之，對曰："乃大吉也！三敗必獲晉君。"果如其言。	20/政理部/卜/對/P488
		故秦伯伐晉。卜徒父筮之，吉。涉河，侯車敗。詰之。對曰："乃大吉也，三敗必獲晉君。"	
58	《左傳·僖公十六年》/P1808中	《左傳》：僖公十六年春，"隕石于宋，五"，隕星也。	1/天部上/星/對/P12
59	《左傳·僖公十六年》/P1808下	《左傳》曰：僖公十六年春，"六鶂退飛，過宋都"，風也。	1/天部上/風/對/P18
60	《左傳·僖公十六年》/P1808中	《左傳》："隕石于宋，五"，隕星也。杜預注曰：但言星則嫌星使石隕，故重言隕星。	5/地部上/石/對/P108
61 *	《左傳·僖公十六年》/P1808中	星隕爲石。（出《春秋》。）	5/地部上/石/敘/P107
		十有六年，春，王正月，戊申，朔，隕石于宋，五。	
62 *	《左傳·僖公十九年》/P1810中	《左傳》曰：衛旱，卜有事於山川，不吉。甯莊子曰："昔周飢，克殷而年豐。今邢方無道，欲使衛討邢乎？"從之，師興而雨。	2/天部下/雨/對/P24
		衛大旱，卜有事於山川，不吉。甯莊子曰："昔周饑，克殷而年豐。今邢方無道，諸侯無伯，天其或者欲使衛討邢乎？"從之，師興而雨。	

序號	今本篇名、頁碼	《初學記》引文與原文	出處
63 *	《左傳·僖公二十二年》/P1813中	《左氏傳》曰：晉太子圉爲質於秦，將逃歸，謂嬴氏曰："與子歸乎。"對曰："子，晉太子，而辱於秦，子之欲歸，不亦宜乎。寡君之使婢子侍執巾櫛，以固子也。從子而歸，棄君命也。不敢從，亦不敢言。"杜預注曰：嬴氏，秦所妻子圉，懷嬴也。婢子，婦人之卑稱。 晉大子圉爲質於秦，將逃歸，謂嬴氏曰："與子歸乎？"（嬴氏，秦所妻子圉，懷嬴也。）對曰："子，晉大子，而辱於秦，子之欲歸，不亦宜乎？寡君之使婢子侍執巾櫛（婢子，婦人之卑稱也），以固子也。從子而歸，弃君命也。不敢從，亦不敢言。"	14/禮部下/婚姻/對/P354
64 *	《左傳·僖公二十三年》/P1814下	（《左傳》）又狐突曰："子之能仕，父教之忠。策名、委質，貳乃辟也。" 對曰："子之能仕，父教之忠，古之制也。策名，委質，貳乃辟也。"	17/人部上/忠/敘/P414
65 *	《左傳·僖公二十三年》/P1815下—1816上	《左傳》曰：晉公子重耳對楚子曰："左執鞭弭，右屬櫜鞬，以與君周旋。" 對曰："若以君之靈，得反晉國，晉、楚治兵，遇於中原，其辟君三舍。若不獲命，其左執鞭弭，右屬櫜鞬，以與君周旋。"	22/武部/鞭/對/P539
66	《左傳·僖公二十三年》/P1816上	《傳》曰：左執鞭弭。	22/武部/鞭/敘/P539
67 *	《左傳·僖公二十四年》/P1816中	《左傳》曰：公子重耳取臼亭。杜預注曰：河東解縣有臼亭。 取臼衰。（桑泉在河東解縣西。解縣東南有臼城。）	8/州郡部/河東道/對/P174
68	《左傳·僖公二十四年》/P1817中	《左傳》曰：管、蔡、郕、霍、魯、衛、毛、聃、郜、雍、曹、滕、畢、原、豐、郇，文之昭也。	10/帝戚部/王/對/P238

序號	今本篇名、頁碼	《初學記》引文與原文	出處
69 *	《左傳·僖公二十四年》/P1817中	（《左傳》）又曰：凡、蔣、邢、茅、胙、祭，周公之胤也。杜預注曰：弋陽期思縣，蔣鄉城是也。	8/州郡部/淮南道/對/P186
		凡、蔣、邢、茅、胙、祭，周公之胤也。（胤，嗣也。蔣在弋陽期思縣。）	
70 *	《左傳·僖公二十四年》/P1818中	《左傳》曰：鄭子臧好聚鷸冠。	26/器物部/冠/敘/P621
		鄭子華之弟子臧出奔宋，好聚鷸冠。	
71 *	《左傳·僖公二十五年》/P1820下	《左傳》曰：晉侯朝王，與之陽樊、溫、原、攢茅之田，晉於是始啓南陽。	20/政理部/賞賜/對/P473
		晉侯朝王。王饗醴，命之宥。請隧，弗許，曰："王章也。未有代德而有二王，亦叔父之所惡也。"與之陽樊、溫、原、欑茅之田。晉於是始起南陽。	
72 *	《左傳·僖公二十八年》/P1825中	《左傳》云：晉文公作王宮於踐土。注云：鄭地。	8/州郡部/河南道/對/P169
		晉師三日館穀，及癸酉而還。甲午，至于衡雍，作王宮于踐土。	
73	《左傳·僖公二十八年》/P1826上	《左傳》曰：楚子玉自爲瓊弁。	26/器物部/弁/敘/P623
74 *	《左傳·僖公二十八年》/P1827上	《左傳》曰：晉人執衛侯，寘諸深室。甯子職納橐饘焉。杜注：饘，糜粥也。	26/器物部/粥/對/P638
		執衛侯，歸之于京師，寘諸深室。甯子職納橐饘焉（饘，糜也）。	
75 *	《左傳·僖公三十年》/P1831上	《左傳》曰：行李之往來。杜預注：行李，行人也。	20/政理部/奉使/敘/P479
		行李之往來。（行李，使人。）	
76	《左傳·僖公三十一年》/P1831中	《左傳·僖公三十一年》：四卜郊，不從，乃免牲，猶三望。	13/禮部上/祭祀/對/P318

序號	今本篇名、頁碼	《初學記》引文與原文	出處
77 *	《左傳·僖公三十三年》/P1833上	《左傳》曰：鄭有原圃，猶秦之有具囿。	8/州郡部/河南道/對/P169
		鄭之有原圃，猶秦之有具囿也。	
78	《左傳·文公元年》/P1836下	《春秋傳》曰：履端於始。	4/歲時部下/元日/敘/P63
79 *	《左傳·文公元年》/P1837中	（《左傳》）又曰：楚太子商臣以宮甲圍成王，請熟熊蹯而死，不聽。	26/器物部/肉/對/P639
		以宮甲圍成王。王請食熊蹯而死，弗聽。	
80 *	《左傳·文公二年》/P1839中	《左傳》曰：臧文仲，不仁者三：下展禽，廢六關，妾織蒲。	7/地部下/關/對/P160
		臧文仲，其不仁者三，不知者三。下展禽，廢六關，妾織蒲，三不仁也。	
81	《左傳·文公四年》/P1840下	《左傳》曰：衛甯武子來聘，公與之宴，爲賦《湛露》。	14/禮部下/饗讌/對/P348
82 *	《左傳·文公五年》/P1843上	《左傳》曰：楚公子燮滅蓼。杜預注曰：安豐有蓼縣。	8/州郡部淮南道/對/P186
		楚子燮滅蓼（蓼國，今安豐蓼縣）。	
83 *	《左傳·文公七年》/P1846上	《左傳》曰：冬日可愛，夏日可畏。	1/天部上/日/敘/P6
		杜預注：冬日可愛，夏日可畏。	
84	《左傳·文公七年》/P1846上	杜預注《左傳》曰；冬日可愛，夏日可畏。	3/歲時部上/冬/對/P59
85 *	《左傳·文公九年》/P1847下	《左傳》：楚侵陳，克狐邱。	8/州郡部/河南道/對/P169
		楚侵陳，克壺丘。	

续表

序號	今本篇名、頁碼	《初學記》引文與原文	出處
86 *	《左傳·文公十二年》/P1851中—下	《左傳》曰：秦伯使西乞術來聘，且言將伐晉。襄仲辭焉，答曰："寡君得徼福于周公、魯公以事君，不腆先君之弊器，而使下臣致諸執事，以爲瑞節。要結好命，所以藉寡君之命，結二國之好，是以敢致之。"	20/政理部/奉使/對/P480
		秦伯使西乞術來聘，且言將伐晉。襄仲辭玉……賓客曰："寡君願徼福于周公、魯公以事君，不腆先君之敝器，使下臣致諸執事，以爲瑞節。要結好命，所以藉寡君之命，結二國之好，是以敢致之。"	
87 *	《左傳·文公十三年》/P1852中	《左傳》：晉侯使詹嘉守桃林之塞。杜預曰：今潼關是也。	8/州郡部/關内道/對/P172
		晉侯使詹嘉處瑕，以守桃林之塞。（杜預注：桃林在弘農華陰縣東潼關。）	
88 *	《左傳·文公十五年》/P1856上	《左傳》：齊侯伐曹，入其郛，討其來朝也。季文子曰："齊侯其不免乎？己則無禮，而討於有禮者，曰'汝何故行禮?'禮以順天，天之道。"	13/禮部上/總載禮/對/P316
		齊侯侵我西鄙，謂諸侯不能也。遂伐曹，入其郛，討其來朝也。季文子曰："齊侯其不免乎？己則無禮，而討於有禮者，曰：'女何故行禮?'禮以順天，天之道也。"	
89	《左傳·文公十六年》/P1859中	《左傳》稱：公子鮑美而豔。	19/人部下/美丈夫/敘/P453
90 *	《左傳·文公十八年》/P1862上	《左傳》曰：昔高辛氏有才子八人：伯奮、仲堪、叔獻、季仲、伯武、仲熊、叔豹、季貍，忠肅恭懿，宣慈惠和，天下之人謂之"八元"。	17/人部上/賢/對/P412
		高辛氏有才子八人，伯奮、仲堪、叔獻、季仲、伯虎、仲熊、叔豹、季貍，忠肅共懿，宣慈惠和，天下之民謂之"八元"。	

序號	今本篇名、頁碼	《初學記》引文與原文	出處
91 *	《左傳·文公十八年》/P1862中	《左傳》曰：舜臣堯，舉八凱，使主后土，以揆百事，莫不時序，地平天成。舉八元，使布五教于四方，父義、母慈、兄友、弟恭、子孝，内平外成。	9/帝王部/總敘帝王/對/P205
		舜臣堯，舉八愷，使主后土，以揆百事，莫不時序，地平天成。舉八元，使布五教于四方，父義、母慈、兄友、弟共、子孝，内平外成。	
92 *	《左傳·宣公二年》/P1866下—1867上	《左傳》曰：晉靈公不君，趙宣子驟諫。公患之，使鉏麑賊之。晨往，寢門闢矣，盛服將朝。尚早，坐而假寐。麑退，歎而言曰："不忘恭敬，民之主也。賊民之主，不忠：棄君之命，不信。"遂觸槐而死。	17/人部上/恭敬/對/P428
		晉靈公不君……宣子驟諫。公患之，使鉏麑賊之。晨往，寢門闢矣，盛服將朝。尚早，坐而假寐。麑退，歎而言曰："不忘恭敬，民之主也。賊民之主，不忠；弃君之命，不信。有一於此，不如死也。"觸槐而死。	
93 *	《左傳·宣公二年》/P1866下—1867上	《左傳》：晉靈公使宰夫燹熊蹯，不熟，殺之，寘諸畚，載以過朝。	26/器物部/肉/對/P639
		晉靈公不君，……宰夫腼熊蹯，不熟，殺之，寘諸畚，使婦人載以過朝。	
94 *	《左傳·宣公二年》/P1867中	（《左傳》）又曰：趙宣子田於首山，舍翳桑，見靈輒餓，食之。舍其半，曰："宦三年矣，未知母之存否？請以遺之。"使盡之，簞食與肉，寘諸橐以與之。	26/器物部/肉/對/P639
		宣子田於首山，舍于翳桑，見靈輒餓，問其病。曰："不食三日矣。"食之。舍其半。問之。曰："宦三年矣，未知母之存否，今近焉，請以遺之。"使盡之，而爲之簞食與肉，寘諸橐以與之。	

序號	今本篇名、頁碼	《初學記》引文與原文		出處
95	《左傳·宣公三年》/P1868 下	《左傳》曰：成王定鼎于郊鄏。		8/州郡部/河南道/對/P168
96 *	《左傳·宣公三年》/P1868 下	《左傳》曰：鄭文公有賤妾曰燕姞，夢天與己蘭，曰："余爲伯鯈。余，而祖也。以是爲而子，蘭有國香，人服媚之。"文公與之蘭而御之，辭曰："妾不才，幸而有子，將不信，敢徵蘭乎？"公曰："諾。"		27/寶器部（花草附）/蘭/對/P664
		鄭文公有賤妾曰燕姞，夢天使與己蘭，曰："余爲伯鯈。余，而祖也。以是爲而子。以蘭有國香，人服媚之如是。"既而文公見之，與之蘭而御之。辭曰："妾不才，幸而有子。將不信，敢徵蘭乎？"公曰："諾。"		
97 *	《左傳·宣公四年》/P1869 上—中	《左傳》曰：子公之食指動，謂子家曰："必食異味。"及入見靈公，宰夫將解黿。子公相視而笑曰："果然。"及食大夫黿羹，召子公而弗與也。子公怒，染指于鼎，嘗之而出。		26/器物部/羹/對/P640
		子公之食指動，以示子家，曰："他日我如此，必嘗異味。"及入，宰夫將解黿，相視而笑。公問之，子家以告。及食大夫黿，召子公而弗與也。子公怒，染指於鼎，嘗之而出。		
98 *	《左傳·宣公十二年》/P1878 上—1881 下	（《左傳》）又曰：晉楚戰于邲，唐侯爲左拒。杜預注曰：唐，屬楚小國，義陽安昌縣東南上唐鄉是也。		8/州郡部/山南道/對/P182
		晉荀林父帥師及楚子戰于邲……從唐侯以爲左拒。（杜預注：唐，屬楚之小國。義陽安昌縣東南有上唐鄉。）		
99 *	《左傳·宣公十二年》/P1881 下	凡甲下飾謂之裳。（見《左傳》。）		22/武部/甲/敍/P535
		得其甲裳（下曰裳）。		

序號	今本篇名、頁碼	《初學記》引文與原文	出處
100 *	《左傳·宣公十二年》/P1880中	《左傳》曰：篳路藍縷，謂貧也。 訓之以若敖、蚡冒篳路藍縷以啓山林。（若敖、蚡冒，皆楚之先君。篳路，柴車。藍縷，敝衣。言此二君勤儉以啓土。）	18/人部中/貧/敘/P444
101 *	《左傳·宣公十二年》/P1883中	《左傳》曰：楚莊王圍蕭，申公巫臣曰："師人多寒。"王巡三軍，撫而勉之，士皆如挾纊。 王怒，遂圍蕭。蕭潰。申公巫臣曰："師人多寒。"王巡三軍，拊而勉之，三軍之士皆如挾纊。	3/歲時部上/冬/對/P60
102 *	《左傳·宣公十三年》/P1885下 《左傳·宣公十四年》/P1885下—1886上	《左傳》曰：晉以衛之救陳也，討焉。使人弗去，曰："罪無所歸，將加而師。"孔達曰："苟利社稷，請以我說。"遂縊而死。衛人以說于晉而免。衛人以爲成勞，後以其子，復代其位。 晉以衛之救陳也，討焉。使人弗去，曰："罪無所歸，將加而師。"孔達曰："苟利社稷，請以我說。罪我之由。我則爲政而亢大國之討，將以誰任？我則死之。" 十四年，春，孔達縊而死。衛人以說于晉而免……衛人以爲成勞，復室其子，使復其位。	17/人部上/忠/對/P414
103 *	《左傳·宣公十四年》/P1886中	《左傳·宣公十四年》：孟獻子言於公曰："臣聞小國之免於大國也，聘而獻物，於是乎庭實旅百，朝而獻功。"杜預注曰：獻其理國若征伐之功於牧也。 孟獻子言於公曰："臣聞小國之免於大國也，聘而獻物，於是有庭實旅百，朝而獻功。"（杜預注：獻其治國若征伐之功於牧伯。）	14/禮部下/朝會/對/P345

续表

序號	今本篇名、頁碼	《初學記》引文與原文	出處
104 *	《左傳·宣公十五年》/P1887上—中	《左傳》曰：公孫歸父會楚子於宋。宋人告急於晉，晉侯欲救之。伯宗曰："不可！天方授楚，未可與爭。雖晉之强，能違天乎？"	1/天部上/天/對/P3
		公孫歸父會楚子于宋。宋人使樂嬰齊告急于晉，晉侯欲救之。伯宗曰："不可。古人有言曰：'雖鞭之長，不及馬腹。'天方授楚，未可與爭。雖晉之彊，能違天乎？"	
105	《左傳·宣公十五年》/P1887中	（《傳》）又曰：雖鞭之長，不及馬腹。	22/武部/鞭/敍/P539
106	《左傳·宣公十六年》/P1888下	《左傳》曰：人火曰火，天火曰災。	25/器物部/火/敍/P619
107 *	《左傳·成公二年》/P1895上	《左傳》曰：逢丑父使齊頃公下，如華泉取飲。	8/州郡部/河南道/對/P170
		丑父使公下，如華泉取飲。	
108	《左傳·成公二年》/P1895中	《左傳》曰：晉師從齊師，入自丘輿，擊馬陘。齊侯使賓媚人賂以紀甗、玉磬。	16/樂部下/磬/對/P398
109	《左傳·成公十年》/P1906下	《左傳》曰：忠爲令德。	17/人部上/忠/對/P416
110 *	《左傳·成公十四年》/P1913中—下	《左傳》曰：衛侯饗苦成叔，甯惠子相。成叔傲。甯子曰："苦成叔家其亡乎，古之爲饗也，以觀威儀、省禍福也。今夫子傲，取禍之道也。"	14/禮部下/饗讌/對/P349
		衛侯饗苦成叔，甯惠子相。苦成叔傲。甯子曰："苦成家其亡乎？古之爲享食也，以觀威儀、省禍福也，故《詩》曰：'兕觥其觩，旨酒思柔。彼交匪傲，萬福來求。'今夫子傲，取禍之道也。"	

序號	今本篇名、頁碼	《初學記》引文與原文	出處
111 *	《左傳·成公十六年》/P1916下—1918下	（《左傳》）又曰：晉、楚戰於鄢陵，郤至三遇楚子之卒，見楚子，必下，免冑而趨風。楚子使工尹襄問之以弓。杜預注曰：問，遺之也。	22/武部/弓/對/P532
		晉侯及楚子、鄭伯戰于鄢陵。……郤至三遇楚子之卒，見楚子，必下，免冑而趨風。楚子使工尹襄問之以弓（問，遺也）。	
112 *	《左傳·成公十六年》/P1920中—下	《左傳》曰：晉人執季文子，舍之於苕邱。范文子謂欒武子曰："季孫於魯，相三君矣。妾不衣帛，馬不食粟，可不謂忠乎！"	17/人部上/忠/對/P416
		晉人執季文子于苕丘。……范文子謂欒武子曰："季孫於魯，相二君矣。妾不衣帛，馬不食粟，可不謂忠乎？"	
113 *	《左傳·成公十七年》/P1921中	（《左傳》）又曰：諸侯伐鄭，至于曲洧。	8/州郡部/河南道/對/P169
		公會尹武公、單襄公及諸侯伐鄭，自戲童至于曲洧。	
114 *	《左傳·成公十七年》/P1921下	（《左傳》）又曰：高弱以盧叛。杜預注曰：盧，齊高氏邑。	8/州郡部/河南道/對/P169
		高弱以盧叛。（弱，無咎子。盧，高氏邑。）	
115 *	《左傳·成公十八年》/P1925上	《左傳》曰：成公十八年秋，"築鹿囿"，書，不時也。	24/居處部/苑囿/對/P586
		秋，……"築鹿囿"，書，不時也。	
116 *	《左傳·襄公三年》/P1930上	《左傳》曰：楚子重伐吳，克鳩茲，至于橫山。注曰：在烏程南。	8/州郡部/江南道/對/P187
		楚子重伐吳，爲簡之師。克鳩茲，至于衡山。（杜預注：衡山，在吳興烏程縣南。）	

序號	今本篇名、頁碼	《初學記》引文與原文	出處
117 *	《左傳·襄公三年》/P1930上—中	《左傳》曰：楚子重伐吳，至衡山，使鄧廖帥組甲三百，被練三千，以侵吳。馬融注曰：被練，練爲甲裏，卑者所服。	22/武部/甲/對/P535
		楚子重伐吳，爲簡之師。克鳩茲，至于衡山。使鄧廖帥組甲三百，被練三千，（杜預注：組甲、被練，皆戰備也。組甲，漆甲成組文。被練，練袍。）以侵吳。	
118 *	《左傳·襄公三年》/P1930上—中	《左傳》曰：楚子重伐吳，至衡山，使鄧廖帥組甲三百以侵吳。服虔注曰：以組綴甲。	22/武部/甲/對/P536
		楚子重伐吳，爲簡之師。克鳩茲，至于衡山。使鄧廖帥組甲三百，被練三千。	
119 *	《左傳·襄公三年》/P1930下	《左傳》：襄公三年六月，會單頃公及諸侯，同盟于雞澤。	8/州郡部/河北道/對/P177
		六月，公會單頃公及諸侯。己未，同盟于雞澤。	
120 *	《左傳·襄公四年》/P1933下	（《左傳》又曰：茫茫禹迹，畫爲九州。	9/帝王部/總敘帝王/對/P206
		芒芒禹迹，畫爲九州。	
121 *	《左傳·襄公四年》/P1934上	《左傳》：邾人、莒人伐鄫，臧紇救鄫，敗於狐駘。國人誦之曰："臧之狐裘，敗我於狐駘。我君小子，侏儒是使。侏儒侏儒，敗我於邾。"	19/人部下/短人/對/P462
		邾人、莒人伐鄫，臧紇救鄫，侵邾，敗于狐駘。國人逆喪者皆髽。魯於是乎始髽。國人誦之曰："臧之狐裘，敗我於狐駘。我君小子，朱儒是使。朱儒朱儒，使我敗於邾。"	
122 *	《左傳·襄公五年》/P1937上	（《左傳》）又：季文子卒，無衣帛之妾，無食粟之馬，無藏金玉，無器備。君子是以知季文子之忠於公室也。相三君矣，而無私積，可不謂忠乎？	17/人部上/忠/敘/P414
		季文子卒，大夫入斂，公在位。宰庀家器爲葬備，無衣帛之妾，無食粟之馬，無藏金玉，無重器備。君子是以知季文子之忠於公室也。相三君矣，而無私積，可不謂忠乎？	

序號	今本篇名、頁碼	《初學記》引文與原文	出處
123	《左傳·襄公九年》/P1941下	《左傳》曰：閼伯居商邱。	8/州郡部/河南道/對/P169
124*	《左傳·襄公九年》/P1941下	《左傳》曰：陶唐氏之火正閼伯，居商丘，以火紀時。	25/器物部/火/對/嚴陸異 P7
		陶唐氏之火正閼伯，居商丘，祀大火，而火紀時焉。	
125*	《左傳·襄公九年》/P1943中—下	《左傳》曰：襄公九年，晉會諸侯伐鄭。公送晉侯，晉侯以公宴于河上，問公年。季武子對曰："會于沙隨之歲，寡君以生。"晉侯曰："十二年矣。是謂一終，一星終也。國君十五而生子，冠而生子，禮也。君可以冠矣，大夫盍爲冠具？"武子曰："君冠，必以祼享之禮行之，金石之樂節之，以先君之祧處之。今寡君在行，未可具也，請及兄弟之國而假備焉。"	14/禮部下/冠/對/P352
		晉人不得志於鄭，以諸侯復伐之。……公送晉侯。晉侯以公宴于河上，問公年。季武子對曰："會于沙隨之歲，寡君以生。"晉侯曰："十二年矣，是謂一終，一星終也。國君十五而生子，冠而生子，禮也。君可以冠矣。大夫盍爲冠具？"武子對曰："君冠，必以祼享之禮行之，以金石之樂節之，以先君之祧處之。"	
126*	《左傳·襄公九年》/P1943中	《左傳》曰：國君十五而生子，冠而生，禮也。	14/禮部下/冠/敘/P352
		國君十五而生子，冠而生子，禮也。	
127*	《左傳·襄公十年》/1946下—1947上	《左傳》曰：諸侯會于相，遂伐偪陽。狄虒彌建大車之輪，而蒙之以甲，以爲櫓。	22/武部/甲/對/P536
		會于柤。晉荀偃、士匄請伐偪陽，而封宋向戌焉。……狄虒彌建大車之輪，而蒙之以甲，以爲櫓。	
128*	《左傳·襄公十年》/P1947下	《左傳》曰：楚圍宋，門于桐門。	8/州郡部/河南道/對/P169
		楚子囊、鄭子耳伐宋，師于訾毋。庚午，圍宋，門于桐門。	

续表

序號	今本篇名、頁碼	《初學記》引文與原文	出處
129 *	《左傳·襄公十年》/P1949 上	《左傳》曰：華户圭竇。	18/人 部 中/貧/對/P444
		篳門閨竇。	
130 *	《左傳·襄公十一年》/P1951 上	《左傳》曰：鄭略魯侯歌鍾二肆。杜預注：肆，列也。	15/樂部上/雅樂/對/P368
		鄭人略晉侯以師悝、師觸、師蠲；廣車、軘車、淳十五乘，甲兵備，凡兵車百乘；歌鐘二肆（肆，列也）。	
131 *	《左傳·襄公十一年》/P1951 上	《左傳》曰：鄭人略晉侯歌鍾二肆。注曰：肆，列也。懸鐘十六爲一肆。二肆，三十二枚。	16/樂 部 下/鐘/對/P396
		鄭人略晉侯以師悝、師觸、師蠲；廣車、軘車、淳十五乘，甲兵備，凡兵車百乘；歌鐘二肆（肆，列也。縣鐘十六爲一肆。二肆，三十二枚）。	
132	《左傳·襄公十四年》/P1956 上	《左傳》曰：譬如捕鹿，晉人角之，諸戎掎之。	29/獸 部/鹿/對/P715
133 *	《左傳·襄公十四年》/P1956 中	《左傳》曰：晉侯伐秦，帥諸侯之師以進，濟涇而次。秦人毒涇上，師人多死。	6/地部中/涇水/對/P138
		夏，諸侯之大夫從晉侯伐秦，以報櫟之役也。晉侯待于竟，使六卿帥諸侯之師以進。……濟涇而次。秦人毒涇上流，師人多死。	
134 *	《左傳·襄公十四 年 》/P1956 下—1957 上	《左傳》曰：衛獻公射鴻於囿。	24/居處部/苑囿/對/P586
		衛獻公戒孫文子、甯惠子食，皆服而朝。日旰不召，而射鴻於囿。	
135 *	《左傳·襄公十四年》/P1957 下	《左傳》曰：齊以郲寄衛侯，右宰穀從而逃歸。衛人將殺之，穀辭之曰："余不悅初矣，余狐裘而羔袖。"乃赦之。杜預注曰：狐裘羔袖，言一身盡善，唯少有惡。喻己雖從出，其罪不多。	26/器 物 部/裘/對/P631
		齊人以郲寄衛侯。及其復也，以郲糧歸。右宰穀從而逃歸，衛人將殺之。辭曰："余不說初矣。余狐裘而羔袖。"（言一身盡善，唯少有惡。喻己雖從君出，其罪不多。）乃赦之。	

续表

序號	今本篇名、頁碼	《初學記》引文與原文	出處
136 *	《左傳·襄公十四年》/P1959上	《左傳》曰：楚子囊死，遺言謂子庚："必城郢。"（郢，楚所徙都，未有城郭。）君子謂子囊"忠。君薨不忘增其名，將死不忘衛社稷，可謂忠乎？忠，人之望也"。	17/人部上/忠/敘/P414
		楚子囊還自伐吳，卒。將死，遺言謂子庚："必城郢。"君子謂子囊"忠。君薨不忘增其名，將死不忘衛社稷，可不謂忠乎？忠，民之望也"。	
137	《左傳·襄公十九年》/P1968上	《左傳》：小國之仰大國也，如百穀之仰膏雨。	1/天部上/天/對/P3
138 *	《左傳·襄公二十三年》/P1976中	《左傳》曰：斐豹，隸也。杜預注曰：犯罪沒官爲奴。	19/人部下/奴婢/對/P464
		斐豹，隸也。（蓋犯罪沒爲官奴。）	
139 *	《左傳·襄公二十三年》/P1977上	《左傳》曰：齊侯伐晉，入孟門，登太行。	8/州郡部/河東道/對/P174
		齊侯遂伐晉，取朝歌。爲二隊，入孟門，登大行。	
140	《左傳·襄公二十四年》/P1979下	《左傳》曰：象有齒以焚其身。	29/獸部/象/對/P699
141 *	《左傳·襄公二十五年》/P1982下—1984上	《左傳》曰：齊崔杼弒莊公，太史書曰"崔杼弒其君"。崔子殺之。其弟嗣書，又殺之。而死者二人。	21/文部/史傳/對/P504
		齊崔杼弒其君光。……大史書曰"崔杼弒其君"。崔子殺之。其弟嗣書，而死者二人。	
142 *	《左傳·襄公二十五年》/P1982下	《左傳》曰：諸侯同盟於重丘。	8/州郡部/河北道/對/P177
		諸侯同盟于重丘。	
143	《左傳·襄公二十五年》/P1986中	《左傳》曰：子産始知然明，問爲政焉。對曰："視民如子，見不仁者誅之，若鷹鸇之逐鳥雀。"	30/鳥部/鷹/對/P731

序號	今本篇名、頁碼	《初學記》引文與原文	出處
144 *	《左傳·襄公二十六年》/P1991中	《春秋傳》曰：古之理人者，勸賞而畏刑，恤人不倦。賞以春夏，刑以秋冬。將賞爲之加膳，加膳則飫賜，此所以知其勸賞也。	20/政理部/賞賜/敘/P472
		古之治民者，勸賞而畏刑，恤民不倦。賞以春夏，刑以秋冬。是以將賞爲之加膳，加膳則飫賜，此以知其勸賞也。	
145 *	《左傳·襄公二十六年》/P1992中—下	《左傳》：晉韓宣子聘于周，王傳諸事。對曰："晉士起將歸時事於宰旅，無他事矣。"王聞之曰："韓氏其昌阜於晉乎？辭不失舊。"	14/禮部下/朝會/對/P346
		晉韓宣子聘于周，王使請事。對曰："晉士起將歸時事於宰旅，無他事矣。"王聞之曰："韓氏其昌阜於晉乎？辭不失舊。"	
146 *	《左傳·襄公二十八年》/P1999下—2000上	《左傳》曰：子產相鄭伯以如楚，舍不爲壇。曰："小適大有五惡，赦其罪戾，講其政事，供其職貢，從其時命，不然則重其幣帛，以賀其福而弔其凶，皆小國之禍也。焉用作壇，以昭其禍。"	14/禮部下/朝會/對/P346
		子產相鄭伯以如楚，舍不爲壇。……子產曰："……小適大有五惡：說其罪戾，請其不足，行其政事，共其職貢，從其時命。不然，則重其幣帛，以賀其福而弔其凶，皆小國之禍也。焉用作壇，以昭其禍？"	
147 *	《左傳·襄公二十八年》/P1999下	《左傳》曰：子產相鄭伯如楚，曰："僑聞大適小有五美：宥其罪戾，赦其過失，救其災敗，賞其德刑，教其不及。"	14/禮部下/朝會/對/P345
		子產相鄭伯以如楚，舍不爲壇。外僕言曰："昔先大夫相先君，適四國，未嘗不爲壇。自是至今，亦皆循之。今子草舍，無乃不可乎？"子產曰："大適小，則爲壇。小適大，苟舍而已，焉用壇？僑聞之，大適小有五美：宥其罪戾，赦其過失，救其菑患，賞其德刑，教其不及。"	

序號	今本篇名、頁碼	《初學記》引文與原文	出處
148 *	《左傳·襄公二十八年》/P2000中—下	《左傳》曰：齊嘗于太公之廟，慶舍莅事，盧蒲癸、王何執寢戈，慶氏以其甲環公宮。	22/武 部/甲/對/P536
		乙亥，嘗于大公之廟，慶舍涖事。盧蒲姜告之，且止之。弗聽，曰："誰敢者？"遂如公。麻嬰爲尸，慶奊爲上獻。盧蒲癸、王何執寢戈，慶氏以其甲環公宮。	
149 *	《左傳·襄公二十八年》/P2001上	《春秋左氏傳》曰：齊慶氏亡，分其邑與晏子，晏子不受。人問曰："富者，人所欲也，何爲不受？"對曰："無功之賞，不義之富，禍之媒也。我非惡富，恐失富也。"	18/人 部 中/富/敘/P442
		慶氏亡，皆召之，具其器用而反其邑焉。與晏子邶殿，其鄙六十，弗受。子尾曰："富，人之所欲也，何獨弗欲？"對曰："慶氏之邑足欲，故亡。吾邑不足欲也，益之以邶殿，乃足欲。足欲，亡無日矣。在外不得宰吾一邑。不受邶殿，非惡富也，恐失富也。"	
150 *	《左傳·襄公二十九年》/P2006上—2008上	《左傳》曰：吳季札見舞《南籥》者。	15/樂部上/雅樂/對/P368
		吳公子札來聘……見舞《象箾》、《南籥》者。	
151 *	《左傳·襄公二十九年》/P2006上—2008下	《左傳》曰：吳公子札自衛如晉，將宿於戚。聞鐘聲焉，曰："異哉！夫子之在此也，猶燕之巢於幕上，君又在殯，而以樂乎？"遂去之。	16/樂 部 下/鐘/對/P397
		吳公子札來聘……自衛如晉，將宿於戚，聞鍾聲焉，曰："異哉！吾聞之也：'辯而不德，必加於戮。'夫子獲罪於君以在此，懼猶不足，而又何樂？夫子之在此也，猶燕之巢於幕上。君又在殯，而可以樂乎？"遂去之。	
152 *	《左傳·襄公二十九年》/P2006下	《左傳》曰：吳季札聞歌齊之聲，曰："表東海者，其太公乎？"	8/州 郡 部/河 南道/對/P170
		爲之歌《齊》。曰："美哉！泱泱乎，大風也哉！表東海者，其大公乎？"	

续表

序號	今本篇名、頁碼	《初學記》引文與原文	出處
153 *	《左傳・襄公三十一年》/P2015下	《左傳》：子太叔美秀而文。	19/人部下/美丈夫/敘/P453
		子大叔美秀而文。	
154 *	《左傳・昭公元年》/P2020下	《左傳》云：有牆以蔽惡。	24/居處部/牆壁/敘/P584
		人之有牆，以蔽惡也。	
155 *	《左傳・昭公元年》/P2021中—下	《左傳》曰：晉趙孟、叔孫豹、曹大夫入于鄭，鄭伯兼享之。穆叔、子皮、曹大夫興拜，舉兕爵曰："小國賴子，知免於戾矣。"	26/器物部/酒/對/P634
		趙孟、叔孫豹、曹大夫入于鄭，鄭伯兼享之……穆叔、子皮及曹大夫興拜，舉兕爵曰："小國賴子，知免於戾矣。"	
156 *	《左傳・昭公元年》/P2022上	《左傳》曰：鄭徐吾犯之妹美，公孫楚聘之，子晳使強委禽焉。	14/禮部下/婚姻/對/P354
		鄭徐吾犯之妹美，公孫楚聘之矣，公孫黑又使強委禽焉。	
157 *	《左傳・昭公元年》/P2022上	《左傳》稱：鄭有徐吾犯之妹甚美，公孫楚與公孫黑爭聘之。	19/人部下/美婦人/敘/P455
		鄭徐吾犯之妹美，公孫楚聘之矣，公孫黑又使強委禽焉。	
158 *	《左傳・昭公元年》/P2022中—下	《左傳》曰：秦后子有寵於桓，如二君。其母曰："不出，懼禍。"后子奔晉，其車千乘。注曰：景公母弟公子鍼。	18/人部中/富/對/P443
		秦后子有寵於桓，如二君於景。其母曰："弗去，懼選。"癸卯，鍼適晉，其車千乘。	
159 *	《左傳・昭公元年》/P2023上	《左傳》曰：鄭爲游楚亂，罕虎、公孫僑、公孫段、印段、游吉、駟帶私盟于闈門之外，公孫黑強與於盟，使太史書其名，且曰"七子"。	21/文部/史傳/對/P504
		鄭爲游楚亂故，六月，丁巳，鄭伯及其大夫盟于公孫段氏。罕虎、公孫僑、公孫段、印段、游吉、駟帶私盟于闈門之外，實薰隧。公孫黑強與於盟，使大史書其名，且曰"七子"。	

序號	今本篇名、頁碼	《初學記》引文與原文	出處
160*	《左傳·昭公元年》/P2024上	《左傳》：雪霜風雨之災則禜之。	13/禮部上/祭祀/敘/P317
		雪霜風雨之不時，於是乎禜之。	
161*	《左傳·昭公元年》/P2025上	《左傳》曰：煩手淫聲，慆堙心耳，乃忘和平，謂之鄭聲。	15/樂部上/雜樂/敘/P372
		煩手淫聲，慆堙心耳，乃忘平和，君子弗聽也。	
162*	《左傳·昭公元年》/P2025上	《左傳》曰：天有六氣，降生五味。杜預注曰：六氣者，陰、陽、風、雨、晦、明。	1/天部上/天第一/對/P2
		天有六氣（謂陰、陽、風、雨、晦、明也），降生五味。	
163*	《左傳·昭公二年》/P2029上	《左傳》曰：韓宣子適魯，曰："周禮盡在魯矣。"	13/禮部上/總載禮/對/P314
		晉侯使韓宣子來聘，且告爲政而來見，禮也。觀書於大史氏，見《易象》與《魯春秋》，曰："周禮盡在魯矣。"	
164*	《左傳·昭公三年》/P2031下	《左傳》曰：齊景公欲更晏子之宅，公曰："子之宅近市，湫隘囂塵，請更諸爽塏。"辭曰："君之先臣容焉，於臣侈矣。且小人近市，朝夕得所求，小人之利也。"	24/居處部/宅/敘/P578
		景公欲更晏子之宅，曰："子之宅近市，湫隘囂塵，不可以居，請更諸爽塏者。"辭曰："君之先臣容焉，臣不足以嗣之，於臣侈矣。且小人近市，朝夕得所求，小人之利也，敢煩里旅？"	
165*	《左傳·昭公三年》/P2031下	《左傳》曰：齊景公欲更晏子之宅於爽塏。	24/居處部/宅/對/P579
		景公欲更晏子之宅，曰："子之宅近市，湫隘囂塵，不可以居，請更諸爽塏者。"	

序號	今本篇名、頁碼	《初學記》引文與原文	出處
166 *	《左傳·昭公三年》/P2031 下	《左傳》曰：齊景公欲更晏子之宅。晏子如晉，公更其宅，反則成矣。既拜，乃毀之，爲里舍，皆如其舊，則使宅人返之。曰："諺曰：'非宅是卜，唯鄰是卜。'二三子先卜鄰矣。違卜不祥。君子不犯非禮，小人不犯不祥。"卒復其舊。 景公欲更晏子之宅……及晏子如晉，公更其宅，反則成矣。既拜，乃毀之，而爲里室，皆如其舊。則使宅人反之。"且諺曰：'非宅是卜，唯鄰是卜。'二三子先卜鄰矣，違卜不祥。君子不犯非禮，小人不犯不祥，古之制也。吾敢違諸乎？"卒復其舊宅。	24/居 處 部/宅/對/P579
167 *	《左傳·昭公四年》/P2033 上—中	《左傳》曰：四岳、三塗，九州之險。 四嶽、三塗（在河南陸渾縣南）、陽城、大室、荆山、中南，九州之險也。	8/州 郡 部/河 南道/對/P168
168 *	《左傳·昭公四年》/P2033 下—2034 中	《左傳》曰：申豐封季武子曰："其藏冰也，黑牡秬黍，以享司寒。"杜預注云："黑牡，黑牲。秬黍，黑黍也。司寒，北方玄冥之神也，故物皆用黑。有事於外，故祭其神。" 季武子問於申豐曰："雹可禦乎？"對曰："……其藏冰也，深山窮谷，固陰冱寒，於是乎取之。其出之也，朝之禄位，賓食喪祭，於是乎用之。其藏之也，黑牡秬黍，以享司寒。"（黑牡，黑牲也。秬，黑黍也。司寒，玄冥，北方之神。故物皆用黑。有事於冰，故祭其神。）	27/寶器部（花草附）/五穀/對/P662
169	《左傳·昭公四年》/P2033 下—2034 下	《左傳》云：凡雹，皆冬之愆陽，夏之伏陰。聖人在上無雹，雖有不爲災。 聖人在上，無雹，雖有不爲災。……其藏之也周，其用之也徧，則冬無愆陽，夏無伏陰。	2/天 部 下/雹/敘/P32

序號	今本篇名、頁碼	《初學記》引文與原文	出處
170 *	《左傳·昭公四年》/P2033下—2034下	《左傳》云：日在北陸而藏冰，西陸朝覿而出之。其藏冰也，深山窮谷，固陰沍寒，於是乎取之。其出之也，朝之祿位，賓客喪祭，於是乎用之。其藏之也，黑牡秬黍，以享司寒。其出之也，桃弧棘矢，以除其災。祭司寒而藏之，獻羔而啓之，火出而畢賦。自命夫命婦，至於老疾，無不受冰。夫冰以風壯而以風出，其藏之也周，其用之也徧，則冬無愆陽，夏無伏陰，人不夭札，是也。 日在北陸而藏冰，西陸朝覿而出之。其藏冰也，深山窮谷，固陰沍寒，於是乎取之。其出之也，朝之祿位，賓食喪祭，於是乎用之。其藏之也，黑牡秬黍，以享司寒。其出之也，桃弧棘矢，以除其災。其出入也時，食肉之祿，冰皆與焉。大夫命婦，喪浴用冰。祭寒而藏之，獻羔而啓之，公始用之。火出而畢賦。自命夫命婦，至於老疾，無不受冰。……夫冰以風壯，而以風出。其藏之也周，其用之也徧，則冬無愆陽，夏無伏陰，春無淒風，秋無苦雨，雷出不震，無菑霜雹，癘疾不降，民不夭札。	7/地部下/冰/敘/P150
171 *	《左傳·昭公四年》/P2034中—下	《左傳》曰：夫冰以風壯，而以風出。其藏之也周，其用之也徧。杜預注曰：周，密也，徧，及老疾也。 夫冰以風壯，而以風出。其藏之也周（周，密也），其用之也徧（及老疾）。	7/地部下/冰/對/P152
172	《左傳·昭公四年》/P2035上	《左傳》曰：夏啓有鈞臺之享。	24/居處部/臺/對/P575
173 *	《左傳·昭公四年》/P2035上	（《左傳》）又曰：湯有景亳之盟。 商湯有景亳之命。	8/州郡部/河南道/對/P169
174 *	《左傳·昭公四年》/P2036上	《左傳》曰：楚爲疆城巢。 楚沈尹射奔命於夏汭，咸尹宜咎城鍾離，薳啓疆城巢。	8/州郡部/淮南道/對/P185

续表

序號	今本篇名、頁碼	《初學記》引文與原文	出處
175 *	《左傳·昭公五年》/P2041下—2042上	《左傳》曰：遠啓疆對楚子曰："朝聘有圭，享覜有璋，小有述職，大有巡功。" 遠啓疆曰："可。苟有其備，何故不可？恥匹夫不可以無備，況恥國乎？是以聖王務行禮，不求恥人。朝聘有珪，享覜有璋，小有述職，大有巡功。"	14/禮部下/朝會/對/P345
176 *	《左傳·昭公五年》/P2042上—中	《左傳》曰：宴有好貨，食有陪鼎，禮之至也。 宴有好貨，飧有陪鼎，入有郊勞，出有贈賄，禮之至也。	26/器物部/飯/對/P637
177 *	《左傳·昭公五年》/P2043上	《左傳》曰：昭公十六年冬，楚子伐吳，吳人敗之於鵲岸。 冬，十月，楚子以諸侯及東夷伐吳，以報棘、櫟、麻之役。遠射以繁揚之師，會於夏汭。越大夫常壽過帥師會楚子于瑣。聞吳師出，遠啓疆帥師從之，遽不設備，吳人敗諸鵲岸。	6/地部中/江/對/P125
178 *	《左傳·昭公七年》/P2051上	《左傳》曰：正考父佐戴、武、宣，（三人皆宋君。）三命兹益恭（三命上卿），故其鼎銘曰："一命而僂，再命而傴，三命而俯。（俯恭於傴，傴恭於僂。）循牆而走（言不敢安行），亦莫余敢侮（其恭如是，人亦不敢侮慢）。" 正考父佐戴、武、宣，（三人皆宋君。）三命兹益共（三命，上卿也。言位高益共），故其鼎銘云："一命而僂，再命而傴，三命而俯。（俯共於傴，傴共於僂。）循牆而走（言不敢安行），亦莫余敢侮（其共如是，亦不敢侮慢之）。"	17/人部上/恭敬/敘/P427
179 *	《左傳·昭公七年》/P2051上	《左傳》曰：鼎銘有云："饘於是，粥於是，以糊余口。" 鼎銘云："一命而僂，再命而傴，三命而俯。循牆而走，亦莫余敢侮。饘於是，鬻於是，以餬余口。"	26/器物部/粥第/敘/P638

序號	今本篇名、頁碼	《初學記》引文與原文	出處
180 *	《左傳·昭公八年》/P2052上	(《左傳》)又曰：石言于晉魏榆，晉侯問於師曠曰："石何故言?"對曰："臣聞作事不時，怨讟動於人，則有非言之物而言。"	5/地部上/石/對/P108
		石言于晉魏榆。晉侯問於師曠曰："石何故言?"對曰："石不能言，或馮焉。不然，民聽濫也。抑臣又聞之曰：作事不時，怨讟動于民，則有非言之物而言。"	
181 *	《左傳·昭公十二年》/P2063下—2064上	《左傳》曰：楚靈王次於乾谿，右尹子革夕。王與之語曰："昔我先王熊繹，僻在荆山，唯是桃弧棘矢，以供禦王事。"	22/武部/弓/對/P532
		楚子次于乾谿……右尹子革夕，王見之，去冠被，舍鞭。與之語曰："昔我先王熊繹，與呂級、王孫牟、燮父、禽父，並事康王。四國皆有分，我獨無有。今吾使人於周，求鼎以爲分，王其與我乎?"對曰："與君王哉！昔我先王熊繹，辟在荆山，篳路藍縷，以處草莽，跋涉山林，以事天子。唯是桃弧、棘矢，以共禦王事。"	
182 *	《左傳·昭公十二年》/P2063下—2064上	《左傳》曰：楚子狩于州來，次于潁尾，使蕩侯、潘子、司馬督、囂尹、午陵、尹喜帥師圍徐，以懼吳。楚子次于乾溪，以爲之援。雨雪，王皮冠，秦復陶，翠被，豹舃，執鞭以出，僕圻父從。右尹子革夕，王見之，去冠被，舍鞭。杜預注曰：敬大臣也。	17/人部上/恭敬/對/P427
		楚子狩于州來，次于潁尾，使蕩侯、潘子、司馬督、囂尹、午陵、尹喜帥師圍徐，以懼吳。楚子次于乾谿，以爲之援。雨雪，王皮冠，秦復陶，翠被，豹舃，執鞭以出，僕析父從。右尹子革夕，王見之，去冠被，舍鞭。(敬大臣。)	

序號	今本篇名、頁碼	《初學記》引文與原文	出處
183 *	《左傳・昭公十二年》/P2063下—2064上	《左傳》曰：楚靈王使圍徐以懼吳，楚子次于乾溪，以爲之援。雨雪，王皮冠，秦復陶，翠被豹舄，執鞭以出。杜預注曰：執鞭以教令。	22/武　部/鞭/對/P539
		楚子狩于州來，次于潁尾，使蕩侯、潘子、司馬督、囂尹午、陵尹喜帥師圍徐，以懼吳。楚子次于乾谿，以爲之援。雨雪，王皮冠，秦復陶，翠被，豹舄，執鞭以出（執鞭以教令）。	
184 *	《左傳・昭公十二年》/P2064中—下	《左傳》曰：楚右尹子革：“昔穆王欲肆其心，周行天下，將必有車轍馬迹。祭公謀父作《祈招》之詩，以止王心，是以獲没於祈宫。”	9/帝王部/總敍帝王/對/P206
		對曰：“臣嘗問焉。昔穆王欲肆其心，周行天下，將皆必有車轍馬跡焉。祭公謀父作《祈招》之詩，以止王心。王是以獲没於祇宫。”	
185 *	《左傳・昭公十三年》/P2071下	《左傳》：叔向曰：“明王之制，使諸侯歲聘以志業，間朝以講禮，再朝而會以示威，再會而盟以著昭明，志業於好。請禮於等，示威於衆，昭明於神，自古已來，未之或失。”	14/禮部下/朝會/對/P345
		叔向曰：“……是故明王之制，使諸侯歲聘以志業，間朝以講禮，再朝而會以示威，再會而盟以顯昭明。志業於好，講禮於等，示威於衆，昭明於神，自古以來，未之或失也。”	
186 *	《左傳・昭公十五年》/P2077下—2078上	《左傳》曰：荀躒如周，籍談爲介。王謂籍談曰：“昔而高祖孫伯黶司晉之典籍，以爲大政，故曰籍氏。”	21/文部/史傳/對/P503
		晉荀躒如周葬穆后，籍談爲介。……王曰：“……且昔而高祖孫伯黶，司晉之典籍，以爲大政，故曰籍氏。”	
187 *	《左傳・昭公十七年》/P2083上	《左傳》曰：伏犧氏以龍紀官。	9/帝王部/總敍帝王/敍/P196
		大皥氏以龍紀，故爲龍師而龍名。	

序號	今本篇名、頁碼	《初學記》引文與原文	出處
188 *	《左傳・昭公十七年》/P2083 上	《左傳》曰：郯子以火紀，故爲火師而火名。	25/器物部/火/對/嚴陸異 P7
		炎帝氏以火紀，故爲火師而火名。	
189	《左傳・昭公十七年》/P2083 上	《左傳》曰：黄帝以雲紀，故爲雲師而雲名。	9/帝王部/總敘帝王/對/P202
190	《左傳・昭公十七年》/P2083 上	（《左傳》）又曰：炎帝以火紀，故爲火師而火名。	9/帝王部/總敘帝王/對/P202
191 *	《左傳・昭公十七年》/P2083 中	《左傳》曰：其立也，鳳鳥適至，故紀於官，爲鳥師。鳳鳥氏，歷正也。	9/帝王部/總敘帝王/敘/P197
		我高祖少皞摯之立也，鳳鳥適至，故紀於鳥，爲鳥師而鳥名。鳳鳥氏，歷正也。	
192 *	《左傳・昭公十七年》/P2083 中	《左傳》曰：少昊氏之立也，鳳鳥適至，故紀於鳥。	9/帝王部/總敘帝王/對/P202
		我高祖少皞摯之立也，鳳鳥適至，故紀於鳥。	
193 *	《左傳・昭公十七年》/P2084 下	《春秋傳》曰：衛，顓頊之墟也。	24/居處部/都邑/敘/P561
		衛，顓頊之虛也，故爲帝丘。	
194 *	《左傳・昭公十七年》/P2085 上	《左傳》曰：吴伐楚，獲餘皇以歸。杜預注曰：餘皇，舟也。	25/器物部/舟/對/P610
		楚師亂，吴人大敗之，取餘皇以歸。	
195	《左傳・昭公十八年》/P2085 中	《左傳》曰：宋、衛、陳、鄭皆火，梓慎登大庭氏之庫以望之。	25/器物部/火/對/P619
196 *	《左傳・昭公十八年》/P2085 中	則魯梓慎登大庭氏之庫以望。（見《左傳》。杜預注：大庭氏是古國名，在魯城内，於其處作庫。）	24/居處部/庫藏/敘/P581
		梓慎登大庭氏之庫以望之。（大庭氏，古國名，在魯城内。魯於其處作庫。）	

序號	今本篇名、頁碼	《初學記》引文與原文	出處
197 *	《左傳·昭公十八年》/P2085下—2086上	《左傳》曰：鄭子產禳火於元圃回禄。	25/器物部/火/對/嚴陸異 P8
		子產辭晉公子、公孫于東門……禳火于玄冥、回禄。	
198 *	《左傳·昭公二十年》/P2090下	《左傳》曰：楚平王信讒，使奮揚殺太子。太子奔宋。王召奮揚曰："言出於余口，入於爾耳，誰告建也？"對曰："臣告之。君王命臣曰：'事建如事余。'臣不佞，不能苟貳。奉初以還，不忍後命，故遣之。"	17/人部上/忠/對/P416
		使城父司馬奮揚殺大子。未至，而使遣之。三月，大子建奔宋。王召奮揚，奮揚使城父人執己以至。王曰："言出於余口，入於爾耳，誰告建也？"對曰："臣告之。君王命臣曰：'事建如事余。'臣不佞，不能苟貳。奉初以還，不忍後命，故遣之。既而悔之，亦無及已。"	
199 *	《左傳·昭公二十年》/P2093中	《左傳》曰：齊景公田于沛，招虞人以弓，不進。公使執之。辭曰："旌以招大夫，弓以招士，皮冠以招虞人。臣不見皮冠，故不敢進。"	22/武部/弓/對/P532
		齊侯田于沛，招虞人以弓，不進。公使執之。辭曰："昔我先君之田也，旃以招大夫，弓以招士，皮冠以招虞人。臣不見皮冠，故不敢進。"	
200 *	《左傳·昭公二十年》/P2094下	《左傳》曰：鄭子產謂子太叔曰："唯有德者能以寬服民，其次莫如猛。夫火烈，人望而畏之，故鮮死焉；水懦弱，民狎而翫之，則多死焉，故寬難。"	6/地部中/總載水/對/P113
		鄭子產有疾，謂子大叔曰："我死，子必爲政。唯有德者能以寬服民，其次莫如猛。夫火烈，民望而畏之，故鮮死焉；水懦弱，民狎而翫之，則多死焉，故寬難。"	

序號	今本篇名、頁碼	《初學記》引文與原文	出處
201 *	《左傳·昭公二十一年》/P2097上	《左傳》曰：伶州鳩曰："夫鼓，音之輿也，鐘音之器也。天子省風以作樂。"	15/樂部上/雅樂/對/P367
		泠州鳩曰："王其以心疾死乎？夫樂，天子之職也。夫音，樂之輿也；而鐘，音之器也。天子省風以作樂。"	
202	《左傳·昭公二十一年》/P2097上	《左傳》曰：天子省風以作樂。	15/樂部上/雅樂/敘/P365
203 *	《左傳·昭公二十五年》/P2107上一中	《左傳》曰：子太叔見趙簡子，簡子問揖讓周旋之禮。對曰："是儀也，非禮也。"簡子曰："敢問何謂禮？"對曰："吉也。聞諸先大夫子產曰：'夫禮，天之經也，地之義也，民之行也。'"	13/禮部上/總載禮/對/P315
		子大叔見趙簡子，簡子問揖讓周旋之禮焉。對曰："是儀也，非禮也。"簡子曰："敢問何謂禮？"對曰："吉也。聞諸先大夫。"子產曰：'夫禮，天之經也，地之義也，民之行也。'"	
204 *	《左傳·昭公二十五年》/P2109中	《左傳》曰：季、郈之雞鬭。季氏芥其雞，郈氏爲之金距。平子怒，益宮於郈氏，且讓之。故郈昭伯亦怨平子。	30/鳥部/雞/對/P729
		季、郈之雞鬭。季氏介其雞，郈氏爲之金距。平子怒，益宮於郈氏，且讓之。故郈昭伯亦怨平子。	
205 *	《左傳·昭公二十五年》/P2109中	《左傳》曰：季、郈之雞鬭。季氏芥其雞，杜預注云：擣芥子播其羽也。或曰：以膠沙播之爲芥雞。	30/鳥部/第/對/
		季、郈之雞鬭。季氏介其雞。（擣芥子播其羽也。或曰以膠沙播之爲介雞。）	
206 *	《左傳·昭公二十七年》/P2116中	《左傳》曰：吳公子光伏甲於窟室而享王僚。王僚使甲坐於道及其門。	22/武部/甲/對/P536
		光伏甲於堀室而享王。王使甲坐於道及其門。	

序號	今本篇名、頁碼	《初學記》引文與原文	出處
207 *	《左傳·昭公二十八年》/P2119下	《左傳》曰：賈大夫貌惡，取妻而美，三年不言，御以如皋，射雉獲之，其妻始笑。	19/人部下/醜人/敘/P458
		賈大夫惡，取妻而美，三年不言不笑，御以如皋，射雉，獲之，其妻始笑而言。	
208 *	《左傳·昭公二十八年》/P2119下—2120上	《左傳》曰：魏獻子爲政，梗陽人以獄上。其大宗略以女樂，魏子將受之。閻沒、汝寬退朝，待於庭。饋入，召之。比置，三歎。既食，使坐。魏子曰："唯食忘憂，吾子三歎，何也？"同辭對曰："饋之始至，恐其不足，是以歎。曰：'豈有將軍食之而不足？'是以再歎。及饋之畢，曰：'願以小人之腹爲君子心，屬厭而已。'"獻子遂辭梗陽人。	18/人部中/諷諫/對/P437
		梗陽人有獄，魏戊不能斷，以獄上。其大宗略以女樂，魏子將受之。魏戊謂閻沒、女寬曰："主以不賄聞於諸侯，若受梗陽人賄，莫甚焉。吾子必諫！"皆許諾。退朝，待於庭。饋入，召之。比置，三歎。既食，使坐。魏子曰："吾聞諸伯叔，諺曰：'唯食忘憂。'吾子置食之間三歎，何也？"同辭而對曰："或賜二小人酒，不夕食。饋之始至，恐其不足，是以歎。中置，自咎曰：'豈將軍食之而有不足？'是以再歎。及饋之畢，願以小人之腹爲君子之心，屬厭而已。"獻子辭梗陽人。	
209 *	《左傳·昭公二十九年》/P2122下—2123上	《左傳》曰：古者畜龍，故國有豢龍氏、御龍氏。（豢，養也。）昔有颺叔安，（颺，古國名。叔安，其君名。）有裔子曰董父，實甚好龍，能求其嗜欲以飲食之，龍多歸之，乃擾畜龍，以服事帝舜，舜賜姓董氏。	30/鱗介部/龍/敘/P738
		古者畜龍，故國有豢龍氏，有御龍氏。（豢、御，養也。）獻子曰："是二氏者，吾亦聞之，而知其故，是何謂也？"對曰："昔有颺叔安，（颺，古國也。叔安，其君名。）有裔子曰董父，實甚好龍，能求其耆欲以飲食之，龍多歸之，乃擾畜龍，以服事帝舜。帝賜之姓曰董，氏曰豢龍。"	

序號	今本篇名、頁碼	《初學記》引文與原文	出處
210	《左傳·昭公二十九年》/2123上	《左傳》曰：陶唐氏既衰，其後有劉累，學擾龍于豢龍氏，以事孔甲，能飲食之。夏后嘉之，賜氏曰御龍氏。	30/鱗介部/龍/對/P739
		陶唐氏既衰，其後有劉累，學擾龍于豢龍氏，以事孔甲，能飲食之。夏后嘉之，賜氏曰御龍。	
211 *	《左傳·昭公三十二年》/P2128上	《左氏傳》曰：計丈數，揣高卑，度厚薄，仞溝洫，物土方，議遠邇，量事期，計徒庸，慮材用，書糇糧，以令役。	24/居處部/城郭/敘/P565
		計丈數，揣高卑，度厚薄，仞溝洫，物土方，議遠邇，量事期，計徒庸，慮財用，書餱糧，以令役於諸侯。	
212 *	《左傳·定公三年》/P2133上	《左傳》曰：蔡昭侯爲兩珮與兩裘，以如楚，獻一珮一裘於昭王。子裳欲之，不與。三年止之，蔡侯歸，及漢，執玉而祝曰："余所濟漢而南者，有若夫川。"	7/地部下/漢水/對/P143
		蔡昭侯爲兩佩與兩裘，以如楚，獻一佩一裘於昭王。昭王服之，以享蔡侯。蔡侯亦服其一。子常欲之，弗與。三年止之。……蔡侯歸，及漢，執玉而沈曰："余所有濟漢而南者，有若大川。"	
213 *	《左傳·定公三年》/P2133上	《左傳》曰：蔡昭侯爲兩珮如楚，以一珮獻昭王。子常欲其一，弗與。三年止之，獻於子常，乃得歸。	26/器物部/佩/對/P628
		蔡昭侯爲兩佩與兩裘，以如楚，獻一佩一裘於昭王。昭王服之，以享蔡侯。蔡侯亦服其一。子常欲之，弗與。三年止之。	
214 *	《左傳·定公四年》/P2134下	《春秋傳》曰：命伯禽，而封少昊之墟。	24/居處部/都邑/敘/P561
		命以伯禽，而封於少皞之虛。	

序號	今本篇名、頁碼	《初學記》引文與原文	出處
215 *	《左傳·定公四年》/P2136 上	《左傳》曰：吳師伐郢，楚子當濟漢而陣，自小別至于大別。	7/地部下/漢水/對/P143
		冬，蔡侯、吳子、唐侯伐楚。……乃濟漢而陳，自小別至于大別。	
216 *	《左傳·定公四年》/P2136 中	（《左傳》）又曰：吳伐楚，鍼尹固與王同舟，王使執燧象奔吳師。杜預曰：燒燧火繫象尾，使吳師驚卻之。	29/獸 部/象/對/P699
		鍼尹固與王同舟，王使執燧象以奔吳師。（燒火燧繫象尾，使赴吳師，驚却之。）	
217 *	《左傳·定公四年》/P2137 上—中	《左傳》曰：初，伍員與申包胥友。其亡也，謂包胥曰："我必覆楚國。"包胥曰："子勉之。子能覆，我必興之。"及昭王在隨，包胥如秦乞師，立依於庭而哭，日夜不絕聲，勺飲不入口。如是，秦師乃出。	17/人 部 上/忠/對/P417
		初，伍員與申包胥友。其亡也，謂申包胥曰："我必復楚國。"申包胥曰："勉之！子能復之，我必能興之。"及昭王在隨，申包胥如秦乞師……立依於庭牆而哭，日夜不絕聲，勺飲不入口七日。秦哀公爲之賦《無衣》，九頓首而坐。秦師乃出。	
218 *	《左傳·定公十四年》/P2151 上—中	（《左傳》）又曰：智文子使告趙孟曰："范中行氏雖爲亂，董安于則發之，是安于與謀亂也。"趙孟患之。安于曰："我死而晉國寧，趙氏定，將焉用生？"乃縊而死。	17/人 部 上/忠/對/P414
		文子使告於趙孟曰："范中行氏雖信爲亂，安于則發之，是安于與謀亂也。晉國有命，始禍者死。二子既伏其罪矣，敢以告。"趙孟患之。安于曰："我死而晉國寧，趙氏定，將焉用生？人誰不死，吾死莫矣。"乃縊而死。	

序號	今本篇名、頁碼	《初學記》引文與原文	出處
219 *	《左傳·定公十五年》/P2152上	《左傳》曰：邾隱公來朝，子貢觀焉。邾子執玉高，其容仰；公受玉卑，其容俯。子貢曰："以禮觀之，二君皆有死亡焉。夫禮，生死存亡之體也，將左右周旋，進退俯仰，於是乎取之。今正月相朝，而皆不度。高仰，驕也；卑俯，替也。驕近亂，替近疾。君爲主，其先亡乎？" 邾隱公來朝。子貢觀焉。邾子執玉高，其容仰；公受玉卑，其容俯。子貢曰："以禮觀之，二君者皆有死亡焉。夫禮，死生存亡之體也，將左右周旋，進退俯仰，於是乎取之。朝、祀、喪、戎，於是乎觀之。今正月相朝，而皆不度，心已亡矣。嘉事不體，何以能久？高仰，驕也；卑俯，替也。驕近亂，替近疾。君爲主，其先亡乎？"	13/禮部上/總載禮/對/P314
220 *	《左傳·哀公元年》/P2154下	《春秋傳》曰：復禹之迹，不失舊物。 復禹之績。祀夏配天，不失舊物。	24/居處部/都邑/敘/P561
221 *	《左傳·哀公六年》/P2161下	《左傳》曰：哀公元年，有雲如衆赤鳥，夾日以飛，三日。 是歲也，有雲如衆赤鳥，夾日以飛，三日。	1/天部上/雲/對/P15
222 *	《左傳·哀公六年》/P2161下—2162上	《左傳》曰：哀公元年，楚有雲如衆赤鳥，夾日以飛，三日。楚子使問周太史。太史曰："其當王身，若禜之，可移于令尹、司馬。"王曰："移腹心之疾，置之股肱，何益？"王弗禜而死。孔子曰："昭王其不失國也，宜哉。" 是歲也，有雲如衆赤鳥，夾日以飛，三日。楚子使問諸周大史。周大史曰："其當王身乎？若禜之，可移於令尹、司馬。"王曰："除腹心之疾，而寘諸股肱，何益？不穀不有大過，天其夭諸？有罪受罰，又焉移之？"遂弗禜。初，昭王有疾。卜曰："河爲祟。"王弗祭。大夫請祭諸郊。王曰："三代命祀，祭不越望。江、漢、雎、章，楚之望也。禍福之至，不是過也。不穀雖不德，河非所獲罪也。"遂弗祭。孔子曰："楚昭王知大道矣。其不失國也，宜哉！"	1/天部上/日/對/P6

序號	今本篇名、頁碼	《初學記》引文與原文	出處
223 *	《左傳·哀公六年》/P2162 上	《左傳》曰：江、漢、沮、漳，楚之望也。 江、漢、雎、章，楚之望也。	6/地部中/江/對/P124
224 *	《左傳·哀公六年》/P2162 上	《左傳》曰：江、漢、沮、漳，楚之望也。 江、漢、雎、章，楚之望也。	7/地部下/漢水/對/P143
225 *	《左傳·哀公七年》/P2163 上	《左傳》云：禹會諸侯於塗山，執玉帛者萬國。 禹合諸侯於塗山，執玉帛者萬國。	10/帝戚部/王/敘/P237
226 *	《左傳·哀公七年》/P2163 中—下	(《左傳》) 又曰：師入邾，邾衆保於繹，邾茅夷鴻以束帛乘車請救於吳。吳子伐魯，而邾子歸之也。 師遂入邾，處其公宮，衆師晝掠。邾衆保于繹。師宵掠，以邾子益來，獻于亳社，囚諸負瑕，負瑕故有繹。邾茅夷鴻以束帛乘韋，自請救於吳……吳子從之。	17/人部上/忠/對/P417
227 *	《左傳·哀公十一年》/P2166 下	《左氏傳》曰：會吳伐齊，陳子行命其徒具唅玉。杜預注曰：唅玉示必死。 公會吳子伐齊……陳子行命其徒具含玉。(杜預注：子行，陳逆也。具含玉，亦示必死。)	14/禮部下/死喪/對/P358
228 *	《左傳·哀公十一年》/P2166 下	《左傳》曰：吳與齊戰，齊人公孫夏將戰，命其徒歌《虞殯》。杜預注云：《虞殯》，葬歌，示必死。 公會吳子伐齊。……將戰，公孫夏命其徒歌《虞殯》。(《虞殯》，送葬歌曲。示必死。)	14/禮部下/挽歌/對/P363
229 *	《左傳·哀公十一年》/P2167 上	《左傳》曰：吳王賜子胥屬鏤以死。 王聞之，使賜之屬鏤以死。	22/武部/劍/敘/P526
230 *	《左傳·哀公十四年》/P2172 下—2173 上	《左傳》曰：魯哀公十四年春，西狩獲麟。叔孫氏之車子鉏商獲之，以爲不祥，以賜虞人。仲尼觀之，曰："麟也。"然後取之。 十四年，春，西狩於大野，叔孫氏之車子鉏商獲麟，以爲不祥，以賜虞人。仲尼觀之，曰："麟也。"然後取之。	29/獸部/麟/敘/P700

续表

序號	今本篇名、頁碼	《初學記》引文與原文	出處
231 *	《穀梁傳·宣公二年》/P2412中 《左傳·襄公二十五年》/P1982下—1984上 《左傳·昭公十二年》/P2064中	《春秋傳》曰：晉趙穿弑靈公，太史董狐書曰："趙盾弑其君"。盾曰："不然。"對曰："子爲正卿，亡不越境，反不討賊，非子而誰?"齊崔杼弑莊公，太史書曰"崔杼弑其君"，崔子殺之。其弟嗣書，又殺之。其弟又書，乃舍之。南史聞太史盡死，執簡以往，聞既書矣，乃還。楚王與右尹子革語，左史倚相趨而過。王曰："良史也! 能讀三墳、五典、八索、九丘。"	21/文 部/史 傳/敘/P502
		趙穿弑公，而後反趙盾。史狐書賊曰："趙盾弑公。"盾曰："天乎天乎! 予無罪。孰爲盾而忍弑其君者乎?"史狐曰："子爲正卿，入諫不聽，出亡不遠。君弑，反不討賊，則志同，志同則書重，非子而誰?"故書之曰"晉趙盾弑其君夷皋"者，過在下也。 齊崔杼弑其君光。……大史書曰"崔杼弑其君"。崔子殺之。其弟嗣書，而死者二人。其弟又書，乃舍之。南史氏聞大史盡死，執簡以往。聞既書矣，乃還。 王曰："是良史也，子善視之。是能讀《三墳》、《五典》、《八索》、《九丘》。"	
232		《春秋傳》云：晉有太子申生，鄭有太子華，齊有太子光。	10/儲宮部/皇太子/敘/P229
233		《春秋》：人君將出于宗廟，及行策勳獻俘於廟。	13/禮部上/明堂/對/P329

《公羊傳》

序號	今本篇名、頁碼	《初學記》引文與原文	出處
1	《公羊傳·隱公元年》/P2199上	貨財曰賻。亦見《公羊》。	14/禮部下/死喪/敘/P357

序號	今本篇名、頁碼	《初學記》引文與原文	出處
2	《公羊傳·隱公二年》/P2203中	《公羊傳》曰：婦人謂嫁曰歸。	14/禮部下/婚姻/敍/P354
3 *	《公羊傳·隱公九年》/P2210上	何休注《公羊》云：雷疾甚者爲震。	1/天部上/雷/敍/P20
		大雨震電。（何休注：震雷電者，陽氣也。）	
4 *	《公羊傳·桓公九年》/P2219中	《公羊傳》曰：京師者何也？天子之所居也。京，大也。師，衆也。言天子所居，必以衆大言之也。	24/居處部/都邑/敍/P562
		京師者何？天子之居也。京者何？大也。師者何？衆也。天子之居，必以衆大之辭言之。	
5 *	《公羊傳·莊公十二年》/P2233上	《公羊傳》曰：宋萬弑閔公，仇牧聞之，趨而至。遇之於門，手劍而叱之。萬批殺仇牧，碎其首，齒著于門闔。仇牧可謂不畏强禦矣。	17/人部上/忠/對/P416
		萬怒，搏閔公，絕其脰。仇牧聞君弑，趨而至，遇之于門，手劍而叱之。萬臂摋仇牧，碎其首，齒著乎門闔。仇牧可謂不畏彊禦矣。	
6 *	《公羊傳·僖公十六年》/P2254下	《公羊傳》曰：提月，六鶂退飛，過宋都。提月者何？僅逮是月晦日也。何休注曰：提月，邊也，魯人語也，在是月之幾盡。	4/歲時部下/月晦/對/P66
		是月，六鶂退飛，過宋都。曷爲先言霣而後言石？霣石記聞，聞其磌然，視之則石，察之則五。是月者何？僅逮是月也。（是月邊也，魯人語也。在正月之幾盡，故曰劣及是月也。）	
7 *	《公羊傳·僖公三十一年》/P2263下	《公羊》云：觸石而起，膚寸而合，不崇朝而雨者，唯泰山雲乎？	1/天部上/雲/敍/P14
		觸石而出，膚寸而合，不崇朝而徧雨乎天下者，唯泰山爾。	

序號	今本篇名、頁碼	《初學記》引文與原文	出處
8 *	《公羊傳·僖公三十一年》/P2263下	《公羊傳》曰：觸石而出，膚寸而合，不崇朝而雨乎天下者，唯泰山雲爾。	1/天部上/雲/對/P15
		觸石而出，膚寸而合，不崇朝而徧雨乎天下者，唯泰山爾。	
9 *	《公羊傳·宣公六年》/P2280上	《公羊傳》曰：靈公有周狗，謂之獒也。	29/獸部/狗/對/P713
		靈公有周狗，謂之獒。	
10 *	《公羊傳·成公八年》/P2293上	何休注《公羊傳》曰：德合於元者稱皇。	9/帝王部/總敘帝王/對/P204
		何休注：德合元者稱皇。	
11 *	《公羊傳·昭公二十五年》/P2329上	《公羊傳》曰：魯昭公出奔，齊侯使高子執簞食，四脡脯。稽首，以袺受。何休注曰：屈中曰胸，申曰脡。	26/器物部/脯/對/P641
		昭公不從其言，終弑而敗焉，走之齊。……高子執簞食，與四脡脯（何休注：屈曰胸，申曰脡），國子執壺漿……昭公曰："君不忘吾先君，延及喪人，錫之以大禮。"再拜稽首，以袺受。	
12 *	《公羊傳·昭公三十一年》/P2331中	《公羊傳》曰：邾婁顏夫人有國色。	19/人部下/美婦人/敘/P455
		顏夫人者，嫗盈女也，國色也。	
13 *	《公羊傳·定公八年》/P2340中	《公羊傳》曰：陽虎將殺季孫于蒲，使臨南御之。至孟衢，臨南投策，使揚越下取策。	22/武部/鞭/對/P539
		陽虎拘季孫，孟氏與叔孫氏迭而食之，睋而銀其板，曰："某月某日，將殺我于蒲圃，力能救我則於是。"至乎日若時而出。臨南者，陽虎之出也，御之。……臨南投策而墜之，陽越下取策。	
14 *	《公羊傳·定公十二年》/P2342上	《公羊傳注》曰：天子之城千雉，高七雉；公侯百雉，高五雉；子男五雉，高三雉。	24/居處部/城郭/敘/P565
		百雉而城。（何休注：禮，天子千雉，蓋受百雉之城十，伯七十雉，子男五十雉。）	

《穀梁傳》

序號	今本篇名、頁碼	《初學記》引文與原文	出處
1 *	《穀梁傳·隱公元年》/P2366 上	《穀梁傳》曰：乘馬曰賵，衣服曰襚，貝玉曰唅，錢財曰賻。	14/禮部下/死喪/敘/P358
		乘馬曰賵，衣衾曰襚，貝玉曰含，錢財曰賻。	
2 *	《穀梁傳·隱公元年》/P2366 中	《穀梁》曰：束脩之肉，不行境中，有至尊者不貳。	26/器物部/脯/敘/P641
		束脩之肉，不行竟中，有至尊者不貳之也。	
3 *	《穀梁傳·隱公十一年》/P2371 下	《穀梁傳》曰：滕侯、薛侯來朝。天子無事，諸侯相朝，正也。考禮脩德，以尊天子也。	14/禮部下/朝會/對/P345
		滕侯、薛侯來朝。天子無事，諸侯相朝，正也。考禮脩德，所以尊天子也。	
4 *	《穀梁傳·桓公三年》/P2373 下	《春秋穀梁傳》曰：女嫁，諸母施鞶紳，戒曰："謹慎從爾父母之言。"徐邈注曰：鞶，佩囊也；紳，帶也。諸母爲施佩帶，又戒之也。	14/禮部下/婚姻/對/P354
		禮：送女，父不下堂，母不出祭門，諸母兄弟不出闕門。父戒之曰："謹慎從爾舅之言。"母戒之曰："謹慎從爾姑之言。"諸母般申之曰："謹慎從爾父母之言。"	
5 *	《穀梁傳·莊公七年》/P2382 上	《穀梁》云：列星曰恒星，亦曰經星。（恒、經皆常。）	1/天部上/星/敘/P11
		恒星者，經星也。（經，常也，謂常列宿。）	
6 *	《穀梁傳·僖公元年》/P2391 中	《穀梁傳》曰：孟勞，魯之寶刀。	22/武部/刀/敘/P529
		孟勞者，魯之寶刀也。	
7	《穀梁傳·僖公八年》/P2395 中	《穀梁傳》曰：弁冠雖舊，必加於首；周室雖衰，必先諸侯。	26/器物部/弁/對/P623

续表

序號	今本篇名、頁碼	《初學記》引文與原文	出處
8 *	《穀梁傳·文公十一年》/P2408中—2408下	《穀梁傳》：魯文公十一年，叔孫得臣敗狄于鹹。長狄也，弟兄三人，大害中國，瓦石不能害。叔孫得臣，最善射者也。射其目，身橫九畝，斷其首，眉見於軾。	19/人部下/長人/對/P461
		十有一年……叔孫得臣敗狄于鹹。……長狄也，弟兄三人，佚宕中國，瓦石不能害。叔孫得臣，最善射者也。射其目，身橫九畝，斷其首而載之，眉見於軾。	
9 *	《穀梁傳·成公十七年》/P2423下	《穀梁傳》曰：宮室不設，不可以祭。祭者，薦其時也，薦其敬也，薦其義也，非享味也。	13/禮部上/祭祀/對/P317
		宮室不設，不可以祭。……祭者，薦其時也，薦其敬也，薦其美也，非享味也。	
10 *	《穀梁傳·昭公十九年》/P2439上	《穀梁》曰：魯昭公云：子既生，不免於水火，母之罪也；成童，不就師傅，父之罪也；就師，學問無方，心志不通，師之罪也。	18/人部中/師/敘/P431
		曰：子既生，不免乎水火，母之罪也；屬貫成童，不就師傅，父之罪也；就師學問無方，心志不通，身之罪也。	
11 *	《穀梁傳·定公十年》/P2445中—2445下	《穀梁傳》曰：定公十一年，夾谷會，齊人使優施舞於魯君之幕下。孔子曰："笑君者罪當死。"使司馬行法焉。	15/樂部上/雜樂/對/P373
		頰谷之會……齊人使優施舞於魯君之幕下。孔子曰："笑君者罪當死。"使司馬行法焉。	
12 *	《穀梁傳·定公十四年》/P2446中	《穀梁》曰：脤者，俎實祭肉也。生曰脤，熟曰膰，蓋社肉也。	26/器物部/肉/敘/P639
		脤者，何也？俎實也，祭肉也。生曰脤，熟曰膰。其辭石尚，士也。	

序號	今本篇名、頁碼	《初學記》引文與原文	出處
13 *	《穀梁傳·襄公二十四年》/P2430下 《穀梁傳·桓公三年》/P2374上	《穀梁傳》曰：一穀不升曰歉，二穀不升曰饑，三穀不升曰饉，四穀不升曰康，五穀不升曰荒。大祲之禮，君食不兼味，廷道不除，百官布而不制，鬼神禱而不祠。五穀皆熟爲有年。	27/寶器部（花草附）/五穀/敘/P659
		一穀不升謂之嗛，二穀不升謂之饑，三穀不升謂之饉，四穀不升謂之康，五穀不升謂之大侵。大侵之禮，君食不兼味，臺榭不塗，弛侯，廷道不除。百官布而不制。鬼神禱而不祀。//五穀皆熟爲有年也。	
14		《穀梁傳》云：陰陽相薄，感而爲雷，激而爲霆。霆，電也。	1/天部上/雷/敘/P20

《論語》

序號	今本篇名、頁碼	《初學記》引文與原文	出處
1	《論語·學而》/P2457中	《論語》曰：孝弟也者，其爲仁之本與。	17/人部上/友悌/敘/P423
2 *	《論語·學而》/P2458上	《論語》子夏曰："事父母，能竭其力；事君，能致其身；與朋友交，言而有信。雖曰未學，吾必謂之學矣。"	17/人部上/孝/對/P420
		子夏曰："賢賢易色，事父母，能竭其力；事君，能致其身；與朋友交，言而有信。雖曰未學，吾必謂之學矣。"	
3	《論語·學而》/P2458中	《論語》曰：夫子溫、良、恭、儉、讓以得之。	17/人部上/賢/對/P412
4	《論語·學而》/P2458中	《論語》曰：父在觀其志，父沒觀其行，三年無改於父之道，可謂孝矣。	17/人部上/孝/對/P421
5	《論語·學而》/P2458中—2458下	《論語》曰：恭近於禮，遠恥辱也。	17/人部上/恭敬/敘/P426

序號	今本篇名、頁碼	《初學記》引文與原文	出處
6 *	《論語·爲政》/P2462 上	《論語》曰：孟懿子問孝，子曰："無違"。樊遲："何謂也?"子曰："生，事之以禮。死，葬之以禮，祭之以禮!"	17/人 部 上/孝/敘/P419
		孟懿子問孝。子曰："無違。"樊遲御，子告之曰："孟孫問孝於我，我對曰：'無違。'"樊遲曰："何謂也?"子曰："生，事之以禮。死，葬之以禮，祭之以禮!"	
7 *	《論語·爲政》/P2462 中	《論語》曰：子夏問孝。子曰："色難。有事，弟子服其勞；有酒食，先生饌，曾是以爲孝乎?"鄭玄注曰：言和顏悦色爲難也。食餘曰饌。	17/人 部 上/孝/對/P421
		子夏問孝。子曰："色難。有事，弟子服其勞；有酒食，先生饌，曾是以爲孝乎?"	
8	《論語·爲政》/P2463 上	(《論語》) 又曰：孝乎惟孝，友于兄弟。	17/人部上/友悌/敘/P423
9 *	《論語·爲政》/P2463 中	《論語》曰：周因於殷禮，所損益，可知也。注曰：所因，謂三綱五常也，所損益，謂文質三統也。	9/帝 王 部/總 敘帝王/對/P205
		周因於殷禮，所損益，可知也。(馬曰：所因，謂三綱五常。所損益，謂文質三統。)	
10	《論語·八佾》/P2466 下	《論語》曰：夏禮，吾能言之，杞不足徵也。	21/文 部/經 典/對/P500
11 *	《論語·八佾》/P2468 上	《論語》曰：哀公問社於宰我。對曰："夏后氏以松，殷人以柏，周人以栗，使民戰栗也。"	13/禮 部/社 稷/對/P326
		哀公問社於宰我。宰我對曰："夏后氏以松，殷人以栢，周人以栗，曰使民戰栗。"	
12 *	《論語·八佾》/2468 上	《論語》曰：哀公問社於宰我。宰我對曰："夏后氏以松，殷人以柏，周人以栗。"鄭玄注云：主四主謂社也。	28/果 木 部/柏/對/P688
		哀公問社於宰我。宰我對曰："夏后氏以松，殷人以栢，周人以栗。"	

序號	今本篇名、頁碼	《初學記》引文與原文	出處
13 *	《論語·八佾》/P2468 上	《論語》曰：夏后氏以松，殷人以柏，周人以栗。（栗，敬也，使人謹敬。）	13/禮部/宗廟/敍/P322
		夏后氏以松，殷人以栢，周人以栗。（孔曰：凡建邦立社，各以其土所宜之木。宰我不本其意，妄爲之說，因周用栗，便云使民戰栗。）	
14 *	《論語·里仁》/P2471 上	（孔子）又曰：富與貴，是人之所欲，不以其道得之，不處也。	18/人部/富/敍/P442
		子曰：富與貴，是人之所欲也，不以其道得之，不處也。	
15 *	《論語·里仁》/P2471 上	《論語》曰：貧與賤，是人之所惡，不以其道得之，不去也。	18/人部/貧/敍/P444
		貧與賤，是人之所惡也，不以其道得之，不去也。	
16	《論語·里仁》/P2471 下	《論語》曰：見賢思齊焉，見不賢而内自省也。	17/人部/賢/敍/P411
17 *	《論語·公冶長》/P2473 下	《論語》曰：孔子謂子貢曰："汝與回也孰愈？"對曰："賜也，何敢望回？回也聞一以知十。"	17/人部/聰敏/對/P429
		子謂子貢曰："女與回也孰愈？"對曰："賜也何敢望回？回也聞一以知十，賜也聞一以知二。"	
18	《論語·公冶長》/P2474 中	《論語》曰：晏平仲善與人交，久而敬之。	18/人部/交友/對/P435
19	《論語·雍也》/P2478 中	《論語》曰：賢哉，回也！一簞食，一瓢飲。	18/人部/貧/對/P445
20 *	《論語·述而》/P2481 下	《論語》曰：德之不脩，學之不講，聞義不能徙，不善不能改，是吾憂也。	21/文部/講論/敍/P508
		德之不脩，學之不講，聞義不能徙，不善不能改，是吾憂也。	
21	《論語·述而》/P2482 上	《論語》曰：自行束脩以上，吾未嘗無誨焉。	18/人部/師/對/P432

序號	今本篇名、頁碼	《初學記》引文與原文	出處
22 *	《論語·述而》/P2482 中	孔子曰：富而可求，雖執鞭之士，吾亦爲之。如不可求，從吾所好。	18/人　部/富/敍/P442
		富而可求也，雖執鞭之士，吾亦爲之。如不可求，從吾所好。	
23	《論語·述而》/P2482 中	《論語》曰：子在齊聞《韶》，三月不知肉味。孔安國注：韶，舜樂名。	9/帝 王 部/總 敍 帝王/對/P206
		子在齊聞《韶》，三月不知肉味。	
24 *	《論語·述而》/P2482 中	《論語》曰：子在齊聞《韶》，曰："不圖爲樂之至於斯也。"	15/樂 部/雅 樂/對/P369
		子在齊聞《韶》，三月不知肉味，曰："不圖爲樂之至於斯也。"	
25	《論語·述而》/P2483 中	《論語》曰：子以四教：文，行，忠，信。	21/文 部/講 論/對/P510
26 *	《論語·泰伯》/P2487 中	《論語》曰：師摯之始，《關雎》之亂，洋洋乎盈耳哉！注曰：魯大師摯識關雎之聲，而首理其亂者，洋洋乎盈耳，聽而美之。	15/樂 部/雅 樂/對/P370
		師摯之始，《關雎》之亂，洋洋乎盈耳哉！（鄭曰：師摯，魯大師之名。始猶首也。周道衰微，鄭、衛之音作，正樂廢而失節。魯大師摯識《關雎》之聲，而首理其亂，有洋洋盈耳，聽而美之。）	
27 *	《論語·泰伯》/P2487 中	《論語》曰：巍巍乎，舜、禹之有天下也，而不與焉。何晏注曰：美舜、禹。己不與求天下而得之也。巍巍者，高大之貌。	9/帝 王 部/總 敍 帝王/對/P204
		巍巍乎，舜、禹之有天下也，而不與焉。（美舜、禹也。言己不與天下而得之。巍巍，高大之稱。）	
28	《論語·泰伯》/P2487 下	《論語》曰：舜有臣五人而天下治。孔安國注：禹、稷、契、皋繇、伯益。	9/帝 王 部/總 敍 帝王/對/P208
29	《論語·泰伯》/P2488 上	孔子曰：禹，吾無間然矣，菲飲食而致孝乎鬼神。	9/帝 王 部/總 敍 帝王/對/P208

序號	今本篇名、頁碼	《初學記》引文與原文	出處
30	《論語·子罕》/P2490 上	《論語》曰：太宰問於子貢曰："夫子聖者與？何其多能也？"子貢曰："固天縱之將聖，又多能也。"	17/人 部/聖/對/P409
31	《論語·子罕》/P2490 中一下	《論語》：顏回曰："夫子循循然善誘人，博我以文，約我以禮，欲罷不能。"	18/人 部/師/對/P432
32 *	《論語·子罕》/P2490 中一下	《論語》：顏回曰："夫子循循然善誘人。" 顏淵喟然歎曰："仰之彌高，鑽之彌堅。瞻之在前，忽焉在後。夫子循循然善誘人，博我以文，約我以禮，欲罷不能。"	18/人 部/師/對/P433
33	《論語·子罕》/P2491 下	《論語》曰：衣敝縕袍。	18/人 部/貧/對/P444
34 *	《論語·子罕》/P2491 下	《論語》曰：歲寒，然後知松柏之後凋。 歲寒，然後知松栢之後彫也。	3/歲 時 部/冬/對/P60
35	《論語·鄉黨》/P2494 下	《論語》曰：緇衣，羔裘。素衣，麑裘。黃衣，狐裘。褻裘長，短右袂。必有寢衣，長一身有半，狐貉之厚以居。	26/器 物 部/裘/對/P631
36 *	《論語·鄉黨》/P2495 下	《論語》曰：鄉人儺，孔子朝服立於阼階。 鄉人儺，朝服而立於阼階。	4/歲 時 部/歲除/敘/P8
37	《論語·鄉黨》/P2496 上	《論語》曰：迅雷風烈必變。	1/天 部/雷/敘/P20
38	《論語·先進》/P2498 中	《論語》曰：孝哉，閔子騫！人不間於其父母昆弟之言。	17/人 部/孝/對/P421
39 *	《論語·先進》/P2500 中一下	《論語》曰：暮春者，春服既成，冠者五六人，童子六七人，浴乎沂，風乎舞雩，詠而歸。 莫春者，春服既成，冠者五六人，童子六七人，浴乎沂，風乎舞雩，詠而歸。	3/歲 時 部/春/對/P46
40	《論語·顏淵》/P2505 上	《論語》曰：君子以文會友，以友輔仁。	18/人 部/交 友/敘/P434

序號	今本篇名、頁碼	《初學記》引文與原文	出處
41*	《論語·子路》/P2507 下	《論語》曰：樊遲問仁。子曰：“居處恭，執事敬，與人忠。雖之夷狄，不可棄也。”（夷狄雖無知，猶當以恭敬忠信。） 樊遲問仁。子曰：“居處恭，執事敬，與人忠。雖之夷狄，不可棄也。”（包曰：雖之夷狄無禮義之處，猶不可棄去而不行。）	17/人 部/恭 敬/敘/P427
42	《論語·憲問》/P2510 上	《論語》曰：禹、稷躬稼而有天下。	9/帝 王 部/總 敘 帝王/對/P205
43*	《論語·憲問》/P2510 下	《論語》曰：爲命，裨諶草創之，世叔討論之，行人子羽修飾之，東里子產潤色之。 爲命，裨諶草創之，世叔討論之，行人子羽脩飾之，東里子產潤色之。	21/文 部/文 章/對/P511
44	《論語·憲問》/P2510 下	《論語》曰：行人子羽脩飾之。注曰：行人，掌使之官。	20/政理部/奉 使/敘/P479
45	《論語·憲問》/P2511 上	（《論語》）又曰：貧而無怨難。	18/人 部/貧/敘/P444
46*	《論語·憲問》/p2513 上	《論語》子曰：賢者避世，其次避地，其次避色，其次避言。 賢者辟世，其次辟地，其次辟色，其次辟言。	17/人 部/賢/對/P412
47*	《論語·陽貨》/P2525 下	《論語》曰：惡紫之奪朱，惡鄭聲之亂雅樂。包曰：“鄭聲，淫聲之哀者。” 惡紫之奪朱也，惡鄭聲之亂雅樂也。（包曰：鄭聲，淫聲之哀者。）	15/樂/雅 樂/對/P370
48	《論語·微子》/P2530 上	《論語》曰：鼓方叔入于河。	6/地 部/河/對/P121
49	《論語·子張》/2532 中	《論語》曰：堂堂乎張也。（注云：言子張儀容盛。）	19/人部/美丈夫/敘/P453
50	《論語·子張》/P2532 下	《論語》曰：賜之牆也及肩。	24/居處部/牆壁/對/P585
51	《論語·堯曰》/P2535 上	《論語》曰：有罪不敢赦，是也。	20/政 理 部/赦/敘/P469

续表

序號	今本篇名、頁碼	《初學記》引文與原文	出處
52 *	《論語・泰伯》/P2487 中 《論語・公冶長》/P2474 上	《論語》：文章者，孔子曰："焕乎，其有文章。"子貢曰："夫子之文章，可得而聞也。"（見《論語》。） 子曰："……焕乎，其有文章。"//子貢："夫子之文章，可得而聞也。"	21/文部/文章/敘/P511
53		《論語》曰：端木賜結駟連騎，以從原憲；憲居蓬蒿之中，并日而食。子貢曰："甚矣！子之病也。"	18/人部中/貧/對/P444
54		《逸論語》曰：玉十謂之區，治玉謂之琢，亦謂之雕。（雙玉爲瑴，五瑴爲區。雕，治璞也。瑴音角）瑳，玉色鮮白也；瑩，玉色也；瑛，玉光也；瓊，赤玉也；璿瑾瑜，美玉也；璐（舞），三采玉也；玲瑲玎瑝（鎗），玉聲也；璩，玉佩也；瑱，充耳也；璪，玉飾以水藻也。	27/寶器部/玉/敘/P651
55		《逸論語》曰：璠璵，魯之寶玉也。孔子曰："美哉璠璵，遠而望之，焕若也；近而視之，瑟若也。一則理勝，一則孚勝。"	27/寶器部/玉/對/P652
56		《逸論語》曰：玉如瑩也。璐，三采玉也。	27/寶器部/玉/對/P652

《孝經》

序號	今本篇名、頁碼	《初學記》引文與原文	出處
1 *	《孝經・庶人》/P2549 中	鄭玄注《孝經》曰：分別五土，視其高下。若高田宜黍稷，下田宜稻麥，邱陵坂險宜種棗栗。 分地之利（分別五土，視其高下，各盡所宜，此分地利也）。	5/地部上/總載地/對/P90
2	《孝經・三才》/P2549 下	《孝經》曰：夫孝，天之經也，地之義也，民之行也。	17/人部上/孝/敘/P418
3	《孝經・廣要道》/P2556 中	《孝經》曰：移風易俗，莫善於樂。	15/樂部上/雅樂/對/P370
4 *	《孝經・廣要道》/P2556 中	《孝經》曰：以安上治民，莫善於禮。 安上治民，莫善於禮。	13/禮部上/總載禮/對/P314

《爾雅》

序號	今本篇名、頁碼	《初學記》引文與原文	出處
1*	《爾雅·釋詁下》/P2576中	《爾雅》曰：赦，舍也。郭璞注：謂放置也。	20/政理部/赦/敘/P469
		赦，舍也。（舍，放置。）	
2	《爾雅·釋訓》/P2589中	《爾雅》云：肅肅、翼翼，恭也。	17/人部上/恭敬/對/P427
3*	《爾雅·釋訓》/P2590中	《爾雅》曰：銈銈，穫也。	27/寶器部（花草附）/五穀/對/P662
		挃挃，穫也。	
4*	《爾雅·釋訓》/P2591下	《爾雅》曰：善事父母曰孝。	17/人部上/孝/敘/P418
		善父母爲孝。	
5	《爾雅·釋訓》/P2591下	《爾雅》曰：善兄弟爲友。	17/人部上/友悌/敘/P423
6	《爾雅·釋訓》/P2592上	《爾雅》曰：婆娑，舞也。	15/樂部上/舞/敘/P380
7*	《爾雅·釋親》/P2593下	《爾雅》曰：壻之父母曰姻，婦之父母曰婚。	14/禮部下/婚姻/敘/P353
		壻之父爲姻，婦之父爲婚。	
8	《爾雅·釋宮》/P2597中	《爾雅》曰：牆謂之墉。	24/居處部/牆壁/敘/P584
9	《爾雅·釋宮》/P2597下—2598上	《爾雅》曰：宮中門謂之闈。	12/職官部下/侍中/對/P280
		宮中之門謂之闈。	

序號	今本篇名、頁碼	《初學記》引文與原文	出處
10 *	《爾雅·釋宮》/P2598 上一中	《爾雅》：一達謂之道路，二達謂之歧旁（歧道旁出也），三達謂之劇旁（旁出岐多，故曰劇），四達謂之衢，五達謂之康，六達謂之莊（康，樂也；莊，盛也。言交道康樂繁盛），七達謂之劇驂（驂馬有四，今此有七，比之方劇驂），八達謂之崇期（崇，多也，多道會期在此），九達謂之逵（逵一曰馗，言似龜背，故曰馗。見《說文》）。廟中路謂之唐。	24/居處部/道路/敍/P589
		一達謂之道路（長道），二達謂之歧旁（歧道旁出也），三達謂之劇旁（今南陽冠軍樂鄉數道交錯，俗呼之五劇鄉），四達謂之衢（交道四出），五達謂之康（《史記》所謂康莊之衢），六達謂之莊（《左傳》曰："得慶氏之木百車於莊。"），七達謂之劇驂（三道交，復有一岐出者，今北海劇縣有此道），八達謂之崇期（四道交出），九達謂之逵（四道交出，復有旁通）。	
11 *	《爾雅·釋宮》/P2598 中	《爾雅》曰：五達謂之康。孫炎注曰：康，樂也，交會樂道也。	24/居處部/道路/對/P590
		五達謂之康（《史記》所謂康莊之衢）。	
12	《爾雅·釋宮》/P2598 中	《爾雅》曰：八達謂之崇期。	24/居處部/道路/對/P589
13 *	《爾雅·釋器》/P2599 上	《爾雅》云：翼謂之汕（所諫反。郭璞注云：翼，今之柴橑罟）。罩者，編細竹以爲之。	22/武　部/漁/敍/P544
		翼謂之汕（今之撩罟。汕所諫切），篧謂之罩（捕魚籠也）。	
14 *	《爾雅·釋器》/P2599 上	《爾雅》：篧謂之罩（篧，祖較反）。涔者，積柴木於水中以爲之。	22/武　部/漁/敍/P544
		篧謂之罩（捕魚籠也），椮謂之涔（今之作椮者，聚積柴木於水中，魚得寒，入其裏藏隱，因以簿圍捕取之）。	

序號	今本篇名、頁碼	《初學記》引文與原文	出處
15 *	《爾雅·釋器》/P2599 上	《爾雅》曰：槮謂之涔，是也。	22/武部/漁/敘/P544
		槮謂之涔。	
16 *	《爾雅·釋器》/P2599 上	罛，大綱也。（見《爾雅》。）	22/武部/漁/敘/P544
		魚罟謂之罛（最大罟也）。	
17	《爾雅·釋器》/P2600 上	《爾雅》曰：肉曰脫之（剝其皮也）。	26/器物部/肉/敘/P639
18	《爾雅·釋器》/P2600 中—下	《爾雅》曰：白金謂之銀，其美者謂之鐐（遼）。	27/寶器部（花草附）/銀/敘/P647
19 *	《爾雅·釋器》/P2600 下	《爾雅》云：弓有緣者謂之弭（今角弓）。以金者謂之銑，以蜃者謂之珧，以玉者謂之珪。（用金、蚌、玉飾弓兩頭，因取類以爲名。）	22/武部/弓/敘/P531
		弓有緣者謂之弓，無緣者謂之弭（今之角弓也）。以金者謂之銑，以蜃者謂之珧，以玉者謂之珪。（用金、蚌、玉飾弓兩頭，因取其類以爲名。珧，小蚌。）	
20 *	《爾雅·釋器》/P2600 下	《爾雅》曰：弓有緣者謂之弭，以蜃謂之珧。	22/武部/弓/對/P532
		弓有緣者謂之弓，無緣者謂之弭。以金者謂之銑，以蜃者謂之珧。	
21 *	《爾雅·釋器》/P2600 下	《爾雅》曰：弓以金者謂之銑，以蜃者謂之珧。	22/武部/弓/對/P532
		以金者謂之銑，以蜃者謂之珧。	
22	《爾雅·釋樂》/P2601 中	《爾雅·釋樂》曰：宮謂之重，商謂之敏，角謂之經，徵謂之迭，羽謂之柳。郭璞注：皆五音之別名，其義未詳。	15/樂部上/雅樂/敘/P365
23 *	《爾雅·釋樂》/P2601 中—下	《爾雅》云：大琴謂之離。郭璞曰：大者十絃。	16/樂部下/琴/敘/P385
		大琴謂之離。（或曰："琴大者二十七絃，未詳長短。"《廣雅》曰："琴長三尺六寸六分，五絃。"）	
24 *	《爾雅·釋樂》/P2601 下	《爾雅》云：小鼓謂之應。	16/樂部下/鼓/敘/P399
		小者謂之應。	

续表

序號	今本篇名、頁碼	《初學記》引文與原文	出處
25 *	《爾雅·釋樂》/P2601下—2602上	《爾雅》曰：大磬謂之馨（許喬反），徒擊磬謂之寋。郭璞曰：磬形似犁錧，以玉石爲之。	16/樂 部 下/磬/敘/P398
		大磬謂之馨。（磬形似犁錧，以玉石爲之。馨，虛驕反）……徒鼓磬謂之寋。	
26	《爾雅·釋樂》/P2601下	《爾雅》曰：大笙謂之巢，小笙謂之和。	16/樂 部 下/笙/敘/P401
27	《爾雅·釋樂》/P2602上	《爾雅》曰：大鐘謂之鏞（音庸），其中謂之剽（疋妙反），小者謂之棧（仕板反）。	16/樂 部 下/鐘/敘/P395
28 *	《爾雅·釋樂》/P2602上	《爾雅》曰：聲比於琴瑟曰歌，徒歌曰謠，亦謂之嚛。（謂無絲竹之類，獨歌之。）	15/樂 部 上/歌/敘/P376
		徒鼓瑟謂之步，徒吹謂之和，徒歌謂之謠，徒擊鼓謂之嚛。	
29 *	《爾雅·釋樂》/P2602上—中	大鼗謂之麻，小鼗謂之料，徒擊鼓謂之嚛。（見《爾雅》。）	16/樂 部 下/鼓/敘/P399
		徒擊鼓謂之嚛……大鼗謂之麻，小者謂之料。	
30 *	《爾雅·釋樂》/P2602中	《爾雅》曰：小鼗曰料。	16/樂 部 下/鼓/敘/P399
		大鼗謂之麻，小者謂之料。	
31	《爾雅·釋天》/P2607中	《爾雅》云：春爲蒼天，夏爲昊天，秋爲旻天，冬爲上天。	1/天 部 上/天/敘/P1
32 *	《爾雅·釋天》/P2608中	《爾雅》云：東風曰谷風（《詩》云"習習谷風"），南風曰凱風（《詩》云"凱風自南"），西風曰泰風（《詩》云"泰風有遂"），北風曰涼風（《詩》云"北風其涼"。又《大戴禮》"北風曰後風"）。暴風從上下曰頹，從下上曰飆，亦曰扶搖，迴風曰飄（卑遙反），日出而風曰暴，陰而風曰曀；風而雨土曰霾（莫乖反）。	1/天 部 上/風/敘/P17

序號	今本篇名、頁碼	《初學記》引文與原文	出處
		南風謂之凱風（《詩》曰"凱風自南"），東風謂之谷風（《詩》云"習習谷風"），北風謂之涼風（《詩》云"北風其涼"），西風謂之泰風（《詩》云"泰風有隧"）。焚輪謂之穨（暴風從上下），扶搖謂之猋（暴風從下上），風與火爲庉（庉庉，熾盛之貌），迴風爲飄（旋風也），日出而風爲暴（《詩》云"終風且暴"），風而雨土爲霾（《詩》云"終風且霾"），陰而風爲曀（《詩》云"終風且曀"）。	
33	《爾雅·釋天》/P2608 中	《爾雅》云：螮蝀，虹也。	2/天部下/虹蜺/敘/P38
34 *	《爾雅·釋天》/P2608 中	《爾雅》云：蜺，雌虹也。一名挈（口结反）貳。	2/天部下/虹蜺/敘/P38
		蜺爲挈貳（蜺，雌虹也。見《離騷》。挈貳，其別名）。	
35 *	《爾雅·釋天》/P2608 中	《爾雅》云：疾雷謂之霆。郭璞注：疾雷，謂雷音急激者，謂之霹靂。	1/天部上/雷/敘/P20
		疾雷爲霆霓（雷之急擊者謂霹靂）。	
36 *	《爾雅·釋天》/P2608 中	《爾雅》云：雪與雨雜下曰霰。	2/天部下/雪/敘/P27
		雨霓爲霄雪。	
37 *	《爾雅·釋天》/P2608 中—下	《爾雅》云：小雨曰霡霂（《説文》又曰"霢"。又云"小雨緜落曰霡"。又云"小雨曰微，微雨曰濛濛"。霡音酸，霂音斯），雨三日已上曰霖，久雨爲霪，（《説文》又云"久雨曰霖"，力兼反。）暴雨曰凍雨，時雨曰澍雨，雨與雪雜下曰霰。	2/天部下/雨/敘/P23
		雨霓爲霄雪。暴雨謂之凍，小雨謂之霡霂，久雨謂之淫，淫謂之霖。（雨自三日已上爲霖。）	
38 *	《爾雅·釋天》/P2609 上	《爾雅》曰：西陸，昴星也。郭璞注：昴，西方之宿，別名旄頭。是此也。	1/天部上/星/對/P12
		西陸，昴也。（昴，西方之宿，別名旄頭。）	

序號	今本篇名、頁碼	《初學記》引文與原文	出處
39 *	《爾雅·釋天》/P2609 上	《爾雅》曰：河鼓謂之牽牛。	4/歲時部下/七月七日/敘/P76
		何鼓謂之牽牛。	
40 *	《爾雅·釋天》/P2609 下	《爾雅》曰：春祭曰祠（祠之言食），夏祭曰礿（以酌反，新菜可酌），秋祭曰嘗（嘗新穀），冬祭曰烝（烝，進也。進品物）。祭天曰燎柴（既祭，積薪焚之也），祭地曰瘞埋（既祭，埋藏之），祭山曰庪（軌）懸（或庪或懸，置之於山），祭川曰浮沉（或浮或沉，置之於水），祭星曰布（布散於地），祭風曰磔（張伯反。今俗當大道磔狗，此其遺像）。是類是禡，師祭也（師出征伐，類於上帝，禡於出征之地）；既伯既禱，馬祭也。（伯，馬祖也。將用馬力，必先祭其祖）。	13/禮部上/祭祀/敘/P316
		春祭曰祠（祠之言食），夏祭曰礿（新菜可礿），秋祭曰嘗（嘗新穀），冬祭曰蒸（進品物也）。祭天曰燔柴（既祭，積薪燒之），祭地曰瘞薶（既祭，埋藏之），祭山曰庪縣（或庪或縣，置之於山。《山海經》曰："縣以吉玉。"是也），祭川曰浮沈（投祭水中，或浮或沈），祭星曰布（布散祭於地），祭風曰磔（今俗當大道中磔狗，云以止風。此其象）。是禷是禡，師祭也（師出征伐，類於上帝，禡於所征之地）。既伯既禱，馬祭也。（伯，祭馬祖也。將用馬力，必先祭其先。）	
41 *	《爾雅·釋天》/P2609 下	《爾雅》曰：春祭曰祠，夏祭曰礿，秋祭曰嘗，冬祭曰蒸。	13/禮部上/宗廟/對/P323
		春祭曰祠，夏祭曰礿，秋祭曰嘗。冬祭曰蒸。	
42 *	《爾雅·釋天》/P2609 下	《爾雅》云：祭星曰布（布，散食於地上）。	1/天部上/星/敘/P11
		祭星曰布（布散祭於地）。	
43 *	《爾雅·釋天》/P2609 下	《爾雅》云：祭風曰磔（道中磔狗而祭，以止風）。	1/天部上/風/敘/P17
		祭風曰磔（今俗當大道中磔狗，云以止風。此其象）。	

序號	今本篇名、頁碼	《初學記》引文與原文	出處
44	《爾雅·釋天》/P2610 上—中	《爾雅》曰：春獵爲蒐，夏獵爲苗，秋獵爲獮，冬獵爲狩。郭璞注云：蒐爲搜索，取不任者；苗，爲苗稼除害；獮爲順殺氣；狩爲得獸，取之无所擇。	22/武 部/獵/敘/P540
45 *	《爾雅·釋天》/P2610 下	《爾雅》曰：素錦綢杠。郭璞注曰：以白地錦韜旗之竿也。 `　　`素錦綢杠（以白地錦韜旗之竿）。	27/實器部（花草附）/錦/對/P655
46 *	《爾雅·釋地》/P2614 下	《爾雅》曰：兩河間爲冀州。`　　`兩河間曰冀州。	8/州 郡 部/河 東道/敘/P173
47 *	《爾雅·釋地》/P2615 中	《爾雅》云：梁莫大於溴梁。郭璞注云：梁即橋也。`　　`梁莫大於溴梁（溴，水名。梁，隄也）。	7/地 部 下/橋/對/P157
48	《爾雅·釋地》/P2615 中	《爾雅》又曰：東南之美者，有會稽之竹箭焉。	28/果 木 部/竹/敘/P694
49	《爾雅·釋地》/P2615 中	《爾雅》曰：南方之美者，有梁山之犀象焉。	29/獸 部/象/敘/P698
50	《爾雅·釋地》/P2615 中	《爾雅》曰：南方之美者，有梁山之犀象焉。	29/獸 部/象/對/P699
51	《爾雅·釋地》/P2615 中	《爾雅》曰：西方之美者，有霍山之多珠玉焉。	27/實 器 部（花草附）/珠/敘/P648
52 *	《爾雅·釋地》/P2616 中	《爾雅》云：東至于泰遠，西至于邠國，南至于濮鉛，北至于祝栗，謂之四極。九夷、八狄、七戎、六蠻，謂之四海。（言所居近於海。）`　　`東至於泰遠，西至於邠國，南至於濮鉛，北至於祝栗，謂之四極。……九夷、八狄、七戎、六蠻，謂之四海。	5/地 部 上/總 載地/敘/P88
53 *	《爾雅·釋地》/P2616 中	《爾雅》云：東至日所出爲泰平，西至日所入爲泰蒙。`　　`東至日所出，爲大平；西至日所入，爲大蒙。	1/天 部 上/日 第二/敘/P5

续表

序號	今本篇名、頁碼	《初學記》引文與原文	出處
54 *	《爾雅·釋丘》/P2617 中	《爾雅》曰：晉有潛邱。郭璞注云：在太原晉陽縣。	8/州 郡 部/河東 道/對/P174
		晉有潛丘（今在太原晉陽縣）。	
55 *	《爾雅·釋山》/P2618 中	《爾雅》云：土高有石曰山。	5/地部上/總載 山/敘/P91
		土戴石爲砠（土山上有石者）。	
56 *	《爾雅·釋山》/P2618 中	《爾雅》云：霍山爲南岳。蓋因其副焉。	5/地部上/衡山/ 敘/P97
		霍山爲南嶽。	
57 *	《爾雅·釋山》/P2618 中	郭璞《爾雅注》云：霍山在廬江郡潛縣，別名天柱山。	5/地部上/衡山/ 敘/P97
		霍山爲南嶽（即天柱山，潛水所出）。	
58 *	《爾雅·釋山》/P2618 中	《爾雅》曰：常山謂之恒山。	5/地部上/恒山/ 敘/P101
		恒山爲北嶽（常山）。	
59 *	《爾雅·釋水》/P2619 下	《爾雅》曰：紼，繂也；縭，緌也。注：紼，大索也；緌，繫也。	25/器 物 部/舟/ 對/P611
		紼，繂也。（繂，索。）縭，緌也。（緌，繫。）	
60 *	《爾雅·釋水》/P2620 上	《爾雅》云：九河名有馬頰，上廣下狹，狀如馬頰。	8/州 郡 部/河北 道/對/P178
		徒駭、太史、馬頰（河勢上廣下狹，狀如馬頰）、覆鬴、胡蘇、簡、絜、鈎盤、鬲津。九河。	
61 *	《爾雅·釋草》/P2626 中—2629 中	《爾雅》曰：筍，竹萌。粼，堅中。簡，箈中（其中空）。仲，無笐。	28/果 木 部/竹/ 敘/P694
		筍，竹萌。……粼，堅中。簡，箈中。仲，無笐。	
62 *	《爾雅·釋草》/P2626 下	《爾雅》曰：瓞，㼫。其紹，瓞。孫炎曰：《詩》云"綿綿瓜瓞"。㼫，小瓜子，其本子小。㼫，蒲角反。	28/果 木 部/瓜/ 敘/P684
		瓞，㼫。其紹，瓞。（俗呼㼫瓜爲瓞。紹者，瓜蔓緒，亦著子，但小如㼫。）	

序號	今本篇名、頁碼	《初學記》引文與原文	出處
63 *	《爾雅·釋草》/P2627 上	《爾雅》曰：虋（門），赤苗。芑，白苗。郭璞注：虋，赤粱粟；芑，白粱粟，皆好穀。	27/寶器部（花草附）/五穀/敘/P660
		虋，赤苗（今之赤粱粟）。芑，白苗（今之白粱粟，皆好穀）。	
64	《爾雅·釋草》/P2627 上	《爾雅》云：秬，黑黍。	27/寶器部（花草附）/五穀/對/P662
65 *	《爾雅·釋草》/P2627 下—2628 上	《爾雅》曰：荷，芙蕖。（江東呼荷華爲芙蓉。）其莖，茄；其葉，荷；其本，蔤（密）；其華，菡萏；其實，蓮；其根，藕；其中，的；的中，薏。	27/寶器部（花草附）/芙蓉/敘/P666
		荷，芙渠。（別名。芙蓉，江東呼荷。）其莖，茄；其葉，蕸；其本，蔤；其華，菡萏；其實，蓮；其根，藕；其中，的；的中，薏。	
66 *	《爾雅·釋草》/P2628 中	《爾雅》曰：苹，萍也。（郭璞曰：江東謂之藻。）其大者，蘋。	27/寶器部（花草附）/萍/敘/P668
		萍，蓱。（水中浮蓱，江東謂之藻。）其大者，蘋。	
67	《爾雅·釋草》/P2628 下	《爾雅》曰：藫，石衣也。郭璞曰：水苔也。一名石髮。	27/寶器部（花草附）/苔/敘/P669
		藫，石衣（水苔也。一名石髮）。	
68 *	《爾雅·釋草》/P2628 下	《爾雅》曰：藫，石衣也。郭璞注云：水苔也，一名石髮，江東食之。	27/寶器部（花草附）/苔/對/P669
		藫，石衣。（水苔也。一名石髮，江東食之。）	
69 *	《爾雅·釋草》/P2628 下	《爾雅》云：菊，治蘠也。	27/寶器部（花草附）/菊/敘/P665
		蘜，治蘠。（今之秋華菊。）	
70 *	《爾雅·釋木》/P2636 中	《爾雅》曰：柏，椈也。	28/果木部/柏/敘/P688
		柏，椈。	

序號	今本篇名、頁碼	《初學記》引文與原文	出處
71 *	《爾雅·釋木》/P2636 下	《爾雅》曰：檉，河柳。（郭璞注曰：河旁赤莖小楊也。）旄，澤柳。（生澤者。）楊，蒲柳。 檉，河柳。（今河旁赤莖小楊。）旄，澤柳。（生澤中者。）楊，蒲柳。	28/果木部/柳/敘/P691
72	《爾雅·釋木》/P2637 上—中	《爾雅》曰：楔，荊桃。郭璞注：今櫻桃也。楔音戛。	28/果木部/櫻桃/敘/P675
73	《爾雅·釋木》/P2637 上—中	《爾雅》曰：楔，荊。（注曰：今櫻桃。）	28/菓木部/櫻/敘/嚴陸異 P8
74	《爾雅·釋木》/P2637 中	《爾雅》曰：休，無實李。	28/菓木部/李/敘/嚴陸異 P5
75 *	《爾雅·釋木》/P2637 中—2638 中	《爾雅》曰：休，無實李（郭璞注曰：一名趙李）。痤，接慮李（今之麥熟李）。駁，赤李。桃李醜核，棗李曰蕶之。（孫炎曰：桃李類，皆核。蕶之，去柢也。蕶音帝。） 休，無實李（一名趙李）。痤，棫慮李（今之麥李）。駁，赤李（子赤）。……桃李醜，核。……棗李曰蕶之（蕶音帝）。	28/果木部/李/敘/P671
76 *	《爾雅·釋木》/P2637 中	《爾雅》郭璞注曰：子細腰者，今謂之鹿盧棗。 遵，要棗。（子細腰，今謂之鹿盧棗。）	28/果木部/棗/對/P677
77 *	《爾雅·釋木》/P2637 中—2638 中	《爾雅》曰：棗，壺棗。（郭璞曰：今江東呼大而銳上者爲壺棗。壺猶瓠也。）遵，羊棗。（實小而員，紫黑色。《孟子》曰："曾皙嗜羊棗。"）洗，大棗。（今河東倚氏出大棗，子如雞卵大。）蹶洩，苦棗。（子味苦也。蹶，居衛反。）皙，無實棗（不著子）。還味，稔棗。（還味，短味。）棗李曰蕶之。（孫炎曰：蕶，去其柢。） 棗，壺棗。（今江東呼棗大而銳上者爲壺，壺猶瓠也。）……遵，羊棗。（實小而員。紫黑色，今俗呼之爲羊矢棗。《孟子》曰："曾皙嗜羊棗。"）洗，大棗。（今河東猗氏縣出大棗，子如雞卵。）煮，填棗。（未詳）。蹶洩，苦棗。（子味苦。）皙，無實棗。（不著子者。）還味，稔棗。（還味，短味。）……棗李曰蕶之。	28/果木部/棗/敘/P676

序號	今本篇名、頁碼	《初學記》引文與原文	出處
78 *	《爾雅·釋木》/P2637 中	《爾雅》曰：棗，壺棗。細，腰棗。擠，白棗。樲，酸棗。遵，羊棗。洗，大棗。蹶泄，苦棗。晳，無實棗。還味，稔棗。	28/菓 木 部/棗/敍/嚴陸異 P8
		棗，壺棗。邊，要棗。櫅，白棗。樲，酸棗。楊徹，齊棗。遵，羊棗。洗，大棗。煮，填棗。蹶洩，苦棗。晳，無實棗。還味，稔棗。	
79 *	《爾雅·釋木》/P2637 中—2638 上	《爾雅》曰：櫬，梧也。榮，桐木也。	28/果 木 部/桐/敍/P690
		櫬，梧。……榮，桐木。	
80 *	《爾雅·釋木》/P2637 中	《爾雅》曰：守宮槐，葉晝聶宵炕。郭璞注曰：守宮槐，晝日聶合而夜炕布。孫炎曰：聶，合；炕，張也。	28/果 木 部/槐/敍/P689
		櫰，槐大葉而黑。守宮槐，葉晝聶宵炕。（槐葉晝日聶合而夜炕布者，名爲守宮槐。）	
81 *	《爾雅·釋木》/P2637 中	《爾雅》曰：守宮槐，葉晝聶宵炕。郭璞注曰：守宮槐，晝聶合而夜舒布也。江東有槐樹，與此相反，俗因名爲合昏。既晝夜各一，其理等耳。孫炎注云：聶，合；炕，張也。	28/果 木 部/槐/對/P689
		守宮槐，葉晝聶宵炕。（槐葉晝日聶合而夜炕布者，名爲守宮槐。）	
82 *	《爾雅·釋木》/P2638 上	《爾雅》曰：椒樧林菜。郭璞注曰：本艸茱萸一名椒，而實赤細者。	4/歲 時 部下/九月九日/對/P80
		椒樧醜菜。（菜，萸子聚生成房貌。今江東亦呼菜。樧似茱萸而小，赤色。）	
83 *	《爾雅·釋木》/P2638 上—中	《爾雅》曰：桃李醜核，桃曰膽之（膽，擇取其美者）。	28/果 木 部/桃/敍/P673
		桃李醜核。瓜曰華之，桃曰膽之。	
84	《爾雅·釋蟲》/P2638 中	《爾雅》注云：天螻，螻蛄。	3/歲 時 部上/春/敍/P44

续表

序號	今本篇名、頁碼	《初學記》引文與原文		出處
85.*	《爾雅·釋蟲》/P2638 中	《爾雅》曰：蜩（調），蜋（良）蜩。螗蜩。蚻（札），蜻蜻。蠽，茅蜩。蝒（彌煎反），馬蜩。蜺，寒蜩。孫炎曰：蜋，五色具；蜩，宫中小青蟬也；蝒，蝼青口，蟬小者也。郭璞注云：蜩蜋，俗呼爲胡蟬，江南謂之螗蛦，如蟬而小，有文。江東呼蠽曰茅，蠽似蟬而小，青。一曰馬蟬，蟬中最大者也。蜺，寒螿也，似蟬而小，青而赤。	30/蟲 部/蟬/敘/P747
		蜩，蜋蜩。螗蜩。（《夏小正》傳曰："螗蜩者蝘。"俗呼爲胡蟬。江南謂之螗蛦，音夷。）蚻，蜻蜻。（如蟬而小。《方言》云："有文者謂之蜻。"《夏小正》曰："鳴蚻，虎懸。"）蠽，茅蜩。（江東呼爲茅蠽，似蟬而小，青色。）蝒，馬蜩（蜩中最大者爲馬蜩）。蜺，寒蜩（寒螿也。似蟬而小，青赤。《月令》曰："寒蟬鳴。"）。	
86*	《爾雅·釋蟲》/P2638 中	《爾雅》曰：蜩，蜋蜩。螗蜩。蚻，蜻蜻。蠽，茅蜩。蝒，馬蜩。蜺，寒蜩。蜓蚞，螇螰。李巡注曰：自蜩螗以下，皆分别五方之語，而名不同也。	30/蟲 部/蟬/對/P748
		蜩，蜋蜩。螗蜩。蚻，蜻蜻。蠽，茅蜩。蝒，馬蜩。蜺，寒蜩。蜓蚞，螇螰。	
87*	《爾雅·釋蟲》/P2638 中	《爾雅》曰：蜋蜩（五采具者）。螗蜩（俗呼爲胡蟬）。蠽，茅蜩（似蟬而小，青也）。蝒，馬蜩（蟬中大者）。蜺，寒蜩（寒螿也，小，青赤）。	30/蟲 部/蟬/敘/嚴陸異 P9
		蜩，蜋蜩。（《夏小正》傳曰："蜋蜩者，五彩具。"）螗蜩。（《夏小正》傳曰："螗蜩者蝘。"俗呼爲胡蟬。江南謂之螗蛦，音夷。）蚻，蜻蜻。（如蟬而小。《方言》云："有文者謂之蜻。"《夏小正》曰："鳴蚻，虎懸。"）蠽，茅蜩。（江東呼爲茅蠽，似蟬而小，青色。）蝒，馬蜩。（蜩中最大者爲馬蜩。）蜺，寒蜩。（寒螿也。似蟬而小，青赤。）	

序號	今本篇名、頁碼	《初學記》引文與原文	出處
88	《爾雅·釋蟲》/P2638 中	郭璞注《爾雅》曰：蜺，寒蜩也。	30/蟲 部/蟬/對/P748
89	《爾雅·釋蟲》/P2639 上	《爾雅》曰：蟋蟀，蛬。劉劭注云：謂蜲蜻也。孫炎云：梁國謂之蛬。郭璞云：今促織也。	3/歲時部上/夏/敘/P49
		蟋蟀，蛬。（今促織也，亦名青蛚。）	
90 *	《爾雅·釋蟲》/P2639 下	《爾雅》曰：螢火，即炤也。	30/蟲 部/螢/敘/P751
		熒火，即炤。	
91	《爾雅·釋蟲》/P2639 下	《爾雅》曰：螢火，即炤。	30/蟲部/螢/敘/嚴陸異 P12
92 *	《爾雅·釋魚》/P2640 上—2641 中	《爾雅》曰：鯉（今之赤鯉名）。鱣（今江東呼爲黃魚）。鰋（今鰋額白魚）。鮎（別名，鯷）。鮴，大鱯，小者鮴（鱯似鮎而大，色白。或鮵之大者曰鱯）。鯤，小魚（魚子未成者）。鰶魚。鯢，大者謂之鰕，似鮎，四足，聲似小兒。	30/鱗 介 部/魚/敘/P741
		鯉（今赤鯉魚）。鱣（今江東呼爲黃魚）。鰋（今鰋額白魚）。鯷（別名，鯷，江東通呼鮎爲鯷）。……鮴，大鱯；小者，鮴。（鱯，似鮎而大，白色。）……鯤，小魚（今江東亦呼魚子未成者爲鯤。音繩）。……鯢，大者謂之鰕（今鯢魚似鮎，四腳，前似獼猴，後似狗，聲如小兒啼，大者長八九尺）。	
93 *	《爾雅·釋魚》/P2640 下—2641 下	《爾雅》曰：龜三尺，蕡。龜，俯者靈，仰者謝，前弇諸果，後弇諸獵，左倪不類，右倪不若。一曰神龜，二曰靈龜，三曰攝龜（小龜也。腹甲曲折，解能自張閉也），四曰寶龜，五曰文龜，六曰筮龜（常在蓍叢下潛伏也），七曰山龜，八曰澤龜，九曰水龜，十曰火龜。	30/鱗 介 部/龜/敘/P744

序號	今本篇名、頁碼	《初學記》引文與原文	出處
		黿三足，賁。……黿，俯者靈，仰者謝，前弇諸，果，後弇諸，獵，左倪不類，右倪不若。……一曰神黿，二曰靈黿，三曰攝黿（小黿也。腹甲曲折，解能自張閉，好食蛇，江東呼爲陵黿），四曰寶黿，五曰文黿，六曰筮黿（常在蓍叢下潛伏，見《黿策傳》），七曰山黿，八曰澤黿，九曰水黿，十曰火黿。	
94 *	《爾雅·釋鳥》/P2648 下	《爾雅》曰：鷽斯，鵯鶋（楚烏也。又曰雅烏，小而多聲，腹下白）。	30/鳥 部/烏/敘/P732
		鷽斯，鵯鶋（鴉烏也。小而多羣，腹下白。江東亦呼爲鵯烏）。	
95 *	《爾雅·釋鳥》/P2648 下—2649 中	（《爾雅》）又曰：有燕烏、山烏、炎烏。燕，白脰烏。鸀，山烏（鸀似烏而小，赤觜穴乳，出西方）。	30/鳥 部/烏/敘/P732
		燕，白脰烏。……鸀，山烏（似烏而小，赤觜，穴乳，出西方）。	
96 *	《爾雅·釋鳥》/P2648 下	《爾雅》曰：燕，乙也。	3/歲時部上/春/對/P45
		燕燕，鳦。	
97 *	《爾雅·釋鳥》/P2649 下	《爾雅》曰：鼯鼠，夷由。郭璞注曰：狀如小狐，食烟火，能從高赴下，不能從下上高。	29/獸 部/鼠/對/P718
		鼯鼠，夷由。（狀如小狐，似蝙蝠，肉翅，翅尾項脅毛紫赤色，背上蒼艾色，腹下黃，喙頷雜白，腳短，爪長，尾三尺許，飛且乳，亦謂之飛生。聲如人呼，食火烟。能從高赴下，不能從下上高。）	
98 *	《爾雅·釋鳥》/P2649 下	《爾雅》曰：鼯鼠，夷由。郭璞注曰：狀如小狐，腳短，爪長。	29/獸 部/鼠/對/P719
		鼯鼠，夷由。（狀如小狐，似蝙蝠，肉翅，翅尾項脅毛紫赤色，背上蒼艾色，腹下黃，喙頷雜白，腳短，爪長。）	

序號	今本篇名、頁碼	《初學記》引文與原文	出處
99 *	《爾雅·釋鳥》/P2649 下	《爾雅》曰：鷹，鶆鳩。	30/鳥 部/鷹/敘/P730
		鷹，鶆鳩。	
100 *	《爾雅·釋鳥》/P2650 上	《爾雅》曰：鶠鵙醜，其飛也翪。（竦翅上下也。音宗。）	30/鳥 部/鶠/敘/P734
		鶠鵙醜，其飛也翪。（竦翅上下。）	
101 *	《爾雅·釋鳥》/P2650 上	《爾雅》曰：鳧鴈醜，其足蹼。郭璞曰：腳間幕蹼相連也。音卜。	30/鳥 部/鴈/敘/P735
		鳧鴈醜，其足，蹼。（腳指間有幕蹼屬相著。）	
102	《爾雅·釋鳥》/P2650 上	（《爾雅》）又曰：烏鵲醜，其掌縮（飛，縮腳腹下）。	30/鳥 部/烏/敘/P732
103 *	《爾雅·釋獸》/P2650 中	《爾雅》曰：鹿，牡，麚；牝，麀；其子，麛。絕有力，麠。	29/獸 部/鹿/敘/P714
		鹿：牡，麚；牝，麀；其子，麛。其跡，速；絕有力，麠。	
104 *	《爾雅·釋獸》/P2650 下	《爾雅》曰：兔子嬎（敷萬反），其迹迒。絕有力，欣。	29/獸 部/兔/敘/P716
		兔子，嬎；其跡，迒；絕有力，欣。	
105 *	《爾雅·釋獸》/P2651 上一下	（《爾雅》）又曰：貀（女滑反）無前足。狙，玃屬也。玃（矍於反），如豹而形似獼猴，多鬚，奮迅其頭，能舉石以摘於人也。	29/獸 部/猴/敘/P720
		貀，無前足。……玃，迅頭。（今建平山中有玃，大如狗，似獼猴。黃黑色，多髯鬣，好奮迅其頭，能舉石摘人。玃類也。）	
106 *	《爾雅·釋獸》/P2651 上	《爾雅》曰：貒子，貗（其雌者名貙。音才瘵反。今江東呼貉爲狄狄）。貁子，貗（貁，豚也。一名貗）。又曰：狸子，隸（今或呼貍爲狐狸）。	29/獸 部/狐/敘/P717
		狸子，隸（今或呼貍狸）。貒子，貗（其雌者名貙，今江東呼貉爲狄狄）。貁子，貗（貁豚也，一名貗）。	

续表

序號	今本篇名、頁碼	《初學記》引文與原文	出處
107 *	《爾雅·釋獸》/P2651 中	《爾雅》曰：麠，大麃（薄交反），牛尾，一角；麢，大麚，旄毛，狗足。（旄毛，尾獳長也。）	29/獸 部/鹿/敘/P714
		麠，大麃，牛尾，一角。麢，大麚，旄毛，狗足。（旄毛，獳長。）	
108 *	《爾雅·釋獸》/P2651 中	《爾雅》曰：狻猊，如虦貓，食虎豹。郭璞注曰：即獅子也。狻音酸，猊音倪，虦音士奸反。	29/獸 部/獅 子/敘/P697
		狻麑，如虦貓，食虎豹。（即師子也。）	
109 *	《爾雅·釋獸》/P2651 中	《爾雅》曰：狻猊，如虦貓，食虎豹，淺毛也。	29/獸 部/獅 子/對/P698
		狻麑，如虦貓，食虎豹。（即師子也。）	
110 *	《爾雅·釋獸》/P2651 中	《爾雅》曰：麟，麕身，牛尾，一角。	29/獸 部/麟/敘/P699
		麐，麕身，牛尾，一角。	
111 *	《爾雅·釋獸》/P2651 下	《爾雅》曰：累猴似猴，南海人名爲累猴也。玃似犬，母猴也，色蒼黑，持人，好顧盼也。玃父善顧。狒狒如人，被髮迅走，食人。威夷，長脊而泥（泥，少力反）。蜼，卬鼻而長尾。（蜼似獼猴而大，蒼黑色，尾長數尺，似獺。尾末有歧，鼻露上向，雨則自懸於樹，以尾塞鼻。）	29/獸 部/猴/敘/P720
		狒狒，如人，被髮，迅走，食人。……玃父，善顧。（貜玃也，似獼猴而大，色蒼黑，能玃持人，好顧盼。）威夷，長脊而泥。（泥，少才力）……蜼，卬鼻而長尾。（蜼，似獼猴而大，黃黑色，尾長數尺，似獺，尾末有歧。鼻露向上，雨即自縣於樹，以尾塞鼻，或以兩指。江東人亦取養之。爲物健捷。）	
112 *	《爾雅·釋獸》/P2651 下	《爾雅》曰：狸、狐、貒、貈，醜，其足蹯，其跡狃（狃，指頭反）。	29/獸 部/狐/敘/P717
		狸、狐、貒、貈，醜，其足，蹯；其跡，内（内，指頭處）。	

序號	今本篇名、頁碼	《初學記》引文與原文	出處
113 *	《爾雅·釋獸》/P2651 下	（《爾雅》）又曰：蒙頌，似猴而小，紫黑色，可畜以捕鼠，勝貓。	29/獸 部/猴/叙/P720
		蒙頌，猱狀。（即蒙貴也。狀如蜼而小，紫黑色。可畜，健捕鼠，勝於貓。九真、日南皆出之。猱亦獼猴之類。）	
114 *	《爾雅·釋獸》/P2652 上	《爾雅》曰：鼤鼠。郭璞注曰：江東呼鼤鼠者，似鼠，大而食鳥，在樹木上也。	29/獸 部/鼠/對/P719
		鼮鼠（今江東山中有鼮鼠，狀如鼠而大，蒼色，在樹木上）。	
115 *	《爾雅·釋畜》/P2652 中—2653 下	《爾雅》曰：駒騋馬（北海有獸狀如馬，名駒騋，色青）。野馬（如馬而小）。絶有力，駭。膝上皆白，惟馵（馵，後兩膝白者。馵音注）。四骹皆白，驓（繒）。四蹢皆白，首（俗呼爲踏雪馬）。前足皆白，騱（奚）。後足皆白，翑（劬）。前右足白，啓；左白，踦。後右足白，驤；左白，馽。驔馬白腹，騵。驪馬白跨，驈（述）。白州，驠（音燕）。尾本白，騴（音晏）。尾白，駺（郎）。的顙，白顛。白達素，縣（素鼻莖）。面顙皆白，惟駹（莫江反。顙，額也）。回毛在膺，宜乘（旋毛在腹下如乳者，千里馬也）；在肘後，減陽；在幹，茀方（幹，脇）；在背，闋廣（音決。此皆旋毛所在）。逆毛，居馻（音兗，毛逆刺者是）。牡曰騭（之逸反），牝曰騇（音舍，草馬也）。蒼白雜毛，騅。黃白雜毛，駓（音丕，今之桃花馬）。陰白雜毛，駰（今之赭白馬）。白馬黑鬣，駱。白馬黑脣，駩（詮）。黑喙，騧（淺黃色者）。一目白，瞷（閑）。二目白，魚。宗廟齊毫（尚純），戎事齊力（尚强），田獵齊足（尚疾）。馬八尺爲駥。	29/獸 部/馬/叙/P701

序號	今本篇名、頁碼	《初學記》引文與原文	出處
		駒驤馬（《山海經》云："北海有獸，狀如馬，名駒驤，色青。"）。野馬（如馬而小）。……絶有力，馻。膝上皆白，惟驒。四骹皆白，驓。四蹢皆白，首（俗呼爲踏雪馬）。前足皆白，騱。後足皆白，翑。前右足白，啟。左白，踦。後右足白，驤。左白，馵。驈馬白腹，騵。驪馬白跨，驈。白州，驠。尾本白，騴（尾株白）。尾白，駺。駒顙，白顛。白達素，縣（素，鼻莖也）。面顙皆白，惟駹（顙，額）。回毛在膺，宜乘。（樊光云："俗呼之官府馬伯樂相馬灋：旋毛在腹下如乳者，千里馬。"）在肘後，減陽。在幹，茀方（幹，脅）。在背，闕廣（皆別旋毛所在之名）。逆毛，居馻（馬毛逆刺。馻音袞）……牡曰騭（音質）。牝曰騇（音舍）。……黃白雜毛，駓。陰白雜毛，騢。蒼白雜毛，騅。彤白雜毛，騢。白馬黑鬣，駱。白馬黑脣，駩。黑喙，騧。一目白，瞷。二目白，魚。……宗廟齊毫，戎事齊力，田獵齊足。……馬八尺爲馻。	
116*	《爾雅·釋畜》/P2653 中一下	《爾雅》曰：犬生三，猣（宗）；二，師；一，玂（祈）。未成毫，狗。絶有力，狣（兆）。狣，狗。四尺爲獒。	29/獸　部/狗/敘/P712
		犬生三，猣；二，師；一，玂。未成毫，狗。長喙，獫。短喙，猲獢。絶有力，狣，犺，狗也。……狗四尺爲獒。	
117*	《爾雅·釋畜》/P2653 下	《爾雅》曰：雞，大者，蜀；蜀子，雓。未成雞曰健。絶有力，奮。雞三尺爲鶤，棲於杙爲桀，鑿垣而棲爲塒。（郭璞注曰：蜀，今蜀雞也。雓，雞子名也。今江東呼雞少者爲健。鶤，古之名雞也。）	30/鳥　部/雞/敘/P728
		雞，大者蜀（今蜀雞）。蜀子，雓（雛子名）。未成雞，健（江東呼雞少者曰健）。絶有力，奮。……雞三尺爲鶤（陽溝巨鶤，古之名雞）。	

序號	今本篇名、頁碼	《初學記》引文與原文	出處
118 *	《爾雅·釋水》/2620 上 《爾雅·釋丘》/P2617 中—下 《爾雅·釋水》/2619 中	《爾雅》曰：水中可居者曰洲（亦曰潭，音達旱反。）。小洲曰渚，小渚曰沚（亦曰小沚曰坻。又小沚曰磧）。凡水邊皆曰垂、曰涯、曰畔、曰干、曰漬、曰濱。涯上下坦曰溽（一曰隒），重涯曰岸，岸上地曰滸，曲涯曰澳（一曰隈）。水草交曰湄，埤增水邊土，人所止曰漘。水曲曰汭，水北曰陽，水南曰陰。水出山石間曰澗（音亥），山夾水曰澗，水注川曰谿，水注谿曰谷，水通谷曰墾。石絶水曰梁，築土遏水曰塘（一曰堤。又曰防）。大防曰墳。水所鍾曰澤，廣澤曰衍，澤曲曰皋，障曰陂，澤無水有草木曰藪。水通流曰川，水本曰源。源曰泉。泉正出曰濫泉，側出曰氿（音軌）泉。泉所出同所歸異曰肥泉，異出同流曰濆（敷問反）。深水曰潭，急水曰流，砂石上曰瀨（亦曰湍，曰灘，曰磧）。水別流曰派，大水有小口別通曰浦。風吹水涌曰波（亦曰浪）。大波曰濤，小波曰淪，平波曰瀾，直波曰涇。水朝夕而至曰潮，風行水成文曰漣，水波如錦文曰漪。水行曰涉。逆流而上曰泝洄，順流而下曰泝游（亦曰沿流）。絶流而渡曰亂，以衣涉水曰厲，繇膝以下曰揭，繇膝以上曰涉，渡水處曰津（亦曰濟），潛行水下曰泳。（自"水中可居"已下，並出《爾雅》、《釋名》、《説文》三書。）	6/地 部 中/總 載 水/敘/P111
		水中可居者曰洲。小洲曰陼，小陼曰沚，小沚曰坻。//望厓洒而高，岸。夷上洒下，不漘。隒，限。厓内爲隩，外爲隈。畢，堂牆。重厓，岸。岸上，滸。墳，大防。涘爲厓。窮瀆，氿；谷者，溦。厓岸。//水草交爲湄。//大波爲瀾，小波爲淪，直波爲涇。	

续表

序號	今本篇名、頁碼	《初學記》引文與原文	出處
119 *	《爾雅·釋地》/P2615 中 《爾雅·釋宫》/P2598 中	《爾雅》云：梁莫大於溟（子役反）梁。郭璞注：梁即橋也。或曰：梁，石橋也。石杠（音江。）謂之徛（音寄。），亦石橋也。	7/地部下/橋/敍/P156
		梁莫大於溟梁（溟，水名。梁，隄也）。//隄謂之梁（即橋也。或曰："石絕水者爲梁。"見《詩傳》），石杠謂之徛（聚石水中以爲步渡彴也。……或曰：今之石橋）。	
120 *	《爾雅·釋訓》/P2591 下 《爾雅·釋詁下》/P2573 下	《爾雅》曰：美士爲彦。晊晊，皇皇，穆穆，美也。	19/人部下/美丈夫/敍/P453
		美士爲彦。//晊晊、皇皇、藐藐、穆穆、休、嘉、珍、褘、懿、鑠，美也。	
121 *	《爾雅·釋宫》/P2597 下 《毛詩·大雅·緜》/P511 上	一曰，王之正門曰應門，郭門曰皋門（見《爾雅》及《毛萇詩注》）。	24/居處部/門/敍/P582
		《爾雅·釋宫》：正門謂之應門。//《詩·大雅·緜》：廼立皋門，皋門有伉。廼立應門，應門將將。（毛傳：王之郭門曰皋門。伉，高貌。王之正門曰應門。）	
122 *	《爾雅·釋器》/P2600 中—下 《爾雅·釋地》/P2615 中	《爾雅》曰：黄金謂之璗，其美者謂之鏐。餅金謂之鈑。絕澤謂之銑。西南之美者，有華山之金石焉。（璗音蕩。鏐，林幽反，即紫磨金也。銑，最有光澤也。）	27/寶器部（花草附）/金/敍/P645
		黄金謂之璗，其美者謂之鏐。白金謂之銀，其美者謂之鐐（鏐即紫磨金）。餅金謂之鈑。……絕澤謂之銑（銑即美金，言最有光澤也）。//西南之美者，有華山之金石焉。	

续表

序號	今本篇名、頁碼	《初學記》引文與原文	出處
123＊	《爾雅・釋獸》/P2651上—中 《爾雅・釋畜》/P2653中	《爾雅》曰：麢，大羊（似羊大，角員鋭，在山崖間）。羱，如羊（音元，似吴羊）。羊，牡羒（墳），牝牂。夏羊（黑羖䍽也）。牡羭，牝羖。未成羊，羜。絶有力，奮。	29/獸部/羊/敘/P709
		麢，大羊（麢羊似羊而大，角圓鋭，好在山崖間）。……羱，如羊（羱羊，似吴羊而大角，角橢，出西方）。//羊：牡，羒；牝，牂。夏羊（黑羖䍽）。牡，羭；牝，羖。……未成羊，羜。絕有力，奮。	
124＊	《爾雅・釋獸》/P2650下	《爾雅》曰：豕，豬也（江東呼爲豨）。豯，豶（豯，羊垂反。俗呼小豶豬爲豯子也）。么豚（最後生者，俗呼爲么豚）。奏者，豱（音温，今豱豬。短頭，皮理腠蹙也）。豕生三，豵（宗）；二，師；一，特。所寢，橧。四蹢皆白，豥。其跡刻。絶有力，豟（音厄，豕高五尺者），牝豝。㠇五尺爲豟（大豕爲豟。今漁陽呼豬大者爲豟也）。	29/獸部/豕/敘/P710
		豕子，豬（今亦曰㠇，江東呼豨。皆通名）。豯，豶。（俗呼小豶豬爲豯子。）幺，幼（最後生者，俗呼爲幺豚）。奏者，豱（今豱豬，短頭，皮理腠蹙）。豕生三，豵；二，師；一，特。所寢，橧。四豴皆白，豥。其跡，刻；絕有力，豟（即豕高五尺者）。牝，豝。	
125＊	《爾雅・釋鳥》/P2649下 《爾雅・釋獸》/P2652上	《爾雅》曰：鼢鼠（地中行）。鼸鼠（以頰裏藏食）。鼷鼠（有螫毒者）。鼶鼠（上音斯）。鼬鼠（今鼬似貂，赤黄色，大尾，啖鼠。江東呼爲鼪）。鼩鼠（音劬。小鼱鼩也）。鼭鼠（形大如鼠，頭似兔，尾有毛，青黄色，好在田中食粟豆。關中呼爲鼩鼠）。豹文鼮鼠（音廷，文彩如豹）。鼳鼠（音孤覓反，似鼠而蒼黑色，在樹木上）。鼯鼠，夷由（狀如小狐，似蝙蝠，肉翅，飛且乳。亦謂之飛生，音如人呼）。	29/獸部/鼠/敘/P718

续表

序號	今本篇名、頁碼	《初學記》引文與原文	出處
		鸓鼠，夷由。(狀如小狐，似蝙蝠，肉翅，翅尾項脅毛紫赤色，背上蒼艾色，腹下黃，喙頷雜白，腳短，爪長，尾三尺許，飛且乳，亦謂之飛生。聲如人呼。)//鼢鼠(地中行者)。鼸鼠(以頰裏藏食)。鼢鼠(有螫毒者)。鼳鼠(《夏小正》曰："鼳鼬則穴。")。鼬鼠(今鼬似貂，赤黃色，大尾，啖鼠，江東呼爲鼪。音牲)。鼩鼠(小鯖鼩也。亦名鼷鼩)。……鼶鼠(形大如鼠，頭似兔，尾有毛，青黃色，好在田中食粟豆。關西呼爲鼶鼠，見《廣雅》。音瞿)。鼭鼠、鼨鼠(皆未詳)。豹文鼮鼠(鼠文彩如豹者。漢武帝時得此鼠，孝廉郎終軍知之，賜絹百匹)。鼯鼠(今江東山中有鼯鼠，狀如鼠而大，蒼色，在樹木上)。	
126	《禮記·祭法》/P1588 上	《爾雅》云：圓丘泰壇，祭天也；方澤泰圻，祭地也。	13/禮部上/郊丘/敍/P320
127 *		孫炎注《爾雅》曰：猱，母猴也。	29/獸 部/猴/對/P721
128 *		東晉郭璞《爾雅圖讚》：崑崙三層，號曰天柱。實惟河源，水之靈府。	6/地部 中/河/讚/P122

《孟子》

序號	今本篇名、頁碼	《初學記》引文與原文	出處
1 *	《孟子·梁惠王上》/P2670 上	《孟子》曰：油然作雲，需然下雨。	1/天 部上/天/對/P3
		天油然作雲，沛然下雨。	
2	《孟子·梁惠王上》/P2670 上	《孟子》曰：油然作雲。	1/天 部上/雲/敍/P15
3 *	《孟子·梁惠王上》/P2670 上	《孟子》曰：油然作雲，需然下雨。	2/天 部下/雨/敍/P23
		油然作雲，沛然下雨。	

序號	今本篇名、頁碼	《初學記》引文與原文	出處
4 *	《孟子·梁惠王下》/P2673 下	《孟子》曰：莊暴見齊王曰："寡人非能好先王之樂，直好世俗之樂耳。"	15/樂部上/雜樂/對/P372
		他日見於王，曰："王嘗語莊子以好樂，有諸？"王變乎色，曰："寡人非能好先王之樂也，直好世俗之樂耳。"	
5 *	《孟子·梁惠王下》/P2675 下	《孟子》曰：齊宣王見孟子於雪宮，王曰："賢者亦有此樂乎？"孟子曰："爲人上而不與人同樂者，非也。"	2/天部下/雪/對/P28
		齊宣王見孟子於雪宮。王曰："賢者亦有此樂乎？"孟子對曰："有人不得則非其上矣。不得而非其上者，非也。爲民上而不與民同樂者，亦非也。"	
6 *	《孟子·梁惠王下》/P2680 下—2681 上	《孟子》曰：湯一征，自葛載，天下信之，人望之若大旱之望雲霓也。	9/帝王部/總敍帝王/對/P204
		《書》曰："湯一征，自葛始。"天下信之，東面而征西夷怨，南面而征北狄怨，曰"奚爲後我"？民望之，若大旱之望雲霓也。	
7	《孟子·公孫丑下》/P2695 上	《孟子》曰：兼金，好金也。	27/寶器部（花草附）/金/敍/P645
8 *	《孟子·滕文公上》/P2705 下	《孟子》曰：禹排淮、泗而注諸江。	6/地部中/淮/對/P127
		禹疏九河，瀹濟、漯而注諸海，決汝、漢，排淮、泗而注之江。	
9 *	《孟子·滕文公下》/P2710 上	《孟子》曰：齊景公招虞人以旌，不至，將殺之。	22/武部/旌旗/對/P524
		昔齊景公田，招虞人以旌，不至，將殺之。	
10 *	《孟子·告子下》/P2759 中	《孟子》曰：諸侯朝於天子曰述職。一不朝則貶其爵，二不朝則削其地，三不朝則六師移之。	14/禮部下/朝會/敍/P344
		諸侯朝於天子曰述職。……一不朝則貶其爵，再不朝則削其地，三不朝則六師移之。	

序號	今本篇名、頁碼	《初學記》引文與原文	出處
11 *	《孟 子 · 盡 心 上》/P2768 下	《孟子》曰：水之爲物也，不盈科不行。君子之於道也，不成章不達。趙岐曰：盈，滿也。科，坎也。	6/地 部 中/總 載 水/對/P112
		流水之爲物也，不盈科不行。君子之志於道也，不成章不達。（盈，滿也。科，坎也。）	
12 *	《孟 子 · 盡 心 下》/P2773 下	《孟子》曰：舜之飯糗茹草，若將終身焉。	9/帝 王 部/總 敍 帝王/對/P208
		舜之飯糗茹草也，若將終身焉。	
13	《孟 子 · 盡 心 下》/P2779 中	《孟子》曰：曾晳嗜羊棗。	28/果 木 部/棗/敍/P676
14 *	《孟 子 · 盡 心 下》/P2779 中	《孟子》曰：曾晳嗜羊棗，曾子不忍食之。	28/果 木 部/棗/敍/P676
		曾晳嗜羊棗，而曾子不忍食羊棗。	

徵引文獻目錄

說明：以音序排列。其中古代典籍和近人著作按書名排列，論文按作者排列。

一　古代典籍

《白虎通疏證》，清·陳立撰，吳則虞點校，中華書局 1994 年。

《白孔六帖》，唐·白居易原本，宋·孔傳續傳，《景印文淵閣四庫全書》第 891 册，臺灣商務印書館 1983 年。

《北堂書鈔》，隋·虞世南撰，天津古籍出版社 1988 年。

《册府元龜》，宋·王欽若等編，鳳凰出版社 2006 年。

《茶香室經説》，清·俞樾撰，《續修四庫全書》第 177 册，上海古籍出版社 2002 年。

《承明集》，宋·周必大撰，《叢書集成三編》第 100 册，新文豐出版公司 1997 年。

《初學記》，唐·徐堅等撰，中華書局 1962 年。

《春秋繁露義證》，清·蘇輿撰，鍾哲點校，中華書局 1992 年。

《春秋公羊傳校勘記》，清·阮元著，《清經解》第 6 册，上海書店 1988 年。

《春秋穀梁傳校勘記》，清·阮元著，《清經解》第 6 册，上海書店 1988 年。

《春秋穀梁經傳補注》，清·鍾文烝撰，中華書局 1996 年。

《春秋集注》，宋·高閱撰，《叢書集成新編》第 108 册，新文豐出版公司 1985 年。

《春秋經傳集解考正》，清·陳樹華撰，《續修四庫全書》第 142—143 册，上海古籍出版社 2002 年。

《春秋三傳異文釋》，清·李富孫撰，《叢書集成初編》第 3661—3663

冊，商務印書館 1936 年。

《春秋釋例》，晉·杜預撰，《景印文淵閣四庫全書》第 146 冊，臺灣商務印書館 1983 年。

《春秋左傳詁》，清·洪亮吉撰，李解民點校，中華書局 1987 年。

《春秋左氏傳校勘記》，清·阮元著，《清經解》第 5 冊，上海書店 1988 年。

《大戴禮記解詁》，清·王聘珍撰，王文錦點校，中華書局 1983 年。

《大廣益會玉篇》，梁·顧野王著，中華書局 1987 年。

《大唐新語》，唐·劉肅撰，中華書局 1984 年。

《東家雜記》，宋·孔傳撰，《叢書集成新編》第 99 冊，新文豐出版公司 1985 年。

《讀書雜志》，王念孫撰，江蘇古籍出版社 1985 年。

《爾雅校勘記》，清·阮元著，《清經解》第 6 冊，上海書店 1988 年。

《爾雅義疏》，清·郝懿行撰，上海古籍出版社 1983 年影印本。

《爾雅正義》，清·邵晉涵撰，《清經解》第 3 冊，上海書店 1988 年。

《方言箋疏》，清·錢繹撰集，上海古籍出版社 1984 年。

《撫本禮記鄭注考異》，清·張敦仁著，《清經解》第 6 冊，上海書店 1988 年。

《干祿字書》，唐·顏元孫撰，《叢書集成初編》第 1064 冊，商務印書館 1936 年。

《公羊異文釋》，清·李富孫，《清經解續編》第 2 冊，上海書店 1988 年。

《古今注》，晉·崔豹著，《叢書集成初編》第 274 冊，商務印書館 1937 年。

《古書疑義舉例五種》，俞樾等著，中華書局 1956 年。

《古文尚書撰異》，清·段玉裁撰，《清經解》第 4 冊，上海書店 1988 年。

《廣雅疏證》，清·王念孫撰，江蘇古籍出版社 1984 年。

《國語》，上海師範大學古籍整理組校點，上海古籍出版社 1978 年。

《韓非子集解》，清·王先慎撰，中華書局 1998 年。

《韓詩外傳集釋》，漢·韓嬰撰，許維遹校釋，中華書局 1980 年。

《漢書》，漢·班固撰，唐·顏師古注，中華書局 1962 年。

《後漢書》，宋·范曄撰，唐·李賢等注，中華書局 1965 年。

《揮麈錄》，宋·王明清撰，世紀出版集團、上海書店出版社 2001 年。

《積古齋鐘鼎彝器款識》，清·阮元編，《叢書集成新編》第 50 册，新文豐出版公司 1985 年。

《集韻》，宋·丁度等編，上海古籍出版社 1985 年。

《經傳釋詞》，清·王引之，岳麓書社 1984 年。

《經典釋文》（通志堂本），唐·陸德明撰，黄焯斷句，中華書局 1983 年。

《經典釋文考證》，清·盧文弨，《叢書集成初編》第 1201—1204 册，商務印書館 1935 年。

《經典文字辨證書》，清·畢沅撰，《續修四庫全書》第 239 册，上海古籍出版社 2002 年。

《經史問答》，清·全祖望著，《清經解》第 2 册，上海書店 1988 年。

《經學歷史》，清·皮錫瑞著，周予同注釋，中華書局 1959 年。

《經義述聞》，清·王引之，江蘇古籍出版社 2000 年。

《景刊唐開成石經》，中華書局 1997 年。

《九經古義》，清·惠棟撰，《清經解》第 2 册，上海書店 1988 年。

《舊唐書》，後晉·劉昫等撰，中華書局 1975 年。

《郡齋讀書志校證》，晁公武撰，孫猛校證，世紀出版集團、上海古籍出版社 1990 年。

《亢倉子》，唐·王士元補亡，《叢書集成新編》第 20 册，新文豐出版公司 1985 年。

《孔叢子》，舊題漢·孔鮒撰，上海古籍出版社 1990 年《諸子百家叢書》本。

《孔子家語》，三國魏·王肅編著，中州古籍出版社 1991 年。

《禮記集解》，清·孫希旦撰，中華書局 1989 年。

《禮記校勘記》，清·阮元著，《清經解》第 5 册，上海書店 1988 年。

《禮記異文箋》，清·俞樾著，《清經解續編》第 5 册，上海書店 1988 年。

《禮記鄭讀考》，清·陳喬樅著，《清經解續編》第 5 册，上海書店 1988 年。

《禮記鄭讀考》，清·俞樾著，《清經解續編》第 5 册，上海書店 1988

年。

《禮書》，宋·陳祥道撰，《景印文淵閣四庫全書》第 130 冊，臺灣商務印書館 1983 年。

《禮書通故》，清·黃以周撰，王文錦點校，中華書局 2007 年。

《兩漢紀》，東漢·荀悅撰，張烈點校，中華書局 2002 年。

《六臣注文選》，梁·蕭統編，唐·李善等注，中華書局 1987 年。

《六家詩名物疏》，明·馮復京撰，《景印文淵閣四庫全書》第 80 冊，臺灣商務印書館 1983 年。

《龍龕手鏡》，遼·釋行均編，中華書局 1985 年。

《論語校勘記》，清·阮元著，《清經解》第 6 冊，上海書店 1988 年。

《論語正義》，清·劉寶楠撰，高流水點校，中華書局 1990 年。

《毛詩傳箋通釋》，清·馬瑞辰撰，中華書局 1989 年。

《毛詩詁訓傳定本》，清·段玉裁撰，《清經解》第 4 冊，上海書店 1988 年。

《毛詩校勘記》，清·阮元著，《清經解》第 5 冊，上海書店 1988 年。

《孟子校勘記》，清·阮元著，《清經解》第 6 冊，上海書店 1988 年。

《墨子閒詁》，清·孫詒讓撰，中華書局 2001 年。

《南齊書》，梁·蕭子顯撰，中華書局 1972 年。

《七經孟子考文並補遺》，日本·山井鼎輯，日本·物觀等補遺，《叢書集成初編》第 115—124 冊，商務印書館 1936 年。

《潛夫論箋校正》，漢·王符著，清·汪繼培箋，彭鐸校正，中華書局 1985 年。

《禽經》，舊題周·師曠撰，晉·張華注，《叢書集成新編》第 44 冊，新文豐出版公司 1985 年。

《清人考訂筆記》（七種），中華書局編輯部，中華書局 2004 年。

《清史稿》，趙爾巽等撰，中華書局 1977 年。

《群經平議》，清·俞樾著，《清經解續編》第 5 冊，上海書店 1988 年。

《日知錄集釋》，清·顧炎武著，清·黃汝成集釋，上海古籍出版社 1985 年。

《三家詩異文疏證》，清·馮登府著，《清經解》第 7 冊，上海書店 1988 年。

《尚書大傳疏證》，漢·伏生撰，清·皮錫瑞疏證，《續修四庫全書》第 55 册，上海古籍出版社 2002 年。

《尚書古文疏證》，清·閻若璩撰，上海古籍出版社 1987 年。

《尚書今古文注疏》，清·孫星衍撰，陳抗、盛冬玲點校，中華書局 1986 年。

《尚書埤傳》，清·朱鶴齡撰，《景印文淵閣四庫全書》第 66 册，臺灣商務印書館 1983 年。

《尚書校勘記》，清·阮元著，《清經解》第 5 册，上海書店 1988 年。

《詩傳名物集覽》，清·陳大章撰，《叢書集成新編》第 43 册，新文豐出版公司 1985 年。

《詩經異文釋》，清·李富孫撰，《續修四庫全書》第 75 册，上海古籍出版社 2002 年。

《詩三家義集疏》，清·王先謙撰，中華書局 1987 年。

《十駕齋養新錄（附餘錄）》，錢大昕撰，孫顯軍、陳文和點校，《嘉定錢大昕全集》第 7 册，江蘇古籍出版社 1997 年。

《十三經注疏》，清·阮元校刻，中華書局 1980 年。

《十三經注疏校記》，清·孫詒讓撰，雪克輯點，齊魯書社 1983 年。

《史記》，漢·司馬遷撰，中華書局 1963 年。

《釋名疏證》，漢·劉熙撰，清·畢沅疏證，《續修四庫全書》第 189 册，上海古籍出版社 2002 年。

《釋名疏證補》，漢·劉熙撰，清·畢沅疏證，清·王先谦補，上海古籍出版社 1989 年《清疏四種合刊》本。

《説文古籀補》，清·吳大澂撰，商務印書館 1936 年《萬有文庫》本。

《説文解字》，漢·許慎撰，中華書局 1963 年。

《説文解字繫傳》，南唐·徐鍇撰，中華書局 1987 年。

《説文解字句讀》，清·王筠撰，中華書局 1988 年。

《説文解字群經正字》，清·邵瑛撰，《續修四庫全書》第 211 册，上海古籍出版社 2002 年。

《説文解字通正》，清·潘奕雋撰，《叢書集成續編》第 70 册，上海書店 1994 年。

《説文解字校錄》，清·鈕樹玉撰，《續修四庫全書》第 212 册，上海古籍出版社 2002 年。

《説文解字義證》，清・桂馥撰，上海古籍出版社 1987 年。

《説文解字注》，漢・許慎撰，清・段玉裁注，上海古籍出版社 1981 年。

《説文解字注箋》，清・徐灝撰，《續修四庫全書》第 225—226 册，上海古籍出版社 2002 年。

《説文釋例》，清・王筠撰，中華書局 1987 年。

《説文通訓定聲》，清・朱駿聲撰，中華書局 1984 年。

《説文外編》，清・雷浚撰，《續修四庫全書》第 227 册，上海古籍出版社 2002 年。

《説文新附考》，清・鈕樹玉撰，《續修四庫全書》第 213 册，上海古籍出版社 2002 年。

《説文新附考》，清・鄭珍撰，《續修四庫全書》第 223 册，上海古籍出版社 2002 年。

《説文引經證例》，清・承培元撰，《續修四庫全書》第 222 册，上海古籍出版社 2002 年。

《説文字通》，清・高翔麟撰，《續修四庫全書》第 222 册，上海古籍出版社 2002 年。

《司馬法》，周・司馬穰苴撰，《叢書集成新編》第 32 册，新文豐出版公司 1985 年。

《四庫全書總目提要》，清・永瑢等撰，中華書局 1965 年。

《四書考異》，清・翟灝撰，《續修四庫全書》第 167 册，上海古籍出版社 2002 年。

《宋本册府元龜》，宋・王欽若等編，中華書局 1989 年。

《宋本廣韻》，宋・陳彭年撰，中國書店 1982 年。

《宋本玉篇》，宋・陳彭年等重修，中國書店 1983 年影印張氏澤存堂本。

《宋史》，元・脱脱等撰，中華書局 1977 年。

《宋書》，梁・沈約撰，中華書局 1974 年。

《隋書》，唐・魏徵、令狐德棻撰，中華書局 1973 年。

《太平寰宇記》，宋・樂史撰，《景印文淵閣四庫全書》第 469 册，臺灣商務印書館 1983 年。

《太平御覽》，宋・李昉等撰，中華書局 1960 年。

《唐大詔令集》，宋・宋敏求編，洪丕謨、張伯元、沈敖大點校，學林出版社 1992 年。

《唐會要》，宋・王溥撰，中華書局 1955 年。

《唐律疏議》，唐・長孫無忌等撰，劉俊文點校，中華書局 1983 年。

《通典》，唐・杜佑撰，中華書局 1988 年。

《通俗編》，清・翟灝撰，商務印書館 1958 年。

《通志》，宋・鄭樵著，中華書局 1987 年。

《魏書》，北齊・魏收撰，中華書局 1974 年。

《文選》，梁・蕭統編，唐・李善注，中華書局 1977 年。

《五經文字》，唐・張參撰，《叢書集成初編》第 1064 冊，商務印書館 1936 年。

《西遊記》，明・吳承恩著，人民文學出版社 1955 年。

《席氏讀說文記》，清・席世昌撰，《續修四庫全書》第 223 冊，上海古籍出版社 2002 年。

《新唐書》，宋・歐陽修、宋祁撰，中華書局 1975 年。

《荀子集解》，清・王先謙撰，中華書局 1988 年。

《一切經音義》，唐・釋玄應撰，《景印高麗大藏經》第 32 冊，臺北新文豐出版公司 1982 年。

《儀禮古今文疏義》，清・胡承珙撰，《清經解續編》第 2 冊，上海書店 1988 年。

《儀禮古今文異同疏証》，清・徐養原撰，《清經解續編》第 2 冊，上海書店 1988 年。

《儀禮校勘記》，清・阮元著，《清經解》第 5 冊，上海書店 1988 年。

《藝林彙考》，清・沈自南撰，《景印文淵閣四庫全書》第 859 冊，臺灣商務印書館 1983 年。

《藝文類聚》，唐・歐陽詢撰，汪紹楹校，上海古籍出版社 1982 年。

《繹史》，清・馬驌撰，江蘇廣陵古籍刻印社 1990 年影印。

《玉海》，宋・王應麟編，江蘇古籍出版社、上海書店 1987 年。

《玉函山房輯佚書》，清・馬國翰輯，上海古籍出版社 1990 年。

《札迻》，孫詒讓撰，齊魯書社 1989 年。

《正字通》，明・張自烈、清・廖文英編，董琨整理，中國工人出版社 1996 年。

《重訂直音篇》，明・章黼撰，明・吳道長重訂，《續修四庫全書》第

231 冊，上海古籍出版社 2002 年。

《周官總義》，宋・易袚撰，《景印文淵閣四庫全書》第 92 冊，臺灣商務印書館 1983 年。

《周禮訂義》，宋・王與之撰，《景印文淵閣四庫全書》第 93 冊，臺灣商務印書館 1983 年。

《周禮漢讀考》，清・段玉裁撰，《清經解》第 4 冊，上海書店 1988 年。

《周禮校勘記》，清・阮元著，《清經解》第 5 冊，上海書店 1988 年。

《周禮正義》，清・孫詒讓撰，中華書局 1987 年。

《周易校勘記》，清・阮元著，《清經解》第 6 冊，上海書店 1988 年。

《莊子集釋》，清・郭慶藩撰，中華書局 1961 年。

《字彙》，明・梅膺祚撰，上海辭書出版社 1991 年。

二　近人著作

《百川匯海——古代的類書與叢書》，彭邦炯著，萬卷樓圖書有限公司 2001 年。

《〈初學記〉徵引集部典籍考》，江秀梅著，《古典文獻輯刊・二編》第 6、7 冊，花木蘭文化出版社 2006 年。

《春秋左傳注》（修訂本），楊伯峻編著，中華書局 1981 年。

《辭書學論文集》，趙振鐸著，商務印書館 2006 年。

《敦煌經部文獻合集》，張涌泉主編、審訂，中華書局 2008 年。

《敦煌經籍敘錄》，許建平著，中華書局 2006 年。

《敦煌俗字研究》，張涌泉著，上海教育出版社 1996 年。

《敦煌文獻叢考》，許建平著，中華書局 2005 年。

《敦煌寫卷〈春秋經傳集解〉校證》，李索著，中國社會科學出版社 2005 年。

《風俗通義校注》，漢・應劭撰，王利器校注，中華書局 1981 年。

《高明論著選集》，高明著，科學出版社 2001 年。

《古本竹書紀年輯證》，方詩銘，王修齡撰，上海古籍出版社 1981 年。

《古代漢語》王力著，中華書局 1962 年。

《古代漢語虛詞通釋》，何樂士等，北京出版社 1985 年。

《古代文化詞義集類辨考》，黃金貴著，上海教育出版社 1995 年。

《古籍異文研究》，王彥坤著，萬卷樓圖書有限公司 1996 年。

《古今聲類通轉表》，黃焯撰，上海古籍出版社 1983 年。

《古今字》，洪成玉著，中華書局 1985 年。

《古陶文字徵》，高明、葛英會編著，中華書局 1991 年。

《古文物稱謂圖典》，羅西章、羅芳賢著，三秦出版社 2001 年。

《古文字詁林》，李圃主編，上海世紀出版集團、上海教育出版社 1999 年。

《古文字通假字典》王輝，中華書局，2008 年。

《古字通假會典》，高亨纂著，董治安整理，齊魯書社 1989 年。

《觀堂集林》，王國維著，中華書局 1961 年。

《管子校注》，黎翔鳳撰，梁運華整理，中華書局 2004 年。

《韓詩外傳箋疏》，屈守元箋疏，巴蜀書社 1996 年。

《韓愈全集校注》，屈守元、常思春主編，四川大學出版社 1996 年。

《漢籍善本考》，日本·島田翰撰，北京圖書館出版社 2003 年。

《漢語大詞典》，漢語大詞典編纂委員會編，上海辭書出版社 1986 年。

《漢語大字典》（八卷本），漢語大字典編輯委員會編，四川辭書出版社，湖北辭書出版社 1986 年。

《漢語俗字叢考》，張涌泉著，中華書局 2000 年。

《漢語俗字研究》，張涌泉著，岳麓書社 1995 年。

《漢字古音手册》，郭錫良著，北京大學出版社 1986 年。

《淮南鴻烈集解》，劉文典撰，馮逸、喬華點校，中華書局 1989 年。

《淮南子校釋》，張雙棣撰，北京大學出版社 1997 年。

《積微居小學金石論叢》（增訂本），楊樹達著，科學出版社 1955 年。

《金文編》，科學出版社 1959 年。

《金文詁林讀後記》，李孝定撰，中央研究院歷史語言研究所 1982 年。

《（點校補正）經義考》，朱彝尊著，許維萍、馮曉庭、江永川點校，中央研究院中國文哲研究所籌備處 1997 年。

《經典釋文彙校》，黃焯撰，中華書局 1980 年。

《經籍訪古志》，日本·澁江全善、森立之編，《日本藏漢籍善本書志書目集成》第 1 册，北京圖書館出版社 2003 年。

《經籍舊音序錄》，吳承仕撰，中華書局 1986 年。

《類書簡說》，劉葉秋著，上海古籍出版社 1980 年。

《〈禮記〉成書考》，王鍔著，中華書局 2007 年。

《歷代避諱字匯典》，王彥坤編，中州古籍出版社 1997 年。

《歷代詩經著述考（先秦—元代)》，劉毓慶著，中華書局 2002 年。

《聯綿字典》，符定一，中華書局 1954 年。

《呂氏春秋新校釋》，戰國·呂不韋著，陳奇猷校釋，上海古籍出版社 2002 年。

《論衡校釋》，黃暉撰，中華書局 1990 年。

《論語譯注》，楊伯峻譯注，中華書局 1980 年。

《孟子譯注》，楊伯峻譯注，中華書局 1962 年。

《〈三國志〉異文研究》，蘇傑著，齊魯書社 2006 年。

《上古漢語通假字字典》，許偉建，海天出版社 1989 年。

《尚書文字校詁》，臧克和著，上海教育出版社 1999 年。

《尚書校釋譯論》，顧頡剛、劉起釪著，中華書局 2005 年。

《聲類疏證》，郭晉稀著，上海古籍出版社 1993 年。

《詩經學史》，洪湛侯著，中華書局 2002 年。

《十三經概論》，蔣伯潛著，上海古籍出版社 1983 年。

《史諱舉例》，陳垣著，中華書局 2004 年。

《睡虎地秦墓竹簡》，睡虎地秦墓竹簡整理小組編，文物出版社 1990 年。

《說文箋識四種》，黃侃箋識，黃焯編次，上海古籍出版社 1983 年。

《說文解字詁林》，丁福保編纂，中華書局 1988 年。

《說文解字六書疏證》，馬敘倫撰，上海書店 1985 年。

《說苑校證》，漢·劉向撰，向宗魯校證，中華書局 1987 年。

《四庫提要辨正》，余嘉錫著，中華書局 1980 年。

《宋元以來俗字譜》，劉復、李家瑞編，中央研究院歷史語言研究所 1930 年。

《唐代類書與文學》，唐光榮著，巴蜀書社 2008 年。

《同源字典》，王力著，商務印書館 1982 年。

《同源字典補》，劉鈞杰，商務印書館 1999 年。

《王力文集》，王力著，山東教育出版社 1986 年。

《文史通義校注》，清·章學誠著，葉瑛校注，中華書局 1985 年。

《文字學概要》，裘錫圭著，商務印書館 1988 年。

《問學集》，周祖謨著，中華書局 1966 年版。

《校勘學概論》，張涌泉、傅傑著，鳳凰出版傳媒集團、江蘇教育出版社 2007 年。

《異文類語料的鑑別與應用》，朱承平著，岳麓書社 2005 年。

《逸周書彙校集注》，黃懷信、張懋鎔、田旭東撰，上海古籍出版社 1995 年。

《銀雀山漢墓竹簡（壹）》，銀雀山漢墓竹簡整理小組編，文物出版社 1985 年。

《戰國策集注彙考》，諸祖耿撰，江蘇古籍出版社 1985 年。

《中國古代的類書、政書和叢書》，戚志芬著，商務印書館 1996 年。

《中國古代的類書》，胡道靜著，中華書局 1982 年。

《中國古籍善本書目》（子部），中國古籍善本書目編輯委員會編，上海古籍出版社 1996 年。

《中國類書》，趙含坤編著，河北人民出版社 2005 年。

《中國歷代人名大辭典》，張撝之等編，上海古籍出版社 1999 年。

《中華字海》，冷玉龍、韋一心等著，中華書局、中國友誼出版公司 1994 年。

《宗周禮樂文明考論》，沈文倬著，浙江大學出版社 1999 年。

三　論文

陳仁仁：《上海博物館藏戰國楚竹書〈周易〉研究——兼論早期易學相關問題》，武漢大學博士學位論文，2005 年 5 月。

程燕：《考古文獻〈詩經〉異文辨析》，安徽大學博士學位論文，2005 年 4 月。

村田正博：《〈翰林學士集〉原态推定のために—資料としての〈初學記〉と〈文苑英華〉》，《人文研究》（日本大阪市立大學文學部）1998 年。

丁娟：《古代類書概說》，《淮北煤碳師範學報》1995 年第 1 期。

馮華：《爾雅新證》，首都師範大學博士學位論文，2006 年 6 月。

馮麗：《論類書的產生、發展和衰落》，《青海師專學報》2002 年第 4 期。

郭醒：《〈藝文類聚〉卷四“歲時部”闕文考》，《瀋陽師範大學學報》2004 年第 4 期。

黃秀燕：《從文字演進看周官古文》，臺灣大學，碩士學位論文，1983

年 6 月。

孔德凌：《鄭玄〈詩經〉學研究》，山東大學博士學位論文，2007 年 5 月。

雷敦淵：《隋唐以前類書之研究》，私立東吳大學碩士學位論文，2005 年 6 月。

李步嘉：《〈初學記〉校記》，《文獻》1986 年第 4 期。

李方元、劉張傑：《〈初學記〉樂部資料述略——以前三個子目爲例》，《黃鍾》2005 年第 3 期。

李峰：《中國古代類書概述》，《江西圖書館學刊》2000 年第 2 期。

李輝、馮國棟：《俄藏黑水城文獻兩件類書定名與拼合》，《寧夏社會科學》2005 年第 3 期。

李瑾華：《〈詩經·周頌〉考論——周代的祭祀儀式與歌詩關係考論》，首都師範大學博士學位論文，2005 年 4 月。

李尚信：《今、帛、竹書〈周易〉卦序研究》，山東大學博士學位論文，2007 年 4 月。

藺華：《〈初學記〉與〈白孔六帖〉比較研究》，華東師範大學碩士學位論文，2006 年 4 月。

劉剛：《八十年類書研究之檢討》，《大學圖書館學報》2006 年第 2 期。

劉剛：《隋唐時期類書的編纂及分類思想研究》，東北師範大學碩士學位論文，2004 年 5 月。

劉張傑：《〈初學記·樂部〉研究》，華中師範大學碩士學位論文，2006 年 5 月。

陸錫興：《〈詩經〉異文研究》，上海師範大學博士學位論文，1999 年 4 月。

羅家湘：《〈逸周書〉研究》，西北師範大學博士學位論文，2002 年 6 月。

潘薇妮：《〈後漢書〉李賢注引〈三禮〉研究》，浙江大學碩士學位論文，2007 年 7 月。

祁國宏：《唐代類書的文學傳播功能——以〈北堂書鈔〉、〈藝文類聚〉、〈初學記〉等對屈宋辭賦的傳播爲例》，《新世紀圖書館》2007 年第 6 期。

屈直敏：《從圖書目錄看中國古代類書的演進》，《德州學院學報》2004 年第 5 期。

榮國慶：《〈初學記卷十八·師第一〉校勘記一則》，《吉林省教育學院學報》2008 年第 5 期。

市川任三：《初學記成立考》，《城南漢學》（日本）1968 年第 10 期。

湯勤：《〈史記〉與〈戰國策〉語言比較研究》，華中科技大學博士學位論文，2006 年 5 月。

唐雯：《〈藝文類聚〉、〈初學記〉與唐初文學觀念》，《西安聯合大學學報》2003 年第 1 期。

王海平：《〈史記〉〈漢書〉異文研究》，暨南大學碩士學位論文，2003 年 4 月。

王澤文：《春秋時期的紀年銅器銘文與〈左傳〉的對照研究》，中國社會科學院博士學位論文，2002 年 5 月。

閻琴南：《〈初學記〉研究》，臺灣文化大學博士學位論文，1981 年 12 月。

閻琴南：《跋國立中央圖書館藏嚴可均校本〈初學記〉——〈初學記〉版本研究之一》，《木鐸》1978 年第 7 期。

閻琴南：《跋藝文印書館景宋本〈初學記〉——〈初學記〉版本研究之二》，《木鐸》1979 年第 8 期。

岳宗偉：《〈論衡〉引書研究》，復旦大學博士學位論文，2006 年 4 月。

張琴、魏曉虹：《古代類書的編纂歷程》，《山西大學師範學院學報》2000 年第 2 期。

張雲瑾：《中國類書的發展歷程》，《齊齊哈爾大學學報》2004 年第 1 期。

張展舒、錢健：《以〈初學記〉為例剖析分類目錄與主題目錄結合的類書目錄》，《圖書館學研究》1985 年第 5 期。

趙雲峰、劉學禮：《我國最早的動植物學教科書——〈初學記〉後四卷之研究》，《生物學雜誌》1987 年第 1 期。

後　記

感謝浙江省社科聯對本書的全額出版資助，使得這部作品得以提早問世。

這本著作是我在博士論文的基礎上修改而成的，基本框架完成於攻讀博士期間，這兩年只作了少量的修改而已，實在於心有愧。如今此書將付梓印行，心中感慨頗多。

我在浙大學習了整整九年，而其中五年多是在古籍所度過的。這裏對我而言，承載了青春的躁動，見證了歲月的憂愁，也沉澱了而立之年的思索。如果説本科的四年是青澀與懵懂，那碩博的五年應該是我學習、磨煉與成長的過程。記憶的點點滴滴離不開西溪校區，更離不開古籍研究所。

首先要感謝我的兩位導師，張涌泉先生和許建平先生。二位先生治學嚴謹，無論是開題報告還是最後的博士論文，一字一句甚至是標點符號都凝聚著先生的辛勞。尤其是博士論文，二位先生幫我一遍遍不厭其煩的修改，用拉丁字母計算，已經從“A稿”到了“N稿”。可惜我天生是塊朽木，所以最後也就只能做成這個樣子了。

從兩位先生身上，我學到的不僅僅是文化知識，更多的是爲人處事的方式。張師治學勤奮嚴謹，爲人寬厚善良；是嚴師，更是慈父。學問是個艱苦的工作，面對紛繁複雜的問題，我經常感到煩躁不安。碰到這種情況先生總是寬容我，鼓勵我，幫助我。先生不僅關心我的學業，也經常記掛著我的生活。記得每次從家裏回來，先生總是會耐心地詢問我家裏的情況，下次回家前定會囑咐再三。找工作的時候，先生亦跟著操心。我在古籍所的這五年，亦是給先生添累的五年。

許師則是另一種風格的嚴謹。每次見面，許師總會問我“論文怎麼樣了”。聽到這個問題，我每每慚愧不已，常有冷汗夾脊之感。我的論文進度，讓我常常無顏面對許師，以至於有段時間一見到許師，心底就有種戰戰兢兢的感覺。事實上許師是一個因材施教的好老師，對於我這樣駑鈍的學生，許師經常加以督促，還給我提供了許多他親自收集、整理的資料。正是在許師的這種關心下，我才按時完成了博士論文。同時在我發表論文、找工作的過程中，許師也給了我很多具有決定作用的意見和幫助。這本書出版前，許師再一次通讀全文，耐心修改。

古籍研究所和漢語史研究中心的其他老師也給了我許多關懷和溫暖。王雲路老師和方一新老師每次見我，總會親切地問我論文狀態和工作情況，在論文寫作最艱苦的時候，給我帶來如沐春風的溫情。祖慧老師經常帶我出遊，關心我的生活，品茗茶香，暢談人生，讓我這五年的博士生涯平添了許多絢麗的色彩，回想起來只覺得陽光燦爛。黃笑山老師和姚永銘老師無私地贈予我書籍，爲我答疑解惑。崔富章老師在我最沒有信心的時候給我鼓勵和肯定。另外關長龍老師、賈海生老師以及我的師兄朱大星老師都給了我許多幫助和指導。

此外，我要特別感謝參加我論文答辯的王寶平老師、束景南老師和方建新老師，他們給我提了許多寶貴的意見，讓我的論文完善不少。王寶平老師還特地從日本傳真回來日本研究《初學記》的一些材料，並在論文答辯的當天贈予我。

資料室的秦佳慧老師和辦公室的小陳老師，亦師亦友。總是在我最需要幫助的時候，適時地伸出援手。我的博士論文，亦凝結了她們的許多辛勞。

好友艾紅娟、籍曉紅、劉茜、曾丹、王華艷、周俊或在論文寫作時給我啓發，或在生活上給我幫助，或在精神上給我鼓舞。同門師兄弟張小豔、杜朝暉、韓小荊、竇懷永、張新朋、張鉉、張磊、譚翠、郜同麟、金少華、陸娟娟、洪鈺、秦樺林、蔡淵迪、牟玄是我學習上的夥伴，也是生活中的好友。從這些朋友身上，我不僅學到許多做學問的方法，也學到了不少對待人生的態度，讓我成長很多。

曾經幫助過我，或者指導過我的人還有很多，在這裏不能一一道來，但我會從心底感謝大家的。

最後要謝謝我的家人，是他們物質上和精神上始終如一地默默奉獻，使我能夠安心地學習。

正是師友們的幫助和關心，我才終於完成了這篇書稿，一句"謝謝"載不動太多的感激。這些高情厚誼，讓我窮盡一生都難以回報。

收穫了許多，但是也留下了不少遺憾，首先是在這麼多人的關心下，沒有寫出高質量的文章；其次是在杭州十一個年頭了，還是沒有爬遍杭州的山，遊遍杭州的水。希望在以後的歲月裏能夠慢慢彌補這些遺憾，也希望能夠把老師和朋友給我的關懷化作熱情，去幫助更多需要幫助的人。

李玲玲

2011 年 11 月於杭州